D1749587

L'Iliade et l'Odyssée
Homère

Traduction par Leconte de Lisle

L'iliade

RHAPSODIE I.

Chante, Déesse, du Pèlèiade Akhilleus la colère désastreuse, qui de maux infinis accabla les Akhaiens, et précipita chez Aidès tant de fortes âmes de héros, livrés eux-mêmes en pâture aux chiens et à tous les oiseaux carnassiers. Et le dessein de Zeus s'accomplissait ainsi, depuis qu'une querelle avait divisé l'Atréide, roi des hommes, et le divin Akhilleus.

Qui d'entre les Dieux les jeta dans cette dissension ? Le fils de Zeus et de Lètô. Irrité contre le Roi, il suscita dans l'armée un mal mortel, et les peuples périssaient, parce que l'Atréide avait couvert d'opprobre Khrysès le sacrificateur.

Et celui-ci était venu vers les nefs rapides des Akhaiens pour racheter sa fille ; et, portant le prix infini de l'affranchissement, et, dans ses mains, les bandelettes de l'Archer Apollôn, suspendues au sceptre d'or, il conjura tous les Akhaiens, et surtout les deux Atréides, princes des peuples :

— Atréides, et vous, Akhaiens aux belles knèmides, que les Dieux qui habitent les demeures olympiennes vous donnent de détruire la ville de Priamos et de vous en retourner heureusement ; mais rendez-moi ma fille bien aimée et recevez le prix de l'affranchissement, si vous révérez le fils de Zeus, l'Archer Apollôn.

Et tous les Akhaiens, par des rumeurs favorables, voulaient qu'on respectât le sacrificateur et qu'on reçût le prix splendide ; mais cela ne plut point à l'âme de l'Atréide Agamemnôn, et il le chassa outrageusement, et il lui dit cette parole violente :

— Prends garde, vieillard, que je te rencontre auprès des nefs creuses, soit que tu t'y attardes, soit que tu reviennes, de peur que le sceptre et les bandelettes du Dieu ne te protègent plus. Je n'affranchirai point ta fille. La vieillesse l'atteindra, en ma demeure, dans Argos, loin de sa patrie, tissant la toile et partageant mon lit. Mais, va ! ne m'irrite point, afin de t'en retourner sauf.

Il parla ainsi, et le vieillard trembla et obéit. Et il allait, silencieux, le long du rivage de la mer aux bruits sans nombre. Et, se voyant éloigné, il conjura le roi Apollôn que Lètô à la belle chevelure enfanta :

— Entends-moi, Porteur de l'arc d'argent, qui protèges Khrysè et Killa la sainte, et commandes fortement sur Ténédos, Smintheus ! Si jamais j'ai orné ton beau temple, si jamais j'ai brûlé pour toi les cuisses grasses des taureaux et des chèvres, exauce mon vœu : que les Danaens expient mes larmes sous tes flèches !

Il parla ainsi en priant, et Phoibos Apollôn l'entendit et, du sommet Olympien, il se précipita, irrité dans son cœur, portant l'arc sur ses épaules, avec le plein carquois. Et les flèches sonnaient sur le dos du Dieu irrité, à chacun de ses mouvements. Et il allait, semblable à la nuit.

Assis à l'écart, loin des nefs, il lança une flèche, et un bruit terrible sortit de l'arc d'argent. Il frappa les mulets d'abord et les chiens rapides ; mais, ensuite, il perça les hommes eux-mêmes du trait qui tue. Et sans cesse les bûchers brûlaient, lourds de cadavres.

Depuis neuf jours les flèches divines sifflaient à travers l'armée ; et, le dixième, Akhilleus convoqua les peuples dans l'agora. Hèrè aux bras blancs le lui avait inspiré, anxieuse des Danaens et les voyant périr. Et quand ils furent tous réunis, se levant au milieu d'eux, Akhilleus aux pieds rapides parla ainsi :

— Atréide, je pense qu'il nous faut reculer et reprendre nos courses errantes sur la mer, si toutefois nous évitons la mort, car, toutes deux, la guerre et la contagion domptent les Akhaiens. Hâtons-nous d'interroger un divinateur ou un sacrificateur, ou un interprète des songes, car le songe vient de Zeus. Qu'il dise pourquoi Phoibos Apollôn est irrité, soit qu'il nous reproche des vœux négligés ou qu'il demande des hécatombes promises. Sachons si, content de la graisse fumante des agneaux et des belles chèvres, il écartera de nous cette contagion.

Ayant ainsi parlé, il s'assit. Et le Thestoride Kalkhas, l'excellent divinateur, se leva. Il savait les choses présentes, futures et passées, et il avait conduit à Ilios les nefs Akhaiennes, à l'aide de la science sacrée dont l'avait doué Phoibos Apollôn. Très-sage, il dit dans l'agora :

— Ô Akhilleus, cher à Zeus, tu m'ordonnes d'expliquer la colère du roi Apollôn l'Archer. Je le ferai, mais promets d'abord et jure que tu me défendras de ta parole et de tes mains ; car, sans doute, je vais irriter l'homme qui commande à tous les Argiens et à qui tous les Akhaiens obéissent. Un roi est trop puissant contre un inférieur qui l'irrite. Bien que, dans l'instant, il refrène sa colère, il l'assouvit un jour, après l'avoir couvée dans son cœur. Dis-moi donc que tu me protègeras.

Et Akhilleus aux pieds rapides, lui répondant, parla ainsi :

— Dis sans peur ce que tu sais. Non ! par Apollôn, cher à Zeus, et dont tu découvres aux Danaens les volontés sacrées, non ! nul d'entre eux, Kalkhas, moi vivant et les yeux ouverts, ne portera sur toi des mains violentes auprès des nefs creuses, quand même tu nommerais Agamemnôn, qui se glorifie d'être le plus puissant des Akhaiens.

Et le divinateur irréprochable prit courage et dit :

— Apollôn ne vous reproche ni vœux ni hécatombes mais il venge son sacrificateur, qu'Agamemnôn a couvert d'opprobre, car il n'a point délivré sa fille, dont il a refusé le prix d'affranchissement. Et c'est pour cela que l'Archer Apollôn vous accable de maux ; et il vous en accablera, et il n'écartera point les lourdes Kères de la contagion, que vous n'ayez rendu à son père bien-aimé la jeune fille aux sourcils arqués, et qu'une hécatombe sacrée n'ait été conduite à Khrysè. Alors nous apaiserons le Dieu.

Ayant ainsi parlé, il s'assit. Et le héros Atréide Agamemnôn, qui commande au loin, se leva, plein de douleur ; et une noire colère emplissait sa poitrine, et ses yeux étaient pareils à des feux flambants. Furieux contre Kalkhas, il parla ainsi :

— Divinateur malheureux, jamais tu ne m'as rien dit d'agréable. Les maux seuls te sont doux à prédire. Tu n'as jamais ni bien parlé ni bien agi ; et voici maintenant qu'au milieu des Danaens, dans l'agora, tu prophétises que l'Archer Apollôn nous accable de maux parce que je n'ai point voulu recevoir le prix splendide de la vierge Khrysèis, aimant mieux la retenir dans ma demeure lointaine. En effet, je la préfère à Klytaimnestrè, que j'ai épousée vierge. Elle ne lui est inférieure ni par le corps, ni par la taille, ni par l'intelligence, ni par l'habileté aux travaux. Mais je la veux rendre. Je préfère le salut des peuples à leur destruction. Donc, préparez-moi promptement un prix, afin que, seul d'entre tous les Argiens, je ne sois point dépouillé. Cela ne conviendrait point ; car, vous le voyez, ma part m'est retirée.

Et le divin Akhilleus aux pieds rapides lui répondit :

— Très-orgueilleux Atréide, le plus avare des hommes, comment les magnanimes Akhaiens te donneraient-ils un autre prix ? Avons-nous des dépouilles à mettre en commun ? Celles que nous avons enlevées des villes saccagées ont été distribuées, et il ne convient point que les hommes en fassent un nouveau partage. Mais toi, remets cette jeune fille à son Dieu, et nous, Akhaiens, nous te rendrons le triple et le quadruple, si jamais Zeus nous donne de détruire Troiè aux fortes murailles.

Et le roi Agamemnôn, lui répondant, parla ainsi :

— Ne crois point me tromper, quelque brave que tu sois, Akhilleus semblable à un Dieu, car tu ne me séduiras ni ne me persuaderas. Veux-tu, tandis que tu gardes ta part, que je reste assis dans mon indigence, en affranchissant cette jeune fille ? Si les magnanimes Akhaiens satisfont mon cœur par un prix d'une valeur égale, soit. Sinon, je ravirai le tien, ou celui d'Aias, ou celui d'Odysseus ; et je l'emporterai, et celui-là s'indignera vers qui j'irai. Mais nous songerons à ceci plus tard. Donc, lançons une nef noire à la mer divine, munie d'avirons, chargée d'une hécatombe, et faisons-y monter Khrysèis aux belles joues, sous la conduite d'un chef, Aias, Idoméneus, ou le divin Odysseus, ou toi-même, Pèléide, le plus effrayant des hommes, afin d'apaiser l'archer Apollôn par les sacrifices accomplis.

Et Akhilleus aux pieds rapides, le regardant d'un œil sombre, parla ainsi :

— Ah ! revêtu d'impudence, âpre au gain ! Comment un seul d'entre les Akhaiens se hâterait-il de t'obéir, soit qu'il faille tendre une embuscade, soit qu'on doive combattre courageusement contre les hommes ? Je ne suis point venu pour ma propre cause attaquer les Troiens armés de lances, car ils ne m'ont jamais nui. Jamais ils ne m'ont enlevé ni mes bœufs ni mes chevaux ; jamais, dans la fructueuse Phthiè, ils n'ont ravagé mes moissons : car un grand nombre de montagnes ombragées et la mer sonnante nous séparent. Mais nous t'avons suivi pour te plaire, impudent ! pour venger Ménélaos et toi, œil de chien ! Et tu ne t'en soucies ni ne t'en souviens, et tu me menaces de m'enlever la récompense pour laquelle j'ai tant travaillé et que m'ont donnée les fils des Akhaiens ! Certes, je n'ai jamais une part égale à la tienne quand on saccage une ville troienne bien peuplée ; et cependant mes mains portent le plus lourd fardeau de la guerre impétueuse. Et, quand vient l'heure du partage, la meilleure part est pour toi ; et, ployant sous la fatigue du combat, je retourne vers mes nefs, satisfait d'une récompense modique. Aujourd'hui, je pars pour la Phthiè, car mieux vaut regagner ma demeure sur mes nefs éperonnées. Et je ne pense point qu'après m'avoir outragé tu recueilles ici des dépouilles et des richesses.

Et le roi des hommes, Agamemnôn, lui répondit :

— Fuis, si ton cœur t'y pousse. Je ne te demande point de rester pour ma cause. Mille autres seront avec moi, surtout le très-sage Zeus. Tu m'es le plus odieux des rois nourris par le Kronide. Tu ne te plais que dans la dissension, la guerre et le combat. Si tu es brave, c'est que les Dieux l'ont voulu sans doute. Retourne dans ta demeure avec tes nefs et tes compagnons ; commande aux Myrmidones ; je n'ai nul souci de ta colère, mais je te préviens de ceci : puisque Phoibos Apollôn m'enlève Khryseis, je la renverrai sur une de mes nefs avec mes compagnons, et moi-même j'irai sous ta tente et j'en entraînerai Breiseis aux belles joues, qui fut ton partage, afin que tu comprennes que je suis plus puissant que toi, et que chacun redoute de se dire mon égal en face.

Il parla ainsi, et le Pèléiôn fut rempli d'angoisse, et son cœur, dans sa mâle poitrine, délibéra si, prenant l'épée aiguë sur sa cuisse, il écarterait la foule et tuerait l'Atréide, ou s'il apaiserait sa colère et refrénerait sa fureur.

Et tandis qu'il délibérait dans son âme et dans son esprit, et qu'il arrachait sa grande épée de la gaîne, Athènè vint de l'Ouranos, car Hèrè aux bras blancs l'avait envoyée, aimant et protégeant les deux rois. Elle se tint en arrière et saisit le Pèléiôn par sa chevelure blonde ; visible pour lui seul, car nul autre ne la voyait. Et Akhilleus, stupéfait, se retourna, et aussitôt il reconnut Athènè, dont les yeux étaient terribles, et il lui dit en paroles ailées :

— Pourquoi es-tu venue, fille de Zeus tempêtueux ? Est-ce afin de voir l'outrage qui m'est fait par l'Atréide Agamemnôn ? Mais je te le dis, et ma parole s'accomplira, je pense : il va rendre l'âme à cause de son insolence.

Et Athènè aux yeux clairs lui répondit :

— Je suis venue de l'Ouranos pour apaiser ta colère, si tu veux obéir. La divine Hèrè aux bras blancs m'a envoyée, vous aimant et vous protégeant tous deux. Donc, arrête ; ne prends point l'épée en main, venge-toi en paroles, quoi qu'il arrive. Et je te le dis, et ceci s'accomplira : bientôt ton injure te sera payée par trois fois autant de présents splendides. Réprime-toi et obéis-nous.

Et Akhilleus aux pieds rapides, lui répondant, parla ainsi :

— Déesse, il faut observer ton ordre, bien que je sois irrité dans l'âme. Cela est pour le mieux sans doute, car les Dieux exaucent qui leur obéit.

Il parla ainsi, et, frappant d'une main lourde la poignée d'argent, il repoussa sa grande épée dans la gaîne et n'enfreignit point l'ordre d'Athènè.

Et celle-ci retourna auprès des autres Dieux, dans les demeures olympiennes de Zeus tempêtueux.

Et le Pèléide, débordant de colère, interpella l'Atréide avec d'âpres paroles :

— Lourd de vin, œil de chien, cœur de cerf ! jamais tu n'as osé, dans ton âme, t'armer pour le combat avec les hommes, ni tendre des embuscades avec les princes des Akhaiens. Cela t'épouvanterait comme la mort elle-même. Certes, il est beaucoup plus aisé, dans la vaste armée Akhaienne, d'enlever la part de celui qui te contredit, Roi qui manges ton peuple, parce que tu commandes à des hommes vils. S'il n'en était pas ainsi, Atréide, cette insolence serait la dernière. Mais je te le dis, et j'en jure un grand serment : par ce sceptre qui ne produit ni feuilles, ni rameaux, et qui ne reverdira plus, depuis qu'il a été tranché du tronc sur les montagnes et que l'airain l'a dépouillé de feuilles et d'écorce ; et par le sceptre que les fils des Akhaiens portent aux mains quand ils jugent et gardent les lois au nom de Zeus, je te le jure par un grand serment : certes, bientôt le regret d'Akhilleus envahira tous les fils des Akhaiens, et tu gémiras de ne pouvoir les défendre, quand ils tomberont en foule sous le tueur d'hommes Hektôr ; et tu seras irrité et déchiré au fond de ton âme d'avoir outragé le plus brave des Akhaiens.

Ainsi parla le Pèléide, et il jeta contre terre le sceptre aux clous d'or, et il s'assit. Et l'Atréide s'irritait aussi ; mais l'excellent agorète des Pyliens, l'harmonieux Nestôr, se leva.

Et la parole coulait de sa langue, douce comme le miel. Et il avait déjà vécu deux âges d'hommes nés et nourris avec lui dans la divine Pylos, et il régnait sur le troisième âge. Très-sage, il dit dans l'agora :

— Ô Dieux ! Certes, un grand deuil envahit la terre Akhaienne ! Voici que Priamos se réjouira et que les fils de Priamos et tous les autres

Troiens se réjouiront aussi dans leur cœur, quand ils apprendront vos querelles, à vous qui êtes au-dessus des Danaens dans l'agora et dans le combat. Mais laissez-vous persuader, car vous êtes tous deux moins âgés que moi. J'ai vécu autrefois avec des hommes plus braves que vous, et jamais ils ne m'ont cru moindre qu'eux. Non, jamais je n'ai vu et je ne reverrai des hommes tels que Peirithoos, et Dryas, prince des peuples, Kainéos, Exadios, Polyphèmos semblable à un dieu, et Thèseus Aigéide pareil aux Immortels. Certes, ils étaient les plus braves des hommes nourris sur la terre, et ils combattaient contre les plus braves, les Centaures des montagnes ; et ils les tuèrent terriblement. Et j'étais avec eux, étant allé loin de Pylos et de la terre d'Apiè, et ils m'avaient appelé, et je combattais selon mes forces, car nul des hommes qui sont aujourd'hui sur la terre n'aurait pu leur résister. Mais ils écoutaient mes conseils et s'y conformaient. Obéissez donc, car cela est pour le mieux. Il n'est point permis à Agamemnôn, bien que le plus puissant, d'enlever au Pèléide la vierge que lui ont donnée les fils des Akhaiens, mais tu ne dois point aussi, Pèléide, résister au Roi, car tu n'es point l'égal de ce Porte-sceptre que Zeus a glorifié. Si tu es le plus brave, si une mère divine t'a enfanté, celui-ci est le plus puissant et commande à un plus grand nombre. Atréide, renonce à ta colère, et je supplie Akhilleus de réprimer la sienne, car il est le solide bouclier des Akhaiens dans la guerre mauvaise.

Et le roi Agamemnôn parla ainsi :

— Vieillard, tu as dit sagement et bien ; mais cet homme veut être au-dessus de tous, commander à tous et dominer sur tous. Je ne pense point que personne y consente. Si les Dieux qui vivent toujours l'ont fait brave, lui ont-ils permis d'insulter ?

Et le divin Akhilleus lui répondit :

— Certes, je mériterais d'être nommé lâche et vil si, à chacune de tes paroles, je te complaisais en toute chose. Commande aux autres, mais non à moi, car je ne pense point que je t'obéisse jamais plus désormais. Je te dirai ceci ; garde-le dans ton esprit : Je ne combattrai point contre aucun autre à cause de cette vierge, puisque vous m'enlevez ce que vous m'avez donné ; mais tu n'emporteras rien contre mon gré de toutes les autres choses qui sont dans ma nef noire et rapide. Tente-le, fais-toi ce danger, et que ceux-ci le voient, et aussitôt ton sang noir ruissellera autour de ma lance.

S'étant ainsi outragés de paroles, ils se levèrent et rompirent l'agora auprès des nefs des Akhaiens. Et le Pèléide se retira, avec le Ménoitiade et ses compagnons, vers ses tentes. Et l'Atréide lança à la mer une nef rapide, l'arma de vingt avirons, y mit une hécatombe pour le Dieu et y conduisit lui-même Khrysèis aux belles joues. Et le chef fut le subtil Odysseus.

Et comme ils naviguaient sur les routes marines, l'Atréide ordonna aux peuples de se purifier. Et ils se purifiaient tous, et ils jetaient leurs souillures dans la mer, et ils sacrifiaient à Apollôn des hécatombes choisies de taureaux et de chèvres, le long du rivage de la mer inféconde. Et l'odeur en montait vers l'Ouranos, dans un tourbillon de fumée.

Et pendant qu'ils faisaient ainsi, Agamemnôn n'oubliait ni sa colère, ni la menace faite à Akhilleus. Et il interpella Talthybios et Eurybatès, qui étaient ses hérauts familiers.

— Allez à la tente du Pèléide Akhilleus. Saisissez de la main Breisèis aux belles joues ; et, s'il ne la donnait pas, j'irai la saisir moi-même avec un plus grand nombre, et ceci lui sera plus douloureux.

Et il les envoya avec ces âpres paroles. Et ils marchaient à regret le long du rivage de la mer inféconde, et ils parvinrent aux tentes et aux nefs des Myrmidones. Et ils trouvèrent le Pèléide assis auprès de sa tente et de sa nef noire, et Akhilleus ne fut point joyeux de les voir. Effrayés et pleins de respect, ils se tenaient devant le Roi, et ils ne lui parlaient, ni ne l'interrogeaient. Et il les comprit dans son âme et dit :

— Salut, messagers de Zeus et des hommes ! Approchez. Vous n'êtes point coupables envers moi, mais bien Agamemnôn, qui vous envoie pour la vierge Breisèis. Debout, divin Patroklos, amène-la, et qu'ils l'entraînent ! Mais qu'ils soient témoins devant les Dieux heureux, devant les hommes mortels et devant ce roi féroce, si jamais on a besoin de moi pour conjurer la destruction de tous ; car, certes, il est plein de fureur dans ses pensées mauvaises, et il ne se souvient de rien, et il ne prévoit rien, de façon que les Akhaiens combattent saufs auprès des nefs.

Il parla ainsi, et Patroklos obéit à son compagnon bien-aimé. Il conduisit hors de la tente Breisèis aux belles joues, et il la livra pour être entraînée. Et les hérauts retournèrent aux nefs des Akhaiens, et la jeune femme allait, les suivant à contre-cœur. Et Akhilleus, en pleurant, s'assit, loin des siens, sur le rivage blanc d'écume, et, regardant la haute mer toute noire, les mains étendues, il supplia sa mère bien-aimée :

— Mère ! puisque tu m'as enfanté pour vivre peu de temps, l'Olympien Zeus qui tonne dans les nues devrait m'accorder au moins quelque honneur ; mais il le fait maintenant moins que jamais. Et voici que l'Atréide Agamemnôn, qui commande au loin, m'a couvert d'opprobre, et qu'il possède ma récompense qu'il m'a enlevée.

Il parla ainsi, versant des larmes. Et sa mère vénérable l'entendit, assise au fond de l'abîme, auprès de son vieux père. Et, aussitôt, elle émergea de la blanche mer, comme une nuée ; et, s'asseyant devant son fils qui pleurait, elle le caressa de la main et lui parla :

— Mon, enfant, pourquoi pleures-tu ? Quelle amertume est entrée dans ton âme ? Parle, ne cache rien, afin que nous sachions tous deux.

Et Akhilleus aux pieds rapides parla avec un profond soupir :

— Tu le sais ; pourquoi te dire ce que tu sais ? Nous sommes allés contre Thèbè la sainte, ville d'Eétiôn, et nous l'avons saccagée, et nous en avons tout enlevé ; et les fils des Akhaiens, s'étant partagé les dépouilles, donnèrent à l'Atréide Agamemnôn Khrysèis aux belles joues. Mais bientôt

Khrysès, sacrificateur de l'Archer Apollôn, vint aux nefs rapides des Akhaiens revêtus d'airain, pour racheter sa fille. Et il portait le prix infini de l'affranchissement, et, dans ses mains, les bandelettes de l'Archer Apollôn, suspendues au sceptre d'or. Et, suppliant, il pria tous les Akhaiens, et surtout les deux Atréides, princes des peuples. Et tous les Akhaiens, par des rumeurs favorables, voulaient qu'on respectât le sacrificateur et qu'on reçût le prix splendide. Mais cela ne plut point à l'âme de l'Atréide Agamemnôn, et il le chassa outrageusement avec une parole violente. Et le vieillard irrité se retira. Mais Apollôn exauça son vœu, car il lui est très-cher. Il envoya contre les Argiens une flèche mauvaise ; et les peuples périssaient amoncelés ; et les traits du Dieu sifflaient au travers de la vaste armée Akhaienne. Un divinateur sage interprétait dans l'agora les volontés sacrées d'Apollôn. Aussitôt, le premier, je voulus qu'on apaisât le Dieu. Mais la colère saisit l'Atréide, et, se levant soudainement, il prononça une menace qui s'est accomplie. Les Akhaiens aux sourcils arqués ont conduit la jeune vierge à Khrysè, sur une nef rapide, et portant des présents au Dieu ; mais deux hérauts viennent d'entraîner de ma tente la vierge Breisèis que les Akhaiens m'avaient donnée. Pour toi, si tu le veux, secours ton fils bien-aimé. Monte à l'Ouranos olympien et supplie Zeus, si jamais tu as touché son cœur par tes paroles ou par tes actions. Souvent je t'ai entendue, dans les demeures paternelles, quand tu disais que, seule parmi les Immortels, tu avais détourné un indigne traitement du Kroniôn qui amasse les nuées, alors que les autres Olympiens, Hèrè et Poseidaôn et Pallas Athènè le voulaient enchaîner. Et toi, Déesse, tu accourus, et tu le délivras de ses liens, en appelant dans le vaste Olympos le géant aux cent mains que les Dieux nomment Briaréôs, et les hommes Aigaiôs. Et celui-ci était beaucoup plus fort que son père, et il s'assit, orgueilleux de sa gloire, auprès du Kroniôn ; et les Dieux heureux en furent épouvantés et n'enchaînèrent point Zeus. Maintenant rappelle ceci en sa mémoire ; presse ses genoux ; et que, venant en aide aux Troiens, ceux-ci repoussent, avec un grand massacre, les Akhaiens contre la mer et dans leurs nefs. Que les Argiens jouissent de leur Roi, et que l'Atréide Agamemnôn qui commande au loin souffre de sa faute, puisqu'il a outragé le plus brave des Akhaiens.

Et Thétis, répandant des larmes, lui répondit :

— Hélas ! mon enfant, pourquoi t'ai-je enfanté et nourri pour une destinée mauvaise ! Oh ! que n'es-tu resté dans tes nefs, calme et sans larmes du moins, puisque tu ne dois vivre que peu de jours ! Mais te voici très-malheureux et devant mourir très-vite, parce que je t'ai enfanté dans mes demeures pour une destinée mauvaise ! Cependant, j'irai dans l'Olympos neigeux, et je parlerai à Zeus qui se réjouit de la foudre, et peut-être m'écoutera-t-il. Pour toi, assis dans tes nefs rapides, reste irrité contre les Akhaiens et abstiens-toi du combat. Zeus est allé hier du côté de l'Okéanos, à un festin que lui ont donné les Aithiopiens irréprochables, et tous les Dieux l'ont suivi. Le douzième jour il reviendra dans l'Olympos. Alors j'irai dans la demeure d'airain de Zeus et je presserai ses genoux, et je pense qu'il en sera touché.

Ayant ainsi parlé, elle partit et laissa Akhilleus irrité dans son cœur au souvenir de la jeune femme à la belle ceinture qu'on lui avait enlevée par violence.

Et Odysseus, conduisant l'hécatombe sacrée, parvint à Khrysè. Et les Akhaiens, étant entrés dans le port profond, plièrent les voiles qui furent déposées dans la nef noire. Ils abattirent joyeusement sur l'avant le mât dégagé de ses manœuvres ; et, menant la nef à force d'avirons, après avoir amarré les câbles et mouillé les roches, ils descendirent sur le rivage de la mer, avec l'hécatombe promise à l'Archer Apollôn. Khrysèis sortit aussitôt de la nef, et le subtil Odysseus, la conduisant vers l'autel, la remit aux mains de son père bien-aimé, et dit :

— Ô Khrysès ! le roi des hommes, Agamemnôn, m'a envoyé pour te rendre ta fille et pour sacrifier une hécatombe sacrée à Phoibos en faveur des Danaens, afin que nous apaisions le Dieu qui accable les Argiens de calamités déplorables.

Ayant ainsi parlé, il lui remit aux mains sa fille bien-aimée, et le vieillard la reçut plein de joie. Aussitôt les Akhaiens rangèrent la riche hécatombe dans l'ordre consacré, autour de l'autel bâti selon le rite. Et ils se lavèrent les mains, et ils préparèrent les orges salées et Khrysès, à haute voix, les bras levés, priait pour eux

— Entends-moi, Porteur de l'arc d'argent, qui protèges Khrysè et la divine Killa, et commandes fortement sur Ténédos. Déjà tu as exaucé ma prière ; tu m'as honoré et tu as couvert d'affliction les peuples des Akhaiens. Maintenant écoute mon vœu, et détourne loin d'eux la contagion.

Il parla ainsi en priant, et Phoibos Apollôn l'exauça. Et, après avoir prié et répandu les orges salées, renversant en arrière le cou des victimes, ils les égorgèrent et les écorchèrent. On coupa les cuisses, on les couvrit de graisse des deux côtés, et on posa sur elles les entrailles crues.

Et le vieillard les brûlait sur du bois sec et les arrosait d'une libation de vin rouge. Les jeunes hommes, auprès de lui, tenaient en mains des broches à cinq pointes. Et, les cuisses étant consumées, ils goûtèrent les entrailles ; et, séparant le reste en plusieurs morceaux, ils les transfixèrent de leurs broches et les firent cuire avec soin, et le tout fut retiré du feu. Après avoir achevé ce travail, ils préparèrent le repas ; et tous furent conviés, et nul ne se plaignit, dans son âme, de l'inégalité des parts.

Ayant assouvi la faim et la soif, les jeunes hommes couronnèrent de vin les kratères et les répartirent entre tous à pleines coupes. Et, durant tout le jour, les jeunes Akhaiens apaisèrent le Dieu par leurs hymnes, chantant le joyeux Paian et célébrant l'Archer Apollôn qui se réjouissait dans son cœur de les entendre.

Quand Hélios tomba et que les ombres furent venues, ils se couchèrent auprès des câbles, à la proue de leur nef et quand Éôs, aux doigts rosés, née au matin, apparut, ils s'en retournèrent vers la vaste armée des Akhaiens, et l'Archer Apollôn leur envoya un vent propice. Et ils dressèrent le mât, et ils déployèrent les voiles blanches ; et le vent les gonfla par le milieu ; et l'onde pourprée sonnait avec bruit autour de la carène de la nef qui courait sur l'eau en faisant sa route.

Puis, étant parvenus à la vaste armée des Akhaiens, ils tirèrent la nef noire au plus haut des sables de la plage ; et, l'ayant assujettie sur de longs rouleaux, ils se dispersèrent parmi les tentes et les nefs.

Mais le divin fils de Pèleus, Akhilleus aux pieds rapides, assis auprès de ses nefs légères, couvait son ressentiment ; et il ne se montrait plus ni dans l'agora qui illustre les hommes, ni dans le combat. Et il restait là, se dévorant le cœur et regrettant le cri de guerre et la mêlée.

Quand Éôs reparut pour la douzième fois, les Dieux qui vivent toujours revinrent ensemble dans l'Olympos, et Zeus marchait en tête. Et Thétis n'oublia point les prières de son fils ; et, émergeant de l'écume de la mer, elle monta, matinale, à travers le vaste Ouranos, jusqu'à l'Olympos, où elle trouva Celui qui voit tout, le Kronide, assis loin des autres Dieux, sur le plus haut faîte de l'Olympos aux cimes nombreuses. Elle s'assit devant lui, embrassa ses genoux de la main gauche, lui toucha le menton de la main droite, et, le suppliant, elle dit au Roi Zeus Kroniôn :

— Père Zeus ! si jamais, entre les Immortels, je t'ai servi, soit par mes paroles, soit par mes actions, exauce ma prière. Honore mon fils qui, de tous les vivants, est le plus proche de la mort. Voici que le roi des hommes, Agamemnôn, l'a outragé, et qu'il possède sa récompense qu'il lui a enlevée. Mais toi, du moins, honore-le, Olympien, très-sage Zeus, et donne le dessus aux Troiens jusqu'à ce que les Akhaiens aient honoré mon fils et lui aient rendu hommage.

Elle parla ainsi, et Zeus, qui amasse les nuées, ne répondit pas et resta longtemps muet. Et Thétis, ayant saisi ses genoux qu'elle tenait embrassés, dit une seconde fois :

— Consens et promets avec sincérité, ou refuse-moi, car tu ne peux craindre rien. Que je sache si je suis la plus méprisée des Déesses !

Et Zeus qui amasse les nuées, avec un profond soupir, lui dit :

— Certes, ceci va causer de grands malheurs, quand tu m'auras mis en lutte avec Hèrè, et quand elle m'aura irrité par des paroles outrageantes. Elle ne cesse, en effet, parmi les Dieux Immortels, de me reprocher de soutenir les Troiens dans le combat. Maintenant, retire-toi en hâte, de peur que Hèrè t'aperçoive. Je songerai à faire ce que tu demandes, et je t'en donne pour gage le signe de ma tête, afin que tu sois convaincue. Et c'est le plus grand de mes signes pour les Immortels. Et je ne puis ni révoquer, ni renier, ni négliger ce que j'ai promis par un signe de ma tête.

Et le Kroniôn, ayant parlé, fronça ses sourcils bleus. Et la chevelure ambroisienne s'agita sur la tête immortelle du Roi, et le vaste Olympos en fut ébranlé.

Tous deux, s'étant ainsi parlé, se séparèrent. Et Thétis sauta dans la mer profonde, du haut de l'Olympos éblouissant, et Zeus rentra dans sa demeure. Et tous les Dieux se levèrent de leurs siéges à l'aspect de leur Père, et nul n'osa l'attendre, et tous s'empressèrent au-devant de lui, et il s'assit sur son trône. Mais Hèrè n'avait pas été trompée, l'ayant vu se concerter avec la fille du Vieillard de la mer, Thétis aux pieds d'argent. Et elle adressa d'amers reproches à Zeus Kroniôn :

— Qui d'entre les Dieux, ô plein de ruses, s'est encore concerté avec toi ? Il te plaît sans cesse de prendre, loin de moi, de secrètes résolutions, et jamais tu ne me dis ce que tu médites.

Et le Père des Dieux et des hommes lui répondit :

— Hèrè, n'espère point connaître toutes mes pensées. Elles te seraient terribles, bien que tu sois mon épouse. Celle qu'il convient que tu saches, aucun des Dieux et des hommes ne la connaîtra avant toi ; mais pour celle que je médite loin des Dieux, ne la recherche ni ne l'examine.

Et la vénérable Hèrè aux yeux de bœuf lui répondit :

— Terrible Kronide, quelle parole as-tu dite ? Certes, je ne t'ai jamais interrogé et n'ai point recherché tes pensées, et tu médites ce qu'il te plaît dans ton esprit. Mais je tremble que la fille du Vieillard de la mer, Thétis aux pieds d'argent, ne t'ait séduit ; car, dès le matin, elle s'est assise auprès de toi et elle a saisi tes genoux. Tu lui as promis, je pense, que tu honorerais Akhilleus et que tu ferais tomber un grand nombre d'hommes auprès des nefs des Akhaiens.

Et Zeus qui amasse les nuées lui répondit, et il dit :

— Insensée ! tu me soupçonnes sans cesse et je ne puis me cacher de toi. Mais, dans ton impuissance, tu ne feras que t'éloigner de mon cœur, et ta peine en sera plus terrible. Si tes soupçons sont vrais, sache qu'il me plaît d'agir ainsi. Donc, tais-toi et obéis à mes paroles. Prends garde que tous les Dieux Olympiens ne puissent te défendre, si j'étends sur toi mes mains sacrées.

Il parla ainsi, et la vénérable Hèrè aux yeux de bœuf fut saisie de crainte, et elle demeura muette, domptant son cœur altier. Et, dans la demeure de Zeus, les Dieux Ouraniens gémirent.

Et l'illustre ouvrier Hèphaistos commença de parler, pour consoler sa mère bien-aimée, Hèrè aux bras blancs :

— Certes, nos maux seront funestes et intolérables, si vous vous querellez ainsi pour des mortels, et si vous mettez le tumulte parmi les Dieux. Nos festins brillants perdront leur joie, si le mal l'emporte. Je conseille à ma mère, bien qu'elle soit déjà persuadée de ceci, de calmer Zeus, mon père bien-aimé, afin qu'il ne s'irrite point de nouveau et qu'il ne trouble plus nos festins. Certes, si l'Olympien qui darde les éclairs le veut, il peut nous précipiter de nos thrônes, car il est le plus puissant. Tente donc de le fléchir par de douces paroles, et aussitôt l'Olympien nous sera bienveillant.

Il parla ainsi, et, s'étant élancé, il remit une coupe profonde aux mains de sa mère bien-aimée et lui dit :

— Sois patiente, ma mère, et, bien qu'affligée, supporte ta disgrâce, de peur que je te voie maltraitée, toi qui m'es chère, et que, malgré ma douleur, je ne puisse te secourir, car l'Olympien est un terrible adversaire. Déjà, une fois, comme je voulais te défendre, il me saisit par un pied et me jeta du haut des demeures divines. Tout un jour je roulai, et, avec Hélios, qui se couchait, je tombai dans Lèmnos, presque sans vie. Là les hommes Sintiens me reçurent dans ma chute.

Il parla ainsi, et la divine Hèrè aux bras blancs sourit, et elle reçut la coupe de son fils. Et il versait, par la droite, à tous les autres Dieux, puisant le doux nektar dans le kratère. Et un rire inextinguible s'éleva parmi les Dieux heureux, quand ils virent Hèphaistos s'agiter dans la demeure.

Et ils se livraient ainsi au festin, tout le jour, jusqu'au coucher de Hélios. Et nul d'entre eux ne fut privé d'une égale part du repas, ni des sons de la lyre magnifique que tenait Apollôn, tandis que les Muses chantaient tour à tour d'une belle voix. Mais après que la brillante lumière Hélienne se fut couchée, eux aussi se retirèrent, chacun dans la demeure que l'illustre Hèphaistos boiteux des deux pieds avait construite habilement. Et l'Olympien Zeus, qui darde les éclairs, se rendit vers sa couche, là où il reposait quand le doux sommeil le saisissait. Et il s'y endormit, et, auprès de lui, Hèrè au trône d'or.

RHAPSODIE II.

Les Dieux et les cavaliers armés de casques dormaient tous dans la nuit ; mais le profond sommeil ne saisissait point Zeus, et il cherchait dans son esprit comment il honorerait Akhilleus et tuerait une foule d'hommes auprès des nefs des Akhaiens. Et ce dessein lui parut le meilleur, dans son esprit, d'envoyer un Songe menteur à l'Atréide Agamemnôn. Et, l'ayant appelé, il lui dit ces paroles ailées :

— Va, Songe menteur, vers les nefs rapides des Akhaiens. Entre dans la tente de l'Atréide Agamemnôn et porte-lui très-fidèlement mon ordre. Qu'il arme la foule des Akhaiens chevelus, car voici qu'il va s'emparer de la ville aux larges rues des Troiens. Les Immortels qui habitent les demeures Olympiennes ne sont plus divisés, car Hèrè les a tous fléchis par ses supplications, et les calamités sont suspendues sur les Troiens.

Il parla ainsi, et, l'ayant entendu, le Songe partit. Et il parvint aussitôt aux nefs rapides des Akhaiens, et il s'approcha de l'Atréide Agamemnôn qui dormait sous sa tente et qu'un sommeil ambroisien enveloppait. Et il se tint auprès de la tête du Roi. Et il était semblable au Nèlèiôn Nestôr, qui, de tous les vieillards, était le plus honoré d'Agamemnôn. Et, sous cette forme, le Songe divin parla ainsi :

— Tu dors, fils du brave Atreus dompteur de chevaux ? Il ne faut pas qu'un homme sage à qui les peuples ont été confiés, et qui a tant de soucis dans l'esprit, dorme toute la nuit. Et maintenant, écoute-moi sans tarder, car je te suis envoyé par Zeus qui, de loin, s'inquiète de toi et te prend en pitié. Il t'ordonne d'armer la foule des Akhaiens chevelus, car voici que tu vas t'emparer de la ville aux larges rues des Troiens. Les Immortels qui habitent les demeures Olympiennes ne sont plus divisés, car Hèrè les a tous fléchis par ses supplications, et les calamités sont suspendues sur les Troiens. Garde ces paroles dans ton esprit et n'oublie rien quand le doux sommeil t'aura quitté.

Ayant ainsi parlé, il disparut et le laissa rouler dans son esprit ces paroles qui ne devaient point s'accomplir. Et l'insensé crut qu'il allait s'emparer, ce jour-là, de la ville de Priamos, ne sachant point ce que Zeus méditait. Et le Kronide se préparait à répandre encore, en de terribles batailles, les douleurs et les gémissements sur les Troiens et sur les Danaens.

Et l'Atréide s'éveilla, et la voix divine résonnait autour de lui. Il se leva et revêtit sa tunique moelleuse, belle et neuve. Et il se couvrit d'un large manteau et noua à ses pieds robustes de belles sandales, et il suspendit à ses épaules l'épée aux clous d'argent. Enfin, il prit le sceptre immortel de ses pères et marcha ainsi vers les nefs des Akhaiens revêtus d'airain.

Et la divine Éôs gravit le haut Olympos, annonçant la lumière à Zeus et aux Immortels. Et l'Atréide ordonna aux hérauts à la voix sonore de convoquer à l'agora les Akhaiens chevelus. Et ils les convoquèrent, et tous accoururent en foule ; et l'Atréide réunit un conseil de chefs magnanimes, auprès de la nef de Nestôr, roi de Pylos. Et, les ayant réunis, il consulta leur sagesse :

— Amis, entendez-moi. Un Songe divin m'a été envoyé dans mon sommeil, au milieu de la nuit ambroisienne. Et il était semblable au divin Nestôr par le visage et la stature, et il s'est arrêté au-dessus de ma tête, et il m'a parlé ainsi :

— Tu dors, fils du brave Atreus dompteur de chevaux ? Il ne faut point qu'un homme sage à qui les peuples ont été confiés, et qui a tant de soucis dans l'esprit, dorme toute la nuit. Et maintenant, écoute-moi sans tarder, car je te suis envoyé par Zeus qui, de loin, s'inquiète de toi et te prend en pitié. Il t'ordonne d'armer la foule des Akhaiens chevelus, car voici que tu vas t'emparer de la ville aux larges rues des Troiens. Les Immortels qui habitent les demeures Olympiennes ne sont plus divisés, car Hèrè les a tous fléchis par ses supplications, et les calamités sont suspendues sur les Troiens. Garde ces paroles dans ton esprit.

En parlant ainsi il s'envola, et le doux sommeil me quitta. Maintenant, songeons à armer les fils des Akhaiens. D'abord, je les tenterai par mes paroles, comme il est permis, et je les pousserai à fuir sur leurs nefs chargées de rameurs. Vous, par vos paroles, forcez-les de rester.

Ayant ainsi parlé, il s'assit. Et Nestôr se leva, et il était roi de la sablonneuse Pylos, et, les haranguant avec sagesse, il leur dit :

— Ô amis ! Rois et princes des Argiens, si quelqu'autre des Akhaiens nous eût dit ce songe, nous aurions pu croire qu'il mentait, et nous l'aurions repoussé ; mais celui qui l'a entendu se glorifie d'être le plus puissant dans l'armée. Songeons donc à armer les fils des Akhaiens.

Ayant ainsi parlé, il sortit le premier de l'agora. Et les autres Rois porte-sceptres se levèrent et obéirent au prince des peuples. Et les peuples accouraient. Ainsi des essaims d'abeilles innombrables sortent toujours et sans cesse d'une roche creuse et volent par légions sur les fleurs du printemps, et les unes tourbillonnent d'un côté, et les autres de l'autre. Ainsi la multitude des peuples, hors des nefs et des tentes, s'avançait vers l'agora, sur le rivage immense. Et, au milieu d'eux, Ossa, messagère de Zeus, excitait et hâtait leur course, et ils se réunissaient.

Et l'agora était pleine de tumulte, et la terre gémissait sous le poids des peuples. Et, comme les clameurs redoublaient, les hérauts à la voix sonore les contraignaient de se taire et d'écouter les Rois divins. Et la foule s'assit et resta silencieuse ; et le divin Agamemnôn se leva, tenant son sceptre. Hèphaistos, l'ayant fait, l'avait donné au Roi Zeus Kroniôn. Zeus le donna au Messager, tueur d'Argos ; et le roi Herméias le donna à Pélops, dompteur de chevaux, et Pélops le donna au prince des peuples Atreus. Atreus, en mourant, le laissa à Thyestès riche en troupeaux, et Thyestès le laissa à Agamemnôn, afin que ce dernier le portât et commandât sur un grand nombre d'îles et sur tout Argos. Appuyé sur ce sceptre, il parla ainsi aux Argiens :

— Ô amis ! héros Danaens, serviteurs d'Arès, Zeus Kronide m'accable de maux terribles. L'impitoyable ! Autrefois il me promit que je reviendrais après avoir conquis Ilios aux fortes murailles ; mais il me trompait, et voici qu'il me faut rentrer sans gloire dans Argos, ayant perdu un grand nombre d'hommes. Et cela plaît au tout puissant Zeus qui a renversé et qui renversera tant de hautes citadelles, car sa force est très-grande. Certes, ceci sera une honte dans la postérité, que la race courageuse et innombrable des Akhaiens ait combattu tant d'années, et vainement, des hommes moins nombreux, sans qu'on puisse prévoir la fin de la lutte. Car, si, ayant scellé par serment d'inviolables traités, nous, Akhaiens et Troiens, nous faisions un dénombrement des deux races ; et que, les habitants de Troiè s'étant réunis, nous nous rangions par décades, comptant un seul Troien pour présenter la coupe à chacune d'elles, certes, beaucoup de décades manqueraient d'échansons, tant les fils des Argiens sont plus nombreux que les Troiens qui habitent cette ville. Mais voici que de nombreux alliés, habiles à lancer la pique, s'opposent victorieusement à mon désir de renverser la citadelle populeuse de Troiè. Neuf années du grand Zeus se sont écoulées déjà, et le bois de nos nefs se corrompt, et les cordages tombent en poussière ; et nos femmes et nos petits enfants restent en nous attendant dans nos demeures, et la tâche est inachevée pour laquelle nous sommes venus. Allons ! fuyons tous sur nos nef vers la chère terre natale. Nous ne prendrons jamais la grande Troiè !

Il parla ainsi, et ses paroles agitèrent l'esprit de la multitude qui n'avait point assisté au conseil. Et l'agora fut agitée comme les vastes flots de la mer Ikarienne que remuent l'Euros et le Notos échappés des nuées du Père Zeus, ou comme un champ d'épis que bouleverse Zéphyros qui tombe impétueusement sur la grande moisson. Telle l'agora était agitée. Et ils se ruaient tous vers les nefs, avec des clameurs, et soulevant de leurs pieds un nuage immobile de poussière. Et ils s'exhortaient à saisir les nefs et à les traîner à la mer divine. Les cris montaient dans l'Ouranos, hâtant le départ ; et ils dégageaient les canaux et retiraient déjà les rouleaux des nefs. Alors, les Argiens se seraient retirés, contre la destinée, si Hèrè n'avait parlé ainsi à Athènè :

— Ah ! fille indomptée de Zeus tempêtueux, les Argiens fuiront-ils vers leurs demeures et la chère terre natale, sur le vaste dos de la mer, laissant à Priamos et aux Troiens leur gloire et l'Argienne Hélénè pour laquelle tant d'Akhaiens sont morts devant Troiè, loin de la chère patrie ? Va trouver le peuple des Akhaiens armés d'airain. Retiens chaque guerrier par de douces paroles, et ne permets pas qu'on traîne les nefs à la mer.

Elle parla ainsi, et la divine Athènè aux yeux clairs obéit. Et elle sauta du faîte de l'Olympos, et, parvenue aussitôt aux nefs rapides des Akhaiens, elle trouva Odysseus, semblable à Zeus par l'intelligence, qui restait immobile. Et il ne saisissait point sa nef noire bien construite, car la douleur emplissait son cœur et son âme. Et, s'arrêtant auprès de lui, Athènè aux yeux clairs parla ainsi :

— Divin Laertiade, sage Odysseus, fuirez-vous donc tous dans vos nefs chargées de rameurs, laissant à Priamos et aux Troiens leur gloire et l'Argienne Hélénè pour laquelle tant d'Akhaiens sont morts devant Troiè, loin de la chère patrie ? Va ! hâte-toi d'aller vers le peuple des Akhaiens. Retiens chaque guerrier par de douces paroles, et ne permets pas qu'on traîne les nefs à la mer.

Elle parla ainsi, et il reconnut la voix de la Déesse, et il courut, jetant son manteau que releva le héraut Eurybatès d'Ithakè, qui le suivait. Et, rencontrant l'Atréide Agamemnôn, il reçut de lui le sceptre immortel de ses pères, et, avec ce sceptre, il marcha vers les nefs des Akhaiens revêtus d'airain. Et quand il se trouvait en face d'un Roi ou d'un homme illustre, il l'arrêtait par de douces paroles :

— Malheureux ! Il ne te convient pas de trembler comme un lâche. Reste et arrête les autres. Tu ne sais pas la vraie pensée de l'Atréide.

Maintenant il tente les fils des Akhaiens, et bientôt il les punira. Nous n'avons point tous entendu ce qu'il a dit dans le conseil. Craignons que, dans sa colère, il outrage les fils des Akhaiens, car la colère d'un Roi nourrisson de Zeus est redoutable, et le très-sage Zeus l'aime, et sa gloire vient de Zeus.

Mais quand il rencontrait quelque guerrier obscur et plein de clameurs, il le frappait du sceptre et le réprimait par de rudes paroles :

— Arrête, misérable ! Écoute ceux qui te sont supérieurs, lâche et sans force, toi qui n'as aucun rang ni dans le combat ni dans le conseil. Certes, tous les Akhaiens ne seront point Rois ici. La multitude des maîtres ne vaut rien. Il ne faut qu'un chef, un seul Roi, à qui le fils de Kronos empli de ruses a remis le sceptre et les lois, afin qu'il règne sur tous.

Ainsi Odysseus refrénait puissamment l'armée. Et ils se précipitaient de nouveau, tumultueux, vers l'agora, loin des nefs et des tentes, comme lorsque les flots aux bruits sans nombre se brisent en grondant sur le vaste rivage, et que la haute mer en retentit. Et tous étaient assis à leurs rangs. Et, seul, Thersitès poursuivait ses clameurs. Il abondait en paroles insolentes et outrageantes, même contre les Rois, et parlait sans mesure, afin d'exciter le rire des Argiens. Et c'était l'homme le plus difforme qui fût venu devant Ilios. Il était louche et boiteux, et ses épaules recourbées se rejoignaient sur sa poitrine, et quelques cheveux épars poussaient sur sa tête pointue. Et il haïssait surtout Akhilleus et Odysseus, et il les outrageait. Et il poussait des cris injurieux contre le divin Agamemnôn. Les Akhaiens le méprisaient et le haïssaient, mais, d'une voix haute, il outrageait ainsi Agamemnôn

Atréide, que te faut-il encore, et que veux-tu ? Tes tentes sont pleines d'airain et de nombreuses femmes fort belles que nous te donnons d'abord, nous, Akhaiens, quand nous prenons une ville. As-tu besoin de l'or qu'un Troien dompteur de chevaux t'apportera pour l'affranchissement de son fils que j'aurai amené enchaîné, ou qu'un autre Akhaien aura dompté ? Te faut-il une jeune femme que tu possèdes et que tu ne quittes plus ? Il ne convient point qu'un chef accable de maux les Akhaiens. Ô lâches ! opprobres vivants ! Akhaiennes et non Akhaiens ! Retournons dans nos demeures avec les nefs ; laissons-le, seul devant Troiè, amasser des dépouilles, et qu'il sache si nous lui étions nécessaires ou non. N'a-t-il point outragé Akhilleus, meilleur guerrier que lui, et enlevé sa récompense ? Certes, Akhilleus n'a point de colère dans l'âme, car c'eût été, Atréide, ta dernière insolence !

Il parla ainsi, outrageant Agamemnôn, prince des peuples. Et le divin Odysseus, s'arrêtant devant lui, le regarda d'un œil sombre et lui dit rudement :

— Thersitès, infatigable harangueur, silence ! Et cesse de t'en prendre aux Rois. Je ne pense point qu'il soit un homme plus vil que toi parmi ceux qui sont venus devant Troiè avec les Atréides, et tu ne devrais point haranguer avec le nom des Rois à la bouche, ni les outrager, ni exciter au retour. Nous ne savons point quelle sera notre destinée, et s'il est bon ou mauvais que nous partions. Et voici que tu te plais à outrager l'Atréide Agamemnôn, prince des peuples, parce que les héros Danaens l'ont comblé de dons ! Et c'est pour cela que tu harangues ? Mais je te le dis, et ma parole s'accomplira : si je te rencontre encore plein de rage comme maintenant, que ma tête saute de mes épaules, que je ne sois plus nommé le père de Tèlémakhos, si je ne te saisis, et, t'ayant arraché ton vêtement, ton manteau et ce qui couvre ta nudité, je ne te renvoie, sanglotant, de l'agora aux nefs rapides, en te frappant de coups terribles

Il parla ainsi, et il le frappa du sceptre sur le dos et les épaules. Et Thersitès se courba, et les larmes lui tombèrent des yeux. Une tumeur saignante lui gonfla le dos sous le coup du sceptre d'or, et il s'assit, tremblant et gémissant, hideux à voir, et il essuya ses yeux. Et les Akhaiens, bien que soucieux, rirent aux éclats ; et, se regardant les uns les autres, ils se disaient : Certes, Odysseus a déjà fait mille choses excellentes, par ses sages conseils et par sa science guerrière ; mais ce qu'il a fait de mieux, entre tous les Argiens, a été de réduire au silence ce harangueur injurieux. De longtemps, il se gardera d'outrager les Rois par ses paroles injurieuses.

La multitude parlait ainsi. Et le preneur de villes, Odysseus, se leva, tenant son sceptre. Auprès de lui, Athènè aux yeux clairs, semblable à un héraut, ordonna à la foule de se taire, afin que tous les fils des Akhaiens, les plus proches et les plus éloignés, pussent entendre et comprendre. Et l'excellent Agorète parla ainsi :

— Roi Atréide, voici que les Akhaiens veulent te couvrir d'opprobre en face des hommes vivants, et ils ne tiennent point la promesse qu'ils te firent, en venant d'Argos féconde en chevaux, de ne retourner qu'après avoir renversé la forte muraille d'Ilios. Et voici qu'ils pleurent, pleins du désir de leurs demeures, comme des enfants et des veuves. Certes, c'est une amère douleur de fuir après tant de maux soufferts. Je sais, il est vrai, qu'un voyageur, éloigné de sa femme depuis un seul mois, s'irrite auprès de sa nef chargée de rameurs, que retiennent les vents d'hiver et la mer soulevée. Or, voici neuf années bientôt que nous sommes ici. Je n'en veux donc point aux Akhaiens de s'irriter auprès de leurs nefs éperonnées ; mais il est honteux d'être restés si longtemps et de s'en retourner les mains vides. Souffrez donc, amis, et demeurez ici quelque temps encore, afin que nous sachions si Kalkhas a dit vrai ou faux. Et nous le savons, et vous en êtes tous témoins, vous que les Kères de la mort n'ont point emportés. Était-ce donc hier ? Les nefs des Akhaiens étaient réunies devant Aulis, portant les calamités à Priamos et aux Troiens. Et nous étions autour de la source, auprès des autels sacrés, offrant aux Immortels de complètes hécatombes, sous un beau platane ; et, à son ombre, coulait une eau vive, quand nous vîmes un grand prodige. Un dragon terrible, au dos ensanglanté, envoyé de l'Olympien lui-même, sortit de dessous l'autel et rampa vers le platane. Là étaient huit petits passereaux, tout jeunes, sur la branche la plus haute et blottis sous les feuilles ; et la mère qui les avait enfantés était la neuvième. Et le dragon les dévorait cruellement, et ils criaient, et la mère, désolée, volait tout autour de ses petits. Et, comme elle emplissait l'air de cris, il la saisit par une aile ; et quand il eut mangé la mère et les petits, le Dieu qui l'avait envoyé en fit un signe mémorable ; car le fils de Kronos empli de ruses le changea en pierre. Et nous admirions ceci, et les choses terribles qui étaient dans les hécatombes des Dieux. Et voici que Kalkhas nous révéla aussitôt les volontés divines : — Pourquoi êtes-vous muets, Akhaiens chevelus ? Ceci est un grand signe du très-sage Zeus ; et ces choses s'accompliront fort tard, mais la gloire n'en périra jamais. De même que ce dragon a mangé les petits passereaux, et ils étaient huit, et la mère qui les avait enfantés, et elle était la neuvième, de même nous combattrons pendant neuf années, et, dans la dixième, nous prendrons Troiè aux larges rues. — C'est ainsi qu'il parla, et ses paroles se sont accomplies. Restez donc tous, Akhaiens aux belles knèmides, jusqu'à ce que nous prenions la grande citadelle de Priamos.

Il parla ainsi, et les Argiens, par des cris éclatants, applaudissaient la harangue du divin Odysseus. Et, à ces cris, les nefs creuses rendirent des sons terribles. Et le cavalier Gérennien Nestôr leur dit :

— Ah ! certes, ceci est une agora d'enfants étrangers aux fatigues de la guerre ! Où iront nos paroles et nos serments ? Les conseils et la sagesse des hommes, et les libations de vin pur, et les mains serrées en gage de notre foi commune, tout sera-t-il jeté au feu ? Nous ne combattons qu'en paroles vaines, et nous n'avons rien trouvé de bon après tant d'années. Atréide, sois donc inébranlable et commande les Argiens dans les rudes batailles. Laisse périr un ou deux lâches qui conspirent contre les Akhaiens et voudraient regagner Argos avant de savoir si Zeus tempêtueux a menti. Mais ils n'y réussiront pas. Moi, je dis que le terrible Kroniôn engagea sa promesse le jour où les Argiens montaient dans les nefs rapides pour porter aux Troiens les Kères de la mort, car il tonna à notre droite, par un signe heureux. Donc, que nul ne se hâte de s'en retourner avant d'avoir entraîné la femme de quelque Troien et vengé le rapt de Hélénè et tous les maux qu'il a causés. Et si quelqu'un veut fuir malgré tout, qu'il saisisse sa nef noire et bien construite, afin de trouver une prompte mort. Mais, ô Roi, délibère avec une pensée droite et écoute mes conseils. Ce que je dirai ne doit pas être négligé. Sépare les hommes par races et par tribus, et que celles-ci se viennent en aide les unes les autres. Si tu fais ainsi, et que les Akhaiens t'obéissent, tu connaîtras la lâcheté ou le courage des chefs et des hommes, car chacun combattra selon ses forces. Et si tu ne renverses point cette ville, tu sauras si c'est par la volonté divine ou par la faute des hommes.

Et le roi Agamemnôn, lui répondant, parla ainsi

— Certes, vieillard, tu surpasses dans l'agora tous les fils des Akhaiens. Ô Père Zeus ! Athènè ! Apollôn ! Si j'avais dix conseillers tels que toi parmi les Akhaiens, la ville du roi Priamos tomberait bientôt, emportée et saccagée par nos mains ! Mais le Kronide Zeus tempêtueux m'a accablé de maux en me jetant au milieu de querelles fatales. Akhilleus et moi nous nous sommes divisés à cause d'une jeune vierge, et je me suis irrité le premier. Si jamais nous nous réunissons, la ruine des Troiens ne sera point retardée, même d'un jour. Maintenant, allez prendre votre repas, afin que nous combattions. Et que, d'abord, chacun aiguise sa lance, consolide son bouclier, donne à manger à ses chevaux, s'occupe attentivement de son char et de toutes les choses de la guerre, afin que nous fassions tout le jour l'œuvre du terrible Arès. Et nous n'aurons nul relâche, jusqu'à ce que la nuit sépare les hommes furieux. La courroie du bouclier protecteur sera trempée de la sueur de chaque poitrine, et la main guerrière se fatiguera autour de la lance, et le cheval fumera, inondé de sueur, en traînant le char solide. Et, je le dis, celui que je verrai loin du combat, auprès des nefs éperonnées, celui-là n'évitera point les chiens et les oiseaux carnassiers.

Il parla ainsi, et les Argiens jetèrent de grands cris, avec le bruit que fait la mer quand le Notos la pousse contre une côte élevée, sur un roc avancé que les flots ne cessent jamais d'assiéger, de quelque côté que soufflent les vents. Et ils coururent, se dispersant au milieu des nefs ; et la fumée sortit des tentes, et ils prirent leur repas. Et chacun d'eux sacrifiait à l'un des Dieux qui vivent toujours, afin d'éviter les blessures d'Arès et la mort. Et le roi des hommes, Agamemnôn, sacrifia un taureau gras, de cinq ans, au très-puissant Kroniôn, et il convoqua les plus illustres des Panakhaiens, Nestôr, le roi Idoméneus, les deux Aias et le fils de Tydeus. Odysseus, égal à Zeus par l'intelligence, fut le sixième. Ménélaos, brave au combat, vint de lui-même, sachant les desseins de son frère. Entourant le taureau, ils prirent les orges salées, et, au milieu d'eux, le roi des hommes, Agamemnôn, dit en priant :

— Zeus ! Très-glorieux, très-grand, qui amasses les noires nuées et qui habites l'Aithèr ! puisse Hélios ne point se coucher et la nuit ne point venir avant que j'aie renversé la demeure enflammée de Priamos, après avoir brûlé ses portes et brisé, de l'épée, la cuirasse de Hektôr sur sa poitrine, vu la foule de ses compagnons, couchés autour de lui dans la poussière, mordre de leurs dents la terre !

Il parla ainsi, et le Kroniôn accepta le sacrifice, mais il ne l'exauça pas, lui réservant de plus longues fatigues. Et, après qu'ils eurent prié et jeté les orges salées, ils renversèrent la tête du taureau ; et, l'ayant égorgé et dépouillé, ils coupèrent les cuisses qu'ils couvrirent deux fois de graisse ; et, posant par-dessus des morceaux sanglants, ils les rôtissaient avec des rameaux sans feuilles, et ils tenaient les entrailles sur le feu. Et quand les cuisses furent rôties et qu'ils eurent goûté aux entrailles, ils coupèrent le reste par morceaux qu'ils embrochèrent et firent rôtir avec soin, et ils retirèrent le tout. Et, après ce travail, ils préparèrent le repas, et aucun ne put se plaindre d'une part inégale. Puis, ayant assouvi la faim et la soif, le cavalier Gérennien Nestôr parla ainsi :

— Très-glorieux roi des hommes, Atréide Agamemnôn, ne tardons pas plus longtemps à faire ce que Zeus nous permet d'accomplir. Allons ! que les hérauts, par leurs clameurs, rassemblent auprès des nefs l'armée des Akhaiens revêtus d'airain ; et nous, nous mêlant à la foule guerrière des Akhaiens, excitons à l'instant l'impétueux Arès.

Il parla ainsi, et le roi des hommes, Agamemnôn, obéit, et il ordonna aux hérauts à la voix éclatante d'appeler au combat les Akhaiens chevelus. Et, autour de l'Atréiôn, les Rois divins couraient çà et là, rangeant l'armée. Et, au milieu d'eux, Athènè aux yeux clairs portait l'Aigide glorieuse, impérissable et immortelle. Et cent franges d'or bien tissues, chacune du prix de cent bœufs, y étaient suspendues. Avec cette Aigide, elle allait ardemment à travers l'armée des Akhaiens, poussant chacun en avant, lui mettant la force et le courage au cœur, afin qu'il guerroyât et combattît sans relâche. Et aussitôt il leur semblait plus doux de combattre que de retourner sur leurs nefs creuses vers la chère terre natale. Comme un feu ardent qui brûle une grande forêt au faîte d'une montagne, et dont la lumière resplendit au loin, de même s'allumait dans l'Ouranos l'airain étincelant des hommes qui marchaient.

Comme les multitudes ailées des oies, des grues ou des cygnes au long cou, dans les prairies d'Asios, sur les bords du Kaystrios, volent çà et là, agitant leurs ailes joyeuses, et se devançant les uns les autres avec des cris dont la prairie résonne, de même les innombrables tribus Akhaiennes roulaient en torrents dans la plaine du Skamandros, loin des nefs et des tentes ; et, sous leurs pieds et ceux des chevaux, la terre mugissait terriblement. Et ils s'arrêtèrent dans la plaine fleurie du Skamandros, par milliers, tels que les feuilles et les fleurs du printemps. Aussi nombreux que les tourbillons infinis de mouches qui bourdonnent autour de l'étable, dans la saison printanière, quand le lait abondant blanchit les vases, les Akhaiens chevelus s'arrêtaient dans la plaine en face des Troiens, et désirant les détruire. Comme les bergers reconnaissent aisément leurs immenses troupeaux de chèvres confondus dans les pâturages, ainsi les chefs rangeaient leurs hommes. Et le grand roi Agamemnôn était au milieu d'eux, semblable par les yeux et la tête à Zeus qui se réjouit de la foudre, par la stature à Arès, et par l'ampleur de la poitrine à Poseidaôn. Comme un taureau l'emporte sur le reste du troupeau et s'élève au-dessus des génisses qui l'environnent, de même Zeus, en ce jour, faisait resplendir l'Atréide entre d'innombrables héros.

Et maintenant, Muses, qui habitez les demeures Olympiennes, vous qui êtes Déesses, et présentes à tout, et qui savez toutes choses, tandis que nous ne savons rien et n'entendons seulement qu'un bruit de gloire, dites les Rois et les princes des Danaens. Car je ne pourrais nommer ni décrire la multitude, même ayant dix langues, dix bouches, une voix infatigable et une poitrine d'airain, si les Muses Olympiades, filles de Zeus tempêtueux, ne me rappellent ceux qui vinrent sous Ilios. Je dirai donc les chefs et toutes les nefs.

Pènéléôs et Lèitos, et Arkésilaos, et Prothoènôr, et Klonios commandaient aux Boiôtiens. Et c'étaient ceux qui habitaient Hyriè et la pierreuse Aulis, et Skhoinos, et Skôlos, et les nombreuses collines d'Étéôn, et Thespéia, et Graia, et la grande Mikalèsos ; et ceux qui habitaient autour de Harma et d'Eilésios et d'Érythra ; et ceux qui habitaient Éléôn et Hilè, et Pétéôn, Okaliè et Médéôn bien bâtie, Kôpa et Eutrèsis et Thisbé abondante en colombes ; et ceux qui habitaient Korônéia et Haliartos aux grandes prairies ; et ceux qui habitaient Plataia ; et ceux qui vivaient dans Glissa ; et ceux qui habitaient la cité bien bâtie de Hypothèba, et la sainte Onkhestos, bois sacré de Poseidaôn ; et ceux qui habitaient Arnè qui abonde en raisin, et Midéia, et la sainte Nissa, et la ville frontière Anthèdôn. Et ils étaient venus sur cinquante nefs, et chacune portait cent vingt jeunes Boiôtiens.

Et ceux qui habitaient Asplèdôn et Orkhomènos de Mynias étaient commandés par Askalaphos et Ialménos, fils d'Arès. Et Astyokhè Azéide les avait enfantés dans la demeure d'Aktôr ; le puissant Arès ayant surpris la vierge innocente dans les chambres hautes. Et ils étaient venus sur trente nefs creuses.

Et Skhédios et Épistrophos, fils du magnanime Iphitos Naubolide, commandaient aux Phôkèens. Et c'étaient ceux qui habitaient Kiparissos et la pierreuse Pythôn et la sainte Krissa, et Daulis et Panopè ; et ceux qui habitaient autour d'Anémôréia et de Hyampolis ; et ceux qui habitaient auprès du divin fleuve Kèphisos et qui possédaient Lilaia, à la source du Kèphisos. Et ils étaient venus sur quarante nefs noires, et leurs chefs les rangèrent à la gauche des Boiôtiens.

Et l'agile Aias Oilèide commandait aux Lokriens. Il était beaucoup moins grand qu'Aias Télamônien, et sa cuirasse était de lin ; mais, par la lance, il excellait entre les Panhellènes et les Akhaiens. Et il commandait à ceux qui habitaient Kynos et Kalliaros, et Bèssa et Scarphè, et l'heureuse Augéia, et Tarphè, et Thronios, auprès du Boagrios. Et tous ces Lokriens, qui habitaient au-delà de la sainte Euboiè, étaient venus sur quarante nefs noires.

Et les Abantes, pleins de courage, qui habitaient l'Euboia et Khalkis, et Eirétria, et Histiaia qui abonde en raisin, et la maritime Kèrinthos, et la haute citadelle de Diôs ; et ceux qui habitaient Karistos et Styra étaient Éléphènôr Khalkodontiade, de la race d'Arès ; et il était le prince des magnanimes Abantes. Et les Abantes agiles, aux cheveux flottant sur le dos, braves guerriers, désiraient percer de près les cuirasses ennemies de leurs piques de frêne. Et ils étaient venus sur quarante nefs noires.

Et ceux qui habitaient Athéna, ville forte et bien bâtie du magnanime Érékhtheus que nourrit Athènè, fille de Zeus, après que la terre féconde l'eut enfanté, et qu'elle plaça dans le temple abondant où les fils des Athènaiens offrent chaque année, pour lui plaire, des hécatombes de taureaux et d'agneaux ; ceux-là étaient commandés par Ménèstheus, fils de Pétéos. Jamais aucun homme vivant, si ce n'était Nestôr, qui était plus âgé, ne fut son égal pour ranger en bataille les cavaliers et les porte-boucliers. Et ils étaient venus sur cinquante nefs noires.

Et Aias avait amené douze nefs de Salamis, et il les avait placées auprès des Athènaiens.

Et ceux qui habitaient Argos et la forte Tiryntha, Hermionè et Asinè aux golfes profonds, Troixènè, Eiôna et Épidauros qui abonde en vignes ; et ceux qui habitaient Aigina et Masès étaient commandés par Diomèdès, hardi au combat, et par Sthénélos, fils de l'illustre Kapaneus, et par Euryalos, semblable aux Dieux, fils du roi Mèkisteus Taliônide. Mais Diomèdès, hardi au combat, les commandait tous. Et ils étaient venus sur quatre-vingts nefs noires.

Et ceux qui habitaient la ville forte et bien bâtie de Mykèna, et la riche Korinthos et Kléôn ; et ceux qui habitaient Ornéia et l'heureuse Araithyréè, et Sikiôn où régna, le premier, Adrèstos ; et ceux qui habitaient Hipérèsia et la haute Gonoessa et Pellèna, et qui vivaient autour d'Aigion et de la grande Hélikè, et sur toute la côte, étaient commandés par le roi Agamemnôn Atréide. Et ils étaient venus sur cent nefs, et ils étaient les plus nombreux et les plus braves des guerriers. Et l'Atréide, revêtu de l'airain splendide, était fier de commander à tous les héros, étant lui-même très-brave, et ayant amené le plus de guerriers.

Et ceux qui habitaient la grande Lakédaimôn dans sa creuse vallée, et Pharis et Sparta, et Messa qui abonde en colombes, et Brysèia et l'heureuse Augéia, Amykla et la maritime Hélos ; et ceux qui habitaient Laas et Oitylos, étaient commandés par Ménélaos hardi au combat, et séparés des guerriers de son frère. Et ils étaient venus sur soixante nefs. Et Ménélaos était au milieu d'eux, confiant dans son courage, et les excitant à combattre ; car, plus qu'eux, il désirait venger le rapt de Hélénè et les maux qui en venaient.

Et ceux qui habitaient Pylos et l'heureuse Arènè, et Thryos traversée par l'Alphéos, et Aipy habilement construite, et Kiparissè et Amphigènéia, Ptéléon, Hélos et Dôrion, où les Muses, ayant rencontré le Trakien Tamyris qui venait d'Oikhaliè, de chez le roi Eurytos l'Oikhalien, le rendirent muet, parce qu'il s'était vanté de vaincre en chantant les Muses elles-mêmes, filles de Zeus tempêtueux. Et celles-ci, irritées, lui ôtèrent la science divine de chanter et de jouer de la kithare. Et ceux-là étaient commandés par le cavalier Gérennien Nestôr. Et ils étaient venus sur quatre-vingt-dix nefs creuses.

Et ceux qui habitaient l'Arkadia, aux pieds de la haute montagne de Killènè où naissent les hommes braves, auprès du tombeau d'Aipytios ; et ceux qui habitaient Phénéos et Orkhoménos riche en troupeaux, et Ripè, et Stratiè, et Enispè battue des vents ; et ceux qui habitaient Tégéè et l'heureuse Mantinéè, et Stimphèlos et Parrhasiè, étaient commandés par le fils d'Ankaios, le roi Agapènôr. Et ils étaient venus sur cinquante nefs, et dans chacune il y avait un grand nombre d'Arkadiens belliqueux. Et le roi Agamemnôn leur avait donné des nefs bien construites pour traverser la noire mer, car ils ne s'occupaient point des travaux de la mer.

Et ceux qui habitaient Bouprasios et la divine Élis, et la terre qui renferme Hyrminè et la ville frontière de Myrsinè, et la roche Olénienne et Aleisios, étaient venus sous quatre chefs, et chaque chef conduisait dix nefs rapides où étaient de nombreux Épéiens. Amphimakhos et Thalpios commandaient les uns ; et le premier était fils de Kléatos, et le second d'Eurytos Aktoriôn. Et le robuste Diôrès Amarynkéide commandait les autres, et le divin Polyxeinos commandait aux derniers ; et il était fils d'Agasthéneus Augéiade.

Et ceux qui habitaient Doulikiôn et les saintes îles Ekhinades qui sont à l'horizon de la mer, en face de l'Élis, étaient commandés par Mégès Phyléide, semblable à Arès. Et il était fils de Phyleus, habile cavalier cher à Zeus, qui, s'étant irrité contre son père, s'était réfugié à Doulikhiôn. Et ils étaient venus sur quarante nefs noires.

Et Odysseus commandait les magnanimes Képhallèniens, et ceux qui habitaient Ithakè et le Nèritos aux forêts agitées, et ceux qui habitaient Krokyléia et l'aride Aigilipa et Zakyntos et Samos, et ceux qui habitaient l'Épeiros sur la rive opposée. Et Odysseus, égal à Zeus par l'intelligence, les commandait. Et ils étaient venus sur douze nefs rouges.

Et Thoas Andraimonide commandait les Aitôliens qui habitaient Pleurôn et Olénos, et Pylènè, et la maritime Khalkis, et la pierreuse Kalidôn. Car les fils du magnanime Oineus étaient morts, et lui-même était mort, et le blond Méléagros était mort, et Thoas commandait maintenant les Aitôliens. Et ils étaient venus sur quarante nefs noires.

Et Idoménéus, habile à lancer la pique, commandait les Krètois et ceux qui habitaient Gnôssos et la forte Gortyna, et les villes populeuses de Lyktos, de Milètos, de Lykastos, de Phaistos et de Rhytiôn, et d'autres qui habitaient aussi la Krètè aux cent villes. Et Idoménéus, habile à lancer la pique, les commandait avec Mèrionès, pareil au tueur d'hommes Arès. Et ils étaient venus sur quatre-vingts nefs noires.

Et Tlèpolémos Hèraklide, très-fort et très-grand, avait conduit de Rhodos, sur neuf nefs, les fiers Rhodiens qui habitaient les trois parties de Rhodos : Lindos, Ièlissos et la riche Kameiros. Et Tlèpolémos, habile à lancer la pique, les commandait. Et Astyokhéia avait donné ce fils au grand Hèraklès, après que ce dernier l'eut emmenée d'Ëphyrè, des bords du Sellèis, où il avait renversé beaucoup de villes défendues par des jeunes hommes. Et Tlèpolémos, élevé dans la belle demeure, tua l'oncle de son père, Likymnios, race d'Arès. Et il construisit des nefs, rassembla une grande multitude et s'enfuit sur la mer, car les fils et les petits-fils du grand Hèraklès le menaçaient. Ayant erré et subi beaucoup de maux, il arriva dans Rhodos, où ils se partagèrent en trois tribus, et Zeus, qui commande aux Dieux et aux hommes, les aima et les combla de richesses.

Et Nireus avait amené de Symè trois nefs. Et il était né d'Aglaiè et du roi Kharopos, et c'était le plus beau de tous les Danaens, après l'irréprochable Pèléiôn, mais il n'était point brave et commandait peu de guerriers.

Et ceux qui habitaient Nisyros et Krapathos, et Kasos, et Kôs, ville d'Eurypylos, et les îles Kalynades, étaient commandés par Pheidippos et Antiphos, deux fils du roi Thessalos Hèrakléide. Et ils étaient venus sur trente nefs creuses.

Et je nommerai aussi ceux qui habitaient Argos Pélasgique, et Alos et Alopè, et ceux qui habitaient Trakinè et la Phthiè, et la Hellas aux belles femmes. Et ils se nommaient Myrmidones, ou Hellènes, ou Akhaiens, et Akhilleus commandait leurs cinquante nefs. Mais ils ne se souvenaient plus des clameurs de la guerre, n'ayant plus de chef qui les menât. Car le divin Akhilleus aux pieds rapides était couché dans ses nefs, irrité au souvenir de la vierge Breisèis aux beaux cheveux qu'il avait emmenée de Lyrnèssos, après avoir pris cette ville et renversé les murailles de Thèbè avec de grandes fatigues. Là, il avait tué les belliqueux Mènytos et Épistrophos, fils du roi Évènos Sélèpiade. Et, dans sa douleur, il restait couché mais il devait se relever bientôt.

Et ceux qui habitaient Phylakè et la fertile Pyrrhasos consacrée à Dèmètèr, et Itôn riche en troupeaux, et la maritime Antrôn, et Ptéléos aux grasses prairies, étaient commandés par le brave Prôtésilaos quand il vivait ; mais déjà la terre noire le renfermait ; et sa femme se meurtrissait le visage, seule à Phylakè, dans sa demeure abandonnée ; car un guerrier Dardanien le tua, comme il s'élançait de sa nef, le premier de tous les Akhaiens. Mais ses guerriers n'étaient point sans chef, et ils étaient commandés par un nourrisson d'Arès, Podarkès, fils d'Iphiklos riche en troupeaux, et il était frère du magnanime Prôtésilaos. Et ce héros était l'aîné et le plus brave, et ses guerriers le regrettaient. Et ils étaient venus sur quarante nefs noires.

Et ceux qui habitaient Phéra, auprès du lac Boibèis, et Boibè, et Glaphyra, et Iôlkos, étaient commandés, sur onze nefs, par le fils bien-aimé d'Admètès, Eumèlos, qu'Alkèstis, la gloire des femmes et la plus belle des filles de Pèlias, avait donné à Admètès.

Et ceux qui habitaient Mèthônè et Thaumakè, et Méliboia et l'aride Olizôn, Philoktètès, très-excellent archer, les commandait, sur sept nefs. Et dans chaque nef étaient cinquante rameurs, excellents archers, et très-braves. Et Philoktètès était couché dans une île, en proie à des maux terribles, dans la divine Lèmnôs, où les fils des Akhaiens le laissèrent, souffrant de la mauvaise blessure d'un serpent venimeux. C'est là qu'il gisait, plein de tristesse. Mais les Argiens devaient bientôt se souvenir, dans leurs nefs, du roi Philoktètès. Et ses guerriers n'étaient point sans chef, s'ils regrettaient celui-là. Et Médôn les commandait, et il était fils du brave Oileus, de qui Rhènè l'avait conçu.

Et ceux qui habitaient Trikkè et la montueuse Ithomè, et Oikhaliè, ville d'Eurytos Oikhalien, étaient commandés par les deux fils d'Asklèpios, Podaleiros et Makhaôn. Et ils étaient venus sur trente nefs creuses.

Et ceux qui habitaient Orménios et la fontaine Hypéréia, et Astériôn, et les cimes neigeuses du Titanos, étaient commandés par Eurypylos, illustre fils d'Évaimôn. Et ils étaient venus sur quarante nefs noires.

Et ceux qui habitaient Argissa et Gyrtônè, Orthè et Élonè, et la blanche Oloossôn, étaient commandés par le belliqueux Polypoitès, fils de Peirithoos qu'engendra l'éternel Zeus. Et l'illustre Hippodaméia le donna pour fils à Peirithoos le jour où celui-ci dompta les Centaures féroces et les chassa du Péliôn jusqu'aux monts Aithiens. Et Polypoitès ne commandait point seul, mais avec Léonteus, nourrisson d'Arès, et fils du magnanime Koronos Kainéide. Et ils étaient venus sur quarante nefs noires.

Et Gouneus avait amené de Kyphos, sur vingt-deux nefs, les Énièns et les braves Péraibes qui habitaient la froide Dôdônè, et ceux qui habitaient les champs baignés par l'heureux Titarèsios qui jette ses belles eaux dans le Pènéios, et ne se mêle point au Pènéios aux tourbillons d'argent, mais coule à sa surface comme de l'huile. Et sa source est Styx par qui jurent les Dieux.

Et Prothoos, fils de Tenthrèdôn, commandait les Magnètes qui habitaient auprès du Pènéios et du Pèliôn aux forêts secouées par le vent. Et l'agile Prothoos les commandait, et ils étaient venus sur quarante nefs noires.

Et tels étaient les Rois et les chefs des Danaens.

Dis-moi, Muse, quel était le plus brave, et qui avait les meilleurs chevaux parmi ceux qui avaient suivi les Atréides.

Les meilleurs chevaux étaient ceux du Phèrètiade Eumèlos. Et ils étaient rapides comme les oiseaux, du même poil, du même âge et de la même taille. Apollôn à l'arc d'argent éleva et nourrit sur le mont Piérè ces cavales qui portaient la terreur d'Arès. Et le plus brave des guerriers était Aias Télamônien, depuis qu'Akhilleus se livrait à sa colère ; car celui-ci était de beaucoup le plus fort, et les chevaux qui traînaient l'irréprochable Pèléiôn étaient de beaucoup les meilleurs. Mais voici qu'il était couché dans sa nef éperonnée, couvant sa fureur contre Agamemnôn. Et ses guerriers, sur le rivage de la mer, lançaient pacifiquement le disque, la pique ou la flèche ; et les chevaux, auprès des chars, broyaient le lotos et le sélinos des marais ; et les chars solides restaient sous les tentes des chefs ;

et ceux-ci, regrettant leur Roi cher à Arès, erraient à travers le camp et ne combattaient point.

Et les Akhaiens roulaient sur la terre comme un incendie ; et la terre mugissait comme lorsque Zeus tonnant la fouette à coups de foudre autour des rochers Arimiens où l'on dit que Typhôeus est couché. Ainsi la terre rendait un grand mugissement sous les pieds des Akhaiens qui franchissaient rapidement la plaine.

Et la légère Iris, qui va comme le vent, envoyée de Zeus tempêtueux, vint annoncer aux Troiens la nouvelle effrayante. Et ils étaient réunis, jeunes et vieux, à l'agora, devant les vestibules de Priamos. Et la légère Iris s'approcha, semblable par le visage et la voix à Politès Priamide, qui, se fiant à la rapidité de sa course, s'était assis sur la haute tombe du vieux Aisyètas, pour observer le moment où les Akhaiens se précipiteraient hors des nefs.

Et la légère Iris, étant semblable à lui, parla ainsi :

— Ô vieillard ! tu te plais aux paroles sans fin, comme autrefois, du temps de la paix ; mais voici qu'une bataille inévitable se prépare. Certes, j'ai vu un grand nombre de combats, mais je n'ai point encore vu une armée aussi formidable et aussi innombrable. Elle est pareille aux feuilles et aux grains de sable ; et voici qu'elle vient, à travers la plaine, combattre autour de la ville. Hektôr, c'est à toi d'agir. Il y a de nombreux alliés dans la grande ville de Priamos, de races et de langues diverses. Que chaque chef arme les siens et les mène au combat.

Elle parla ainsi, et Hektôr reconnut sa voix, et il rompit l'agora, et tous coururent aux armes. Et les portes s'ouvrirent, et la foule des hommes, fantassins et cavaliers, en sortit à grand bruit. Et il y avait, en avant de la ville, une haute colline qui s'inclinait de tous côtés dans la plaine ; et les hommes la nommaient Batéia, et les Immortels, le tombeau de l'agile Myrinnè. Là, se rangèrent les Troiens et les alliés.

Et le grand Hektôr Priamide au beau casque commandait les Troiens, et il était suivi d'hommes nombreux et braves qui désiraient frapper de la pique.

Et le vaillant fils d'Ankhisès, Ainéias, commandait les Dardaniens. Et la divine Aphroditè l'avait donné pour fils à Ankhisès, s'étant unie à un mortel, quoique Déesse, sur les cimes de l'Ida. Et il ne commandait point seul ; mais les deux Anténorides l'accompagnaient, Arkhilokhos et Akamas, habiles à tous les combats.

Et ceux qui habitaient Zéléia, aux pieds de la dernière chaîne de l'Ida, les riches Troadiens qui boivent l'eau profonde de l'Aisèpos, étaient commandés par l'illustre fils de Lykaôn, Pandaros, à qui Apollôn lui-même avait donné son arc.

Et ceux qui habitaient Adrèstéia et Apeisos, et Pithyéia et les hauteurs de Tèréiè, étaient commandés par Adrèstos et par Amphios à la cuirasse de lin. Et ils étaient tous deux fils de Mérops, le Perkôsien, qui, n'ayant point d'égal dans la science divinatoire, leur défendit de tenter la guerre qui dévore les hommes ; mais ils ne lui obéirent point, parce que les Kères de la noire mort les entraînaient.

Et ceux qui habitaient Perkôtè et Praktios, et Sèstos et Abydos, et la divine Arisbè, étaient commandés par Asios Hyrtakide, que des chevaux grands et ardents avaient amené des bords du fleuve Sellèis.

Et les tribus Pélasgiques habiles à lancer la pique, et ceux qui habitaient Larissa aux plaines fertiles, étaient commandés par Hippothoos et Pyleus, nourrissons d'Arès, fils du Pélasge Lèthos Teutamide.

Et Akamas commandait les Thrakiens, et le héros Peirôs ceux qu'enferme le Hellespontos rapide.

Et Euphèmos commandait les braves Kikoniens, et il était fils de Troizènos Kéade, cher à Zeus.

Et Pyraikhmès commandait les archers Paiones, venus de la terre lointaine d'Amydôn et du large Axios qui répand ses belles eaux sur la terre.

Et le brave Pylaiméneus commandait les Paphlagones, du pays des Énètiens, où naissent les mules sauvages. Et ils habitaient aussi Kytôros et Sésamos, et les belles villes du fleuve Parthénios, et Krômna, et Aigialos et la haute Érythinos.

Et Dios et Épistrophos commandaient les Halizônes, venus de la lointaine Alybè, où germe l'argent.

Et Khromis et le divinateur Eunomos commandaient les Mysiens. Mais Eunomos ne devina point la noire mort, et il devait tomber sous la main du rapide Aiakide, dans le fleuve où celui-ci devait tuer tant de Troiens.

Et Phorkys commandait les Phrygiens, avec Askanios pareil à un Dieu. Et ils étaient venus d'Askaniè, désirant le combat.

Et Mesthlès et Antiphos, fils de Pylaiméneus, nés sur les bords du lac de Gygéia, commandaient les Maiones qui habitent aux pieds du Tmolos.

Et Nastès commandait les Kariens au langage barbare qui habitaient Milètos et les hauteurs Phthiriennes, et les bords du Maiandros et les cimes de Mykalè. Et Amphimakhos et Nastès les commandaient, et ils étaient les fils illustres de Nomiôn. Et Amphimakhos combattait chargé d'or comme une femme, et ceci ne lui fit point éviter la noire mort, le malheureux ! Car il devait tomber sous la main du rapide Aiakide, dans le fleuve, et le brave Akhilleus devait enlever son or.

Et l'irréprochable Sarpèdôn commandait les Lykiens, avec l'irréprochable Glaukos. Et ils étaient venus de la lointaine Lykiè et du Xanthos plein de tourbillons.

RHAPSODIE III.

Quand tous, de chaque côté, se furent rangés sous leurs chefs, les Troiens s'avancèrent, pleins de clameurs et de bruit, comme des oiseaux. Ainsi, le cri des grues monte dans l'air, quand, fuyant l'hiver et les pluies abondantes, elles volent sur les flots d'Okéanos, portant le massacre et la Kèr de la mort aux Pygmées. Et elles livrent dans l'air un rude combat. Mais les Akhaiens allaient en silence, respirant la force, et, dans leur cœur, désirant s'entre-aider. Comme le Notos enveloppe les hauteurs de la montagne d'un brouillard odieux au berger et plus propice au voleur que la nuit même, de sorte qu'on ne peut voir au-delà d'une pierre qu'on a jetée ; de même une noire poussière montait sous les pieds de ceux qui marchaient, et ils traversaient rapidement la plaine.

Et quand ils furent proches les uns des autres, le divin Alexandros apparut en tête des Troiens, ayant une peau de léopard sur les épaules, et l'arc recourbé et l'épée. Et, agitant deux piques d'airain, il appelait les plus braves des Argiens à combattre un rude combat. Et dès que Ménélaos, cher à Arès, l'eut aperçu qui devançait l'armée et qui marchait à grands pas ; comme un lion se réjouit, quand il a faim, de rencontrer un cerf cornu ou une chèvre sauvage, et dévore sa proie, bien que les chiens agiles et les ardents jeunes hommes le poursuivent ; de même Ménélaos se réjouit quand il vit devant lui le divin Alexandros. Et il espéra se venger de celui qui l'avait outragé, et il sauta du char avec ses armes.

Et dès que le divin Alexandros l'eut aperçu en tête de l'armée, son cœur se serra, et il recula parmi les siens pour éviter la Kèr de la mort. Si quelqu'un, dans les gorges des montagnes, voit un serpent, il saute en arrière, et ses genoux tremblent, et ses joues pâlissent. De même le divin Alexandros, craignant le fils d'Atreus, rentra dans la foule des hardis Troiens.

Et Hektôr, l'ayant vu, l'accabla de paroles amères :

— Misérable Pâris, qui n'as que ta beauté, trompeur et efféminé, plût aux Dieux que tu ne fusses point né, ou que tu fusses mort avant tes dernières noces ! Certes, cela eût mieux valu de beaucoup, plutôt que d'être l'opprobre et la risée de tous ! Voici que les Akhaiens chevelus rient de mépris, car ils croyaient que tu combattais hardiment hors des rangs, parce que ton visage est beau ; mais il n'y a dans ton cœur ni force ni courage. Pourquoi, étant un lâche, as-tu traversé la mer sur tes nefs rapides, avec tes meilleurs compagnons, et, mêlé à des étrangers, as-tu enlevé une très-belle jeune femme du pays d'Apy, parente d'hommes belliqueux ? Immense malheur pour ton père, pour ta ville et pour tout le peuple ; joie pour nos ennemis et honte pour toi-même ! Et tu n'as point osé attendre Ménélaos, cher à Arès. Tu saurais maintenant de quel guerrier tu retiens la femme. Ni ta kithare, ni les dons d'Aphroditè, ta chevelure et ta beauté, ne t'auraient sauvé d'être traîné dans la poussière. Mais les Troiens ont trop de respect, car autrement, tu serais déjà revêtu d'une tunique de pierre, pour prix des maux que tu as causés.

Et le divin Alexandros lui répondit :

— Hektôr, tu m'as réprimandé justement. Ton cœur est toujours indompté, comme la hache qui fend le bois et accroît la force de l'ouvrier constructeur de nefs. Telle est l'âme indomptée qui est dans ta poitrine. Ne me reproche point les dons aimables d'Aphroditè d'or. Il ne faut point rejeter les dons glorieux des Dieux, car eux seuls en disposent, et nul ne les pourrait prendre à son gré. Mais si tu veux maintenant que je combatte et que je lutte, arrête les Troiens et les Akhaiens, afin que nous combattions moi et Ménélaos, cher à Arès, au milieu de tous, pour Hélénè et pour toutes ses richesses. Et le vainqueur emportera cette femme et toutes ses richesses, et, après avoir échangé des serments inviolables, vous, Troiens, habiterez la féconde Troiè, et les Akhaiens retourneront dans Argos, nourrice de chevaux, et dans l'Akhaiè aux belles femmes.

Il parla ainsi, et Hektôr en eut une grande joie, et il s'avança, arrêtant les phalanges des Troiens, à l'aide de sa pique qu'il tenait par le milieu. Et ils s'arrêtèrent. Et les Akhaiens chevelus tiraient sur lui et le frappaient de flèches et de pierres. Mais le Roi des hommes, Agamemnôn, cria à voix haute :

— Arrêtez, Argiens ! ne frappez point, fils des Akhaiens ! Hektôr au casque mouvant semble vouloir dire quelques mots.

Il parla ainsi, et ils cessèrent et firent silence, et Hektôr parla au milieu d'eux :

— Écoutez, Troiens et Akhaiens, ce que dit Alexandros qui causa cette guerre. Il désire que les Troiens et les Akhaiens déposent leurs belles armes sur la terre nourricière, et que lui et Ménélaos, cher à Arès, combattent, seuls, au milieu de tous, pour Hélénè et pour toutes ses richesses. Et le vainqueur emportera cette femme et toutes ses richesses, et nous échangerons des serments inviolables.

Il parla ainsi, et tous restèrent silencieux. Et Ménélaos, hardi au combat, leur dit :

— Écoutez-moi maintenant. Une grande douleur serre mon cœur, et j'espère que les Argiens et les Troiens vont cesser la guerre, car vous avez subi des maux infinis pour ma querelle et pour l'injure que m'a faite Alexandros. Que celui des deux à qui sont réservées la Moire et la mort, meure donc ; et vous, cessez aussitôt de combattre. Apportez un agneau noir pour Gaia et un agneau blanc pour Hélios, et nous en apporterons autant pour Zeus. Et vous amènerez Priamos lui-même, pour qu'il se lie par des serments, car ses enfants sont parjures et sans foi, et que personne ne puisse violer les serments de Zeus. L'esprit des jeunes hommes est léger, mais, dans ses actions, le vieillard regarde à la fois l'avenir et le passé et agit avec équité.

Il parla ainsi, et les Troiens et les Akhaiens se réjouirent, espérant mettre fin à la guerre mauvaise. Et ils retinrent les chevaux dans les rangs, et ils se dépouillèrent de leurs armes déposées sur la terre. Et il y avait peu d'espace entre les deux armées. Et Hektôr envoya deux hérauts à la ville pour apporter deux agneaux et appeler Priamos. Et le roi Agamemnôn envoya Talthybios aux nefs creuses pour y prendre un agneau, et Talthybios obéit au divin Agamemnôn.

Et la messagère Iris s'envola chez Hélénè aux bras blancs, s'étant faite semblable à sa belle-sœur Laodikè, la plus belle des filles de Priamos, et qu'avait épousée l'Anténoride Élikaôn.

Et elle trouva Hélénè dans sa demeure, tissant une grande toile double, blanche comme le marbre, et y retraçant les nombreuses batailles que les Troiens dompteurs de chevaux et les Akhaiens revêtus d'airain avaient subies pour elle par les mains d'Arès. Et Iris aux pieds légers, s'étant approchée, lui dit :

— Viens, chère Nymphe, voir le spectacle admirable des Troiens dompteurs de chevaux et des Akhaiens revêtus d'airain. Ils combattaient tantôt dans la plaine, pleins de la fureur d'Arès, et les voici maintenant assis en silence, appuyés sur leurs boucliers, et la guerre a cessé, et les piques sont enfoncées en terre. Alexandros et Ménélaos cher à Arès combattront pour toi, de leurs longues piques, et tu seras l'épouse bien-aimée du vainqueur.

Et la Déesse, ayant ainsi parlé, jeta dans son cœur un doux souvenir de son premier mari, et de son pays, et de ses parents. Et Hélénè, s'étant couverte aussitôt de voiles blancs, sortit de la chambre nuptiale en pleurant ; et deux femmes la suivaient, Aithrè, fille de Pittheus, et Klyménè aux yeux de bœuf. Et voici qu'elles arrivèrent aux portes Skaies. Priamos, Panthoos, Thymoitès, Lampos, Klytios, Hikétaôn, nourrisson d'Arès, Oukalégôn et Antènôr, très-sages tous deux, siégeaient, vieillards vénérables, au-dessus des portes Skaies. Et la vieillesse les écartait de la guerre ; mais c'étaient d'excellents Agorètes ; et ils étaient pareils à des cigales qui, dans les bois, assises sur un arbre, élèvent leur voix mélodieuse. Tels étaient les princes des Troiens, assis sur la tour. Et quand ils virent Hélénè qui montait vers eux, ils se dirent les uns aux autres, et à voix basse, ces paroles ailées :

Certes, il est juste que les Troiens et les Akhaiens aux belles knèmides subissent tant de maux, et depuis si longtemps, pour une telle femme, car elle ressemble aux Déesses immortelles par sa beauté. Mais, malgré cela, qu'elle s'en retourne sur ses nefs, et qu'elle ne nous laisse point, à nous et à nos enfants, un souvenir misérable.

Ils parlaient ainsi, et Priamos appela Hélénè :

— Viens, chère enfant, approche, assieds-toi auprès de moi, afin de revoir ton premier mari, et tes parents, et tes amis. Tu n'es point la cause de nos malheurs. Ce sont les Dieux seuls qui m'ont accablé de cette rude guerre Akhaienne. Dis-moi le nom de ce guerrier d'une haute stature ; quel est cet Akhaien grand et vigoureux ? D'autres ont une taille plus élevée, mais je n'ai jamais vu de mes yeux un homme aussi beau et majestueux. Il a l'aspect d'un Roi.

Et Hélénè, la divine femme, lui répondit :

— Tu m'es vénérable et redoutable, père bien-aimé. Que n'ai-je subi la noire mort quand j'ai suivi ton fils, abandonnant ma chambre nuptiale et ma fille née en mon pays lointain, et mes frères, et les chères compagnes de ma jeunesse ! Mais telle n'a point été ma destinée, et c'est pour cela que je me consume en pleurant. Je te dirai ce que tu m'as demandé. Cet homme est le roi Agamemnôn Atréide, qui commande au loin, roi habile et brave guerrier. Et il fut mon beau-frère, à moi infâme, s'il m'est permis de dire qu'il le fut.

Elle parla ainsi, et le vieillard, plein d'admiration, s'écria :

— Ô heureux Atréide, né pour d'heureuses destinées Certes, de nombreux fils des Akhaiens te sont soumis. Autrefois, dans la Phrygiè féconde en vignes, j'ai vu de nombreux Phrygiens, habiles cavaliers, tribus belliqueuses d'Otreus et de Mygdôn égal aux Dieux, et qui étaient campés sur les bords du Sangarios. Et j'étais au milieu d'eux, étant leur allié, quand vinrent les Amazones viriles. Mais ils n'étaient point aussi nombreux que les Akhaiens aux yeux noirs.

Puis, ayant vu Odysseus, le vieillard interrogea Hélénè :

— Dis-moi aussi, chère enfant, qui est celui-ci. Il est moins grand que l'Atréide Agamemnôn, mais plus large des épaules et de la poitrine. Et ses armes sont couchées sur la terre nourricière, et il marche, parmi les hommes, comme un bélier chargé de laine au milieu d'un grand troupeau de brebis blanches.

Et Hélénè, fille de Zeus, lui répondit :

— Celui-ci est le subtil Laertiade Odysseus, nourri dans le pays stérile d'Ithakè. Et il est plein de ruses et de prudence.

Et le sage Antènôr lui répondit :

— Ô femme ! tu as dit une parole vraie. Le divin Odysseus vint autrefois ici, envoyé pour toi, avec Ménélaos cher à Arès, et je les reçus dans mes demeures, et j'ai appris à connaître leur aspect et leur sagesse. Quand ils venaient à l'agora des Troiens, debout, Ménélaos surpassait Odysseus des épaules, mais, assis, le plus majestueux était Odysseus. Et quand ils haranguaient devant tous, certes, Ménélaos, bien que le plus jeune, parlait avec force et concision, en peu de mots, mais avec une clarté précise et allant droit au but. Et quand le subtil Odysseus se levait, il se tenait immobile, les yeux baissés, n'agitant le sceptre ni en avant ni en arrière, comme un agorète inexpérimenté. On eût dit qu'il était plein d'une sombre colère et tel qu'un insensé. Mais quand il exhalait de sa poitrine sa voix sonore, ses paroles pleuvaient, semblables aux neiges de l'hiver. En ce moment, nul n'aurait osé lutter contre lui ; mais, au premier aspect, nous ne l'admirions pas autant.

Ayant vu Aias, une troisième fois le vieillard interrogea Hélénè : — Qui est cet autre guerrier Akhaien, grand et athlétique, qui surpasse tous les Argiens de la tête et des épaules ?

Et Hélénè au long péplos, la divine femme, lui répondit :

— Celui-ci est le grand Aias, le bouclier des Akhaiens. Et voici, parmi les Krètois, Idoméneus tel qu'un Dieu, et les princes Krètois l'environnent. Souvent, Ménélaos cher à Arès le reçut dans nos demeures, quand il venait de la Krètè. Et voici tous les autres Akhaiens aux yeux noirs, et je les reconnais, et je pourrais dire leurs noms. Mais je ne vois point les deux princes des peuples, Kastôr dompteur de chevaux et Polydeukès invincible au pugilat, mes propres frères, car une même mère nous a enfantés. N'auraient-ils point quitté l'heureuse Lakédaimôn, ou, s'ils sont venus sur leurs nefs rapides, ne veulent-ils point se montrer au milieu des hommes, à cause de ma honte et de mon opprobre ?

Elle parla ainsi, mais déjà la terre féconde les renfermait, à Lakédaimôn, dans la chère patrie.

Et les hérauts, à travers la ville, portaient les gages sincères des Dieux, deux agneaux, et, dans une outre de peau de chèvre, le vin joyeux, fruit de la terre. Et le héraut Idaios portait un kratère étincelant et des coupes d'or ; et, s'approchant, il excita le vieillard par ces paroles :

— Lève-toi, Laomédontiade ! Les princes des Troiens dompteurs de chevaux et des Akhaiens revêtus d'airain t'invitent à descendre dans la plaine, afin que vous échangiez des serments inviolables. Et Alexandros et Ménélaos cher à Arès combattront pour Hélénè avec leurs longues piques, et ses richesses appartiendront au vainqueur. Et tous, ayant fait alliance et échangé des serments inviolables, nous, Troiens, habiterons la féconde Troiè, et les Akhaiens retourneront dans Argos nourrice de chevaux et dans l'Akhaiè aux belles femmes.

Il parla ainsi, et le vieillard frémit, et il ordonna à ses compagnons d'atteler les chevaux, et ils obéirent promptement. Et Priamos monta, tenant les rênes, et, auprès de lui, Antènôr entra dans le beau char ; et, par les portes Skaies, tous deux poussèrent les chevaux agiles dans la plaine.

Et quand ils furent arrivés au milieu des Troiens et des Akhaiens, ils descendirent du char sur la terre nourricière et se placèrent au milieu des Troiens et des Akhaiens.

Et, aussitôt, le roi des hommes, Agamemnôn, se leva, ainsi que le subtil Odysseus. Puis, les hérauts vénérables réunirent les gages sincères des Dieux, mêlant le vin dans le kratère et versant de l'eau sur les mains des Rois. Et l'Atréide Agamemnôn, tirant le couteau toujours suspendu à côté de la grande gaîne de l'épée, coupa du poil sur la tête des agneaux, et les hérauts le distribuèrent aux princes des Troiens et des Akhaiens. Et, au milieu d'eux, l'Atréide pria, à haute voix, les mains étendues :

— Père Zeus, qui commandes du haut de l'Ida, très-glorieux, très-grand ! Hélios, qui vois et entends tout ! Fleuves et Gaia ! Et vous qui, sous la terre, châtiez les parjures, soyez tous témoins, scellez nos serments inviolables. Si Alexandros tue Ménélaos, qu'il garde Hélénè et toutes ses richesses, et nous retournerons sur nos nefs rapides ; mais si le blond

Ménélaos tue Alexandros, que les Troiens rendent Hélénè et toutes ses richesses, et qu'ils payent aux Argiens, comme il est juste, un tribut dont se souviendront les hommes futurs. Mais si, Alexandros mort, Priamos et les fils de Priamos refusaient de payer ce tribut, je resterai et combattrai pour ceci, jusqu'à ce que je termine la guerre.

Il parla ainsi, et, de l'airain cruel, il trancha la gorge des agneaux et il les jeta palpitants sur la terre et rendant l'âme, car l'airain leur avait enlevé la vie. Et tous, puisant le vin du kratère avec des coupes, ils le répandirent et prièrent les Dieux qui vivent toujours. Et les Troiens et les Akhaiens disaient :

— Zeus, très-glorieux, très-grand, et vous, Dieux immortels ! que la cervelle de celui qui violera le premier ce serment, et la cervelle de ses fils, soient répandues sur la terre comme ce vin, et que leurs femmes soient outragées par autrui !

Mais le Kroniôn ne les exauça point. Et le Dardanide Priamos parla et leur dit :

— Ecoutez-moi, Troiens et Akhaiens aux belles knèmides. Je retourne vers la hauteur d'Ilios, car je ne saurais voir de mes yeux mon fils bien-aimé lutter contre Ménélaos cher à Arès. Zeus et les Dieux immortels savent seuls auquel des deux est réservée la mort.

Ayant ainsi parlé, le divin vieillard plaça les agneaux dans le char, y monta, et saisit les rênes. Et Antènôr, auprès de lui, entra dans le beau char, et ils retournèrent vers Ilios.

Et le Priamide Hektôr et le divin Odysseus mesurèrent l'arène d'abord, et remuèrent les sorts dans un casque, pour savoir qui lancerait le premier la pique d'airain. Et les peuples priaient et levaient les mains vers les Dieux, et les Troiens et les Akhaiens disaient :

— Père Zeus, qui commandes au haut de l'Ida, très-glorieux, très-grand ! que celui qui nous a causé tant de maux descende chez Aidès, et puissions-nous sceller une alliance et des traités inviolables !

Ils parlèrent ainsi, et le grand Hektôr au casque mouvant agita les sorts en détournant les yeux, et celui de Pâris sortit le premier. Et tous s'assirent en rangs, chacun auprès de ses chevaux agiles et de ses armes éclatantes. Et le divin Alexandros, l'époux de Hélénè aux beaux cheveux, couvrit ses épaules de ses belles armes. Et il mit autour de ses jambes ses belles knèmides aux agrafes d'argent, et, sur sa poitrine, la cuirasse de son frère Lykaôn, faite à sa taille ; et il suspendit à ses épaules l'épée d'airain aux clous d'argent. Puis il prit le bouclier vaste et lourd, et il mit sur sa tête guerrière un riche casque orné de crins, et ce panache s'agitait fièrement ; et il saisit une forte pique faite pour ses mains. Et le brave Ménélaos se couvrit aussi de ses armes.

Tous deux, s'étant armés, avancèrent au milieu des Troiens et des Akhaiens, se jetant de sombres regards ; et les Troiens dompteurs de chevaux et les Akhaiens aux belles knèrnides les regardaient avec terreur. Ils s'arrêtèrent en face l'un de l'autre, agitant les piques et pleins de fureur.

Et Alexandros lança le premier sa longue pique et frappa le bouclier poli de l'Atréide, mais il ne perça point l'airain, et la pointe se ploya sur le dur bouclier. Et Ménélaos, levant sa pique, supplia le Père Zeus :

— Père Zeus ! fais que je punisse le divin Alexandros, qui le premier m'a outragé, et fais qu'il tombe sous mes mains, afin que, parmi les hommes futurs, chacun tremble d'outrager l'hôte qui l'aura reçu avec bienveillance !

Ayant parlé ainsi, il brandit sa longue pique, et, la lançant, il en frappa le bouclier poli du Priaimide. Et la forte pique, à travers le bouclier éclatant, perça la riche cuirasse et déchira la tunique auprès du flanc. Et Alexandros, se courbant, évita la noire Kèr. Et l'Atréide, ayant tiré l'épée aux clous d'argent, en frappa le cône du casque ; mais l'épée, rompue en trois ou quatre morceaux, tomba de sa main, et l'Atréide gémit en regardant le vaste Ouranos :

— Père Zeus ! nul d'entre les Dieux n'est plus inexorable que toi ! Certes, j'espérais me venger de l'outrage d'Alexandros ; et l'épée s'est rompue dans ma main, et la pique a été vainement lancée, et je ne l'ai point frappé !

Il parla ainsi, et, d'un bond, il le saisit par les crins du casque, et il le traîna vers les Akhaiens aux belles knèmides. Et le cuir habilement orné, qui liait le casque sous le menton, étouffait le cou délicat d'Alexandros ; et l'Atréide l'eût traîné et eût remporté une grande gloire, si la fille de Zeus, Aphroditè, ayant vu cela, n'eût rompu le cuir de boeuf ; et le casque vide suivit la main musculeuse de Ménélaos. Et celui-ci le fit tournoyer et le jeta au milieu des Akhaiens aux belles knèmides, et ses chers compagnons l'emportèrent. Puis, il se rua de nouveau désirant tuer le Priamide de sa pique d'airain ; mais Aphroditè, étant Déesse, enleva très-facilement Alexandros en l'enveloppant d'une nuée épaisse, et elle le déposa dans sa chambre nuptiale, sur son lit parfumé. Et elle sortit pour appeler Hélénè, qu'elle trouva sur la haute tour, au milieu de la foule des Troiennes. Et la divine Aphroditè, s'étant faite semblable à une vieille femme habile à tisser la laine, et qui la tissait pour Hélénè dans la populeuse Lakédaimôn, et qui aimait Hélénè, saisit celle-ci par sa robe nektaréenne et lui dit :

— Viens ! Alexandros t'invite à revenir. Il est couché, plein de beauté et richement vêtu, sur son lit habilement travaillé. Tu ne dirais point qu'il vient de lutter contre un homme, mais tu croirais qu'il va aux danses, ou qu'il repose au retour des danses.

Elle parla ainsi, et elle troubla le cœur de Hélénè mais dès que celle-ci eut vu le beau cou de la Déesse, et son sein d'où naissent les désirs, et ses yeux éclatants, elle fut saisie de terreur, et, la nommant de son nom, elle lui dit :

— Ô mauvaise ! Pourquoi veux-tu me tromper encore ? Me conduiras-tu dans quelque autre ville populeuse de la Phrygiè ou de l'heureuse Maioniè, si un homme qui t'est cher y habite ? Est-ce parce que Ménélaos, ayant vaincu le divin Alexandros, veut m'emmener dans ses demeures, moi qui me suis odieuse, que tu viens de nouveau me tendre des pièges ? Va plutôt ! abandonne la demeure des Dieux, ne retourne plus dans l'Olympos, et reste auprès de lui, toujours inquiète ; et prends-le sous ta garde, jusqu'à ce qu'il fasse de toi sa femme ou son esclave ! Pour moi, je n'irai plus orner son lit, car ce serait trop de honte, et toutes les Troiennes me blâmeraient, et j'ai trop d'amers chagrins dans le cœur.

Et la divine Aphroditè, pleine de colère, lui dit :

— Malheureuse ! crains de m'irriter, de peur que je t'abandonne dans ma colère, et que je te haïsse autant que je t'ai aimée, et que, jetant des haines inexorables entre les Troiens et les Akhaiens, je te fasse périr d'une mort violente !

Elle parla ainsi, et Hélénè, fille de Zeus, fut saisie de terreur, et, couverte de sa robe éclatante de blancheur, elle marcha en silence, s'éloignant des Troiennes, sur les pas de la Déesse.

Et quand elles furent parvenues à la belle demeure d'Alexandros, toutes les servantes se mirent à leur tâche, et la divine femme monta dans la haute chambre nuptiale. Aphroditè qui aime les sourires avança un siège pour elle auprès d'Alexandros, et Hélénè, fille de Zeus tempêtueux, s'y assit en détournant les yeux ; mais elle adressa ces reproches à son époux :

— Te voici revenu du combat. Que n'y restais-tu, mort et dompté par l'homme brave qui fut mon premier mari ! Ne te vantais-tu pas de l'emporter sur Ménélaos cher à Arès, par ton courage, par ta force et par ta lance ? Va ! défie encore Ménélaos cher à Arès, et combats de nouveau contre lui ; mais non, je te conseille plutôt de ne plus lutter contre le blond Ménélaos, de peur qu'il te dompte aussitôt de sa lance !

Et Pâris, lui répondant, parla ainsi :

— Femme ! ne blesse pas mon cœur par d'amères paroles. Il est vrai, Ménélaos m'a vaincu à l'aide d'Athènè, mais je le vaincrai plus tard, car nous avons aussi des Dieux qui nous sont amis. Viens ! couchons-nous et aimons-nous ! Jamais le désir ne m'a brûlé ainsi, même lorsque, naviguant sur mes nefs rapides, après t'avoir enlevée de l'heureuse Lakédaimôn, je m'unis d'amour avec toi dans l'île de Kranaè, tant je t'aime maintenant et suis saisi de désirs !

Il parla ainsi et marcha vers son lit, et l'épouse le suivit, et ils se couchèrent dans le lit bien construit.

Cependant l'Atréide courait comme une bête féroce au travers de la foule, cherchant le divin Alexandros. Et nul des Troiens ni des illustres Alliés ne put montrer Alexandros à Ménélaos cher à Arès. Et certes, s'ils l'avaient vu, ils ne l'auraient point caché, car ils le haïssaient tous comme la noire Kèr. Et le roi des hommes, Agamemnôn, leur parla ainsi :

— Écoutez-moi, Troiens, Dardaniens et Alliés. La victoire, certes, est à Ménélaos cher à Arès. Rendez-nous donc l'Argienne Hélénè et ses richesses, et payez, comme il est juste, un tribut dont se souviendront les hommes futurs.

L'Atréide parla ainsi, et tous les Akhaiens applaudirent.

RHAPSODIE IV.

Les Dieux, assis auprès de Zeus, étaient réunis sur le pavé d'or, et la vénérable Hèbè versait le nektar, et tous, buvant les coupes d'or, regardaient la ville des Troiens. Et le Kronide voulut irriter Hèrè par des paroles mordantes, et il dit :

— Deux Déesses défendent Ménélaos, Hèrè l'Argienne et la Protectrice Athènè ; mais elles restent assises et ne font que regarder, tandis qu'Aphroditè qui aime les sourires ne quitte jamais Alexandros et écarte de lui les Kères. Et voici qu'elle l'a sauvé comme il allait périr. Mais la victoire est à Ménélaos cher à Arès. Songeons donc à ceci. Faut-il exciter de nouveau la guerre mauvaise et le rude combat, ou sceller l'alliance entre les deux peuples ? S'il plaît à tous les Dieux, la ville du roi Priamos restera debout, et Ménélaos emmènera l'Argienne Hélénè.

Il parla ainsi, et les Déesses Athènè et Hèrè se mordirent les lèvres, et, assises à côté l'une de l'autre, elles méditaient la destruction des Troiens. Et Athènè restait muette, irritée contre son père Zeus, et une sauvage colère la brûlait ; mais Hèrè ne put contenir la sienne et dit :

Très-dur Kronide, quelle parole as-tu dite ? Veux-tu rendre vaines toutes mes fatigues et la sueur que j'ai suée ? J'ai lassé mes chevaux en rassemblant les peuples contre Priamos et contre ses enfants. Fais donc, mais les Dieux ne t'approuveront pas.

Et Zeus qui amasse les nuées, très-irrité, lui dit

— Malheureuse ! Quels maux si grands Priamos et les enfants de Priamos t'ont-ils causés, que tu veuilles sans relâche détruire la forte citadelle d'Ilios ? Si, dans ses larges murailles, tu pouvais dévorer Priamos et les enfants de Priamos et les autres Troiens, peut-être ta haine serait elle assouvie. Fais selon ta volonté, et que cette dissension cesse désormais entre nous. Mais je te dirai ceci, et garde mes paroles dans ton esprit : Si jamais je veux aussi détruire une ville habitée par des hommes qui te sont amis, ne t'oppose point à ma colère et laisse-moi agir, car c'est à contre-cœur que je te livre celle-ci. De toutes les villes habitées par les hommes terrestres, sous Hélios et sous l'Ouranos étoilé, aucune ne m'est plus chère que la ville sacrée d'Ilios, où sont Priamos et le peuple de Priamos qui tient la lance. Là, mon autel n'a jamais manqué de nourriture, de libations, et de graisse ; car nous avons cet honneur en partage.

Et la vénérable Hèrè aux yeux de bœuf lui répondit :

— Certes, j'ai trois villes qui me sont très-chères, Argos, Spartè et Mykènè aux larges rues. Détruis-les quand tu les haïras, et je ne les défendrai point ; mais je m'opposerais en vain à ta volonté, puisque tu es infiniment plus puissant. Il ne faut pas que tu rendes mes fatigues vaines. Je suis Déesse aussi, et ma race est la tienne. Le subtil Kronos m'a engendrée, et je suis deux fois vénérable, par mon origine et parce que je suis ton épouse, à toi qui commandes à tous les Immortels. Cédons-nous donc tour à tour, et les Dieux Immortels nous obéiront. Ordonne qu'Athènè se mêle au rude combat des Troiens et des Akhaiens. Qu'elle pousse les Troiens à outrager, les premiers, les fiers Akhaiens, malgré l'alliance jurée.

Elle parla ainsi, et le Père des hommes et des Dieux le voulut, et il dit à Athènè ces paroles ailées :

— Va très-promptement au milieu des Troiens et des Akhaiens, et pousse les Troiens à outrager, les premiers, les fiers Akhaiens, malgré l'alliance jurée.

Ayant ainsi parlé, il excita Athènè déjà pleine de ce désir, et elle se précipita des sommets de l'Olympos. Comme un signe lumineux que le fils du subtil Kronos envoie aux marins et aux peuples nombreux, et d'où jaillissent mille étincelles, Pallas Athènè s'élança sur la terre et tomba au milieu des deux armées. Et sa vue emplit de frayeur les Troiens dompteurs de chevaux et les Akhaiens aux belles knèmides. Et ils se disaient entre eux

— Certes, la guerre mauvaise et le rude combat vont recommencer, ou Zeus va sceller l'alliance entre les deux peuples, car il règle la guerre parmi les hommes.

Ils parlaient ainsi, et Athènè se mêla aux Troiens, semblable au brave Laodokos Anténoride, et cherchant Pandaros égal aux Dieux. Et elle trouva debout le brave et irréprochable fils de Lykaôn, et, autour de lui, la foule des hardis porte-boucliers qui l'avaient suivi des bords de l'Aisèpos. Et, s'étant approchée, Athènè lui dit en paroles ailées :

— Te laisseras-tu persuader par moi, brave fils de Lykaôn, et oseras-tu lancer une flèche rapide à Ménélaos ? Certes, tu serais comblé de gloire et de gratitude par tous les Troiens et surtout par le roi Alexandros. Et il te ferait de riches présents, s'il voyait le brave Ménélaos, fils d'Atreus, dompté par ta flèche et montant sur le bûcher funéraire. Courage ! Tire contre le noble Ménélaos, et promets une belle hécatombe à l'illustre Archer Apollôn Lykien, quand tu seras de retour dans la citadelle de Zéléiè la sainte.

Athènè parla ainsi, et elle persuada l'insensé. Et il tira de l'étui un arc luisant, dépouille d'une chèvre sauvage et bondissante qu'il avait percée à la poitrine, comme elle sortait d'un creux de rocher. Et elle était tombée morte sur la pierre. Et ses cornes étaient hautes de seize palmes. Un excellent ouvrier les travailla, les polit et les dora à chaque extrémité. Et Pandaros, ayant bandé cet arc, le posa à terre, et ses braves compagnons le couvrirent de leurs boucliers, de peur que les fils des courageux Akhaiens vinssent à se ruer avant que le brave Ménélaos, chef des Akhaiens, ne fût frappé.

Et Pandaros ouvrit le carquois et en tira une flèche neuve, ailée, source d'amères douleurs. Et il promit à l'illustre Archer Apollôn Lykien une belle hécatombe d'agneaux premiers-nés, quand il serait de retour dans la citadelle de Zéléiè la sainte.

Et il saisit à la fois la flèche et le nerf de bœuf ; et, les ayant attirés, le nerf toucha sa mamelle, et la pointe d'airain toucha l'arc, et le nerf vibra avec force, et la flèche aiguë s'élança, désirant voler au travers de la foule.

Mais les Dieux heureux ne t'oublièrent point, Ménélaos ! Et la terrible fille de Zeus se tint la première devant toi pour détourner la flèche amère. Elle la détourna comme une mère chasse une mouche loin de son enfant enveloppé par le doux sommeil. Et elle la dirigea là où les anneaux d'or du baudrier forment comme une seconde cuirasse. Et la flèche amère tomba sur le solide baudrier, et elle le perça ainsi que la cuirasse artistement ornée et la mitre qui, par-dessous, garantissait la peau des traits. Et la flèche la perça aussi, et elle effleura la peau du héros, et un sang noir jaillit de la blessure.

Comme une femme Maionienne ou Karienne teint de pourpre l'ivoire destiné à orner le mors des chevaux, et qu'elle garde dans sa demeure, et que tous les cavaliers désirent, car il est l'ornement d'un roi, la parure du cheval et l'orgueil du cavalier, ainsi, Ménélaos, le sang rougit tes belles cuisses et tes jambes jusqu'aux chevilles. Et le roi des hommes, Agamemnôn, frémit de voir ce sang noir couler de la blessure ; et Ménélaos cher à Arès frémit aussi. Mais quand il vit que le fer de la flèche avait à peine pénétré, son cœur se raffermit ; et, au milieu de ses compagnons qui se lamentaient, Agamemnôn qui commande au loin, prenant la main de Ménélaos, lui dit en gémissant :

— Cher frère, c'était ta mort que je décidais par ce traité, en t'envoyant seul combattre les Troiens pour tous les Akhaiens, puisqu'ils t'ont frappé et ont foulé aux pieds des serments inviolables. Mais ces serments ne seront point vains, ni le sang des agneaux, ni les libations sacrées, ni le gage de nos mains unies. Si l'Olympien ne les frappe point maintenant, il les punira plus tard ; et ils expieront par des calamités terribles cette trahison qui retombera sur leurs têtes, sur leurs femmes et sur leurs enfants. Car je le sais, dans mon esprit, un jour viendra où la sainte Ilios périra, et Priamos, et le peuple de Priamos habile à manier la lance.

Zeus Kronide qui habite l'Aithèr agitera d'en haut sur eux sa terrible Aigide, indigné de cette trahison qui sera châtiée. Ô Ménélaos, ce serait une amère douleur pour moi si, accomplissant tes destinées, tu mourais. Couvert d'opprobre je retournerais dans Argos, car les Akhaiens voudraient aussitôt rentrer dans la terre natale, et nous abandonnerions l'Argienne Hélénè comme un triomphe à Priamos et aux Troiens. Et les orgueilleux Troiens diraient, foulant la tombe de l'illustre Ménélaos :

— Plaise aux Dieux qu'Agamemnôn assouvisse toujours ainsi sa colère ! Il a conduit ici l'armée inutile des Akhaiens, et voici qu'il est retourné dans son pays bien-aimé, abandonnant le brave Ménélaos ! Ils parleront ainsi un jour ; mais, alors, que la profonde terre m'engloutisse !

Et le blond Ménélaos, le rassurant, parla ainsi :

— Reprends courage, et n'effraye point le peuple des Akhaiens. Le trait aigu ne m'a point blessé à mort, et le baudrier m'a préservé, ainsi que la cuirasse, le tablier et la mitre que de bons armuriers ont forgée.

Et Agamemnôn qui commande au loin, lui répondant, parla ainsi :

— Plaise aux Dieux que cela soit, ô cher Ménélaos ! Mais un médecin soignera ta blessure et mettra le remède qui apaise les noires douleurs.

Il parla ainsi, et appela le héraut divin Talthybios :

— Talthybios, appelle le plus promptement possible l'irréprochable médecin Makhaôn Asklépiade, afin qu'il voie le brave Ménélaos, prince des Akhaiens, qu'un habile archer Troien ou Lykien a frappé d'une flèche. Il triomphe, et nous sommes dans le deuil.

Il parla ainsi, et le héraut lui obéit. Et il chercha, parmi le peuple des Akhaiens aux tuniques d'airain, le héros Makhaôn, qu'il trouva debout au milieu de la foule belliqueuse des porte-boucliers qui l'avaient suivi de Trikkè, nourrice de chevaux. Et, s'approchant, il dit ces paroles ailées :

Lève-toi, Asklépiade ! Agamemnôn, qui commande au loin, t'appelle, afin que tu voies le brave Ménélaos, fils d'Atreus, qu'un habile archer Troien ou Lykien a frappé d'une flèche. Il triomphe, et nous sommes dans le deuil.

Il parla ainsi, et le cœur de Makhaôn fut ému dans sa poitrine. Et ils marchèrent à travers l'armée immense des Akhaiens ; et quand ils furent arrivés à l'endroit où le blond Ménélaos avait été blessé et était assis, égal aux Dieux, en un cercle formé par les princes, aussitôt Makhaôn arracha le trait du solide baudrier, en ployant les crochets aigus ; et il détacha le riche baudrier, et le tablier et la mitre que de bons armuriers avaient forgée. Et, après avoir examiné la plaie faite par la flèche amère, et sucé le sang, il y versa adroitement un doux baume que Khirôn avait autrefois donné à son père qu'il aimait.

Et tandis qu'ils s'empressaient autour de Ménélaos hardi au combat, l'armée des Troiens, porteurs de boucliers, s'avançait, et les Akhaiens se couvrirent de nouveau de leurs armes, désirant combattre.

Et le divin Agamemnôn n'hésita ni se ralentit, mais il se prépara en hâte pour la glorieuse bataille. Et il laissa ses chevaux et son char orné d'airain ; et le serviteur Eurymédôn, fils de Ptolémaios Peiraide, les retint à l'écart, et l'Atréide lui ordonna de ne point s'éloigner, afin qu'il pût monter dans le char, si la fatigue l'accablait pendant qu'il donnait partout ses ordres. Et il marcha à travers la foule des hommes. Et il encourageait encore ceux des Danaens aux rapides chevaux, qu'il voyait pleins d'ardeur :

— Argiens ! ne perdez rien de cette ardeur impétueuse, car le Père Zeus ne protégera point le parjure. Ceux qui, les premiers, ont violé nos traités, les vautours mangeront leur chair ; et, quand nous aurons pris leur ville, nous emmènerons sur nos nefs leurs femmes bien-aimées et leurs petits enfants.

Et ceux qu'il voyait lents au rude combat, il leur disait ces paroles irritées :

— Argiens promis à la pique ennemie ! lâches, n'avez-vous point de honte ? Pourquoi restez-vous glacés de peur, comme des biches qui, après avoir couru à travers la vaste plaine, s'arrêtent épuisées et n'ayant plus de force au cœur ? C'est ainsi que, glacés de peur, vous vous arrêtez et ne combattez point. Attendez-vous que les Troiens pénètrent jusqu'aux nefs aux belles poupes, sur le rivage de la blanche mer, et que le Kroniôn vous aide ?

C'est ainsi qu'il donnait ses ordres en parcourant la foule des hommes. Et il parvint là où les Krètois s'armaient autour du brave Idoméneus. Et Idoméneus, pareil à un fort sanglier, était au premier rang ; et Mèrionès hâtait les dernières phalanges. Et le roi des hommes, Agamemnôn, ayant vu cela, s'en réjouit et dit à Idoméneus ces paroles flatteuses :

— Idoméneus, certes, je t'honore au-dessus de tous les Danaens aux rapides chevaux, soit dans le combat, soit dans les repas, quand les princes des Akhaiens mêlent le vin vieux dans les kratères. Et si les autres Akhaiens chevelus boivent avec mesure, ta coupe est toujours aussi pleine que la mienne, et tu bois
selon ton désir. Cours donc au combat, et sois tel que tu as toujours été.

Et le prince des Krètois, Idoméneus, lui répondit :

— Atréide, je te serai toujours fidèle comme je te l'ai promis. Va ! encourage les autres Akhaiens chevelus, afin que nous combattions promptement, puisque les Troiens ont violé nos traités. La mort et les calamités les accableront, puisque, les premiers, ils se sont parjurés.

Il parla ainsi, et l'Atréide s'éloigna, plein de joie. Et il alla vers les Aias, à travers la foule des hommes. Et les Aias s'étaient armés, suivis d'un nuage de guerriers. Comme une nuée qu'un chevrier a vue d'une hauteur, s'élargissant sur la mer, sous le souffle de Zéphyros, et qui, par tourbillons épais, lui apparaît de loin plus noire que la poix, de sorte qu'il s'inquiète et pousse ses chèvres dans une caverne ; de même les noires phalanges hérissées de boucliers et de piques des jeunes hommes nourrissons de Zeus se mouvaient derrière les Aias pour le rude combat. Et Agamemnôn qui commande au loin, les ayant vus, se réjouit et dit ces paroles ailées :

— Aias ! Princes des Argiens aux tuniques d'airain, il ne serait point juste de vous ordonner d'exciter vos hommes, car vous les pressez de combattre bravement. Père Zeus ! Athènè ! Apollôn ! que votre courage emplisse tous les cœurs Bientôt la ville du Roi Priamos, s'il en était ainsi, serait renversée, détruite et saccagée par nos mains

Ayant ainsi parlé, il les laissa et marcha vers d'autres. Et il trouva Nestôr, l'harmonieux agorète des Pyliens, qui animait et rangeait en bataille ses compagnons autour du grand Pélagôn, d'Alastôr, de Khromios, de Haimôn et de Bias, prince des peuples. Et il rangeait en avant les cavaliers, les chevaux et les chars, et en arrière les fantassins braves et nombreux, pour être le rempart de la guerre, et les lâches au milieu, afin que chacun d'eux combattît forcément. Et il enseignait les cavaliers, leur ordonnant de contenir les chevaux et de ne point courir au hasard dans la mêlée :

— Que nul ne s'élance en avant des autres pour combattre les Troiens, et que nul ne recule, car vous serez sans force. Que le guerrier qui abandonnera son char pour un autre combatte plutôt de la pique, car ce sera pour le mieux, et c'est ainsi que les hommes anciens, qui ont eu ce courage et cette prudence, ont renversé les villes et les murailles.

Et le vieillard les exhortait ainsi, étant habile dans la guerre depuis longtemps. Et Agamemnôn qui commande au loin, l'ayant vu, se réjouit et lui dit ces paroles ailées :

— Ô vieillard ! plût aux Dieux que tes genoux eussent autant de vigueur, que tu eusses autant de force que ton cœur a de courage ! Mais la vieillesse, qui est la même pour tous, t'accable. Plût aux Dieux qu'elle accablât plutôt tout autre guerrier, et que tu fusses des plus jeunes !

Et le cavalier Gérennien Nestôr lui répondit :

— Certes, Atréide, je voudrais être encore ce que j'étais quand je tuai le divin Éreuthaliôn. Mais les Dieux ne prodiguent point tous leurs dons aux hommes. Alors, j'étais jeune, et voici que la vieillesse s'est emparée de moi. Mais tel que je suis, je me mêlerai aux cavaliers et je les exciterai par mes conseils et par mes paroles, car c'est la part des vieillards.

Il parla ainsi, et l'Atréide, joyeux, alla plus loin. Et il trouva le cavalier Ménèstheus immobile, et autour de lui les Athènaiens belliqueux, et, auprès, le subtil Odysseus, et autour de ce dernier la foule hardie des Képhallèniens. Et ils n'avaient point entendu le cri de guerre, car les phalanges des Troiens dompteurs de chevaux et des Akhaiens commençaient de s'ébranler. Et ils se tenaient immobiles, attendant que d'autres phalanges Akhaiennes, s'élançant contre les Troiens, commençassent le combat. Et Agamemnôn, les ayant vus, les injuria et leur dit ces paroles ailées :

— Ô fils de Pétéos, d'un roi issu de Zeus, et toi, qui es toujours plein de ruses subtiles, pourquoi, saisis de terreur, attendez-vous que d'autres combattent ? Il vous appartenait de courir en avant dans le combat furieux, ainsi que vous assistez les premiers à mes festins, où se réunissent les plus vénérables des Akhaiens. Là, sans doute, il vous est doux de manger des viandes rôties et de boire des coupes de bon vin autant qu'il vous plaît. Et voici que, maintenant, vous verriez avec joie dix phalanges des Akhaiens combattre avant vous, armées de l'airain meurtrier !

Et le subtil Odysseus, avec un sombre regard, lui répondit :

— Atréide, quelle parole s'est échappée de ta bouche ? Comment oses-tu dire que nous hésitons devant le combat ? Lorsque nous pousserons le rude Arès contre les Troïens dompteurs de chevaux, tu verras, si tu le veux, et si cela te plaît le père bien-aimé de Tèlémakhos au milieu des Troïens dompteurs de chevaux. Mais tu as dit une parole vaine.

Et Agamemnôn qui commande au loin, le voyant irrité, sourit, et, se rétractant, lui répondit :

— Subtil Odysseus, divin Laertiade, je ne veux t'adresser ni injures ni reproches. Je sais que ton cœur, dans ta poitrine, est plein de desseins excellents, car tes pensées sont les miennes. Nous réparerons ceci, si j'ai mal parlé. Va donc, et que les Dieux rendent mes paroles vaines !

Ayant ainsi parlé, il les laissa et alla vers d'autres. Et il trouva Diomèdès, l'orgueilleux fils de Tydeus, immobile au milieu de ses chevaux et de ses chars solides. Et Sthénélos, fils de Kapaneus, était auprès de lui. Et Agamemnôn qui commande au loin, les ayant vus, l'injuria et lui dit ces paroles ailées :

— Ah ! fils du brave Tydeus dompteur de chevaux, pourquoi trembles-tu et regardes-tu entre les rangs ? Certes, Tydeus n'avait point coutume de trembler, mais il combattait hardiment l'ennemi, et hors des rangs, en avant de ses compagnons. Je ne l'ai point vu dans la guerre, mais on dit qu'il était au-dessus de tous. Il vint à Mykènè avec Polyneikès égal aux Dieux, pour rassembler les peuples et faire une expédition contre les saintes murailles de Thèbè. Et ils nous conjuraient de leur donner de courageux alliés, et tous y consentaient, mais les signes contraires de Zeus nous en empêchèrent. Et ils partirent, et quand ils furent arrivés auprès de l'Asopos plein de joncs et d'herbes, Tydeus fut l'envoyé des Akhaiens. Et il partit, et il trouva les Kadméiônes, en grand nombre, mangeant dans la demeure de la Force Étéokléenne. Et là, le cavalier Tydeus ne fut point effrayé, bien qu'étranger et seul au milieu des nombreux Kadméiônes. Et il les provoqua aux luttes et les vainquit aisément, car Athènè le protégeait. Mais les cavaliers Kadméiônes, pleins de colère, lui dressèrent, à son départ, une embuscade de nombreux guerriers commandés par Maiôn Haimonide, tel que les Immortels, et par Lyképhontès, hardi guerrier, fils d'Autophonos. Et Tydeus les tua tous et n'en laissa revenir qu'un seul. Obéissant aux signes des Dieux, il laissa revenir Maiôn. Tel était Tydeus l'Aitôlien ; mais il a engendré un fils qui ne le vaut point dans le combat, s'il parle mieux dans l'Agora.

Il parla ainsi, et le brave Diomèdès ne répondit rien, plein de respect pour le roi vénérable. Mais le fils de l'illustre Kapaneus répondit à l'Atréide :

— Atréide, ne mens point, sachant que tu mens. Certes nous nous glorifions de valoir beaucoup mieux que nos pères, nous qui, confiants dans les signes des Dieux, et avec l'aide de Zeus, avons pris Thèbè aux sept portes, ayant conduit sous ses fortes murailles des peuples moins nombreux. Nos pères ont péri par leurs propres fautes. Ne compare donc point leur gloire à la nôtre.

Et le robuste Diomèdès, avec un sombre regard, lui répondit :

— Ami, tais-toi et obéis. Je ne m'irrite point de ce que le prince des peuples, Agamemnôn, excite les Akhaiens aux belles knèmides à combattre ; car si les Akhaiens détruisent les Troiens et prennent la sainte Ilios, il en aura la gloire ; mais si les Akhaiens sont détruits, il en portera le deuil. Occupons-nous tous deux de la guerre impétueuse.

Il parla ainsi, et sauta de son char à terre avec ses armes, et l'airain retentit terriblement sur la poitrine du Roi, et ce bruit aurait troublé le cœur du plus brave.

Et comme le flot de la mer roule avec rapidité vers le rivage, poussé par Zéphyros, et, se gonflant d'abord sur la haute mer, se brise violemment contre terre, et se hérisse autour des promontoires en vomissant l'écume de la mer, de même les phalanges pressées des Danaens se ruaient au combat. Et chaque chef donnait ses ordres, et le reste marchait en silence. On eût dit une grande multitude muette, pleine de respect pour ses chefs. Et les armes brillantes resplendissaient tandis qu'ils marchaient en ordre. Mais, tels que les nombreuses brebis d'un homme riche, et qui bêlent sans cesse à la voix des agneaux, tandis qu'on trait leur lait blanc dans l'étable, les Troiens poussaient des cris confus et tumultueux de tous les points de la vaste armée. Et leurs cris étaient poussés en beaucoup de langues diverses, par des hommes venus d'un grand nombre de pays lointains.

Et Arès excitait les uns, et Athènè aux yeux clairs excitait les autres, et partout allaient la Crainte et la Terreur et la furieuse et insatiable Éris, sœur et compagne d'Arès tueur d'hommes, et qui, d'abord, est faible, et qui, les pieds sur la terre, porte bientôt sa tête dans l'Ouranos. Et elle s'avançait à travers la foule, éveillant la haine et multipliant les gémissements des hommes.

Et quand ils se furent rencontrés, ils mêlèrent leurs boucliers, leurs piques et la force des hommes aux cuirasses d'airain ; et les boucliers bombés se heurtèrent, et un vaste tumulte retentit. Et on entendait les cris de victoire et les hurlements des hommes qui renversaient ou étaient renversés, et le sang inondait la terre. Comme des fleuves, gonflés par l'hiver, tombent du haut des montagnes et mêlent leurs eaux furieuses dans une vallée qu'ils creusent profondément, et dont un berger entend de loin le fracas, de même le tumulte des hommes confondus roulait.

Et, le premier, Antilokhos tua Ekhépôlos Thalysiade, courageux Troien, brave entre tous ceux qui combattaient en avant. Et il le frappa au casque couvert de crins épais, et il perça le front, et la pointe d'airain entra dans l'os. Et le Troien tomba comme une tour dans le rude combat. Et le roi Elphènôr Khalkodontiade, prince des magnanimes Abantes, le prit par les pieds pour le traîner à l'abri des traits et le dépouiller de ses armes ; mais sa tentative fut brève, car le magnanime Agènôr, l'ayant vu traîner le cadavre, le perça au côté, d'une pique d'airain, sous le bouclier, tandis qu'il se courbait, et le tua. Et, sur lui, se rua un combat furieux de Troiens et d'Akhaiens ; et, comme des loups, ils se jetaient les uns sur les autres, et chaque guerrier en renversait un autre.

C'est là qu'Aias Télamônien tua Simoéisios, fils d'Anthémiôn, jeune et beau, et que sa mère, descendant de l'Ida pour visiter ses troupeaux avec ses parents, avait enfanté sur les rives du Simoïs, et c'est pourquoi on le nommait Simoéisios. Mais il ne rendit pas à ses parents bien-aimés le prix de leurs soins, car sa vie fut brève, ayant été dompté par la pique du magnanime Aias. Et celui-ci le frappa à la poitrine, près de la mamelle droite, et la pique d'airain sortit par l'épaule. Et Simoéisios tomba dans la poussière comme un peuplier dont l'écorce est lisse, et qui, poussant au milieu d'un grand marais, commence à se couvrir de hauts rameaux, quand un constructeur de chars le tranche à l'aide du fer aiguisé pour en faire la roue d'un beau char ; et il gît, flétri, aux bords du fleuve. Et le divin Aias dépouilla ainsi Simoéisios Anthémionide.

Et le Priamide Antiphos à la cuirasse éclatante, du milieu de la foule, lança contre Aias sa pique aiguë ; mais elle le manqua et frappa à l'aine Leukos, brave compagnon d'Odysseus, tandis qu'il traînait le cadavre, et le cadavre lui échappa des mains. Et Odysseus, irrité de cette mort, s'avança, armé de l'airain éclatant, au-delà des premiers rangs, regardant autour de lui et agitant sa pique éclatante. Et les Troiens reculèrent devant l'homme menaçant ; mais il ne lança point sa pique en vain, car il frappa Dèmokoôn, fils naturel de Priamos, et qui était venu d'Abydos avec ses chevaux rapides. Et Odysseus, vengeant son compagnon, frappa Dèmokoôn à la tempe, et la pointe d'airain sortit par l'autre tempe, et l'obscurité couvrit ses yeux. Et il tomba avec bruit, et ses armes retentirent. Et les Troiens les plus avancés reculèrent, et même l'illustre Hektôr. Et les Akhaiens poussaient de grands cris, entraînant les cadavres et se ruant en avant. Et Apollôn s'indigna, les ayant vus du faîte de Pergamos, et d'une voix haute il excita les Troiens :

— Troiens, dompteurs de chevaux, ne le cédez point aux Akhaiens. Leur peau n'est ni de pierre ni de fer pour résister, quand elle en est frappée, à l'airain qui coupe la chair. Akhilleus, le fils de Thétis à la belle chevelure, ne combat point ; il couve, près de ses nefs, la colère qui lui ronge le cœur.

Ainsi parla le Dieu terrible du haut de la citadelle. Et Tritogénéia, la glorieuse fille de Zeus, marchant au travers de la foule, excitait les Akhaiens là où ils reculaient.

Et la Moire saisit Diôrès Amarynkéide, et il fut frappé à la cheville droite d'une pierre anguleuse. Et ce fut l'Imbraside Peiros, prince des Thrakiens, et qui était venu d'Ainos, qui le frappa. Et la pierre rude fracassa les deux tendons et les os. Et Diôrès tomba à la renverse dans la poussière, étendant les mains vers ses compagnons et respirant à peine. Et Peiros accourut et enfonça sa pique près du nombril, et les intestins se répandirent à terre, et l'obscurité couvrit ses yeux. Et comme Peiros s'élançait, l'Aitôlien Thoas le frappa de sa pique dans la poitrine, au-dessus de la mamelle, et l'airain traversa le poumon. Puis il accourut, arracha de la poitrine la pique terrible, et, tirant son épée aiguë, il ouvrit le ventre de l'homme et le tua. Mais il ne le dépouilla point de ses armes, car les Thrakiens aux cheveux ras et aux longues lances entourèrent leur chef, et repoussèrent Thoas, tout robuste, hardi et grand qu'il était. Et il recula loin d'eux. Ainsi les deux chefs, l'un des Thrakiens, l'autre des Épéiens aux tuniques d'airain, étaient couchés côte à côte dans la poussière, et les cadavres s'amassaient autour d'eux.

Si un guerrier, sans peur du combat, et que l'airain aigu n'eût encore ni frappé ni blessé, eût parcouru la mêlée furieuse, et que Pallas Athènè l'eût conduit par la main, écartant de lui l'impétuosité des traits, certes, il eût vu, en ce jour, une multitude de Troiens et d'Akhaiens renversés et couchés confusément sur la poussière.

RHAPSODIE V.

Alors, Pallas Athènè donna la force et l'audace au Tydéide Diomèdès, afin qu'il s'illustrât entre tous les Argiens et remportât une grande gloire. Et elle fit jaillir de son casque et de son bouclier un feu inextinguible, semblable à l'étoile de l'automne qui éclate et resplendit hors de l'Okéanos. Tel ce feu jaillissait de sa tête et de ses épaules. Et elle le poussa dans la mêlée où tous se ruaient tumultueusement.

Parmi les Troiens vivait Darès, riche et irréprochable sacrificateur de Hèphaistos, et il avait deux fils, Phygeus et Idaios, habiles à tous les combats. Et tous deux, sur un même char, se ruèrent contre le Tydéide, qui était à pied. Et, lorsqu'ils se furent rapprochés, Phygeus, le premier, lança sa longue pique, et la pointe effleura l'épaule gauche du Tydéide, mais il ne le blessa point. Et celui-ci, à son tour, lança sa pique, et le trait ne fut point inutile qui partit de sa main, car il s'enfonça dans la poitrine, entre les mamelles, et jeta le guerrier à bas. Et Idaios s'enfuit, abandonnant son beau char et n'osant défendre son frère tué. Certes, il n'eût point, pour cela, évité la noire mort ; mais Hèphaistos, l'ayant enveloppé d'une nuée, l'enleva, afin que la vieillesse de leur vieux père ne fût point désespérée. Et le fils du magnanime Tydeus saisit leurs chevaux, qu'il remit à ses compagnons pour être conduits aux nefs creuses.

Et les magnanimes Troiens, voyant les deux fils de Darès, l'un en fuite et l'autre mort auprès de son char, furent troublés jusqu'au fond de leurs cœurs. Mais Athènè aux yeux clairs, saisissant le furieux Arès par la main, lui parla ainsi :

— Arès, Arès, fléau des hommes, tout sanglant, et qui renverses les murailles, ne laisserons-nous point combattre les Troiens et les Akhaiens ? Que le père Zeus accorde la gloire à qui il voudra. Retirons-nous et évitons la colère de Zeus.

Ayant ainsi parlé, elle conduisit le furieux Arès hors du combat et le fit asseoir sur la haute rive du Skamandros. Et les Danaens repoussèrent les Troiens. Chacun des chefs tua un guerrier. Et, le premier, le roi Agamemnôn précipita de son char le grand Odios, chef des Alizônes. Comme celui-ci fuyait, il lui enfonça sa pique dans le dos, entre les épaules, et elle traversa la poitrine, et les armes d'Odios résonnèrent dans sa chute.

Et Idoméneus tua Phaistos, fils du Maiônien Bôros, qui était venu de la fertile Tarnè, l'illustre Idoméneus le perça à l'épaule droite, de sa longue pique, comme il montait sur son char. Et il tomba, et une ombre affreuse l'enveloppa, et les serviteurs d'Idoméneus le dépouillèrent.

Et l'Atréide Ménélaos tua de sa pique aiguë Skamandrios habile à la chasse, fils de Strophios. C'était un excellent chasseur qu'Artémis avait instruit elle-même à percer les bêtes fauves, et qu'elle avait nourri dans les bois, sur les montagnes. Mais ni son habileté à lancer les traits, ni Artémis qui se réjouit de ses flèches, ne lui servirent. Comme il fuyait, l'illustre Atréide Ménélaos le perça de sa pique dans le dos, entre les deux épaules, et lui traversa la poitrine. Et il tomba sur la face, et ses armes résonnèrent.

Et Mèrionès tua Phéréklos, fils du charpentier Harmôn, qui fabriquait adroitement toute chose de ses mains et que Pallas Athènè aimait beaucoup. Et c'était lui qui avait construit pour Alexandros ces nefs égales qui devaient causer tant de maux aux Troiens et à lui-même ; car il ignorait les oracles des dieux. Et Mèrionès, poursuivant Phéréklos, le frappa à la fesse droite, et la pointe pénétra dans l'os jusque dans la vessie. Et il tomba en gémissant, et la mort l'enveloppa.

Et Mégès tua Pèdaios, fils illégitime d'Antènôr, mais que la divine Théanô avait nourri avec soin au milieu de ses enfants bien-aimés, afin de plaire à son mari. Et l'illustre Phyléide, s'approchant de lui, le frappa de sa pique aiguë derrière la tête. Et l'airain, à travers les dents, coupa la langue, et il tomba dans la poussière en serrant de ses dents le froid airain.

Et l'Évaimonide Eurypylos tua le divin Hypsènôr, fils du magnanime Dolopiôn, sacrificateur du Skamandros, et que le peuple honorait comme un dieu. Et l'illustre fils d'Évaimôn, Eurypylos, se ruant sur lui, comme il fuyait, le frappa de l'épée à l'épaule et lui coupa le bras, qui tomba sanglant et lourd. Et la mort pourprée et la Moire violente emplirent ses yeux.

Tandis qu'ils combattaient ainsi dans la rude mêlée, nul n'aurait pu reconnaître si le Tydéide était du côté des Troiens ou du côté des Akhaiens. Il courait à travers la plaine, semblable à un fleuve furieux et débordé qui roule impétueusement et renverse les ponts. Ni les digues ne l'arrêtent, ni les enclos des vergers verdoyants, car la pluie de Zeus abonde, et les beaux travaux des jeunes hommes sont détruits. Ainsi les épaisses phalanges des Troiens se dissipaient devant le Tydéide, et leur multitude ne pouvait soutenir son choc.

Et l'illustre fils de Lykaôn, l'ayant aperçu se ruant par la plaine et dispersant les phalanges, tendit aussitôt contre lui son arc recourbé, et, comme il s'élançait, le frappa à l'épaule droite, au défaut de la cuirasse. Et la flèche acerbe vola en sifflant et s'enfonça, et la cuirasse ruissela de sang. Et l'illustre fils de Lykaôn s'écria d'une voix haute :

— Courage, Troiens, cavaliers magnanimes ! Le plus brave des Akhaiens est blessé, et je ne pense pas qu'il supporte longtemps ma flèche violente, s'il est vrai que le roi, fils de Zeus, m'ait poussé à quitter la Lykiè.

Il parla ainsi orgueilleusement, mais la flèche rapide n'avait point tué le Tydéide, qui, reculant, s'arrêta devant ses chevaux et son char, et dit à Sthénélos, fils de Kapaneus :

— Hâte-toi, ami Kapanéide ! Descends du char et retire cette flèche amère.

Il parla ainsi, et Sthénélos, sautant à bas du char, arracha de l'épaule la flèche rapide. Et le sang jaillit sur la tunique, et Diomèdès hardi au combat pria ainsi :

— Entends-moi, fille indomptée de Zeus tempêtueux ! Si jamais tu nous as protégés, mon père et moi, dans la guerre cruelle, Athènè ! secours-moi de nouveau. Accorde-moi de tuer ce guerrier. Amène-le au-devant de ma pique impétueuse, lui qui m'a blessé le premier, et qui s'en glorifie, et qui pense que je ne verrai pas longtemps encore la splendide lumière de Hélios.

Il parla ainsi en priant, et Pallas Athènè l'exauça. Elle rendit tous ses membres, et ses pieds et ses mains plus agiles ; et s'approchant, elle lui dit en paroles ailées :

— Reprends courage, ô Diomèdès, et combats contre les Troiens, car j'ai mis dans ta poitrine l'intrépide vigueur que possédait le porte-bouclier, le cavalier Tydeus. Et j'ai dissipé le nuage qui était sur tes yeux, afin que tu reconnaisses les dieux et les hommes. Si un immortel venait te tenter, ne lutte point contre les dieux immortels ; mais si Aphroditè, la fille de Zeus, descendait dans la mêlée, frappe-la de l'airain aigu.

Ayant ainsi parlé, Athènè aux yeux clairs s'éloigna, et le Tydéide retourna à la charge, mêlé aux premiers rangs. Et, naguère, il était, certes, plein d'ardeur pour combattre les Troiens, mais son courage est maintenant trois fois plus grand. Il est comme un lion qui, dans un champ où paissaient des brebis laineuses, au moment où il sautait vers l'étable, a été blessé par un pâtre, et non tué. Cette blessure accroît ses forces. Il entre dans l'étable et disperse les brebis, qu'on n'ose plus défendre. Et celles-ci gisent égorgées, les unes sur les autres ; et le lion bondit hors de l'enclos. Ainsi le brave Diomèdès se rua sur les Troiens.

Alors, il tua Astynoos et Hypeirôn, princes des peuples. Et il perça l'un, de sa pique d'airain, au-dessus de la mamelle ; et, de sa grande épée, il brisa la clavicule de l'autre et sépara la tête de l'épaule et du dos. Puis, les abandonnant, il se jeta sur Abas et Polyeidos, fils du vieux Eurydamas, interprète des songes. Mais le vieillard ne les avait point consultés au départ de ses enfants. Et le brave Diomèdès les tua.

Et il se jeta sur Xanthos et Thoôn, fils tardifs de Phainopos, qui les avait eus dans sa triste vieillesse, et qui n'avait point engendré d'autres enfants à qui il pût laisser ses biens. Et le Tydéide les tua, leur arrachant l'âme et ne laissant que le deuil et les tristes douleurs à leur père, qui ne devait point les revoir vivants au retour du combat, et dont l'héritage serait partagé selon la loi.

Et Diomèdès saisit deux fils du Dardanide Priamos, montés sur un même char, Ekhémôn et Khromios. Comme un lion, bondissant sur des bœufs, brise le cou d'une génisse ou d'un taureau paissant dans les bois, ainsi le fils de Tydeus, les renversant tous deux de leur char, les dépouilla de leurs armes et remit leurs chevaux à ses compagnons pour être conduits aux nefs.

Mais Ainéias, le voyant dissiper les lignes des guerriers, s'avança à travers la mêlée et le bruissement des piques, cherchant de tous côtés le divin Pandaros. Et il rencontra le brave et irréprochable fils de Lykaôn, et, s'approchant, il lui dit :

— Pandaros ! où sont ton arc et tes flèches ? Et ta gloire, quel guerrier pourrait te la disputer ? Qui pourrait, en Lykiè, se glorifier de l'emporter sur toi ? Allons, tends les mains vers Zeus et envoie une flèche à ce guerrier. Je ne sais qui il est, mais il triomphe et il a déjà infligé de grands maux aux Troiens. Déjà il a fait ployer les genoux d'une multitude de braves. Peut-être est-ce un dieu irrité contre les Troiens à cause de sacrifices négligés. Et la colère d'un dieu est lourde.

Et l'illustre fils de Lykaôn lui répondit :

— Ainéias, conseiller des Troiens revêtus d'airain, je crois que ce guerrier est le Tydéide. Je le reconnais à son bouclier, à son casque aux trois cônes et à ses chevaux. Cependant, je ne sais si ce n'est point un dieu. Si ce guerrier est le brave fils de Tydeus, comme je l'ai dit, certes, il n'est point ainsi furieux sans l'appui d'un dieu. Sans doute, un des immortels, couvert d'une nuée, se tient auprès de lui et détourne les flèches rapides. Déjà je l'ai frappé d'un trait à l'épaule droite, au défaut de la cuirasse. J'étais certain de l'avoir envoyé chez Aidès, et voici que je ne l'ai point tué. Sans doute quelque dieu est irrité contre nous. Ni mes chevaux ni mon char ne sont ici. J'ai, dans les demeures de Lykaôn, onze beaux chars tout neufs, couverts de larges draperies. Auprès de chacun d'eux sont deux chevaux qui paissent l'orge et l'avoine. Certes, le belliqueux vieillard Lykaôn, quand je partis de mes belles demeures, me donna de nombreux conseils. Il m'ordonna, monté sur mon char et traîné par mes chevaux, de devancer tous les Troiens dans les mâles combats. J'aurais mieux fait d'obéir ; mais je ne le voulus point, désirant épargner mes chevaux accoutumés à manger abondamment, et de peur qu'ils manquassent de nourriture au milieu de guerriers assiégés. Je les laissai, et vins à pied vers Ilios, certain de mon arc, dont je ne devais pas me glorifier cependant. Déjà, je l'ai tendu contre deux chefs, l'Atréide et le Tydéide, et je les ai blessés, et j'ai fait couler leur sang, et je n'ai fait que les irriter. Certes, ce fut par une mauvaise destinée que je détachai du mur cet arc recourbé, le jour funeste où je vins, dans la riante Ilios, commander aux Troiens, pour plaire au divin Hektôr. Si je retourne jamais, et si je revois de mes yeux ma patrie et ma femme et ma haute demeure, qu'aussitôt un ennemi me coupe la tête, si je ne jette, brisé de mes mains, dans le feu éclatant, cet arc qui m'aura été un compagnon inutile !

Et le chef des Troiens, Ainéias, lui répondit :

— Ne parle point tant. Rien ne changera si nous ne poussons à cet homme, sur notre char et nos chevaux, et couverts de nos armes. Tiens ! monte sur mon char, et vois quels sont les chevaux de Trôs, habiles à poursuivre ou à fuir rapidement dans la plaine. Ils nous ramèneront saufs dans la ville, si Zeus donne la victoire au Tydéide Diomèdès. Viens ! saisis le fouet et les belles rênes, et je descendrai pour combattre ; ou combats toi-même, et je guiderai les chevaux.

Et l'illustre fils de Lykaôn lui répondit :

— Ainéias, charge-toi des rênes et des chevaux. Ils traîneront mieux le char sous le conducteur accoutumé, si nous prenions la fuite devant le fils de Tydeus. Peut-être, pleins de terreur, resteraient-ils inertes et ne voudraient-ils plus nous emporter hors du combat, n'entendant plus ta voix.

Ayant ainsi parlé, ils montèrent sur le char brillant et poussèrent les chevaux rapides contre le Tydéide. Et l'illustre fils de Kapaneus, Sthénélos, les vit ; et aussitôt il dit au Tydéide ces paroles ailées :

— Tydéide Diomèdès, le plus cher à mon âme, je vois deux braves guerriers qui se préparent à te combattre. Tous deux sont pleins de force. L'un est l'habile archer Pandaros, qui se glorifie d'être le fils de Lykaôn. L'autre est Ainéias, qui se glorifie d'être le fils du magnanime Ankhisès, et qui a pour mère Aphroditè elle-même. Reculons donc, et ne te jette point en avant, si tu ne veux perdre ta chère âme.

Et le brave Diomèdès, le regardant d'un œil sombre, lui répondit :

— Ne parle point de fuir, car je ne pense point que tu me persuades. Ce n'est point la coutume de ma race de fuir et de trembler. Je possède encore toutes mes forces. J'irai au-devant de ces guerriers. Pallas Athènè ne me permet point de craindre. Leurs chevaux rapides ne nous les arracheront point tous deux, si, du moins, un seul en réchappe. Mais je te le dis, et souviens-toi de mes paroles : si la sage Athènè me donnait la gloire de les tuer tous deux, arrête nos chevaux rapides, attache les rênes au char, cours aux chevaux d'Ainéias et pousse-les parmi les Akhaiens aux belles knèmides. Ils sont de la race de ceux que le prévoyant Zeus donna à Trôs en échange de son fils Ganymèdès, et ce sont les meilleurs chevaux qui soient sous Éôs et Hélios. Le roi des hommes, Ankhisès, à l'insu de Laomédôn, fit saillir des cavales par ces étalons, et il en eut six rejetons. Il en retient quatre qu'il nourrit à la crèche, et il a donné ces deux-ci, rapides à la fuite, à Ainéias. Si nous les enlevons, nous remporterons une grande gloire.

Pendant qu'ils se parlaient ainsi, les deux Troiens poussaient vers eux leurs chevaux rapides, et le premier, l'illustre fils de Lykaôn, s'écria :

— Très-brave et très-excellent guerrier, fils de l'illustre Tydeus, mon trait rapide, ma flèche amère, ne t'a point tué ; mais je vais tenter de te percer de ma pique.

Il parla, et, lançant sa longue pique, frappa le bouclier du Tydéide. La pointe d'airain siffla et s'enfonça dans la cuirasse, et l'illustre fils de Lykaôn cria à voix haute :

— Tu es blessé dans le ventre ! Je ne pense point que tu survives longtemps, et tu vas me donner une grande gloire.

Et le brave Diomèdès lui répondit avec calme :

— Tu m'as manqué, loin de m'atteindre ; mais je ne pense pas que vous vous reposiez avant qu'un de vous, au moins, ne tombe et ne rassasie de son sang Arès, l'audacieux combattant.

Il parla ainsi, et lança sa pique. Et Athènè la dirigea au-dessus du nez, auprès de l'œil, et l'airain indompté traversa les blanches dents, coupa l'extrémité de la langue et sortit sous le menton. Et Pandaros tomba du char, et ses armes brillantes, aux couleurs variées, résonnèrent sur lui, et les chevaux aux pieds rapides frémirent, et la vie et les forces de l'homme furent brisées.

Alors Ainéias s'élança avec son bouclier et sa longue pique, de peur que les Akhaiens n'enlevassent le cadavre. Et, tout autour, il allait comme un lion confiant dans ses forces, brandissant sa pique et son bouclier bombé, prêt à tuer celui qui oserait approcher, et criant horriblement. Mais le Tydéide saisit de sa main un lourd rocher que deux hommes, de ceux qui vivent aujourd'hui, ne pourraient soulever. Seul, il le remua facilement. Et il en frappa Ainéias à la cuisse, là où le fémur tourne dans le cotyle. Et la pierre rugueuse heurta le cotyle, rompit les deux muscles supérieurs et déchira la peau. Le héros, tombant sur les genoux, s'appuya d'une main lourde sur la terre, et une nuit noire couvrit ses yeux. Et le roi des hommes, Ainéias, eût sans doute péri, si la fille de Zeus, Aphroditè, ne l'eût aperçu : car elle était sa mère, l'ayant conçu d'Ankhisès, comme il paissait ses bœufs. Elle jeta ses bras blancs autour de son fils bien-aimé et l'enveloppa des plis de son péplos éclatant, afin de le garantir des traits, et de peur qu'un des guerriers Danaens enfonçât l'airain dans sa poitrine et lui arrachât l'âme. Et elle enleva hors de la mêlée son fils bien-aimé.

Mais le fils de Kapaneus n'oublia point l'ordre que lui avait donné Diomèdès hardi au combat. Il arrêta brusquement les chevaux aux sabots massifs, en attachant au char les rênes tendues ; et, se précipitant vers les chevaux aux longues crinières d'Ainéias, il les poussa du côté des Akhaiens aux belles knèmides. Et il les remit à son cher compagnon Deipylos, qu'il honorait au-dessus de tous, tant leurs âmes étaient d'accord, afin que celui-ci les conduisît aux nefs creuses.

Puis le héros, remontant sur son char, saisit les belles rênes, et, traîné par ses chevaux aux sabots massifs, suivit le Tydéide. Et celui-ci, de l'airain meurtrier, pressait ardemment Aphroditè, sachant que c'était une déesse pleine de faiblesse, et qu'elle n'était point de ces divinités qui se mêlent aux luttes des guerriers, comme Athènè ou comme Ényô, la destructrice des citadelles. Et, la poursuivant dans la mêlée tumultueuse, le fils du magnanime Tydeus bondit, et de sa pique aiguë blessa sa main délicate. Et aussitôt l'airain perça la peau divine à travers le péplos que les Kharites avaient tissé elles-mêmes. Et le sang immortel de la déesse coula, subtil, et tel qu'il sort des Dieux heureux. Car ils ne mangent point de pain, ils ne boivent point le vin ardent, et c'est pourquoi ils n'ont point notre sang et sont nommés Immortels. Elle poussa un grand cri et laissa tomber son fils ; mais Phoibos Apollôn le releva de ses mains et l'enveloppa d'une noire nuée, de peur qu'un des cavaliers Danaens enfonçât l'airain dans sa poitrine et lui arrachât l'âme. Et Diomèdès hardi au combat cria d'une voix haute à la Déesse :

— Fille de Zeus, fuis la guerre et le combat. Ne te suffit-il pas de tromper de faibles femmes ? Si tu retournes jamais au combat, certes, je pense que la guerre et son nom seul te feront trembler désormais.

Il parla ainsi, et Aphroditè s'envola, pleine d'affliction et gémissant profondément. Iris aux pieds rapides la conduisit hors de la mêlée, accablée de douleurs, et son beau corps était devenu noir. Et elle rencontra l'impétueux Arès assis à la gauche de la bataille. Sa pique et ses chevaux rapides étaient couverts d'une nuée. Et Aphroditè, tombant à genoux, supplia son frère bien-aimé de lui donner ses chevaux liés par des courroies d'or :

— Frère bien-aimé, secours-moi ! Donne-moi tes chevaux pour que j'aille dans l'Olympos, qui est la demeure des Immortels. Je souffre cruellement d'une blessure que m'a faite le guerrier mortel Tydéide, qui combattrait maintenant le père Zeus lui-même.

Elle parla ainsi, et Arès lui donna ses chevaux aux aigrettes dorées. Et, gémissant dans sa chère âme, elle monta sur le char. Iris monta auprès d'elle, prit les rênes en mains et frappa les chevaux du fouet, et ceux-ci s'envolèrent et atteignirent aussitôt le haut Olympos, demeure des Dieux. Et la rapide Iris arrêta les chevaux aux pieds prompts comme le vent, et, sautant du char, leur donna leur nourriture immortelle. Et la divine Aphroditè tomba aux genoux de Diônè sa mère ; et celle-ci, entourant sa fille de ses bras, la caressa et lui dit :

— Quel Ouranien, chère fille, t'a ainsi traitée, comme si tu avais ouvertement commis une action mauvaise ?

Et Aphroditè qui aime les sourires lui répondit :

— L'audacieux Diomèdès, fils de Tydeus, m'a blessée, parce que j'emportais hors de la mêlée mon fils bien-aimé Ainéias, qui m'est le plus cher de tous les hommes. La bataille furieuse n'est plus seulement entre les Troiens et les Akhaiens, mais les Danaens combattent déjà contre les Immortels.

Et l'illustre Déesse Diônè lui répondit :

— Subis et endure ton mal, ma fille, bien que tu sois affligée. Déjà plusieurs habitants des demeures Ouraniennes, par leurs discordes mutuelles, ont beaucoup souffert de la part des hommes. Arès a subi de grands maux quand Otos et le robuste Éphialtès, fils d'Aloè, le lièrent de fortes chaînes. Il resta treize mois enchaîné dans une prison d'airain. Et peut-être qu'Arès, insatiable de combats, eût péri, si la belle Ériboia, leur marâtre, n'eût averti Herméias, qui délivra furtivement Arès respirant à peine, tant les lourdes chaînes l'avaient dompté. Hèrè souffrit aussi quand le vigoureux Amphitryonade la blessa à la mamelle droite d'une flèche à trois pointes, et une irrémédiable douleur la saisit. Et le grand Aidès souffrit entre tous quand le même homme, fils de Zeus tempêtueux, le blessa, sur le seuil du Hadès, au milieu des morts, d'une flèche rapide, et l'accabla de douleurs. Et il vint dans la demeure de Zeus, dans le grand Olympos, plein de maux et gémissant dans son cœur, car la flèche était fixée dans sa large épaule et torturait son âme. Et Paièôn, répandant de doux baumes sur la plaie, guérit Aidès, car il n'était point mortel comme un homme. Et tel était Hèraklès, impie, irrésistible, se souciant peu de commettre des actions mauvaises et frappant de ses flèches les dieux qui habitent l'Olympos. C'est la divine Athènè aux yeux clairs qui a excité un insensé contre toi. Et le fils de Tydeus ne sait pas, dans son âme, qu'il ne vit pas longtemps celui qui lutte contre les Immortels. Ses enfants, assis sur ses genoux, ne le nomment point leur père au retour de la guerre et de la rude bataille. Maintenant, que le Tydéide craigne, malgré sa force, qu'un plus redoutable que toi ne le combatte. Qu'il craigne que la sage fille d'Adrèstès, Aigialéia, la noble femme du dompteur de chevaux Diomèdès, gémisse bientôt en s'éveillant et en troublant ses serviteurs, parce qu'elle pleurera son premier mari, le plus brave des Akhaiens !

Elle parla ainsi, et, de ses deux mains, étancha la plaie, et celle-ci fut guérie, et les amères douleurs furent calmées.

Mais Hèrè et Athènè, qui les regardaient, tentèrent d'irriter le Kronide Zeus par des paroles mordantes. Et la divine Athènè aux yeux clairs parla ainsi la première :

— Père Zeus, peut-être seras-tu irrité de ce que je vais dire ; mais voici qu'Aphroditè, en cherchant à mener quelque femme Akhaienne au milieu des Troiens qu'elle aime tendrement, en s'efforçant de séduire par ses caresses une des Akhaiennes au beau péplos, a déchiré sa main délicate à une agrafe d'or.

Elle parla ainsi, et le père des hommes et des dieux sourit, et, appelant Aphroditè d'or, il lui dit :

— Ma fille, les travaux de la guerre ne te sont point confiés, mais à l'impétueux Arès et à Athènè. Ne songe qu'aux douces joies des Hyménées.

Et ils parlaient ainsi entre eux. Et Diomèdès hardi au combat se ruait toujours sur Ainéias, bien qu'il sût qu'Apollôn le couvrait des deux mains. Mais il ne respectait même plus un grand dieu, désirant tuer Ainéias et le dépouiller de ses armes illustres. Et trois fois il se rua, désirant le tuer, et trois fois Apollôn repoussa son bouclier éclatant. Mais, quand il bondit une quatrième fois, semblable à un Dieu, Apollôn lui dit d'une voix terrible :

— Prends garde, Tydéide, et ne t'égale point aux Dieux, car la race des Dieux Immortels n'est point semblable à celle des hommes qui marchent sur la terre.

Il parla ainsi, et le Tydéide recula un peu, de peur d'exciter la colère de l'archer Apollôn. Et celui-ci déposa Ainéias loin de la mêlée, dans la sainte Pergamos, où était bâti son temple. Et Lètô et Artémis qui se réjouit de ses flèches prirent soin de ce guerrier et l'honorèrent dans le vaste sanctuaire. Et Apollôn à l'arc d'argent suscita une image vaine semblable à Ainéias et portant des armes pareilles. Et autour de cette image les Troiens et les divins Akhaiens se frappaient sur les peaux de bœuf qui couvraient leurs poitrines, sur les boucliers bombés et sur les cuirasses légères. Alors, le roi Phoibos Apollôn dit à l'impétueux Arès :

— Arès, Arès, fléau des hommes sanglant, et qui renverses les murailles, ne vas-tu pas chasser hors de la mêlée ce guerrier, le Tydéide, qui, certes, combattrait maintenant même contre le Père Zeus ? Déjà il a blessé la main d'Aphroditè, puis il a bondi sur moi, semblable à un Dieu.

Ayant ainsi parlé, il retourna s'asseoir sur la haute Pergamos, et le cruel Arès, se mêlant aux Troiens, les excita à combattre, ayant pris la forme de l'impétueux Akamas, prince des Thrakiens. Et il exhorta les fils de Priamos, nourrissons de Zeus :

— Ô fils du roi Priamos, nourris par Zeus, jusqu'à quand laisserez-vous les Akhaiens massacrer votre peuple ? Attendrez-vous qu'ils combattent autour de nos portes solides ? Un guerrier est tombé que nous honorions autant que le divin Hektôr, Ainéias, fils du magnanime Ankhisès. Allons ! Enlevons notre brave compagnon hors de la mêlée.

Ayant ainsi parlé, il excita la force et le courage de chacun. Et Sarpèdôn dit ces dures paroles au divin Hektôr :

— Hektôr, qu'est devenu ton ancien courage ? Tu te vantais naguère de sauver ta ville, sans l'aide des autres guerriers, seul, avec tes frères et tes parents, et je n'en ai guère encore aperçu aucun, car ils tremblent tous comme des chiens devant le lion. C'est nous, vos alliés, qui combattons. Me voici, moi, qui suis venu de très-loin pour vous secourir. Elle est éloignée, en effet, la Lykiè où coule le Xanthos plein de tourbillons. J'y ai laissé ma femme bien-aimée et mon petit enfant, et mes nombreux domaines que le pauvre convoite. Et, cependant, j'excite les Lykiens au combat, et je suis prêt moi-même à lutter contre les hommes, bien que je n'aie rien à redouter ou à perdre des maux que vous apportent les Akhaiens, ou des biens qu'ils veulent vous enlever. Et tu restes immobile, et tu ne commandes même pas à tes guerriers de résister et de défendre leurs femmes ! Ne crains-tu pas qu'enveloppés tous comme dans un filet de lin, vous deveniez la proie des guerriers ennemis ? Sans doute, les Akhaiens renverseront bientôt votre ville aux nombreux habitants. C'est à toi qu'il appartient de songer à ces choses, nuit et jour, et de supplier les princes alliés, afin qu'ils tiennent fermement et qu'ils cessent leurs durs reproches.

Sarpèdôn parla ainsi, et il mordit l'âme de Hektôr, et celui-ci sauta aussitôt de son char avec ses armes, et, brandissant deux lances aiguës, courut de toutes parts à travers l'armée, l'excitant à combattre un rude combat. Et les Troiens revinrent à la charge et tinrent tête aux Akhaiens. Et les Argiens les attendirent de pied ferme.

Ainsi que, dans les aires sacrées, à l'aide des vanneurs et du vent, la blonde Dèmètèr sépare le bon grain de la paille, et que celle-ci, amoncelée, est couverte d'une poudre blanche, de même les Akhaiens étaient enveloppés d'une poussière blanche qui montait du milieu d'eux vers l'Ouranos, et que soulevaient les pieds des chevaux frappant la terre, tandis que les guerriers se mêlaient de nouveau et que les conducteurs de chars les ramenaient au combat. Et le furieux Arès, couvert d'une nuée, allait de toutes parts, excitant les Troiens. Et il obéissait ainsi aux ordres que lui avait donnés Phoibos Apollôn qui porte une épée d'or, quand celui-ci avait vu partir Athènè, protectrice des Danaens.

Et l'Archer Apollôn fit sortir Ainéias du sanctuaire et remplit de vigueur la poitrine du prince des peuples. Et ce dernier reparut au milieu de ses compagnons, pleins de joie de le voir vivant, sain et sauf et possédant toutes ses forces. Mais ils ne lui dirent rien, car les travaux que leur préparaient Arès, fléau des hommes, Apollôn et Éris, ne leur permirent point de l'interroger.

Et les deux Aias, Odysseus et Diomèdès exhortaient les Danaens au combat ; et ceux-ci, sans craindre les forces et l'impétuosité des Troiens, les attendaient de pied ferme, semblables à ces nuées que le Kroniôn arrête à la cime des montagnes, quand le Boréas et les autres vents violents se sont calmés, eux dont le souffle disperse les nuages épais et immobiles. Ainsi les Danaens attendaient les Troiens de pied ferme. Et l'Atréide, courant çà et là au milieu d'eux, les excitait ainsi :

— Amis, soyez des hommes ! ruez-vous, d'un cœur ferme, dans la rude bataille. Ce sont les plus braves qui échappent en plus grand nombre à la mort ; mais ceux qui fuient n'ont ni force ni gloire.

Il parla, et, lançant sa longue pique, il perça, au premier rang, le guerrier Dèikoôn Pergaside, compagnon du magnanime Ainéias, et que les Troiens honoraient autant que les fils de Priamos, parce qu'il était toujours parmi les premiers au combat. Et le roi Agamemnôn le frappa de sa pique dans le bouclier qui n'arrêta point le coup, car la pique le traversa et entra dans le ventre en déchirant le ceinturon. Et il tomba avec bruit, et ses armes résonnèrent sur son corps.

Alors, Ainéias tua deux braves guerriers Danaens, fils de Dioklès, Krèthôn et Orsilokhos. Et leur père habitait Phèrè bien bâtie, et il était riche, et il descendait du fleuve Alphéios qui coule largement sur la terre des Pyliens. Et l'Alphéios avait engendré Orsilokhos, chef de nombreux guerriers ; et Orsilokhos avait engendré le magnanime Dioklès, et de Dioklès étaient nés deux fils jumeaux, Krèthôn et Orsilokhos, habiles à tous les combats. Tout jeunes encore, ils vinrent sur leurs nefs noires vers Ilios aux bons chevaux, ayant suivi les Argiens pour la cause et l'honneur des Atréides, Agamemnôn et Ménélaos, et c'est là que la mort les atteignit. Comme deux jeunes lions nourris par leur mère sur le sommet des montagnes, au fond des épaisses forêts, et qui enlèvent les bœufs et les brebis, et qui dévastent les étables jusqu'à ce qu'ils soient tués de l'airain aigu par les mains des pâtres, tels ils tombèrent tous deux, frappés par les mains d'Ainéias, pareils à des pins élevés.

Et Ménélaos, hardi au combat, eut pitié de leur chute, et il s'avança au premier rang, vêtu de l'airain étincelant et brandissant sa pique. Et Arès l'excitait afin qu'il tombât sous les mains d'Ainéias. Mais Antilokhos, fils du magnanime Nestôr, le vit et s'avança au premier rang, car il craignait pour le prince des peuples, dont la mort eût rendu leurs travaux inutiles. Et ils croisaient déjà leurs piques aiguës, prêts à se combattre, quand
Antilokhos vint se placer auprès du prince des peuples. Et Ainéias, bien que très-brave, recula, voyant les deux guerriers prêts à l'attaquer. Et ceux-ci entraînèrent les morts parmi les Akhaiens, et, les remettant à leurs compagnons, revinrent combattre au premier rang.

Alors ils tuèrent Pylaiménès, égal à Arès, chef des magnanimes Paphlagones porteurs de boucliers. Et l'illustre Atréide Ménélaos le perça de sa pique à la clavicule. Et Antilokhos frappa au coude, d'un coup de pierre, le conducteur de son char, le brave Atymniade Mydôn, comme il faisait reculer ses chevaux aux sabots massifs. Et les blanches rênes ornées d'ivoire s'échappèrent de ses mains, et Antilokhos, sautant sur lui, le perça à la tempe d'un coup d'épée. Et, ne respirant plus, il tomba du beau char, la tête et les épaules enfoncées dans le sable qui était creusé en cet endroit. Ses chevaux le foulèrent aux pieds, et Antilokhos les chassa vers l'armée des Akhaiens.

Mais Hektôr, les ayant aperçus tous deux, se rua à travers la mêlée en poussant des cris. Et les braves phalanges des Troiens le suivaient, et devant elles marchaient Arès et la vénérable Ényô. Celle-ci menait le tumulte immense du combat, et Arès, brandissant une grande pique, allait tantôt devant et tantôt derrière Hektôr.

Et Diomèdès hardi au combat ayant vu Arès, frémit. Comme un voyageur troublé s'arrête, au bout d'une plaine immense, sur le bord d'un fleuve impétueux qui tombe dans la mer, et qui recule à la vue de l'onde bouillonnante, ainsi le Tydéide recula et dit aux siens :

— Ô amis, combien nous admirions justement le divin Hektôr, habile à lancer la pique et audacieux en combattant ! Quelque Dieu se tient toujours à son côté et détourne de lui la mort. Maintenant, voici qu'Arès l'accompagne, semblable à un guerrier. C'est pourquoi reculons devant les Troiens et ne vous hâtez point de combattre les Dieux.

Il parla ainsi, et les Troiens approchèrent. Alors, Hektôr tua deux guerriers habiles au combat et montés sur un même char, Ménèsthès et Ankhialos.

Et le grand Télamônien Aias eut pitié de leur chute, et, marchant en avant, il lança sa pique brillante. Et il frappa Amphiôn, fils de Sélagos, qui habitait Paisos, et qui était fort riche. Mais sa Moire l'avait envoyé secourir les Priamides. Et le Télamônien Aias l'atteignit au ceinturon, et la longue pique resta enfoncée dans le bas-ventre. Et il tomba avec bruit, et l'illustre Aias accourut pour le dépouiller de ses armes. Mais les Troiens le couvrirent d'une grêle de piques aiguës et brillantes, et son bouclier en fut hérissé. Cependant, pressant du pied le cadavre, il en arracha sa pique d'airain ; mais il ne put enlever les belles armes, étant accablé de traits. Et il craignit la vigoureuse attaque des braves Troiens qui le pressaient de leurs piques et le firent reculer, bien qu'il fût grand, fort et illustre.

Et c'est ainsi qu'ils luttaient dans la rude mêlée. Et voici que la Moire violente amena, en face du divin Sarpèdôn, le grand et vigoureux Hèraklide Tlèpolémos. Et quand ils se furent rencontrés tous deux, le fils et le petit-fils de Zeus qui amasse les nuées, Tlèpolémos, le premier, parla ainsi :

— Sarpèdôn, chef des Lykiens, quelle nécessité te pousse tremblant dans la mêlée, toi qui n'es qu'un guerrier inhabile ? Des menteurs disent que tu es fils de Zeus tempêtueux, tandis que tu es loin de valoir les guerriers qui naquirent de Zeus, aux temps antiques des hommes, tels que le robuste Hèraklès au cœur de lion, mon père. Et il vint ici autrefois, à cause des chevaux de Laomédôn et, avec six nefs seulement et peu de compagnons, il renversa Ilios et dépeupla ses rues. Mais toi, tu n'es qu'un lâche, et tes guerriers succombent. Et je ne pense point que, même étant brave, tu aies apporté de Lykiè un grand secours aux Troiens, car, tué par moi, tu vas descendre au seuil d'Aidès.

Et Sarpèdôn, chef des Lykiens, lui répondit :

— Tlèpolémos, certes, Hèraklès renversa la sainte Ilios, grâce à la témérité de l'illustre Laomédôn qui lui adressa injustement de mauvaises paroles et lui refusa les cavales qu'il était venu chercher de si loin. Mais, pour toi, je te prédis la mort et la noire Kèr, et je vais t'envoyer, tué par ma pique et me donnant une grande gloire, vers Aidès qui a d'illustres chevaux.

Sarpèdôn parla ainsi. Et Tlèpolémos leva sa pique de frêne, et les deux longues piques s'élancèrent en même temps de leurs mains. Et Sarpèdôn le frappa au milieu du cou, et la pointe amère le traversa de part en part. Et la noire nuit enveloppa les yeux de Tlèpolémos. Mais celui-ci avait percé de sa longue pique la cuisse gauche de Sarpèdôn, et la pointe était restée engagée dans l'os, et le Kronide, son père, avait détourné la mort de lui. Et les braves compagnons de Sarpèdôn l'enlevèrent hors de la mêlée. Et il gémissait, traînant la longue pique de frêne restée dans la blessure, car aucun d'eux n'avait songé à l'arracher de la cuisse du guerrier, pour qu'il pût monter sur son char, tant ils se hâtaient.

De leur côté, les Akhaiens aux belles knèmides emportaient Tlèpolémos hors de la mêlée. Et le divin Odysseus au cœur ferme, l'ayant aperçu, s'affligea dans son âme ; et il délibéra dans son esprit et dans son cœur s'il poursuivrait le fils de Zeus qui tonne hautement, ou s'il arracherait l'âme à une multitude de Lykiens. Mais il n'était point dans la destinée du magnanime Odysseus de tuer avec l'airain aigu le brave fils de Zeus. C'est pourquoi Athènè lui inspira de se jeter sur la foule des Lykiens. Alors il tua Koiranos et Alastôr, et Khromios et Alkandros et Halios, et Noèmôn et Prytanis. Et le divin Odysseus eût tué une plus grande foule de Lykiens, si le grand Hektôr au casque mouvant ne l'eût aperçu. Et il s'élança aux premiers rangs, armé de l'airain éclatant, jetant la terreur parmi les Danaens. Et Sarpèdôn, fils de Zeus, se réjouit de sa venue et lui dit cette parole lamentable :

— Priamide, ne permets pas que je reste la proie des Danaens, et viens à mon aide, afin que je puisse au moins expirer dans votre ville, puisque je ne dois plus revoir la chère patrie, et ma femme bien-aimée et mon petit enfant.

Mais Hektôr au casque mouvant ne lui répondit pas, et il s'élança en avant, plein du désir de repousser promptement les Argiens et d'arracher l'âme à une foule d'entre eux. Et les compagnons du divin Sarpèdôn le déposèrent sous le beau hêtre de Zeus tempêtueux, et le brave Pélagôn, qui était le plus cher de ses compagnons, lui arracha hors de la cuisse la pique de frêne. Et son âme défaillit, et une nuée épaisse couvrit ses yeux. Mais le souffle de Boréas le ranima, et il ressaisit son âme qui s'évanouissait.

Et les Akhaiens, devant Arès et Hektôr au casque d'airain, ne fuyaient point vers les nefs noires et ne se ruaient pas non plus dans la mêlée, mais reculaient toujours, ayant aperçu Arès parmi les Troiens. Alors, quel fut le guerrier qui, le premier, fut tué par Hektôr Priamide et par Arès vêtu d'airain, et quel fut le dernier ? Teuthras, semblable à un Dieu, et l'habile cavalier Orestès, et Trèkhos, combattant Aitôlien ; Oinomaos et l'Oinopide Hélénos, et Oresbios qui portait une mitre brillante. Et celui-ci habitait Hylè, où il prenait soin de ses richesses, au milieu du lac Kèphisside, non loin des riches tribus des Boiôtiens.

Et la divine Hèrè aux bras blancs, voyant que les Argiens périssaient dans la rude mêlée, dit à Athènè ces paroles ailées :

— Ah ! fille indomptable de Zeus tempêtueux, certes, nous aurons vainement promis à Ménélaos qu'il retournerait dans sa patrie après avoir renversé Ilios aux fortes murailles, si nous laissons ainsi le cruel Arès répandre sa fureur. Viens, et souvenons-nous de notre courage impétueux.

Elle parla ainsi, et la divine Athènè aux yeux clairs obéit. La vénérable déesse Hèrè, fille du grand Kronos, se hâta de mettre à ses chevaux leurs harnais d'or. Hèbè attacha promptement les roues au char, aux deux bouts de l'essieu de fer. Et les roues étaient d'airain à huit rayons, et les jantes étaient d'un or incorruptible, mais, par-dessus, étaient posées des bandes d'airain admirables à voir. Les deux moyeux étaient revêtus d'argent, et le siége était suspendu à des courroies d'or et d'argent, et deux cercles étaient placés en avant d'où sortait le timon d'argent, et, à l'extrémité du timon, Hèrè lia le beau joug d'or et les belles courroies d'or. Puis, avide de discorde et de cris de guerre, elle soumit au joug ses chevaux aux pieds rapides.

Et Athènè, fille de Zeus tempêtueux, laissa tomber sur le pavé de la demeure paternelle le péplos subtil, aux ornements variés, qu'elle avait fait et achevé de ses mains. Et elle revêtit la cuirasse de Zeus qui amasse les nuées, et l'armure de la guerre lamentable. Elle plaça autour de ses épaules l'Aigide aux longues franges, horrible, et que la Fuite environnait. Et là, se tenaient la Discorde, la Force et l'effrayante Poursuite, et la tête affreuse, horrible et divine du monstre Gorgô. Et Athènè posa sur sa tête un casque hérissé d'aigrettes, aux quatre cônes d'or, et qui eût recouvert les habitants de cent villes. Et elle monta sur le char splendide, et elle saisit une pique lourde, grande, solide, avec laquelle elle domptait la foule des hommes héroïques, contre lesquels elle s'irritait, étant la fille d'un père puissant.

Hèrè pressa du fouet les chevaux rapides, et, devant eux, s'ouvrirent d'elles-mêmes les portes ouraniennes que gardaient les Heures. Et celles-ci, veillant sur le grand Ouranos et sur l'Olympos, ouvraient ou fermaient la nuée épaisse qui flottait autour. Et les chevaux dociles franchirent ces portes, et les Déesses trouvèrent le Kroniôn assis, loin des Dieux, sur le plus haut sommet de l'Olympos aux cimes sans nombre. Et la divine Hèrè aux bras blancs, retenant ses chevaux, parla ainsi au très-haut Zeus Kronide :

— Zeus, ne réprimeras-tu pas les cruelles violences d'Arès qui cause impudemment tant de ravages parmi les peuples Akhaiens ? J'en ai une grande douleur ; et voici qu'Aphroditè et Apollôn à l'arc d'argent se réjouissent d'avoir excité cet insensé qui ignore toute justice. Père Zeus, ne t'irriteras-tu point contre moi, si je chasse de la mêlée Arès rudement châtié ?

Et Zeus qui amasse les nuées lui répondit :

— Va ! excite contre lui la dévastatrice Athènè, qui est accoutumée à lui infliger de rudes châtiments.

Il parla ainsi, et la divine Hèrè aux bras blancs obéit, et elle frappa ses chevaux, et ils s'envolèrent entre la terre et l'Ouranos étoilé. Autant un homme, assis sur une roche élevée, et regardant la mer pourprée, voit d'espace aérien, autant les chevaux des Dieux en franchirent d'un saut. Et quand les deux Déesses furent parvenues devant Ilios, là où le Skamandros et le Simoïs unissent leurs cours, la divine Hèrè aux bras blancs détela ses chevaux et les enveloppa d'une nuée épaisse. Et le Simoïs fit croître pour eux une pâture ambroisienne. Et les Déesses, semblables dans leur vol à de jeunes colombes, se hâtèrent de secourir les Argiens.

Et quand elles parvinrent là où les Akhaiens luttaient en foule autour de la force du dompteur de chevaux Diomèdès, tels que des lions mangeurs de chair crue, ou de sauvages et opiniâtres sangliers, la divine Hèrè aux bras blancs s'arrêta et jeta un grand cri, ayant pris la forme du magnanime Stentôr à la voix d'airain, qui criait aussi haut que cinquante autres :

— Honte à vous, ô Argiens, fiers d'être beaux, mais couverts d'opprobre ! Aussi longtemps que le divin Akhilleus se rua dans la mêlée, jamais les Troiens n'osèrent passer les portes Dardaniennes ; et, maintenant, voici qu'ils combattent loin d'Ilios, devant les nefs creuses !

Ayant ainsi parlé, elle ranima le courage de chacun. Et la déesse Athènè aux yeux clairs, cherchant le Tydéide, rencontra ce roi auprès de ses chevaux et de son char. Et il rafraîchissait la blessure que lui avait faite la flèche de Pandaros. Et la sueur l'inondait sous le large ceinturon d'où pendait son bouclier bombé ; et ses mains étaient lasses. Il soulevait son ceinturon et étanchait un sang noir. Et la Déesse, auprès du joug, lui parla ainsi :

— Certes, Tydeus n'a point engendré un fils semblable à lui. Tydeus était de petite taille, mais c'était un homme. Je lui défendis vainement de combattre quand il vint seul, envoyé à Thèbè par les Akhaiens, au milieu des innombrables Kadméiônes. Et je lui ordonnai de s'asseoir paisiblement à leurs repas, dans leurs demeures. Cependant, ayant toujours le cœur aussi ferme, il provoqua les jeunes Kadméiônes et les vainquit aisément, car j'étais sa protectrice assidue. Certes, aujourd'hui, je te protège, je te défends et je te pousse à combattre ardemment les Troiens. Mais la fatigue a rompu tes membres, ou la crainte t'a saisi le cœur, et tu n'es plus le fils de l'excellent cavalier Tydeus Oinéide.

Et le brave Diomèdès lui répondit :

— Je te reconnais, Déesse, fille de Zeus tempêtueux. Je te parlerai franchement et ne te cacherai rien. Ni la crainte ni la faiblesse ne m'accablent, mais je me souviens de tes ordres. Tu m'as défendu de combattre les Dieux heureux, mais de frapper de l'airain aigu Aphroditè, la fille de Zeus, si elle descendait dans la mêlée. C'est pourquoi je recule maintenant, et j'ai ordonné à tous les Argiens de se réunir ici, car j'ai reconnu Arès qui dirige le combat.

Et la divine Athènè aux yeux clairs lui répondit :

— Tydéide Diomèdès, le plus cher à mon cœur, ne crains ni Arès ni aucun des autres Immortels, car je suis pour toi une protectrice assidue. Viens ! pousse contre Arès tes chevaux aux sabots massifs ; frappe-le, et ne respecte pas le furieux Arès, ce dieu changeant et insensé qui, naguère, nous avait promis, à moi et à Hèrè, de combattre les Troiens et de secourir les Argiens, et qui, maintenant, s'est tourné du côté des Troiens et oublie ses promesses.

Ayant ainsi parlé, elle saisit de la main Sthénélos pour le faire descendre du char, et celui-ci sauta promptement à terre. Et elle monta auprès du divin Diomèdès, et l'essieu du char gémit sous le poids, car il portait une Déesse puissante et un brave guerrier. Et Pallas Athènè, saisissant le fouet et les rênes, poussa vers Arès les chevaux aux sabots massifs. Et le Dieu venait de tuer le grand Périphas, le plus brave des Aitôliens, illustre fils d'Okhèsios ; et, tout sanglant, il le dépouillait ; mais Athènè mit le casque d'Aidès, pour que le puissant Arès ne la reconnût pas. Et dès que le fléau des hommes, Arès, eut aperçu le divin Diomèdès, il laissa le grand Périphas étendu dans la poussière, là où, l'ayant tué, il lui avait arraché l'âme, et il marcha droit à l'habile cavalier Diomèdès.

Et quand ils se furent rapprochés l'un de l'autre, Arès, le premier, lança sa pique d'airain par-dessus le joug et les rênes des chevaux, voulant arracher l'âme du Tydéide ; mais la divine Athènè aux yeux clairs, saisissant le trait d'une main, le détourna du char, afin de le rendre inutile. Puis, Diomèdès hardi au combat lança impétueusement sa pique d'airain, et Pallas-Athènè la dirigea dans le bas-ventre, sous le ceinturon.

Et le Dieu fut blessé, et la pique, ramenée en arrière, déchira sa belle peau, et le féroce Arès poussa un cri aussi fort que la clameur de dix mille guerriers se ruant dans la mêlée. Et l'épouvante saisit les Akhaiens et les Troiens, tant avait retenti le cri d'Arès insatiable de combats. Et, comme apparaît, au-dessous des nuées, une noire vapeur chassée par un vent brûlant, ainsi Arès apparut au brave Tydéide Diomèdès, tandis qu'il traversait le vaste Ouranos, au milieu des nuages. Et il parvint à la demeure des Dieux, dans le haut Olympos. Et il s'assit auprès de Zeus Kroniôn, gémissant dans son cœur ; et, lui montrant le sang immortel qui coulait de sa blessure, il lui dit en paroles ailées :

— Père Zeus, ne t'indigneras-tu point de voir ces violences ? Toujours, nous, les Dieux, nous nous faisons souffrir cruellement pour la cause des hommes. Mais c'est toi qui es la source de nos querelles, car tu as enfanté une fille insensée, perverse et inique. Nous, les Dieux Olympiens, nous t'obéissons et nous te sommes également soumis ; mais jamais tu ne blâmes ni ne réprimes celle-ci, et tu lui permets tout, parce que tu as engendré seul cette fille funeste qui pousse le fils de Tydeus, le magnanime Diomèdès, à se jeter furieux sur les Dieux Immortels. Il a blessé d'abord la main d'Aphroditè, puis, il s'est rué sur moi, semblable à un Dieu, et si mes pieds rapides ne m'avaient emporté, je subirais mille maux, couché vivant au milieu des cadavres et livré sans force aux coups de l'airain.

Et Zeus qui amasse les nuées, le regardant d'un œil sombre, lui répondit :

— Cesse de te plaindre à moi, Dieu changeant ! Je te hais le plus entre tous les Olympiens, car tu n'aimes que la discorde, la guerre et le combat, et tu as l'esprit intraitable de ta mère, Hèrè, que mes paroles répriment à peine. C'est son exemple qui cause tes maux. Mais je ne permettrai pas que tu souffres plus longtemps, car tu es mon fils, et c'est de moi que ta mère t'a conçu. Méchant comme tu es, si tu étais né de quelque autre Dieu, depuis longtemps déjà tu serais le dernier des Ouraniens.

Il parla ainsi et ordonna à Paièôn de le guérir, et celui-ci le guérit en arrosant sa blessure de doux remèdes liquides, car il n'était point mortel. Aussi vite le lait blanc s'épaissit quand on l'agite, aussi vite le furieux Arès fut guéri. Hèbè le baigna et le revêtit de beaux vêtements, et il s'assit, fier de cet honneur, auprès de Zeus Kroniôn. Et l'Argienne Hèrè et la protectrice Athènè rentrèrent dans la demeure du grand Zeus, après avoir chassé le cruel Arès de la mêlée guerrière.

RHAPSODIE VI.

Livrée à elle-même, la rude bataille des Troiens et des Akhaiens se répandit confusément çà et là par la plaine. Et ils se frappaient, les uns les autres, de leurs lances d'airain, entre les eaux courantes du Simoïs et du Xanthos.

Et, le premier, Aias Télamônien enfonça la phalange des Troiens et ralluma l'espérance de ses compagnons, ayant percé un guerrier, le plus courageux d'entre les Thrakiens, le fils d'Eussôros, Akamas, qui était robuste et grand. Il frappa le cône du casque à l'épaisse crinière de cheval, et la pointe d'airain, ouvrant le front, s'enfonça à travers l'os, et les ténèbres couvrirent ses yeux.

Et Diomèdès hardi au combat tua Axylos Teuthranide qui habitait dans Arisbè bien bâtie, était riche et bienveillant aux hommes, et les recevait tous avec amitié, sa demeure étant au bord de la route. Mais nul alors ne se mit au-devant de lui pour détourner la sombre mort. Et Diomèdès le tua, ainsi que son serviteur Kalésios, qui dirigeait ses chevaux, et tous deux descendirent sous la terre.

Et Euryalos tua Drèsos et Opheltios, et il se jeta sur Aisèpos et Pèdasos, que la nymphe naïade Abarbaréè avait conçus autrefois de l'irréprochable Boukoliôn. Et Boukoliôn était fils du noble Laomédôn, et il était son premier-né, et sa mère l'avait enfanté en secret. En paissant ses brebis, il s'était uni à la nymphe sur une même couche ; et, enceinte, elle avait enfanté deux fils jumeaux ; mais le Mèkistèiade brisa leur force et leurs souples membres, et arracha leurs armures de leurs épaules.

Et Polypoitès prompt au combat tua Astyalos ; et Odysseus tua Pidytès le Perkosien, par la lance d'airain ; et Teukros tua le divin Arétaôn.

Et Antilokhos Nestoréide tua Ablèros de sa lance éclatante ; et le roi des hommes, Agamemnôn, tua Élatos qui habitait la haute Pèdasos, sur les bords du Saméoïs au beau cours. Et le héros Lèitos tua Phylakos qui fuyait, et Eurypylos tua Mélanthios. Puis, Ménélaos hardi au combat prit Adrèstos vivant. Arrêtés par une branche de tamaris, les deux chevaux de celui-ci, ayant rompu le char près du timon, s'enfuyaient, épouvantés, par la plaine, du côté de la ville, avec d'autres chevaux effrayés, et Adrèstos avait roulé du char, auprès de la roue, la face dans la poussière. Et l'Atréide Ménélaos, armé d'une longue lance, s'arrêta devant lui ; et Adrèstos saisit ses genoux et le supplia :

— Laisse-moi la vie, fils d'Atreus, et accepte une riche rançon. Une multitude de choses précieuses sont dans la demeure de mon père, et il est riche. Il a de l'airain, de l'or et du fer ouvragé dont il te fera de larges dons, s'il apprend que je vis encore sur les nefs des Argiens.

Il parla ainsi, et déjà il persuadait le cœur de Ménélaos, et celui-ci allait le remettre à son serviteur pour qu'il l'emmenât vers les nefs rapides des Akhaiens ; mais Agamemnôn vint en courant au-devant de lui, et lui cria cette dure parole :

— Ô lâche Ménélaos, pourquoi prendre ainsi pitié des hommes ? Certes, les Troiens ont accompli d'excellentes actions dans ta demeure ! Que nul n'évite une fin terrible et n'échappe de nos mains ! Pas même l'enfant dans le sein de sa mère ! qu'ils meurent tous avec Ilios, sans sépulture et sans mémoire !

Par ces paroles équitables, le héros changea l'esprit de son frère qui repoussa le héros Adrèstos. Et le roi Agamemnôn le frappa au front et le renversa, et l'Atréide, lui mettant le pied sur la poitrine, arracha la lance de frêne.

Et Nestôr, à haute voix, animait les Argiens :

— Ô amis, héros Danaens, serviteurs d'Arès, que nul ne s'attarde, dans son désir des dépouilles et pour en porter beaucoup vers les nefs ! Tuons des hommes ! Vous dépouillerez ensuite à loisir les morts couchés dans la plaine !

Ayant ainsi parlé, il excitait la force et le courage de chacun. Et les Troiens, domptés par leur lâcheté, eussent regagné la haute Ilios, devant les Akhaiens chers à Arès, si le Priamide Hélénos, le plus illustre de tous les divinateurs, ayant abordé Ainéias et Hektôr, ne leur eût dit :

— Ainéias et Hektôr, puisque le fardeau des Troiens et des Lykiens pèse tout entier sur vous qui êtes les princes du combat et des délibérations, debout ici, arrêtez de toutes parts ce peuple devant les portes, avant qu'ils se réfugient tous jusque dans les bras des femmes et soient en risée aux ennemis. Et quand vous aurez exhorté toutes les phalanges, nous combattrons, inébranlables, contre les Danaens, bien que rompus de lassitude ; mais la nécessité le veut. Puis, Hektôr, rends-toi à la Ville, et dis à notre mère qu'ayant réuni les femmes âgées dans le temple d'Athènè aux yeux clairs, au sommet de la citadelle, et ouvrant les portes de la maison sacrée, elle pose sur les genoux d'Athènè à la belle chevelure le péplos le plus riche et le plus grand qui soit dans sa demeure, et celui qu'elle aime le plus ; et qu'elle s'engage à sacrifier dans son temple douze génisses d'un an encore indomptées, si elle prend pitié de la ville et des femmes Troiennes et de leurs enfants, et si elle détourne de la sainte Ilios le fils de Tydeus, le féroce guerrier qui répand le plus de terreur et qui est, je pense, le plus brave des Akhaiens. Jamais nous n'avons autant redouté Akhilleus, ce chef des hommes, et qu'on dit le fils d'une Déesse ; car Diomèdès est plein d'une grande fureur, et nul ne peut égaler son courage.

Il parla ainsi, et Hektôr obéit à son frère. Et il sauta hors du char avec ses armes, et, agitant deux lances aiguës, il allait de tous côtés par l'armée, excitant au combat, et il suscita une rude bataille. Et tous, s'étant retournés, firent tête aux Akhaiens ; et ceux-ci, reculant, cessèrent le carnage, car ils croyaient qu'un Immortel était descendu de l'Ouranos étoilé pour secourir les Troiens, ces derniers revenant ainsi à la charge. Et, d'une voix haute, Hektôr excitait les Troiens :

— Braves Troiens, et vous, Alliés venus de si loin, soyez des hommes ! Souvenez-vous de tout votre courage, tandis que j'irai vers Ilios dire à nos vieillards prudents et à nos femmes de supplier les Dieux et de leur vouer des hécatombes.

Ayant ainsi parlé, Hektôr au beau casque s'éloigna, et le cuir noir qui bordait tout autour l'extrémité du bouclier arrondi heurtait ses talons et son cou.

Et Glaukos, fils de Hippolokhos, et le fils de Tydeus, prompts à combattre, s'avancèrent entre les deux armées. Et quand ils furent en face l'un de l'autre, le premier, Diomèdès hardi au combat lui parla ainsi :

— Qui es-tu entre les hommes mortels, ô très-brave ? Je ne t'ai jamais vu jusqu'ici dans le combat qui glorifie les guerriers ; et certes, maintenant, tu l'emportes de beaucoup sur eux tous par ta fermeté, puisque tu as attendu ma longue lance. Ce sont les fils des malheureux qui s'opposent à mon courage. Mais si tu es quelque Immortel, et si tu viens de l'Ouranos, je ne combattrai point contre les Ouraniens. Car le fils de Dryas, le brave Lykoorgos, ne vécut pas longtemps, lui qui combattait contre les Dieux ouraniens. Et il poursuivait, sur le sacré Nysa, les nourrices du furieux Dionysos ; et celles-ci, frappées du fouet du tueur d'hommes Lykoorgos, jetèrent leurs Thyrses ; et Dionysos, effrayé, sauta dans la mer, et Thétis le reçut dans son sein, tremblant et saisi d'un grand frisson à cause des menaces du guerrier. Et les dieux qui vivent en repos furent irrités contre celui-ci ; et le fils de Kronos le rendit aveugle, et il ne vécut pas longtemps, parce qu'il était odieux à tous les Immortels. Moi, je ne voudrais point combattre contre les Dieux heureux. Mais si tu es un des mortels qui mangent les fruits de la terre, approche, afin d'atteindre plus promptement aux bornes de la mort.

Et l'illustre fils de Hippolokhos lui répondit :

— Magnanime Tydéide, pourquoi t'informes-tu de ma race ? La génération des hommes est semblable à celle des feuilles. Le vent répand les feuilles sur la terre, et la forêt germe et en produit de nouvelles, et le temps du printemps arrive. C'est ainsi que la génération des hommes naît et s'éteint. Mais si tu veux savoir quelle est ma race que connaissent de nombreux guerriers, sache qu'il est une ville, Éphyrè, au fond de la terre d'Argos féconde en chevaux. Là vécut Sisyphos, le plus rusé des hommes, Sisyphos Aiolidès ; et il engendra Glaukos, et Glaukos engendra l'irréprochable Bellérophontès, à qui les Dieux donnèrent la beauté et la vigueur charmante. Mais Proitos, qui était le plus puissant des Argiens, car Zeus les avait soumis à son sceptre, eut contre lui de mauvaises pensées et le chassa de son peuple. Car la femme de Proitos, la divine Antéia, désira ardemment s'unir au fils de Glaukos par un amour secret ; mais elle ne persuada point le sage et prudent Bellérophontès ; et, pleine de mensonge, elle parla ainsi au roi Proitos :

— Meurs, Proitos, ou tue Bellérophontès qui, par violence, a voulu s'unir d'amour à moi.

Elle parla ainsi, et, à ces paroles, la colère saisit le Roi. Et il ne tua point Bellérophontès, redoutant pieusement ce meurtre dans son esprit ; mais il l'envoya en Lykiè avec des tablettes où il avait tracé des signes de mort, afin qu'il les remît à son beau-père et que celui-ci le tuât. Et Bellérophontès alla en Lykiè sous les heureux auspices des Dieux. Et quand il y fut arrivé, sur les bords du rapide Xanthos, le roi de la grande Lykiè le reçut avec honneur, lui fut hospitalier pendant neuf jours et sacrifia neuf bœufs. Mais quand Eôs aux doigts rosés reparut pour la dixième fois, alors il l'interrogea et demanda à voir les signes envoyés par son gendre Proitos. Et, quand il les eut vus, il lui ordonna d'abord de tuer l'indomptable Khimaira. Celle-ci était née des Dieux et non des hommes, lion par devant, dragon par l'arrière, et chèvre par le milieu du corps. Et elle soufflait des flammes violentes. Mais il la tua, s'étant fié aux prodiges des Dieux. Puis, il combattit les Solymes illustres, et il disait avoir entrepris là le plus rude combat des guerriers. Enfin il tua les Amazones viriles. Comme il revenait, le Roi lui tendit un piège rusé, ayant choisi et placé en embuscade les plus braves guerriers de la grande Lykiè. Mais nul d'entre eux ne revit sa demeure, car l'irréprochable Bellérophontès les tua tous. Et le Roi connut alors que cet homme était de la race illustre d'un Dieu, et il le retint et lui donna sa fille et la moitié de sa domination royale. Et les Lykiens lui choisirent un domaine, le meilleur de tous, plein d'arbres et de champs, afin qu'il le cultivât. Et sa femme donna trois enfants au brave Bellérophontès : Isandros, Hippolokhos et Laodaméia. Et le sage Zeus s'unit à Laodaméia, et elle enfanta le divin Sarpèdôn couvert d'airain. Mais quand Bellérophontès fut en haine aux Dieux, il errait seul dans le désert d'Alèios. Arès insatiable de guerre tua son fils Isandros, tandis que celui-ci combattait les illustres Solymes. Artémis aux rênes d'or, irritée, tua Laodaméia ; et Hippolokhos m'a engendré, et je dis que je suis né de lui. Et il m'a envoyé à Troiè, m'ordonnant d'être le premier parmi les plus braves, afin de ne point déshonorer la génération de mes pères qui ont habité Éphyrè et la grande Lykiè. Je me glorifie d'être de cette race et de ce sang.

Il parla ainsi, et Diomèdès brave au combat fut joyeux, et il enfonça sa lance dans la terre nourricière, et il dit avec bienveillance au prince des peuples :

— Tu es certainement mon ancien hôte paternel. Autrefois, le noble Oineus reçut pendant vingt jours dans ses demeures hospitalières l'irréprochable Bellérophontès. Et ils se firent de beaux présents. Oineus donna un splendide ceinturon de pourpre, et Bellérophontès donna une coupe d'or très-creuse que j'ai laissée, en partant, dans mes demeures. Je ne me souviens point de Tydeus, car il me laissa tout petit quand l'armée des Akhaiens périt devant Thèbè. C'est pourquoi je suis un ami pour toi dans Argos, et tu seras le mien en Lykiè quand j'irai vers ce peuple. Évitons nos lances, même dans la mêlée. J'ai à tuer assez d'autres Troiens illustres et d'alliés, soit qu'un Dieu me les amène, soit que je les atteigne, et toi assez d'Akhaiens, si tu le peux. Échangeons nos armes, afin que tous sachent que nous sommes des hôtes paternels.

Ayant ainsi parlé tous deux, ils descendirent de leurs chars et se serrèrent la main et échangèrent leur foi. Mais le Kronide Zeus troubla l'esprit de Glaukos qui donna au Tydéide Diomèdès des armes d'or du prix de cent bœufs pour des armes d'airain du prix de neuf bœufs.

Dès que Hektôr fut arrivé aux portes Skaies et au Hêtre, toutes les femmes et toutes les filles des Troiens couraient autour de lui, s'inquiétant de leurs fils, de leurs frères, de leurs concitoyens et de leurs maris. Et il leur ordonna de supplier toutes ensemble les Dieux, un grand deuil étant réservé à beaucoup d'entre elles. Et quand il fut parvenu à la belle demeure de Priamos aux portiques éclatants, — et là s'élevaient cinquante chambres nuptiales de pierre polie, construites les unes auprès des autres, où couchaient les fils de Priamos avec leurs femmes légitimes ; et, en face, dans la cour, étaient douze hautes chambres nuptiales de pierre polie, construites les unes auprès des autres, où couchaient les gendres de Priamos avec leurs femmes chastes, — sa mère vénérable vint au-devant de lui, comme elle allait chez Laodikè, la plus belle de ses filles, et elle lui prit la main et parla ainsi :

— Enfant, pourquoi as-tu quitté la rude bataille ? Les fils odieux des Akhaiens nous pressent sans doute et combattent autour de la ville, et tu es venu tendre les mains vers Zeus, dans la citadelle ? Attends un peu, et je t'apporterai un vin mielleux afin que tu en fasses des libations au père Zeus et aux autres Immortels, et que tu sois ranimé, en ayant bu ; car le vin augmente la force du guerrier fatigué ; et ta fatigue a été grande, tandis que tu défendais tes concitoyens.

Et le grand Hektôr au casque mouvant lui répondit :

— Ne m'apporte pas un vin mielleux, mère vénérable, de peur que tu m'affaiblisses et que je perde force et courage. Je craindrais de faire des libations de vin pur à Zeus avec des mains souillées, car il n'est point permis, plein de sang et de poussière, d'implorer le Krôniôn qui amasse les nuées. Donc, porte des parfums et réunis les femmes âgées dans le temple d'Athènè dévastatrice ; et dépose sur les genoux d'Athènè à la belle chevelure le péplos le plus riche et le plus grand qui soit dans ta demeure, et celui que tu aimes le plus ; et promets de sacrifier dans son temple douze génisses d'un an, encore indomptées, si elle prend pitié de la Ville et des femmes Troiennes et de leurs enfants, et si elle détourne de la sainte Ilios le fils de Tydeus, le féroce guerrier qui répand le plus de terreur. Va donc au temple d'Athènè dévastatrice, et moi, j'irai vers Pâris, afin de l'appeler, si pourtant il veut entendre ma voix. Plût aux Dieux que la terre s'ouvrît sous lui ! car l'Olympien l'a certainement nourri pour la ruine entière des Troiens, du magnanime Priamos et de ses fils. Si je le voyais descendre chez Aidès, mon âme serait délivrée de ses amères douleurs.

Il parla ainsi, et Hékabè se rendit à sa demeure et commanda aux servantes ; et celles-ci, par la ville, réunirent les femmes âgées. Puis Hékabè entra dans sa chambre nuptiale parfumée où étaient des péplos diversement peints, ouvrage des femmes Sidoniennes que le divin Alexandros avait ramenées de Sidôn, dans sa navigation sur la haute mer par où il avait conduit Hélènè née d'un père divin. Et, pour l'offrir à Athènè, Hékabè en prit un, le plus beau, le plus varié et le plus grand ; et il brillait comme une étoile et il était placé le dernier. Et elle se mit en marche, et les femmes âgées la suivaient.

Et quand elles furent arrivées dans le temple d'Athènè, Théanô aux belles joues, fille de Kissèis, femme du dompteur de chevaux Antènôr, leur ouvrit les portes, car les Troiens l'avaient faite prêtresse d'Athènè. Et toutes, avec un gémissement, tendirent les mains vers Athènè. Et Théanô aux belles joues, ayant reçu le péplos, le déposa sur les genoux d'Athènè à la belle chevelure, et, en le lui vouant, elle priait la fille du grand Zeus :

— Vénérable Athènè, gardienne de la Ville, très-divine Déesse, brise la lance de Diomèdès, et fais-le tomber lui-même devant les portes Skaies, afin que nous te sacrifiions dans ton temple douze génisses d'un an, encore indomptées, si tu prends pitié de la Ville, des femmes Troiennes et de leurs enfants.

Elle parla ainsi dans son vœu, et elles suppliaient ainsi la fille du grand Zeus ; mais Pallas Athènè les refusa.

Et Hektôr gagna les belles demeures d'Alexandros, que celui-ci avait construites lui-même à l'aide des meilleurs ouvriers de la riche Troiè. Et ils avaient construit une chambre nuptiale, une maison et une cour, auprès des demeures de Priamos et de Hektôr, au sommet de la citadelle. Ce fut là que Hektôr, cher à Zeus, entra. Et il tenait à la main une lance haute de dix coudées ; et une pointe d'airain étincelait à l'extrémité de la lance, fixée par un anneau d'or. Et, dans la chambre nuptiale, il trouva Alexandros qui s'occupait de ses belles armes, polissant son bouclier, sa cuirasse et ses arcs recourbés. Et l'Argienne Hélénè était assise au milieu de ses femmes, dirigeant leurs beaux travaux.

Et Hektôr, ayant regardé Pâris, lui dit ces paroles outrageantes :

— Misérable ! la colère que tu as ressentie n'était point bonne. Nos troupes périssent autour de la Ville, sous les hautes murailles. Grâce à toi, les clameurs de la guerre montent avec fureur autour de cette ville, et tu blâmerais toi-même celui que tu verrais s'éloigner de la rude bataille. Lève-toi donc, si tu ne veux voir la Ville consumée bientôt par la flamme ardente.

Et le divin Alexandros lui répondit :

— Hektôr, puisque tu ne m'as point blâmé avec violence, mais dans la juste mesure, je te répondrai. Je ne restais point dans ma chambre nuptiale par colère ou par indignation contre les Troiens, mais pour me livrer à la douleur. Maintenant que mon épouse me conseille par de douces paroles de retourner au combat, je crois, comme elle, que cela est pour le mieux. La victoire exauce tour à tour les guerriers. Mais attends que je revête mes armes belliqueuses, ou précède-moi, je vais te suivre.

Il parla ainsi, et Hektôr ne lui répondit rien ; et Hélénè dit à Hektôr ces douces paroles :

— Mon frère, frère d'une misérable chienne de malheur, et horrible ! Plût aux Dieux qu'au jour même où ma mère m'enfanta un furieux souffle de vent m'eût emportée sur une montagne ou abîmée dans la mer tumultueuse, et que l'onde m'eût engloutie, avant que ces choses fussent arrivées ! Mais, puisque les Dieux avaient résolu ces maux, je voudrais être la femme d'un meilleur guerrier, et qui souffrît au moins de l'indignation et des exécrations des hommes. Mais celui-ci n'a point un cœur inébranlable, et il ne l'aura jamais, et je pense qu'il en portera bientôt la peine. Viens, mon frère, entre et prends ce siége, car ton âme est pleine d'un lourd souci, grâce à moi, chienne que je suis, et grâce au crime d'Alexandros. Zeus nous a fait à tous deux une mauvaise destinée, afin que nous soyons célèbres par là chez les hommes qui naîtront dans l'avenir.

Et le grand Hektôr au casque mouvant lui répondit :

— Ne me fais point asseoir, Hélénè, bien que tu m'aimes, car tu ne me persuaderas point. Mon cœur est plein du désir de secourir les Troiens qui regrettent vivement mon absence. Mais excite Pâris, et qu'il se hâte de me suivre, tandis que je serai encore dans la Ville. Je vais, dans ma demeure, revoir mes serviteurs, ma femme bien-aimée et mon petit enfant. Je ne sais s'il me sera permis de les revoir jamais plus, ou si les Dieux me dompteront par les mains des Akhaiens.

Ayant ainsi parlé, Hektôr au casque mouvant sortit et parvint bientôt à ses demeures, et il n'y trouva point Andromakhè aux bras blancs, car elle était sortie avec son fils et une servante au beau péplos, et elle se tenait sur la tour, pleurant et gémissant. Hektôr, n'ayant point trouvé dans ses demeures sa femme irréprochable, s'arrêta sur le seuil et parla ainsi aux servantes :

— Venez, servantes, et dites-moi la vérité. Où est allée, hors des demeures, Andromakhè aux bras blancs ? Est-ce chez mes sœurs, ou chez mes belles-sœurs au beau péplos, ou dans le temple d'Athènè avec les autres Troiennes qui apaisent la puissante Déesse à la belle chevelure ?

Et la vigilante Intendante lui répondit :

— Hektôr, puisque tu veux que nous disions la vérité, elle n'est point allée chez tes sœurs, ni chez tes belles-sœurs au beau péplos, ni dans le temple d'Athènè avec les autres Troiennes qui apaisent la puissante Déesse à la belle chevelure ; mais elle est au faîte de la vaste tour d'Ilios, ayant appris une grande victoire des Akhaiens sur les Troiens. Et, pleine d'égarement, elle s'est hâtée de courir aux murailles, et la nourrice, auprès d'elle, portait l'enfant.

Et la femme intendante parla ainsi. Hektôr, étant sorti de ses demeures, reprit son chemin à travers les rues magnifiquement construites et populeuses, et, traversant la grande Ville, il arriva aux portes Skaies par où il devait sortir dans la plaine. Et sa femme, qui lui apporta une riche dot, accourut au-devant de lui, Andromakhè, fille du magnanime Êétiôn qui habita sous le Plakos couvert de forêts, dans Thèbè Hypoplakienne, et qui commanda aux Kilikiens. Et sa fille était la femme de Hektôr au casque d'airain. Et quand elle vint au-devant de lui, une servante l'accompagnait qui portait sur le sein son jeune fils, petit enfant encore, le Hektoréide bien-aimé, semblable à une belle étoile. Hektôr le nommait Skamandrios, mais les autres Troiens Astyanax, parce que Hektôr seul protégeait Troiè. Et il sourit en regardant son fils en silence ; mais Andromakhè, se tenant auprès de lui en pleurant, prit sa main et lui parla ainsi :

— Malheureux, ton courage te perdra ; et tu n'as pitié ni de ton fils enfant, ni de moi, misérable, qui serai bientôt ta veuve, car les Akhaiens te tueront en se ruant tous contre toi. Il vaudrait mieux pour moi, après t'avoir perdu, subir la sépulture, car rien ne me consolera quand tu auras accompli ta destinée, et il ne me restera que mes douleurs. Je n'ai plus ni mon père ni ma mère vénérable. Le divin Akhilleus tua mon père, quand il saccagea la ville populeuse des Kilikiens, Thèbè aux portes hautes. Il tua Êétiôn, mais il ne le dépouilla point, par un respect pieux. Il le brûla avec ses belles armes et il lui éleva un tombeau, et les Nymphes Orestiades, filles de Zeus tempêtueux, plantèrent des ormes autour. J'avais sept frères dans nos demeures ; et tous descendirent en un jour chez Aidès, car le divin Akhilleus aux pieds rapides les tua tous, auprès de leurs bœufs aux pieds lents et de leurs blanches brebis. Et il emmena, avec les autres dépouilles, ma mère qui régnait sous le Plakos planté d'arbres, et il l'affranchit bientôt pour une grande rançon ; mais Artémis qui se réjouit de ses flèches la perça dans nos demeures. Hektôr ! Tu es pour moi un père, une mère vénérable, un frère et un époux plein de jeunesse ! Aie pitié ! Reste sur cette tour ; ne fais point ton fils orphelin et ta femme veuve. Réunis l'armée auprès de ce figuier sauvage où l'accès de la Ville est le plus facile. Déjà, trois fois, les plus courageux des Akhaiens ont tenté cet assaut, les deux Aias, l'illustre Idoméneus, les Atréides et le brave fils de Tydeus, soit par le conseil d'un divinateur, soit par le seul élan de leur courage.

Et le grand Hektôr au casque mouvant lui répondit :

— Certes, femme, ces inquiétudes me possèdent aussi, mais je redouterais cruellement les Troiens et les Troiennes aux longs péplos traînants, si, comme un lâche, je fuyais le combat. Et mon cœur ne me pousse point à fuir, car j'ai appris à être toujours audacieux et à combattre, parmi les premiers, pour la gloire de mon père et pour la mienne. Je sais, dans mon esprit et dans mon cœur, qu'un jour viendra où la sainte Troiè périra, et Priamos, et le brave peuple de Priamos. Mais ni le malheur futur des Troiens ni celui de Hékabè elle-même, du roi Priamos et de mes frères courageux qui tomberont en foule sous les guerriers ennemis, ne m'afflige autant que le tien, quand un Akhaien cuirassé d'airain te ravira la liberté et t'emmènera pleurante ! Et tu tisseras la toile de l'Étranger, et tu porteras de force l'eau de Messèis et de Hypéréiè, car la dure nécessité le voudra. Et, sans doute, quelqu'un dira, te voyant répandre des larmes : — Celle-ci est la femme de Hektôr qui était le plus brave des Troiens dompteurs de chevaux quand il combattait autour de Troiè. — Quelqu'un dira cela, et tu seras déchirée d'une grande douleur, en songeant à cet époux que tu auras perdu, et qui, seul, pourrait finir ta servitude. Mais que la lourde terre me recouvre mort, avant que j'entende tes cris et que je te voie arracher d'ici !

Ayant ainsi parlé, l'illustre Hektôr tendit les mains vers son fils, mais l'enfant se rejeta en arrière dans le sein de la nourrice à la belle ceinture, épouvanté à l'aspect de son père bien-aimé, et de l'airain et de la queue de cheval qui s'agitait terriblement sur le cône du casque. Et le père bien-aimé sourit et la mère vénérable aussi. Et l'illustre Hektôr ôta son casque et le déposa resplendissant sur la terre. Et il baisa son fils bien-aimé, et, le berçant dans ses bras, il supplia Zeus et les autres Dieux :

– Zeus, et vous, Dieux, faites que mon fils s'illustre comme moi parmi les Troiens, qu'il soit plein de force et qu'il règne puissamment dans Troiè ! Qu'on dise un jour, le voyant revenir du combat : Celui-ci est plus brave que son père ! Qu'ayant tué le guerrier ennemi, il rapporte de sanglantes dépouilles, et que le cœur de sa mère en soit réjoui !

Ayant ainsi parlé, il déposa son enfant entre les bras de sa femme bien-aimée, qui le reçut sur son sein parfumé, en pleurant et en souriant ; et le guerrier, voyant cela, la caressa de la main et lui dit :

– Malheureuse, ne te désespère point à cause de moi. Aucun guerrier ne m'enverra chez Aidès contre ma destinée, et nul homme vivant ne peut fuir sa destinée, lâche ou brave. Mais retourne dans tes demeures, prends soin de tes travaux, de la toile et de la quenouille, et mets tes servantes à leur tâche. Le souci de la guerre appartient à tous les guerriers qui sont nés dans Ilios, et surtout à moi.

Ayant ainsi parlé, l'illustre Hektôr reprit son casque à flottante queue de cheval. Et l'Épouse bien-aimée retourna vers ses demeures, regardant en arrière et versant des larmes. Et aussitôt qu'elle fut arrivée aux demeures du tueur d'hommes Hektôr, elle y trouva ses nombreuses servantes en proie à une grande douleur. Et celles-ci pleuraient, dans ses demeures, Hektôr encore vivant, ne pensant pas qu'il revînt jamais plus du combat, ayant échappé aux mains guerrières des Akhaiens.

Et Pâris ne s'attardait point dans ses hautes demeures mais, ayant revêtu ses armes excellentes, d'un airain varié, il parcourait la Ville, de ses pieds rapides, tel qu'un étalon qui, longtemps nourri d'orge à la crèche, ses liens étant rompus, court dans la plaine en frappant la terre et saute dans le fleuve au beau cours où il a coutume de se baigner. Et il redresse la tête, et ses crins flottent épars sur ses épaules, et, fier de sa beauté, ses jarrets le portent d'un trait aux lieux où paissent les chevaux. Ainsi Pâris Priamide, sous ses armes éclatantes comme l'éclair, descendait de la hauteur de Pergamos ; et ses pieds rapides le portaient ; et voici qu'il rencontra le divin Hektôr, son frère, comme celui-ci quittait le lieu où il s'était entretenu avec Andromakhè.

Et, le premier, le roi Alexandros lui dit :

– Frère vénéré, sans doute je t'ai retardé et je ne suis point venu promptement comme tu me l'avais ordonné.

Hektôr au casque mouvant lui répondit :

— Ami, aucun guerrier, avec équité, ne peut te blâmer dans le combat, car tu es brave ; mais tu te lasses vite, et tu refuses alors de combattre, et mon cœur est attristé par les outrages que t'adressent les Troiens qui subissent tant de maux à cause de toi. Mais, allons ! et nous apaiserons ces ressentiments, si Zeus nous donne d'offrir un jour, dans nos demeures, un libre kratèr aux Dieux Ouraniens qui vivent toujours, après avoir chassé loin de Troiè les Akhaiens aux belles knèmides.

RHAPSODIE VII.

Ayant ainsi parlé, l'illustre Hektôr sortit des portes, et son frère Alexandros l'accompagnait, et tous deux, dans leur cœur, étaient pleins du désir de combattre. Comme un Dieu envoie un vent propice aux matelots suppliants qui se sont épuisés à battre la mer de leurs avirons polis, de sorte que leurs membres sont rompus de fatigue, de même les Priamides apparurent aux Troiens qui les désiraient.

Et aussitôt Alexandros tua le fils du roi Arèithoos, Ménèsthios, qui habitait dans Arnè, et que Arèithoos qui combattait avec une massue engendra de Philomédousa aux yeux de bœuf. Et Hektôr tua, de sa pique aiguë, Eionèos ; et l'airain le frappa au cou, sous le casque, et brisa ses forces. Et Glaukos, fils de Hippolokhos, chef des Lykiens, blessa, de sa pique, entre les épaules, au milieu de la mêlée, Iphinoos Dexiade qui sautait sur ses chevaux rapides. Et il tomba sur la terre, et ses forces furent brisées.

Et la divine Athènè aux yeux clairs, ayant vu les Argiens qui périssaient dans la rude bataille, descendit à la hâte du faîte de l'Olympos devant la sainte Ilios, et Apollôn accourut vers elle, voulant donner la victoire aux Troiens, et l'ayant vue de la hauteur de Pergamos. Et ils se rencontrèrent auprès du Hêtre, et le roi Apollôn, fils de Zeus, parla le premier :

— Pourquoi, pleine d'ardeur, viens-tu de nouveau de l'Olympos, fille du grand Zeus ? Est-ce pour assurer aux Danaens la victoire douteuse ? Car tu n'as nulle pitié des Troiens qui périssent. Mais, si tu veux m'en croire, ceci sera pour le mieux. Arrêtons pour aujourd'hui la guerre et le combat. Tous lutteront ensuite jusqu'à la chute de Troiè, puisqu'il vous plaît, à vous, immortels, de renverser cette ville.

Et la Déesse aux yeux clairs, Athènè, lui répondit :

— Qu'il en soit ainsi, ô archer ! C'est dans ce même dessein que je suis venue de l'Olympos vers les Troiens et les Akhaiens. Mais comment arrêteras-tu le combat des guerriers ?

Et le roi Apollôn, fils de Zeus, lui répondit :

— Excitons le solide courage de Hektôr dompteur de chevaux, et qu'il provoque, seul, un des Danaens à combattre un rude combat. Et les

Akhaiens aux knèmides d'airain exciteront un des leurs à combattre le divin Hektôr.

Il parla ainsi, et la divine Athènè aux yeux clairs consentit. Et Hélénos, le cher fils de Priamos, devina dans son esprit ce qu'il avait plu aux Dieux de décider, et il s'approcha de Hektôr et lui parla ainsi :

– Hektôr Priamide, égal à Zeus en sagesse, voudras-tu m'en croire, moi qui suis ton frère ? Fais que les Troiens et tous les Akhaiens s'arrêtent, et provoque le plus brave des Akhaiens à combattre contre toi un rude combat. Ta Moire n'est point de mourir et de subir aujourd'hui ta destinée, car j'ai entendu la voix des Dieux qui vivent toujours.

Il parla ainsi, et Hektôr s'en réjouit, et, s'avançant en tête des Troiens, il arrêta leurs phalanges à l'aide de la pique qu'il tenait par le milieu, et tous s'arrêtèrent. Et Agamemnôn contint aussi les Akhaiens aux belles knèmides. Et Athènè et Apollôn qui porte l'arc d'argent, semblables à des vautours, s'assirent sous le hêtre élevé du père Zeus tempêtueux qui se réjouit des guerriers. Et les deux armées, par rangs épais, s'assirent, hérissées et brillantes de boucliers, de casques et de piques. Comme, au souffle de Zéphyros, l'ombre se répand sur la mer qui devient toute noire, de même les rangs des Akhaiens et des Troiens couvraient la plaine. Et Hektôr leur parla ainsi :

— Écoutez-moi, Troiens et Akhaiens aux belles knèmides, afin que je vous dise ce que mon cœur m'ordonne de dire. Le sublime Kronide n'a point scellé notre alliance, mais il songe à nous accabler tous de calamités, jusqu'à ce que vous preniez Troiè aux fortes tours, ou que vous soyez domptés auprès des nefs qui fendent la mer. Puisque vous êtes les princes des Panakhaiens, que celui d'entre vous que son courage poussera à combattre contre moi sorte des rangs et combatte le divin Hektôr. Je vous le dis, et que Zeus soit témoin : si celui-là me tue de sa pique d'airain, me dépouillant de mes armes, il les emportera dans ses nefs creuses ; mais il renverra mon corps dans ma demeure, afin que les Troiens et les femmes des Troiens brûlent mon cadavre sur un bûcher ; et, si je le tue, et qu'Apollôn me donne cette gloire, j'emporterai ses armes dans la sainte Ilios et je les suspendrai dans le temple de l'archer Apollôn ; mais je renverrai son corps aux nefs solides, afin que les Akhaiens chevelus l'ensevelissent. Et ils lui élèveront un tombeau sur le rivage du large Hellèspontos. Et quelqu'un d'entre les hommes futurs, naviguant sur la noire mer, dans sa nef solide, dira, voyant ce tombeau d'un guerrier mort depuis longtemps :

— Celui-ci fut tué autrefois par l'illustre Hektôr dont le courage était grand. — Il le dira, et ma gloire ne mourra jamais.

Il parla ainsi, et tous restèrent muets, n'osant refuser ni accepter. Alors Ménélaos se leva et dit, plein de reproches, et soupirant profondément :

— Hélas ! Akhaiennes menaçantes, et non plus Akhaiens ! certes, ceci nous sera un grand opprobre, si aucun des Danaens ne se lève contre Hektôr. Mais que la terre et l'eau vous manquent, à vous qui restez assis sans courage et sans gloire ! Moi, je m'armerai donc contre Hektôr, car la victoire enfin est entre les mains des Dieux Immortels.

Il parla ainsi, et il se couvrait de ses belles armes. Alors, Ménélaos, tu aurais trouvé la fin de ta vie sous les mains de Hektôr, car il était beaucoup plus fort que toi, si les Rois des Akhaiens, s'étant levés, ne t'eussent retenu. Et l'Atréide Agamemnôn qui commande au loin lui prit la main et lui dit :

— Insensé Ménélaos, nourrisson de Zeus, d'où te vient cette démence ? Contiens-toi, malgré ta douleur. Cesse de vouloir combattre contre un meilleur guerrier que toi, le Priamide Hektôr, que tous redoutent. Akhilleus, qui est beaucoup plus fort que toi dans la bataille qui illustre les guerriers, craint de le rencontrer. Reste donc assis dans les rangs de tes compagnons, et les Akhaiens exciteront un autre combattant. Bien que le Priamide soit brave et insatiable de guerre, je pense qu'il se reposera volontiers, s'il échappe à ce rude combat.

Il parla ainsi, et l'esprit du héros fut persuadé par les paroles sages de son frère, et il lui obéit. Et ses serviteurs, joyeux, enlevèrent les armes de ses épaules. Et Nestôr se leva au milieu des Argiens et dit :

— Ah ! certes, un grand deuil envahit la terre Akhaienne ! Et le vieux cavalier Pèleus, excellent et sage agorète des Myrmidônes, va gémir grandement, lui qui, autrefois, m'interrogeant dans sa demeure, apprenait, plein de joie, quels étaient les pères et les fils de tous les Akhaiens ! Quand il saura que tous sont épouvantés par Hektôr, il étendra souvent les mains vers les Immortels, afin que son âme, hors de son corps, descende dans la demeure d'Aidès ! Plût à vous, ô Zeus, Athènè et Apollôn, que je fusse plein de jeunesse, comme au temps où, près du rapide Kéladontès, les Pyliens combattaient les Arkadiens armés de piques, sous les murs de Phéia où viennent les eaux courantes du Iardanos. Au milieu d'eux était le divin guerrier Éreuthaliôn, portant sur ses épaules les armes du roi Arèithoos, du divin Arèithoos que les hommes et les femmes aux belles ceintures appelaient le porte-massue, parce qu'il ne combattait ni avec l'arc, ni avec la longue pique, mais qu'il rompait les rangs ennemis à l'aide d'une massue de fer. Lykoorgos le tua par ruse, et non par force, dans une route étroite, où la massue de fer ne put écarter de lui la mort. Là, Lykoorgos, le prévenant, le perça de sa pique dans le milieu du corps, et le renversa sur la terre. Et il le dépouilla des armes que lui avait données le rude Arès. Dès lors, Lykoorgos les porta dans la guerre ; mais, devenu vieux dans ses demeures, il les donna à son cher compagnon Éreuthaliôn, qui, étant ainsi armé, provoquait les plus braves. Et tous tremblaient, pleins de crainte, et nul n'osait. Et mon cœur hardi me poussa à combattre, confiant dans mes forces, bien que le plus jeune de tous. Et je combattis, et

Athènè m'accorda la victoire, et je tuai ce très-robuste et très-brave guerrier dont le grand corps couvrit un vaste espace. Plût aux Dieux que je fusse ainsi plein de jeunesse et que mes forces fussent intactes ! Hektôr au casque mouvant commencerait aussitôt le combat. Mais vous ne vous hâtez point de lutter contre Hektôr, vous qui êtes les plus braves des Panakhaiens.

Et le vieillard leur fit ces reproches, et neuf d'entre eux se levèrent. Et le premier fut le roi des hommes, Agamemnôn. Puis, le brave Diomèdès Tydéide se leva. Et après eux se levèrent les Aias revêtus d'une grande force, et Idoméneus et le compagnon d'Idoméneus, Mèrionès, semblable au tueur de guerriers Arès, et Eurypylos, l'illustre fils d'Évaimôn, et Thoas Andraimonide et le divin Odysseus. Tous voulaient combattre contre le divin Hektôr. Et le cavalier Gérennien Nestôr dit au milieu d'eux :

– Remuez maintenant tous les sorts, et celui qui sera choisi par le sort combattra pour tous les Akhaiens aux belles knèmides, et il se réjouira de son courage, s'il échappe au rude combat et à la lutte dangereuse.

Il parla ainsi, et chacun marqua son signe, et tous furent mêlés dans le casque de l'Atréide Agamemnôn. Et les peuples priaient, élevant les mains vers les Dieux, et chacun disait, regardant le large Ouranos :

– Père Zeus, fais sortir le signe d'Aias, ou du fils de Tydeus, ou du roi de la très-riche Mykènè !

Ils parlèrent ainsi, et le cavalier Gérennien Nestôr agita le casque et en fit sortir le signe d'Aias que tous désiraient. Un héraut le prit, le présentant par la droite aux princes Akhaiens. Et ceux qui ne le reconnaissaient point le refusaient. Mais quand il parvint à celui qui l'avait marqué et jeté dans le casque, à l'illustre Aias, celui-ci le reconnut aussitôt, et, le laissant tomber à ses pieds, il dit, plein de joie :

– Ô amis, ce signe est le mien ; et je m'en réjouis dans mon cœur, et je pense que je dompterai le divin Hectôr. Allons ! pendant que je revêtirai mes armes belliqueuses, suppliez tout bas, afin que les Troiens ne vous entendent point, le roi Zeus Kroniôn ; ou priez-le tout haut, car nous ne craignons personne. Quel guerrier pourrait me dompter aisément, à l'aide de sa force ou de ma faiblesse ? Je suis né dans Salamis, et je n'y ai point été élevé sans gloire.

Il parla ainsi, et tous suppliaient le père Zeus Kroniôn, et chacun disait, regardant le vaste Ouranos :

– Père Zeus, qui commandes de l'Ida, très-auguste, très-grand, donne la victoire à Aias et qu'il remporte une gloire brillante ; mais, si tu aimes Hektôr et le protèges, fais que le courage et la gloire des deux guerriers soient égaux.

Ils parlèrent ainsi, et Aias s'armait de l'airain éclatant. Et après qu'il eut couvert son corps de ses armes, il marcha en avant, pareil au monstrueux Arès que le Kroniôn envoie au milieu des guerriers qu'il pousse à combattre, le cœur plein de fureur. Ainsi marchait le grand Aias, rempart des Akhaiens, avec un sourire terrible, à grands pas, et brandissant sa longue pique. Et les Argiens se réjouissaient en le regardant, et un tremblement saisit les membres des Troiens, et le cœur de Hektôr lui-même palpita dans sa poitrine ; mais il ne pouvait reculer dans la foule des siens, ni fuir le combat, puisqu'il l'avait demandé. Et Aias s'approcha, portant un bouclier fait d'airain et de sept peaux de bœuf, et tel qu'une tour. Et l'excellent ouvrier Tykhios qui habitait Hylè l'avait fabriqué à l'aide de sept peaux de forts taureaux, recouvertes d'une plaque d'airain. Et Aias Télamônien, portant ce bouclier devant sa poitrine, s'approcha de Hektôr, et dit ces paroles menaçantes :

– Maintenant, Hektôr, tu sauras, seul à seul, quels sont les chefs des Danaens, sans compter Akhilleus au cœur de lion, qui rompt les phalanges des guerriers. Il repose aujourd'hui, sur le rivage de la mer, dans ses nefs aux poupes recourbées, irrité contre Agamemnôn le prince des peuples ; mais nous pouvons tous combattre contre toi. Commence donc le combat.

Et Hektôr au casque mouvant lui répondit :

— Divin Aias Télamônien, prince des peuples, ne m'éprouve point comme si j'étais un faible enfant ou une femme qui ignore les travaux de la guerre. Je sais combattre et tuer les hommes, et mouvoir mon dur bouclier de la main droite ou de la main gauche, et il m'est permis de combattre audacieusement. Je sais, dans la rude bataille, de pied ferme marcher au son d'Arès, et me jeter dans la mêlée sur mes cavales rapides. Mais je ne veux point frapper un homme tel que toi par surprise, mais en face, si je puis.

Il parla ainsi, et il lança sa longue pique vibrante et frappa le grand bouclier d'Aias. Et la pique irrésistible pénétra à travers les sept peaux de bœuf jusqu'à la dernière lame d'airain. Et le divin Aias lança aussi sa longue pique, et il en frappa le bouclier égal du Priamide ; et la pique solide pénétra dans le bouclier éclatant, et, perçant la cuirasse artistement faite, déchira la tunique sur le flanc. Mais le Priamide se courba et évita la noire Kèr.

Et tous deux, relevant leurs piques, se ruèrent, semblables à des lions mangeurs de chair crue, ou à des sangliers dont la vigueur est grande. Et le Priamide frappa de sa pique le milieu du bouclier, mais il n'en perça point l'airain, et la pointe s'y tordit. Et Aias, bondissant, frappa le bouclier, qu'il traversa de sa pique, et il arrêta Hektôr qui se ruait, et il lui blessa la gorge, et un sang noir en jaillit. Mais Hektôr au casque mouvant ne cessa point de combattre, et, reculant, il prit de sa forte main une pierre grande, noire et rugueuse, qui gisait sur la plaine, et il frappa le milieu du grand bouclier couvert de sept peaux de bœuf, et l'airain résonna sourdement. Et Aias, soulevant à son tour une pierre plus grande encore, la lança en lui imprimant une force immense. Et, de cette pierre, il brisa le bouclier, et les genoux du Priamide fléchirent, et il tomba à la renverse sous le bouclier. Mais Apollôn le releva aussitôt. Et déjà ils se seraient frappés tous deux de leurs épées, en se ruant l'un contre l'autre, si les hérauts, messagers de Zeus et des hommes, n'étaient survenus, l'un du côté des Troiens, l'autre du côté des Akhaiens cuirassés, Talthybios et Idaios, sages tous deux. Et ils levèrent leurs sceptres entre les deux guerriers, et Idaios, plein de conseils prudents, leur dit :

— Ne combattez pas plus longtemps, mes chers fils. Zeus qui amasse les nuées vous aime tous deux, et tous deux vous êtes très-braves, comme nous le savons tous. Mais voici la nuit, et il est bon d'obéir à la nuit.

Et le Télamônien Aias lui répondit :

— Idaios, ordonne à Hektôr de parler. C'est lui qui a provoqué au combat les plus braves d'entre nous. Qu'il décide, et j'obéirai, et je ferai ce qu'il fera.

Et le grand Hektôr au casque mouvant lui répondit :

— Aias, un Dieu t'a donné la prudence, la force et la grandeur, et tu l'emportes par ta lance sur tous les Akhaiens. Cessons pour aujourd'hui la lutte et le combat. Nous combattrons de nouveau plus tard, jusqu'à ce qu'un Dieu en décide et donne à l'un de nous la victoire. Voici la nuit, et il est bon d'obéir à la nuit, afin que tu réjouisses, auprès des nefs Akhaiennes, tes concitoyens et tes compagnons, et que j'aille, dans la grande ville du roi Priamos, réjouir les Troiens et les Troiennes ornées de longues robes, qui prieront pour moi dans les temples divins. Mais faisons-nous de mutuels et illustres dons, afin que les Akhaiens et les Troiens disent : Ils ont combattu pour la discorde qui brûle le cœur, et voici qu'ils se sont séparés avec amitié.

Ayant ainsi parlé, il offrit à Aias l'épée aux clous d'argent, avec la gaine et les courroies artistement travaillées, et Aias lui donna un ceinturon éclatant, couleur de pourpre. Et ils se retirèrent, l'un vers l'armée des Akhaiens, l'autre vers les Troiens. Et ceux-ci se réjouirent en foule, quand ils virent Hektôr vivant et sauf, échappé des mains invaincues et de la force d'Aias. Et ils l'emmenèrent vers la Ville, après avoir désespéré de son salut.

Et, de leur côté, les Akhaiens bien armés conduisirent au divin Agamemnôn Aias joyeux de sa victoire. Et quand ils furent arrivés aux tentes de l'Atréide, le roi des hommes Agamemnôn sacrifia au puissant Kroniôn un taureau de cinq ans. Après l'avoir écorché, disposé et coupé adroitement en morceaux, ils percèrent ceux-ci de broches, les firent rôtir avec soin et les retirèrent du feu. Puis, ils préparèrent le repas et se mirent à manger, et aucun ne put se plaindre, en son âme, de manquer d'une part égale. Mais le héros Atréide Agamemnôn, qui commande au loin, honora Aias du dos entier. Et, tous ayant bu et mangé selon leur soif et leur faim, le vieillard Nestôr ouvrit le premier le conseil et parla ainsi, plein de prudence :

— Atréides, et vous, chefs des Akhaiens, beaucoup d'Akhaiens chevelus sont morts, dont le rude Arès a répandu le sang noir sur les bords du clair Skamandros, et dont les âmes sont descendues chez Aidès. C'est pourquoi il faut suspendre le combat dès la lueur du matin. Puis, nous étant réunis, nous enlèverons les cadavres à l'aide de nos bœufs et de nos mulets, et nous les brûlerons devant les nefs, afin que chacun en rapporte les cendres à ses fils, quand tous seront de retour dans la terre de la patrie. Et nous leur élèverons, autour d'un seul bûcher, un même tombeau dans la plaine. Et tout auprès, nous construirons aussitôt de hautes tours qui nous protégeront nous et nos nefs. Et nous y mettrons des portes solides pour le passage des cavaliers, et nous creuserons en dehors un fossé profond qui arrêtera les cavaliers et les chevaux, si les braves Troiens poussent le combat jusque là.

Il parla ainsi, et tous les Rois l'approuvèrent.

Et l'agora tumultueuse et troublée des Troiens s'était réunie devant les portes de Priamos, sur la haute citadelle d'Ilios. Et le sage Antènôr parla ainsi le premier :

— Écoutez-moi, Troiens, Dardaniens et Alliés, afin que je dise ce que mon cœur m'ordonne. Allons ! rendons aux Atréides l'Argienne Hélénè et toutes ses richesses, et qu'ils les emmènent. Nous combattons maintenant contre les serments sacrés que nous avons jurés, et je n'espère rien de bon pour nous, si vous ne faites ce que je dis.

Ayant ainsi parlé, il s'assit. Et alors se leva du milieu de tous le divin Alexandros, l'époux de Hélénè à la belle chevelure. Et il répondit en paroles ailées :

— Antènôr, ce que tu as dit ne m'est point agréable. Tu aurais pu concevoir de meilleurs desseins, et, si tu as parlé sérieusement, certes, les Dieux t'ont ravi l'esprit. Mais je parle devant les Troiens dompteurs de chevaux, et je repousse ce que tu as dit. Je ne rendrai point cette femme. Pour les richesses que j'ai emportées d'Argos dans ma demeure, je veux les rendre toutes, et j'y ajouterai des miennes.

Ayant ainsi parlé, il s'assit. Et, au milieu de tous, se leva le Dardanide Priamos, semblable à un Dieu par sa prudence. Et, plein de sagesse, il parla ainsi et dit :

— Écoutez-moi, Troiens, Dardaniens et Alliés, afin que je dise ce que mon cœur m'ordonne. Maintenant, prenez votre repas comme d'habitude, et faites tour à tour bonne garde. Que dès le matin Idaios se rende aux nefs creuses, afin de porter aux Atréides Agamemnôn et Ménélaos l'offre d'Alexandros d'où viennent nos discordes. Et qu'il leur demande, par de sages paroles, s'ils veulent suspendre la triste guerre jusqu'à ce que nous ayons brûlé les cadavres. Nous combattrons ensuite de nouveau, en attendant que le sort décide entre nous et donne la victoire à l'un des deux peuples.

Il parla ainsi, et ceux qui l'écoutaient obéirent, et l'armée prit son repas comme d'habitude. Dès le matin, Idaios se rendit aux nefs creuses. Et il trouva les Danaens, nourrissons de Zeus, réunis dans l'agora, auprès de la poupe de la nef d'Agamemnôn. Et, se tenant au milieu d'eux, il parla ainsi :

— Atréides et Akhaiens aux belles knèmides, Priamos et les illustres Troiens m'ordonnent de vous porter l'offre d'Alexandros d'où viennent nos discordes, si toutefois elle vous est agréable. Toutes les richesses qu'Alexandros a rapportées dans Ilios sur ses nefs creuses, — plût aux Dieux qu'il fût mort auparavant ! — il veut les rendre et y ajouter des siennes ; mais il refuse de rendre la jeune épouse de l'illustre Ménélaos, malgré les supplications des Troiens. Et ils m'ont aussi ordonné de vous demander si vous voulez suspendre la triste guerre jusqu'à ce que nous ayons brûlé les cadavres. Nous combattrons ensuite de nouveau, en attendant que le sort décide entre nous et donne la victoire à l'un des deux peuples.

Il parla ainsi, et tous restèrent muets. Et Diomèdès hardi au combat parla ainsi :

— Qu'aucun de nous n'accepte les richesses d'Alexandros ni Hélénè elle-même. Il est manifeste pour tous, fût-ce pour un enfant, que le suprême désastre est suspendu sur la tête des Troiens.

Il parla ainsi, et tous les fils des Akhaiens poussèrent des acclamations, admirant les paroles du dompteur de chevaux Diomèdès. Et le roi Agamemnôn dit à Idaios

— Idaios, tu as entendu la réponse des Akhaiens. Ils t'ont répondu, et ce qu'ils disent me plaît. Cependant, je ne vous refuse point de brûler vos morts et d'honorer par le feu les cadavres de ceux qui ont succombé. Que l'époux de Hèrè, Zeus qui tonne dans les hauteurs, soit témoin de notre traité !

Ayant ainsi parlé, il éleva son sceptre vers tous les Dieux. Et Idaios retourna dans la sainte Ilios, où les Troiens et les Dardaniens étaient réunis en agora, attendant son retour. Et il arriva, et, au milieu d'eux, il rendit compte de son message. Et aussitôt ils s'empressèrent de transporter, ceux-ci les cadavres, ceux-là le bois du bûcher. Et les Argiens, de leur côté, s'exhortaient, loin des nefs creuses, à relever leurs morts et à construire le bûcher.

Hélios, à son lever, frappait les campagnes de ses rayons, et, montant dans l'Ouranos, sortait doucement du cours profond de l'Okéanos. Et les deux armées accouraient l'une vers l'autre. Alors, il leur fut difficile de reconnaître leurs guerriers ; mais quand ils eurent lavé leur poussière sanglante, ils les déposèrent sur les chars en répandant des larmes brûlantes. Et le grand Priamos ne leur permit point de gémir, et ils amassèrent les morts sur le bûcher, se lamentant dans leur cœur. Et, après les avoir brûlés, ils retournèrent vers la sainte Ilios.

De leur côté, les Akhaiens aux belles knèmides amassèrent les cadavres sur le bûcher, tristes dans leur cœur. Et, après les avoir brûlés, ils s'en retournèrent vers les nefs creuses. Éôs n'était point levée encore, et déjà la nuit était douteuse, quand un peuple des Akhaiens vint élever dans la plaine un seul tombeau sur l'unique bûcher. Et, non loin, d'autres guerriers construisirent, pour se protéger eux-mêmes et les nefs, de hautes tours avec des portes solides pour le passage des cavaliers. Et ils creusèrent, au dehors et tout autour, un fossé profond, large et grand, qu'ils défendirent avec des pieux. Et c'est ainsi que travaillaient les Akhaiens chevelus.

Et les Dieux, assis auprès du foudroyant Zeus, regardaient avec admiration ce grand travail des Akhaiens aux tuniques d'airain. Et, au milieu d'eux, Poseidaôn qui ébranle la terre parla ainsi :

— Père Zeus, qui donc, parmi les mortels qui vivent sur la terre immense, fera connaître désormais aux Immortels sa pensée et ses desseins ? Ne vois-tu pas que les Akhaiens chevelus ont construit une muraille devant leurs nefs, avec un fossé tout autour, et qu'ils n'ont point offert d'illustres hécatombes aux Dieux ? La gloire de ceci se répandra autant que la lumière d'Éôs ; et les murs que Phoibos Apollôn et moi avons élevés au héros Laomédôn seront oubliés.

Et Zeus qui amasse les nuées, avec un profond soupir, lui répondit :

— Ah ! Très-puissant, qui ébranles la terre, qu'as-tu dit ? Un Dieu, moins doué de force que toi, n'aurait point cette crainte. Certes, ta gloire se répandra aussi loin que la lumière d'Éôs. Reprends courage, et quand les Akhaiens chevelus auront regagné sur leurs nefs la terre bien-aimée de la patrie, engloutis tout entier dans la mer ce mur écroulé, couvre de nouveau de sables le vaste rivage, et que cette immense muraille des Akhaiens s'évanouisse devant toi.

Et ils s'entretenaient ainsi. Et Hélios se coucha, et le travail des Akhaiens fut terminé. Et ceux-ci tuaient des bœufs sous les tentes, et ils prenaient leurs repas. Et plusieurs nefs avaient apporté de Lemnos le vin qu'avait envoyé le Ièsonide Eunèos, que Hypsipylè avait conçu du prince des peuples Ièsôn. Et le Ièsonide avait donné aux Atréides mille mesures de vin. Et les Akhaiens chevelus leur achetaient ce vin, ceux-ci avec de l'airain, ceux-là avec du fer brillant ; les uns avec des peaux de bœufs, les autres avec les bœufs eux-mêmes, et d'autres avec leurs esclaves. Et tous enfin préparaient l'excellent repas.

Et, pendant toute la nuit, les Akhaiens chevelus mangeaient ; et les Troiens aussi et les alliés mangeaient dans la Ville. Et, au milieu de la nuit, le sage Zeus, leur préparant de nouvelles calamités, tonna terriblement ; et la pâle crainte les saisit. Et ils répandaient le vin hors des coupes, et aucun n'osa boire avant de faire des libations au très-puissant Kroniôn. Enfin, s'étant couchés, ils goûtèrent la douceur du sommeil.

RHAPSODIE VIII.

Éôs au péplos couleur de safran éclairait toute la terre, et Zeus qui se réjouit de la foudre convoqua l'agora des Dieux sur le plus haut faîte de l'Olympos aux sommets sans nombre. Et il leur parla, et ils écoutaient respectueusement :

— Écoutez-moi tous, Dieux et Déesses, afin que je vous dise ce que j'ai résolu dans mon cœur. Et que nul Dieu, mâle ou femelle, ne résiste à mon ordre ; mais obéissez tous, afin que j'achève promptement mon œuvre. Car si j'apprends que quelqu'un des Dieux est allé secourir soit les Troiens, soit les Danaens, celui-là reviendra dans l'Olympos honteusement châtié. Et je le saisirai, et je le jetterai au loin, dans le plus creux des gouffres de la terre, au fond du noir Tartaros qui a des portes de fer et un seuil d'airain, au-dessous de la demeure d'Aidès, autant que la terre est au-dessous de l'Ouranos. Et il saura que je suis le plus fort de tous les Dieux. Debout, Dieux ! tentez-le, et vous le saurez. Suspendez une chaîne d'or du faîte de l'Ouranos, et tous, Dieux et Déesses, attachez-vous à cette chaîne. Vous n'entraînerez jamais, malgré vos efforts, de l'Ouranos sur la terre, Zeus le modérateur suprême. Et moi, certes, si je le voulais, je vous enlèverais tous, et la terre et la mer, et j'attacherais cette chaîne au faîte de l'Olympos, et tout y resterait suspendu, tant je suis au-dessus des Dieux et des hommes !

Il parla ainsi, et tous restèrent muets, stupéfaits de ces paroles, car il avait durement parlé. Et Athènè, la déesse aux yeux clairs, lui dit :

— Ô notre Père ! Kronide, le plus haut des Rois, nous savons bien que ta force ne le cède à aucune autre ; mais nous gémissons sur les Danaens, habiles à lancer la pique, qui vont périr par une destinée mauvaise. Certes, nous ne combattrons pas, si tu le veux ainsi, mais nous conseillerons les Argiens, afin qu'ils ne périssent point tous, grâce à ta colère.

Et Zeus qui amasse les nuées, souriant, lui dit :

— Reprends courage, Tritogénéia, chère enfant. Certes, j'ai parlé très-rudement, mais je veux être doux pour toi.

Ayant ainsi parlé, il lia au char les chevaux aux pieds d'airain, rapides, ayant pour crinières des chevelures d'or ; et il s'enveloppa d'un vêtement d'or ; et il prit un fouet d'or bien travaillé, et il monta sur son char. Et il frappa les chevaux du fouet, et ils volèrent aussitôt entre la terre et l'Ouranos étoilé. Il parvint sur l'Ida qui abonde en sources, où vivent les bêtes sauvages, et sur le Gargaros, où il possède une enceinte sacrée et un autel parfumé. Le Père des hommes et des Dieux y arrêta ses chevaux, les délia et les enveloppa d'une grande nuée. Et il s'assit sur le faîte, plein de gloire, regardant la ville des Troiens et les nefs des Akhaiens.

Et les Akhaiens chevelus s'armaient, ayant mangé en hâte sous les tentes ; et les Troiens aussi s'armaient dans la Ville ; et ils étaient moins nombreux, mais brûlants du désir de combattre, par nécessité, pour leurs enfants et pour leurs femmes. Et les portes s'ouvraient, et les peuples, fantassins et cavaliers, se ruaient au dehors, et il s'élevait un bruit immense.

Et quand ils se furent rencontrés, les piques et les forces des guerriers aux cuirasses d'airain se mêlèrent confusément, et les boucliers bombés se heurtèrent, et il s'éleva un bruit immense. On entendait les cris de joie et les lamentations de ceux qui tuaient ou mouraient, et la terre ruisselait de sang ; et tant qu'Éôs brilla et que le jour sacré monta, les traits frappèrent les hommes, et les hommes tombaient. Mais quand Hélios fut parvenu au faîte de l'Ouranos, le Père Zeus étendit ses balances d'or, et il y plaça deux Kères de la mort qui rend immobile à jamais, la Kèr des Troiens dompteurs de chevaux et la Kèr des Akhaiens aux cuirasses d'airain. Il éleva les balances, les tenant par le milieu, et le jour fatal des Akhaiens s'inclina ; et la destinée des Akhaiens toucha la terre nourricière, et celle des Troiens monta vers le large Ouranos. Et il roula le tonnerre immense sur l'Ida, et il lança l'ardent éclair au milieu du peuple guerrier des Akhaiens ; et, l'ayant vu, ils restèrent stupéfaits et pâles de terreur.

Ni Idoméneus, ni Agamemnôn, ni les deux Aias, serviteurs d'Arès, n'osèrent rester. Le Gérennien Nestôr, rempart des Akhaiens, resta seul, mais contre son gré, par la chute de son cheval. Le divin Alexandros, l'époux de Hélénè aux beaux cheveux, avait percé le cheval d'une flèche au sommet de la tête, endroit mortel, là où croissent les premiers crins. Et, l'airain ayant pénétré dans la cervelle, le cheval, saisi de douleur, se roulait et épouvantait les autres chevaux. Et, comme le vieillard se hâtait de couper les rênes avec l'épée, les rapides chevaux de Hektôr, portant leur brave conducteur, approchaient dans la mêlée, et le vieillard eût perdu la vie, si Diomèdès ne l'eût vu. Et il jeta un cri terrible, appelant Odysseus :

— Divin Laertiade, subtil Odysseus, pourquoi fuis-tu, tournant le dos comme un lâche dans la mêlée ? Crains qu'on ne te perce d'une pique dans le dos, tandis que tu fuis. Reste, et repoussons ce rude guerrier loin de ce vieillard.

Il parla ainsi, mais le divin et patient Odysseus ne l'entendit point et passa outre vers les nefs creuses des Akhaiens. Et le Tydéide, bien que seul, se mêla aux combattants avancés, et se tint debout devant les chevaux du vieux Nèlèide, et il lui dit ces paroles ailées :

— Ô vieillard, voici que de jeunes guerriers te pressent avec fureur. Ta force est dissoute, la lourde vieillesse t'accable, ton serviteur est faible et tes chevaux sont lents. Mais monte sur mon char, et tu verras quels sont les chevaux de Trôs que j'ai pris à Ainéias, et qui savent, avec une rapidité égale, poursuivre l'ennemi ou fuir à travers la plaine. Que nos serviteurs prennent soin de tes chevaux, et poussons ceux-ci sur les Troiens dompteurs de chevaux, et que Hektôr sache si ma pique est furieuse entre mes mains.

Il parla ainsi, et le cavalier Gérennien Nestôr lui obéit. Et les deux braves serviteurs, Sthénélos et Eurymédôn, prirent soin de ses cavales. Et les deux Rois montèrent sur le char de Diomèdès, et Nestôr saisit les rênes brillantes et fouetta les chevaux ; et ils approchèrent. Et le fils de Tydeus lança sa pique contre le Priamide qui venait à lui, et il le manqua ; mais il frappa dans la poitrine, près de la mamelle, Éniopeus, fils du magnanime Thèbaios, et qui tenait les rênes des chevaux. Et celui-ci tomba du char, et ses chevaux rapides reculèrent, et il perdit l'âme et la force. Une amère douleur enveloppa l'âme de Hektôr à cause de son compagnon ; mais il le laissa gisant, malgré sa douleur, et chercha un autre brave conducteur. Et ses chevaux n'en manquèrent pas longtemps, car il trouva promptement le hardi Arképtolémos Iphitide ; et il lui confia les chevaux rapides, et il lui remit les rênes en main.

Alors, il serait arrivé un désastre, et des actions furieuses auraient été commises, et les Troiens auraient été renfermés dans Ilios comme des agneaux, si le Père des hommes et des Dieux ne s'était aperçu de ceci. Et il tonna fortement, lançant la foudre éclatante devant les chevaux de Diomèdès ; et l'ardente flamme du soufre brûlant jaillit. Les chevaux effrayés s'abattirent sous le char, et les rênes splendides échappèrent des mains de Nestôr ; et il craignit dans son cœur, et il dit à Diomèdès :

— Tydéide ! retourne, fais fuir les chevaux aux sabots épais. Ne vois-tu point que Zeus ne t'aide pas ? Voici que Zeus Kronide donne maintenant la victoire à Hektôr, et il nous la donnera aussi, selon sa volonté. Le plus brave des hommes ne peut rien contre la volonté de Zeus dont la force est sans égale.

Et Diomèdès hardi au combat lui répondit :

— Oui, vieillard, tu as dit vrai, et selon la justice ; mais une amère douleur envahit mon âme. Hektôr dira, haranguant les Troiens : Le Tydéide a fui devant moi vers ses nefs ! Avant qu'il se glorifie de ceci, que la terre profonde m'engloutisse !

Et le cavalier Gérennien Nestôr lui répondit :

— Ah ! fils du brave Tydeus, qu'as-tu dit ? Si Hektôr te nommait lâche et faible, ni les Troiens, ni les Dardaniens, ne l'en croiraient, ni les femmes des magnanimes Troiens porteurs de boucliers, elles dont tu as renversé dans la poussière les jeunes époux.

Ayant ainsi parlé, il prit la fuite, poussant les chevaux aux sabots massifs à travers la mêlée. Et les Troiens et Hektôr, avec de grands cris, les accablaient de traits ; et le grand Hektôr au casque mouvant cria d'une voix haute :

— Tydéide, certes, les cavaliers Danaens t'honoraient entre tous, te réservant la meilleure place, et les viandes, et les coupes pleines. Aujourd'hui, ils t'auront en mépris, car tu n'es plus qu'une femme ! Va donc, fille lâche ! Tu es par ma faute sur nos tours, et tu emmèneras point nos femmes dans tes nefs. Auparavant, je t'aurai donné la mort.

Il parla ainsi, et le Tydéide hésita, voulant fuir et combattre face à face. Et il hésita trois fois dans son esprit et dans son cœur ; et trois fois le sage Zeus tonna du haut des monts Idaiens, en signe de victoire pour les Troiens. Et Hektôr, d'une voix puissante, animait les Troiens :

— Troiens, Lykiens et hardis Dardaniens, amis, soyez des hommes et souvenez-vous de votre force et de votre courage. Je sens que le Kroniôn me promet la victoire et une grande gloire, et réserve la défaite aux Danaens. Les insensés ! Ils ont élevé ces murailles inutiles et méprisables qui n'arrêteront point ma force ; et mes chevaux sauteront aisément par-dessus le fossé profond. Mais quand j'aurai atteint les nefs creuses, souvenez-vous de préparer le feu destructeur, afin que je brûle les nefs, et qu'auprès des nefs je tue les Argiens eux-mêmes, aveuglés par la fumée.

Ayant ainsi parlé, il dit à ses chevaux :

— Xanthos, Podargos, Aithôn et divin Lampos, payez-moi les soins infinis d'Andromakhè, fille du magnanime Êétiôn, qui vous présente le doux froment et vous verse du vin, quand vous le désirez, même avant moi qui me glorifie d'être son jeune époux. Hâtez-vous donc, courez ! Si nous ne pouvons enlever le bouclier de Nestôr, qui est tout en or ainsi que ses poignées, et dont la gloire est parvenue jusqu'à l'Ouranos, et la riche cuirasse de Diomèdès dompteur de chevaux, et que Hèphaistos a forgée avec soin, j'espère que les Akhaiens remonteront cette nuit même dans leurs nefs rapides.

Il parla ainsi dans son désir, et le vénérable Hèrè s'en indigna ; et elle s'agita sur son trône, et le vaste Olympos s'ébranla. Et elle dit en face au grand Dieu Poseidaôn :

— Toi qui ébranle la terre, ah ! Tout-puissant, ton cœur n'est-il point ému dans ta poitrine quand les Danaens périssent ? Ils t'offrent cependant, dans Hélikè et dans Aigas, un grand nombre de beaux présents. Donne-leur donc la victoire. Si nous voulions, nous tous qui soutenons les Danaens, repousser les Troiens et résister à Zeus dont la voix sonne au loin, il serait bientôt seul assis sur l'Ida.

Et le Puissant qui ébranle la terre, plein de colère, lui dit :

— Audacieuse Hèrè, qu'as-tu dit ? Je ne veux point que nous combattions Zeus Kroniôn, car il est bien plus fort que nous.

Et tandis qu'ils se parlaient ainsi, tout l'espace qui séparait les nefs du fossé était empli confusément de chevaux et de porteurs de boucliers, car Hektôr Priamide, semblable à l'impétueux Arès, les avait enfermés là, Zeus l'ayant glorifié. Et il eût consumé les nefs égales, à l'aide du feu, si la vénérable Hèrè n'eût inspiré à Agamemnôn de ranimer à la hâte les Akhaiens. Et il parcourut les tentes et les nefs des Akhaiens, portant à sa main robuste un grand manteau pourpré. Et il s'arrêta sur la grande et noire nef d'Odysseus, qui était au centre de toutes, afin d'être entendu des deux extrémités, des tentes d'Aias Télamôniade à celles d'Akhilleus, car tous deux avaient tiré sur le sable leurs nefs égales aux bouts du camp, certains de leur force et de leur courage. Et là, d'une voix haute, il cria aux Akhaiens :

— Honte à vous, Argiens couverts d'opprobre, qui n'avez qu'une vaine beauté ! Que sont devenues vos paroles orgueilleuses, quand, à Lemnos, mangeant la chair des bœufs aux longues cornes, et buvant les kratères pleins de vin, vous vous vantiez d'être les plus braves et de vaincre les Troiens, un contre cent et contre deux cents ? Et maintenant, nous ne pouvons même résister à un seul d'entre eux, à Hektôr qui va consumer nos nefs par le feu. Père Zeus ! as-tu déjà accablé d'un tel désastre quelqu'un des Rois tout-puissants, et l'as-tu privé de tant de gloire ? Certes, je n'ai jamais passé devant tes temples magnifiques, quand je vins ici pour ma ruine, sur ma nef chargée de rameurs, plein du désir de renverser les hautes murailles de Troiè, sans brûler sur tes nombreux autels la graisse et les cuisses des bœufs. Ô Zeus ! exauce donc mon vœu : que nous puissions au moins échapper et nous enfuir, et que les Troiens ne tuent pas tous les Akhaiens !

Il parla ainsi, et le Père Zeus eut pitié de ses larmes, et il promit par un signe que les peuples ne périraient pas. Et il envoya un aigle, le plus sûr des oiseaux, tenant entre ses serres le jeune faon d'une biche agile. Et l'aigle jeta ce faon sur l'autel magnifique de Zeus, où les Akhaiens sacrifiaient à Zeus, source de tous les oracles. Et quand ils virent l'oiseau envoyé par Zeus, il retournèrent dans la mêlée et se ruèrent sur les Troiens.

Et alors aucun des Danaens innombrables ne put se glorifier, poussant ses chevaux rapides au-delà du fossé, d'avoir devancé le Tydéide et combattu le premier. Et, tout d'abord, il tua un guerrier Troien, Agélaos Phradmonide, qui fuyait. Et il lui enfonça sa pique dans le dos, entre les épaules ; et la pique traversa la poitrine. Le Troien tomba du char, et ses armes retentirent.

Et les Atréides le suivaient, et les deux Aias pleins d'une vigueur indomptable, et Idoméneus, et Mèrionès, tel qu'Arès, compagnon d'Idoméneus, et le tueur d'hommes Euryalos, et Eurypylos, fils illustre d'Évaimôn. Et Teukros survint le neuvième, avec son arc tendu, et se tenant derrière le bouclier d'Aias Télamôniade. Et quand le grand Aias soulevait le bouclier, Teukros, regardant de toutes parts, ajustait et frappait un ennemi dans la mêlée, et celui-ci tombait mort. Et il revenait auprès d'Aias comme un enfant vers sa mère, et Aias l'abritait de l'éclatant bouclier.

Quel fut le premier Troien que tua l'irréprochable Teukros ? D'abord Orsilokhos, puis Orménos, et Ophélestès, et Daitôr, et Khromios, et le divin Lykophontès, et Amopaôn Polyaimonide, et Ménalippos. Et il les coucha tour à tour sur la terre nourricière. Et le roi des hommes, Agamemnôn, plein de joie de le voir renverser de ses flèches les phalanges des Troiens, s'approcha et lui dit :

— Cher Teukros Télamônien, prince des peuples, continue à lancer tes flèches pour le salut des Danaens, et pour glorifier ton père Télamôn qui t'a nourri et soigné dans ses demeures tout petit et bien que bâtard. Et je te le dis, et ma parole s'accomplira : si Zeus tempêtueux et Athènè me donnent de renverser la forte citadelle d'Ilios, le premier après moi tu recevras une glorieuse récompense : un trépied, deux chevaux et un char, et une femme qui partagera ton lit.

Et l'irréprochable Teukros lui répondit :

— Très-illustre Atréide, pourquoi m'excites-tu quand je suis plein d'ardeur ? Certes, je ferai de mon mieux et selon mes forces. Depuis que nous les repoussons vers Ilios, je tue les guerriers de mes flèches. J'en ai lancé huit, et toutes se sont enfoncées dans la chair des jeunes hommes impétueux ; mais je ne puis frapper ce chien enragé !

Il parla ainsi, et il lança une flèche contre Hektôr, plein du désir de l'atteindre, et il le manqua. Et la flèche perça la poitrine de l'irréprochable Gorgythiôn, brave fils de Priamos, qu'avait enfanté la belle Kathanéira, venue d'Aisimè, et semblable aux Déesses par sa beauté. Et, comme un pavot, dans un jardin, penche la tête sous le poids de ses fruits et des rosées printanières, de même le Priamide pencha la tête sous le poids de son casque. Et Teukros lança une autre flèche contre Hektôr, plein du désir de l'atteindre, et il le manqua encore ; et il perça, près de la mamelle, le brave Arkhéptolémos, conducteur des chevaux de Hektôr ; et Arkhéptolémos tomba du char ; ses chevaux rapides reculèrent, et sa vie et sa force furent anéanties. Le regret amer de son compagnon serra le cœur de Hektôr, mais, malgré sa douleur, il le laissa gisant, et il ordonna à son frère Kébriôn de prendre les rênes, et ce dernier obéit.

Alors, Hektôr sauta du char éclatant, poussant un cri terrible ; et, saisissant une pierre, il courut à Teukros, plein du désir de l'en frapper. Et le Télamônien avait tiré du carquois une flèche amère, et il la plaçait sur le nerf, quand Hektôr au casque mouvant, comme il tendait l'arc, le frappa de la pierre dure à l'épaule, là où la clavicule sépare le cou de la poitrine, à un endroit mortel. Et le nerf de l'arc fut brisé, et le poignet fut écrasé, et l'arc s'échappa de sa main, et il tomba à genoux. Mais Aias n'abandonna point son frère tombé, et il accourut, le couvrant de son bouclier. Puis, ses deux chers compagnons, Mèkisteus, fils d'Ekhios, et le divin Alastôr, emportèrent vers les nefs creuses Teukros qui poussait des gémissements.

Et l'Olympien rendit de nouveau le courage aux Troiens, et ils repoussèrent les Akhaiens jusqu'au fossé profond ; et Hektôr marchait en avant, répandant la terreur de sa force. Comme un chien qui poursuit de ses pieds rapides un sanglier sauvage ou un lion, le touche aux cuisses et aux fesses, épiant l'instant où il se retournera, de même Hektôr poursuivait les Akhaiens chevelus, tuant toujours celui qui restait en arrière. Et les Akhaiens fuyaient. Et beaucoup tombaient sous les mains des Troiens, en traversant les pieux et le fossé. Mais les autres s'arrêtèrent auprès des nefs, s'animant entre eux, levant les bras et suppliant tous les Dieux. Et Hektôr poussait de tous côtés ses chevaux aux belles crinières, ayant les yeux de Gorgô et du sanguinaire Arès. Et la divine Hèrè aux bras blancs, à cette vue, fut saisie de pitié et dit à Athènè ces paroles ailées :

— Ah ! fille de Zeus tempêtueux, ne secourrons-nous point, en ce combat suprême, les Danaens qui périssent ? Car voici que, par une destinée mauvaise, ils vont périr sous la violence d'un seul homme. Le Priamide Hektôr est plein d'une fureur intolérable, et il les accable de maux.

Et la divine Athènè aux yeux clairs lui répondit :

— Certes, le Priamide aurait déjà perdu la force avec la vie et serait tombé mort sous la main des Argiens, sur sa terre natale, si mon père, toujours irrité, dur et inique, ne s'opposait à ma volonté. Et il ne se souvient plus que j'ai souvent secouru son fils accablé de travaux par Eurystheus. Hèraklès criait vers l'Ouranos, et Zeus m'envoya pour le secourir. Certes, si j'avais prévu ceci, quand Hèraklès fut envoyé dans les demeures aux portes massives d'Aidès, pour enlever, de l'Érébos, le Chien du haïssable Aidès, certes, il n'aurait point repassé l'eau courante et profonde de Styx ! Et Zeus me hait, et il cède aux désirs de Thétis qui a embrassé ses genoux et lui a caressé la barbe, le suppliant d'honorer Akhilleus le destructeur de citadelles. Et il me nommera encore sa chère fille aux yeux clairs ! Mais attelle nos chevaux aux sabots massifs, tandis que j'irai dans la demeure de Zeus prendre l'Aigide et me couvrir de mes armes guerrières. Je verrai si le Priamide Hektôr au casque mouvant sera joyeux de nous voir descendre toutes deux dans la mêlée. Certes, plus d'un Troien couché devant les nefs des Akhaiens va rassasier les chiens et les oiseaux carnassiers de sa graisse et de sa chair !

Elle parla ainsi, et la divine Hèrè aux bras blancs obéit. Et la divine et vénérable Hèrè, fille du grand Kronos, se hâta d'atteler les chevaux liés par des harnais d'or. Et Athènè, fille de Zeus tempêtueux, laissa tomber son riche péplos, qu'elle avait travaillé de ses mains, sur le pavé de la demeure de son père, et elle prit la cuirasse de Zeus qui amasse les nuées, et elle se revêtit de ses armes pour la guerre lamentable.

Et elle monta dans le char flamboyant, et elle saisit la lance lourde, grande et solide, avec laquelle, étant la fille d'un père tout-puissant, elle dompte la foule des héros contre qui elle s'irrite. Et Hèrè frappa du fouet les chevaux rapides, et les portes de l'Ouranos s'ouvrirent d'elles-mêmes en criant, gardées par les Heures qui sont chargées d'ouvrir le grand Ouranos et l'Olympos, ou de les fermer avec un nuage épais. Et ce fut par là que les Déesses poussèrent les chevaux obéissant à l'aiguillon. Et le Père Zeus, les ayant vues de l'Ida, fut saisi d'une grande colère, et il envoya la Messagère Iris aux ailes d'or :

— Va ! hâte-toi, légère Iris ! Fais-les reculer, et qu'elles ne se présentent point devant moi, car ceci serait dangereux pour elles. Je le dis, et ma parole s'accomplira : J'écraserai les chevaux rapides sous leur char que je briserai, et je les en précipiterai, et, avant dix ans, elles ne guériront point des plaies que leur fera la foudre. Athènè aux yeux clairs saura qu'elle a combattu son père. Ma colère n'est point aussi grande contre Hèrè, car elle est habituée à toujours résister à ma volonté.

Il parla ainsi, et la Messagère Iris aux pieds prompts comme le vent s'élança, et elle descendit des cimes Idaïennes dans le grand Olympos, et elle les arrêta aux premières portes de l'Olympos aux vallées sans nombre, et elle leur dit les paroles de Zeus :

— Où allez-vous ? Pourquoi votre cœur est-il ainsi troublé ? Le Kronide ne veut pas qu'on vienne en aide aux Argiens. Voici la menace du fils de Kronos, s'il agit selon sa parole : Il écrasera les chevaux rapides sous votre char qu'il brisera, et il vous en précipitera, et, avant dix ans, vous ne guérirez point des plaies que vous fera la foudre. Athènè aux yeux clairs, tu sauras que tu as combattu ton père ! Sa colère n'est point aussi grande contre Hèrè, car elle est habituée à toujours résister à sa volonté. Mais toi, très-violente et audacieuse chienne, oseras-tu lever ta lance terrible contre Zeus ?

Ayant ainsi parlé, Iris aux pieds rapides s'envola, et Hèrè dit à Athènè :

— Ah ! fille de Zeus tempêtueux, je ne puis permettre que nous combattions contre Zeus pour des mortels. Que l'un meure, que l'autre vive, soit ! Et que Zeus décide, comme il est juste, et selon sa volonté, entre les Troiens et les Danaens.

Ayant ainsi parlé, elle fit retourner les chevaux aux sabots massifs, et les Heures dételèrent les chevaux aux belles crinières et les attachèrent aux crèches divines, et appuyèrent le char contre le mur éclatant. Et les Déesses, le cœur triste, s'assirent sur des siéges d'or au milieu des autres Dieux. Et le Père Zeus poussa du haut de l'Ida, vers l'Olympos, son char aux belles roues et ses chevaux, et il parvint aux siéges des Dieux. Et l'Illustre qui ébranle la terre détela les chevaux, posa le char sur un autel et le couvrit d'un voile de lin. Et Zeus à la grande voix s'assit sur son trône d'or, et le large Olympos trembla sous lui. Et Athènè et Hèrè étaient assises loin de Zeus, et elles ne lui parlaient ni ne l'interrogeaient ; mais il les devina et dit :

— Athènè et Hèrè, pourquoi êtes-vous ainsi affligées ? Vous ne vous êtes point longtemps fatiguées, du moins, dans la bataille qui illustre les guerriers, afin d'anéantir les Troiens pour qui vous avez tant de haine. Non ! Tous les Dieux de l'Olympos ne me résisteront point, tant la force de mes mains invincibles est grande. La terreur a fait trembler vos beaux membres avant d'avoir vu la guerre et la mêlée violente. Et je le dis, et ma parole se serait accomplie : frappées toutes deux de la foudre, vous ne seriez point revenues sur votre char dans l'Olympos qui est la demeure des Immortels.

Et il parla ainsi, et Athènè et Hèrè gémissaient, assises à côté l'une de l'autre, et méditant le malheur des Troiens. Et Athènè restait muette, irritée contre son père Zeus, et une sauvage colère la brûlait ; mais Hèrè ne put contenir la sienne, et elle dit :

— Très-dur Kronide, quelle parole as-tu dite ? Nous savons bien que ta force est grande, mais nous gémissons sur les belliqueux Danaens qui vont périr par une destinée mauvaise. Nous ne combattrons point, si tu le veux ; mais nous aiderons les Argiens de nos conseils, afin qu'ils ne périssent point tous par ta colère.

Et Zeus qui amasse les nuées lui répondit :

— Certes, au retour d'Éôs, tu pourras voir, vénérable Hèrè aux yeux de bœuf, le tout-puissant Kroniôn mieux détruire encore l'armée innombrable des Argiens ; car le brave Hektôr ne cessera point de combattre, que le rapide Pèléiôn ne se soit levé auprès des nefs, le jour où les Akhaiens combattront sous leurs poupes, luttant dans un étroit espace sur le cadavre de Patroklos. Ceci est fatal. Je me soucie peu de ta colère, quand même tu irais aux dernières limites de la terre et de la mer, où sont couchés Iapétos et Kronos, loin des vents et de la lumière de Hélios, fils de Hypériôn, dans l'enceinte du creux Tartaros. Quand même tu irais là, je me soucie peu de ta colère, car rien n'est plus impudent que toi.

Il parla ainsi, et Hèrè aux bras blancs ne répondit rien. Et la brillante lumière Hélienne tomba dans l'Okéanos, laissant la noire nuit sur la terre nourricière. La lumière disparut contre le gré des Troiens, mais la noire nuit fut la bienvenue des Akhaiens qui la désiraient ardemment.

Et l'illustre Hektôr réunit l'agora des Troiens, les ayant conduits loin des nefs, sur les bords du fleuve tourbillonnant, en un lieu où il n'y avait point de cadavres. Et ils descendirent de leurs chevaux pour écouter les paroles de Hektôr cher à Zeus. Et il tenait à la main une pique de onze coudées, à la brillante pointe d'airain retenue par un anneau d'or. Et, appuyé sur cette pique, il dit aux Troiens ces paroles ailées :

— Écoutez-moi, Troiens, Dardaniens et alliés. J'espérais ne retourner dans Ilios battue des vents qu'après avoir détruit les nefs et tous les Akhaiens ; mais les ténèbres sont venues qui ont sauvé les Argiens et les nefs sur le rivage de la mer. C'est pourquoi, obéissons à la nuit noire, et préparons le repas. Dételez les chevaux aux belles crinières et donnez-leur de la nourriture. Amenez promptement de la Ville des bœufs et de grasses brebis, et apportez un doux vin de vos demeures, et amassez beaucoup de bois, afin que, toute la nuit, jusqu'au retour d'Éôs qui naît le matin, nous allumions beaucoup de feux dont l'éclat s'élève dans l'Ouranos, et afin que les Akhaiens chevelus ne profitent pas de la nuit pour fuir sur le vaste dos de la mer. Qu'ils ne montent point tranquillement du moins sur leurs nefs, et que chacun d'eux, en montant sur sa nef, emporte dans son pays une blessure faite par nos piques et nos lances aiguës ! Que tout autre redoute désormais d'apporter la guerre lamentable aux Troiens dompteurs de chevaux. Que les hérauts chers à Zeus appellent, par la Ville, les jeunes enfants et les vieillards aux tempes blanches à se réunir sur les tours élevées par les Dieux ; et que les femmes timides, chacune dans sa demeure, allument de grands feux, afin qu'on veille avec vigilance, de peur qu'on entre par surprise dans la Ville, en l'absence des hommes. Qu'il soit fait comme je le dis, magnanimes Troiens, car mes paroles sont salutaires. Dès le retour d'Éôs je parlerai encore aux Troiens dompteurs de chevaux. Je me vante, ayant supplié Zeus et les autres Dieux, de chasser bientôt d'ici ces chiens que les kères ont amenés sur les nefs noires. Veillons sur nous-mêmes pendant la nuit ; mais, dès la première heure du matin, couvrons-nous de nos armes et poussons l'impétueux Arès sur les nefs creuses. Je saurai si le brave Diomèdès Tydéide me repoussera loin des nefs jusqu'aux murailles, ou si, le perçant de l'airain, j'emporterai ses dépouilles sanglantes. Demain, il pourra se glorifier de sa force, s'il résiste à ma pique ; mais j'espère plutôt que, demain, quand Hélios se lèvera, il tombera des premiers, tout sanglant, au milieu d'une foule de ses compagnons. Et plût aux Dieux que je fusse immortel et toujours jeune, et honoré comme Athènè et Apollôn, autant qu'il est certain que ce jour sera funeste aux Argiens !

Hektôr parla ainsi, et les Troiens poussèrent des acclamations. Et ils détachèrent du joug les chevaux mouillés de sueur, et ils les lièrent avec des lanières auprès des chars ; et ils amenèrent promptement de la Ville des bœufs et des brebis grasses ; et ils apportèrent un doux vin et du pain de leurs demeures, et ils amassèrent beaucoup de bois. Puis, ils sacrifièrent de complètes hécatombes aux immortels, et le vent en portait la fumée épaisse et douce dans l'Ouranos. Mais les Dieux heureux n'en voulurent point et la dédaignèrent, car ils haïssaient la sainte Ilios, et Priamos, et le peuple de Priamos aux piques de frêne.

Et les Troiens, pleins d'espérance, passaient la nuit sur le sentier de la guerre, ayant allumé de grands feux. Comme, lorsque les astres étincellent dans l'Ouranos autour de la claire Sélènè, et que le vent ne trouble point l'air, on voit s'éclairer les cimes et les hauts promontoires et les vallées, et que l'aithêr infini s'ouvre au faîte de l'Ouranos, et que le berger joyeux voit luire tous les astres ; de même, entre les nefs et l'eau courante du Xanthos, les feux des Troiens brillaient devant Ilios. Mille feux brûlaient ainsi dans la plaine ; et, près de chacun, étaient assis cinquante guerriers autour de la flamme ardente. Et les chevaux, mangeant l'orge et l'avoine, se tenaient auprès des chars, attendant Éôs au beau trône.

RHAPSODIE IX.

Tandis que les Troiens plaçaient ainsi leurs gardes, le désir de la fuite, qui accompagne la froide terreur, saisissait les Akhaiens. Et les plus braves étaient frappés d'une accablante tristesse.

De même, lorsque les deux vents Boréas et Zéphyros, soufflant de la Thrèkè, bouleversent la haute mer poissonneuse, et que l'onde noire se gonfle et se déroule en masses d'écume, ainsi, dans leurs poitrines, se déchirait le cœur des Akhaiens. Et l'Atréide, frappé d'une grande douleur, ordonna aux hérauts à la voix sonore d'appeler, chacun par son nom, et sans clameurs, les hommes à l'agora. Et lui-même appela les plus proches. Et tous vinrent s'asseoir dans l'agora, pleins de tristesse. Et Agamemnôn se leva, versant des larmes, comme une source abondante qui tombe largement d'une roche élevée. Et, avec un profond soupir, il dit aux Argiens :

— Ô amis, Rois et chefs des Argiens, le Kronide Zeus m'a accablé d'un lourd malheur, lui qui m'avait solennellement promis que je ne m'en retournerais qu'après avoir détruit Ilios aux murailles solides. Maintenant, il médite une fraude funeste, et il m'ordonne de retourner sans gloire dans Argos, quand j'ai perdu tant de guerriers déjà ! Et ceci plaît au tout-puissant Zeus qui a renversé les citadelles de tant de villes, et qui en renversera encore, car sa puissance est très-grande. Allons ! obéissez tous à mes paroles : fuyons sur nos nefs vers la terre bien-aimée de la patrie. Nous ne prendrons jamais Ilios aux larges rues.

Il parla ainsi, et tous restèrent muets, et les fils des Akhaiens étaient tristes et silencieux. Enfin, Diomèdès hardi au combat parla au milieu d'eux :

— Atréide, je combattrai le premier tes paroles insensées, comme il est permis, ô Roi, dans l'agora ; et tu ne t'en irriteras pas, car toi-même tu m'as outragé déjà au milieu des Danaens, me nommant faible et lâche. Et ceci, les Argiens le savent, jeunes et vieux. Certes, le fils du subtil Kronos t'a doué inégalement. Il t'a accordé le sceptre et les honneurs suprêmes, mais il ne t'a point donné la fermeté de l'âme, qui est la plus grande vertu. Malheureux ! penses-tu que les fils des Akhaiens soient aussi faibles et aussi lâches que tu le dis ? Si ton cœur te pousse à retourner en arrière, va ! voici la route ; et les nombreuses nefs qui t'ont suivi de Mykènè sont là, auprès du rivage de la mer. Mais tous les autres Akhaiens chevelus resteront jusqu'à ce que nous ayons renversé Ilios. Et s'ils veulent eux-mêmes fuir sur leurs nefs vers la terre bien-aimée de la patrie, moi et Sthénélos nous combattrons jusqu'à ce que nous ayons vu la fin d'Ilios, car nous sommes venus ici sur la foi des Dieux !

Il parla ainsi, et tous les fils des Akhaiens applaudirent, admirant le discours du dompteur de chevaux Diomèdès. Et le cavalier Nestôr, se levant au milieu d'eux, parla ainsi :

— Tydéide, tu es le plus hardi au combat, et tu es aussi le premier à l'agora parmi tes égaux en âge. Nul ne blâmera tes paroles, et aucun des Akhaiens ne les contredira ; mais tu n'as pas tout dit. À la vérité, tu es jeune, et tu pourrais être le moins âgé de mes fils ; et, cependant, tu parles avec prudence devant les Rois des Argiens, et comme il convient. C'est à moi de tout prévoir et de tout dire, car je me glorifie d'être plus vieux que toi. Et nul ne blâmera mes paroles, pas même le Roi Agamemnôn. Il est sans intelligence, sans justice et sans foyers domestiques, celui qui aime les affreuses discordes intestines. Mais obéissons maintenant à la nuit noire : préparons notre repas, plaçons des gardes choisies auprès du fossé profond, en avant des murailles. C'est aux jeunes hommes de prendre ce soin, et c'est à toi, Atréide, qui es le chef suprême, de le leur commander. Puis, offre un repas aux chefs, car ceci est convenable et t'appartient. Tes tentes sont pleines du vin que les nefs des Akhaiens t'apportent chaque jour de la Thrèkè, à travers l'immensité de la haute mer. Tu peux aisément beaucoup offrir, et tu commandes à un grand nombre de serviteurs. Quand les chefs seront assemblés, obéis à qui te donnera le meilleur conseil ; car les Akhaiens ont tous besoin de sages conseils au moment où les ennemis allument tant de feux auprès des nefs. Qui de nous pourrait s'en réjouir ? Cette nuit, l'armée sera perdue ou sauvée.

Il parla ainsi, et tous, l'ayant écouté, obéirent. Et les gardes armées sortirent, conduites par le Nestoréide Thasymèdès, prince des peuples, par Askalaphos et Ialménos, fils d'Arès, par Mèrionès, Apharèos et Dèipiros, et par le divin Lykomèdès, fils de Kréôn. Et les sept chefs des gardes conduisaient, chacun, cent jeunes guerriers armés de longues piques. Et ils se placèrent entre le fossé et la muraille, et ils allumèrent des feux et prirent leur repas. Et l'Atréide conduisit les chefs des Akhaiens sous sa tente et leur offrit un abondant repas. Et tous étendirent les mains vers les mets. Et, quand ils eurent assouvi la soif et la faim, le premier d'entre eux, le vieillard Nestôr, qui avait déjà donné le meilleur conseil, parla ainsi, plein de sagesse, et dit :

— Très-illustre Atréide Agamemnôn, roi des hommes, je commencerai et je finirai par toi, car tu commandes à de nombreux peuples, et Zeus t'a donné le sceptre et les droits afin que tu les gouvernes. C'est pourquoi il faut que tu saches parler et entendre, et accueillir les sages conseils, si leur cœur ordonne aux autres chefs de t'en donner de meilleurs. Et je te dirai ce qu'il y a de mieux à faire, car personne n'a une meilleure pensée que celle que je médite maintenant, et depuis longtemps, depuis le jour où tu as enlevé, ô race divine, contre notre gré, la vierge Breisèis de la tente d'Akhilleus irrité. Et j'ai voulu te dissuader, et, cédant à ton cœur orgueilleux, tu as outragé le plus brave des hommes, que les Immortels mêmes honorent, et tu lui as enlevé sa récompense. Délibérons donc aujourd'hui, et cherchons comment nous pourrons apaiser Akhilleus par des présents pacifiques et par des paroles flatteuses.

Et le Roi des hommes, Agamemnôn, lui répondit :

— Ô vieillard, tu ne mens point en rappelant mes injustices. J'ai commis une offense, et je ne le nie point. Un guerrier que Zeus aime dans son cœur l'emporte sur tous les guerriers. Et c'est pour l'honorer qu'il accable aujourd'hui l'armée des Akhaiens. Mais, puisque j'ai failli en obéissant à de funestes pensées, je veux maintenant apaiser Akhilleus et lui offrir des présents infinis. Et je vous dirai quels sont ces dons illustres : sept trépieds vierges du feu, dix talents d'or, vingt bassins qu'on peut exposer à la flamme, douze chevaux robustes qui ont toujours remporté les premiers prix par la rapidité de leur course. Et il ne manquerait plus de rien, et il serait comblé d'or celui qui posséderait les prix que m'ont rapportés ces chevaux aux sabots massifs. Et je donnerai encore au Pèléide sept belles femmes Lesbiennes, habiles aux travaux, qu'il a prises lui-même dans Lesbos bien peuplée, et que j'ai choisies, car elles étaient plus belles que toutes les autres femmes. Et je les lui donnerai, et, avec elles, celle que je lui ai enlevée, la vierge Breisèis ; et je jurerai un grand serment qu'elle n'a point connu mon lit, et que je l'ai respectée. Toutes ces choses lui seront livrées aussitôt. Et si les Dieux nous donnent de renverser la grande Ville de Priamos, il remplira abondamment sa nef d'or et d'airain. Et quand nous, Akhaiens, partagerons la proie, qu'il choisisse vingt femmes Troiennes, les plus belles après l'Argienne Hélénè. Et si nous retournons dans la fertile Argos, en Akhaiè, qu'il soit mon gendre, et je l'honorerai autant qu'Orestès, mon unique fils nourri dans les délices. J'ai trois filles dans mes riches demeures, Khrysothémis, Laodikè et Iphianassa. Qu'il emmène, sans lui assurer une dot, celle qu'il aimera le mieux, dans les demeures de Pèleus. Ce sera moi qui la doterai, comme jamais personne n'a doté sa fille, car je lui donnerai sept villes très-illustres : Kardamylè, Énopè, Hira aux prés verdoyants, la divine Phèra, Anthéia aux gras pâturages, la belle Aipéia et Pèdasos riche en vignes. Toutes sont aux bords de la mer, auprès de la sablonneuse Pylos. Leurs habitants abondent en bœufs et en troupeaux, et, par leurs dons, ils l'honoreront comme un Dieu ; et, sous son sceptre, ils lui payeront de riches tributs. Je lui donnerai tout cela s'il dépose sa colère. Qu'il s'apaise donc. Aidès seul est implacable et indompté, et c'est pourquoi, de tous les Dieux, il est le plus haï des hommes. Qu'il me cède comme il est juste, puisque je suis plus puissant et plus âgé que lui.

Et le cavalier Gérennien Nestôr lui répondit :

— Très-illustre Atréide Agamemnôn, roi des hommes, certes, ils ne sont point à mépriser les présents que tu offres au roi Akhilleus. Allons ! envoyons promptement des messagers choisis sous la tente du Pèléide Akhilleus. Je les désignerai moi-même, et ils obéiront. Que Phoinix aimé de Zeus les conduise, et ce seront le grand Aias et le divin Odysseus, suivis des hérauts Hodios et Eurybatès. Trempons nos mains dans l'eau, et supplions en silence Zeus Kronide de nous prendre en pitié.

Il parla ainsi, et tous furent satisfaits de ses paroles. Et les hérauts versèrent aussitôt de l'eau sur leurs mains, et les jeunes hommes emplirent les kratères de vin qu'ils distribuèrent, selon l'ordre, à pleines coupes. Et, après avoir bu autant qu'ils le voulaient, ils sortirent de la tente de l'Atréide Agamemnôn. Et le cavalier Gérennien Nestôr exhorta longuement chacun d'eux, et surtout Odysseus, à faire tous leurs efforts pour apaiser et fléchir l'irréprochable Pèléide. Et ils allaient le long du rivage de la mer aux bruits sans nombre, suppliant Celui qui entoure la terre de leur accorder de toucher le grand cœur de l'Aiakide.

Et ils parvinrent aux nefs et aux tentes des Myrmidones. Et ils trouvèrent le Pèléide qui charmait son âme en jouant d'une kithare aux doux sons, belle, artistement faite et surmontée d'un joug d'argent, et qu'il avait prise parmi les dépouilles, après avoir détruit la ville d'Êétiôn. Et il charmait son âme, et il chantait les actions glorieuses des hommes. Et Patroklos, seul, était assis auprès de lui, l'écoutant en silence jusqu'à ce qu'il eût cessé de chanter.

Et ils s'avancèrent, précédés par le divin Odysseus, et ils s'arrêtèrent devant le Pèléide. Et Akhilleus, étonné, se leva de son siége, avec sa kithare, et Patroklos se leva aussi en voyant les guerriers. Et Akhilleus aux pieds rapides leur parla ainsi :

— Je vous salue, guerriers. Certes, vous êtes les bienvenus, mais quelle nécessité vous amène, vous qui, malgré ma colère, m'êtes les plus chers parmi les Akhaiens ?

Ayant ainsi parlé, le divin Akhilleus les conduisit et les fit asseoir sur des siéges aux draperies pourprées. Et aussitôt il dit à Patroklos :

— Fils de Ménoitios, apporte un grand kratèr, fais un doux mélange, et prépare des coupes pour chacun de nous, car des hommes très-chers sont venus sous ma tente.

Il parla ainsi, et Patroklos obéit à son cher compagnon. Et Akhilleus étendit sur un grand billot, auprès du feu, le dos d'une brebis, celui d'une chèvre grasse et celui d'un porc gras. Et tandis qu'Automédôn maintenait les chairs, le divin Akhilleus les coupait par morceaux et les embrochait. Et le Ménoitiade, homme semblable à un Dieu, allumait un grand feu. Et quand la flamme tomba et s'éteignit, il étendit les broches au-dessus des charbons en les appuyant sur des pierres, et il les aspergea de sel sacré. Et Patroklos, ayant rôti les chairs et les ayant posées sur la table, distribua le pain dans de belles corbeilles. Et Akhilleus coupa les viandes, et il s'assit en face du divin Odysseus, et il ordonna à Patroklos de sacrifier aux Dieux. Et celui-ci fit des libations dans le feu. Et tous étendirent les mains vers les mets offerts. Et quand ils eurent assouvi la faim et la soif, Aias fit signe à Phoinix. Aussitôt le divin Odysseus le comprit, et, remplissant sa coupe de vin, il parla ainsi à Akhilleus :

— Salut, Akhilleus ! Aucun de nous n'a manqué d'une part égale, soit sous la tente de l'Atréide Agamemnôn, soit ici. Les mets y abondent également. Mais il ne nous est point permis de goûter la joie des repas, car nous redoutons un grand désastre, ô race divine ! et nous l'attendons, et nous ne savons si nos nefs solides périront ou seront sauvées, à moins que tu ne t'armes de ton courage. Voici que les Troiens orgueilleux et leurs alliés venus de loin ont assis leur camp devant nos murailles et nos nefs. Et ils ont allumé des feux sans nombre, et ils disent que rien ne les retiendra plus et qu'ils vont se jeter sur nos nefs noires. Et le Kronide Zeus a lancé l'éclair, montrant à leur droite des signes propices. Hektôr, appuyé par Zeus, et très-orgueilleux de sa force, est plein d'une fureur terrible, n'honorant plus ni les hommes ni les Dieux. Une rage s'est emparée de lui. Il fait des imprécations pour que la divine Éôs reparaisse promptement. Il se vante de rompre bientôt les éperons de nos nefs et de consumer celles-ci dans le feu ardent, et de massacrer les Akhaiens aveuglés par la fumée. Je crains bien, dans mon esprit, que les Dieux n'accomplissent ses menaces, et que nous périssions inévitablement devant Troiè, loin de la fertile Argos nourrice de chevaux. Lève-toi, si tu veux, au dernier moment, sauver les fils des Akhaiens de la rage des Troiens. Sinon, tu seras saisi de douleur, car il n'y a point de remède contre un mal accompli. Songe donc maintenant à reculer le dernier jour des Danaens. Ô ami, ton père Pèleus te disait, le jour où il t'envoya, de la Phthiè, vers Agamemnôn : — Mon fils, Athènè et Hèrè te donneront la victoire, s'il leur plaît ; mais réprime ton grand cœur dans ta poitrine, car la bienveillance est au-dessus de tout. Fuis la discorde qui engendre les maux, afin que les Argiens, jeunes et vieux, t'honorent. — Ainsi parlait le vieillard, et tu as oublié ses paroles ; mais aujourd'hui apaise-toi, refrène la colère qui ronge le cœur, et Agamemnôn te fera des présents dignes de toi. Si tu veux m'écouter, je te dirai ceux qu'il promet de remettre sous tes tentes : — Sept trépieds vierges du feu, dix talents d'or, vingt bassins qu'on peut exposer à la flamme, douze chevaux robustes qui ont toujours remporté les premiers prix par la rapidité de leur course. Et il ne manquerait plus de rien, et il serait comblé d'or, celui qui posséderait les prix qu'ont rapportés à l'Atréide Agamemnôn ces chevaux aux sabots massifs. Et il te donnera encore sept belles femmes Lesbiennes, habiles aux travaux, que tu as prises toi-même dans Lesbos bien peuplée, et qu'il a choisies, car elles étaient plus belles que toutes les autres femmes. Et il te les donnera, et, avec elles, celle qu'il t'a enlevée, la vierge Breisèis ; et il jurera un grand serment qu'elle n'a point connu son lit et qu'il l'a respectée. Toutes ces choses te seront livrées aussitôt. Mais si les Dieux nous donnent de renverser la grande Ville de Priamos, tu rempliras abondamment ta nef d'or et d'airain. Et quand nous, Akhaiens, nous partagerons la proie, tu choisiras vingt femmes Troiennes, les plus belles après l'Argienne Hélénè. Et si nous retournons dans la fertile Argos, en Akhaiè, tu seras son gendre, et il t'honorera autant qu'Orestès, son unique fils nourri dans les délices. Il a trois filles dans ses riches demeures : Krysothémis, Laodikè et Iphianassa. Tu emmèneras, sans lui assurer une dot, celle que tu aimeras le mieux, dans les demeures de Pèleus. Ce sera lui qui la dotera comme jamais personne n'a doté sa fille, car il te donnera sept villes très-illustres : Kardamylè, Énopè, Hira aux prés verdoyants, la divine Phèra, Anthéia aux gras pâturages, la belle Aipéia et Pèdasos riche en vignes. Toutes sont aux bords de la mer, auprès de la sablonneuse Pylos. Leurs habitants abondent en bœufs et en troupeaux. Et, par leurs dons, ils t'honoreront comme un Dieu ; et, sous ton sceptre, ils te payeront de riches tributs. Et il te donnera tout cela si tu déposes ta colère. Mais si l'Atréide et ses présents te sont odieux, aie pitié du moins des Panakhaiens accablés de douleur dans leur camp et qui t'honoreront comme un Dieu. Certes, tu leur devras une grande gloire, et tu tueras Hektôr qui viendra à ta rencontre et qui se vante que nul ne peut se comparer à lui de tous les Danaens que les nefs ont apportés ici.

Et Akhilleus aux pieds rapides lui répondit :

— Divin Laertiade, très-subtil Odysseus, il faut que je dise clairement ce que j'ai résolu et ce qui s'accomplira, afin que vous n'insistiez pas tour à tour. Celui qui cache sa pensée dans son âme et ne dit point la vérité m'est plus odieux que le seuil d'Aidès. Je dirai donc ce qui me semble préférable. Ni l'Atréide Agamemnôn, ni les autres Danaens ne me persuaderont, puisqu'il ne m'a servi à rien de combattre sans relâche les guerriers ennemis. Celui qui reste au camp et celui qui combat avec courage ont une même part. Le lâche et le brave remportent le même honneur, et l'homme oisif est tué comme celui qui agit. Rien ne m'est resté d'avoir souffert des maux sans nombre et d'avoir exposé mon âme en combattant. Comme l'oiseau qui porte à ses petits sans plume la nourriture qu'il a ramassée et dont il n'a rien gardé pour lui-même, j'ai passé sans sommeil d'innombrables nuits, j'ai lutté contre les hommes pendant des journées sanglantes, pour la cause de vos femmes ; j'ai dévasté, à l'aide de mes nefs, douze villes, demeures des hommes ; sur terre, j'en ai pris onze autour de la fertile Ilios ; j'ai rapporté de toutes ces villes mille choses précieuses et superbes, et j'ai tout donné à l'Atréide Agamemnôn, tandis qu'assis auprès des nefs rapides, il n'en distribuait qu'une moindre part aux Rois et aux chefs et se réservait la plus grande. Du moins ceux-ci ont gardé ce qu'il leur a donné ; mais, de tous les Akhaiens, à moi seul il m'a enlevé ma récompense ! Qu'il se réjouisse donc de cette femme et qu'il en jouisse ! Pourquoi les Argiens combattent-ils les Troiens ? Pourquoi les Atréides ont-ils conduit ici cette nombreuse armée ? N'est-ce point pour la cause de Hélénè à la belle chevelure ? Sont-ils les seuls de tous les hommes qui aiment leurs femmes ? Tout homme sage et bon aime la sienne et en prend soin. Et moi aussi, j'aimais celle-ci dans mon cœur, bien que captive. Maintenant que, de ses mains, il m'a arraché ma récompense, et qu'il m'a volé, il ne me persuadera, ni ne me trompera plus, car je suis averti. Qu'il délibère avec toi, ô Odysseus, et avec les autres Rois, afin d'éloigner des nefs la flamme ardente. Déjà il a fait sans moi de nombreux travaux ; il a construit un mur et creusé un fossé profond et large, défendu par des pieux. Mais il n'en a pas réprimé davantage la violence du tueur d'hommes Hektôr. Quand je combattais au milieu des Akhaiens, Hektôr ne sortait que rarement de ses murailles. À peine se hasardait-il devant les portes Skaies et auprès du hêtre. Et il m'y attendit une fois, et à peine put-il échapper à mon impétuosité. Maintenant, puisque je ne veux plus combattre le divin Hektôr, demain, ayant sacrifié à Zeus et à tous les Dieux, je traînerai à la mer mes nefs chargées ; et tu verras, si tu le veux et si tu t'en soucies, mes nefs voguer, dès le matin, sur le Hellespontos poissonneux, sous l'effort vigoureux des rameurs. Et si l'Illustre qui entoure la terre me donne une heureuse navigation, le troisième jour j'arriverai dans la fertile Phthiè, où sont les richesses que j'y ai laissées quand je vins ici pour mon malheur. Et j'y conduirai l'or et le rouge airain, et les belles femmes et le fer luisant que le sort m'a accordés, car le roi Atréide Agamemnôn m'a arraché la récompense qu'il m'avait donnée. Et répète-lui ouvertement ce que je dis, afin que les Akhaiens s'indignent, s'il espère tromper de nouveau quelqu'autre des Danaens. Mais, bien qu'il ait l'impudence d'un chien, il n'oserait me regarder en face. Je ne veux plus ni délibérer, ni agir avec lui, car il m'a trompé et outragé. C'est assez. Mais qu'il reste en repos dans sa méchanceté, car le très-sage Zeus lui a ravi l'esprit. Ses dons me sont odieux, et lui, je l'honore autant que la demeure d'Aidès. Et il me donnerait dix et vingt fois plus de richesses qu'il n'en a et qu'il n'en aura, qu'il n'en vient d'Orkhoménos, ou de Thèba dans l'Aigyptia, où les trésors abondent dans les demeures, qui a cent portes, et qui, par chacune, voit sortir deux cents guerriers avec chevaux et chars ; et il me ferait autant de présents qu'il y a de grains de sable et de poussière, qu'il n'apaiserait point mon cœur avant d'avoir expié l'outrage sanglant qu'il m'a fait. Et je ne prendrai point pour femme légitime la fille de l'Atréide Agamemnôn, fût-elle plus belle qu'Aphroditè d'or et plus habile aux travaux qu'Athènè aux yeux clairs. Je ne la prendrai point pour femme légitime. Qu'il choisisse un autre Akhaien qui lui plaise et qui soit un roi plus puissant. Si les Dieux me gardent, et si je rentre dans ma demeure, Pèleus me choisira lui-même une femme légitime. Il y a, dans l'Akhaiè, la Hellas et la Phthiè, de nombreuses jeunes filles de chefs guerriers qui défendent les citadelles, et je ferai de l'une d'elles ma femme légitime bien-aimée. Et mon cœur généreux me pousse à prendre une femme légitime et à jouir des biens acquis par le vieillard Pèleus. Toutes les richesses que renfermait la grande Ilios aux nombreux habitants pendant la paix, avant la venue des fils des Akhaiens, ne sont point d'un prix égal à la vie, non plus que celles que renferme le sanctuaire de pierre de l'archer Phoibos Apollôn, dans l'âpre Pythô. Les bœufs, les grasses brebis, les trépieds, les blondes crinières des chevaux, tout cela peut être conquis ; mais l'âme qui s'est une fois échappée d'entre nos dents ne peut être ressaisie ni rappelée. Ma mère, la Déesse Thétis aux pieds d'argent, m'a dit que deux kères m'étaient offertes pour arriver à la mort. Si je reste et si je combats autour de la ville des Troiens, je ne retournerai jamais dans mes demeures, mais ma gloire sera immortelle. Si je retourne vers ma demeure, dans la terre bien-aimée de ma patrie, je perdrai toute gloire, mais je vivrai très-vieux, et la mort ne me saisira qu'après de très-longues années. Je conseille à tous les Akhaiens de retourner vers leurs demeures, car vous ne verrez jamais le dernier jour de la haute Ilios. Zeus qui tonne puissamment la protège de ses mains et a rempli son peuple d'une grande audace. Pour vous, allez porter ma réponse aux chefs des Akhaiens, car c'est là le partage des anciens ; et ils chercheront dans leur esprit un meilleur moyen de sauver les nefs et les tribus Akhaiennes, car ma colère rend inutile celui qu'ils avaient trouvé. Et Phoinix restera et couchera ici, afin de me suivre demain, sur mes nefs, dans notre patrie, s'il le désire, du moins, car je ne le contraindrai point.

Il parla ainsi, et tous restèrent muets, accablés de ce discours et de ce dur refus. Enfin, le vieux cavalier Phoinix parla ainsi, versant des larmes, tant il craignait pour les nefs des Akhaiens :

— Si déjà tu as résolu ton retour, illustre Akhilleus, et si tu refuses d'éloigner des nefs rapides la violence du feu destructeur, parce que la colère est tombée dans ton cœur, comment, cher fils, pourrai-je t'abandonner et rester seul ici ? Le vieux cavalier Pèleus m'ordonna de t'accompagner le jour où il t'envoya, loin de la Phthiè, vers Agamemnôn, tout jeune encore, ignorant la guerre lamentable et l'agora où les hommes deviennent illustres. Et il m'ordonna de t'accompagner afin que je pusse t'enseigner à parler et à agir. C'est pourquoi je ne veux point me séparer de toi, cher fils, même quand un Dieu me promettrait de m'épargner la vieillesse et me rendrait à ma jeunesse florissante, tel que j'étais quand je quittai pour la première fois la Hellas aux belles femmes, fuyant la colère de mon père Amyntôr Orménide. Et il s'était irrité contre moi à cause de sa concubine aux beaux cheveux qu'il aimait et pour laquelle il méprisait sa femme légitime, ma mère. Et celle-ci me suppliait toujours, à genoux, de séduire cette concubine, pour que le vieillard la prît en haine. Et je lui obéis, et mon père, s'en étant aperçu, se répandit en imprécations, et supplia les odieuses Erinnyes, leur demandant que je ne sentisse jamais sur mes genoux un fils bien-aimé, né de moi ; et les Dieux, Zeus le Souterrain et la cruelle Perséphonéia accomplirent ses imprécations. Alors je ne pus me résoudre dans mon âme à rester dans les demeures de mon père irrité. Et de nombreux amis et parents, venus de tous côtés, me retinrent. Et ils tuèrent beaucoup de grasses brebis et de bœufs noirs aux pieds lents ; et ils passèrent à l'ardeur du feu les porcs lourds de graisse, et ils burent, par grandes cruches, le vin du vieillard. Et pendant neuf nuits ils dormirent autour de moi, et chacun me gardait tour à tour. L'un se tenait sous le portique de la cour, l'autre dans le vestibule de la salle bien fermée. Et le feu ne s'éteignait jamais. Mais, dans l'obscurité de la dixième nuit, ayant rompu les portes de la salle, j'échappai facilement à mes gardiens et aux serviteurs, et je m'enfuis loin de la grande Hellas, et j'arrivai dans la fertile Phthiè, nourrice de brebis, auprès du roi Pèleus. Et il me reçut avec bienveillance, et il m'aima comme un père aime un fils unique, né dans son extrême vieillesse, au milieu de ses domaines. Et il me fit riche, et il me donna à gouverner un peuple, aux confins de la Phthiè, et je commandai aux Dolopiens. Et je t'ai aimé de même dans mon cœur, ô Akhilleus égal aux Dieux. Et tu ne voulais t'asseoir aux repas et manger dans tes demeures qu'assis sur mes genoux, et rejetant parfois le vin et les mets dont tu étais rassasié, sur ma poitrine et ma tunique, comme font les petits enfants. Et j'ai beaucoup souffert et beaucoup travaillé pour toi, pensant que, si les Dieux m'avaient refusé une postérité, je t'adopterais pour fils, ô Akhilleus semblable aux Dieux, afin que tu pusses un jour me défendre des outrages et de la mort. Ô Akhilleus, apaise ta grande âme, car il ne te convient pas d'avoir un cœur sans pitié. Les Dieux eux-mêmes sont exorables, bien qu'ils n'aient point d'égaux en vertu, en honneurs et en puissance ; et les hommes les fléchissent cependant par les prières, par les vœux, par les libations et par l'odeur des sacrifices, quand ils les ont offensés en leur désobéissant. Les prières, filles du grand Zeus, boiteuses, ridées et louches, suivent à grand'peine Atè. Et celle-ci, douée de force et de rapidité, les précède de très-loin et court sur la face de la terre en maltraitant les hommes. Et les Prières la suivent, en guérissant les maux qu'elle a faits, secourant et exauçant celui qui les vénère, elles qui sont filles de Zeus. Mais elles supplient Zeus Kroniôn de faire poursuivre et châtier par Atè celui qui les repousse et les renie. C'est pourquoi, ô Akhilleus, rends aux filles de Zeus l'honneur qui fléchit l'âme des plus braves. Si l'Atréide ne t'offrait point de présents, s'il ne t'en annonçait point d'autres encore, s'il gardait sa colère, je ne t'exhorterais point à déposer la tienne, et à secourir les Argiens qui, cependant, désespèrent du salut. Mais voici qu'il t'offre dès aujourd'hui de nombreux présents et qu'il t'en annonce d'autres encore, et qu'il t'envoie, en suppliants, les premiers chefs de l'armée Akhaienne, ceux qui te sont chers entre tous les Argiens. Ne méprise donc point leurs paroles, afin que nous ne blâmions point la colère que tu ressentais ; car nous avons appris que les anciens héros qu'une violente colère avait saisis se laissaient fléchir par des présents et par des paroles pacifiques. Je me souviens d'une histoire antique. Certes, elle n'est point récente. Amis, je vous la dirai. — les Kourètes combattaient les Aitôliens belliqueux, autour de la ville de Kalidôn ; et les Kourètes voulaient la saccager. Et Artémis au siége d'or avait attiré cette calamité sur les Aitôliens, irritée qu'elle était de ce qu'Oineus ne lui eût point offert de prémices dans ses grasses prairies. Tous les Dieux avaient joui de ses hécatombes ; mais, oublieux ou imprudent, il n'avait point sacrifié à la seule fille du grand Zeus, ce qui causa des maux amers ; car, dans sa colère, la Race divine qui se réjouit de ses flèches suscita un sanglier sauvage, aux blanches défenses, qui causa des maux innombrables, dévasta les champs d'Oineus et arracha de grands arbres, avec racines et fleurs.

Et le fils d'Oineus, Méléagros, tua ce sanglier, après avoir appelé, des villes prochaines, des hommes chasseurs et des chiens. Et cette bête sauvage ne fut point domptée par peu de chasseurs, et elle en fit monter plusieurs sur le bûcher. Mais Artémis excita la discorde et la guerre entre les Kourètes et les magnanimes Aitôliens, à cause de la hure du sanglier et de sa dépouille hérissée. Aussi longtemps que Méléagros cher à Arès combattit, les Kourètes, vaincus, ne purent rester hors de leurs murailles ; mais la colère, qui trouble l'esprit des plus sages, envahit l'âme de Méléagros, et irrité dans son cœur contre sa mère Althaiè, il resta inactif auprès de sa femme légitime, la belle Kléopatrè, fille de la vierge Marpissè Événide et d'Idaios, le plus brave des hommes qui fussent alors sur la terre. Et celui-ci avait tendu son arc contre le roi Phoibos Apollôn, à cause de la belle nymphe Marpissè. Et le père et la mère vénérable de Kléopatrè l'avaient surnommée Alkyonè, parce que la mère d'Alkyôn avait gémi amèrement quand l'Archer Phoibos Apollôn la ravit. Et Méléagros restait auprès de Kléopatrè, couvant une ardente colère dans son cœur, à cause des imprécations de sa mère qui suppliait en gémissant les Dieux de venger le meurtre fraternel. Et, les genoux ployés, le sein baigné de pleurs, frappant de ses mains la terre nourricière, elle conjurait Aidès et la cruelle Perséphonéia de donner la mort à son fils Méléagros. Et Érinnys à l'âme implacable, qui erre dans la nuit, l'entendit du fond de l'Érébos. Et les Kourètes se ruèrent, en fureur et en tumulte, contre les portes de la ville, et ils heurtaient les tours. Et les vieillards Aitôliens supplièrent Méléagros ; et ils lui envoyèrent les sacrés sacrificateurs des Dieux, afin qu'il sortît et secourût les siens. Et ils lui offrirent un très-riche présent, lui disant de choisir le plus fertile et le plus beau domaine de l'heureuse Kalydôn, vaste de cinquante arpents, moitié en vignes, moitié en terres arables. Et le vieux cavalier Oineus le suppliait, debout sur le seuil élevé de la chambre nuptiale et frappant les portes massives. Et ses sœurs et sa mère vénérable le suppliaient aussi ; mais il ne les écoutait point, non plus que ses plus chers compagnons, et ils ne pouvaient apaiser son cœur. Mais déjà les Kourètes escaladaient les tours, incendiaient la Ville et approchaient de la chambre nuptiale. Alors, la belle jeune femme le supplia à son tour, et elle lui rappela les calamités qui accablent les habitants d'une ville prise d'assaut : les hommes tués, les demeures réduites en cendre, les enfants et les jeunes femmes emmenés. Et enfin son âme fut ébranlée au tableau de ces misères. Et il se leva, revêtit ses armes éclatantes, et recula le dernier jour des Aitôliens, car il avait déposé sa colère. Et ils ne lui firent point de nombreux et riches présents, et cependant il les sauva ainsi. Mais ne songe point à ces choses, ami, et qu'un Dieu contraire ne te détermine point à faire de même. Il serait plus honteux pour toi de ne secourir les nefs que lorsqu'elles seront en flammes. Viens ! reçois ces présents, et les Akhaiens t'honoreront comme un Dieu. Si tu combattais plus tard, sans accepter ces dons, tu serais moins honoré, même si tu repoussais le danger loin des nefs.

Et Akhilleus aux pieds rapides lui répondit :
— Ô Phoinix, père divin et vénérable, je n'ai nul besoin d'honneurs. Je suis assez honoré par la volonté de Zeus qui me retient auprès de mes nefs aux poupes recourbées, et je le serai tant qu'il y aura un souffle dans ma poitrine et que mes genoux pourront se mouvoir. Mais je te le dis, garde mes paroles dans ton esprit : Ne trouble point mon cœur, en pleurant et en gémissant, à cause du héros Atréide, car il ne te convient point de l'aimer, à moins de me devenir odieux, à moi qui t'aime. Il est juste que tu haïsses celui qui me hait. Règne avec moi et défends ta part de mon honneur. Ceux-ci vont partir, et tu resteras ici, couché sur un lit moelleux ; et, aux premières lueurs d'Éôs, nous délibérerons s'il nous faut retourner vers notre patrie, ou rester.

Il parla, et, de ses sourcils, il fit signe à Patroklos, afin que celui-ci préparât le lit épais de Phoinix et que les envoyés sortissent promptement de la tente. Mais le Télamônien Aias, semblable à un Dieu, parla ainsi :
— Divin Laertiade, très-subtil Odysseus, allons-nous-en ! Ces discours n'auront point de fin, et il nous faut rapporter promptement une réponse, bien que mauvaise, aux Danaens qui nous attendent. Akhilleus garde une colère orgueilleuse dans son cœur implacable. Dur, il se soucie peu de l'amitié de ses compagnons qui l'honorent entre tous auprès des nefs. Ô inexorable ! n'accepte-t-on point le prix du meurtre d'un frère ou d'un fils ? Et celui qui a tué reste au milieu de son peuple, dès qu'il a expié son crime, et son ennemi, satisfait, s'apaise. Les Dieux ont allumé dans ta poitrine une sombre et inextinguible colère, à cause d'une seule jeune fille, quand nous t'en offrons sept très-belles et un grand nombre d'autres présents. C'est pourquoi, prends un esprit plus doux, et respecte ta demeure, puisque nous sommes tes hôtes domestiques envoyés par la foule des Danaens, et que nous désirons être les plus chers de tes amis, entre tous les Akhaiens.

Et Akhilleus aux pieds rapides lui répondit :
— Divin Aias Télamônien, prince des peuples, ce que tu as dit est sage, mais mon cœur se gonfle de colère quand je songe à l'Atréide qui m'a outragé au milieu des Danaens, comme il eût fait d'un misérable. Allez donc, et rapportez votre message. Je ne me soucierai plus de la guerre sanglante avant que le divin Hektôr, le fils du brave Priamos, ne soit parvenu jusqu'aux tentes et aux nefs des Myrmidones, après avoir massacré les Argiens et incendié leurs nefs. C'est devant ma tente et ma nef noire que je repousserai le furieux Hektôr loin de la mêlée.

Il parla ainsi. Et chacun, ayant saisi une coupe profonde, fit ses libations, et ils s'en retournèrent vers les nefs, et Odysseus les conduisait.

Et Patroklos commanda à ses compagnons et aux servantes de préparer promptement le lit épais de Phoinix. Et, lui obéissant, elles préparèrent le lit, comme il l'avait commandé. Et elles le firent de peaux de brebis, de couvertures et de fins tissus de lin. Et le vieillard se coucha, en attendant la divine Éôs. Et Akhilleus se coucha dans le fond de la tente bien construite, et, auprès de lui, se coucha une femme qu'il avait amenée de Lesbos, la fille de Phorbas, Diomèda aux belles joues. Et Patroklos se coucha dans une autre partie de la tente, et, auprès de lui, se coucha la belle Iphis que lui avait donnée le divin Akhilleus quand il prit la haute Skyros, citadelle d'Ényeus.

Et, les Envoyés étant arrivés aux tentes de l'Atréide, les fils des Akhaiens, leur offrant des coupes d'or, s'empressèrent autour d'eux, et ils les interrogeaient. Et, le premier, le roi des hommes, Agamemnôn, les interrogea ainsi :

— Dis-moi, Odysseus, très-digne de louanges, illustre gloire des Akhaiens, veut-il défendre les nefs de la flamme ardente, ou refuse-t-il, ayant gardé sa colère dans son cœur orgueilleux ?

Et le patient et divin Odysseus lui répondit :

— Très-illustre Atréide Agamemnôn, roi des hommes, il ne veut point éteindre sa colère, et il n'est que plus irrité. Il refuse tes dons. Il te conseille de délibérer avec les autres Argiens comment tu sauveras les nefs et l'armée des Akhaiens. Il menace, dès les premières lueurs d'Éôs, de traîner à la mer ses nefs solides ; et il exhorte les autres Argiens à retourner vers leur patrie, car il dit que vous ne verrez jamais le dernier jour de la haute Ilios, et que Zeus qui tonne puissamment la protège de ses mains et a rempli son peuple d'une grande audace. Il a parlé ainsi, et ceux qui m'ont suivi, Aias et les deux hérauts pleins de prudence peuvent l'affirmer. Et le vieillard Phoinix s'est couché sous sa tente, et il l'emmènera demain sur ses nefs vers leur chère patrie, s'il le désire, car il ne veut point le contraindre.

Il parla ainsi, et tous restèrent muets, accablés de ce discours et de ces dures paroles. Et les fils des Akhaiens restèrent longtemps muets et tristes. Enfin, Diomèdès hardi au combat parla ainsi :

— Très-illustre roi des hommes, Atréide Agamemnôn, plût aux Dieux que tu n'eusses point supplié l'irréprochable Pèléide, en lui offrant des dons infinis ! Il avait un cœur orgueilleux, et tu as enflé son orgueil. Laissons-le ; qu'il parte ou qu'il reste. Il combattra de nouveau quand il lui plaira et qu'un Dieu l'y poussera. Allons ! faites tous ce que je vais dire. Reposons-nous, puisque nous avons ranimé notre âme en buvant et en mangeant, ce qui donne la force et le courage. Mais aussitôt que la belle Éôs aux doigts rosés paraîtra, rangeons l'armée et les chars devant les nefs. Alors, Atréide, exhorte les hommes au combat, et combats toi-même aux premiers rangs.

Il parla ainsi, et tous les Rois applaudirent, admirant les paroles de l'habile cavalier Diomèdès. Et après avoir fait des libations, ils se retirèrent sous leurs tentes, où ils se couchèrent et s'endormirent.

RHAPSODIE X.

Les chefs des Panakhaiens dormaient dans la nuit, auprès des nefs, domptés par le sommeil ; mais le doux sommeil ne saisissait point l'Atréide Agamemnôn, prince des peuples, et il roulait beaucoup de pensées dans son esprit.

De même que l'Époux de Hèrè lance la foudre, ce grand bruit précurseur des batailles amères, ou de la pluie abondante, ou de la grêle pressée, ou de la neige qui blanchit les campagnes ; de même Agamemnôn poussait de nombreux soupirs du fond de sa poitrine, et tout son cœur tremblait quand il contemplait le camp des Troiens et la multitude des feux qui brûlaient devant Ilios, et qu'il entendait le son des flûtes et la rumeur des hommes. Et il regardait ensuite l'armée des Akhaiens, et il arrachait ses cheveux qu'il vouait à l'éternel Zeus, et il gémissait dans son cœur magnanime.

Et il vit que le mieux était de se rendre auprès du Nèlèiôn Nestôr pour délibérer sur le moyen de sauver ses guerriers et de trouver un remède aux maux qui accablaient tous les Danaens. Et, s'étant levé, il revêtit une tunique, attacha de belles sandales à ses pieds robustes, s'enveloppa de la peau rude d'un lion grand et fauve, et saisit une lance.

Et voici que la même terreur envahissait Ménélaos. Le sommeil n'avait point fermé ses paupières, et il tremblait en songeant aux souffrances des Argiens qui, pour sa cause ayant traversé la vaste mer, étaient venus devant Troiè, pleins d'ardeur belliqueuse. Et il couvrit son large dos de la peau tachetée d'un léopard, posa un casque d'airain sur sa tête, saisit une lance de sa main robuste et sortit pour éveiller son frère qui commandait à tous les Argiens, et qu'ils honoraient comme un Dieu. Et il le rencontra, revêtu de ses belles armes, auprès de la poupe de sa nef ; et Agamemnôn fut joyeux de le voir, et le brave Ménélaos parla ainsi le premier :

— Pourquoi t'armes-tu, frère ? Veux-tu envoyer un de nos compagnons épier les Troiens ? Je crains qu'aucun de ceux qui te le promettront n'ose, seul dans la nuit divine, épier les guerriers ennemis. Celui qui le fera, certes, sera plein d'audace.

Et le roi Agamemnôn, lui répondant, parla ainsi :

— Il nous faut à tous deux un sage conseil, ô Ménélaos, nourrisson de Zeus, qui nous aide à sauver les Argiens et les nefs, puisque l'esprit de Zeus nous est contraire, et qu'il se complaît aux sacrifices de Hektôr beaucoup plus qu'aux nôtres ; car je n'ai jamais ni vu, ni entendu dire qu'un seul homme ait accompli, en un jour, autant de rudes travaux que Hektôr cher à Zeus contre les fils des Akhaiens, bien qu'il ne soit né ni d'une Déesse ni d'un Dieu. Et je pense que les Argiens se souviendront amèrement et longtemps de tous les maux qu'il leur a faits. Mais, va ! Cours vers les nefs ; appelle Aias et Idoméneus. Moi, je vais trouver le divin Nestôr, afin qu'il se lève et vienne vers la troupe sacrée des gardes, et qu'il leur commande. Ils l'écouteront avec plus de respect que d'autres, car son fils est à leur tête, avec Mèrionès, le compagnon d'Idoméneus. C'est à eux que nous avons donné le commandement des gardes.

Et le brave Ménélaos lui répondit :

— Comment faut-il obéir à ton ordre ? Resterai-je au milieu d'eux, en t'attendant, ou reviendrai-je promptement vers toi, après les avoir avertis ?

Et le Roi des hommes, Agamemnôn, lui répondit :

— Reste, afin que nous ne nous égarions point tous deux en venant au hasard au-devant l'un de l'autre, car le camp a de nombreuses routes. Parle à voix haute sur ton chemin et recommande la vigilance. Adjure chaque guerrier au nom de ses pères et de ses descendants ; donne des louanges à tous, et ne montre point un esprit orgueilleux. Il faut que nous agissions ainsi par nous-mêmes, car, dès le berceau, Zeus nous a infligé cette lourde tâche.

Ayant ainsi parlé, il congédia son frère, après lui avoir donné de sages avis, et il se rendit auprès de Nestôr, prince des peuples. Et il le trouva sous sa tente, non loin de sa nef noire, couché sur un lit épais. Et autour de lui étaient répandues ses armes aux reflets variés, le bouclier, les deux lances, et le casque étincelant, et le riche ceinturon que ceignait le vieillard quand il s'armait pour la guerre terrible, à la tête des siens ; car il ne se laissait point accabler par la triste vieillesse. Et, s'étant soulevé, la tête appuyée sur le bras, il parla ainsi à l'Atréide :

— Qui es-tu, qui viens seul vers les nefs, à travers le camp, au milieu de la nuit noire, quand tous les hommes mortels sont endormis ? Cherches-tu quelque garde ou quelqu'un de tes compagnons ? Parle, ne reste pas muet en m'approchant. Que te faut-il ?

Et le Roi des hommes, Agamemnôn, lui répondit :

— Ô Nestôr Nèlèiade, illustre gloire des Akhaiens, reconnais l'Atréide Agamemnôn, celui que Zeus accable entre tous de travaux infinis, jusqu'à ce que le souffle manque à ma poitrine et que mes genoux cessent de se mouvoir. J'erre ainsi, parce que le doux sommeil n'abaisse point mes paupières, et que la guerre et la ruine des Akhaiens me rongent de soucis. Je tremble pour les Danaens, et je suis troublé, et mon cœur n'est plus ferme, et il bondit hors de mon sein, et mes membres illustres frémissent. Si tu sais ce qu'il faut entreprendre, et puisque tu ne dors pas, viens ; rendons-nous auprès des gardes, et sachons si, rompus de fatigue, ils dorment et oublient de veiller. Les guerriers ennemis ne sont pas éloignés, et nous ne savons s'ils ne méditent point de combattre cette nuit.

Et le cavalier Gérennien Nestôr lui répondit :

— Atréide Agamemnôn, très-illustre roi des hommes, le prudent Zeus n'accordera peut-être pas à Hektôr tout ce qu'il espère ; et je pense qu'il ressentira à son tour de cruelles douleurs si Akhilleus arrache de son cœur sa colère fatale. Mais je te suivrai volontiers, et nous appellerons les autres chefs : le Tydéide illustre par sa lance, et Odysseus, et l'agile Aias, et le robuste fils de Phyleus, et le divin Aias aussi, et le roi Idoméneus. Les nefs de ceux-ci sont très-éloignées. Cependant, je blâme hautement Ménélaos, bien que je l'aime et le vénère, et même quand tu t'en irriterais contre moi. Pourquoi dort-il et te laisse-t-il agir seul ? Il devrait lui-même exciter tous les chefs, car une inexorable nécessité nous assiége.

Et le Roi des hommes, Agamemnôn, lui répondit :

— Ô vieillard, je t'ai parfois poussé à le blâmer, car il est souvent négligent et ne veut point agir, non qu'il manque d'intelligence ou d'activité, mais parce qu'il me regarde et attend que je lui donne l'exemple. Mais voici qu'il s'est levé avant moi et qu'il m'a rencontré. Et je l'ai envoyé appeler ceux que tu nommes. Allons ! nous les trouverons devant les portes, au milieu des gardes ; car c'est là que j'ai ordonné qu'ils se réunissent.

Et le cavalier Gérennien Nestôr lui répondit :

— Nul d'entre les Argiens ne s'irritera contre lui et ne résistera à ses exhortations et à ses ordres.

Ayant ainsi parlé, il se couvrit la poitrine d'une tunique, attacha de belles sandales à ses pieds robustes, agrafa un manteau fait d'une double laine pourprée, saisit une forte lance à pointe d'airain et s'avança vers les nefs des Akhaiens cuirassés. Et le cavalier Gérennien Nestôr, parlant à haute voix, éveilla Odysseus égal à Zeus en prudence ; et celui-ci, aussitôt qu'il eut entendu, sortit de sa tente et leur dit :

— Pourquoi errez-vous seuls auprès des nefs, à travers le camp, au milieu de la nuit divine ? Quelle nécessité si grande vous y oblige ?

Et le cavalier Gérennien Nestôr lui répondit :

— Laertiade, issu de Zeus, subtil Odysseus, ne t'irrite pas. Une profonde inquiétude trouble les Akhaiens. Suis-nous donc et éveillons chaque chef, afin de délibérer s'il faut fuir ou combattre.

Il parla ainsi, et le subtil Odysseus, étant rentré sous sa tente, jeta un bouclier éclatant sur ses épaules et revint à eux. Et ils se rendirent auprès du Tydéide Diomèdès, et ils le virent hors de sa tente avec ses armes. Et ses compagnons dormaient autour, le bouclier sous la tête. Leurs lances étaient plantées droites, et l'airain brillait comme l'éclair de Zeus. Et le héros dormait aussi, couché sur la peau d'un bœuf sauvage, un tapis splendide sous la tête. Et le cavalier Gérennien Nestôr, s'approchant, le poussa du pied et lui parla rudement :

— Lève-toi, fils de Tydeus ! Pourquoi dors-tu pendant cette nuit ? N'entends-tu pas les Troiens, dans leur camp, sur la hauteur, non loin des nefs ? Peu d'espace nous sépare d'eux.

Il parla ainsi, et Diomèdès, sortant aussitôt de son repos, lui répondit par ces paroles ailées :

— Tu ne te ménages pas assez, vieillard. Les jeunes fils des Akhaiens ne peuvent-ils aller de tous côtés dans le camp éveiller chacun des Rois ? Vieillard, tu es infatigable, en vérité.

Et le cavalier Gérennien Nestôr lui répondit :

— Certes, ami, tout ce que tu as dit est très-sage. J'ai des guerriers nombreux et des fils irréprochables. Un d'entre eux aurait pu parcourir le camp. Mais une dure nécessité assiége les Akhaiens ; la vie ou la mort des Argiens est sur le tranchant de l'épée. Viens donc, et, si tu me plains, car tu es plus jeune que moi, éveille l'agile Aias et le fils de Phyleus.

Il parla ainsi et Diomèdès, se couvrant les épaules de la peau d'un grand lion fauve, prit une lance, courut éveiller les deux Rois et les amena. Et bientôt ils arrivèrent tous au milieu des gardes, dont les chefs ne dormaient point et veillaient en armes, avec vigilance. Comme des chiens qui gardent activement des brebis dans l'étable, et qui, entendant une bête féroce sortie des bois sur les montagnes, hurlent contre elle au milieu des cris des pâtres ; de même veillaient les gardes, et le doux sommeil n'abaissait point leurs paupières pendant cette triste nuit ; mais ils étaient tournés du côté de la plaine, écoutant si les Troiens s'avançaient. Et le vieillard Nestôr, les ayant vus, en fut réjoui ; et, les félicitant, il leur dit en paroles ailées :

— C'est ainsi, chers enfants, qu'il faut veiller. Que le sommeil ne saisisse aucun d'entre vous, de peur que nous ne soyons le jouet de l'ennemi.

Ayant ainsi parlé, il passa le fossé, et les rois Argiens convoqués au conseil le suivirent, et, avec eux, Mèrionès et l'illustre fils de Nestôr, appelés à délibérer aussi. Et, lorsqu'ils eurent passé le fossé, ils s'arrêtèrent en un lieu d'où l'on voyait le champ de bataille, là où le robuste Hektôr, ayant défait les Argiens, avait commencé sa retraite dès que la nuit eut répandu ses ténèbres. Et c'est là qu'ils délibéraient entre eux. Et le cavalier Gérennien Nestôr parla ainsi le premier :

— Ô amis, quelque guerrier, sûr de son cœur audacieux, veut-il aller au milieu des Troiens magnanimes ? Peut-être se saisirait-il d'un ennemi sorti de son camp, ou entendrait-il les Troiens qui délibèrent entre eux, soit qu'ils veuillent rester loin des nefs, soit qu'ils ne veuillent retourner dans leur ville, qu'ayant dompté les Akhaiens. Il apprendrait tout et reviendrait vers nous, sans blessure, et il aurait une grande gloire sous l'Ouranos, parmi les hommes, ainsi qu'une noble récompense. Les chefs qui commandent sur nos nefs, tous, tant qu'ils sont, lui donneraient, chacun, une brebis noire allaitant un agneau, et ce don serait sans égal ; et toujours il serait admis à nos repas et à nos fêtes.

Il parla ainsi, et tous restèrent muets, mais le brave Diomèdès répondit :

— Nestôr, mon cœur et mon esprit courageux me poussent à entrer dans le camp prochain des guerriers ennemis ; mais, si quelque héros veut me suivre, mon espoir sera plus grand et ma confiance sera plus ferme. Quand deux hommes marchent ensemble, l'un conçoit avant l'autre ce qui est utile. Ce n'est pas qu'un seul ne le puisse, mais son esprit est plus lent et sa résolution est moindre.

Il parla ainsi, et beaucoup voulurent le suivre : les deux Aias, nourrissons d'Arès, et le fils de Nestôr, et Mèrionès, et l'Atréide Ménélaos illustre par sa lance. L'audacieux Odysseus voulut aussi pénétrer dans le camp des Troiens. Et le roi des hommes, Agamemnôn, parla ainsi au milieu d'eux :

— Tydéide Diomèdès, le plus cher à mon âme, choisis, dans le meilleur de ces héros, le compagnon que tu voudras, puisque tous s'offrent à toi ; mais ne néglige point, par respect, le plus robuste pour un plus faible, même s'il était un roi plus puissant.

Il parla ainsi, et il craignait pour le blond Ménélaos mais le brave Diomèdès répondit :

— Puisque tu m'ordonnes de choisir moi-même un compagnon, comment pourrais-je oublier le divin Odysseus qui montre dans tous les travaux un cœur irréprochable et un esprit viril, et qui est aimé de Pallas-Athènè ? S'il m'accompagne, nous reviendrons tous deux du milieu des flammes, car il est plein d'intelligence.

Et le patient et divin Odysseus lui répondit :

— Tydéide Diomèdès, ne me loue ni ne me blâme outre mesure. Tu parles au milieu des Argiens qui me connaissent. Allons ! la nuit passe ; déjà l'aube est proche ; les étoiles s'inclinent. Les deux premières parties de la nuit se sont écoulées, et la troisième seule nous reste.

Ayant ainsi parlé, ils se couvrirent de leurs lourdes armes. Thrasymèdès, ferme au combat, donna au Tydéide une épée à deux tranchants, car la sienne était restée sur les nefs, et un bouclier. Et Diomèdès mit sur sa tête un casque fait d'une peau de taureau, terne et sans crinière, tel qu'en portaient les plus jeunes guerriers. Et Mèrionès donna à Odysseus un arc, un carquois et une épée. Et le Laertiade mit sur sa tête un casque fait de peau, fortement lié, en dedans, de courroies, que les dents blanches d'un sanglier hérissaient de toutes parts au dehors, et couvert de poils au milieu. Autolykos avait autrefois enlevé ce casque dans Éléôn, quand il força la solide demeure d'Amyntôr Orménide ; et il le donna, dans Skandéia, au Kythérien Amphidamas ; et Amphidamas le donna à son hôte Molos, et Molos à son fils Mèrionès. Maintenant Odysseus le mit sur sa tête.

Et après avoir revêtu leurs armes, les deux guerriers partirent, quittant les autres chefs. Et Pallas-Athènè envoya, au bord de la route, un héron propice, qu'ils ne virent point dans la nuit obscure, mais qu'ils entendirent crier. Et Odysseus, tout joyeux, pria Athènè :

— Entends-moi, fille de Zeus tempétueux, toi qui viens à mon aide dans tous mes travaux, et à qui je ne cache rien de tout ce que je fais. À cette heure, sois-moi favorable encore, Athènè ! Accorde-nous de revenir vers nos nefs illustres, ayant accompli une grande action qui soit amère aux Troiens.

Et le brave Diomèdès la pria aussi :

— Entends-moi, fille indomptée de Zeus ! Protège-moi maintenant, comme tu protégeas le divin Tydeus, mon père, dans Thèbè, où il fut envoyé par les Akhaiens. Il laissa les Akhaiens cuirassés sur les bords de l'Asôpos ; et il portait une parole pacifique aux Kadméiens ; mais, au retour, il accomplit des actions mémorables, avec ton aide, Déesse, qui le protégeais ! Maintenant, sois-moi favorable aussi, et je te sacrifierai une génisse d'un an, au large front, indomptée, car elle n'aura jamais été soumise au joug. Et je te la sacrifierai, en répandant de l'or sur ses cornes.

Ils parlèrent ainsi en priant, et Pallas-Athènè les entendit. Et, après qu'ils eurent prié la fille du grand Zeus, ils s'avancèrent comme deux lions, à travers la nuit épaisse et le carnage et les cadavres et les armes et le sang noir.

Mais Hektôr aussi n'avait point permis aux Troiens magnanimes de dormir ; et il avait convoqué les plus illustres des chefs et des princes, et il délibérait prudemment avec eux :

— Qui d'entre vous méritera une grande récompense, en me promettant d'accomplir ce que je désire ? Cette récompense sera suffisante. Je lui donnerai un char et deux chevaux au beau col, les meilleurs entre tous ceux qui sont auprès des nefs rapides des Akhaiens. Il remporterait une grande gloire celui qui oserait approcher des nefs rapides, et reconnaître si les Argiens veillent toujours devant les nefs, ou si, domptés par nos mains, ils se préparent à fuir et ne veulent plus même veiller pendant la nuit, accablés par la fatigue.

Il parla ainsi, et tous restèrent muets. Et il y avait, parmi les Troiens, Dolôn, fils d'Eumèdos, divin héraut, riche en or et en airain. Dolôn n'était point beau, mais il avait des pieds agiles ; et c'était un fils unique avec cinq sœurs. Il se leva, et il dit à Hektôr et aux Troiens :

— Hektôr, mon cœur et mon esprit courageux me poussent à aller vers les nefs rapides, à la découverte ; mais lève ton sceptre et jure que tu me donneras les chevaux et le char orné d'airain qui portent l'irréprochable Pèléiôn. Je ne te serai point un espion inhabile et au-dessous de ton attente. J'irai de tous côtés dans le camp, et je parviendrai jusqu'à la nef d'Agamemnôn, où, sans doute, les premiers d'entre les rois délibèrent s'il faut fuir ou combattre.

Il parla ainsi, et le Priamide saisit son sceptre et fit ce serment :

— Que l'Époux de Hèrè, Zeus au grand bruit, le sache : nul autre guerrier Troien ne sera jamais traîné par ces chevaux, car ils n'illustreront que toi seul, selon ma promesse.

Il parla ainsi, jurant un vain serment, et il excita Dolôn. Et celui-ci jeta aussitôt sur ses épaules un arc recourbé, se couvrit de la peau d'un loup blanc, mit sur sa tête un casque de peau de belette, et prit une lance aiguë. Et il s'avança vers les nefs, hors du camp ; mais il ne devait point revenir des nefs rendre compte à Hektôr de son message. Lorsqu'il eut dépassé la foule des hommes et des chevaux, il courut rapidement. Et le divin Odysseus le vit arriver et dit à Diomèdès :

— Ô Diomèdès, cet homme vient du camp ennemi. Je ne sais s'il veut espionner nos nefs, ou dépouiller quelque cadavre parmi les morts. Laissons-le nous dépasser un peu dans la plaine, et nous le poursuivrons, et nous le prendrons aussitôt. S'il court plus rapidement que nous, pousse-le vers les nefs, loin de son camp, en le menaçant de ta lance, afin qu'il ne se réfugie point dans la Ville.

Ayant ainsi parlé, ils se cachèrent hors du chemin parmi les cadavres, et le Troien les dépassa promptement dans son imprudence. Et il s'était à peine éloigné de la longueur d'un sillon que tracent deux mules, qui valent mieux que les bœufs pour tracer un sillon dans une terre dure, que les deux guerriers le suivirent. Et il les entendit, et il s'arrêta inquiet. Et il pensait dans son esprit que ses compagnons accouraient pour le rappeler par l'ordre de Hektôr ; mais à une portée de trait environ, il reconnut des guerriers ennemis, et agitant ses jambes rapides, il prit la fuite, et les deux Argiens le poussaient avec autant de hâte.

Ainsi que deux bons chiens de chasse, aux dents aiguës, poursuivent de près, dans un bois, un faon ou un lièvre qui les devance en criant, ainsi le Tydéide et Odysseus, le destructeur de citadelles, poursuivaient ardemment le Troien, en le rejetant loin de son camp. Et, comme il allait bientôt se mêler aux gardes en fuyant vers les nefs, Athènè donna une plus grande force au Tydéide, afin qu'il ne frappât point le second coup, et qu'un des Akhaiens cuirassés ne pût se glorifier d'avoir fait la première blessure. Et le robuste Diomèdès, agitant sa lance, parla ainsi :

— Arrête, ou je te frapperai de ma lance, et je ne pense pas que tu évites longtemps de recevoir la dure mort de ma main.

Il parla ainsi et fit partir sa lance qui ne perça point le Troien ; mais la pointe du trait effleura seulement l'épaule droite et s'enfonça en terre. Et Dolôn s'arrêta plein de crainte, épouvanté, tremblant, pâle, et ses dents claquaient.

Et les deux guerriers, haletants, lui saisirent les mains, et il leur dit en pleurant :

— Prenez-moi vivant. Je me rachèterai. J'ai dans mes demeures de l'or et du fer propre à être travaillé. Pour mon affranchissement, mon père vous en donnera la plus grande part, s'il apprend que je suis vivant sur les nefs des Akhaiens.

Et le subtil Odysseus lui répondit : — Prends courage, et que la mort ne soit pas présente à ton esprit ; mais dis-moi la vérité. Pourquoi viens-tu seul, de ton camp, vers les nefs, par la nuit obscure, quand tous les hommes mortels sont endormis ? Serait-ce pour dépouiller les cadavres parmi les morts, ou Hektôr t'a-t-il envoyé observer ce qui se passe auprès des nefs creuses, ou viens-tu de ton propre mouvement ?

Et Dolôn, dont les membres tremblaient, leur répondit :

— Hektôr, contre ma volonté, m'a poussé à ma ruine. Ayant promis de me donner les chevaux aux sabots massifs de l'illustre Pèléiôn et son char orné d'airain, il m'a ordonné d'aller et de m'approcher, pendant la nuit obscure et rapide, des guerriers ennemis, et de voir s'ils gardent toujours leurs nefs rapides, ou si, domptés par nos mains, vous délibérez, prêts à fuir, et ne pouvant même plus veiller, étant rompus de fatigue.

Et le subtil Odysseus, en souriant, lui répondit :

— Certes, tu espérais, dans ton esprit, une grande récompense, en désirant les chevaux du brave Aiakide, car ils ne peuvent être domptés et conduits par des guerriers mortels, sauf par Akhilleus qu'une mère immortelle a enfanté. Mais dis-moi la vérité. Où as-tu laissé Hektôr, prince des peuples ? Où sont ses armes belliqueuses et ses chevaux ? Où sont les sentinelles et les tentes des autres Troiens ? Dis-nous s'ils délibèrent entre eux, soit qu'ils aient dessein de rester où ils sont, loin des nefs, soit qu'ils désirent ne rentrer dans la ville qu'après avoir dompté les Akhaiens.

Et Dolôn, fils d'Eumèdos, lui répondit :

— Je te dirai toute la vérité. Hektôr, dans le conseil, délibère auprès du tombeau du divin Ilos, loin du bruit. Il n'y a point de gardes autour du camp, car tous les Troiens veillent devant leurs feux, pressés par la nécessité et s'excitant les uns les autres ; mais les Alliés, venus de diverses contrées, dorment tous, se fiant à la vigilance des Troiens, et n'ayant avec eux ni leurs enfants, ni leurs femmes.

Et le subtil Odysseus lui dit :

— Sont-ils mêlés aux braves Troiens, ou dorment-ils à l'écart ? Parle clairement, afin que je comprenne.

Et Dolôn, fils d'Eumèdos, lui répondit :

— Je te dirai toute la vérité. Auprès de la mer sont les Kariens, les Paiones aux arcs recourbés, les Léléges, les Kaukônes et les divins Pélasges ; du côté de Thymbrè sont les Lykiens, les Mysiens orgueilleux, les cavaliers Phrygiens et les Maiones qui combattent sur des chars. Mais pourquoi me demandez-vous ces choses ? Si vous désirez entrer dans le camp des Troiens, les Thrèkiens récemment arrivés sont à l'écart, aux extrémités du camp, et leur roi, Rhèsos Eionéide, est avec eux. J'ai vu ses grands et magnifiques chevaux. Ils sont plus blancs que la neige, et semblables aux vents quand ils courent. Et j'ai vu son char orné d'or et d'argent, et ses grandes armes d'or, admirables aux yeux, et qui conviennent moins à des hommes mortels qu'aux Dieux qui vivent toujours. Maintenant, conduisez-moi vers vos nefs rapides, ou, m'attachant avec des liens solides, laissez-moi ici jusqu'à votre retour, quand vous aurez reconnu si j'ai dit la vérité ou si j'ai menti.

Et le robuste Diomèdès, le regardant d'un œil sombre, lui répondit :

— Dolôn, ne pense pas m'échapper, puisque tu es tombé entre nos mains, bien que tes paroles soient bonnes. Si nous acceptons le prix de ton affranchissement, et si nous te renvoyons, certes, tu reviendras auprès des nefs rapides des Akhaiens, pour espionner ou combattre ; mais, si tu perds la vie, dompté par mes mains, tu ne nuiras jamais plus aux Argiens.

Il parla ainsi, et comme Dolôn le suppliait en lui touchant la barbe de la main, il le frappa brusquement de son épée au milieu de la gorge et trancha les deux muscles. Et le Troien parlait encore quand sa tête tomba dans la poussière. Et ils arrachèrent le casque de peau de belette, et la peau de loup, et l'arc flexible et la longue lance. Et le divin Odysseus, les soulevant vers le ciel, les voua, en priant, à la dévastatrice Athènè.

— Réjouis-toi de ces armes, Déesse ! Nous t'invoquons, toi qui es la première entre tous les Olympiens immortels. Conduis-nous où sont les guerriers Thrèkiens, leurs chevaux et leurs tentes.

Il parla ainsi, et, levant les bras, il posa ces armes sur un tamaris qu'il marqua d'un signe en nouant les roseaux et les larges branches, afin de les reconnaître au retour, dans la nuit noire.

Et ils marchèrent ensuite à travers les armes et la plaine sanglante, et ils parvinrent bientôt aux tentes des guerriers Thrèkiens. Et ceux-ci dormaient, rompus de fatigue ; et leurs belles armes étaient couchées à terre auprès d'eux, sur trois rangs. Et, auprès de chaque homme, il y avait deux chevaux. Et, au milieu, dormait Rhèsos, et, auprès de lui, ses chevaux rapides étaient attachés avec des courroies, derrière le char.

Et Odysseus le vit le premier, et il le montra à Diomèdès :

— Diomèdès, voici l'homme et les chevaux dont nous a parlé Dolôn que nous avons tué. Allons ! use de ta force et sers-toi de tes armes. Détache ces chevaux, ou je le ferai moi-même si tu préfères.

Il parla ainsi, et Athènè aux yeux clairs donna une grande force à Diomèdès. Et il tuait çà et là ; et ceux qu'il frappait de l'épée gémissaient, et la terre ruisselait de sang. Comme un lion, tombant au milieu de troupeaux sans gardiens, se rue sur les chèvres et les brebis ; ainsi le fils de Tydeus se rua sur les Thrèkiens, jusqu'à ce qu'il en eût tué douze. Et dès que le Tydéide avait frappé, Odysseus, qui le suivait, traînait à l'écart le cadavre par les pieds, pensant dans son esprit que les chevaux aux belles crinières passeraient plus librement, et ne s'effaroucheraient point, n'étant pas accoutumés à marcher sur les morts. Et, lorsque le fils de Tydeus s'approcha du roi, ce fut le treizième qu'il priva de sa chère âme. Et sur la tête de Rhèsos, qui râlait, un Songe fatal planait cette nuit-là, sous la forme de l'Oinéide, et par la volonté d'Athènè.

Cependant le patient Odysseus détacha les chevaux aux sabots massifs, et, les liant avec les courroies, il les conduisit hors du camp, les frappant de son arc, car il avait oublié de saisir le fouet étincelant resté dans le beau char. Et, alors, il siffla pour avertir le divin Diomèdès. Et celui-ci délibérait dans son esprit si, avec plus d'audace encore, il n'entraînerait point, par le timon, le char où étaient déposées les belles armes, ou s'il arracherait la vie à un plus grand nombre de Thrèkiens. Pendant qu'il délibérait ainsi dans son esprit, Athènè s'approcha et lui dit :

— Songe au retour, fils du magnanime Tydeus, de peur qu'un Dieu n'éveille les Troiens et que tu ne sois contraint de fuir vers les nefs creuses.

Elle parla ainsi, et il comprit les paroles de la Déesse, et il sauta sur les chevaux, et Odysseus les frappa de son arc, et ils volaient vers les nefs rapides des Akhaiens. Mais Apollôn à l'arc d'argent de ses yeux perçants vit Athènè auprès du fils de Tydeus. Irrité, il entra dans le camp des Troiens et réveilla le chef Thrèkien Hippokoôn, brave parent de Rhèsos. Et celui-là, se levant, vit déserte la place où étaient les chevaux rapides, et les hommes palpitant dans leur sang ; et il gémit, appelant son cher compagnon par son nom. Et une immense clameur s'éleva parmi les Troiens qui accouraient ; et ils s'étonnaient de cette action audacieuse, et que les hommes qui l'avaient accomplie fussent retournés sains et saufs vers les nefs creuses.

Et quand ceux-ci furent arrivés là où ils avaient tué l'espion de Hektôr, Odysseus, cher à Zeus, arrêta les chevaux rapides. Et le Tydéide, sautant à terre, remit aux mains d'Odysseus les dépouilles sanglantes, et remonta. Et ils excitèrent les chevaux qui volaient avec ardeur vers les nefs creuses. Et, le premier, Nestôr entendit leur bruit et dit :

— Ô amis, chefs et princes des Argiens, mentirai-je ou dirai-je vrai ? Mon cœur m'ordonne de parler. Le galop de chevaux rapides frappe mes oreilles. Plaise aux Dieux que, déjà, Odysseus et le robuste Diomèdès aient enlevé aux Troiens des chevaux aux sabots massifs ; mais je crains avec véhémence, dans mon esprit, que les plus braves des Argiens n'aient pu échapper à la foule des Troiens !

Il avait à peine parlé, et les deux Rois arrivèrent et descendirent. Et tous, pleins de joie, les saluèrent de la main, avec des paroles flatteuses. Et, le premier, le cavalier Gérennien Nestôr les interrogea :

— Dis-moi, Odysseus comblé de louanges, gloire des Akhaiens, comment avez-vous enlevé ces chevaux ? Est-ce en entrant dans le camp des Troiens, ou avez-vous rencontré un Dieu qui vous en ait fait don ? Ils sont semblables aux rayons de Hélios ! Je me mêle, certes, toujours aux Troiens, et je ne pense pas qu'on m'ait vu rester auprès des nefs, bien que je sois vieux ; mais je n'ai jamais vu de tels chevaux. Je soupçonne qu'un Dieu vous les a donnés, car Zeus qui amasse les nuées vous aime tous deux, et Athènè aux yeux clairs, fille de Zeus tempêtueux, vous aime aussi.

Et le subtil Odysseus lui répondit :

— Nestôr Nèlèiade, gloire des Akhaiens, sans doute un Dieu, s'il l'eût voulu, nous eût donné des chevaux même au-dessus de ceux-ci, car les Dieux peuvent tout. Mais ces chevaux, sur lesquels tu m'interroges, ô vieillard, sont Thrèkiens et arrivés récemment. Le hardi Diomèdès a tué leur Roi et douze des plus braves compagnons de celui-ci. Nous avons tué, non loin des nefs, un quatorzième guerrier, un espion que Hektôr et les illustres Troiens envoyaient dans notre camp.

Il parla ainsi, joyeux, et fit sauter le fossé aux chevaux. Et les autres chefs Argiens, joyeux aussi, vinrent jusqu'à la tente solide du Tydéide. Et ils attachèrent, avec de bonnes courroies, les étalons Thrèkiens à la crèche devant laquelle les rapides chevaux de Diomèdès se tenaient, broyant le doux froment. Et Odysseus posa les dépouilles sanglantes de Dolôn sur la poupe de sa nef, pour qu'elles fussent vouées à Athènè. Et tous deux, étant entrés dans la mer pour enlever leur sueur, lavèrent leurs jambes, leurs cuisses et leurs épaules. Et après que l'eau de la mer eut enlevé leur sueur et qu'ils se furent ranimés, ils entrèrent dans des baignoires polies. Et, s'étant parfumés d'une huile épaisse, ils s'assirent pour le repas du matin, puisant dans un plein kratère pour faire, en honneur d'Athènè, des libations de vin doux.

RHAPSODIE XI.

Éôs quitta le lit du brillant Tithôn, afin de porter la lumière aux Immortels et aux vivants. Et Zeus envoya Éris vers les nefs rapides des Akhaiens, portant dans ses mains le signe terrible de la guerre. Et elle s'arrêta sur la nef large et noire d'Odysseus, qui était au centre, pour que son cri fût entendu de tous côtés, depuis les tentes du Télamônien Aias jusqu'à celles d'Akhilleus ; car ceux-ci, confiants dans leur courage et la force de leurs mains, avaient placé leurs nefs égales aux deux extrémités du camp. De ce lieu, la Déesse poussa un cri retentissant et horrible qui souffla au cœur de chacun des Akhaiens un ardent désir de guerroyer et de combattre sans relâche. Et, aussitôt, la guerre leur fut plus douce que le retour, sur les nefs creuses, dans la terre bien-aimée de la patrie.

Et l'Atréide, élevant la voix, ordonna aux Argiens de s'armer ; et lui-même se couvrit de l'airain éclatant. Et, d'abord, il entoura ses jambes de belles knèmides retenues par des agrafes d'argent. Ensuite, il ceignit sa poitrine d'une cuirasse que lui avait autrefois donnée Kinyrès, son hôte. Kinyrès, ayant appris dans Kypros par la renommée que les Akhaiens voguaient vers Ilios sur leurs nefs, avait fait ce présent au Roi. Et cette cuirasse avait dix cannelures en émail noir, douze en or, vingt en étain. Et trois dragons azurés s'enroulaient jusqu'au col, semblables aux Iris que le Kroniôn fixa dans la nuée pour être un signe aux vivants.

Et il suspendit à ses épaules l'épée où étincelaient des clous d'or dans la gaîne d'argent soutenue par des courroies d'or. Il s'abrita tout entier sous un beau bouclier aux dix cercles d'airain et aux vingt bosses d'étain blanc, au milieu desquelles il y en avait une d'émail noir où s'enroulait Gorgô à l'aspect effrayant et aux regards horribles. Auprès étaient la Crainte et la Terreur. Et ce bouclier était suspendu à une courroie d'argent où s'enroulait un dragon azuré dont le col se terminait en trois têtes. Et il mit un casque chevelu orné de quatre cônes et d'aigrettes de crin qui s'agitaient terriblement. Et il prit deux lances solides aux pointes d'airain qui brillaient jusqu'à l'Ouranos. Et Athènaiè et Hèrè éveillèrent un grand bruit pour honorer le Roi de la riche Mykènè.

Et les chefs ordonnèrent aux conducteurs des chars de retenir les chevaux auprès du fossé, tandis qu'ils se ruaient couverts de leurs armes. Et une immense clameur s'éleva avant le jour. Et les chars et les chevaux, rangés auprès du fossé, suivaient à peu de distance les guerriers ; ceux-ci les précédèrent, et le cruel Kronide excita un grand tumulte et fit pleuvoir du haut de l'Aithèr des rosées teintes de sang, en signe qu'il allait précipiter chez Aidès une foule de têtes illustres.

De leur côté, les Troiens se rangeaient sur la hauteur autour du grand Hektôr, de l'irréprochable Polydamas, d'Ainéias qui, dans Ilios, était honoré comme un dieu par les Troiens, des trois Anténorides, Polybos, le divin Agènôr et le jeune Akamas, semblable aux Immortels.

Et, entre les premiers combattants, Hektôr portait son bouclier poli. De même qu'une étoile désastreuse s'éveille, brillante, et s'avance à travers les nuées obscures, de même Hektôr apparaissait en tête des premiers combattants, ou au milieu d'eux, et leur commandant à tous ; et il resplendissait, couvert d'airain, pareil à l'éclair du Père Zeus tempêtueux.

Et, comme deux troupes opposées de moissonneurs qui tranchent les gerbes dans le champ d'un homme riche, les Troiens et les Akhaiens s'entre-tuaient, se ruant les uns contre les autres, oublieux de la fuite funeste, inébranlables et tels que des loups.

Et la désastreuse Éris se réjouissait de les voir, car, seule de tous les Dieux, elle assistait au combat. Et les autres Immortels étaient absents, et chacun d'eux était assis, tranquille dans sa belle demeure, sur les sommets de l'Olympos. Et ils blâmaient le Kroniôn qui amasse les noires nuées, parce qu'il voulait donner une grande gloire aux Troiens. Mais le Père Zeus, assis à l'écart, ne s'inquiétait point d'eux. Et il siégeait, plein de gloire, regardant la ville des Troiens et les nefs des Akhaiens, et l'éclat de l'airain, et ceux qui reculaient, et ceux qui s'élançaient.

Tant que l'aube dura et que le jour sacré prit de la force, les traits sifflèrent des deux côtés et les hommes moururent ; mais, vers l'heure où le bûcheron prend son repas dans les gorges de la montagne, et que, les bras rompus d'avoir coupé les grands arbres, et le cœur défaillant, il ressent le désir d'une douce nourriture, les Danaens, s'exhortant les uns les autres, rompirent les phalanges. Et Agamemnôn bondit le premier et tua le guerrier Bianôr, prince des peuples, et son compagnon Oileus qui conduisait les chevaux. Et celui-ci, sautant du char, lui avait fait face. Et l'Atréide, comme il sautait, le frappa au front de la lance aiguë, et le casque épais ne résista point à l'airain qui y pénétra, brisa le crâne et traversa la cervelle du guerrier qui s'élançait. Et le roi des hommes, Agamemnôn, les abandonna tous deux en ce lieu, après avoir arraché leurs cuirasses étincelantes.

Puis, il s'avança pour tuer Isos et Antiphos, deux fils de Priamos, l'un bâtard et l'autre légitime, montés sur le même char. Et le bâtard tenait les rênes, et l'illustre Antiphos combattait. Akhilleus les avait autrefois saisis et liés avec des branches d'osier, sur les sommets de l'Ida, comme ils paissaient leurs brebis ; et il avait accepté le prix de leur affranchissement. Mais voici que l'Atréide Agamemnôn qui commandait au loin perça Isos d'un coup de lance au-dessus de la mamelle, et, frappant Antiphos de l'épée auprès de l'oreille, le renversa du char. Et, comme il leur arrachait leurs belles armes, il les reconnut, les ayant vus auprès des nefs, quand Akhilleus aux pieds rapides les y avait amenés des sommets de l'Ida.

Ainsi un lion brise aisément, dans son antre, les saisissant avec ses fortes dents, les faibles petits d'une biche légère, et arrache leur âme délicate. Et la biche accourt, mais elle ne peut les secourir, car une profonde terreur la saisit ; et elle s'élance à travers les fourrés de chênes des bois, effarée et suant d'épouvante devant la fureur de la puissante bête féroce. De même nul ne put conjurer la perte des Priamides, et tous fuyaient devant les Argiens.

Et le roi Agamemnôn saisit sur le même char Peisandros et le brave Hippolokhos, fils tous deux du belliqueux Antimakhos. Et celui-ci, ayant accepté l'or et les présents splendides d'Alexandros, n'avait pas permis que Hélénè fût rendue au brave Ménélaos. Et comme l'Atréide se ruait sur eux, tel qu'un lion, ils furent troublés ; et, les souples rênes étant tombées de leurs mains, leurs chevaux rapides les emportaient. Et, prosternés sur le char, ils suppliaient Agamemnôn :

— Prends-nous vivants, fils d'Atreus, et reçois le prix de notre affranchissement. De nombreuses richesses sont amassées dans les demeures d'Antimakhos, l'or, l'airain et le fer propre à être travaillé. Notre père t'en donnera la plus grande partie pour notre affranchissement, s'il apprend que nous sommes vivants sur les nefs des Akhaiens.

En pleurant, ils adressaient au Roi ces douces paroles, mais ils entendirent une dure réponse :

— Si vous êtes les fils du brave Antimakhos qui, autrefois, dans l'agora des Troiens, conseillait de tuer nos envoyés, Ménélaos et le divin Odysseus, et de ne point les laisser revenir vers les Akhaiens, maintenant vous allez payer l'injure de votre père.

Il parla ainsi, et, frappant de sa lance Peisandros à la poitrine, il le renversa dans la poussière, et, comme Hippolokhos sautait, il le tua à terre ; et, lui coupant les bras et le cou, il le fit rouler comme un tronc mort à travers la foule. Et il les abandonna pour se ruer sur les phalanges en désordre, suivi des Akhaiens aux belles knèmides. Et les piétons tuaient les piétons qui fuyaient, et les cavaliers tuaient les cavaliers. Et, sous leurs pieds, et sous les pieds sonores des chevaux, une grande poussière montait de la plaine dans l'air. Et le roi Agamemnôn allait, tuant toujours et excitant les Argiens.

Ainsi, quand la flamme désastreuse dévore une épaisse forêt, et quand le vent qui tourbillonne l'active de tous côtés, les arbres tombent sous l'impétuosité du feu. De même, sous l'Atréide Agamemnôn, tombaient les têtes des Troiens en fuite. Les chevaux entraînaient, effarés, la tête haute, les chars vides à travers les rangs, et regrettaient leurs conducteurs irréprochables qui gisaient contre terre, plus agréables aux oiseaux carnassiers qu'à leurs femmes.

Et Zeus conduisit Hektôr loin des lances, loin de la poussière, loin du carnage et du sang. Et l'Atréide, excitant les Danaens, poursuivait ardemment l'ennemi. Et les Troiens, auprès du tombeau de l'antique Dardanide Ilos, se précipitaient dans la plaine, désirant rentrer dans la Ville. Et ils approchaient du figuier, et l'Atréide les poursuivait, baignant de leur sang ses mains rudes, et poussant des cris. Et, lorsqu'ils furent parvenus au hêtre et aux portes Skaies, ils s'arrêtèrent, s'attendant les uns les autres. Et la multitude fuyait dispersée à travers la plaine, comme un troupeau de vaches qu'un lion, brusquement survenu, épouvante au milieu de la nuit ; mais une seule d'entre elles meurt chaque fois. Le lion, l'ayant saisie de ses fortes dents, lui brise le cou, boit son sang et dévore ses entrailles. Ainsi l'Atréide Agamemnôn les poursuivait, tuant toujours le dernier ; et ils fuyaient. Un grand nombre d'entre eux tombait, la tête la première, ou se renversait du haut des chars sous les mains de l'Atréide dont la lance était furieuse. Mais, quand on fut parvenu à la Ville et à ses hautes murailles, le Père des hommes et des Dieux descendit de l'Ouranos sur les sommets de l'Ida aux sources abondantes, avec la foudre aux mains, et il appela la messagère Iris aux ailes d'or :

— Va ! rapide Iris, et dis à Hektôr qu'il se tienne en repos et qu'il ordonne au reste de l'armée de combattre l'ennemi aussi longtemps qu'il verra le Prince des peuples, Agamemnôn, se jeter furieux aux premiers rangs et rompre les lignes des guerriers. Mais, dès que l'Atréide, frappé d'un coup de lance ou blessé d'une flèche, remontera sur son char, je rendrai au Priamide la force de tuer ; et il tuera, étant parvenu aux nefs bien construites, jusqu'à ce que Hélios tombe et que la nuit sacrée s'élève.

Il parla ainsi, et la rapide Iris aux pieds prompts comme le vent lui obéit. Et elle descendit des sommets de l'Ida vers la sainte Ilios, et elle trouva le fils du belliqueux Priamos, le divin Hektôr, debout sur son char solide. Et Iris aux pieds rapides s'approcha et lui dit :

— Fils de Priamos, Hektôr, égal à Zeus en sagesse, le Père Zeus m'envoie te dire ceci : Tiens-toi en repos, et ordonne au reste de l'armée de combattre l'ennemi, aussi longtemps que tu verras le Prince des peuples, Agamemnôn, se jeter furieux aux premiers rangs des combattants et rompre les lignes des guerriers ; mais dès que l'Atréide, frappé d'un coup de lance ou blessé d'une flèche, remontera sur son char, Zeus te rendra la force de tuer, et tu tueras, étant parvenu aux nefs bien construites, jusqu'à ce que Hélios tombe et que la nuit sacrée s'élève.

Ayant ainsi parlé, Iris aux pieds rapides disparut. Et Hektôr, sautant du haut de son char, avec ses armes, et agitant ses lances aiguës, courut de tous côtés à travers l'armée, l'excitant au combat. Et les Troiens, se retournant, firent face aux Akhaiens. Et les Argiens s'arrêtèrent, serrant leurs phalanges pour soutenir le combat ; mais Agamemnôn se rua en avant, voulant combattre le premier.

Dites-moi maintenant, Muses qui habitez les demeures Ouraniennes, celui des Troiens ou des illustres Alliés qui s'avança le premier contre Agamemnôn. Ce fut Iphidamas Anténoride, grand et robuste, élevé dans la fertile Thrèkiè, nourrice de brebis. Et son aïeul maternel Kisseus, qui engendra Théanô aux belles joues, l'éleva tout enfant dans ses demeures ; et quand il eut atteint la glorieuse puberté, il le retint en lui donnant sa fille pour femme. Et quand le jeune guerrier apprit l'arrivée des Akhaiens, il quitta sa demeure nuptiale et vint avec douze nefs aux poupes recourbées qu'il laissa à Perkopè. Et il vint à pied jusque dans Ilios. Et ce fut lui qui s'avança contre Agamemnôn. Tous deux s'étant rencontrés, l'Atréide le manqua de sa lance qui se détourna du but. Et Iphidamas frappa au-dessous de la cuirasse, sur le ceinturon ; et il poussa sa lance avec vigueur, sans la quitter ; mais il ne perça point le ceinturon habilement fait, et la pointe de l'arme, rencontrant une lame d'argent, se tordit comme du plomb. Et Agamemnôn qui commande au loin, rapide comme un lion, saisit la lance, et, l'arrachant, frappa de son épée l'Anténoride au cou, et le tua. Ainsi ce malheureux, en secourant ses concitoyens, s'endormit d'un sommeil d'airain, loin de sa jeune femme dont il n'avait point vu le bonheur. Et il lui avait fait de nombreux présents, lui ayant d'abord donné cent bœufs, et lui ayant promis mille chèvres et brebis. Et voici que l'Atréide Agamemnôn le dépouilla, et rentra dans la foule des Akhaiens, emportant ses belles armes.

Et l'illustre guerrier Koôn, l'aîné des Anténorides, l'aperçut, et une amère douleur obscurcit ses yeux quand il vit son frère mort. En se cachant, il frappa le divin Agamemnôn d'un coup de lance au milieu du bras, sous le coude, et la pointe de l'arme brillante traversa le bras. Et le Roi des hommes, Agamemnôn, frissonna ; mais, loin d'abandonner le combat, il se rua sur Koôn, armé de sa lance solide. Et celui-ci traînait par les pieds son frère Iphidamas, né du même père, et il appelait les plus braves à son aide. Mais, comme il l'entraînait, l'Atréide le frappa de sa lance d'airain sous son bouclier rond, et il le tua ; et il lui coupa la tête sur le corps même d'Iphidamas. Ainsi les deux fils d'Antènôr, sous la main du roi Atréide, accomplissant leurs destinées, descendirent aux demeures d'Aidès.

Et l'Atréide continua d'enfoncer les lignes des guerriers à coups de lance, d'épée ou de lourdes roches, aussi longtemps que le sang coula, chaud, de sa blessure ; mais dès que la plaie fut desséchée, que le sang s'arrêta, les douleurs aiguës domptèrent sa force, semblables à ces douleurs amères que les filles de Hèrè, les Éileithyes, envoient comme des traits acerbes à la femme qui enfante. Ainsi les douleurs aiguës domptèrent la force de l'Atréide. Il monta sur son char, ordonnant au conducteur des chevaux de les pousser vers les nefs creuses, car il défaillait dans son cœur. Et il dit aux Danaens, criant à haute voix pour être entendu :

— Ô amis, chefs et princes des Argiens, c'est à vous maintenant d'éloigner le combat désastreux des nefs qui traversent la mer, puisque le sage Zeus ne me permet pas de combattre les Troiens pendant toute la durée du jour.

Il parla ainsi, et le conducteur du char fouetta les chevaux aux beaux crins du côté des nefs creuses, et ils couraient avec ardeur, le poitrail écumant, soulevant la poussière et entraînant leur roi blessé, loin du combat. Et dès que Hektôr s'aperçut de la retraite d'Agamemnôn, il excita à haute voix les Troiens et les Lykiens.

— Troiens, Lykiens et Dardaniens, hardis combattants, soyez des hommes ! Amis, souvenez-vous de votre courage intrépide. Ce guerrier si brave se retire, et Zeus Kronide veut me donner une grande gloire. Poussez droit vos chevaux aux durs sabots sur les robustes Danaens, afin de remporter une gloire sans égale.

Ayant ainsi parlé, il excita la force et le courage de chacun. De même qu'un chasseur excite les chiens aux blanches dents contre un sauvage sanglier ou contre un lion, de même le Priamide Hektôr, semblable au cruel Arès, excita les magnanimes Troiens contre les Akhaiens. Et lui-même, sûr de son courage, se rua des premiers dans la mêlée, semblable au tourbillon orageux qui tombe sur la haute mer et la bouleverse.

Et, maintenant, quel fut le premier, quel fut le dernier que tua le Priamide Hektôr, quand Zeus voulut le glorifier ? Assaios, d'abord, et Autonoos, et Opitès, et Dolops Klytide, et Opheltiôn, et Agélaos, et Aisymnos, Oros et le magnanime Hipponoos. Et il tua chacun de ces princes Danaens. Puis, il tomba sur la multitude, tel que Zéphyros qui agite les nuées, lorsqu'il flagelle les vapeurs tempêtueuses amassées par le Notos furieux, qu'il déroule les flots énormes, et, de ses souffles épars, disperse l'écume dans les hauteurs de l'air. De même, Hektôr fit tomber une foule de têtes guerrières.

Alors, c'eût été le jour d'un désastre fatal et de maux incurables, et les Argiens, dans leur fuite, eussent succombé auprès des nefs, si Odysseus n'eût exhorté le Tydéide Diomèdès :

— Tydéide, avons-nous oublié notre courage intrépide ? Viens auprès de moi, très-cher ; car ce nous serait un grand opprobre si Hektôr au casque mouvant s'emparait des nefs.

Et le robuste Diomèdès lui répondit :

— Me voici, certes, prêt à combattre. Mais notre joie sera brève, puisque Zeus qui amasse les nuées veut donner la victoire aux Troiens.

Il parla ainsi, et il renversa Tymbraios de son char, l'ayant frappé de sa lance à la mamelle gauche. Et Odysseus tua Moliôn, le divin compagnon de Thymbraios. Et ils abandonnèrent les deux guerriers ainsi éloignés du combat, et ils se jetèrent dans la mêlée. Et comme deux sangliers audacieux qui reviennent sur les chiens chasseurs, ils contraignirent les Troiens de reculer, et les Akhaiens, en proie au divin Hektôr, respirèrent un moment. Et les deux Rois prirent un char et deux guerriers très-braves, fils du Perkosien Mérops, habile divinateur, qui avait défendu à ses fils de partir pour la guerre fatale. Mais ils ne lui obéirent pas, et les Kères de la mort les entraînèrent. Et l'illustre Tydéide Diomèdès leur enleva l'âme et la vie, et les dépouilla de leurs belles armes, tandis qu'Odysseus tuait Hippodamos et Hypeirokhos. Alors, le Kroniôn, les regardant du haut de l'Ida, rétablit le combat, afin qu'ils se tuassent également des deux côtés.

Et le fils de Tydeus blessa de sa lance à la cuisse le héros Agastrophos Paionide. Et les chevaux du Paionide étaient trop éloignés pour l'aider à fuir ; et il gémissait dans son âme de ce que le conducteur du char l'eût retenu en arrière, tandis qu'il s'élançait à pied parmi les combattants, jusqu'à ce qu'il eût perdu la douce vie. Mais Hektôr, l'ayant vu aux premières lignes, se rua en poussant de grands cris, suivi des phalanges Troiennes. Et le hardi Diomèdès, à cette vue, frissonna et dit à Odysseus debout près de lui :

— C'est sur nous que le furieux Hektôr roule ce tourbillon sinistre ; mais restons inébranlables, et nous repousserons son attaque.

Il parla ainsi, et il lança sa longue pique qui ne se détourna pas du but, car le coup atteignit la tête du Priamide, au sommet du casque. La pointe d'airain ne pénétra point et fut repoussée, et le triple airain du casque que Phoibos Apollôn avait donné au Priamide le garantit ; mais il recula aussitôt, rentra dans la
foule, et, tombant sur ses genoux, appuya contre terre sa main robuste, et la noire nuit couvrit ses yeux.

Et, pendant que Diomèdès, suivant de près le vol impétueux de sa lance, la relevait à l'endroit où elle était tombée, Hektôr, ranimé, monta sur son char, se perdit dans la foule et évita la noire mort. Et le robuste Diomèdès, le menaçant de sa lance, lui cria :

— Ô chien ! tu as de nouveau évité la mort qui a passé près de toi. Phoibos Apollôn t'a sauvé encore une fois, lui que tu supplies toujours au milieu du choc des lances. Mais, certes, je te tuerai si je te retrouve et qu'un des Dieux me vienne en aide. Maintenant, je vais attaquer tous ceux que je pourrai saisir.

Et, parlant ainsi, il tua l'illustre Paionide.

Mais Alexandros, l'époux de Hélénè à la belle chevelure, appuyé contre la colonne du tombeau de l'antique guerrier Dardanide Ilos, tendit son arc contre le Tydéide Diomèdès, prince des peuples. Et, comme celui-ci arrachait la cuirasse brillante, le bouclier et le casque épais du robuste Agastrophos, Alexandros tendit l'arc de corne et perça d'une flèche certaine le pied droit de Diomèdès ; et, à travers le pied, la flèche s'enfonça en terre. Et Alexandros, riant aux éclats, sortit de son abri, et dit en se vantant :

— Te voilà blessé ! ma flèche n'a pas été vaine. Plût aux Dieux qu'elle se fût enfoncée dans ton ventre et que je t'eusse tué ! Les Troiens, qui te redoutent, comme des chèvres en face d'un lion, respireraient plus à l'aise.

Et l'intrépide et robuste Diomèdès lui répondit :

— Misérable archer, aussi vain de tes cheveux que de ton arc, séducteur de vierges ! si tu combattais face à face contre moi, tes flèches te seraient d'un vain secours. Voici que tu te glorifies pour m'avoir percé le pied ! Je m'en soucie autant que si une femme ou un enfant m'avait atteint par imprudence. Le trait d'un lâche est aussi vil que lui. Mais celui que je touche seulement de ma lance expire aussitôt. Sa femme se déchire les joues, ses enfants sont orphelins, et il rougit la terre de son sang, et il se corrompt, et il y a autour de lui plus d'oiseaux carnassiers que de femmes en pleurs.

Il parla ainsi, et l'illustre Odysseus se plaça devant lui ; et, se baissant, il arracha la flèche de son pied ; mais aussitôt il ressentit dans tout le corps une amère douleur. Et, le cœur défaillant, il monta sur son char, ordonnant au conducteur de le ramener aux nefs creuses.

Et l'illustre Odysseus, resté seul, car tous les Argiens s'étaient enfuis, gémit et se dit dans son cœur magnanime :

— Hélas ! que vais-je devenir ? Ce serait une grande honte que de reculer devant cette multitude ; mais ne serait-il pas plus cruel de mourir seul ici, puisque le Kroniôn a mis tous les Danaens en fuite ? Mais pourquoi délibérer dans mon cœur ? Je sais que les lâches seuls reculent dans la mêlée. Le brave, au contraire, combat de pied ferme, soit qu'il frappe, soit qu'il soit frappé.

Pendant qu'il délibérait ainsi dans son esprit et dans son cœur, les phalanges des Troiens porteurs de boucliers survinrent et enfermèrent de tous côtés leur fléau. De même que les chiens vigoureux et les jeunes chasseurs entourent un sanglier, dans l'épaisseur d'un bois, et que celui-ci leur fait tête en aiguisant ses blanches défenses dans ses mâchoires torses, et que tous l'environnent malgré ses défenses furieuses et son aspect horrible ; de même, les Troiens se pressaient autour d'Odysseus cher à Zeus. Mais le Laertiade blessa d'abord l'irréprochable Deiopis à l'épaule, de sa lance aiguë ; et il tua Thoôn et Ennomos. Et comme Khersidamas sautait de son char, il le perça sous le bouclier, au nombril ; et le Troien roula dans la poussière, saisissant la terre à pleines mains. Et le Laertiade les abandonna, et il blessa de sa lance Kharops Hippaside, frère de l'illustre

Sôkos. Et Sôkos, semblable à un Dieu, accourant au secours de son frère, s'approcha et lui dit :

— Ô Odysseus, insatiable de ruses et de travaux, aujourd'hui tu triompheras des deux Hippasides, et, les ayant tués, tu enlèveras leurs armes, ou, frappé de ma lance, tu perdras la vie.

Ayant ainsi parlé, il frappa le bouclier arrondi, et la lance solide perça le bouclier étincelant, et, à travers la cuirasse habilement travaillée, déchira la peau au-dessus des poumons ; mais Athènè ne permit pas qu'elle pénétrât jusqu'aux entrailles. Et Odysseus, sentant que le coup n'était pas mortel, recula et dit à Sôkos :

— Malheureux ! voici que la mort accablante va te saisir. Tu me contrains de ne plus combattre les Troiens, mais je t'apporte aujourd'hui la noire mort ; et, dompté par ma lance, tu vas me combler de gloire et rendre ton âme à Aidès aux beaux chevaux.

Il parla ainsi, et, comme Sôkos fuyait, il le frappa de sa lance dans le dos, entre les épaules, et lui traversa la poitrine. Il tomba avec bruit, et le divin Odysseus s'écria en se glorifiant :

— Ô Sôkos, fils de l'habile cavalier Hippasos, la mort t'a devancé et tu n'as pu lui échapper. Ah ! malheureux ! ton père et ta mère vénérable ne fermeront point tes yeux, et les seuls oiseaux carnassiers agiteront autour de toi leurs lourdes ailes. Mais quand je serai mort, les divins Akhaiens célébreront mes funérailles.

Ayant ainsi parlé, il arracha de son bouclier et de son corps la lance solide du brave Sôkos, et aussitôt son sang jaillit de la plaie, et son cœur se troubla. Et les magnanimes Troiens, voyant le sang d'Odysseus, se ruèrent en foule sur lui ; et il reculait, en appelant ses compagnons. Et il cria trois fois aussi haut que le peut un homme, et le brave Ménélaos l'entendit trois fois et dit aussitôt au Télamônien Aias :

— Divin Aias Télamônien, prince des peuples, j'entends la voix du patient Odysseus, semblable à celle d'un homme que les Troiens auraient enveloppé dans la mêlée. Allons à travers la foule. Il faut le secourir. Je crains qu'il ait été abandonné au milieu des Troiens, et que, malgré son courage, il périsse, laissant d'amers regrets aux Danaens.

Ayant ainsi parlé, il s'élança, et le divin Aias le suivit, et ils trouvèrent Odysseus au milieu des Troiens qui l'enveloppaient.

Ainsi des loups affamés, sur les montagnes, hurlent autour d'un vieux cerf qu'un chasseur a blessé d'une flèche. Il a fui, tant que son sang a été tiède et que ses genoux ont pu se mouvoir ; mais dès qu'il est tombé sous le coup de la flèche rapide, les loups carnassiers le déchirent sur les montagnes, au fond des bois. Et voici qu'un lion survient qui enlève la proie, tandis que les loups s'enfuient épouvantés. Ainsi les robustes Troiens se pressaient autour du subtil et prudent Odysseus qui, se ruant à coups de lance, éloignait sa dernière heure. Et Aias, portant un bouclier semblable à une tour, parut à son côté, et les Troiens prirent la fuite çà et là. Et le brave Ménélaos, saisissant Odysseus par la main, le retira de la mêlée, tandis qu'un serviteur faisait approcher le char.

Et Aias, bondissant au milieu des Troiens, tua Doryklos, bâtard de Priamos, et Pandokos, et Lysandros, et Pyrasos, et Pylartès. De même qu'un fleuve, gonflé par les pluies de Zeus, descend, comme un torrent, des montagnes dans la plaine, emportant un grand nombre de chênes déracinés et de pins, et roule ses limons dans la mer ; de même l'illustre Aias, se ruant dans la mêlée, tuait les hommes et les chevaux.

Hektôr ignorait ceci, car il combattait vers la gauche, sur les rives du fleuve Skamandros, là où les têtes des hommes tombaient en plus grand nombre, et où de grandes clameurs s'élevaient autour du cavalier Nestôr et du brave Idoméneus. Hektôr les assiégeait de sa lance et de ses chevaux, et rompait les phalanges des guerriers ; mais les divins Akhaiens n'eussent point reculé, si Alexandros, l'époux de la belle Hélénè, n'eût blessé à l'épaule droite, d'une flèche à trois pointes, le brave Makhaôn, prince des peuples. Alors les vigoureux Akhaiens craignirent, s'ils reculaient, d'exposer la vie de ce guerrier.

Et, aussitôt, Idoméneus dit au divin Nestôr :

— Ô Nestôr Nèlèiade, gloire des Akhaiens, hâte-toi, monte sur ton char avec Makhaôn, et pousse vers les nefs tes chevaux aux sabots massifs. Un médecin vaut plusieurs hommes, car il sait extraire les flèches et répandre les doux baumes dans les blessures.

Il parla ainsi, et le cavalier Gérennien Nestôr lui obéit. Et il monta sur son char avec Makhaôn, fils de l'irréprochable médecin Asklèpios. Et il flagellait les chevaux, et ceux-ci volaient ardemment vers les nefs creuses.

Cependant Kébrionès, assis auprès de Hektôr sur le même char, vit au loin le trouble des Troiens et dit au Priamide :

— Hektôr, tandis que nous combattons ici les Danaens, à l'extrémité de la mêlée, les autres Troiens fuient pêle-mêle avec leurs chars. C'est le Télamônien Aias qui les a rompus. Je le reconnais bien, car il porte un vaste bouclier sur ses épaules. C'est pourquoi il nous faut pousser nos chevaux et notre char de ce côté, là où les cavaliers et les piétons s'entretuent et où s'élève une immense clameur.

Il parla ainsi et frappa du fouet éclatant les chevaux aux belles crinières ; et, sous le fouet, ceux-ci entraînèrent rapidement le char entre les Troiens et les Akhaiens, écrasant les cadavres et les armes. Et les jantes et les moyeux des roues étaient aspergés du sang qui jaillissait sous les sabots des chevaux. Et le Priamide, plein du désir de pénétrer dans la mêlée et de rompre les phalanges, apportait le trouble et la mort aux Danaens, et il assiégeait leurs lignes ébranlées, en les attaquant à coups de lance, d'épée et de lourdes roches. Mais il évitait d'attaquer le Télamônien Aias.

Alors le père Zeus saisit Aias d'une crainte soudaine. Et celui-ci, étonné, s'arrêta. Et, rejetant sur son dos son bouclier aux sept peaux de bœuf, il recula, regardant toujours la foule. Semblable à une bête fauve, il reculait pas à pas, faisant face à l'ennemi. Comme un lion fauve que les chiens et les pâtres chassent loin de l'étable des bœufs, car ils veillaient avec vigilance, sans qu'il ait pu savourer les chairs grasses dont il était avide, bien qu'il se soit précipité avec fureur, et qui, accablé sous les torches et les traits que lui lancent des mains audacieuses, s'éloigne, au matin, plein de tristesse et frémissant de rage ; de même Aias reculait, le cœur troublé, devant les Troiens, craignant pour les nefs des Akhaiens.

De même un âne têtu entre dans un champ, malgré les efforts des enfants qui brisent leurs bâtons sur son dos. Il continue à paître la moisson, sans se soucier des faibles coups qui l'atteignent, et se retire à grand'peine quand il est rassasié. Ainsi les magnanimes Troiens et leurs alliés frappaient de leurs lances Aias, le grand fils de Télamôn. Ils frappaient son bouclier, et le poursuivaient ; mais Aias, reprenant parfois ses forces impétueuses, se retournait et repoussait les phalanges des cavaliers Troiens ; puis, il reculait de nouveau, les empêchant ainsi de se précipiter tous à la fois vers les nefs rapides. Or, il combattait seul dans l'intervalle qui séparait les Troiens et les Akhaiens. Et les traits hérissaient son grand bouclier, ou s'enfonçaient en terre sans se rassasier de sa chair blanche dont ils étaient avides.

Et l'illustre fils d'Évaimôn, Eurypylos, l'aperçut ainsi assiégé d'un nuage de traits. Et il accourut à ses côtés, et il lança sa pique éclatante. Et il perça le Phausiade Apisaôn, prince des peuples, dans le foie, sous le diaphragme, et il le tua. Et Eurypylos, s'élançant, lui arracha ses armes. Mais lorsque le divin Alexandros le vit emportant les armes d'Apisaôn, il tendit son arc contre lui et il le perça d'une flèche à la cuisse droite. Le roseau se brisa, la cuisse s'engourdit, et l'Évaimônide, rentrant dans la foule de ses compagnons, afin d'éviter la mort, cria d'une voix haute afin d'être entendu des Danaens :

— Ô amis, chefs et princes des Argiens, arrêtez et retournez-vous. Éloignez la dernière heure d'Aias qui est accablé de traits, et qui, je pense, ne sortira pas vivant de la mêlée terrible. Serrez-vous donc autour d'Aias, le grand fils de Télamôn.

Eurypylos, blessé, parla ainsi ; mais ses compagnons se pressèrent autour de lui, le bouclier incliné et la lance en arrêt. Et Aias, les ayant rejoints, fit avec eux face à l'ennemi. Et ils combattirent de nouveau, tels que des flammes ardentes.

Mais les cavales du Nèlèide emportaient loin du combat, et couvertes d'écume, Nestôr, et Makhaôn, prince des peuples.

Et le divin Akhilleus aux pieds rapides les reconnut. Et, debout sur la poupe de sa vaste nef, il regardait le rude combat et la défaite lamentable. Et il appela son compagnon Patroklos. Celui-ci l'entendit et sortit de ses tentes, semblable à Arès. Et ce fut l'origine de son malheur. Et le brave fils de Ménoitios dit le premier :

— Pourquoi m'appelles-tu, Akhilleus ? Que veux-tu de moi ?

Et Akhilleus aux pieds rapides lui répondit :

— Divin Ménoitiade, très-cher à mon âme, j'espère maintenant que les Akhaiens ne tarderont pas à tomber suppliants à mes genoux, car une intolérable nécessité les assiége. Va donc, Patroklos cher à Zeus, et demande à Nestôr quel est le guerrier blessé qu'il ramène du combat. Il ressemble à l'Asklèpiade Makhaôn, mais je n'ai point vu son visage, et les chevaux l'ont emporté rapidement.

Il parla ainsi, et Patroklos obéit à son cher compagnon, et il s'élança vers les tentes et les nefs des Akhaiens.

Et quand Nestôr et Makhaôn furent arrivés aux tentes du Nèlèide, ils sautèrent du char sur la terre nourricière. Et le serviteur du vieillard, Eurymèdôn, détela les chevaux. Et les deux Rois, ayant séché leur sueur au vent de la mer, entrèrent sous la tente et prirent des siéges, et Hékamèdè aux beaux cheveux leur prépara à boire. Et Nestôr l'avait amenée de Ténédos qu'Akhilleus venait de détruire ; et c'était la fille du magnanime Arsinoos, et les Akhaiens l'avaient donnée au Nèlèide parce qu'il les surpassait tous par sa prudence.

Elle posa devant eux une belle table aux pieds de métal azuré, et, sur cette table, un bassin d'airain poli avec des oignons pour exciter à boire, et du miel vierge et de la farine sacrée ; puis, une très-belle coupe enrichie de clous d'or, que le vieillard avait apportée de ses demeures. Et cette coupe avait quatre anses et deux fonds, et, sur chaque anse, deux colombes d'or semblaient manger. Tout autre l'eût soulevée avec peine quand elle était remplie, mais le vieux Nestôr la soulevait facilement.

Et la jeune femme, semblable aux Déesses, prépara une boisson de vin de Pramneios, et sur ce vin elle râpa, avec de l'airain, du fromage de chèvre, qu'elle aspergea de blanche farine. Et, après ces préparatifs, elle invita les deux Rois à boire ; et ceux-ci, ayant bu et étanché la soif brûlante, charmèrent leur repos en parlant tour à tour.

Et le divin Patroklos parut alors à l'entrée de la tente. Et le vieillard, l'ayant aperçu, se leva de son siége éclatant, le prit par la main et voulut le faire asseoir ; mais Patroklos recula et lui dit :

— Je ne puis me reposer, divin vieillard, et tu ne me persuaderas pas. Il est terrible et irritable celui qui m'envoie te demander quel est le guerrier blessé que tu as ramené. Mais je le vois et je reconnais Makhaôn, prince des peuples. Maintenant je retournerai vers Akhilleus pour lui donner cette nouvelle, car tu sais, divin vieillard, combien il est impatient et prompt à accuser, même un innocent.

Et le cavalier Gérennien Nestôr lui répondit :

— Pourquoi Akhilleus a-t-il ainsi pitié des fils des Akhaiens que les traits ont percés ? Ignore-t-il donc le deuil qui enveloppe l'armée ? Déjà les plus braves gisent sur leurs nefs, frappés ou blessés. Le robuste Tydéide Diomèdès est blessé, et Odysseus illustre par sa lance, et Agamemnôn. Une flèche a percé la cuisse d'Eurypylos, et c'est aussi une flèche qui a frappé

Makhaôn que je viens de ramener du combat. Mais le brave Akhilleus n'a ni souci ni pitié des Danaens. Attend-il que les nefs rapides soient en proie aux flammes, malgré les Argiens, et que ceux-ci périssent jusqu'au dernier ? Je n'ai plus la force qui animait autrefois mes membres agiles. Plût aux Dieux que je fusse florissant de jeunesse et de vigueur, comme au temps où une dissension s'éleva entre nous et les Élidiens, à cause d'un enlèvement de bœufs, quand je tuai le robuste Hypeirokhide Itymoneus qui habitait Élis, et dont j'enlevai les bœufs par représailles. Et il les défendait, mais je le frappai d'un coup de lance, aux premiers rangs, et il tomba. Et ses tribus sauvages s'enfuirent en tumulte, et nous enlevâmes un grand butin : cinquante troupeaux de bœufs, autant de brebis, autant de porcs et autant de chèvres, cent cinquante cavales baies et leurs nombreux poulains. Et nous les conduisîmes, pendant la nuit, dans Pylos, la ville de Nèleus. Et Nèleus se réjouit dans son cœur, parce que j'avais fait toutes ces choses, ayant combattu pour la première fois. Et, au lever du jour, les hérauts convoquèrent ceux dont les troupeaux avaient été emmenés dans la fertile Élis ; et les chefs Pyliens, s'étant réunis, partagèrent le butin. Mais alors les Épéiens nous opprimaient, car nous étions peu nombreux et nous avions beaucoup souffert dans Pylos, depuis que Hèraklès nous avait accablés, il y avait quelques années, en tuant les premiers de la Ville. Et nous étions douze fils irréprochables de Nèleus, et j'étais resté le dernier, car tous les autres avaient péri ; et c'est pourquoi les orgueilleux Épéiens cuirassés nous accablaient d'injustes outrages. Le vieillard Nèleus reçut en partage un troupeau de bœufs et un troupeau de brebis, trois cents têtes de bétail et leurs bergers, car la divine Élis lui avait beaucoup enlevé de richesses. Le Roi des hommes, Augéias, avait retenu quatre de ses chevaux, avec leurs chars, qui se rendaient aux Jeux, et il n'avait renvoyé que le conducteur plein de tristesse de cette perte. Et le vieux Nèleus en fut très-irrité ; et c'est pourquoi il reçut une grande part du butin ; mais il distribua le reste au peuple par portions égales. Et comme nous partagions le butin, en faisant des sacrifices, les Épéiens survinrent, le troisième jour, en grand nombre, avec leurs chevaux aux sabots massifs, et les deux Molionides, jeunes encore, et inhabiles malgré leur force et leur courage. Or, Thryôessa s'élevait sur une hauteur, non loin de l'Alphéos, aux confins de la sablonneuse Pylos. Et l'ennemi l'assiégeait, désirant la détruire. Mais, comme ils traversaient les plaines, Athènè, pendant la nuit, descendit vers nous du haut de l'Olympos pour nous appeler aux armes ; et elle rassembla aisément les peuples dans Pylos. Et tous étaient pleins d'ardeur. Nèleus me défendit de m'armer, et il cacha mes chevaux, car il pensait que je n'étais pas assez fort pour combattre. Mais je partis à pied, et je m'illustrai au milieu des cavaliers, parce que Athènè me guidait au combat. Et tous, cavaliers et piétons Pyliens, nous attendîmes la divine Éôs auprès d'Arènè, là où le fleuve Minyéios tombe dans la mer. Vers midi, arrivés sur les bords sacrés de l'Alphéos, nous fîmes de grands sacrifices au puissant Zeus, offrant aussi un taureau à l'Alphéos, un autre taureau à Poseidaôn, et une génisse indomptée à Athènè aux yeux clairs. Puis, chacun de nous, ayant pris son repas dans les rangs, se coucha avec ses armes sur les rives du fleuve. Cependant les magnanimes Épéiens assiégeaient la Ville, désirant la détruire ; et voici que les durs travaux d'Arès leur apparurent. Quand Hélios resplendit sur la terre, nous courûmes au combat, en suppliant Zeus et Athènè. Et dès que les Pyliens et les Épéiens se furent attaqués, le premier je tuai un guerrier et je me saisis de ses chevaux aux sabots massifs. Et c'était le brave Moulios, gendre d'Augéias, car il avait épousé sa fille, la blonde Agamèdè, qui connaissait toutes les plantes médicinales qui poussent sur la vaste terre. Et je le perçai de ma lance d'airain, comme il s'élançait, et il tomba dans la poussière ; et je sautai sur son char, et je combattis aux premiers rangs ; et les magnanimes Épéiens s'enfuirent épouvantés, quand ils virent tomber ce guerrier, chef des cavaliers, le plus brave d'entre eux. Et je me jetai sur eux, semblable à une noire tempête. Je m'emparai de cinquante chars, et je tuai de ma lance deux guerriers sur chaque char. Sans doute j'eusse tué aussi les deux jeunes Aktorides, si leur aïeul Poseidaôn qui commande au loin ne les eût enlevés de la mêlée, en les enveloppant d'une nuée épaisse. Alors Zeus accorda aux Pyliens une grande victoire. Nous poursuivîmes au loin l'ennemi à travers la plaine, tuant les hommes et enlevant de belles armes, et poussant nos chevaux jusqu'à Bouprasios féconde en fruits, jusqu'à la pierreuse Olènè et Alèsios qu'on nomme maintenant Kolônè. Et Athènè rappela l'armée, et je tuai encore un guerrier ; et les Akhaiens, quittant Bouprasios, ramenèrent leurs chevaux rapides vers Pylos. Et tous rendaient grâces parmi les dieux à Zeus, et parmi les guerriers à Nestôr. Tel je fus au milieu des braves ; mais Akhilleus n'use de sa force que pour lui seul, et je pense qu'il ressentira un jour d'amers regrets, quand toute l'armée Akhaienne aura péri. Ô ami, Ménoitios t'adressa de sages paroles quand, loin de la Phthiè, il t'envoya vers Agamemnôn. Nous étions là, le divin Odysseus et moi, et nous entendîmes facilement ce qu'il te dit dans ses demeures. Et nous étions venus vers les riches demeures de Pèleus, parcourant l'Akhaiè fertile, afin de rassembler les guerriers. Nous y trouvâmes le héros Ménoitios, et toi, et Akhilleus. Et le vieux cavalier Pèleus brûlait, dans ses cours intérieures, les cuisses grasses d'un bœuf en l'honneur de Zeus qui se réjouit de la foudre. Et il tenait une coupe d'or, et il répandait des libations de vin noir sur les feux sacrés, et vous prépariez les chairs du bœuf. Nous restions debout sous le vestibule ; mais Akhilleus, surpris, se leva, nous conduisit par la main, nous fit asseoir et posa devant nous la nourriture hospitalière qu'il est d'usage d'offrir aux étrangers. Et, après nous être rassasiés de boire et de manger, je commençai à parler, vous exhortant à nous suivre. Et vous y consentîtes volontiers, et les deux vieillards vous adressèrent de sages paroles. D'abord, le vieux Pèleus recommanda à Akhilleus de surpasser tous les autres guerriers en courage ; puis le fils d'Aktôr, Ménoitios, te dit :

— Mon fils, Akhilleus t'est supérieur par la naissance, mais tu es plus âgé que lui. Ses forces sont plus grandes que les tiennes, mais parle-lui avec sagesse, avertis-le, guide-le, et il obéira aux excellents conseils.

Le vieillard te donna ces instructions, mais tu les as oubliées. Parle donc au brave Akhilleus ; peut-être écoutera-t-il tes paroles. Qui sait si, grâces à un Dieu, tu ne toucheras point son cœur ? Le conseil d'un ami est bon à suivre. Mais si, dans son esprit, il redoute quelque oracle ou un avertissement que lui a donné sa mère vénérable de la part de Zeus, qu'il t'envoie combattre au moins, et que l'armée des Myrmidones te suive ; et peut-être sauveras-tu les Danaens. S'il te confiait ses belles armes, peut-être les Troiens te prendraient-ils pour lui, et, s'enfuyant, laisseraient-ils respirer les fils accablés des Akhaiens ; et le repos est de courte durée à la guerre. Or, des troupes riches repousseraient aisément vers la Ville, loin des nefs et des tentes, des hommes fatigués par le combat.

Il parla ainsi, et il remua le cœur de Patroklos, et celui-ci se hâta de retourner vers les nefs de l'Aiakide Akhilleus. Mais, lorsque, dans sa course, il fut arrivé aux nefs du divin Odysseus, là où étaient l'agora et le lieu de justice, et où l'on dressait les autels des Dieux, il rencontra le magnanime Évaimônide Eurypylos qui revenait du combat, boitant et la cuisse percée d'une flèche. Et la sueur tombait de sa tête et de ses épaules, et un sang noir sortait de sa profonde blessure ; mais son cœur était toujours ferme. Et, en le voyant, le robuste fils de Ménoitios fut saisi de compassion, et il lui dit ces paroles ailées :

— Ah ! malheureux chefs et princes des Danaens, serez-vous donc, loin de vos amis, loin de la terre natale, la pâture des chiens qui se rassasieront de votre graisse blanche dans Ilios ? Mais dis-moi, divin héros Eurypylos, les Akhaiens soutiendront-ils l'effort du cruel Hektôr, ou périront-ils sous sa lance ?

Et le sage Eurypylos lui répondit :

— Divin Patroklos, il n'y a plus de salut pour les Akhaiens, et ils périront devant les nefs noires. Les plus robustes et les plus braves gisent dans leurs nefs, frappés ou blessés par les mains des Troiens dont les forces augmentent toujours. Mais sauve-moi en me ramenant dans ma nef noire. Arrache cette flèche de ma cuisse, baigne d'une eau tiède la plaie et le sang qui en coule, et verse dans ma blessure ces doux et excellents baumes que tu tiens d'Akhilleus qui les a reçus de Kheirôn, le plus juste des Centaures. Des deux médecins, Podaleirios et Makhaôn, l'un, je pense, est dans sa tente, blessé lui-même et manquant de médecins, et l'autre soutient dans la plaine le dur combat contre les Troiens.

Et le robuste fils de Ménoitios lui répondit :

— Héros Eurypylos, comment finiront ces choses, et que ferons-nous ? Je vais répéter à Akhilleus les paroles du cavalier Gérennien Nestôr, rempart des Akhaiens ; mais, cependant, je ne t'abandonnerai pas dans ta détresse.

Il parla ainsi, et, le soutenant contre sa poitrine, il conduisit le prince des peuples jusque dans sa tente. Et le serviteur d'Eurypylos, en le voyant, prépara un lit de peaux de bœuf ; et le héros s'y coucha ; et le Ménoitiade, à l'aide d'un couteau, retira de la cuisse le trait acerbe et aigu, lava le sang noir avec de l'eau tiède, et, de ses mains, exprima dans la plaie le suc d'une racine amère qui adoucissait et calmait. Et toutes les douleurs du héros disparurent, et la blessure se ferma, et le sang cessa de couler.

RHAPSODIE XII.

Ainsi le robuste fils de Ménoitios prenait soin d'Eurypylos dans ses tentes. Et les Argiens et les Troiens combattaient avec fureur, et le fossé et la vaste muraille ne devaient pas longtemps protéger les Danaens. Quand ils l'avaient élevée pour sauvegarder les nefs rapides et le nombreux butin, ils n'avaient point offert de riches hécatombes aux Dieux, et cette muraille, ayant été construite malgré les Dieux, ne devait pas être de longue durée.

Tant que Hektôr fut vivant, et que le Pèléide garda sa colère, et que la ville du roi Priamos fut épargnée, le grand mur des Akhaiens subsista ; mais, après que les plus illustres des Troiens furent morts, et que, parmi les Argiens, les uns eurent péri et les autres survécu, et que la ville de Priamos eut été renversée dans la dixième année, les Argiens s'en retournèrent dans leur chère patrie.

Alors, Poseidaôn et Apollôn se décidèrent à détruire cette muraille, en réunissant la violence des fleuves qui coulent à la mer des sommets de l'Ida : le Rhèsos, le Heptaporos, le Karèsos, le Rhodios, le Grènikos, l'Aisépos, le divin Skamandros et le Simoïs, où tant de casques et de boucliers roulèrent dans la poussière avec la foule des guerriers demi-Dieux. Et Phoibos Apollôn les réunit tous, et, pendant neuf jours, dirigea leurs courants contre cette muraille. Et Zeus pleuvait continuellement, afin que les débris fussent submergés plus tôt par la mer. Et Poseidaôn lui-même, le trident en main, fit s'écrouler, sous l'effort des eaux, les poutres et les pierres et les fondements que les Akhaiens avaient péniblement construits. Et il mit la muraille au niveau du rapide Hellespontos ; et, sur ces débris, les sables s'étant amoncelés comme auparavant sur le vaste rivage, le Dieu fit retourner les fleuves dans les lits où ils avaient coutume de rouler leurs belles eaux.

Ainsi, dans l'avenir, devaient faire Poseidaôn et Apollôn. Mais, aujourd'hui, autour du mur solide, éclataient les clameurs de la guerre et le combat ; et les poutres des tours criaient sous les coups, et les Argiens, sous le fouet de Zeus, étaient acculés contre les nefs creuses, redoutant le robuste Hektôr, maître de la fuite. Et celui-ci combattait toujours, semblable à un tourbillon.

De même, quand un sanglier ou un lion, fier de sa vigueur, se retourne contre les chiens et les chasseurs, ceux-ci, se serrant, s'arrêtent en face et lui dardent un grand nombre de traits ; mais son cœur orgueilleux ne tremble ni ne s'épouvante, et son audace cause sa perte. Il tente souvent d'enfoncer les lignes des chasseurs, et là où il se rue, elles cèdent toujours. Ainsi, se ruant dans la mêlée, Hektôr exhortait ses compagnons à franchir le fossé ; mais ses chevaux rapides n'osaient eux-mêmes avancer, et, en hennissant, ils s'arrêtaient sur le bord, car le fossé creux les effrayait, ne pouvant être franchi ou traversé facilement. Des deux côtés se dressaient de hauts talus hérissés de pals aigus plantés par les fils des Akhaiens, épais, solides et tournés contre les guerriers ennemis. Des chevaux traînant un char léger n'auraient pu y pénétrer aisément ; mais les hommes de pied désiraient tenter l'escalade. Et alors Polydamas s'approcha du brave Hektôr et lui dit :

— Hektôr, et vous, chefs des Troiens et des Alliés, nous poussons imprudemment à travers ce fossé nos chevaux rapides, car le passage en est difficile. Des pals aigus s'y dressent en effet, et derrière eux monte le mur des Akhaiens. On ne peut ici ni combattre sur les chars, ni en descendre. La voie est étroite, et je pense que nous y périrons. Puisse Zeus qui tonne dans les hauteurs accabler les Argiens de mille maux et venir en aide aux Troiens aussi sûrement que je voudrais voir à l'instant ceux-là périr tous, sans gloire, loin d'Argos. Mais, s'ils reviennent sur nous et nous repoussent des nefs, nous serons précipités dans le fossé creux ; et je ne pense pas qu'un seul d'entre nous, dans sa fuite, puisse regagner la Ville. Écoutez donc et obéissez à mes paroles. Que les conducteurs retiennent les chevaux au bord de ce fossé, et nous, à pied, couverts de nos armes, nous suivrons tous Hektôr, et les Akhaiens ne résisteront pas, si, en effet, leur ruine est proche.

Polydamas parla ainsi, et ce sage conseil plut à Hektôr, et, aussitôt, il sauta de son char avec ses armes ; et, comme le divin Hektôr, les autres Troiens sautèrent aussi de leurs chars, et ils ordonnèrent aux conducteurs de ranger les chevaux sur le bord du fossé ; et, se divisant en cinq corps, ils suivirent leurs chefs.

Avec Hektôr et l'irréprochable Polydamas marchaient les plus nombreux et les plus braves, ceux qui désiraient avec le plus d'ardeur enfoncer la muraille ; et leur troisième chef était Kébrionès, car Hektôr avait laissé à la garde du char un moins brave guerrier. Et le deuxième corps était commandé par Alkathoos, Pâris et Agènôr. Et le troisième corps obéissait à Hélénos et au divin Dèiphobos, deux fils de Priamos, et au héros Asios Hyrtakide que ses chevaux au poil roux et de haute taille avaient amené d'Arisba et des bords du Sellèis. Et le chef du quatrième corps était le noble fils d'Ankhisès, Ainéias ; et avec lui commandaient les deux Anténorides, Arkélokhos et Akamas, habiles au combat. Et Sarpèdôn, avec Glaukos et le magnanime Astéropaios, commandait les illustres alliés. Et ces guerriers étaient les plus courageux après Hektôr, car il les surpassait tous.

Et s'étant couverts de leurs boucliers de cuir, ils allèrent droit aux Danaens, ne pensant pas que ceux-ci pussent résister, et certains d'envahir les nefs noires. Ainsi les Troiens et leurs alliés venus de loin obéissaient au sage conseil de l'irréprochable Polydamas ; mais le Hyrtakide Asios, prince des hommes, ne voulut point abandonner ses chevaux et leur conducteur, et il s'élança avec eux vers les nefs rapides. Insensé ! Il ne devait point, ayant évité la noire Kèr, fier de ses chevaux et de son char, revenir des nefs vers la haute Ilios ; et déjà la triste moire l'enveloppait de la lance de l'illustre Deukalide Idoméneus.

Et il se rua sur la gauche des nefs, à l'endroit où les Akhaiens ramenaient dans le camp leurs chevaux et leurs chars. Il trouva les portes ouvertes, car ni les battants, ni les barrières n'étaient fermés, afin que les guerriers, dans leur fuite, pussent regagner les nefs. Plein d'orgueil, il poussa ses chevaux de ce côté, et ses compagnons le suivaient avec de perçantes clameurs, ne pensant pas que les Akhaiens pussent résister, et certains d'envahir les nefs noires.

Les insensés ! Ils rencontrèrent devant les portes deux braves guerriers, fils magnanimes des belliqueux Lapithes. Et l'un était le robuste Polypoitès, fils de Peirithoos, et l'autre, Léonteus, semblable au tueur Arès. Et tous deux, devant les hautes portes, ils se tenaient comme deux chênes, sur les montagnes, bravant les tempêtes et la pluie, affermis par leurs larges racines. Ainsi, certains de leurs forces et de leur courage, ils attendaient le choc du grand Asios et ne reculaient point.

Et, droit au mur bien construit, avec de grandes clameurs, se ruaient, le bouclier sur la tête, le prince Asios, Iamènès, Orestès, Adamas Asiade, Thoôn et Oinomaos. Et, par leurs cris, les deux Lapithes exhortaient les Akhaiens à venir défendre les nefs. Mais, voyant les Troiens escalader la muraille, les Danaens pleins de terreur poussaient de grands cris. Alors, les deux Lapithes, se jetant devant les portes, combattirent tels que deux sangliers sauvages qui, sur les montagnes, forcés par les chasseurs et les chiens, se retournent impétueusement et brisent les arbustes dont ils arrachent les racines. Et ils grincent des dents jusqu'à ce qu'un trait leur ait arraché la vie.

Ainsi l'airain éclatant résonnait sur la poitrine des deux guerriers frappés par les traits ; et ils combattaient courageusement, confiants dans leurs forces et dans leurs compagnons.

Et ceux-ci lançaient des pierres du haut des tours bien construites, pour se défendre, eux, leurs tentes et leurs nefs rapides. Et de même que la lourde neige, que la violence du vent qui agite les nuées noires verse, épaisse, sur la terre nourricière, de même les traits pleuvaient des mains des Akhaiens et des Troiens. Et les casques et les boucliers bombés sonnaient, heurtés par les pierres. Alors, gémissant et se frappant les cuisses, Asios Hyrtakide parla ainsi, indigné :

— Père Zeus ! certes, tu n'aimes qu'à mentir, car je ne pensais pas que les héros Akhaiens pussent soutenir notre vigueur et nos mains inévitables. Voici que, pareils aux guêpes au corsage mobile, ou aux abeilles qui bâtissent leurs ruches dans un sentier ardu, et qui n'abandonnent point leurs demeures creuses, mais défendent leur jeune famille contre les chasseurs, voici que ces deux guerriers, seuls devant les portes, ne reculent point, attendant d'être morts ou vainqueurs.

Il parla ainsi, mais il ne fléchit point l'âme de Zeus qui, dans son cœur, voulait glorifier Hektôr.

Et d'autres aussi combattaient autour des portes ; mais, à qui n'est point dieu, il est difficile de tout raconter. Et çà et là, autour du mur, roulait un feu dévorant de pierres. Et les Argiens, en gémissant de cette nécessité, combattaient pour leurs nefs. Et tous les Dieux étaient tristes qui soutenaient les Danaens dans les batailles.

Et, alors, le robuste fils de Peirithoos, Polypoitès, frappa Damasos de sa lance, sur le casque d'airain ; mais le casque ne résista point, et la pointe d'airain, rompant l'os, écrasa la cervelle, et l'homme furieux fut dompté. Et Polypoitès tua ensuite Pylôn et Ormènios. Et le fils d'Antimakhos, Léonteus, nourrisson d'Arès, de sa lance perça Hippomakhos à la ceinture, à travers le baudrier. Puis, ayant tiré l'épée aiguë hors de la gaine, et se ruant dans la foule, il frappa Antiphatès, et celui-ci tomba à la renverse. Puis, Léonteus entassa Ménôn, Iamènos et Orestès sur la terre nourricière.

Et tandis que les deux Lapithes enlevaient leurs armes splendides, derrière Polydamas et Hektôr accouraient de jeunes guerriers, nombreux et très-braves, pleins du désir de rompre la muraille et de brûler les nefs. Mais ils hésitèrent au bord du fossé. En effet, comme ils allaient le franchir, ils virent un signe augural. Un aigle, volant dans les hautes nuées, apparut à leur gauche, et il portait entre ses serres un grand dragon sanglant, mais qui vivait et palpitait encore, et combattait toujours, et mordait l'aigle à la poitrine et au cou. Et celui-ci, vaincu par la douleur, le laissa choir au milieu de la foule, et s'envola dans le vent en poussant des cris. Et les Troiens frémirent d'horreur en face du dragon aux couleurs variées qui gisait au milieu d'eux, signe de Zeus tempêtueux. Et alors Polydamas parla ainsi au brave Hektôr :

— Hektôr, toujours, dans l'agora, tu repousses et tu blâmes mes conseils prudents, car tu veux qu'aucun guerrier ne dise autrement que toi, dans l'agora ou dans le combat ; et il faut que nous ne servions qu'à augmenter ton pouvoir. Mais je parlerai cependant, car mes paroles seront bonnes. N'allons point assiéger les nefs Akhaiennes, car ceci arrivera, si un vrai signe est apparu aux Troiens, prêts à franchir le fossé, cet aigle qui, volant dans les hautes nuées, portait entre ses serres ce grand dragon sanglant, mais vivant encore, et qui l'a laissé choir avant de le livrer en pâture à ses petits dans son aire. C'est pourquoi, même si nous rompions de force les portes et les murailles des Akhaiens, même s'ils fuyaient, nous ne reviendrions point par les mêmes chemins et en bon ordre ; mais nous abandonnerions de nombreux Troiens que les Akhaiens auraient tués avec l'airain, en défendant leurs nefs. Ainsi doit parler tout augure savant dans les prodiges divins, et les peuples doivent lui obéir.

Et Hektôr au casque mouvant, le regardant d'un œil sombre, lui dit :

— Polydamas, certes, tes paroles ne me plaisent point, et, sans doute, tu le sais, tes conseils auraient pu être meilleurs. Si tu as parlé sincèrement, c'est que les Dieux t'ont ravi l'intelligence, puisque tu nous ordonnes d'oublier la volonté de Zeus qui tonne dans les hauteurs, et les promesses qu'il m'a faites et confirmées par un signe de sa tête. Tu veux que nous obéissions à des oiseaux qui étendent leurs ailes ! Je ne m'en inquiète point, je n'en ai nul souci, soit qu'ils volent à ma droite, vers Éôs ou Hélios, soit qu'ils volent à ma gauche, vers le sombre couchant. Nous n'obéirons qu'à la volonté du grand Zeus qui commande aux hommes mortels et aux Immortels. Le meilleur des augures est de combattre pour sa patrie. Pourquoi crains-tu la guerre et le combat ? Même quand nous tomberions tous autour des nefs des Argiens, tu ne dois point craindre la mort, car ton cœur ne te pousse point à combattre courageusement. Mais si tu te retires de la mêlée, si tu pousses les guerriers à fuir, aussitôt, frappé de ma lance, tu rendras l'esprit.

Il parla ainsi et s'élança, et tous le suivirent avec une clameur immense. Et Zeus qui se réjouit de la foudre souleva, des cimes de l'Ida, un tourbillon de vent qui couvrit les nefs de poussière, amollit le courage des Akhaiens et assura la gloire à Hektôr et aux Troiens qui, confiants dans les signes de Zeus et dans leur vigueur, tentaient de rompre la grande muraille des Akhaiens.

Et ils arrachaient les créneaux, et ils démolissaient les parapets, et ils ébranlaient avec des leviers les piles que les Akhaiens avaient posées d'abord en terre pour soutenir les tours. Et ils les arrachaient, espérant détruire la muraille des Akhaiens. Mais les Danaens ne reculaient point, et, couvrant les parapets de leurs boucliers de peaux de bœuf, ils en repoussaient les ennemis qui assiégeaient la muraille.

Et les deux Aias couraient çà et là sur les tours, ranimant le courage des Akhaiens. Tantôt par des paroles flatteuses, tantôt par de rudes paroles, ils excitaient ceux qu'ils voyaient se retirer du combat :

— Amis ! vous, les plus vaillants des Argiens, ou les moins braves, car tous les guerriers ne sont pas égaux dans la mêlée, c'est maintenant, vous le voyez, qu'il faut combattre, tous tant que vous êtes. Que nul ne se retire vers les nefs devant les menaces de l'ennemi. En avant ! Exhortez-vous les uns les autres. Peut-être que l'Olympien foudroyant Zeus nous donnera de repousser les Troiens jusque dans la Ville.

Et c'est ainsi que d'une voix belliqueuse ils excitaient les Akhaiens.

De même que, par un jour d'hiver, tombent les flocons amoncelés de la neige, quand le sage Zeus, manifestant ses traits, les répand sur les hommes mortels, et que les vents se taisent, tandis que la neige couvre les cimes des grandes montagnes, et les hauts promontoires, et les campagnes herbues, et les vastes travaux des laboureurs, et qu'elle tombe aussi sur les rivages de la mer écumeuse où les flots la fondent, pendant que la pluie de Zeus enveloppe tout le reste ; de même une grêle de pierres volait des Akhaiens aux Troiens et des Troiens aux Akhaiens, et un retentissement s'élevait tout autour de la muraille.

Mais ni les Troiens ni l'illustre Hektôr n'auraient alors rompu les portes de la muraille ni la longue barrière, si le sage Zeus n'eût poussé son fils Sarpèdôn contre les Argiens, comme un lion contre des bœufs aux cornes recourbées.

Et il tenait devant lui un bouclier d'une rondeur égale, beau, revêtu de lames d'airain que l'ouvrier avait appliquées sur d'épaisses peaux de bœuf, et entouré de longs cercles d'or. Et, tenant ce bouclier et agitant deux lances, Sarpèdôn s'avançait, comme un lion nourri sur les montagnes, qui, depuis longtemps affamé, est excité par son cœur audacieux à enlever les brebis jusque dans l'enclos profond, et qui, bien qu'elles soient gardées par les chiens et par les pasteurs armés de lances, ne recule point sans tenter le péril, mais d'un bond saisit sa proie, s'il n'est d'abord percé par un trait rapide. Ainsi le cœur du divin Sarpèdôn le poussait à enfoncer le rempart et à rompre les parapets. Et il dit à Glaukos, fils de Hippolokhos :

— Glaukos, pourquoi, dans la Lykiè, sommes-nous grandement honorés par les meilleures places, les viandes et les coupes pleines, et sommes-nous regardés comme des Dieux ? Pourquoi cultivons-nous un grand domaine florissant, sur les rives du Xanthos, une terre plantée de vignes et de blé ? C'est afin que nous soyons debout, en tête des Lykiens, dans l'ardente bataille. C'est afin que chacun des Lykiens bien armés dise : Nos rois, qui gouvernent la Lykiè, ne sont pas sans gloire. S'ils mangent les grasses brebis, s'ils boivent le vin excellent et doux, ils sont pleins de courage et de vigueur, et ils combattent en tête des Lykiens. — Ô ami, si en évitant la guerre nous pouvions rester jeunes et immortels, je ne combattrais pas au premier rang et je ne t'enverrais pas à la bataille glorieuse ; mais mille chances de mort nous enveloppent, et il n'est point permis à l'homme vivant de les éviter ni de les fuir. Allons ! donnons une grande gloire à l'ennemi ou à nous.

Il parla ainsi, et Glaukos ne recula point et lui obéit. Et ils allaient, conduisant la foule des Lykiens. Et le fils de Pétéos, Ménèstheus, frémit en les voyant, car ils se ruaient à l'assaut de sa tour. Et il jeta les yeux sur la muraille des Akhaiens, cherchant quelque chef qui vînt défendre ses compagnons. Et il aperçut les deux Aias, insatiables de combats, et, auprès d'eux, Teukros qui sortait de sa tente. Mais ses clameurs ne pouvaient être entendues, tant était immense le retentissement qui montait dans l'Ouranos, fracas des boucliers heurtés, des casques aux crinières de chevaux, des portes assiégées et que les Troiens s'efforçaient de rompre. Et, alors, Ménèstheus envoya vers Aias le héraut Thoôs :

— Va ! divin Thoôs, appelle Aias, ou même les deux à la fois, ce qui serait bien mieux, car c'est de ce côté que la ruine nous menace. Voici que les chefs Lykiens se ruent sur nous, impétueux comme ils le sont toujours dans les rudes batailles. Mais si le combat retient ailleurs les deux Aias, amène au moins le robuste Télamônien et l'excellent archer Teukros.

Il parla ainsi, et Thoôs, l'ayant entendu, obéit, et, courant sur la muraille des Argiens cuirassés, s'arrêta devant les Aias et leur dit aussitôt.

— Aias, chefs des Argiens cuirassés, le fils bien-aimé du divin Pétéos vous demande d'accourir à son aide, tous deux si vous le pouvez, ce qui serait bien mieux, car c'est de ce côté que la ruine nous menace. Voici que les chefs Lykiens se ruent sur nous, impétueux comme ils le sont toujours dans les rudes batailles. Mais si le combat vous retient tous deux, que le robuste Aias Télamônien vienne au moins, et, avec lui, l'excellent archer Teukros.

Il parla ainsi, et, sans tarder, le grand Télamônien dit aussitôt à l'Oiliade :

— Aias, toi et le brave Lykomèdès, inébranlables, excitez les Danaens au combat. Moi, j'irai à l'aide de Ménèstheus, et je reviendrai après l'avoir secouru.

Ayant ainsi parlé, le Télamônien Aias s'éloigna avec son frère Teukros né du même père que lui, et, avec eux, Pandiôn, qui portait l'arc de Teukros.

Et quand ils eurent atteint la tour du magnanime Ménèstheus, ils se placèrent derrière le mur à l'instant même du danger, car les illustres princes et chefs des Lykiens montaient à l'assaut de la muraille, semblables à un noir tourbillon. Et ils se rencontrèrent, et une horrible clameur s'éleva de leur choc.

Et Aias Télamônien, le premier, tua un compagnon de Sarpédôn, le magnanime Épikleus. Et il le frappa d'un rude bloc de marbre qui gisait, énorme, en dedans du mur, au sommet du rempart, près des créneaux, et tel que, de ses deux mains, un jeune guerrier, de ceux qui vivent de nos jours, ne soulèverait point le pareil. Aias, de son bras tendu, l'enleva en l'air, brisa le casque aux quatre cônes et écrasa entièrement la tête du guerrier. Et celui-ci tomba du faîte de la tour, comme un plongeur, et son esprit abandonna ses ossements.

Et Teukros perça d'une flèche le bras nu du brave Glaukos, fils de Hippolokhos, à l'instant où celui-ci escaladait la haute muraille, et il l'éloigna du combat. Et Glaukos sauta du mur pour que nul des Akhaiens ne vît sa blessure et ne l'insultât.

Et Sarpèdôn, le voyant fuir, fut saisi de douleur ; mais, sans oublier de combattre, il frappa le Thestoride Alkmaôn de sa lance, et, la ramenant à lui, il entraîna l'homme la face contre terre, et les armes d'airain du Thestoride retentirent dans sa chute. Et Sarpèdôn saisit de ses mains vigoureuses un créneau du mur, et il l'arracha tout entier, et la muraille resta béante, livrant un chemin à la multitude.

Et Aias et Teukros firent face tous deux. Et Teukros frappa Sarpèdôn sur le baudrier splendide qui entourait la poitrine, mais Zeus détourna la flèche du corps de son fils, afin qu'il ne fût point tué devant les nefs. Et Aias, d'un bond, frappa le bouclier de Sarpèdôn, et la lance y pénétra, réprimant l'impétuosité du guerrier qui s'éloigna du mur, mais sans se retirer, car son cœur espérait la victoire. Et, se retournant, il exhorta ainsi les nobles Lykiens :

— Ô Lykiens, pourquoi laissez-vous de côté votre ardent courage ? Il m'est difficile, tout robuste que je suis, de renverser seul cette muraille et de frayer un chemin vers les nefs. Accourez donc. Toutes nos forces réunies réussiront mieux.

Il parla ainsi, et, touchés de ses reproches, ils se précipitèrent autour de leur Roi. Et les Argiens, de leur côté, derrière la muraille, renforçaient leurs phalanges, car une lourde tâche leur était réservée. Et les illustres Lykiens, ayant rompu la muraille, ne pouvaient cependant se frayer un chemin jusqu'aux nefs. Et les belliqueux Danaens, les ayant arrêtés, ne pouvaient non plus les repousser loin de la muraille.

De même que deux hommes, la mesure à la main, se querellent sur le partage d'un champ commun et se disputent la plus petite portion du terrain, de même, séparés par les créneaux, les combattants heurtaient de toutes parts les boucliers au grand orbe et les défenses plus légères. Et beaucoup étaient blessés par l'airain cruel ; et ceux qui, en fuyant, découvraient leur dos, étaient percés, même à travers les boucliers. Et les tours et les créneaux étaient inondés du sang des guerriers. Et les Troiens ne pouvaient mettre en fuite les Akhaiens, mais ils se contenaient les uns les autres. Telles sont les balances d'une ouvrière équitable. Elle tient les poids d'un côté et la laine de l'autre, et elle les pèse et les égalise, afin d'apporter à ses enfants un chétif salaire. Ainsi le combat restait égal entre les deux partis, jusqu'au moment où Zeus accorda une gloire éclatante au

Priamide Hektôr qui, le premier, franchit le mur des Akhaiens. Et il cria d'une voix retentissante, afin d'être entendu des Troiens :

— En avant, cavaliers Troiens ! Rompez la muraille des Argiens, et allumez de vos mains une immense flamme ardente.

Il parla ainsi, et tous l'entendirent, et ils se jetèrent sur la muraille, escaladant les créneaux et dardant les lances aiguës. Et Hektôr portait une pierre énorme, lourde, pointue, qui gisait devant les portes, telle que deux très-robustes hommes de nos jours n'en pourraient soulever la pareille de terre, sur leur chariot. Mais, seul, il l'agitait facilement, car le fils du subtil Kronos la lui rendait légère. De même qu'un berger porte aisément dans sa main la toison d'un bélier, et en trouve le poids léger, de même Hektôr portait la pierre soulevée droit aux ais doubles qui défendaient les portes, hautes, solides et à deux battants. Deux poutres les fermaient en dedans, traversées par une cheville.

Et, s'approchant, il se dressa sur ses pieds et frappa la porte par le milieu, et le choc ne fut pas inutile. Il rompit les deux gonds, et la pierre enfonça le tout et tomba lourdement de l'autre côté. Et ni les poutres brisées, ni les battants en éclats ne résistèrent au choc de la pierre. Et l'illustre Hektôr sauta dans le camp, semblable à une nuit rapide, tandis que l'airain dont il était revêtu resplendissait. Et il brandissait deux lances dans ses mains, et nul, excepté un Dieu, n'eût pu l'arrêter dans son élan. Et le feu luisait dans ses yeux. Et il commanda à la multitude des Troiens de franchir la muraille, et tous lui obéirent. Les uns escaladèrent la muraille, les autres enfoncèrent les portes, et les Danaens s'enfuirent jusqu'aux nefs creuses, et un immense tumulte s'éleva.

RHAPSODIE XIII.

Et dès que Zeus eut poussé Hektôr et les Troiens jusqu'aux nefs, les y laissant soutenir seuls le rude combat, il tourna ses yeux splendides sur la terre des cavaliers Thrèkiens, des Mysiens, qui combattent de près, et des illustres Hippomolgues qui se nourrissent de lait, pauvres, mais les plus justes des hommes. Et Zeus ne jetait plus ses yeux splendides sur Troiè, ne pensant point dans son esprit qu'aucun des Immortels osât secourir ou les Troiens, ou les Danaens.

Mais Celui qui ébranle la terre ne veillait pas en vain, et il regardait la guerre et le combat, assis sur le plus haut sommet de la Samothrèkè feuillue, d'où apparaissaient tout l'Ida et la ville de Priamos et les nefs des Akhaiens. Et là, assis hors de la mer, il prenait pitié des Akhaiens domptés par les Troiens, et s'irritait profondément contre Zeus. Et, aussitôt, il descendit du sommet escarpé, et les hautes montagnes et les forêts tremblaient sous les pieds immortels de Poseidaôn qui marchait. Et il fit trois pas, et, au quatrième, il atteignit le terme de sa course, Aigas, où, dans les gouffres de la mer, étaient ses illustres demeures d'or, éclatantes et incorruptibles.

Et là, il attacha au char ses chevaux rapides, dont les pieds étaient d'airain et les crinières d'or. Et il se revêtit d'or lui-même, saisit le fouet d'or habilement travaillé, et monta sur son char. Et il allait sur les eaux, et, de toutes parts, les cétacés, émergeant de l'abîme, bondissaient, joyeux, et reconnaissaient leur roi. Et la mer s'ouvrait avec allégresse, et les chevaux volaient rapidement sans que l'écume mouillât l'essieu d'airain. Et les chevaux agiles le portèrent jusqu'aux nefs.

Et il y avait un antre large dans les gouffres de la mer profonde, entre Ténédos et l'âpre Imbros. Là, Poseidaôn qui ébranle la terre arrêta ses chevaux, les délia du char, leur offrit la nourriture divine et leur mit aux pieds des entraves d'or solides et indissolubles, afin qu'ils attendissent en paix le retour de leur Roi. Et il s'avança vers l'armée des Akhaiens.

Et les Troiens amoncelés, semblables à la flamme, tels qu'une tempête, pleins de frémissements et de clameurs, se précipitaient, furieux, derrière le Priamide Hektôr. Et ils espéraient se saisir des nefs des Akhaiens et y tuer tous les Akhaiens. Mais Poseidaôn qui entoure la terre et qui la secoue, sorti de la mer profonde, excitait les Argiens, ayant revêtu le corps de Kalkhas et pris sa voix infatigable. Et il parla ainsi
aux deux Aias, pleins d'ardeur eux-mêmes :

— Aias ! Vous sauverez les hommes d'Akhaiè, si vous vous souvenez de votre courage et non de la fuite désastreuse. Ailleurs, je ne crains pas les efforts des Troiens qui ont franchi notre grande muraille, car les braves Akhaiens soutiendront l'attaque ; mais c'est ici, je pense, que nous aurons à subir de plus grands maux, devant Hektôr, plein de rage, semblable à la flamme, et qui se vante d'être le fils du très-puissant Zeus. Puisse un des Dieux vous inspirer de lui résister courageusement ! Et vous, exhortez vos compagnons, afin de rejeter le Priamide, malgré son audace, loin des nefs rapides, même quand l'Olympien l'exciterait.

Celui qui entoure la terre et qui l'ébranle parla ainsi, et, les frappant de son sceptre, il les remplit de force et de courage et rendit légers leurs pieds et leurs mains. Et lui-même s'éloigna aussitôt, comme le rapide épervier, qui, s'élançant à tire-d'aile du faîte d'un rocher escarpé, poursuit dans la plaine un oiseau d'une autre race. Ainsi, Poseidaôn qui ébranle la terre s'éloigna d'eux. Et aussitôt le premier des deux, le rapide Aias Oilèiade, dit au Télamôniade :

— Aias, sans doute un des Dieux Olympiens, ayant pris la forme du divinateur, vient de nous ordonner de combattre auprès des nefs. Car ce n'est point là le divinateur Kalkhas. J'ai facilement reconnu les pieds de celui qui s'éloigne. Les Dieux sont aisés à reconnaître. Je sens mon cœur, dans ma poitrine, plein d'ardeur pour la guerre et le combat, et mes mains et mes pieds sont plus légers.

Et le Télamônien Aias lui répondit :

— Et moi aussi, je sens mes mains rudes frémir autour de ma lance, et ma force me secouer et mes pieds m'emporter en avant. Et voici que je suis prêt à lutter seul contre le Priamide Hektôr qui ne se lasse jamais de combattre.

Et tandis qu'ils se parlaient ainsi, joyeux de l'ardeur guerrière que le Dieu avait mise dans leurs cœurs, celui-ci, loin d'eux, encourageait les Akhaiens qui reposaient leur âme auprès des nefs rapides, car leurs membres étaient rompus de fatigue, et une amère douleur les saisissait à la vue des Troiens qui avaient franchi la grande muraille. Et des larmes coulaient de leurs paupières, et ils n'espéraient plus fuir leur ruine. Mais Celui qui ébranle la terre ranima facilement leurs braves phalanges. Et il exhorta Teukros, Lèitos, Pénéléos, Thoas, Dèipyros, Mèrionès et Antilokhos, habiles au combat. Et il leur dit en paroles ailées :

— Ô honte ! jeunes guerriers Argiens, je me fiais en votre courage pour sauver nos nefs, mais, si vous suspendez le combat, voici que le jour est venu d'être domptés par les Troiens. Ô douleur ! je vois de mes yeux ce grand prodige terrible que je ne pensais point voir jamais, les Troiens sur nos nefs ! Eux qui, auparavant, étaient semblables aux cerfs fuyards, pâture des lynx, des léopards et des loups, errants par les forêts, sans force et inhabiles au combat ! Car les Troiens n'osaient, auparavant, braver en face la vigueur des Akhaiens ; et, maintenant, loin de la Ville, ils combattent auprès des nefs creuses, grâce à la lâcheté du chef et à la négligence des hommes qui refusent de défendre les nefs rapides, et s'y laissent tuer. Mais, s'il est vrai que l'Atréide Agamemnôn qui règne au loin soit coupable d'avoir outragé le Pèléiôn aux pieds rapides, nous est-il permis pour cela d'abandonner le combat ? Réparons ce mal. Les esprits justes se guérissent aisément de l'erreur. Vous ne pouvez sans honte oublier votre courage, étant parmi les plus braves. Je ne m'inquiéterais point d'un lâche qui fuirait le combat, mais, contre vous, je m'indigne dans mon cœur. Ô pleins de mollesse, bientôt vous aurez causé par votre inaction un mal irréparable. Que la honte et mes reproches entrent dans vos âmes, car voici qu'un grand combat s'engage et que le brave Hektôr, ayant rompu nos portes et nos barrières, combat auprès des nefs.

Et, parlant ainsi, Celui qui ébranle la terre excitait les Akhaiens. Et autour des deux Aias se pressaient de solides phalanges qu'auraient louées Arès et Athènè qui excite les guerriers. Et les plus braves attendaient les Troiens et le divin Hektôr, lance contre lance, bouclier contre bouclier, casque contre casque, homme contre homme. Et les crinières, sur les cônes splendides, se mêlaient, tant les rangs étaient épais ; et les lances s'agitaient entre les mains audacieuses, et tous marchaient, pleins du désir de combattre.

Mais sur eux se ruent une foule de Troiens, derrière Hektôr qui s'élançait. De même qu'une roche désastreuse qu'un torrent, gonflé par une immense pluie, roule, déracinée, de la cime d'un mont, et qui se précipite à travers tous les obstacles jusqu'à ce qu'elle arrive à la plaine où, bien qu'arrêtée dans sa course, elle remue encore ; de même Hektôr menaçait d'arriver jusqu'à la mer, aux tentes et aux nefs des Akhaiens ; mais il se heurta contre les masses épaisses d'hommes, contraint de s'arrêter. Et les fils des Akhaiens le repoussèrent en le frappant de leurs épées et de leurs lances aiguës. Alors, reculant, il s'écria d'une voix haute aux Troiens :

— Troiens, Lykiens et Dardaniens belliqueux, restez fermes. Les Akhaiens ne me résisteront pas longtemps, bien qu'ils se dressent maintenant comme une tour ; mais ils vont fuir devant ma lance, si le plus grand des Dieux, l'époux tonnant de Hèrè, m'encourage.

Il parla ainsi, excitant la force et la vaillance de chacun. Et le Priamide Dèiphobos, plein de fierté, marchait d'un pied léger au milieu d'eux, couvert de son bouclier d'une rondeur égale. Et Mèrionès lança contre lui sa pique étincelante, qui, ne s'égarant point, frappa le bouclier d'une rondeur égale et fait de peau de taureau ; mais la longue lance y pénétra à peine et se brisa à son extrémité. Et Dèiphobos éloigna de sa poitrine le bouclier de peau de taureau, craignant la lance du brave Mèrionès ; mais ce héros rentra dans la foule de ses compagnons, indigné d'avoir manqué la victoire et rompu sa lance. Et il courut vers les nefs des Akhaiens, afin d'y chercher une longue pique qu'il avait laissée dans sa tente. Mais d'autres combattaient, et une immense clameur s'élevait de tous côtés.

Et Teukros Télamônien tua, le premier, le brave guerrier Imbrios, fils de Mentôr et riche en chevaux. Et, avant l'arrivée des fils des Akhaiens, il habitait Pèdaios, avec Mèdésikastè, fille illégitime de Priamos ; mais, après l'arrivée des nefs aux doubles avirons des Danaens, il vint à Ilios et s'illustra parmi les Troiens.

Et le fils de Télamôn, de sa longue lance, le perça sous l'oreille, et il tomba, comme un frêne qui, tranché par l'airain sur le sommet d'un mont élevé, couvre la terre de son feuillage délicat. Il tomba ainsi, et ses belles armes d'airain sonnèrent autour de lui. Et Teukros accourut pour le dépouiller ; mais Hektôr, comme il s'élançait, lança contre lui sa pique éclatante. Et le Télamônien la vit et l'évita, et la lance du Priamide frappa dans la poitrine Amphimakhos, fils de Ktéatos Aktorionide, qui s'avançait. Et sa chute retentit et ses armes sonnèrent sur lui. Et Hektôr s'élança pour dépouiller du casque bien adapté aux tempes le magnanime Amphimakhos. Mais Aias se rua sur lui, armé d'une pique étincelante ; et, comme Hektôr était entièrement enveloppé de l'airain effrayant, Aias frappa seulement le bouclier bombé et le repoussa violemment loin des deux cadavres que les Akhaiens entraînèrent.

Et Stikhios et le divin Ménèstheus, princes des Athènaiens, portèrent Amphimakhos dans les tentes des Akhaiens, et les Aias, avides du combat impétueux, se saisirent d'Imbrios. De même que deux lions, arrachant une chèvre aux dents aiguës des chiens, l'emportent à travers les taillis épais en la tenant loin de terre dans leurs mâchoires, de même les deux Aias enlevèrent Imbrios et le dépouillèrent de ses armes. Et Aias Oilèiade, furieux de la mort d'Amphimakhos, coupa la tête du Troien, et, la jetant comme une boule au travers de la multitude, l'envoya rouler dans la poussière, sous les pieds de Hektôr. Et alors, Poseidaôn, irrité de la mort de son petit-fils tué dans le combat, courut aux tentes des Akhaiens, afin d'exciter les Danaens et de préparer des calamités aux Troiens.

Et Idoméneus, illustre par sa lance, le rencontra. Et celui-ci quittait un de ses compagnons qui, dans le combat, avait été frappé au jarret par l'airain aigu et emporté par les siens. Et Idoméneus, l'ayant confié aux médecins, sortait de sa tente, plein du désir de retourner au combat. Et le Roi qui ébranle la terre lui parla ainsi, ayant pris la figure et la voix de l'Andraimonide Thoas, qui, dans tout Pleurôn et la haute Kalydôn, commandait aux Aitôliens, et que ceux-ci honoraient comme un Dieu :

— Idoméneus, prince des Krètois, où sont tes menaces et celles des Akhaiens aux Troiens ?

Et le prince des Krètois, Idoméneus, lui répondit :

— Ô Thoas, aucun guerrier n'est en faute, autant que j'en puis juger, car nous combattons tous ; aucun n'est retenu par la pâle crainte, aucun, par indolence, ne refuse le combat dangereux ; mais cela plaît sans doute au très-puissant Zeus que les Akhaiens périssent ici, sans gloire et loin d'Argos. Thoas, toi qui, toujours plein d'ardeur guerrière, as coutume d'encourager les faibles, ne cesse pas dans ce moment, et ranime la vaillance de chaque guerrier.

Et Poseidaôn qui ébranle la terre lui répondit :

— Idoméneus, ne puisse-t-il jamais revenir de la terre Troienne, puisse-t-il être la proie des chiens, le guerrier qui, en ce jour, cessera volontairement de combattre ! Va ! et reviens avec tes armes. Il faut nous concerter. Peut-être serons-nous tous deux de quelque utilité. L'union des guerriers est utile, même celle des plus timides ; et nous saurons combattre les héros.

Ayant ainsi parlé, le Dieu rentra dans la mêlée des hommes, et Idoméneus regagna ses tentes et revêtit ses belles armes. Il saisit deux lances et accourut, semblable au feu fulgurant que le Kroniôn, de sa main, précipite des cimes de l'Olympos enflammé, comme un signe rayonnant aux hommes vivants. Ainsi resplendissait l'airain sur la poitrine du Roi qui accourait. Et Mèrionès, son brave compagnon, le rencontra non loin de la tente. Et il venait chercher une lance d'airain. Et Idoméneus lui parla ainsi :

— Mèrionès aux pieds rapides, fils de Molos, le plus cher de mes compagnons, pourquoi quittes-tu la guerre et le combat ? Es-tu blessé, et la pointe du trait te tourmente-t-elle ? Viens-tu m'annoncer quelque chose ? Certes, pour moi, je n'ai pas le dessein de rester dans mes tentes, mais je désire le combat.

Et le sage Mèrionès lui répondit :

— Idoméneus, prince des Krètois cuirassés, je viens afin de prendre une lance, si, dans tes tentes, il en reste une ; car j'ai rompu la mienne sur le bouclier de l'orgueilleux Dèiphobos.

Et Idoméneus, prince des Krètois, lui répondit :

— Si tu veux des lances, tu en trouveras une, tu en trouveras vingt, appuyées étincelantes contre les parois de ma tente. Ce sont des lances Troiennes enlevées à ceux que j'ai tués, car je combats de près les guerriers ennemis ; et c'est pourquoi j'ai des lances, des boucliers bombés, des casques et des cuirasses éclatantes.

Et le sage Mèrionès lui répondit :

— Dans ma tente et dans ma nef noire abondent aussi les dépouilles Troiennes ; mais elles sont trop éloignées. Je ne pense pas aussi avoir jamais oublié mon courage. Je combats au premier rang, parmi les guerriers illustres, à l'heure où la mêlée retentit. Quelques-uns des Akhaiens cuirassés peuvent ne m'avoir point vu, mais toi, tu me connais.

Et Idoméneus, prince des Krètois, lui répondit :

— Je sais quel est ton courage. Pourquoi me parler ainsi ? Si nous étions choisis parmi les plus braves pour une embuscade, car c'est là que le courage des guerriers éclate, là on distingue le brave du lâche, car celui-ci change à tout instant de couleur, et son cœur n'est point assez ferme pour attendre tranquillement en place ; et il remue sans cesse, tantôt sur un pied, tantôt sur l'autre ; et son cœur tremble dans sa poitrine par crainte de la mort, et ses dents claquent, tandis que le brave ne change point de couleur, et il ne redoute rien au premier rang des guerriers, dans l'embuscade, et il souhaite l'ardent combat ; certes, donc, aucun de nous ne blâmerait en cet instant ni ton courage ni ton bras ; et si tu étais blessé alors, ce ne serait point à l'épaule ou dans le dos que tu serais frappé d'un trait, mais en pleine poitrine ou dans le ventre, tandis que tu te précipiterais dans la mêlée des combattants. Va ! ne parlons plus, inactifs, comme des enfants, de peur que ceci nous soit reproché injurieusement. Va dans ma tente, et prends une lance solide.

Il parla ainsi, et Mèrionès, semblable au rapide Arès, saisit promptement dans la tente une lance d'airain, et il marcha avec Idoméneus, plein du désir de combattre. Ainsi marche le désastreux Arès avec la Terreur, sa fille bien-aimée, forte et indomptable, qui épouvante le plus brave. Ils descendent de la Thrèkè vers les Épirotes ou les magnanimes Phlègyens, et ils n'exaucent point les deux peuples à la fois, mais ils accordent la gloire à l'un ou à l'autre. Ainsi Mèrionès et Idoméneus, princes des hommes, marchaient, armés de l'airain splendide.

Et Mèrionès, le premier, parla ainsi :

— Deukalide, de quel côté veux-tu entrer dans la mêlée ? À droite, au centre, ou à gauche ? C'est là que les Akhaiens chevelus faiblissent.

Et Idoméneus, prince des Krètois, lui répondit :

— D'autres sont au centre qui défendent les nefs, les deux Aias et Teukros, le plus habile archer d'entre les Akhaiens, et brave aussi de pied ferme. Ils suffiront à repousser le Priamide Hektôr. Quelque brave qu'il soit, et quelle que soit son ardeur à combattre, il ne réussira pas à dompter leur courage et leurs mains invincibles et à brûler les nefs, à moins que le Kroniôn lui-même ne jette l'ardente foudre sur les nefs rapides. Jamais le grand Télamônien Aias ne le cédera à aucun homme né mortel et nourri des dons de Dèmètèr, vulnérable par l'airain ou par de lourds rochers. Il ne reculerait même pas devant l'impétueux Akhilleus, s'il ne peut cependant lutter contre lui en agilité. Allons vers la gauche de l'armée, et voyons promptement si nous remporterons une grande gloire, ou si nous la donnerons à l'ennemi.

Il parla ainsi, et Mèrionès, semblable au rapide Arès, s'élança du côté où Idoméneus ordonnait d'aller. Et dès que les Troiens eurent vu Idoméneus, semblable à la flamme par son courage, avec son compagnon brillant sous ses armes, s'exhortant les uns les autres, ils se jetèrent sur lui. Et le combat fut égal entre eux tous devant les poupes des nefs.

De même que les vents tempêtueux, en un jour de sécheresse, soulèvent par les chemins de grands tourbillons de poussière, de même tous se ruèrent dans une mêlée furieuse afin de s'entretuer de l'airain aigu. Et la multitude des guerriers se hérissa de longues lances qui perçaient la chair des combattants. Et la splendeur de l'airain, des casques étincelants, des cuirasses polies et des boucliers, éblouissait les yeux. Et il eût été impitoyable celui qui, loin de s'attrister de ce combat, s'en fût réjoui.

Et les deux fils puissants de Kronos, dans leur volonté contraire, accablaient ainsi les héros de lourdes calamités. Zeus voulait donner la victoire à Hektôr et aux Troiens, afin d'honorer Akhilleus aux pieds rapides ; et il ne voulait pas détruire les tribus Akhaiennes devant Ilios, mais honorer Thétis et son fils magnanime. Et Poseidaôn, sorti en secret de la blanche mer, encourageait les Akhaiens, et il gémissait de les voir domptés par les Troiens, et il s'irritait contre Zeus. Et tous deux avaient la même origine et le même père, mais Zeus était le plus âgé et savait plus de choses. Et c'est pourquoi Poseidaôn ne secourait point ouvertement les Argiens, mais, sous la forme d'un guerrier, parcourait l'armée en les encourageant.

Et tous deux avaient étendu également sur l'un et l'autre parti les chaînes du combat violent et de la guerre désastreuse, chaînes infrangibles, indissolubles, et qui rompaient les genoux d'un grand nombre de héros.

Et Idoméneus, bien qu'à demi blanc de vieillesse, exhortant les Danaens, bondit sur les Troiens qu'il fit reculer. Et il tua Othryoneus de Kabèsos qui, venu récemment, attiré par le bruit de la guerre, demandait

Kassandrè, la plus belle des filles de Priamos. Et il n'offrait point de présents, mais il avait promis de repousser les fils des Akhaiens loin de Troiè. Et le vieillard Priamos avait juré de lui donner sa fille, et, sur cette promesse, il combattait bravement. Et, comme il s'avançait avec fierté, Idoménèus le frappa de sa lance étincelante, et la cuirasse d'airain ne résista point au coup qui pénétra au milieu du ventre. Et il tomba avec bruit, et Idoménèus s'écria en l'insultant :

— Othryoneus ! je te proclame le premier des hommes si tu tiens la parole donnée au Dardanide Priamos. Il t'a promis sa fille, et c'est nous qui accomplirons sa promesse. Et nous te donnerons la plus belle des filles d'Agamemnôn, venue d'Argos pour t'épouser, si tu veux avec nous détruire la ville bien peuplée d'Ilios. Mais suis-nous dans les nefs qui traversent la mer, afin de convenir de tes noces, car nous aussi, nous sommes d'excellents beaux-pères !

Et le héros Idoménèus parla ainsi, et il le traînait par un pied à travers la mêlée. Et, pour venger Othryoneus, Asios accourut, à pied devant son char, et ses chevaux, retenus par leur conducteur, soufflaient sur ses épaules. Et il désirait percer Idoménèus, mais celui-ci l'atteignit le premier, de sa lance, dans la gorge, sous le menton. Et la lance passa au travers du cou, et Asios tomba comme un chêne ou comme un peuplier, ou comme un pin élevé que des constructeurs de nefs, sur les montagnes, coupent de leurs haches récemment aiguisées. Ainsi le guerrier gisait étendu devant ses chevaux et son char, grinçant des dents et saisissant la poussière sanglante. Et le conducteur, éperdu, ne songeait pas à éviter l'ennemi en faisant retourner les chevaux. Et le brave Antilokhos le frappa de sa lance, et la cuirasse d'airain ne résista pas au coup qui pénétra au milieu du ventre. Et l'homme tomba, expirant, du char habilement fait, et le fils du magnanime Nestôr, Antilokhos, entraîna les chevaux du côté des Akhaiens aux belles knèmides.

Et Dèiphobos, triste de la mort d'Asios, s'approchant d'Idoménèus, lui lança sa pique étincelante. Mais Idoménèus, l'ayant aperçue, évita la pique d'airain en se couvrant de son bouclier d'une rondeur égale fait de peaux de bœuf et d'airain brillant, et qu'il portait à l'aide de deux manches. Et il en était entièrement couvert, et l'airain vola par-dessus, effleurant le bouclier qui résonna. Mais la lance ne s'échappa point en vain d'une main vigoureuse, et, frappant Hypsènôr Hippaside, prince des peuples, elle s'enfonça dans son foie et rompit ses genoux. Et Dèiphobos cria en se glorifiant :

— Asios ne mourra pas non vengé, et, en allant aux portes solides d'Aidès, il se réjouira dans son brave cœur, car je lui ai donné un compagnon.

Il parla ainsi, et ses paroles orgueilleuses emplirent les Argiens de douleur, et surtout le brave Antilokhos. Mais, bien qu'attristé, il n'oublia point son compagnon, et, courant tout autour, il le couvrit de son bouclier.

Et deux autres compagnons bien-aimés de Hypsènôr, Mékisteus et le divin Alastôr, l'emportèrent en gémissant dans les nefs creuses.

Et Idoméneus ne laissait point reposer son courage, et il désirait toujours envelopper quelque Troien de la nuit noire, ou tomber lui-même en sauvant les Akhaiens de leur ruine. Alors périt le fils bien-aimé d'Aisyétas nourri par Zeus, le héros Alkathoos, gendre d'Ankhisès. Et il avait épousé Hippodaméia, l'aînée des filles d'Ankhisès, très-chère, dans leur demeure, à son père et à sa mère vénérable. Et elle l'emportait sur toutes ses compagnes par la beauté, l'habileté aux travaux et la prudence et c'est pourquoi un grand chef l'avait épousée dans la large Troiè. Et Poseidaôn dompta Alkathoos par les mains d'Idoméneus. Et il éteignit ses yeux étincelants, et il enchaîna ses beaux membres, de façon à ce qu'il ne pût ni fuir ni se détourner, mais que, tout droit comme une colonne ou un arbre élevé, il reçût au milieu de la poitrine la lance du héros Idoméneus. Et sa cuirasse d'airain, qui éloignait de lui la mort, résonna, rompue par la lance. Et sa chute retentit, et la pointe d'airain, dans son cœur qui palpitait, remua jusqu'à ce que le rude Arès eût épuisé la force de la lance. Et Idoméneus cria d'une voix terrible en se glorifiant :

— Dèiphobos ! je pense que les choses sont au moins égales. En voici trois de tués pour un, et tu te vantais en vain. Malheureux ! ose m'attendre, et tu verras ce que vaut la race de Zeus. Zeus engendra Minôs, gardien de la Krètè, et Minôs engendra un fils, l'irréprochable Deukaliôn, et Deukaliôn m'engendra pour être le chef de nombreux guerriers dans la grande Krètè, et mes nefs m'ont amené ici pour ton malheur, celui de ton père et celui des Troiens.

Il parla ainsi, et Dèiphobos délibéra s'il irait chercher pour soutien quelque autre des Troiens magnanimes, ou s'il combattrait seul. Et il vit qu'il valait mieux aller vers Ainéias. Et il le trouva debout aux derniers rangs, car il était irrité contre le divin Priamos qui ne l'honorait pas, bien qu'il fût brave entre tous les guerriers. Et Dèiphobos, s'approchant, lui dit en paroles ailées :

— Ainéias, prince des Troiens, si la gloire te touche, viens protéger ton beau-frère. Suis-moi, allons vers Alkathoos qui, époux de ta sœur, a autrefois nourri ton enfance dans ses demeures. Idoméneus, illustre par sa lance, l'a tué.

Il parla ainsi, et le cœur d'Ainéias fut ébranlé dans sa poitrine, et il marcha pour combattre Idoméneus. Mais celui-ci ne fut point saisi par la peur comme un enfant, et il attendit, de même qu'un sanglier des montagnes, certain de sa force, attend, dans un lieu désert, le tumulte des chasseurs qui s'approchent. Son dos se hérisse, ses yeux lancent du feu, et il aiguise ses défenses pour repousser aussitôt les chiens et les chasseurs. De même Idoméneus, illustre par sa lance, ne recula point devant Ainéias qui accourait au combat. Et il appela ses compagnons Askalaphos,

Aphareos, Dèipyros, Mèrionès et Antilokhos. Et il leur dit en paroles ailées :

— Accourez, amis, car je suis seul, et je crains Ainéias aux pieds rapides qui vient sur moi. Il est très-brave, et c'est un tueur d'hommes, et il est dans la fleur de la jeunesse, à l'âge où la force est la plus grande. Si nous étions du même âge, avec mon courage, une grande gloire nous serait donnée, à lui ou à moi.

Il parla ainsi, et tous, avec une même ardeur, ils l'entourèrent, le bouclier sur l'épaule. Et Ainéias, de son côté, appela aussi ses compagnons, Dèiphobos, Pâris et le divin Agènôr, comme lui princes des Troiens. Et leurs troupes les suivaient, telles que des troupeaux de brebis qui suivent le bélier hors du pâturage, pour aller boire. Et le berger se réjouit dans son âme. De même le cœur d'Ainéias fut joyeux dans sa poitrine, en voyant la foule des guerriers qui le suivaient.

Et, autour d'Alkathoos, tous dardèrent leurs longues lances, et, sur les poitrines, l'horrible airain retentissait, tandis qu'ils se frappaient à l'envi. Et deux braves guerriers, Ainéias et Idoméneus semblable à Arès, désiraient surtout se percer de l'airain cruel. Et Ainéias, le premier, lança sa pique contre Idoméneus ; mais celui-ci, l'ayant aperçue, évita la pique d'airain qui s'enfonça en vibrant dans la terre, inutile, bien que partie d'une main vigoureuse.

Et Idoméneus frappa Oinomaos au milieu du ventre, et la cuirasse fut rompue, et l'airain s'enfonça dans les intestins, et le guerrier tomba en saisissant la terre avec les mains. Et Idoméneus arracha la lance du cadavre, mais il ne put dépouiller les épaules de leurs belles armes, car il était accablé par les traits. Et il n'avait plus les pieds vigoureux avec lesquels il s'élançait autrefois pour reprendre sa pique ou pour éviter celle de l'ennemi. Il éloignait encore de pied ferme son jour fatal, mais il ne pouvait plus fuir aisément.

Et Dèiphobos, comme il se retirait lentement, toujours irrité contre lui, voulut le frapper de sa lance étincelante ; mais il le manqua, et la lance perça Askalaphos, fils de Arès. Et la forte lance s'enfonça dans l'épaule, et le guerrier tomba, saisissant la terre avec ses mains.

Et le terrible Arès plein de clameurs ignorait que son fils fût tombé mort dans la mêlée violente. Et il était assis au sommet de l'Olympos, sous les nuées d'or, retenu par la volonté de Zeus, ainsi que les autres Dieux immortels, loin du combat.

Et tous se ruèrent autour d'Askalaphos. Et comme Dèiphobos enlevait son casque brillant, Mèrionès, semblable au rapide Arès, bondit, et, de sa lance, perça le bras du Troien qui laissa échapper le casque sonore. Et Mèrionès bondit de nouveau comme un vautour, et arracha du bras blessé sa forte lance, et rentra dans les rangs de ses compagnons. Et Politès, frère de Dèiphobos, entourant celui-ci de ses bras, l'entraîna hors de la mêlée, derrière les rangs, où se tenaient ses chevaux rapides, et le char éclatant, et leur conducteur. Et ils le portèrent dans la Ville, poussant des gémissements. Et le sang coulait de sa blessure fraîche. Et les autres combattaient toujours, et une immense clameur s'élevait.

Et Ainéias, se ruant sur Apharèos Kalètoride, le frappa à la gorge de sa lance aiguë ; et la tête s'inclina, et le bouclier tomba, et le casque aussi, et la mort fatale l'enveloppa.

Et Antilokhos, apercevant le dos de Thoôn, le frappa impétueusement, et il trancha la veine qui, courant le long du dos, arrive au cou. Le Troien tomba à la renverse sur la poussière, étendant les deux mains vers ses compagnons bien-aimés. Et Antilokhos accourut, et, regardant autour de lui, enleva ses belles armes de ses épaules. Et les Troiens, l'entourant aussitôt, accablaient de traits son beau et large bouclier ; mais ils ne purent déchirer avec l'airain cruel le corps délicat d'Antilokhos, car Poseidaôn qui ébranle la terre protégeait le Nestôride contre la multitude des traits. Et celui-ci ne s'éloignait point de l'ennemi, mais il tournait sur lui-même, agitant sans cesse sa lance et cherchant qui il pourrait frapper de loin, ou de près.

Et Adamas Asiade, l'ayant aperçu dans la mêlée, le frappa de l'airain aigu au milieu du bouclier ; mais Poseidaôn aux cheveux bleus refusa au Troien la vie d'Antilokhos, et la moitié du trait resta dans le bouclier comme un pieu à demi brûlé, et l'autre tomba sur la terre. Et comme Adamas fuyait la mort dans les rangs de ses compagnons, Mèrionès, le poursuivant, le perça entre les parties mâles et le nombril, là où une plaie est mortelle pour les hommes lamentables. C'est là qu'il enfonça sa lance, et Adamas tomba palpitant sous le coup, comme un taureau, dompté par la force des liens, que des bouviers ont mené sur les montagnes. Ainsi Adamas blessé palpita, mais peu de temps, car le héros Mèrionès arracha la lance de la plaie, et les ténèbres se répandirent sur les yeux du Troien.

Et Hélénos, de sa grande épée de Thrèkè, frappa Dèipyros à la tempe, et le casque roula sur la terre, et un des Akhaiens le ramassa sous les pieds des combattants. Et la nuit couvrit les yeux de Dèipyros.

Et la douleur saisit le brave Atréide Ménélaos qui s'avança contre le prince Hélénos, en lançant sa longue pique. Et le Troien bandait son arc, et tous deux dardèrent à la fois, l'un sa lance aiguë, l'autre la flèche jaillissant du nerf. Et le Priamide frappa de sa flèche la cuirasse bombée, et le trait acerbe y rebondit. De même que, dans l'aire spacieuse, les fèves noires ou les pois, au souffle du vent et sous l'effort du vanneur, rejaillissent du large van, de même la flèche acerbe rebondit loin de la cuirasse de l'illustre Ménélaos.

Et le brave Atréide frappa la main qui tenait l'arc poli, et la lance aiguë attacha la main à l'arc, et Hélénos rentra dans la foule de ses compagnons, évitant la mort et traînant le frêne de la lance suspendu à sa main. Et le magnanime Agènôr arracha le trait de la blessure qu'il entoura d'une fronde en laine qu'un serviteur tenait à son côté.

Et Peisandros marcha contre l'illustre Ménélaos, et la Moire fatale le conduisait au seuil de la mort, pour qu'il fût dompté par toi, Ménélaos, dans le rude combat. Quand ils se furent rencontrés, l'Atréide le manqua, et Peisandros frappa le bouclier de l'illustre Ménélaos ; mais il ne put traverser l'airain, et le large bouclier repoussa la pique dont la pointe se rompit. Et Peisandros se réjouissait dans son esprit, espérant la victoire, et l'illustre Atréide, ayant tiré l'épée aux clous d'argent, sauta sur lui ; mais le Troien saisit, sous le bouclier, la belle hache à deux tranchants, au manche d'olivier, faite d'un airain excellent, et ils combattirent.

Peisandros frappa le cône du casque au sommet, près de la crinière, et lui-même fut atteint au front, au-dessus du nez. Et ses os crièrent, et ses yeux ensanglantés jaillirent à ses pieds, dans la poussière ; et il se renversa et tomba. Et Ménélaos, lui mettant le pied sur la poitrine, lui arracha ses armes et dit en se glorifiant :

— Vous laisserez ainsi les nefs des cavaliers Danaens, ô parjures, insatiables de la rude bataille ! Vous ne m'avez épargné ni un outrage, ni un opprobre, mauvais chiens, qui n'avez pas redouté la colère terrible de Zeus hospitalier qui tonne fortement et qui détruira votre haute citadelle ; car vous êtes venus sans cause, après avoir été reçus en amis, m'enlever, avec toutes mes richesses, la femme que j'avais épousée vierge. Et, maintenant, voici que vous tentez de jeter la flamme désastreuse sur nos nefs qui traversent la mer, et de tuer les héros Akhaiens ! Mais vous serez réprimés, bien que remplis de fureur guerrière. Ô Père Zeus, on dit que tu surpasses en sagesse tous les hommes et tous les Dieux, et c'est de toi que viennent ces choses ! N'es-tu pas favorable aux Troiens parjures, dont l'esprit est impie, et qui ne peuvent être rassasiés par la guerre désastreuse ? Certes, la satiété nous vient de tout, du sommeil, de l'amour, du chant et de la danse charmante, qui, cependant, nous plaisent plus que la guerre ; mais les Troiens sont insatiables de combats.

Ayant ainsi parlé, l'irréprochable Ménélaos arracha les armes sanglantes du cadavre, et les remit à ses compagnons ; et il se mêla de nouveau à ceux qui combattaient en avant. Et le fils du roi Pylaiméneus, Harpaliôn, se jeta sur lui. Et il avait suivi son père bien-aimé à la guerre de Troiè, et il ne devait point retourner dans la terre de la patrie. De sa pique il frappa le milieu du bouclier de l'Atréide, mais l'airain ne put le traverser, et Harpaliôn, évitant la mort, se réfugia dans la foule de ses compagnons, regardant de tous côtés pour ne pas être frappé de l'airain. Et, comme il fuyait, Mèrionès lui lança une flèche d'airain, et il le perça à la cuisse droite, et la flèche pénétra, sous l'os, jusque dans la vessie. Et il tomba entre les bras de ses chers compagnons, rendant l'âme. Il gisait comme un ver sur la terre, et son sang noir coulait, baignant la terre. Et les magnanimes Paphlagones, s'empressant et gémissant, le déposèrent sur son char pour être conduit à la sainte Ilios ; et son père, répandant des larmes, allait avec eux, nul n'ayant vengé son fils mort.

Et Pâris, irrité dans son âme de cette mort, car Harpaliôn était son hôte entre les nombreux Paphlagones, lança une flèche d'airain. Et il y avait un guerrier Akhaien, Eukhènor, fils du divinateur Polyidos, riche et brave, et habitant Korinthos. Et il était monté sur sa nef, subissant sa destinée, car le bon Polyidos lui avait dit souvent qu'il mourrait, dans ses demeures, d'un mal cruel, ou que les Troiens le tueraient parmi les nefs des Akhaiens. Et il avait voulu éviter à la fois la lourde amende des Akhaiens, et la maladie cruelle qui l'aurait accablé de douleurs ; mais Pâris le perça au-dessous de l'oreille, et l'âme s'envola de ses membres, et une horrible nuée l'enveloppa.

Tandis qu'ils combattaient, pareils au feu ardent, Hektôr cher à Zeus ignorait qu'à la gauche des nefs ses peuples étaient défaits par les Argiens, tant Celui qui ébranle la terre animait les Danaens et les pénétrait de sa force. Et le Priamide se tenait là où il avait franchi les portes et où il enfonçait les épaisses lignes des Danaens porteurs de boucliers. Là, les nefs d'Aias et de Prôtésilaos avaient été tirées sur le rivage de la blanche mer, et le mur y était peu élevé. Là aussi étaient les plus furieux combattants, et les chevaux, les Boiôtiens, les Iaônes aux longs vêtements, les Lokriens, les Phthiotes et les illustres Épéiens, qui soutenaient l'assaut autour des nefs et ne pouvaient repousser le divin Hektôr semblable à la flamme.

Et là étaient aussi les braves Athènaiens que conduisait Ménèstheus, fils de Pétéos, suivi de Pheidas, de Stikhios et du grand Bias. Et les chefs des Épéiens étaient Mégès Phyléide, Amphiôn et Drakios. Et les chefs des Phthiotes étaient Médôn et l'agile Ménéptolèmos. Médôn était fils bâtard du divin Oileus, et frère d'Aias, et il habitait Phylakè, loin de la terre de la patrie, ayant tué le frère de sa belle-mère Ériopis ; et Ménéptolèmos était fils d'Iphiklos Phylakide. Et ils combattaient tous deux en tête des Phthiotes magnanimes, parmi les Boiôtiens, pour défendre les nefs.

Et Aias, le fils agile d'Oileus, se tenait toujours auprès d'Aias Télamônien. Comme deux bœufs noirs traînent ensemble, d'un souffle égal, une lourde charrue dans une terre nouvelle, tandis que la sueur coule de la racine de leurs cornes, et que, liés à distance au même joug, ils vont dans le sillon, ouvrant du soc la terre profonde, de même les deux Aias allaient ensemble. Mais de nombreux et braves guerriers suivaient le Télamôniade et portaient son bouclier, quand la fatigue et la sueur rompaient ses genoux. Et les Lokriens ne suivaient pas le magnanime Oilèiade, car il ne leur plaisait pas de combattre en ligne. Ils n'avaient ni casques d'airain hérissés de crins de cheval, ni boucliers bombés, ni lances de frêne ; et ils étaient venus devant Troiè avec des arcs et des frondes de laine, et ils en accablaient et en rompaient sans cesse les phalanges Troiennes. Et les premiers combattaient, couverts de leurs belles armes, contre les Troiens et Hektôr armé d'airain, et les autres, cachés derrière ceux-là, lançaient sans cesse des flèches innombrables.

Alors, les Troiens se fussent enfuis misérablement, loin des tentes et des nefs, vers la sainte Ilios, si Polydamas n'eût dit au brave Hektôr :

— Hektôr, il est impossible que tu écoutes un conseil. Parce qu'un Dieu t'a donné d'exceller dans la guerre, tu veux aussi l'emporter par la sagesse. Mais tu ne peux tout posséder. Les Dieux accordent aux uns le courage, aux autres l'art de la danse, à l'autre la kithare et le chant. Le prévoyant Zeus mit un esprit sage en celui-ci, et les hommes en profitent, et il sauvegarde les cités, et il recueille pour lui-même le fruit de sa prudence. La couronne de la guerre éclate de toutes parts autour de toi, et les Troiens magnanimes qui ont franchi la muraille fuient avec leurs armes, ou combattent en petit nombre contre beaucoup, dispersés autour des nefs. Retourne, et appelle ici tous les chefs, afin que nous délibérions en conseil si nous devons nous ruer sur les nefs, en espérant qu'un Dieu nous accorde la victoire, ou s'il nous faut reculer avant d'être entamés. Je crains que les Akhaiens ne vengent leur défaite d'hier, car il y a dans les nefs un homme insatiable de guerre, qui, je pense, ne s'abstiendra pas longtemps de combat.

Polydamas parla ainsi, et son conseil prudent persuada Hektôr, et il sauta de son char à terre avec ses armes, et il dit en paroles ailées :

— Polydamas, retiens ici tous les chefs. Moi, j'irai au milieu du combat et je reviendrai bientôt, les ayant convoqués.

Il parla ainsi, et se précipita, pareil à une montagne neigeuse, parmi les Troiens et les alliés, avec de hautes clameurs. Et, ayant entendu la voix de Hektôr, ils accouraient tous auprès du Panthoide Polydamas. Et le Priamide Hektôr allait, cherchant parmi les combattants, Dèiphobos et le roi Hélénos, et l'Asiade Adamas et le Hyrtakide Asios. Et il les trouva tous, ou blessés, ou morts, autour des nefs et des poupes des Akhaiens, ayant rendu l'âme sous les mains des Argiens.

Et il vit, à la gauche de cette bataille meurtrière, le divin Alexandros, l'époux de Hélénè à la belle chevelure, animant ses compagnons au combat. Et, s'arrêtant devant lui, il lui dit ces paroles outrageantes :

— Misérable Pâris, doué d'une grande beauté, séducteur de femmes, où sont Dèiphobos, le roi Hélénos, et l'Asiade Adamas et le Hyrtakide Asios ? Où est Othryoneus ? Aujourd'hui la sainte Ilios croule de son faîte, et tu as évité seul cette ruine terrible.

Et le divin Alexandros lui répondit :

— Hektôr, tu te plais à m'accuser quand je ne suis point coupable. Parfois je me suis retiré du combat, mais ma mère ne m'a point enfanté lâche. Depuis que tu as excité la lutte de nos compagnons auprès des nefs, nous avons combattu sans cesse les Danaens. Ceux que tu demandes sont morts. Seuls, Dèiphobos et le roi Hélénos ont été tous deux blessés à la main par de longues lances ; mais le Kroniôn leur a épargné la mort. Conduis-nous donc où ton cœur et ton esprit t'ordonnent d'aller, et nous serons prompts à te suivre, et je ne pense pas que nous cessions le combat tant que nos forces le permettront. Il n'est permis à personne de combattre au-delà de ses forces.

Ayant ainsi parlé, le héros fléchit l'âme de son frère, et ils coururent là où la mêlée était la plus furieuse, là où étaient Kébrionès et l'irréprochable Polydamas, Phakès, Orthaios, le divin Polyphoitès, et Palmys, et Askanios et Moros, fils de Hippotiôn. Et ceux-ci avaient succédé depuis la veille aux autres guerriers de la fertile Askaniè, et déjà Zeus les poussait au combat.

Et tous allaient, semblables aux tourbillons de vent que le père Zeus envoie avec le tonnerre par les campagnes, et dont le bruit se mêle au retentissement des grandes eaux bouillonnantes et soulevées de la mer aux rumeurs sans nombre, qui se gonflent, blanches d'écume, et roulent les unes sur les autres.

Ainsi les Troiens se succédaient derrière leurs chefs éclatants d'airain. Et le Priamide Hektôr les menait, semblable au terrible Arès, et il portait devant lui son bouclier égal fait de peaux épaisses recouvertes d'airain. Et autour de ses tempes resplendissait son casque mouvant, et, sous son bouclier, il marchait contre les phalanges, cherchant à les enfoncer de tous côtés. Mais il n'ébranla point l'âme des Akhaiens dans leurs poitrines, et Aias, le premier, s'avança en le provoquant :

— Viens, malheureux ! Pourquoi tentes-tu d'effrayer les Argiens ? Nous ne sommes pas inhabiles au combat. C'est le fouet fatal de Zeus qui nous éprouve. Tu espères sans doute, dans ton esprit, détruire nos nefs, mais nos mains te repousseront, et bientôt ta ville bien peuplée sera prise et renversée par nous. Et je te le dis, le temps viendra où, fuyant, tu supplieras le Père Zeus et les autres Immortels pour que tes chevaux soient plus rapides que l'épervier, tandis qu'ils t'emporteront vers la Ville à travers la poussière de la plaine.

Et, comme il parlait ainsi, un aigle vola à sa droite dans les hauteurs, et les Akhaiens se réjouirent de cet augure. Et l'illustre Hektôr lui répondit :

— Aias, orgueilleux et insensé, qu'as-tu dit ? Plût aux Dieux que je fusse le fils de Zeus tempêtueux, et que la vénérable Hèrè m'eût enfanté, aussi vrai que ce jour sera fatal aux Argiens, et que tu tomberas toi-même, si tu oses attendre ma longue lance qui déchirera ton corps délicat, et que tu rassasieras les chiens d'Ilios et les oiseaux carnassiers de ta graisse et de ta chair, auprès des nefs des Akhaiens !

Ayant ainsi parlé, il se rua en avant, et ses compagnons le suivirent avec une immense clameur que l'armée répéta par derrière. Et les Argiens, se souvenant de leur vigueur, répondirent par d'autres cris, et la clameur des deux peuples monta jusque dans l'aithèr, parmi les splendeurs de Zeus.

RHAPSODIE XIV.

Tout en buvant, Nestôr entendit la clameur des hommes, et il dit à l'Asklèpiade ces paroles ailées :

— Divin Makhaôn, que deviendront ces choses ? Voici que la clameur des jeunes hommes grandit autour des nefs. Reste ici, et bois ce vin qui réchauffe, tandis que Hékamèdè aux beaux cheveux fait tiédir l'eau qui lavera le sang de ta plaie. Moi, j'irai sur la hauteur voir ce qui en est.

Ayant ainsi parlé, il saisit dans sa tente le bouclier de son fils, le brave Thrasymèdès qui, lui-même, avait pris le bouclier éclatant d'airain de son père, et il saisit aussi une forte lance à pointe d'airain, et, sortant de la tente, il vit une chose lamentable : les Akhaiens bouleversés et les Troiens magnanimes les poursuivant, et le mur des Akhaiens renversé. De même, quand l'onde silencieuse de la grande mer devient toute noire, dans le pressentiment des vents impétueux, et reste immobile, ne sachant encore de quel côté ils souffleront ; de même, le vieillard, hésitant, ne savait s'il se mêlerait à la foule des cavaliers Danaens, ou s'il irait rejoindre Agamemnôn, le prince des peuples. Mais il jugea qu'il était plus utile de rejoindre l'Atréide.

Et Troiens et Danaens s'entre-tuaient dans la mêlée, et l'airain solide sonnait autour de leurs corps, tandis qu'ils se frappaient de leurs épées et de leurs lances à deux pointes.

Et Nestôr rencontra, venant des nefs, les Rois divins que l'airain avait blessés, le Tydéide, et Odysseus, et l'Atréide Agamemnôn. Leurs nefs étaient éloignées du champ de bataille, ayant été tirées les premières sur le sable de la blanche mer ; car celles qui vinrent les premières s'avançaient jusque dans la plaine, et le mur protégeait leurs poupes. Tout large qu'il était, le rivage ne pouvait contenir toutes les nefs sans resserrer le camp ; et les Akhaiens les avaient rangées par files, dans la gorge du rivage, entre les deux promontoires.

Et les Rois, l'âme attristée dans leur poitrine, venaient ensemble, appuyés sur leurs lances. Et leur esprit s'effraya quand ils virent le vieux Nestôr, et le roi Agamemnôn lui dit aussitôt :

— Ô Nestôr Nèlèiade, gloire des Akhaiens, pourquoi reviens-tu de ce combat fatal ? Je crains que le brave Hektôr n'accomplisse la menace qu'il a faite, dans l'agora des Troiens, de ne rentrer dans Ilios qu'après avoir brûlé les nefs et tué tous les Akhaiens. Il l'a dit et il le fait. Ah ! certes, les Akhaiens aux belles knèmides ont contre moi la même colère qu'Akhilleus, et ils ne veulent plus combattre autour des nefs.

Et le cavalier Gérennien Nestôr lui répondit :

— Certes, tu dis vrai, et Zeus qui tonne dans les hauteurs n'y peut rien lui-même. Le mur est renversé que nous nous flattions d'avoir élevé devant les nefs comme un rempart inaccessible. Et voici que les Troiens combattent maintenant au milieu des nefs, et nous ne saurions reconnaître, en regardant avec le plus d'attention, de quel côté les Akhaiens roulent bouleversés. Mais ils tombent partout, et leurs clameurs montent dans l'Ouranos. Pour nous, délibérons sur ces calamités, si toutefois une résolution peut être utile. Je ne vous engage point à retourner dans la mêlée, car un blessé ne peut combattre.

Et le Roi des hommes, Agamemnôn, lui répondit :

— Nestôr, puisque le combat est au milieu des nefs, et que le mur et le fossé ont été inutiles qui ont coûté tant de travaux aux Danaens, et qui devaient, pensions-nous, être un rempart inaccessible, c'est qu'il plaît, sans doute, au très-puissant Zeus que les Akhaiens périssent tous, sans gloire, loin d'Argos. Je reconnaissais autrefois qu'il secourait les Danaens, mais je sais maintenant qu'il honore les Troiens comme des bienheureux, et qu'il enchaîne notre vigueur et nos mains. Allons, obéissez à mes paroles. Traînons à la mer les nefs qui en sont le plus rapprochées. Restons sur nos ancres jusqu'à la nuit ; et, si les Troiens cessent le combat, nous pourrons mettre à la mer divine le reste de nos nefs. Il n'y a nulle honte à fuir notre ruine entière à l'aide de la nuit, et mieux vaut fuir les maux que d'en être accablé.

Et le sage Odysseus, le regardant d'un œil sombre, lui dit :

— Atréide, quelle parole mauvaise a passé à travers tes dents ? Tu devrais conduire une armée de lâches au lieu de nous commander, nous à qui Zeus a donné de poursuivre les guerres rudes, de la jeunesse à la vieillesse, et jusqu'à la mort. Ainsi, tu veux renoncer à la grande Ville des Troiens pour laquelle nous avons souffert tant de maux ? Tais-toi. Que nul d'entre les Akhaiens n'entende cette parole que n'aurait dû prononcer aucun homme d'un esprit juste, un Roi à qui obéissent des peuples aussi nombreux que ceux auxquels tu commandes parmi les Akhaiens. Moi, je condamne cette parole que tu as dite, cet ordre de traîner à la mer les nefs bien construites, loin des clameurs du combat. Ne serait-ce pas combler les désirs des Troiens déjà victorieux ? Comment les Akhaiens soutiendraient-ils le combat, pendant qu'ils traîneraient les nefs à la mer ? Ils ne songeraient qu'aux nefs et négligeraient le combat. Ton conseil nous serait fatal, prince des peuples !

Et le Roi des hommes, Agamemnôn, lui répondit :

— Ô Odysseus, tes rudes paroles ont pénétré dans mon cœur. Je ne veux point que les fils des Akhaiens traînent à la mer, contre leur gré, les nefs bien construites. Maintenant, si quelqu'un a un meilleur conseil à donner, jeune ou vieux, qu'il parle, et sa parole me remplira de joie.

Et le brave Diomèdès parla ainsi au milieu d'eux :

— Celui-là est près de vous, et nous ne chercherons pas longtemps, si vous voulez obéir. Et vous ne me blâmerez point de parler parce que je suis le plus jeune, car je suis né d'un père illustre et je descends d'une race glorieuse. Et mon père est Tydeus qui occupe un large sépulcre dans Thèbè. Portheus engendra trois fils irréprochables qui habitaient Pleurôn et la haute Kalydôn : Agrios, Mélas, et le troisième était le cavalier Oineus, le père de mon père, et le plus brave des trois. Et celui-ci demeura chez lui, mais mon père habita Argos. Ainsi le voulurent Zeus et les autres Dieux. Et mon père épousa une des filles d'Adrestès, et il habitait une maison pleine d'abondance, car il possédait beaucoup de champs fertiles entourés de grands vergers. Et ses brebis étaient nombreuses, et il était illustre par sa lance entre tous les Akhaiens. Vous savez que je dis la vérité, que ma race n'est point vile, et vous ne mépriserez point mes paroles. Allons vers le champ de bataille, bien que blessés, loin des traits, afin que nous ne recevions pas blessure sur blessure ; mais animons et excitons les Akhaiens qui déjà se lassent et cessent de combattre courageusement.

Il parla ainsi, et ils l'écoutèrent volontiers et lui obéirent. Et le Roi des hommes, Agamemnôn, les précédait. Et l'Illustre qui ébranle la terre les vit et vint à eux sous la forme d'un vieillard. Il prit la main droite de l'Atréide Agamemnôn, et il lui dit : — Atréide, maintenant le cœur féroce d'Akhilleus se réjouit dans sa poitrine, en voyant la fuite et le carnage des Akhaiens. Il a perdu l'esprit. Qu'un Dieu lui rende autant de honte ! Tous les Dieux heureux ne sont point irrités contre toi. Les princes et les chefs des Troiens empliront encore la plaine de poussière, et tu les verras fuir vers leur Ville, loin des nefs et des tentes.

Ayant ainsi parlé, il se précipita vers la plaine en poussant un grand cri, tel que celui que neuf ou dix mille hommes qui se ruent au combat pourraient pousser de leurs poitrines. Tel fut le cri du Roi qui ébranle la terre. Et il versa la force dans le cœur des Akhaiens, avec le désir de guerroyer et de combattre.

Hèrè regardait, assise sur un trône d'or, au sommet de l'Olympos, et elle reconnut aussitôt son frère qui s'agitait dans la glorieuse bataille, et elle se réjouit dans son cœur. Et elle vit Zeus assis au faîte de l'Ida où naissent les sources, et il lui était odieux. Aussitôt, la vénérable Hèrè aux yeux de bœuf songea au moyen de tromper Zeus tempêtueux, et ceci lui sembla meilleur d'aller le trouver sur l'Ida, pour exciter en lui le désir amoureux de sa beauté, afin qu'un doux et profond sommeil fermât ses paupières et obscurcît ses pensées.

Et elle entra dans la chambre nuptiale que son fils bien-aimé Hèphaistos avait faite. Et il avait adapté aux portes solides un verrou secret, et aucun des Dieux n'aurait pu les ouvrir. Elle entra et ferma les portes resplendissantes. Et, d'abord, elle lava son beau corps avec de l'ambroisie ; puis elle se parfuma d'une huile divine dont l'arôme se répandit dans la demeure de Zeus, sur la terre et dans l'Ouranos. Et son beau corps étant parfumé, elle peigna sa chevelure et tressa de ses mains ses cheveux éclatants, beaux et divins, qui flottaient de sa tête immortelle. Et elle revêtit une khlamyde divine qu'Athènè avait faite elle-même et ornée de mille merveilles, et elle la fixa sur sa poitrine avec des agrafes d'or. Et elle mit une ceinture à cent franges, et à ses oreilles bien percées des pendants travaillés avec soin et ornés de trois pierres précieuses. Et la grâce l'enveloppait tout entière. Ensuite, la Déesse mit un beau voile blanc comme Hélios, et, à ses beaux pieds, de belles sandales. S'étant ainsi parée, elle sortit de sa chambre nuptiale, et, appelant Aphroditè loin des autres Dieux, elle lui dit :

— M'accorderas-tu, chère fille, ce que je vais te demander, ou me refuseras-tu, irritée de ce que je protège les Danaens, et toi les Troiens ?

Et la fille de Zeus, Aphroditè, lui répondit :

— Vénérable Hèrè, fille du grand Kronos, dis ce que tu désires. Mon cœur m'ordonne de te satisfaire, si je le puis, et si c'est possible.

Et la vénérable Hèrè qui médite des ruses lui répondit :

— Donne-moi l'amour et le désir à l'aide desquels tu domptes les Dieux immortels et les hommes mortels. Je vais voir, aux limites de la terre, Okéanos, origine des Dieux, et la maternelle Téthys, qui m'ont élevée et nourrie dans leurs demeures, m'ayant reçue de Rhéiè, quand Zeus au large regard jeta Kronos sous la terre et sous la mer stérile. Je vais les voir, afin d'apaiser leurs dissensions amères. Déjà, depuis longtemps, ils ne partagent plus le même lit, parce que la colère est entrée dans leur cœur. Si je puis les persuader par mes paroles, et si je les rends au même lit, pour qu'ils puissent s'unir d'amour, ils m'appelleront leur bien-aimée et vénérable.

Et Aphroditè qui aime les sourires lui répondit :

— Il n'est point permis de te rien refuser, à toi qui couches dans les bras du grand Zeus.

Elle parla ainsi, et elle détacha de son sein la ceinture aux couleurs variées où résident toutes les voluptés, et l'amour, et le désir, et l'entretien amoureux, et l'éloquence persuasive qui trouble l'esprit des sages. Et elle mit cette ceinture entre les mains de Hèrè, et elle lui dit :

— Reçois cette ceinture aux couleurs variées, où résident toutes les voluptés, et mets-la sur ton sein, et tu ne reviendras pas sans avoir fait ce que tu désires.

Elle parla ainsi, et la vénérable Hèrè aux yeux de bœuf rit, et, en riant, elle mit la ceinture sur son sein. Et Aphroditè, la fille de Zeus, rentra dans sa demeure, et Hèrè, joyeuse, quitta le faîte de l'Olympos. Puis, traversant la Pièriè et la riante Émathiè, elle gagna les montagnes neigeuses des Thrèkiens, et ses pieds ne touchaient point la terre. Et, de l'Athos, elle descendit vers la mer agitée et parvint à Lemnos, la ville du divin Thoas, où elle rencontra Hypnos, frère de Thanatos. Elle lui prit la main et lui dit ces paroles :

— Hypnos, roi de tous les Dieux et de tous les hommes, si jamais tu m'as écoutée, obéis-moi aujourd'hui, et je ne cesserai de te rendre grâces. Endors, sous leurs paupières, les yeux splendides de Zeus, dès que je serai couchée dans ses bras, et je te donnerai un beau trône incorruptible, tout en or, qu'a fait mon fils Hèphaistos qui boite des deux pieds ; et il y joindra un escabeau sur lequel tu appuieras tes beaux pieds pendant le repas.

Et le doux Hypnos, lui répondant, parla ainsi :

— Hèrè, vénérable Déesse, fille du grand Kronos, j'assoupirai aisément tout autre des Dieux éternels, et même le fleuve Okéanos, cette source de toutes choses ; mais je n'approcherai point du Kroniôn Zeus et je ne l'endormirai point, à moins qu'il me l'ordonne. Déjà il m'a averti, grâce à toi, le jour où son fils magnanime naviguait loin d'Ilios, de la cité dévastée des Troiens. Et j'enveloppai doucement les membres de Zeus tempêtueux, tandis que tu méditais des calamités, et que, répandant sur la mer le souffle des vents furieux, tu poussais Hèraklès vers Koôs bien peuplée, loin de tous ses amis. Et Zeus, s'éveillant indigné, dispersa tous les Dieux par l'Ouranos ; et il me cherchait pour me précipiter du haut de l'Aithèr dans la mer, si Nyx qui dompte les Dieux et les hommes, et que je suppliais en fuyant, ne m'eût sauvé. Et Zeus, bien que très-irrité, s'apaisa, craignant de déplaire à la rapide Nyx. Et maintenant tu m'ordonnes de courir le même danger !

Il parla ainsi, et la vénérable Hèrè aux yeux de bœuf lui répondit :

— Hypnos, pourquoi t'inquiéter ainsi ? Penses-tu que Zeus au large regard s'irrite pour les Troiens autant que pour son fils Hèraklès ? Viens, et je te donnerai pour épouse une des plus jeunes Kharites, Pasithéiè, que tu désires sans cesse.

Elle parla ainsi, et Hypnos, plein de joie, lui répondit :

— Jure, par l'eau de Styx, un inviolable serment ; touche d'une main la terre et de l'autre la mer marbrée, et qu'ils soient témoins, les Dieux souterrains qui vivent autour de Kronos, que tu me donneras Pasithéiè que je désire sans cesse.

Il parla ainsi, et la déesse Hèrè aux bras blancs jura aussitôt comme il le désirait, et elle nomma tous les Dieux sous-tartaréens qu'on nomme Titans. Et, après ce serment, ils quittèrent tous deux Lemnos et Imbros, couverts d'une nuée et faisant rapidement leur chemin. Et, laissant la mer à Lektos, ils parvinrent à l'Ida qui abonde en bêtes fauves et en sources, et sous leurs pieds se mouvait la cime des bois. Là, Hypnos resta en arrière, de peur que Zeus le vît, et il monta dans un grand pin né sur l'Ida, et qui s'élevait jusque dans l'aithèr. Et il se blottit dans les épais rameaux du pin, semblable à l'oiseau bruyant que les hommes appellent Khalkis et les Dieux Kymindis.

Hèrè gravit rapidement le haut Gargaros, au faîte de l'Ida. Et Zeus qui amasse les nuées la vit, et aussitôt le désir s'empara de lui, comme autrefois, quand ils partagèrent le même lit, loin de leurs parents bien-aimés. Il s'approcha et lui dit :

— Hèrè, pourquoi as-tu quitté l'Olympos ? Tu n'as ni tes chevaux, ni ton char.

Et la vénérable Hèrè qui médite des ruses lui répondit :

— Je vais voir, aux limites de la terre, Okéanos, origine des Dieux, et la maternelle Téthys, qui m'ont élevée et nourrie dans leurs demeures. Je vais les voir, afin d'apaiser leurs dissensions amères. Déjà, depuis longtemps, ils ne partagent plus le même lit, parce que la colère est entrée dans leur cœur. Mes chevaux, qui me portent sur la terre et sur la mer, sont aux pieds de l'Ida aux nombreuses sources, et c'est à cause de toi que j'ai quitté l'Olympos, craignant ta colère, si j'allais, en te le cachant, dans la demeure du profond Okéanos.

Et Zeus qui amasse les nuées lui dit :

— Hèrè, attends et tu partiras ensuite, mais couchons-nous pleins d'amour. Jamais le désir d'une déesse ou d'une femme n'a dompté ainsi tout mon cœur. Jamais je n'ai tant aimé, ni l'épouse d'Ixiôn, qui enfanta Peirithoos semblable à un Dieu par la sagesse, ni la fille d'Akrisiôn, la belle Danaè, qui enfanta Perseus, le plus illustre de tous les hommes, ni la fille du magnanime Phoinix, qui enfanta Minôs et Rhadamanthès, ni Sémélè qui enfanta Diônysos, la joie des hommes, ni Alkmènè qui enfanta aussi dans Thèbè mon robuste fils Hèraklès, ni la reine Dèmètèr aux beaux cheveux, ni l'illustre Lètô, ni toi-même ; car je n'ai jamais ressenti pour toi tant de désir et tant d'amour.

Et la vénérable Hèrè pleine de ruses lui répondit :

— Très-redoutable Kronide, qu'as-tu dit ? Tu désires que nous nous unissions d'amour, maintenant, sur le faîte de l'Ida ouvert à tous les regards ! Si quelqu'un des Dieux qui vivent toujours nous voyait couchés et en avertissait tous les autres ! Je n'oserais plus rentrer dans tes demeures, en sortant de ton lit, car ce serait honteux. Mais, si tels sont ton désir et ta volonté, la chambre nuptiale que ton fils Hèphaistos a faite a des portes solides. C'est là que nous irons dormir, puisqu'il te plaît que nous partagions le même lit.

Et Zeus qui amasse les nuées lui répondit :

— Ne crains pas qu'aucun Dieu te voie, ni aucun homme. Je t'envelopperai d'une nuée d'or, telle que Hélios lui-même ne la pénétrerait pas, bien que rien n'échappe à sa lumière.

Et le fils de Kronos prit l'Épouse dans ses bras. Et sous eux la terre divine enfanta une herbe nouvelle, le lotos brillant de rosée, et le safran, et l'hyacinthe épaisse et molle, qui les soulevaient de terre. Et ils s'endormirent, et une belle nuée d'or les enveloppait, et d'étincelantes rosées en tombaient.

Ainsi dormait, tranquille, le père Zeus sur le haut Gargaros, dompté par le sommeil et par l'amour, en tenant l'Épouse dans ses bras. Et le doux Hypnos courut aux nefs des Akhaiens en porter la nouvelle à Celui qui ébranle la terre, et il lui dit en paroles ailées :

— Hâte-toi, Poseidaôn, de venir en aide aux Akhaiens, et donne-leur la victoire au moins quelques instants, pendant que Zeus dort, car je l'ai assoupi mollement, et Hèrè l'a séduit par l'amour, afin qu'il s'endormît.

Il parla ainsi et retourna vers les illustres tribus des hommes ; mais il excita plus encore Poseidaôn à secourir les Danaens, et Poseidaôn, s'élançant aux premiers rangs, s'écria :

— Argiens ! laisserons-nous de nouveau la victoire au Priamide Hektôr, afin qu'il prenne les nefs et se glorifie ? Il triomphe, parce que Akhilleus reste, le cœur irrité, dans ses nefs creuses ; mais nous n'aurons plus un si grand regret d'Akhilleus, si nous savons nous défendre les uns les autres. Allons ! obéissez-moi tous. Couverts de nos meilleurs et de nos plus grands boucliers, les casques éclatants en tête et les longues piques en main, allons ! Et je vous conduirai, et je ne pense pas que le Priamide Hektôr nous attende, bien qu'il soit plein d'audace. Que les plus braves cèdent leurs boucliers légers, s'ils en ont de tels, aux guerriers plus faibles, et qu'ils s'abritent sous de plus grands !

Il parla ainsi, et chacun obéit. Et les Rois eux-mêmes, quoique blessés, rangèrent les lignes. Le Tydéide, Odysseus et l'Atréide Agamemnôn, parcourant les rangs, échangeaient les armes, donnant les plus fortes aux plus robustes, et les plus faibles aux moins vigoureux. Et tous s'avancèrent, revêtus de l'airain éclatant, et Celui qui ébranle la terre les précédait, tenant dans sa forte main une longue et terrible épée, semblable à l'éclair, telle qu'on ne peut l'affronter dans la mêlée lamentable, et qui pénètre les hommes de terreur.

Et l'illustre Hektôr, de son côté, rangeait les Troiens en bataille. Et tous deux préparaient une lutte horrible, Poseidaôn à la chevelure bleue et l'illustre Hektôr, celui-ci secourant les Troiens et celui-là les Akhaiens. Et la mer inondait la plage jusqu'aux tentes et aux nefs, et les deux peuples se heurtaient avec une grande clameur ; mais ni l'eau de la mer qui roule sur le rivage, poussée par le souffle furieux de Boréas, ni le crépitement d'un vaste incendie qui brûle une forêt, dans les gorges des montagnes, ni le vent qui rugit dans les grands chênes, ne sont aussi terribles que n'était immense la clameur des Akhaiens et des Troiens, se ruant les uns sur les autres.

Et, le premier, l'illustre Hektôr lança sa pique contre Aias qui s'était retourné sur lui, et il ne le manqua pas, car la pique frappa la poitrine là où les deux baudriers se croisent, celui du bouclier et celui de l'épée aux clous d'argent ; et ils préservèrent la chair délicate. Hektôr fut affligé qu'un trait rapide se fût vainement échappé de sa main ; et, fuyant la mort, il se retira dans la foule de ses compagnons. Mais, comme il se retirait, le grand Télamônien Aias saisit une des roches qui retenaient les câbles des nefs, et qui se rencontraient sous les pieds des combattants, et il en frappa Hektôr dans la poitrine, au-dessus du bouclier, près du cou, après l'avoir soulevée et l'avoir fait tourbillonner. De même qu'un chêne tombe, déraciné par l'éclair du grand Zeus, et que l'odeur du soufre s'en exhale, et que chacun s'en épouvante, tant est terrible la foudre du grand Zeus ; de même la force de Hektôr tomba dans la poussière. Et sa pique échappa de sa main, et son casque tomba, et son bouclier aussi, et toutes ses armes d'airain résonnèrent.

Et les fils des Akhaiens accoururent avec de grands cris, espérant l'entraîner, et ils lancèrent d'innombrables traits ; mais aucun ne put blesser le prince des peuples, car les plus braves le protégèrent aussitôt : Polydamas, Ainéias, et le divin Agènôr, et Sarpèdôn, le chef des Lykiens, et l'irréprochable Glaukos. Aucun ne négligea de le secourir, et tous tenaient devant lui leurs boucliers bombés. Et ses compagnons l'emportèrent dans leurs bras, loin de la mêlée, jusqu'à l'endroit où se tenaient ses chevaux rapides, et son char, et leur conducteur. Et ils l'emportèrent vers la Ville, poussant des gémissements. Et quand ils furent parvenus au gué du Xanthos tourbillonnant qu'engendra l'immortel Zeus, ils le déposèrent du char sur la terre, et ils le baignèrent, et, revenant à lui, il ouvrit les yeux. Mais, tombant à genoux, il vomit un sang noir, et, de nouveau, il se renversa contre terre, et une nuit noire l'enveloppa, tant le coup d'Aias l'avait dompté.

Les Argiens, voyant qu'on enlevait Hektôr, se ruèrent avec plus d'ardeur sur les Troiens et ne songèrent qu'à combattre. Le premier, le fils d'Oileus, le rapide Aias, de sa lance aiguë, en bondissant, blessa ios Énopide, que l'irréprochable nymphe Nèis enfanta d'Énops qui paissait ses troupeaux sur les rives du Satnioïs. Et l'illustre Oilèiade le blessa de sa lance dans le ventre, et il tomba à la renverse, et, autour de lui, les Troiens et les Danaens engagèrent une lutte terrible. Et le Panthoide Polydamas vint le venger, et il frappa Prothoènôr Arèilykide à l'épaule droite, et la forte lance entra dans l'épaule. Prothoènôr renversé saisit la poussière avec ses mains, et Polydamas s'écria insolemment :

— Je ne pense pas qu'un trait inutile soit parti de la main du magnanime Panthoide. Un Argien l'a reçu dans le corps, et il s'appuiera dessus pour descendre dans les demeures d'Aidès.

Il parla ainsi, et les Argiens furent remplis de douleur en l'entendant se glorifier ainsi. Et le belliqueux Télamônien Aias fut troublé, ayant vu Prothoènôr tomber auprès de lui. Et aussitôt il lança sa pique contre Polydamas qui se retirait ; mais celui-ci évita la mort en sautant de côté, et l'Anténoride Arkhélokhos reçut le coup, car les Dieux lui destinaient la mort. Et il fut frappé à la dernière vertèbre du cou, et les deux muscles furent tranchés, et sa tête, sa bouche et ses narines touchèrent la terre avant ses genoux.

Et Aias cria à l'irréprochable Polydamas :

— Vois, Polydamas, et dis la vérité. Ce guerrier mort ne suffit-il pas pour venger Prothoènôr ? Il ne me semble ni lâche, ni d'une race vile. C'est le frère du dompteur de chevaux Antènôr, ou son fils, car il a le visage de cette famille.

Et il parla ainsi, le connaissant bien. Et la douleur saisit les Troiens. Alors, Akamas, debout devant son frère mort, blessa d'un coup de lance le Boiôtien Promakhos, comme celui-ci traînait le cadavre par les pieds. Et Akamas, triomphant, cria :

— Argiens destinés à la mort, et toujours prodigues de menaces, la lutte et le deuil ne seront pas pour nous seuls, et vous aussi vous mourrez ! Voyez ! votre Promakhos dort dompté par ma lance, et mon frère n'est pas resté longtemps sans vengeance ; aussi, tout homme souhaite de laisser dans ses demeures un frère qui le venge.

Il parla ainsi, et ses paroles insultantes remplirent les Argiens de douleur, et elles irritèrent surtout l'âme de Pénéléôs qui se rua sur Akamas. Mais celui-ci n'osa pas soutenir le choc du roi Pénéléôs qui blessa Ilioneus, fils de ce Phorbas, riche en troupeaux, que Hermès aimait entre tous les Troiens, et à qui il avait donné de grands biens. Et il le frappa sous le sourcil, au fond de l'œil, d'où la pupille fut arrachée. Et la lance, traversant l'œil, sortit derrière la tête, et Ilioneus, les mains étendues, tomba. Puis, Pénéléôs, tirant de la gaîne son épée aiguë, coupa la tête qui roula sur la terre avec le casque, et la forte lance encore fixée dans l'œil. Et Pénéléôs la saisit, et, la montrant aux Troiens, il leur cria :

— Allez de ma part, Troiens, dire au père et à la mère de l'illustre Ilioneus qu'ils gémissent dans leurs demeures. Ah ! l'épouse de l'Alégénoride Promakhos ne se réjouira pas non plus au retour de son époux bien-aimé, quand les fils des Akhaiens, loin de Troiè, s'en retourneront sur leurs nefs !

Il parla ainsi, et la pâle terreur saisit les Troiens, et chacun d'eux regardait autour de lui, cherchant comment il éviterait la mort.

Dites-moi maintenant, Muses qui habitez les demeures Olympiennes, celui des Akhaiens qui enleva le premier des dépouilles sanglantes, quand l'Illustre qui ébranle la terre eut fait pencher la victoire ?

Le premier, Aias Télamônien frappa Hyrthios Gyrtiade, chef des braves Mysiens. Et Antilokhos tua Phalkès et Merméros, et Mèrionès tua Morys et Hippotiôn, et Teukros tua Prothoôn et Périphètès, et l'Atréide Ménélaos blessa au côté le prince des peuples Hypérénôr. Il lui déchira les intestins, et l'âme s'échappa par l'horrible blessure, et un brouillard couvrit ses yeux. Mais Aias, l'agile fils d'Oileus, en tua bien plus encore, car nul n'était son égal pour atteindre ceux que Zeus met en fuite.

RHAPSODIE XV.

Les Troiens franchissaient, dans leur fuite, les pieux et le fossé, et beaucoup tombaient sous les mains des Danaens. Et ils s'arrêtèrent auprès de leurs chars, pâles de terreur.

Mais Zeus s'éveilla, sur les sommets de l'Ida, auprès de Hèrè au trône d'or. Et, se levant, il regarda et vit les Troiens et les Akhaiens, et les premiers en pleine déroute, et les Argiens, ayant au milieu d'eux le roi Poseidaôn, les poussant avec fureur. Et il vit Hektôr gisant dans la plaine, entouré de ses compagnons, respirant à peine et vomissant le sang, car ce n'était pas le plus faible des Akhaiens qui l'avait blessé.

Et le Père des hommes et des Dieux fut rempli de pitié en le voyant, et, avec un regard sombre, il dit à Hèrè :

— Ô astucieuse ! ta ruse a éloigné le divin Hektôr du combat et mis ses troupes en fuite. Je ne sais si tu ne recueilleras pas la première le fruit de tes ruses, et si je ne t'accablerai point de coups. Ne te souvient-il plus du jour où tu étais suspendue dans l'air, avec une enclume à chaque pied, les mains liées d'une solide chaîne d'or, et où tu pendais ainsi de l'Aithèr et des nuées ? Tous les Dieux, par le grand Olympos, te regardaient avec douleur et ne pouvaient te secourir, car celui que j'aurais saisi, je l'aurais précipité de l'Ouranos, et il serait arrivé sur la terre, respirant à peine. Et cependant ma colère, à cause des souffrances du divin Hèraklès, n'était point assouvie. C'était toi qui, l'accablant de maux, avais appelé Boréas et les tempêtes sur la mer stérile, et qui l'avais rejeté vers Koôs bien peuplée. Mais je le délivrai et le ramenai dans Argos féconde en chevaux. Souviens-toi de ces choses et renonce à tes ruses, et sache qu'il ne te suffit pas, pour me tromper, de te donner à moi sur ce lit, loin des Dieux.

Il parla ainsi, et la vénérable Hèrè frissonna et lui répondit en paroles ailées :

— Que Gaia le sache, et le large Ouranos, et l'eau souterraine de Styx, ce qui est le plus grand serment des Dieux heureux, et ta tête sacrée, et notre lit nuptial que je n'attesterai jamais en vain ! Ce n'est point par mon conseil que Poseidaôn qui ébranle la terre a dompté les Troiens et Hektôr. Son cœur seul l'a poussé, ayant compassion des Akhaiens désespérés autour de leurs nefs. Mais j'irai et je lui conseillerai, ô Zeus qui amasses les noires nuées, de se retirer où tu le voudras.

Elle parla ainsi, et le Père des Dieux et des hommes sourit, et lui répondit ces paroles ailées :

— Si tu penses comme moi, étant assise au milieu des Immortels, ô vénérable Hèrè aux yeux de bœuf, Poseidaôn lui-même, quoi qu'il veuille, se conformera aussitôt à notre volonté. Si tu as dit la vérité dans ton cœur, va dans l'assemblée des Dieux, appelle Iris et l'illustre archer Apollôn, afin que l'une aille, vers l'armée des Akhaiens cuirassés, dire au roi Poseidaôn qu'il se retire de la mêlée, et qu'il rentre dans ses demeures ; et que

Phoibos Apollôn ranime les forces de Hektôr et apaise les douleurs qui l'accablent, afin que le Priamide attaque de nouveau les Akhaiens et les mette en fuite. Et ils fuiront jusqu'aux nefs du Pèléide Akhilleus qui suscitera son compagnon Patroklos. Et l'illustre Hektôr tuera Patroklos devant Ilios, là où celui-ci aura dompté une multitude de guerriers, et, entre autres, mon fils, le divin Sarpèdôn. Et le divin Akhilleus, furieux, tuera Hektôr. Et, désormais, je repousserai toujours les Troiens loin des nefs, jusqu'au jour où les Akhaiens prendront la haute Ilios par les conseils d'Athènè. Mais je ne déposerai point ma colère, et je ne permettrai à aucun des Immortels de secourir les Danaens, tant que ne seront point accomplis et le désir du Pèléide et la promesse que j'ai faite par un signe de ma tête, le jour où la Déesse Thétis, embrassant mes genoux, m'a supplié d'honorer Akhilleus, le dévastateur de citadelles.

Il parla ainsi, et la Déesse Hèrè aux bras blancs se hâta de monter des cimes de l'Ida dans le haut Olympos. Ainsi vole la pensée d'un homme qui, ayant parcouru de nombreuses contrées et se souvenant de ce qu'il a vu, se dit : J'étais là ! La vénérable Hèrè vola aussi promptement, et elle arriva dans l'assemblée des Dieux, sur le haut Olympos où sont les demeures de Zeus. Et tous se levèrent en la voyant, et lui offrirent la coupe qu'elle reçut de Thémis aux belles joues, car celle-ci était venue la première au-devant d'elle et lui avait dit en paroles ailées :

— Hèrè, pourquoi viens-tu, toute troublée ? Est-ce le fils de Kronos, ton époux, qui t'a effrayée ?

Et la déesse Hèrè aux bras blancs lui répondit :

— Divine Thémis, ne m'interroge point. Tu sais combien son âme est orgueilleuse et dure. Préside le festin des Dieux dans ces demeures. Tu sauras avec tous les Immortels les desseins fatals de Zeus. Je ne pense pas que ni les hommes, ni les Dieux puissent se réjouir désormais dans leurs festins.

La vénérable Hèrè parla et s'assit. Et les Dieux s'attristèrent dans les demeures de Zeus ; mais la fille de Kronos sourit amèrement, tandis que son front était sombre au-dessus de ses sourcils bleus ; et elle dit indignée :

— Insensés que nous sommes nous nous irritons contre Zeus et nous voulons le dompter, soit par la flatterie, soit par la violence ; et, assis à l'écart, il ne s'en soucie ni ne s'en émeut, sachant qu'il l'emporte sur tous les Dieux immortels par la force et la puissance. Subissez donc les maux qu'il lui plaît d'envoyer à chacun de vous. Déjà le malheur atteint Arès ; son fils a péri dans la mêlée, Askalaphos, celui de tous les hommes qu'il aimait le mieux, et que le puissant Arès disait être son fils.

Elle parla ainsi, et Arès, frappant de ses deux mains ses cuisses vigoureuses, dit en gémissant :

— Ne vous irritez point, habitants des demeures Olympiennes, si je descends aux nefs des Akhaiens pour venger le meurtre de mon fils, quand même ma destinée serait de tomber parmi les morts, le sang et la poussière, frappé de l'éclair de Zeus !

Il parla ainsi, et il ordonna à la Crainte et à la Fuite d'atteler ses chevaux, et il se couvrit de ses armes splendides. Et, alors, une colère bien plus grande et bien plus terrible se fût soulevée dans l'âme de Zeus contre les Immortels, si Athènè, craignant pour tous les Dieux, n'eût sauté dans le parvis, hors du trône où elle était assise. Et elle arracha le casque de la tête d'Arès, et le bouclier de ses épaules et la lance d'airain de sa main robuste, et elle réprimanda l'impétueux Arès :

— Insensé ! tu perds l'esprit et tu vas périr. As-tu des oreilles pour ne point entendre ? N'as-tu plus ni intelligence, ni pudeur ? N'as-tu point écouté les paroles de la déesse Hèrè aux bras blancs que Zeus a envoyée dans l'Olympos ? Veux-tu, toi-même, frappé de mille maux, revenir, accablé et gémissant, après avoir attiré des calamités sur les autres Dieux ? Zeus laissera aussitôt les Troiens et les Akhaiens magnanimes, et il viendra nous précipiter de l'Olympos, innocents ou coupables. Je t'ordonne d'apaiser la colère du meurtre de ton fils. Déjà de plus braves et de plus vigoureux que lui sont morts, ou seront tués. Il est difficile de sauver de la mort les générations des hommes.

Ayant ainsi parlé, elle fit asseoir l'impétueux Arès sur son trône. Puis, Hèrè appela, hors de l'Olympos, Apollôn et Iris, qui est la messagère de tous les Dieux immortels, et elle leur dit en paroles ailées :

— Zeus vous ordonne de venir promptement sur l'Ida, et, quand vous l'aurez vu, faites ce qu'il vous ordonnera.

Ayant ainsi parlé, la vénérable Hèrè rentra et s'assit sur son trône. Et les deux Immortels s'envolèrent à la hâte, et ils arrivèrent sur l'Ida où naissent les sources et les bêtes fauves. Et ils virent Zeus au large regard assis sur le faîte du Gargaros, et il s'était enveloppé d'une nuée parfumée. Et ils s'arrêtèrent devant Zeus qui amasse les nuées. Et, satisfait, dans son esprit, qu'ils eussent obéi promptement aux ordres de l'Épouse bien-aimée, il dit d'abord en paroles ailées à Iris :

— Va ! rapide Iris, parle au Roi Poseidaôn, et sois une messagère fidèle. Dis-lui qu'il se retire de la mêlée, et qu'il reste, soit dans l'assemblée des Dieux, soit dans la mer divine. Mais s'il n'obéissait pas à mes ordres et s'il les méprisait, qu'il délibère et réfléchisse dans son esprit. Malgré sa vigueur, il ne pourra soutenir mon attaque, car mes forces surpassent de beaucoup les siennes, et je suis l'aîné. Qu'il craigne donc de se croire l'égal de Celui que tous les autres Dieux redoutent.

Il parla ainsi, et la rapide Iris aux pieds aériens descendit du faîte des cimes Idaiennes, vers la sainte Ilios. Comme la neige vole du milieu des nuées, ou la grêle chassée par le souffle impétueux de Boréas, ainsi volait la rapide Iris ; et, s'arrêtant devant lui, elle dit à l'Illustre qui ébranle la terre :

— Poseidaôn aux cheveux bleus, je suis envoyée par Zeus tempêtueux. Il te commande de te retirer de la mêlée et de rester, soit dans l'assemblée des Dieux, soit dans la mer divine. Si tu n'obéissais pas à ses ordres, et si tu les méprisais, il te menace de venir te combattre, et il te conseille d'éviter son bras, car ses forces sont de beaucoup supérieures aux tiennes, et il est l'aîné. Il t'avertit de ne point te croire l'égal de Celui que tous les dieux redoutent.

Et l'illustre qui ébranle la terre, indigné, lui répondit :

— Ah ! certes, bien qu'il soit grand, il parle avec orgueil, s'il veut me réduire par la force, moi, son égal. Nous sommes trois frères nés de Kronos, et qu'enfanta Rhéiè : Zeus, moi et Aidès qui commande aux Ombres. On fit trois parts du monde, et chacun de nous reçut la sienne. Et le sort décida que j'habiterais toujours la blanche mer, et Aidès eut les noires ténèbres, et Zeus eut le large Ouranos, dans les nuées et dans l'aithèr. Mais le haut Olympos et la terre furent communs à tous. C'est pourquoi je ne ferai point la volonté de Zeus, bien qu'il soit puissant. Qu'il garde tranquillement sa part ; il ne m'épouvantera pas comme un lâche. Qu'il menace à son gré les fils et les filles qu'il a engendrés, puisque la nécessité les contraint de lui obéir.

Et la rapide Iris aux pieds aériens lui répondit :

— Poseidaôn aux cheveux bleus, me faut-il rapporter à Zeus cette parole dure et hautaine ? Ne changeras-tu point ? L'esprit des sages n'est point inflexible, et tu sais que les Érinnyes suivent les aînés.

Et Poseidaôn qui ébranle la terre lui répondit :

— Déesse Iris, tu as bien parlé. Il est bon qu'un messager possède la prudence ; mais une amère douleur emplit mon esprit et mon cœur quand Zeus veut, par des paroles violentes, réduire son égal en honneurs et en droits. Je céderai, quoique indigné ; mais je te le dis, et je le menacerai de ceci : Si, malgré nous, — moi, la dévastatrice Athènè, Hèrè, Hermès et le roi Hèphaistos, — il épargne la haute Ilios et refuse de la détruire et de donner la victoire aux Argiens, qu'il sache que notre haine sera inexorable.

Ayant ainsi parlé, il laissa le peuple des Akhaiens et rentra dans la mer. Et les héros Akhaiens le regrettaient. Et alors Zeus qui amasse les nuées dit à Apollôn :

— Va maintenant, cher Phoibos, vers Hektôr armé d'airain, car voici que Celui qui ébranle la terre est rentré dans la mer, fuyant ma fureur. Certes, ils auraient entendu un combat terrible les Dieux souterrains qui vivent autour de Kronos ; mais il vaut mieux pour tous deux que, malgré sa colère, il ait évité mes mains, car cette lutte aurait fait couler de grandes sueurs. Mais toi, prends l'Aigide aux franges d'or, afin d'épouvanter, en la secouant, les héros Akhaiens. Archer, prends soin de l'illustre Hektôr et remplis-le d'une grande force, pour qu'il chasse les Akhaiens jusqu'aux nefs et jusqu'au Hellespontos ; et je songerai alors comment je permettrai aux Akhaiens de respirer.

Il parla ainsi, et Apollôn se hâta d'obéir à son père. Et il descendit du faîte de l'Ida, semblable à un épervier tueur de colombes, et le plus impétueux des oiseaux. Et il trouva le divin Hektôr, le fils du sage Priamos, non plus couché, mais assis, et se ranimant, et reconnaissant ses compagnons autour de lui. Et le râle et la sueur avaient disparu par la seule pensée de Zeus tempétueux. Et Apollôn s'approcha et lui dit :

— Hektôr, fils de Priamos, pourquoi rester assis, sans forces, loin des tiens ? Es-tu la proie de quelque douleur ?

Et Hektôr au casque mouvant lui répondit d'une voix faible :

— Qui es-tu, ô le meilleur des Dieux, qui m'interroges ainsi ? Ne sais-tu pas qu'auprès des nefs Akhaiennes, tandis que je tuais ses compagnons, le brave Aias m'a frappé d'un rocher dans la poitrine et a rompu mes forces et mon courage ? Certes, j'ai cru voir aujourd'hui les morts et la demeure d'Aidès, en rendant ma chère âme.

Et le royal Archer Apollôn lui répondit :

— Prends courage ! Du haut de l'Ida, le Kroniôn a envoyé pour te secourir Phoibos Apollôn à l'épée d'or. Toi et ta haute citadelle, je vous ai protégés et je vous protège toujours. Viens ! excite les cavaliers à pousser leurs chevaux rapides vers les nefs creuses, et j'irai devant toi, et j'aplanirai la voie aux chevaux, et je mettrai en fuite les héros Akhaiens.

Ayant ainsi parlé, il remplit le prince des peuples d'une grande force. Comme un étalon, longtemps retenu à la crèche et nourri d'orge abondante, qui rompt son lien, et qui court, frappant la terre de ses quatre pieds, se plonger dans le fleuve clair, et qui, la tête haute, secouant ses crins sur ses épaules, fier de sa beauté, bondit aisément jusqu'aux lieux accoutumés où paissent les cavales ; de même Hektôr, à la voix du Dieu, courait de ses pieds rapides, excitant les cavaliers. Comme des chiens et des campagnards qui poursuivent un cerf rameux, ou une chèvre sauvage qui se dérobe sous une roche creuse ou dans la forêt sombre, et qu'ils ne peuvent atteindre, quand un lion à longue barbe, survenant tout à coup à leurs cris, les disperse aussitôt malgré leur impétuosité, de même les Danaens, poursuivant l'ennemi de leurs lances à deux pointes, s'épouvantèrent en voyant Hektôr parcourir les lignes Troiennes, et leur âme tomba à leurs pieds.

Et Thoas Andraimonide les excitait. Et c'était le meilleur guerrier Aitôlien, habile au combat de la lance et ferme dans la mêlée. Et peu d'Akhaiens l'emportaient sur lui dans l'agora. Et il s'écria :

— Ah ! certes, je vois de mes yeux un grand prodige. Voici le Priamide échappé à la mort. Chacun de nous espérait qu'il avait péri par les mains d'Aias Télamônien ; mais sans doute un Dieu l'a sauvé de nouveau, lui qui a rompu les genoux de tant de Danaens, et qui va en rompre encore, car ce n'est point sans l'aide de Zeus tonnant qu'il revient furieux au combat. Mais, allons ! et obéissez tous. Que la multitude retourne aux nefs, et tenons ferme, nous qui sommes les plus braves de l'armée. Tendons vers lui nos grandes lances, et je ne pense pas qu'il puisse, malgré ses forces, enfoncer les lignes des Danaens.

Il parla ainsi, et tous l'entendirent et obéirent. Et autour de lui étaient les Aias et le roi Idoméneus, et Teukros et Mèrionès, et Mégès semblable à Arès ; et ils se préparaient au combat, réunissant les plus braves, contre Hektôr et les Troiens. Et, derrière eux, la multitude retournait vers les nefs des Akhaiens.

Et les Troiens frappèrent les premiers. Hektôr les précédait, accompagné de Phoibos Apollôn, les épaules couvertes d'une nuée et tenant l'Aigide terrible, aux longues franges, que le forgeron Hèphaistos donna à Zeus pour épouvanter les hommes. Et, tenant l'Aigide en main, il menait les Troiens. Et les Argiens les attendaient de pied ferme, et une clameur s'éleva des deux côtés. Les flèches jaillissaient des nerfs et les lances des mains robustes ; et les unes pénétraient dans la chair des jeunes hommes, et les autres entraient en terre, avides de sang, mais sans avoir percé le beau corps des combattants.

Aussi longtemps que Phoibos Apollôn tint l'Aigide immobile en ses mains, les traits percèrent des deux côtés, et les guerriers tombèrent ; mais quand il la secoua devant la face des cavaliers Danaens, en poussant des cris terribles, leur cœur se troubla dans leurs poitrines, et ils oublièrent leur force et leur courage.

Comme un troupeau de bœufs, ou un grand troupeau de brebis, que deux bêtes féroces, au milieu de la nuit, bouleversent soudainement, en l'absence de leur gardien, de même les Akhaiens furent saisis de terreur, et Apollôn les mit en fuite et donna la victoire à Hektôr et aux Troiens. Alors, dans cette fuite, chaque homme tua un autre homme. Hektôr tua Stikhios et Arkésilaos, l'un, chef des Boiôtiens aux tuniques d'airain, l'autre, fidèle compagnon du magnanime Ménèstheus. Et Ainéias tua Médôn et Iasos. Et Médôn était bâtard du divin Oileus et frère d'Aias ; mais il habitait Phylakè, loin de sa patrie, ayant tué le frère de sa belle-mère Ériopis, femme d'Oileus. Et Iasos était un chef Athènaien et fils de Sphèlos Boukolide.

Et Polydamas tua Mèkistheus, et Politès tua Ekhios qui combattait aux premiers rangs. Et le divin Agènôr tua Klônios, et Pâris frappa au sommet de l'épaule, par derrière, Dèiokhos qui fuyait, et l'airain le traversa.

Tandis que les vainqueurs dépouillaient les cadavres de leurs armes, les Akhaiens franchissaient les pieux, dans le fossé, et fuyaient çà et là, derrière la muraille, contraints par la nécessité. Mais Hektôr commanda à haute voix aux Troiens de se ruer sur les nefs et de laisser là les dépouilles sanglantes :

— Celui que je verrai loin des nefs, je lui donnerai la mort. Ni ses frères, ni ses sœurs ne mettront son corps sur le bûcher, et les chiens le déchireront devant notre Ville.

Ayant ainsi parlé, il poussa les chevaux du fouet, en entraînant les Troiens, et tous, avec des cris menaçants et une clameur immense, ils poussaient leurs chars en avant. Et Phoibos Apollôn jeta facilement du pied les bords du fossé dans le milieu, et, le comblant, le fit aussi large que l'espace parcouru par le trait que lance un guerrier vigoureux. Et tous s'y jetèrent en foule, et Apollôn, les précédant avec l'Aigide éclatante, renversa le mur des Akhaiens aussi aisément qu'un enfant renverse, auprès de la mer, les petits monceaux de sable qu'il a amassés et qu'il disperse en se jouant. Ainsi, Archer Apollôn, tu dispersas l'œuvre qui avait coûté tant de peines et de misères aux Argiens, et tu les mis en
fuite.

Et ils s'arrêtèrent auprès des nefs, s'exhortant les uns les autres ; et, les mains étendues vers les Dieux, ils les imploraient. Et le Gérennien Nestôr, rempart des Akhaiens, priait, les bras levés vers l'Ouranos étoilé :

— Père Zeus ! si jamais, dans la fertile Argos, brûlant pour toi les cuisses grasses des bœufs et des brebis, nous t'avons supplié de nous accorder le retour, et si tu l'as promis d'un signe de ta tête, souviens-toi, ô Olympien ! Éloigne notre jour suprême, et ne permets pas que les Akhaiens soient domptés par les Troiens.

Il parla ainsi en priant, et le sage Zeus entendit la prière du vieux Nèlèiade et tonna. Et, au bruit du tonnerre, les Troiens, croyant comprendre la pensée de Zeus tempêtueux, se ruèrent plus furieux sur les Argiens. Comme les grandes lames de la haute mer assiègent les flancs d'une nef, poussées par la violence du vent, car c'est elle qui gonfle les eaux ; de même les Troiens escaladaient le mur avec de grandes clameurs ; et ils poussaient leurs chevaux et combattaient devant les nefs à coups de lances aiguës ; et les Akhaiens, du haut de leurs nefs noires, les repoussaient avec ces longs pieux, couchés dans les nefs, et qui, cerclés d'airain, servent dans le combat naval.

Tant que les Akhaiens et les Troiens combattirent au-delà du mur, loin des nefs rapides, Patroklos, assis sous la tente de l'irréprochable Eurypylos, le charma par ses paroles et baigna sa blessure de baumes qui guérissent les douleurs amères ; mais quand il vit que les Troiens avaient franchi le mur, et que les Akhaiens fuyaient avec des cris, il gémit, et frappa ses cuisses de ses mains, et il dit en pleurant :

— Eurypylos, je ne puis rester plus longtemps, bien que tu souffres, car voici une mêlée suprême. Qu'un de tes compagnons te soigne ; il faut que je retourne vers Akhilleus et que je l'exhorte à combattre. Qui sait si, un Dieu m'aidant, je ne toucherai point son âme ? Le conseil d'un ami est excellent.

Ayant ainsi parlé, il s'éloigna.

Cependant les Akhaiens soutenaient l'assaut des Troiens. Et ceux-ci ne pouvaient rompre les phalanges des Danaens et envahir les tentes et les nefs, et ceux-là ne pouvaient repousser l'ennemi loin des nefs. Comme le bois dont on construit une nef est mis de niveau par un habile ouvrier à qui Athènè a enseigné toute sa science, de même le combat était partout égal autour des nefs.

Et le Priamide attaqua l'illustre Aias. Et tous deux soutenaient le travail du combat autour des nefs, et l'un ne pouvait éloigner l'autre pour incendier les nefs, et l'autre ne pouvait repousser le premier que soutenait un Dieu. Et l'illustre Aias frappa de sa lance Kalètôr, fils de Klytios, comme celui-ci portait le feu sur les nefs ; et Kalètôr tomba renversé, laissant échapper la torche de ses mains. Et quand Hektôr vit son parent tomber dans la poussière devant la nef noire, il cria aux Troiens et aux Lykiens :

— Troiens, Lykiens et Dardaniens belliqueux, n'abandonnez point le combat étroitement engagé, mais enlevez le fils de Klytios, et que les Akhaiens ne le dépouillent point de ses armes.

Il parla ainsi, et lança sa pique éclatante contre Aias, mais il le manqua, et il atteignit Lykophôn, fils de Mastôr, compagnon d'Aias, et qui habitait avec celui-ci, depuis qu'il avait tué un homme dans la divine Kythèrè. Et le Priamide le frappa de sa lance aiguë au-dessus de l'oreille, auprès d'Aias, et Lykophôn tomba du haut de la poupe sur la poussière, et ses forces furent dissoutes. Et Aias, frémissant, appela son frère :

— Ami Teukros, notre fidèle compagnon est mort, lui qui, loin de Kythèrè, vivait auprès de nous et que nous honorions autant que nos parents bien-aimés. Le magnanime Hektôr l'a tué. Où sont tes flèches mortelles et l'arc que t'a donné Phoibos Apollôn ?

Il parla ainsi, et Teukros l'entendit, et il accourut, tenant en main son arc recourbé et le carquois plein de flèches. Et il lança ses flèches aux Troiens. Et il frappa Kléitos, fils de Peisènôr, compagnon de l'illustre Panthoide Polydamas, dont il conduisait le char et les chevaux à travers les phalanges bouleversées, afin de plaire à Hektôr et aux Troiens. Mais le malheur l'accabla sans que nul pût le secourir ; et la flèche fatale entra derrière le cou, et il tomba du char, et les chevaux reculèrent, secouant le char vide.

Et le prince Polydamas, l'ayant vu, accourut promptement aux chevaux et les confia à Astynoos, fils de Protiaôn, lui recommandant de les tenir près de lui. Et il se mêla de nouveau aux combattants.

Et Teukros lança une flèche contre Hektôr, et il l'eût retranché du combat, auprès des nefs des Akhaiens, s'il l'avait atteint, et lui eût arraché l'âme ; mais il ne put échapper au regard du sage Zeus qui veillait sur Hektôr. Et Zeus priva de cette gloire le Télamônien Teukros, car il rompit le nerf bien tendu, comme Teukros tendait l'arc excellent. Et la flèche à pointe d'airain s'égara, et l'arc tomba des mains de l'archer. Et Teukros frémit et dit à son frère :

— Ah ! certes, quelque Dieu nous traverse dans le combat. Il m'a arraché l'arc des mains et rompu le nerf tout neuf que j'y avais attaché moi-même ce matin, afin qu'il pût lancer beaucoup de flèches.

Et le grand Télamônien Aias lui répondit :

— Ô ami, laisse ton arc et tes flèches, puisqu'un Dieu jaloux des Danaens disperse tes traits. Prends une longue lance, mets un bouclier sur tes épaules et combats les Troiens en excitant les troupes. Que ce ne soit pas du moins sans peine qu'ils se rendent maîtres de nos nefs bien construites. Mais souvenons-nous de combattre.

Il parla ainsi, et Teukros, déposant son arc dans sa tente, saisit une solide lance à pointe d'airain, mit un bouclier à quatre lames sur ses épaules, un excellent casque à crinière sur sa tête, et se hâta de revenir auprès d'Aias. Mais quand Hektôr eut vu que les flèches de Teukros lui étaient devenues inutiles, il cria à haute voix aux Troiens et aux Lykiens :

— Troiens, Lykiens et belliqueux Dardaniens, soyez des hommes, et souvenez-vous de votre force et de votre courage auprès des nefs creuses ! Je vois de mes yeux les flèches d'un brave archer brisées par Zeus. Il est facile de comprendre à qui le puissant Kroniôn accorde ou refuse son aide, qui il menace et qui il veut couvrir de gloire. Maintenant, il brise les forces des Akhaiens et il nous protège. Combattez fermement autour des nefs. Si l'un de vous est blessé et meurt, qu'il meure sans regrets, car il est glorieux de mourir pour la patrie, car il sauvera sa femme, ses enfants et tout son patrimoine, si les Akhaiens retournent, sur leurs nefs, dans la chère terre de leurs aïeux.

Ayant ainsi parlé, il excita la force et le courage de chacun. Et Aias, de son côté, exhortait ses compagnons :

— Ô honte ! c'est maintenant, Argiens, qu'il faut périr ou sauver les nefs. Espérez-vous, si Hektôr au casque mouvant se saisit de vos nefs, retourner à pied dans la patrie ? Ne l'entendez-vous point exciter ses guerriers, ce Hektôr qui veut brûler nos nefs ? Ce n'est point aux danses qu'il les pousse, mais au combat. Le mieux est de leur opposer nos bras et notre vigueur. Il faut mourir promptement ou vivre, au lieu de nous consumer dans un combat sans fin contre des hommes qui ne nous valent pas.

Ayant ainsi parlé, il ranima le courage de chacun. Alors Hektôr tua Skhédios, fils de Périmèdès, chef des Phôkèens ; et Aias tua Laodamas, chef des hommes de pied, fils illustre d'Antènôr. Et Polydamas tua Otos le Kyllénien, compagnon du Phyléide, chef des magnanimes Épéiens. Et Mégès, l'ayant vu, s'élança sur Polydamas ; mais celui-ci, s'étant courbé, échappa au coup de la pique, car Apollôn ne permit pas que le Panthoide tombât parmi les combattants ; et la pique de Mégès perça la poitrine de Kreismos qui tomba avec bruit. Et comme le Phyléide lui arrachait ses armes, le brave Dolops Lampétide se jeta sur lui, Dolops qu'engendra le Laomédontiade Lampos, le meilleur des hommes mortels. Et il perça de sa lance le milieu du bouclier de Mégès, mais son épaisse cuirasse préserva celui-ci. C'était la cuirasse que Phyleus apporta autrefois d'Éphyrè, des bords du fleuve Sellèis. Et son hôte, le Roi des hommes, Euphètès, la lui avait donnée, pour la porter dans les mêlées comme un rempart contre l'ennemi. Et, maintenant, elle préserva son fils de la mort. Et Mégès frappa de son épée le cône du casque d'airain à crinière de cheval, et l'aigrette rompue tomba dans la poussière, ayant été teinte récemment d'une couleur de pourpre. Et tandis que Mégès combattait encore et espérait la victoire, le brave Ménélaos accourut à son aide, et, venant à la dérobée, frappa l'épaule du Troien. Et la pointe d'airain traversa la poitrine, et le guerrier tomba sur la face.

Et les deux Akhaiens s'élançaient pour le dépouiller de ses armes d'airain ; mais Hektôr excita les parents de Dolops, et surtout il réprimanda le Hikétaonide, le brave Ménalippos, qui paissait, avant la guerre, ses bœufs aux pieds flexibles dans Perkôtè, mais qui vint à Ilios quand les nefs Danaennes aux doubles avirons arrivèrent. Et il brillait parmi les Troiens, et il habitait auprès de Priamos qui l'honorait à l'égal de ses fils. Et Hektôr lui adressa ces paroles dures et sévères :

— Ainsi, Ménalippos, nous restons inertes. Ton parent mort ne touche-t-il point ton cœur ? Ne vois-tu pas qu'ils arrachent les armes de Dolops ? Suis-moi. Ce n'est plus de loin qu'il faut combattre les Argiens. Nous les tuerons, ou la haute Ilios sera prise et ils égorgeront ses citoyens.

En parlant ainsi, il s'élança, et Ménalippos le suivit, semblable à un Dieu. Et le grand Télamônien Aias exhortait les Akhaiens :

— Ô amis ! soyez des hommes. Ayez honte de fuir et faites face au combat. Les braves sont plutôt sauvés que tués, et les lâches seuls n'ont ni gloire, ni salut.

Il parla ainsi, et les Akhaiens retinrent ses paroles dans leur esprit, prêts à s'entre-aider ; et ils faisaient comme un mur d'airain autour des nefs ; et Zeus excitait les Troiens contre eux. Et le brave Ménélaos anima ainsi Antilokhos :

— Antilokhos, nul d'entre les Akhaiens n'est plus jeune que toi, ni plus rapide, ni plus brave au combat. Plût aux Dieux que tu pusses tuer quelque Troien !

Il parla ainsi, et il le laissa excité par ces paroles. Et Antilokhos se jeta parmi les combattants et lança sa pique éclatante, et les Troiens reculèrent ; mais la pique ne fut point lancée en vain, car elle perça à la poitrine, près de la mamelle, Ménalippos, l'orgueilleux fils de Hikétaôn. Et il tomba et ses armes sonnèrent. Et le brave Antilokhos se jeta sur lui, comme un chien sur un faon qu'un chasseur a percé tandis qu'il bondissait hors du gîte. Ainsi, Ménalippos, le belliqueux Antilokhos sauta sur toi pour t'arracher tes armes ; mais le divin Hektôr, l'ayant vu, courut sur lui à travers la mêlée. Et Antilokhos ne l'attendit pas, quoique brave, et il prit la fuite, comme une bête fauve qui, ayant tué un chien, ou le bouvier au milieu des bœufs, fuit avant que la foule des hommes la poursuive. Ainsi fuyait le Nestôride. Et les Troiens et Hektôr, avec de grands cris, l'accablaient de traits violents ; mais il leur fit face, arrivé auprès de ses compagnons.

Et les Troiens, semblables à des lions mangeurs de chair crue, se ruaient sur les nefs, accomplissant ainsi les ordres de Zeus, car il leur inspirait la force et il troublait l'âme des Argiens, voulant donner une grande gloire au Priamide Hektôr, et le laisser jeter la flamme ardente sur les nefs aux poupes recourbées, afin d'exaucer la fatale prière de Thétis. Et le sage Zeus attendait qu'il eût vu le feu embraser une nef, et alors il repousserait les Troiens loin des nefs et rendrait la victoire aux Danaens. C'est pourquoi il entraînait vers les nefs creuses le Priamide Hektôr déjà plein d'ardeur, furieux, agitant sa lance comme Arès, ou pareil à un incendie terrible qui gronde sur les montagnes, dans l'épaisseur d'une forêt profonde. Et la bouche de Hektôr écumait, et ses yeux flambaient sous ses sourcils, et son casque s'agitait sur sa tête guerrière.

Et Zeus lui venait en aide, l'honorant et le glorifiant parmi les hommes, car sa vie devait être brève, et voici que Pallas Athènè préparait le jour fatal où il tomberait sous la violence du Pèléide.

Et il tentait de rompre les lignes des guerriers, se ruant là où il voyait la mêlée la plus pressée et les armes les plus belles. Mais, malgré son désir, il ne pouvait rompre l'armée ennemie, car celle-ci résistait comme une tour, ou comme une roche énorme et haute qui, se dressant près de la blanche mer, soutient le souffle rugissant des vents et le choc des grandes lames qui se brisent contre elle. Ainsi les Danaens soutenaient fermement l'assaut des Troiens et ne fuyaient point, tandis que Hektôr, éclatant comme le feu, bondissait de tous côtés dans la mêlée.

Comme l'eau de la mer, enflée par les vents qui soufflent avec véhémence du milieu des nuées, assiége une nef rapide et la couvre tout entière d'écume, tandis que le vent frémit dans la voile et que les matelots sont épouvantés, parce que la mort est proche ; de même le cœur des Akhaiens se rompait dans leurs poitrines.

Ou, quand il arrive qu'un lion désastreux tombe au milieu des bœufs innombrables qui paissent dans un vaste marécage, de même que le bouvier, ne sachant point combattre les bêtes fauves pour le salut de ses bœufs noirs, va tantôt à un bout, tantôt à l'autre bout du troupeau, tandis que le lion bondit au milieu des génisses qui s'épouvantent et en dévore une ; de même les Akhaiens étaient bouleversés par Hektôr et par le père Zeus.

Cependant, le Priamide n'avait tué que le seul Périphètès de Mykènè, fils bien-aimé de Kypreus, qui portait à la force Hèrakléenne les ordres du roi Eurystheus. Il était né fils excellent d'un père indigne, et, par toutes les vertus, par son courage et par sa sagesse, il était le premier des Mykènaiens. Et il donna une grande gloire à Hektôr, car, en se retournant, il heurta le bord du grand bouclier qui le couvrait tout entier et le préservait des traits ; et, les pieds embarrassés, il tomba en arrière, et, dans sa chute, son casque résonna autour de ses tempes. Alors, Hektôr, l'ayant vu, accourut et lui perça la poitrine d'un coup de lance, au milieu de ses compagnons qui n'osèrent le secourir, tant ils redoutaient le divin Hektôr.

Et les Argiens qui, d'abord, étaient devant les nefs, se réfugiaient maintenant au milieu de celles qui, les premières, avaient été tirées sur le sable. Puis, cédant à la force, ils abandonnèrent aussi les intervalles de celles-ci, mais, s'arrêtant devant les tentes, ils ne se dispersèrent point dans le camp, car la honte et la terreur les retenaient, et ils s'exhortaient les uns les autres.

Alors, le Gérennien Nestôr, rempart des Akhaiens, attestant leurs parents, adjura chaque guerrier :

— Ô amis, soyez des hommes ! Craignez la honte en face des autres hommes. Souvenez-vous de vos fils, de vos femmes, de vos domaines, de vos parents qui vivent encore ou qui sont morts. Je vous adjure en leur nom de tenir ferme et de ne pas fuir.

Il parla ainsi, et il ranima leur force et leur courage. Alors, Athènè dissipa la nuée épaisse qui couvrait leurs yeux, et la lumière se fit de toutes parts, autant sur les nefs que sur le champ de bataille. Et ceux qui fuyaient, comme ceux qui luttaient, et ceux qui combattaient auprès des nefs rapides, virent le brave Hektôr et ses compagnons.

Et il ne plut point à l'âme du magnanime Aias de rester où étaient les autres fils des Akhaiens. Et il s'avança, traversant les poupes des nefs et agitant un grand pieu cerclé d'airain et long de vingt-deux coudées. Comme un habile cavalier qui, ayant mis ensemble quatre chevaux très-agiles, les pousse vers une grande ville, sur le chemin public, et que les hommes et les femmes admirent, tandis qu'il saute de l'un à l'autre, et qu'ils courent toujours ; de même Aias marchait rapidement sur les poupes des nefs, et sa voix montait dans l'Ouranos, tandis qu'il excitait par de grandes clameurs les Danaens à sauver les tentes et les nefs.

Hektôr, de son côté, ne restait point dans la foule des Troiens bien armés. Comme un aigle fauve qui tombe sur une multitude d'oiseaux, paissant le long d'un fleuve, oies, grues et cygnes aux longs cous ; de même Hektôr se précipita sur une nef à proue bleue. Et, de sa grande main, Zeus le poussait par derrière, et tout son peuple avec lui. Et, de nouveau, une violente mêlée s'engagea autour des nefs. On eût dit des hommes infatigables et indomptés se ruant à un premier combat, tant ils luttaient tous avec ardeur. Et les Akhaiens, n'espérant pas échapper au carnage, se croyaient destinés à la mort, et les Troiens espéraient, dans leur cœur, brûler les nefs et tuer les héros Akhaiens. Et ils se ruaient, avec ces pensées, les uns contre les autres.

Hektôr saisit la poupe de la nef belle et rapide qui avait amené Prôtésilaos à Troiè et qui n'avait point dû le ramener dans la terre de la patrie. Et les Akhaiens et les Troiens s'entre-tuaient pour cette nef. Et l'impétuosité des flèches et des piques ne leur suffisant plus, ils se frappaient, dans une même pensée, avec les doubles haches tranchantes, les grandes épées et les lances aiguës. Et beaucoup de beaux glaives à poignée noire tombaient sur le sable des mains et des épaules des hommes qui combattaient, et la terre était trempée d'un sang noir. Mais Hektôr saisissant de ses mains les ornements de la poupe, et s'y attachant, cria aux Troiens :

— Apportez le feu, et poussez des clameurs en vous ruant ! Zeus nous offre le jour de la vengeance en nous livrant ces nefs qui, venues vers Ilios contre la volonté des Dieux, nous ont apporté tant de calamités, par la lâcheté des vieillards qui me retenaient et retenaient l'armée quand je voulais marcher et combattre ici. Mais si le prévoyant Zeus aveuglait alors notre esprit, maintenant c'est lui-même qui nous excite et nous pousse !

Il parla ainsi, et tous se jetèrent avec plus de fureur sur les Akhaiens. Et Aias ne put soutenir plus longtemps l'assaut, car il était accablé de traits ; et il recula, de peur de mourir, jusqu'au banc des rameurs, long de sept pieds, et il abandonna la poupe de la nef. Mais, du banc où il était, il éloignait à coups de lance chaque Troien qui apportait le feu infatigable. Et, avec d'horribles cris, il exhortait les Danaens :

— Ô amis, héros Danaens, serviteurs d'Arès, soyez des hommes ! Souvenez-vous de votre force et de votre courage. Pensez-vous trouver derrière vous d'autres défenseurs, ou une muraille plus inaccessible qui vous préserve de la mort ? Nous n'avons point ici de ville ceinte de tours d'où nous puissions repousser l'ennemi et assurer notre salut. Mais nous sommes ici dans les plaines des Troiens bien armés, acculés contre la mer, loin de la terre de la patrie, et notre salut est dans nos mains et non dans la lassitude du combat.

Il parla ainsi, et, furieux, il traversait de sa lance aiguë chaque Troien qui apportait le feu sur les nefs creuses afin de plaire à Hektôr et de lui obéir. Et, ceux-là, Aias les traversait de sa lance aiguë, et il en tua douze devant les nefs.

RHAPSODIE XVI.

Et ils combattaient ainsi pour les nefs bien construites. Et Patroklos se tenait devant le prince des peuples, Akhilleus, versant de chaudes larmes, comme une source d'eau noire qui flue du haut d'un rocher. Et le divin Akhilleus en eut compassion, et il lui dit ces paroles ailées :

— Pourquoi pleures-tu, Patroklos, comme une petite fille qui court après sa mère, saisit sa robe et la regarde en pleurant jusqu'à ce que celle-ci la prenne dans ses bras ? Semblable à cette enfant, ô Patroklos, tu verses des larmes abondantes. Quel message as-tu pour les Myrmidones ou pour moi ? As-tu seul reçu quelque nouvelle de la Phthiè ? On dit cependant que le fils d'Aktôr, Ménoitios, et l'Aiakide Pèleus vivent encore parmi les Myrmidones. Certes, nous serions accablés, s'ils étaient morts. Mais peut-être pleures-tu pour les Argiens qui périssent auprès des nefs creuses, par leur propre iniquité ? Parle, ne me cache rien afin que nous sachions tous deux.

Et le cavalier Patroklos, avec un profond soupir, lui répondit :

— Ô Akhilleus, fils de Pèleus, le plus brave des Akhaiens, ne t'irrite point, car de grandes calamités accablent les Akhaiens. Déjà les plus braves d'entre eux gisent dans les nefs, frappés et blessés. Le robuste Tydéide Diomèdès est blessé, et Odysseus illustre par sa lance, et Agamemnôn. Eurypylos a la cuisse percée d'une flèche ; et les médecins les soignent et baignent leurs blessures avec des baumes. Mais toi, Akhilleus, tu es implacable ! Ô Pèlèiade, doué d'un courage inutile, qu'une colère telle que la tienne ne me saisisse jamais ! À qui viendras-tu désormais en aide, si tu ne sauves pas les Argiens de cette ruine terrible ? Ô inexorable ! Le cavalier Pèleus n'est point ton père, Thétis ne t'a point conçu. La mer bleue t'a enfanté et ton âme est dure comme les hauts rochers. Si tu fuis l'accomplissement d'un oracle, et si ta mère vénérable t'a averti de la part de Zeus, au moins envoie-moi promptement à la tête des Myrmidones, et que j'apporte une lueur de salut aux Danaens ! Laisse-moi couvrir mes épaules de tes armes. Les Troiens reculeront, me prenant pour toi, et les fils belliqueux des Akhaiens respireront, et nous chasserons facilement, nouveaux combattants, ces hommes écrasés de fatigue, loin des tentes et des nefs, vers leur Ville.

Il parla ainsi, suppliant, l'insensé ! cherchant la mort et la Kèr fatale. Et Akhilleus aux pieds rapides lui répondit en gémissant :

— Divin Patroklos, qu'as-tu dit ? Je ne m'inquiète d'aucun oracle, et ma mère vénérable ne m'a rien annoncé de la part de Zeus. Mais un noir chagrin est dans mon cœur et trouble mon esprit, depuis que cet homme, dont la puissance est la plus haute, m'a arraché ma récompense, à moi qui suis son égal ! Tel est le noir chagrin qui me ronge. Cette jeune femme que j'avais conquise par ma lance, après avoir renversé une ville aux fortes murailles, et que les fils des Akhaiens m'avaient donnée en récompense, le roi Atréide Agamemnôn me l'a arrachée des mains, comme à un vil vagabond ! Mais oublions le passé. Sans doute je ne puis nourrir dans mon cœur une colère éternelle. J'avais résolu de ne la déposer que le jour où les clameurs de la guerre parviendraient jusqu'à mes nefs. Couvre donc tes épaules de mes armes illustres, et mène les braves Myrmidones au combat, puisqu'une noire nuée de Troiens enveloppe les nefs. Voici que les Argiens sont acculés contre le rivage de la mer, dans un espace très-étroit, et toute la Ville des Troiens s'est ruée sur eux avec audace, car ils ne voient point le front de mon casque resplendir. Certes, dans leur fuite, ils empliraient les fossés des champs de leurs cadavres, si le roi Agamemnôn ne m'avait point outragé ; et maintenant ils assiégent le camp. La lance furieuse du Tydéide Diomèdès ne s'agite plus dans ses mains pour sauver les Danaens de la mort, et je n'entends plus la voix de l'Atréide sortir de sa tête détestée, mais celle du tueur d'hommes Hektôr, qui excite les Troiens de toutes parts. Et la clameur de ceux-ci remplit toute la plaine, et ils bouleversent les Akhaiens. Va, Patroklos, rue-toi sur eux, et repousse cette ruine loin des nefs. Ne les laisse pas détruire les nefs par le feu ardent, et que le doux retour ne nous soit pas ravi. Mais garde mes paroles dans ton esprit, si tu veux que je sois honoré et glorifié par tous les Danaens, et qu'ils me rendent cette belle jeune femme et un grand nombre de présents splendides, par surcroît. Repousse les Troiens loin des nefs et reviens. Si l'Époux de Hèrè, qui tonne au loin, te donne la victoire, ne dompte pas sans moi les Troiens belliqueux ; car tu me couvrirais de honte, si, les ayant vaincus, et plein de l'orgueil et de l'ivresse du combat, tu menais l'armée à Ilios. Crains qu'un des Dieux éternels ne se rue sur toi du haut de l'Olympos, surtout l'Archer Apollôn qui protège les Troiens. Reviens après avoir sauvé les nefs, et laisse-les combattre dans la plaine. Qu'il vous plaise, ô père Zeus, ô Athènè, ô Apollôn, que nul d'entre les Troiens et les Akhaiens n'évite la mort, et que, seuls, nous survivions tous deux et renversions les murailles sacrées d'Ilios !

Et ils se parlaient ainsi. Mais Aias ne suffisait plus au combat, tant il était accablé de traits. Et l'esprit de Zeus et les Troiens illustres l'emportaient sur lui ; et son casque splendide, dont les aigrettes étaient rompues par les coups, sonnait autour de ses tempes, et son épaule fatiguée ne pouvait plus soutenir le poids du bouclier. Et cependant, malgré la nuée des traits, ils ne pouvaient l'ébranler, bien que respirant à peine, inondé de la sueur de tous ses membres, et haletant sous des maux multipliés.

Et Hektôr frappa de sa grande épée la lance de frêne d'Aias, et il la coupa là où la pointe se joignait au bois ; et le Télamônien Aias n'agita plus dans sa main qu'une lance mutilée, car la pointe d'airain, en tombant, sonna contre terre. Et Aias, dans son cœur irréprochable, reconnut avec horreur l'œuvre des Dieux, et vit que Zeus qui tonne dans les hauteurs, domptant son courage, donnait la victoire aux Troiens. Et il se retira loin des traits, et les Troiens jetèrent le feu infatigable sur la nef rapide, et la flamme inextinguible enveloppa aussitôt la poupe, et Akhilleus, frappant ses cuisses, dit à Patroklos :

— Hâte-toi, divin Patroklos ! Je vois le feu ardent sur les nefs. Si elles brûlent, nous ne pourrons plus songer au retour. Revêts promptement mes armes, et j'assemblerai mon peuple.

Il parla ainsi, et Patroklos se couvrit de l'airain splendide. Il attacha de belles knèmides à ses jambes avec des agrafes d'argent ; il mit sur sa poitrine la cuirasse étincelante, aux mille reflets, du rapide Akhilleus, et il suspendit à ses épaules l'épée d'airain aux clous d'argent. Puis, il prit le grand et solide bouclier, et il posa sur sa noble tête le casque magnifique à la terrible aigrette de crins, et de ses mains il saisit de fortes piques ; mais il laissa la lance lourde, immense et solide, de l'irréprochable Aiakide, la lance Pèliade que Kheirôn avait apportée à son père bien-aimé des cimes du Pèlios, afin d'être la mort des héros. Et Patroklos ordonna à Automédôn, qu'il honorait le plus après Akhilleus, et qui lui était le plus fidèle dans le combat, d'atteler les chevaux au char. Et c'est pourquoi Automédôn soumit au joug les chevaux rapides, Xanthos et Balios, qui, tous deux, volaient comme le vent, et que la Harpye Podargè avait conçus de Zéphyros, lorsqu'elle paissait dans une prairie aux bords du fleuve Okéanos. Et Automédôn lia au-delà du timon l'irréprochable Pèdasos qu'Akhilleus avait amené de la ville saccagée de Êétiôn. Et Pèdasos, bien que mortel, suivait les chevaux immortels.

Et Akhilleus armait les Myrmidones sous leurs tentes. De même que des loups mangeurs de chair crue et pleins d'une grande force qui, dévorant un grand cerf rameux qu'ils ont tué sur les montagnes, vont en troupe, la gueule rouge de sang et vomissant le sang, laper de leurs langues légères les eaux de la source noire, tandis que leur ventre s'enfle et que leur cœur est toujours intrépide ; de même les chefs des Myrmidones se pressaient autour du brave compagnon du rapide Aiakide. Et, au milieu d'eux, le belliqueux Akhilleus excitait les porteurs de boucliers et les chevaux.

Et Akhilleus cher à Zeus avait conduit à Troiè cinquante nefs rapides, et cinquante guerriers étaient assis sur les bancs de rameurs de chacune, et cinq chefs les commandaient sous ses ordres.

Et le premier chef était Ménèsthios à la cuirasse étincelante, aux mille reflets, fils du fleuve Sperkhios qui tombait de Zeus. Et la belle Polydorè, fille de Pèleus, femme mortelle épouse d'un Dieu, l'avait conçu de l'infatigable Sperkhios ; mais Bôros, fils de Périèreus, l'ayant épousée en la dotant richement, passait pour être le père de Ménèsthios.

Et le deuxième chef était le brave Eudôros, conçu en secret, et qu'avait enfanté la belle Polymèlè, habile dans les danses, fille de Phylas. Et le tueur d'Argos l'aima, l'ayant vue dans un chœur de la tumultueuse Artémis à l'arc d'or. Et l'illustre Herméias, montant aussitôt dans les combles de la demeure, coucha secrètement avec elle, et elle lui donna un fils illustre, l'agile et brave Eudôros. Et après qu'Eiléithya qui préside aux douloureux enfantements l'eut conduit à la lumière, et qu'il eut vu la splendeur de Hélios, le robuste Aktoride Ekhékhleus conduisit Polymèlè dans ses demeures et lui fit mille dons nuptiaux. Et le vieux Phylas éleva et nourrit avec soin Eudôros, comme s'il était son fils.

Et le troisième chef était le brave Peisandros Maimalide qui excellait au combat de la lance, parmi les Myrmidones, après Patroklos.

Et le quatrième chef était le vieux cavalier Phoinix, et le cinquième était l'irréprochable Akhimédôn, fils de Laerkeus.

Et Akhilleus, les ayant tous rangés sous leurs chefs, leur dit en paroles sévères :

— Myrmidones, qu'aucun de vous n'oublie les menaces que, dans les nefs rapides, vous adressiez aux Troiens, durant les jours de ma colère, quand vous m'accusiez moi-même, disant : — Ô dur fils de Pèleus, sans doute une mère farouche t'a nourri de fiel, toi qui retiens de force tes compagnons sur leurs nefs ! Que nous retournions au moins dans nos demeures sur les nefs qui fendent la mer, puisqu'une colère inexorable est entrée dans ton cœur. — Souvent vous me parliez ainsi. Aujourd'hui, voici le grand combat dont vous étiez avides. Que chacun de vous, avec un cœur solide, lutte donc contre les Troiens.

Il parla ainsi, et il excita la force et le courage de chacun, et ils serrèrent leurs rangs. De même qu'un homme fortifie de pierres épaisses le mur d'une haute maison qui soutiendra l'effort des vents, de même les casques et les boucliers bombés se pressèrent, tous se soutenant les uns les autres, boucliers contre boucliers, casques à crinières étincelantes contre casques, homme contre homme. Et Patroklos et Automédôn, qui n'avaient qu'une âme, se mirent en tête des Myrmidones.

Mais Akhilleus entra sous sa tente, et souleva le couvercle d'un coffre riche et bien fait, et plein de tuniques, de manteaux impénétrables au vent et de tapis velus. Et là se trouvait une coupe d'un beau travail dans laquelle le vin ardent n'avait été versé que pour Akhilleus seul entre tous les hommes, et qui n'avait fait de libations qu'au Père Zeus seul entre tous les Dieux. Et, l'ayant retirée du coffre, il la purifia avec du soufre, puis il la lava avec de l'eau pure et claire, et il lava ses mains aussi ; et, puisant le vin ardent, faisant des libations et regardant l'Ouranos, il pria debout au milieu de tous, et Zeus qui se réjouit de la foudre l'entendit et le vit :

— Zeus ! Roi Dôdônaien, Pélasgique, qui, habitant au loin, commandes sur Dôdônè enveloppée par l'hiver, au milieu de tes divinateurs, les Selles, qui ne se lavent point les pieds et dorment sur la terre, si tu as déjà exaucé ma prière, et si, pour m'honorer, tu as rudement châtié le peuple des Akhaiens, accomplis encore mon vœu ! Je reste dans l'enceinte de mes nefs, mais j'envoie mon compagnon combattre en tête de nombreux Myrmidones. Ô Prévoyant Zeus ! donne-lui la victoire, affermis son cœur dans sa poitrine, et que Hektôr apprenne que mon compagnon sait combattre seul et que ses mains robustes n'attendent point pour agir que je me rue dans le carnage d'Arès. Mais, ayant repoussé la guerre et ses clameurs loin des nefs, qu'il revienne, sain et sauf, vers mes nefs rapides, avec mes armes et mes braves compagnons !

Il parla ainsi en priant, et le sage Zeus l'entendit, et il exauça une partie de sa prière, et il rejeta l'autre. Il voulut bien que Patroklos repoussât la guerre et le combat loin des nefs, mais il ne voulut pas qu'il revînt sain et sauf du combat. Après avoir fait des libations et supplié le père Zeus, le

Pèléide rentra sous sa tente et déposa la coupe dans le coffre ; et il sortit de nouveau pour regarder la rude mêlée des Troiens et des Akhaiens.

Et les Myrmidones, rangés sous le magnanime Patroklos, se ruèrent, pleins d'ardeur, contre les Troiens. Et ils se répandaient semblables à des guêpes, nichées sur le bord du chemin, et que des enfants se plaisent à irriter dans leurs nids. Et ces insensés préparent un grand mal pour beaucoup ; car, si un voyageur les excite involontairement au passage, les guêpes au cœur intrépide tourbillonnent et défendent leurs petits. Ainsi les braves Myrmidones se répandaient hors des nefs ; et une immense clameur s'éleva ; et Patroklos exhorta ainsi ses compagnons à voix haute :

— Myrmidones, compagnons du Pèléide Akhilleus, amis, soyez des hommes, et souvenez-vous de votre force et de votre courage, afin d'honorer le Pèléide, le plus brave des hommes, auprès des nefs des Argiens, et nous, ses belliqueux compagnons. Et que l'Atréide Agamemnôn qui commande au loin reconnaisse sa faute, lui qui a outragé le plus brave des Akhaiens.

Il parla ainsi, et il excita leur force et leur courage, et ils se ruèrent avec fureur sur les Troiens, et les nefs résonnèrent des hautes clameurs des Akhaiens. Et, alors, les Troiens virent le brave fils de Ménoitios et son compagnon, tous deux resplendissants sous leurs armes. Leurs cœurs en furent émus, et leurs phalanges se troublèrent ; et ils crurent que le Pèléide aux pieds rapides avait déposé sa colère auprès des nefs. Et chacun regardait de tous côtés comment il éviterait la mort.

Et Patroklos, le premier, lança sa pique éclatante au plus épais de la mêlée tumultueuse, autour de la poupe de la nef du magnanime Prôtésilaos. Et il frappa Pyraikhmès, qui avait amené les cavaliers Paiones d'Amydônè et des bords de l'Axios au large cours ; et il le frappa à l'épaule droite, et Pyraikhmès tomba dans la poussière en gémissant, et les Paiones prirent la fuite. Patroklos les dispersa tous ainsi, ayant tué leur chef qui excellait dans le combat. Et il arracha le feu de la nef, et il l'éteignit. Et les Troiens, dans un immense tumulte, s'enfuirent loin de la nef à demi brûlée, et les Danaens, sortant en foule des nefs creuses, se jetèrent sur eux, et une haute clameur s'éleva. De même que, le foudroyant Zeus ayant dissipé les nuées noires au faîte d'une grande montagne, tout apparaît soudainement, les cavernes, les cimes aiguës et les bois, et qu'une immense sérénité se répand dans l'aithèr ; de même les Danaens respirèrent après avoir éloigné des nefs la flamme ennemie. Mais ce ne fut point la fin du combat. Les Troiens, repoussés des nefs noires par les Akhaiens belliqueux, ne fuyaient point bouleversés, mais ils résistaient encore, bien que cédant à la nécessité. Alors, dans la mêlée élargie, chaque chef Akhaien tua un guerrier.

Et, le premier de tous, le brave fils de Ménoitios perça de sa pique aiguë la cuisse d'Arèilykos qui fuyait. L'airain traversa la cuisse et brisa l'os, et l'homme tomba la face contre terre. Et le brave Ménélaos frappa

Thoas à l'endroit de la poitrine que le bouclier ne couvrait pas, et il rompit ses forces. Et le Phyléide, voyant Amphiklos qui s'élançait, le prévint en le frappant au bas de la cuisse, là où les muscles sont très-épais ; et la pointe d'airain déchira les nerfs, et l'obscurité couvrit les yeux d'Amphiklos. Et la lance aiguë du Nestôride blessa Atymnios, et l'airain traversa les entrailles, et le Troien tomba devant Antilokhos. Et Maris, irrité de la mort de son frère, et debout devant le cadavre, lança sa pique contre Antilokhos ; mais le divin Thrasymèdès le prévint, comme il allait frapper, et le perça près de l'épaule, et la pointe d'airain, tranchant tous les muscles, dépouilla l'os de toute sa chair. Et Maris tomba avec bruit, et un noir brouillard couvrit ses yeux. Ainsi descendirent dans l'Érébos deux frères, braves compagnons de Sarpèdôn, et tous deux fils d'Amisôdaros qui avait nourri l'indomptable Khimaira pour la destruction des hommes.

Aias Oiliade saisit vivant Kléoboulos embarrassé dans la mêlée, et il le tua en le frappant de son épée à la gorge, et toute l'épée y entra chaude de sang, et la mort pourprée et la Moire violente obscurcirent ses yeux. Pènéléôs et Lykôn, s'attaquant, se manquèrent de leurs lances et combattirent avec leurs épées. Lykôn frappa le cône du casque à aigrette de crins, et l'épée se rompit ; mais Pènéléôs le perça au cou, sous l'oreille, et l'épée y entra tout entière, et la tête fut suspendue à la peau, et Lykôn fut tué. Et Mèrionès, poursuivant avec rapidité Akamas qui montait sur son char, le frappa à l'épaule droite, et le Troien tomba du char, et une nuée obscurcit ses yeux.

Idoméneus frappa de sa pique Érymas dans la bouche, et la pique d'airain pénétra jusque dans la cervelle en brisant les os blancs ; et toutes les dents furent ébranlées, et les deux yeux s'emplirent de sang, et le sang jaillit de la bouche et des narines, et la nuée noire de la mort l'enveloppa.

Ainsi les chefs Danaens tuèrent chacun un guerrier. De même que des loups féroces se jettent, dans les montagnes, sur des agneaux ou des chevreaux que les bergers imprudents ont laissés, dispersés çà et là, et qui les emportent tout tremblants ; de même les Danaens bouleversaient les Troiens qui fuyaient tumultueusement, oubliant leur force et leur courage.

Et le grand Aias désirait surtout atteindre Hektôr armé d'airain ; mais celui-ci, habile au combat, couvrant ses larges épaules de son bouclier de peau de taureau, observait le bruit strident des flèches et le son des piques. Et il comprenait les chances du combat ; et toujours ferme, il protégeait ses chers compagnons. De même qu'une nuée monte de l'Olympos jusque dans l'Ouranos, quand Zeus excite la tempête dans la sérénité de l'aithèr, de même la clameur et la fuite s'élançaient des nefs. Et les Troiens ne repassèrent point le fossé aisément. Les chevaux rapides de Hektôr l'emportèrent loin de son peuple que le fossé profond arrêtait. Et une multitude de chevaux s'y précipitaient, brisant les timons et abandonnant les chars des princes. Et Patroklos les poursuivait avec fureur, exhortant les Danaens et méditant la ruine des Troiens. Et ceux-ci, pleins de clameurs, emplissaient les chemins de leur fuite ; et une vaste poussière montait vers les nuées, et les chevaux aux sabots massifs couraient vers la Ville, loin des nefs et des tentes. Et Patroklos poussait, avec des cris menaçants, cette armée bouleversée. Et les hommes tombaient hors des chars sous les essieux, et les chars bondissants retentissaient. Et les chevaux immortels et rapides, illustres présents des Dieux à Pèleus, franchirent le fossé profond, pleins du désir de la course. Et le cœur de Patroklos le poussait vers Hektôr, afin de le frapper de sa pique ; mais les chevaux rapides du Priamide l'avaient emporté.

Dans les jours de l'automne, quand la terre est accablée sous de noirs tourbillons, et quand Zeus répand une pluie abondante, irrité contre les hommes qui jugeaient avec iniquité dans l'agora et chassaient la justice, sans respect des Dieux, de même qu'ils voient maintenant les torrents creuser leurs campagnes et se précipiter dans la mer pourprée du haut des rochers escarpés, détruisant de tous côtés les travaux des hommes ; de même on voyait les cavales troiennes courir épouvantées. Et Patroklos, ayant rompu les premières phalanges, les repoussa vers les nefs et ne leur permit pas de regagner la Ville qu'elles désiraient atteindre. Et il les massacrait, en les poursuivant, entre les nefs, le fleuve et les hautes murailles, et il tirait vengeance d'un grand nombre d'hommes. Et il frappa d'abord Pronoos, de sa pique éclatante, dans la poitrine découverte par le bouclier. Et les forces du Troien furent rompues, et il retentit en tombant. Et il attaqua Thestôr, fils d'Énops. Et Thestôr était affaissé sur le siége du char, l'esprit troublé ; et les rênes lui étaient tombées des mains. Patroklos le frappa de sa lance à la joue droite, et l'airain passa à travers les dents, et, comme il le ramenait, il arracha l'homme du char. Ainsi un homme, assis au faîte d'un haut rocher qui avance, à l'aide de l'hameçon brillant et de la ligne, attire un grand poisson hors de la mer. Ainsi Patroklos enleva du char, à l'aide de sa lance éclatante, Thestôr, la bouche béante ; et celui-ci, en tombant, rendit l'âme. Puis il frappa d'une pierre dans la tête Éryalos, qui s'élançait, et dont la tête s'ouvrit en deux, sous le casque solide, et qui tomba et rendit l'âme, enveloppé par la mort. Puis, Patroklos coucha, domptés, sur la terre nourricière, Érymas, Amphotéros, Épaltès, Tlépolémos Damastoride, Ékhios, Pyrès, Ipheus, Évippos et l'Argéade Polymèlos. Mais Sarpèdôn, voyant ses compagnons tués et dépouillés de leurs armes par les mains du Ménoitiade Patroklos, exhorta les irréprochables Lykiens :

— Ô honte ! Pourquoi fuyez-vous, Lykiens ? Vous êtes maintenant bien rapides ! J'irai contre ce guerrier, et je saurai s'il me domptera, lui qui a accablé les Troiens de tant de maux et qui a rompu les genoux de tant de braves.

Il parla ainsi, et il sauta avec ses armes, de son char, sur la terre. Et Patroklos le vit et sauta de son char. De même que deux vautours aux becs recourbés et aux serres aiguës, sur une roche escarpée luttent avec de grands cris ; de même ils se ruèrent l'un sur l'autre avec des clameurs. Et le fils du subtil Kronos les ayant vus, fut rempli de compassion, et il dit à Hèrè, sa sœur et son épouse :

— Hélas ! voici que la destinée de Sarpèdôn qui m'est très-cher parmi les hommes, est d'être tué par le Ménoitiade Patroklos, et mon cœur hésitant délibère dans ma poitrine si je le transporterai vivant du combat lamentable au milieu du riche peuple de Lykiè, ou si je le dompterai par les mains du Ménoitiade.

Et la vénérable Hèrè aux yeux de bœuf lui répondit :

— Redoutable Kronide, quelle parole as-tu dite ? Tu veux affranchir de la triste mort un homme mortel depuis longtemps voué au destin ? Fais-le, mais nous tous, les Dieux, nous ne t'approuverons pas. Je te dirai ceci, et retiens-le dans ton esprit : Si tu envoies Sarpèdôn vivant dans ses demeures, songe que, désormais, chacun des Dieux voudra aussi sauver un fils bien-aimé de la rude mêlée. Il y a, en effet, beaucoup de fils des Dieux qui combattent autour de la grande ville de Priamos, de ces Dieux que tu auras irrités. Si Sarpèdôn t'est cher et que ton cœur le plaigne, laisse-le tomber dans la rude mêlée sous les mains du Ménoitiade Patroklos ; mais dès qu'il aura rendu l'âme et la vie, envoie Thanatos et le doux Hypnos afin qu'ils le transportent chez le peuple de la grande Lykiè. Ses parents et ses concitoyens l'enseveliront, et ils lui élèveront un tombeau et une colonne ; car c'est là l'honneur des morts.

Elle parla ainsi, et le père des hommes et des Dieux consentit. Et il versa sur la terre une pluie de sang, afin d'honorer son fils bien-aimé que Patroklos devait tuer dans la fertile Troiè, loin de sa patrie.

Et les deux héros s'étant rencontrés, Patroklos frappa dans le ventre l'illustre Thrasymèdès qui conduisait le char du roi Sarpèdôn, et il le tua. Et Sarpèdôn s'élança ; mais sa pique éclatante, s'étant égarée, blessa à l'épaule le cheval Pèdasos qui hennit, tomba dans la poussière et rendit l'âme. Et ses compagnons se cabrèrent, et le joug cria, et les rênes furent entremêlées. Mais le brave Automédôn mit fin à ce trouble. Il se leva, et, tirant la longue épée qui pendait sur sa cuisse robuste, il trancha les traits qui étaient au-delà du timon. Et les deux autres chevaux, se remettant au joug, obéirent aux rênes, et les deux guerriers continuèrent le combat lamentable.

Alors la pique éclatante de Sarpèdôn s'égara encore, car la pointe d'airain effleura l'épaule gauche de Patroklos sans le blesser. Et celui-ci se rua avec l'airain, et le trait ne s'échappa point vainement de sa main, car il frappa Sarpèdôn à cette cloison qui enferme le cœur vivant. Et il tomba comme tombe un chêne, ou un peuplier, ou un grand pin que les bûcherons, sur les montagnes, coupent de leurs haches tranchantes, pour construire des nefs. Et il était étendu devant ses chevaux et son char, grinçant des dents et saisissant la poussière sanglante. De même qu'un taureau magnanime qu'un lion fauve a saisi parmi les bœufs aux pieds flexibles, et qui meurt en mugissant sous les dents du lion, de même le roi des Lykiens porteurs de boucliers gémissait, dompté par Patroklos. Et il appela son cher compagnon

— Ami Glaukos, brave entre les hommes, c'est maintenant qu'il te faut combattre intrépidement. Si la mêlée lamentable ne trouble point ton cœur, sois prompt. Les appelant de tous côtés, exhorte les chefs Lykiens à combattre pour Sarpèdôn, et combats toi-même pour moi. Je serais à jamais ton opprobre et ta honte si les Akhaiens me dépouillaient de mes armes dans le combat des nefs. Sois ferme, et exhorte tout mon peuple.

Il parla ainsi, et l'ombre de la mort couvrit ses yeux et ses narines. Et Patroklos, lui mettant le pied sur la poitrine, arracha sa lance, et les entrailles la suivirent, et le Ménoitiade arracha en même temps sa lance et l'âme de Sarpèdôn.

Les Myrmidones saisirent les chevaux haletants et qui voulaient fuir depuis que le char de leurs maîtres était vide. Mais, en entendant la voix de Sarpèdôn, Glaukos ressentit une amère douleur, et son cœur fut déchiré de ne pouvoir le secourir. Pressant de sa main son bras cruellement blessé par la flèche que lui avait lancée Teukros, du haut de la muraille, en défendant ses compagnons, il supplia ainsi l'Archer Apollôn :

— Entends-moi, ô Roi ! soit de la riche Lykiè, soit de Troiè, car tu peux entendre de tout lieu les plaintes de l'homme qui gémit, et voici que la douleur me ronge. Je subis une blessure cruelle, et ma main est en proie à de grands maux, et mon sang coule sans cesse, et mon épaule est très-lourde, et je ne puis ni saisir ma lance, ni combattre l'ennemi. Et voici que le plus illustre des hommes est mort, Sarpèdôn, fils de Zeus qui n'a point secouru son fils. Mais toi, ô Roi ! guéris cette blessure amère, apaise mon mal, afin que j'excite les Lykiens à combattre et que je combatte moi-même pour ce cadavre.

Il parla ainsi en priant, et Phoibos Apollôn l'entendit et apaisa aussitôt sa douleur. Et le sang noir cessa de couler de sa blessure amère, et la force lui fut rendue. Glaukos connut dans son esprit que le grand Dieu avait exaucé sa prière, et il se réjouit. Et d'abord, courant de tous côtés, il excita les chefs Lykiens à combattre pour Sarpèdôn puis, marchant à grands pas vers les Troiens, il chercha Polydamas Panthoide, le divin Agènôr, Ainéias et Hektôr armé d'airain, et il leur dit ces paroles ailées :

— Hektôr, tu oublies tes alliés qui, pour toi, rendent l'âme loin de leurs amis et de la terre de la patrie, et tu refuses de les secourir. Le chef des Lykiens porteurs de boucliers est mort, Sarpèdôn, qui protégeait la Lykiè par sa justice et par sa vertu. Arès d'airain l'a tué par la lance de Patroklos. Venez, amis, et indignez-vous. Que les Myrmidones, irrités à cause de tant d'Akhaiens que nous avons tués de nos lances rapides auprès des nefs, n'enlèvent point les armes et n'insultent point le cadavre de Sarpèdôn.

Il parla ainsi, et une intolérable et irrésistible douleur saisit les Troiens, car Sarpèdôn, bien qu'étranger, était le rempart de leur ville, et des peuples nombreux le suivaient, et lui-même excellait dans le combat. Et ils marchèrent avec ardeur droit aux Danaens, menés par Hektôr irrité à cause de Sarpèdôn. Mais le cœur solide de Patroklos Ménoitiade excitait aussi les Akhaiens, et il dit aux deux Aias prompts aux combats :

— Aias ! soyez aujourd'hui tels que vous avez toujours été parmi les plus braves et les meilleurs. Il est tombé l'homme qui, le premier, a franchi le mur des Akhaiens, Sarpèdôn ! Insultons ce cadavre et arrachons ses armes de ses épaules, et tuons de l'airain tous ceux de ses compagnons qui voudraient le défendre.

Il parla ainsi, et les Aias se hâtèrent de lui venir en aide ; et de chaque côté, Troiens, Lykiens, Myrmidones et Akhaiens, serrant leurs phalanges, se ruaient avec d'horribles clameurs autour du cadavre, et les armes des hommes retentissaient. Et Zeus répandit sur la mêlée une obscurité affreuse, afin que le labeur du combat pour son fils bien-aimé fût plus terrible. Et d'abord les Troiens repoussèrent les Akhaiens aux sourcils arqués ; et un des meilleurs parmi les Myrmidones fut tué, le divin Épeigeus, fils du magnanime Agakleus. Et Épeigeus commandait autrefois dans Boudéiôn bien peuplée ; mais, ayant tué son brave beau-frère, il vint en suppliant auprès de Pèleus et de Thétis aux pieds d'argent, qui l'envoyèrent, avec le mâle Akhilleus, vers Ilios aux beaux chevaux, combattre les Troiens. Et comme il mettait la main sur le cadavre, l'illustre Hektôr le frappa d'une pierre à la tête, et la tête se fendit en deux, sous le casque solide ; et il tomba la face sur le cadavre. Puis, l'affreuse mort l'enveloppa lui-même, et Patroklos fut saisi de douleur, à cause de son compagnon tué.

Et il se rua à travers les combattants, semblable à un épervier rapide qui terrifie les geais et les étourneaux. Ainsi le cavalier Patroklos se rua contre les Lykiens et les Troiens, irrité dans son cœur à cause de son compagnon. Et il frappa d'une pierre au cou Sthénélaos Ithaiménide, et les nerfs furent rompus ; et les premiers rangs et l'illustre Hektôr reculèrent d'autant d'espace qu'en parcourt une pique bien lancée, dans le combat contre des hommes intrépides ou dans les jeux. Autant reculèrent les Troiens et s'avancèrent les Akhaiens.

Et, le premier, Glaukos, chef des Lykiens porteurs de boucliers, se retournant, tua le magnanime Bathykleus, fils bien-aimé de Khalkôn, qui habitait l'Hellas et qui était illustre parmi les Myrmidones par ses domaines et par ses richesses. Et, Bathykleus le poursuivant, Glaukos se retourna subitement et le frappa de sa lance au milieu de la poitrine, et il tomba avec bruit, et une lourde douleur saisit les Akhaiens quand le guerrier tomba, et les Troiens se réjouirent ; mais les Akhaiens infatigables, se souvenant de leur courage, se jetèrent en foule autour du cadavre.

Alors Mèrionès tua un guerrier Troien, le brave Laogôn, fils d'Onètôr, prêtre de Zeus Idaien, et que le peuple honorait comme un Dieu. Il le frappa sous la mâchoire et l'oreille, et l'âme abandonna aussitôt ses membres, et l'affreux brouillard l'enveloppa. Et Ainéias lança sa pique d'airain contre Mèrionès, et il espérait l'atteindre sous le bouclier, comme il s'élançait ; mais celui-ci évita la pique d'airain en se courbant, et la longue pique s'enfonça en terre et vibra jusqu'à ce que le robuste Arès eût épuisé sa force. Et la pique d'Ainéias vibrait ainsi parce qu'elle était partie d'une main vigoureuse. Et Ainéias, irrité, lui dit :

— Mèrionès, bien que tu sois un agile sauteur, ma pique t'eût rendu immobile à jamais, si je t'avais atteint.

Et Mèrionès illustre par sa lance lui répondit :

— Ainéias, il te sera difficile, malgré ta vigueur, de rompre les forces de tous ceux qui te combattront. Si moi aussi, je t'atteignais de l'airain aigu, bien que tu sois robuste et confiant dans tes forces, tu me donnerais la gloire et ton âme à Aidès illustre par ses chevaux.

Il parla ainsi, et le robuste fils de Ménoitios le réprimanda :

— Mèrionès, pourquoi tant parler, étant brave ? Ô ami ! ce n'est point par des paroles outrageantes que tu repousseras les Troiens loin de ce cadavre. La fin de la guerre est dans nos mains. Les paroles conviennent à l'agora. Il ne s'agit point ici de parler, mais de combattre.

Il parla ainsi, et marcha en avant, et le divin Mèrionès le suivit. Et de même que les bûcherons font un grand tumulte dans les gorges des montagnes, et que l'écho retentit au loin ; de même la grande plaine frémissait sous les guerriers qui frappaient, de leurs épées et de leurs lances, l'airain et le cuir des solides boucliers ; et nul n'aurait plus reconnu le divin Sarpèdôn, tant il était couvert de traits, de sang et de poussière. Et tous se ruaient sans cesse autour de son cadavre, comme les mouches qui bourdonnent, au printemps, dans l'étable, autour des vases remplis de lait. C'est ainsi qu'ils se ruaient en foule autour de ce cadavre.

Et Zeus, ne détournant point ses yeux splendides de la rude mêlée, délibérait dans son esprit sur la mort de Patroklos, hésitant si l'illustre Hektôr le tuerait de suite avec l'airain, dans la mêlée, sur le divin Sarpèdôn, et lui arracherait ses armes des épaules, ou si la rude mêlée serait prolongée pour la mort d'un plus grand nombre. Et il sembla meilleur à Zeus que le brave compagnon du Pèléide Akhilleus repoussât, vers la Ville, Hektôr et les Troiens, et arrachât l'âme de beaucoup de guerriers. Et c'est pourquoi il amollit le courage de Hektôr qui, montant sur son char, prit la fuite en ordonnant aux Troiens de fuir aussi, car il avait reconnu les balances sacrées de Zeus. Et les illustres Lykiens ne restèrent point, et ils prirent aussi la fuite en voyant leur Roi couché, le cœur percé, au milieu des cadavres, car beaucoup étaient tombés pendant que le Kroniôn excitait le combat. Et les Akhaiens arrachèrent des épaules de Sarpèdôn ses belles armes resplendissantes, et le robuste fils de Ménoitios les donna à ses compagnons pour être portées aux nefs creuses. Et alors Zeus qui amasse les nuées dit à Apollôn :

— Va maintenant, cher Phoibos. Purifie Sarpèdôn, hors de la mêlée, du sang noir qui le souille. Lave-le dans les eaux du fleuve, et, l'ayant oint d'ambroisie, couvre-le de vêtements immortels. Puis, remets-le aux Jumeaux rapides, Hypnos et Thanatos, pour qu'ils le portent chez le riche peuple de la grande Lykiè. Ses parents et ses amis l'enseveliront et lui élèveront un tombeau et une colonne, car c'est là l'honneur des morts.

Il parla ainsi, et Apollôn, se hâtant d'obéir à son père, descendit des cimes Idaiennes dans la mêlée et enleva Sarpèdôn loin des traits. Et il le transporta pour le laver dans les eaux du fleuve, l'oignit d'ambroisie, le couvrit de vêtements immortels et le confia aux Jumeaux rapides, Hypnos et Thanatos, qui le transportèrent aussitôt chez le riche peuple de la grande Lykiè.

Et Patroklos, excitant Automédôn et ses chevaux, poursuivait les Lykiens et les Troiens, pour son malheur, l'insensé ! car s'il avait obéi à l'ordre du Pèléide, il aurait évité la Kèr mauvaise de la noire mort. Mais l'esprit de Zeus est plus puissant que celui des hommes. Il terrifie le brave que lui-même a poussé au combat, et il lui enlève la victoire.

Et, maintenant, quel fut le premier, quel fut le dernier que tu tuas, ô Patroklos, quand les Dieux préparèrent ta mort ? Adrèstès, Autonoos et Ekhéklos, Périmos Mégade et Épistôr, et Mélanippos ; puis, Élasos, Moulios et Phylartès. Il tua ceux-ci, et les autres échappèrent par la fuite. Et alors les fils des Akhaiens eussent pris la haute Ilios par les mains de Patroklos furieux, si Phoibos Apollôn, debout au faîte d'une tour solide, préparant la perte du Ménoitiade, ne fût venu en aide aux Troiens. Et trois fois Patroklos s'élança jusqu'au relief de la haute muraille, et trois fois Apollôn le repoussa de ses mains immortelles, en heurtant son bouclier éclatant. Et, quand il s'élança une quatrième fois, semblable à un Dieu, l'Archer Apollôn lui dit ces paroles menaçantes :

— Retire-toi, divin Patroklos. Il n'est pas dans ta destinée de renverser de ta lance la haute citadelle des magnanimes Troiens. Akhilleus lui-même ne le pourra point, bien qu'il te soit très-supérieur.

Il parla ainsi, et Patroklos recula au loin pour éviter la colère de l'Archer Apollôn. Et Hektôr, retenant ses chevaux aux sabots solides près des Portes Skaies, hésitait s'il retournerait au combat, ou s'il ordonnerait aux troupes de se renfermer dans les murailles.

Et Phoibos Apollôn s'approcha de lui, semblable au jeune et brave guerrier Asios, fils de Dymas, frère de Hékabè et oncle du dompteur de chevaux Hektôr, et qui habitait la Phrygiè sur les bords du Sangarios. Et, semblable à Asios, Phoibos Apollôn dit à Hektôr :

— Hektôr, pourquoi t'éloignes-tu du combat ? Cela ne te convient pas. Plût aux Dieux que je te fusse supérieur autant que je te suis inférieur, il te serait fatal d'avoir quitté le combat. Allons, pousse tes chevaux aux sabots massifs contre Patroklos. Tu le tueras peut-être, et Apollôn te donnera la victoire.

Ayant ainsi parlé, le Dieu rentra dans la foule des guerriers. Et l'illustre Hektôr ordonna au brave Kébrionès d'exciter ses chevaux vers la mêlée. Et Apollôn, au milieu de la foule, répandit le trouble parmi les Argiens et accorda la victoire à Hektôr et aux Troiens. Et le Priamide, laissant tous les autres Danaens, poussait vers le seul Patroklos ses chevaux aux sabots massifs. Et Patroklos, de son côté, sauta de son char, tenant sa pique de la main gauche. Et il saisit de la droite un morceau de marbre, rude et anguleux, d'abord caché dans sa main, et qu'il lança avec effort. Et ce ne fut pas en vain, car cette pierre aiguë frappa au front le conducteur de chevaux Kébrionès, bâtard de l'illustre Priamos. Et la pierre coupa les deux sourcils, et l'os ne résista pas, et les yeux du Troien jaillirent à ses pieds dans la poussière. Et, semblable au plongeur, il tomba du char, et son âme abandonna ses membres. Et le cavalier Patroklos cria avec une raillerie amère :

— Ah ! certes, voici un homme agile ! Comme il plonge ! Vraiment, il rassasierait de coquillages toute une multitude, en sautant de sa nef dans la mer, même si elle était agitée, puisqu'il plonge aussi
aisément du haut d'un char. Certes, il y a d'excellents plongeurs parmi les Troiens !

Ayant ainsi parlé, il s'élança sur le héros Kébrionès, comme un lion impétueux qui va dévaster une étable et recevoir une blessure en pleine poitrine, car il se perd par sa propre ardeur. Ainsi, Patroklos, tu te ruas sur Kébrionès. Et le Priamide sauta de son char, et tous deux luttèrent pour le cadavre, comme deux lions pleins de faim combattent, sur les montagnes, pour une biche égorgée. Ainsi, sur le cadavre de Kébrionès, les deux habiles guerriers, Patroklos Ménoitiade et l'illustre Hektôr, désiraient se percer l'un l'autre de l'airain cruel. Et le Priamide tenait le cadavre par la tête et ne lâchait point prise, tandis que Patroklos le tenait par les pieds. Et les Troiens et les Danaens engagèrent alors un rude combat.

De même que l'Euros et le Notos, par leur rencontre furieuse, bouleversent, dans les gorges des montagnes, une haute forêt de hêtres, de frênes et de cornouillers à écorce épaisse, qui heurtent leurs vastes rameaux et se rompent avec bruit ; ainsi les Troiens et les Akhaiens, se ruant les uns sur les autres, combattaient et ne fuyaient point honteusement. Et les lances aiguës, et les flèches ailées qui jaillissaient des nerfs s'enfonçaient autour de Kébrionès, et de lourds rochers brisaient les boucliers. Et là, Kébrionès gisait, grand, oublieux des chevaux et du char, et dans un tourbillon de poussière. Aussi longtemps que Hélios tint le milieu de l'Ouranos, les traits jaillirent des deux côtés, et les deux peuples périssaient également ; mais lorsqu'il déclina, les Akhaiens furent les plus forts et ils entraînèrent le héros Kébrionès loin des traits et du tumulte des Troiens, et ils lui arrachèrent ses armes des épaules.

Et Patroklos, méditant la perte des Troiens, se rua en avant. Il se rua trois fois, tel que le rapide Arès, poussant des cris horribles, et il tua neuf guerriers. Mais quand il s'élança une quatrième fois, semblable à un Dieu, alors, Patroklos, la fin de ta vie approcha ! Phoibos à travers la mêlée, vint à lui, terrible. Et le Ménoitiade ne vit point le Dieu qui s'était enveloppé d'une épaisse nuée. Et Phoibos se tint derrière lui et le frappa de la main dans le dos, entre les larges épaules, et ses yeux furent troublés par le vertige. Et Phoibos Apollôn lui arracha de la tête son casque, qui roula sous les pieds des chevaux en retentissant, et dont l'aigrette fut souillée de sang et de poussière. Et il n'était point arrivé à ce casque d'être souillé de poussière quand il protégeait le beau front du divin Akhilleus ; mais Zeus voulait donner ce casque au Priamide Hektôr, afin qu'il le portât, car sa mort était proche.

Et la longue et lourde lance de Patroklos se brisa dans sa main, et le roi Apollôn, fils de Zeus, détacha sa cuirasse. Son esprit fut saisi de stupeur, et ses membres furent inertes, et il s'arrêta stupéfait.

Alors le Dardanien Panthoide Euphorbos, excellent cavalier, et habile, entre les meilleurs, à lancer la pique, et qui avait déjà précipité vingt guerriers de leurs chars, s'approcha du Ménoitiade par derrière et le blessa d'un coup de lance aiguë. Et ce fut le premier qui te blessa, dompteur de chevaux Patroklos ! Mais il ne t'abattit point, et, retirant sa lance, il recula aussitôt dans la foule, redoutant Patroklos désarmé. Et celui-ci, frappé par un Dieu et par la lance d'un homme, recula aussi dans la foule de ses compagnons, pour éviter la mort.

Et dès que Hektôr eut vu le magnanime Patroklos se retirer, blessé par l'airain aigu, il se jeta sur lui et le frappa dans le côté d'un coup de lance qui le traversa. Et le Ménoitiade tomba avec bruit, et la douleur saisit le peuple des Akhaiens. De même un lion dompte dans le combat un robuste sanglier, car ils combattaient ardemment sur le faîte des montagnes, pour un peu d'eau qu'ils voulaient boire tous deux ; mais le lion dompte avec violence le sanglier haletant. Ainsi le Priamide Hektôr arracha l'âme du brave fils de Ménoitios, et, plein d'orgueil, il l'insulta par ces paroles ailées :

— Patroklos, tu espérais sans doute renverser notre Ville et emmener, captives sur tes nefs, nos femmes, dans ta chère terre natale ? Ô insensé ! c'est pour les protéger que les rapides chevaux de Hektôr l'ont mené au combat, car je l'emporte par ma lance sur tous les Troiens belliqueux, et j'éloigne leur dernier jour. Mais toi, les oiseaux carnassiers te mangeront. Ah ! malheureux ! le brave Akhilleus ne t'a point sauvé, lui qui, t'envoyant combattre, tandis qu'il restait, te disait sans doute : — Ne reviens point, dompteur de chevaux Patroklos, dans les nefs creuses, avant d'avoir arraché de sa poitrine la cuirasse sanglante du tueur d'hommes Hektôr. Il t'a parlé ainsi sans doute, et il t'a persuadé dans ta démence !

Et le cavalier Patroklos, respirant à peine, lui répondit :

— Hektôr, maintenant tu te glorifies, car le Kronide et Apollôn t'ont donné la victoire. Ils m'ont aisément dompté, en m'enlevant mes armes des épaules ; mais, si vingt guerriers tels que toi m'avaient attaqué, ils seraient tous morts par ma lance. C'est la Moire violente et le fils de Lètô, et, parmi les hommes, Euphorbos, qui me tuent ; mais toi, tu n'es venu que le dernier. Je te le dis, garde mes paroles dans ton esprit : Tu ne vivras point longtemps, et ta mort est proche. La Moire violente va te dompter par les mains de l'irréprochable Aiakide Akhilleus.

Il parla ainsi et mourut, et son âme abandonna son corps et descendit chez Aidès, en pleurant sa destinée, sa force et sa jeunesse.

Et l'illustre Hektôr répondit au cadavre du Ménoitiade :

— Patroklos, pourquoi m'annoncer la mort ? Qui sait si Akhilleus, le fils de Thétis aux beaux cheveux, ne rendra point l'esprit sous ma lance ?

Ayant ainsi parlé, il lui mit le pied sur le corps, et, le repoussant, arracha de la plaie sa lance d'airain. Et aussitôt il courut sur Automédôn, le divin compagnon du rapide Aiakide, voulant l'abattre ; mais les chevaux immortels, présents splendides que les Dieux avaient faits à Pèleus, enlevèrent Automédôn.

RHAPSODIE XVII.

Et le brave Ménélaos, fils d'Atreus, ayant vu que Patroklos avait été tué par les Troiens, courut aux premiers rangs, armé de l'airain splendide. Et il allait autour du cadavre, comme une vache gémissante, qui n'avait point encore connu l'enfantement, court autour du veau son premier-né. Ainsi le blond Ménélaos allait autour de Patroklos, et, le gardant de sa lance et de son bouclier égal, il se préparait à tuer celui qui approcherait. Et le Panthoide, habile à lancer la pique, n'oublia point l'irréprochable Patroklos qui gisait là, et il s'arrêta devant le cadavre, et il dit au brave Ménélaos :

— Atréide Ménélaos, illustre prince des peuples, recule, laisse ce cadavre, et livre-moi ces dépouilles sanglantes, car, le premier d'entre les Troiens et les alliés, j'ai blessé Patroklos de ma lance dans la rude mêlée. Laisse-moi donc remporter cette gloire parmi les Troiens, ou je te frapperai et j'arracherai ta chère âme.

Et le blond Ménélaos, indigné, lui répondit :

— Père Zeus ! Quelle honte de se vanter au-delà de ses forces ! Ni la rage du léopard, ni celle du lion, ni celle du sanglier féroce dont l'âme est toujours furieuse dans sa vaste poitrine, ne surpassent l'orgueil des fils de Panthos ! Le robuste cavalier Hypérènôr se glorifiait de sa jeunesse lorsqu'il m'insulta, disant que j'étais le plus lâche des Danaens ; et je pense que ses pieds rapides ne le porteront plus désormais vers l'épouse bien-aimée et les parents vénérables. Ainsi je romprai tes forces si tu me tiens tête ; et je t'avertis de rentrer dans la foule et de ne point me braver, avant que le malheur soit tombé sur toi. L'insensé seul ne reconnaît que ce qui est accompli.

Il parla ainsi, et il ne persuada point Euphorbos qui lui répondit :

— Divin Ménélaos, certes, maintenant tu vas payer le sang de mon frère que tu as tué. Tu t'en glorifies, et tu as rendu sa femme veuve dans la profonde chambre nuptiale, et tu as accablé ses parents d'une douleur amère. Et moi, je vengerai ces malheureux et je remettrai aux mains de Panthos et de la divine Phrontis ta tête et tes armes. Mais ne retardons pas plus longtemps le combat qui amènera la victoire ou la défaite de l'un de nous.

Il parla ainsi, et il frappa le bouclier d'une rondeur égale ; mais il ne put le traverser, et la pointe d'airain se recourba sur le solide bouclier. Et l'Atréide Ménélaos, suppliant le père Zeus, se rua avec l'airain ; et comme Euphorbos reculait, il le perça à la gorge, et la pointe, poussée par une main robuste, traversa le cou délicat. Et le Panthoide tomba avec bruit, et ses armes retentirent sur lui. Et ses cheveux, qui avaient les reflets de l'or et de l'argent, et qui étaient semblables aux cheveux des Kharites, furent souillés de sang. De même qu'un jeune olivier qu'un homme a planté dans un lieu solitaire, où l'eau jaillit abondante et nourrit sa verdeur, et que le souffle des vents mobiles balance, tandis qu'il se couvre de fleurs blanches, mais qu'un grand tourbillon enveloppe brusquement, arrache et renverse contre terre ; de même l'Atréide Ménélaos tua le brave Panthoide Euphorbos, et le dépouilla de ses armes.

Quand un lion montagnard, sûr de sa force, enlève la meilleure vache d'un grand troupeau qui paît, lui brise le cou avec ses fortes dents, boit son sang et mange ses entrailles, les chiens et les bergers poussent, de loin, de grandes clameurs et n'approchent point, parce que la blême terreur les a saisis. De même nul d'entre les Troiens n'osait attaquer l'illustre Ménélaos ; et il eût aisément enlevé les belles armes du Panthoide, si Phoibos Apollôn, par envie, n'eût excité contre lui Hektôr semblable au rapide Arès. Et, sous la forme de Mentès, chef des Kikones, il dit au Priamide ces paroles ailées :

— Hektôr, où cours-tu ainsi ? pourquoi poursuis-tu follement les chevaux du brave Akhilleus, qui ne peuvent être ni soumis, ni conduits par aucun homme mortel, autre qu'Akhilleus qu'une mère immortelle a enfanté ? Voici, pendant ce temps, que le brave Ménélaos, fils d'Atreus, pour défendre Patroklos, a tué le plus courageux des Troiens, le Panthoide Euphorbos, et rompu sa vigueur impétueuse.

Le Dieu parla ainsi et rentra dans la foule des hommes. Et une amère douleur saisit le cœur sombre de Hektôr. Il regarda autour de lui dans la mêlée, et il vit Ménélaos enlevant les belles armes d'Euphorbos, et le Panthoide gisant contre terre, et le sang qui coulait de la plaie ouverte. Avec de hautes clameurs, armé de l'airain éclatant, et semblable au feu inextinguible de Hèphaistos, il s'élança aux premiers rangs. Et le fils d'Atreus l'entendit et le vit, et il gémit, disant dans son cœur magnanime :

— Hélas ! si j'abandonne ces belles armes et Patroklos qui est mort pour ma cause, les Danaens qui me verront seront indignés ; mais si je combats seul contre Hektôr et les Troiens, je crains que cette multitude m'enveloppe, car Hektôr au casque mouvant mène avec lui tous les Troiens. Mais pourquoi délibérer dans ma chère âme ? Quand un homme veut lutter contre un autre homme qu'un Dieu honore, aussitôt une lourde calamité est suspendue sur lui. C'est pourquoi aucun Danaen ne me blâmera de me retirer devant Hektôr, puisqu'il est poussé par un Dieu. Si j'entendais le brave Aias dans la mêlée, nous retournerions tous deux au combat, même contre un Dieu, et nous sauverions ce cadavre pour le Pèléide Akhilleus, et dans nos maux ceci serait pour le mieux.

Et tandis qu'il délibérait dans son esprit et dans son cœur, les phalanges Troiennes arrivaient conduites par Hektôr. Ménélaos recula et abandonna le cadavre, mais en se retournant, comme un lion à longue barbe que les chiens et les bergers chassent de l'étable avec des lances et des cris, et dont le cœur farouche est troublé, et qui ne s'éloigne qu'à regret de l'enclos. Ainsi le blond Ménélaos s'éloigna de Patroklos. Et il se retourna dès qu'il eut rejoint ses compagnons, et, cherchant partout des yeux le grand Aias Télamônien, il le vit à la gauche de la mêlée, exhortant ses compagnons et les excitant à combattre, car Phoibos Apollôn avait jeté une grande terreur en eux. Et Ménélaos courut à lui et lui dit aussitôt :

— Aias, viens, ami ! hâtons-nous pour Patroklos qui est mort, et rapportons au moins son cadavre à Akhilleus, car c'est Hektôr au casque mouvant qui a ses armes.

Il parla ainsi, et l'âme du brave Aias fut remuée, et il se jeta aux premiers rangs, avec le blond Ménélaos.

Et le Priamide, après avoir dépouillé Patroklos de ses armes illustres, l'entraînait pour lui couper la tête avec l'airain et livrer son cadavre aux chiens troiens ; mais Aias arriva, portant un bouclier semblable à une tour. Et Hektôr rentra dans la foule de ses compagnons ; et, montant sur son char, il donna les belles armes aux Troiens, pour être portées à Ilios et pour répandre le bruit de sa gloire.

Et Aias marchait autour du Ménoitiade, le couvrant de son bouclier, comme une lionne autour de ses petits. Elle les menait à travers la forêt, quand les chasseurs surviennent. Aussitôt, pleine de fureur, elle fronce les sourcils et en couvre ses yeux. Ainsi Aias marchait autour du héros

Patroklos, et le brave Atréide Ménélaos se tenait près de lui, avec un grand deuil dans la poitrine.

Mais le fils de Hippolokhos, Glaukos, chef des hommes de Lykiè, regardant Hektôr d'un œil sombre, lui dit ces dures paroles :

— Hektôr, tu as l'aspect du plus brave des hommes, mais tu n'es pas tel dans le combat, et tu ne mérites point ta gloire, car tu ne sais que fuir. Songe maintenant à sauver ta Ville et ta citadelle, seul avec les peuples nés dans Ilios. Jamais plus les Lykiens ne lutteront contre les Danaens pour Troiè, puisque tu n'en as point de reconnaissance, bien qu'ils combattent éternellement. Lâche comment défendrais-tu même un faible guerrier dans la mêlée, puisque tu as abandonné, en proie aux Akhaiens, Sarpèdôn, ton hôte et ton compagnon, lui qui, vivant, fut d'un si grand secours à ta Ville et à toi-même, et que maintenant tu abandonnes aux chiens ! C'est pourquoi, si les Lykiens m'obéissent, nous retournerons dans nos demeures, et la ruine d'Ilios sera proche. Si les Troiens avaient l'audace et la force de ceux qui combattent pour la patrie, nous traînerions dans Ilios, dans la grande ville de Priamos, le cadavre de Patroklos ; et, aussitôt, les Argiens nous rendraient les belles armes de Sarpèdôn et Sarpèdôn lui-même ; car il a été tué, le compagnon de cet homme qui est le plus formidable des Argiens auprès des nefs et qui a les plus braves compagnons. Mais tu n'as pas osé soutenir l'attaque du magnanime Aias, ni ses regards, dans la mêlée ; et tu as redouté de combattre, car il l'emporte de beaucoup sur toi !

Et, le regardant d'un œil sombre, Hektôr au casque mouvant lui répondit :

— Glaukos, pourquoi parles-tu si outrageusement ? Certes, ami, je te croyais supérieur en prudence à tous ceux qui habitent la fertile Lykiè, et maintenant je te blâme d'avoir parlé ainsi, disant que je n'ai pas osé attendre le grand Aias. Jamais ni le bruit des chars, ni le retentissement de la mêlée ne m'ont épouvanté ; mais l'esprit de Zeus tempêtueux terrifie aisément le brave et lui enlève la victoire, bien qu'il l'ait poussé au combat. Mais viens et tu verras en ce jour si je suis un lâche, comme tu le dis, et si je saurai rompre la vigueur des Danaens qui défendront le cadavre de Patroklos.

Il parla ainsi, et il exhorta les Troiens à voix haute :

— Troiens, Lykiens et braves Dardaniens, soyez des hommes, amis ! Souvenez-vous de votre force et de votre courage, tandis que je vais revêtir les armes de l'irréprochable Akhilleus, enlevées à Patroklos que j'ai tué.

Ayant ainsi parlé, Hektôr, s'éloignant de la mêlée, courut rapidement vers ses compagnons qui portaient à Ilios les armes illustres du Pèléide. Et, loin de la mêlée lamentable, il changea d'armes et donna les siennes pour être portées dans la sainte Ilios. Et il se couvrit des armes immortelles du Pèléide Akhilleus, que les Dieux Ouraniens avaient données à Pèleus. Et celui-ci, étant vieux, les avait données à son fils ; mais le fils ne devait point vieillir sous les armes paternelles.

Et quand Zeus qui amasse les nuées vit Hektôr couvert des armes du divin Pèléide, il secoua la tête et dit dans son esprit :

— Ô malheureux ! tu ne songes point à la mort qui est proche de toi, et tu revêts les armes immortelles du plus brave des hommes, devant qui tous les guerriers frémissent ; et tu as tué son compagnon si doux et si courageux, et tu as outrageusement arraché ses armes de sa tête et de ses épaules ! Mais je te donnerai une grande gloire en retour de ce que Andromakhè ne recevra point, après le combat, les armes illustres du Pèléide.

Zeus parla ainsi, et il scella sa promesse en abaissant ses sourcils bleus. Et il adapta les armes au corps du Priamide qui, hardi et furieux comme Arès, sentit couler dans tous ses membres la force et le courage. Et, poussant de hautes clameurs, il apparut aux illustres Alliés et aux Troiens, semblable à Akhilleus, car il resplendissait sous les armes du magnanime Pèléide. Et, allant de l'un à l'autre, il les exhortait tous : Mesthlès, Glaukos, Médôn, Thersilokhos, Astéropaios, Deisinôr, Hippothoos et Phorkis, et Khromios et le divinateur Ennomos. Et, les excitant par des paroles rapides, il leur parla ainsi :

— Entendez-moi, innombrables peuples alliés et voisins d'Ilios ! Je n'ai point appelé une multitude inactive quand je vous ai convoqués de vos villes, mais je vous ai demandé de défendre ardemment les femmes des Troiens et leurs petits enfants contre les Akhaiens belliqueux. Pour vous, j'ai épuisé mes peuples de vivres et de présents et j'ai nourri vos forces. Que chacun combatte donc, triomphe ou périsse, car c'est le sort de la guerre. Celui qui entraînera le corps de Patroklos vers les Troiens dompteurs de chevaux aura, pour sa part, la moitié des dépouilles, et j'aurai l'autre moitié, et sa gloire sera égale à la mienne.

Il parla ainsi, et tous, les lances tendues, se ruèrent sur les Danaens, espérant arracher au Télamônien Aias le cadavre de Patroklos. Les insensés ! Il devait plutôt arracher, sur ce cadavre, l'âme de beaucoup d'entre eux. Et il dit au brave Ménélaos :

— Divin Ménélaos, ô ami ! je n'espère pas que nous revenions de ce combat, et, certes, je crains moins pour le cadavre de Patroklos, que les chiens troiens et les oiseaux carnassiers vont bientôt dévorer, que pour ma tête et la tienne, car Hektôr couvre le champ de bataille comme une nuée, et la lourde ruine pend sur nous. Hâte-toi, appelle les princes des Danaens, s'ils t'entendent.

Il parla ainsi, et le brave Ménélaos s'empressa d'appeler à grands cris les Danaens :

— Ô amis ! Princes et chefs des Argiens, vous qui mangez aux repas des Atréides Agamemnôn et Ménélaos, et qui commandez les phalanges, car tout honneur et toute gloire viennent de Zeus ; comme il m'est difficile de vous reconnaître dans le tourbillon de la mêlée, que chacun de vous accoure de lui-même, indigné que Patroklos soit livré en pâture aux chiens troiens.

Il parla ainsi, et le rapide Aias, fils d'Oileus, vint le premier, en courant à travers la mêlée, et, après lui, Idoméneus, et le compagnon d'Idoméneus, Mèrionès, semblable au tueur d'hommes Arès. Mais qui pourrait, dans son esprit, dire les noms de tous ceux qui vinrent rétablir le combat des Akhaiens ?

Et les Troiens avançaient, et Hektôr les menait. De même que le large courant d'un fleuve tombé de Zeus se précipite à la mer, et que la mer s'enfle hors de son lit, et que les rivages résonnent au loin ; de même retentissait la clameur des Troiens. Mais les Akhaiens se tenaient debout autour du Ménoitiade, n'ayant qu'une âme et couverts de leurs boucliers d'airain. Et Zeus répandait une nuée épaisse sur leurs casques éclatants ; car il n'avait point haï le Ménoitiade pendant que, vivant, il était le compagnon de l'Aiakide ; et il ne voulait pas qu'il fût livré en pâture aux chiens troiens ; et il anima ses compagnons à le défendre.

Et, d'abord, les Troiens repoussèrent les Akhaiens aux sourcils arqués. Ceux-ci prirent la fuite, abandonnant le cadavre ; et les Troiens ne les poursuivirent point, malgré leur désir du meurtre ; mais ils entraînaient le cadavre. Et les Akhaiens ne l'abandonnèrent pas longtemps ; et, les ramenant aussitôt, Aias, le premier des Danaens par l'aspect héroïque et les actions, après l'irréprochable Pèléide, se rua aux premiers rangs, semblable par la fureur à un sanglier qui, rebroussant à travers les taillis, disperse les chiens et les jeunes hommes. Ainsi le grand Aias, fils de l'illustre Télamôn, dispersa aisément les phalanges Troiennes qui se pressaient autour de Patroklos, espérant l'entraîner dans Ilios et remporter cette gloire.

Et Hippothoos, fils du Pélasge Lèthos, ayant lié le tendon par une courroie, traînait Patroklos par un pied dans la mêlée, afin de plaire à Hektôr et aux Troiens ; mais il lui en arriva malheur, sans que nul pût le sauver, car le Télamônien, se ruant au milieu de la foule, le frappa sur son casque d'airain, et le casque à crinière fut brisé par la grande lance et la main vigoureuse d'Aias, et l'airain de la pointe traversa la cervelle qui jaillit sanglante de la plaie, et ses forces furent rompues. Il lâcha le pied du magnanime Patroklos et tomba lui-même sur le cadavre, loin de Larissè ; et il ne rendit point à ses parents bien-aimés les soins qu'ils lui avaient donnés, et sa vie fut brève, ayant été ainsi dompté par le magnanime Aias.

Hektôr lança contre Aias sa pique éclatante, mais celui-ci, l'ayant aperçue, évita la pique d'airain qui frappa le magnanime Skhédios, fils d'Iphitos, et le plus brave des Phôkèens, et qui habitait la grande Panopè, commandant à de nombreux peuples. La pique le perça au milieu de la gorge, et la pointe d'airain sortit au sommet de l'épaule. Il tomba avec bruit et ses armes retentirent sur lui. Et Aias perça au milieu du ventre le brave

Phorkys, fils de Phainops, qui défendait le corps de Hippothoos. L'airain rompit le creux de la cuirasse et déchira les entrailles. Il tomba, saisissant la terre avec ses mains, et les premiers rangs, ainsi que Hektôr, reculèrent. Et les Argiens, avec de grands cris, entraînèrent, morts, Phorkys et Hippothoos, et enlevèrent leurs armes.

Alors, les Troiens eussent été mis en fuite par les braves Akhaiens et fussent rentrés dans Ilios, domptés par leur propre lâcheté, et les Akhaiens eussent remporté la victoire, malgré Zeus, par leur vigueur et leur courage, si Apollôn lui-même n'eût excité Ainéias, sous la forme du héraut Périphas Épytide qui avait vieilli, auprès de son vieux père, dans l'étude et la science de la sagesse. Semblable à Périphas, le fils de Zeus parla ainsi :

— Ainéias, comment sauveriez-vous la sainte Ilios, même malgré la volonté d'un Dieu ? En étant tels que des guerriers que j'ai vus, confiants dans leur propre courage, autant que dans la vigueur et le nombre de leur peuple. Zeus nous offre la victoire plutôt qu'aux Danaens, mais vous êtes des lâches qui ne savez pas combattre.

Il parla ainsi, et Ainéias reconnut l'archer Apollôn, et il cria aussitôt à Hektôr :

— Hektôr, et vous, chefs des Troiens et des alliés, c'est une honte de fuir vers Ilios, vaincus, à cause de notre lâcheté, par les braves Akhaiens. Voici qu'un des Dieux s'est approché de moi, et il m'a dit que le très-puissant Zeus nous était propice dans le combat. C'est pourquoi, marchons aux Danaens, et qu'ils n'emportent pas sans peine, jusqu'aux nefs, Patroklos mort.

Il parla ainsi, et il s'élança parmi les premiers combattants, et les Troiens firent face aux Akhaiens. Et Ainéias blessa d'un coup de lance Leiokritos, fils d'Arisbas, et brave compagnon de Lykomèdès. Et le brave Lykomèdès fut saisi de compassion en le voyant tomber. Il s'approcha, et, lançant sa pique brillante, il perça dans le foie le Hippaside Apisaôn, prince des peuples, et il rompit ses forces. Le Hippaside était venu de la fertile Paioniè, et il était le premier des Paiones, après Astéropaios. Et le brave Astéropaios fut saisi de compassion en le voyant tomber, et il se rua en avant pour combattre les Danaens, mais vainement, car les Akhaiens se tenaient tous, hérissés de lances, autour de Patroklos. Et Aias les exhortait ardemment, et il leur ordonnait de ne point s'écarter du cadavre en s'élançant hors des rangs, mais de rester autour de Patroklos et de tenir ferme. Le grand Aias commandait ainsi ; et la terre était baignée d'un sang pourpré, et tous tombaient les uns sur les autres, Troiens, alliés et Danaens ; mais ceux-ci périssaient en plus petit nombre, car ils n'oubliaient point de s'entr'aider dans la mêlée. Et tous luttaient, pareils à un incendie ; et nul n'aurait pu dire si Hélios brillait, ou Sélènè, tant les braves qui s'agitaient autour du Ménoitiade étaient enveloppés d'un noir brouillard.

Ailleurs, d'autres Troiens et d'autres Akhaiens aux belles knèmides combattaient à l'aise sous un air serein ; et là se répandait l'étincelante splendeur de Hélios, et il n'y avait de nuées ni sur la terre, ni sur les montagnes. Et ils combattaient mollement, évitant les traits de part et d'autre, et séparés par un large espace. Mais, au centre, sous le noir brouillard, les plus braves, se frappant de l'airain cruel, subissaient tous les maux de la guerre. Et là, deux excellents guerriers, Thrasymèdès et Antilokhos, ne savaient pas que l'irréprochable Patroklos fût mort. Ils pensaient qu'il était vivant et qu'il combattait les Troiens au fort de la mêlée, tandis qu'eux-mêmes luttaient pour le salut de leurs compagnons, loin du Ménoitiade, comme Nestôr le leur avait ordonné, quand il les envoya des nefs noires au combat.

Et, pendant tout le jour, le carnage continua autour de Patroklos, du brave compagnon du rapide Aiakide, et tous avaient les genoux, les pieds, les mains et les yeux souillés de poussière et de sang. De même qu'un homme ordonne à ses serviteurs de tendre une grande peau de bœuf tout imprégnée de graisse liquide, et que ceux-ci la tendent en cercle, et que, sous leurs efforts, la graisse pénètre dans la peau ; de même, de tous les côtés, les combattants traînaient çà et là le cadavre dans un étroit espace, les Troiens vers Ilios et les Akhaiens vers les nefs creuses ; et un affreux tumulte s'élevait, qui eût réjoui Athènè et Arès qui irrite le combat. Ainsi Zeus heurta, tout le jour, la mêlée des hommes et des chevaux sur le cadavre de Patroklos.

Mais le divin Akhilleus ignorait la mort du Ménoitiade, car les hommes combattaient, loin des nefs, sous les murailles de Troiè. Et il pensait que Patroklos reviendrait vivant, après avoir poussé jusqu'aux portes de la Ville, sachant qu'il ne devait point renverser Ilios sans lui, et même avec lui. Souvent, en effet, il l'avait entendu dire à sa mère qui lui révélait la pensée de Zeus ; mais sa mère ne lui avait pas annoncé un si grand malheur, et il ne savait pas que son plus cher compagnon périrait.

Et tous, autour du cadavre, combattaient, infatigables, de leurs lances aiguës, et s'entretuaient. Et les Akhaiens cuirassés disaient :

— Ô amis ! il serait honteux de retourner vers les nefs creuses ! Que la noire terre nous engloutisse ici, plutôt que de laisser les braves Troiens entraîner ce cadavre vers leur Ville et remporter cette gloire !

Et les Troiens magnanimes disaient :

— Ô amis ! si la Moire veut que nous tombions tous ici, soit ! mais que nul ne recule !

Chacun parlait ainsi et animait le courage de ses compagnons, et ils combattaient, et le retentissement de l'airain montait dans l'Ouranos, par les airs stériles. Et les chevaux de l'Aiakide pleuraient, hors de la mêlée, parce qu'ils avaient perdu leur conducteur couché sur la poussière par le tueur d'hommes Hektôr. Et, vainement, Automédôn, le fils du brave Diorès, les excitait du fouet ou leur adressait de flatteuses paroles, ils ne voulaient point aller vers le large Hellespontos, ni vers la mêlée des Akhaiens ; et, de même qu'une colonne qui reste debout sur la tombe d'un homme ou d'une femme, ils restaient immobiles devant le beau char, la tête courbée vers la terre. Et de chaudes larmes tombaient de leurs paupières, car ils regrettaient leur conducteur ; et leurs crinières florissantes pendaient, souillées, des deux côtés du joug. Et le Kroniôn fut saisi de compassion en les voyant, et, secouant la tête, il dit dans son esprit :

— Ah ! malheureux ! pourquoi vous avons-nous donnés au roi Pèleus qui est mortel, vous qui ne connaîtrez point la vieillesse et qui êtes immortels ? Était-ce pour que vous subissiez aussi les douleurs humaines ? Car l'homme est le plus malheureux de tous les êtres qui respirent, ou qui rampent sur la terre. Mais le Priamide Hektôr ne vous conduira jamais, ni vous, ni vos chars splendides. N'est-ce pas assez qu'il possède les armes et qu'il s'en glorifie ? Je remplirai vos genoux et votre âme de vigueur, afin que vous rameniez Automédon de la mêlée, vers les nefs creuses ; car je donnerai la victoire aux Troiens, jusqu'à ce qu'ils touchent aux nefs bien construites, jusqu'à ce que Hélios tombe et que l'ombre sacrée arrive.

Ayant ainsi parlé, il inspira une grande force aux chevaux, et ceux-ci, secouant la poussière de leurs crins sur la terre, entraînèrent rapidement le char léger entre les Troiens et les Akhaiens. Et Automédon, bien que pleurant son compagnon, excitait l'impétuosité des chevaux, tel qu'un vautour sur des oies. Et il s'éloignait ainsi de la foule des Troiens, et il revenait se ruer dans la mêlée ; mais il poursuivait les guerriers sans les tuer, ne pouvant à la fois, seul sur le char sacré, combattre de la lance et diriger les chevaux rapides. Enfin, un de ses compagnons, Alkimédôn, fils de Laerkeus Aimonide, le vit de ses yeux, et, s'arrêtant auprès du char, dit à Automédôn :

— Automédôn, quel Dieu t'ayant mis dans l'âme un dessein insensé, t'a ravi l'esprit ? Tu veux combattre seul aux premiers rangs, contre les Troiens, et ton compagnon est mort, et Hektôr se glorifie de porter sur ses épaules les armes de l'Aiakide !

Et le fils de Diorès, Automédôn, lui répondit :

— Alkimédôn, nul des Akhaiens ne pourrait dompter les chevaux immortels, si ce n'est toi. Patroklos, vivant, seul le pouvait, étant semblable aux Dieux par sa prudence. Maintenant, la mort et la Moire l'ont saisi. Prends le fouet et les rênes splendides, et je descendrai pour combattre.

Il parla ainsi, et Alkimédôn monta sur le char et prit le fouet et les rênes, et Automédôn descendit ; mais l'illustre Hektôr, l'ayant vu, dit aussitôt à Ainéias :

— Ainéias, prince des Troiens cuirassés, je vois les deux chevaux du rapide Aiakide qui courent dans la mêlée avec des conducteurs vils, et j'espère les saisir, si tu veux m'aider, car, sans doute, ces hommes n'oseront point nous tenir tête.

Il parla, et l'irréprochable fils d'Ankhisès consentit, et ils marchèrent, abritant leurs épaules des cuirs secs et solides que recouvrait l'airain. Et avec eux marchaient Khromios et Arètos semblable à un Dieu. Et les insensés espéraient tuer les deux Akhaiens et se saisir des chevaux au large cou ; mais ils ne devaient point revenir sans avoir répandu leur sang sous les mains d'Automédôn. Et celui-ci supplia le père Zeus, et, plein de force et de courage dans son cœur sombre, il dit à son compagnon fidèle, Alkimédôn :

— Alkimédôn, ne retiens point les chevaux loin de moi, mais qu'ils soufflent sur mon dos, car je ne pense pas que la fureur du Priamide Hektôr s'apaise, avant qu'il nous ait tués et qu'il ait saisi les chevaux aux belles crinières d'Akhilleus, ou qu'il soit lui-même tombé sous nos mains.

Ayant ainsi parlé, il appela les Aias et Ménélaos :

— Aias et Ménélaos, chefs des Argiens, remettez ce cadavre aux plus braves, et qu'ils le défendent, et qu'ils repoussent la foule des hommes ; mais éloignez notre dernier jour, à nous qui sommes vivants, car voici que Hektôr et Ainéias, les plus terribles des Troiens, se ruent sur nous à travers la mêlée lamentable. Mais la destinée est sur les genoux des Dieux ! Je lance ma pique, me confiant en Zeus.

Il parla, et il lança sa longue pique, et il frappa le bouclier égal d'Arètos. Et le bouclier n'arrêta point l'airain qui le traversa et entra dans le ventre à travers le baudrier. De même, quand un jeune homme, armé d'une hache tranchante, frappe entre les deux cornes d'un bœuf sauvage, il coupe le nerf, et l'animal bondit et tombe. De même Arètos bondit, et tomba à la renverse, et la pique, à travers les entrailles, rompit ses forces. Et Hektôr lança sa pique éclatante contre Automédôn ; mais celui-ci, l'ayant vu, évita en se baissant la pique d'airain qui, par-dessus lui, plongea en terre et vibra jusqu'à ce que Arès eût épuisé sa vigueur. Et tous deux se jetaient l'un sur l'autre avec leurs épées, quand les rapides Aias, à la voix de leur compagnon, se ruèrent à travers la mêlée. Et Hektôr, Ainéias et Khromios pareil à un Dieu reculèrent, laissant Arètos couché, le ventre ouvert. Et Automédôn, pareil au rapide Arès, le dépouillant de ses armes, dit en se glorifiant :

— Du moins, j'ai un peu soulagé ma douleur de la mort du Ménoitiade, bien que je n'aie tué qu'un homme très-inférieur à lui.

Et il mit sur le char les dépouilles sanglantes, et il y monta, les pieds et les mains sanglants, comme un lion qui vient de manger un taureau.

Et, de nouveau, la mêlée affreuse et lamentable recommença sur Patroklos. Et Athènè, descendant de l'Ouranos, anima le combat, car Zeus au large regard l'avait envoyée afin d'encourager les Danaens, son esprit étant changé. De même que l'Ouranien Zeus envoie aux vivants une Iris pourprée, signe de guerre ou de froides tempêtes, qui interrompt les travaux des hommes et nuit aux troupeaux ; de même Athènè, s'enveloppant d'une nuée pourprée, se mêla à la foule des Akhaiens. Et, d'abord, elle excita le fils d'Atreus, parlant ainsi au brave Ménélaos, sous la forme de Phoinix à la voix mâle :

— Quelle honte et quelle douleur pour toi, Ménélaos, si les chiens rapides des Troiens mangeaient, sous leurs murailles, le cher compagnon de l'illustre Akhilleus Mais sois ferme, et encourage tout ton peuple.

Et le brave Ménélaos lui répondit :

— Phoinix, mon père, vieillard vénérable, plût aux Dieux qu'Athènè me donnât la force et repoussât loin de moi les traits. J'irais et je défendrais Patroklos, car, en mourant, il a violemment déchiré mon cœur. Mais la vigueur de Hektôr est comme celle du feu, et il ne cesse de tuer avec l'airain, et Zeus lui donne la victoire.

Il parla ainsi, et Athènè aux yeux clairs se réjouit parce qu'il l'avait implorée avant tous les Dieux. Et elle répandit la vigueur dans ses épaules et dans ses genoux, et elle mit dans sa poitrine l'audace de la mouche qui, toujours et vainement chassée, se plaît à mordre, car le sang de l'homme lui est doux. Et elle mit cette audace dans son cœur sombre ; et, retournant vers Patroklos, il lança sa pique brillante. Et parmi les Troiens se trouvait Podès, fils d'Eétiôn, riche, brave, et très-honoré par Hektôr entre tous les autres, parce qu'il était son plus cher convive. Le blond Ménélaos le frappa sur le baudrier, comme il fuyait ; et l'airain le traversa, et il tomba avec bruit, et l'Atréide Ménélaos entraîna son cadavre du côté des Akhaiens. Et Apollôn excita Hektôr, sous la forme de Phainops Asiade qui habitait Abydos, et qui était le plus cher des hôtes du Priamide. Et l'Archer Apollôn dit à celui-ci, sous la forme de Phainops :

— Hektôr, qui d'entre les Akhaiens te redoutera désormais, si tu crains Ménélaos qui n'est qu'un faible guerrier, et qui enlève seul ce cadavre, après avoir tué ton compagnon fidèle, brave entre les hommes, Podès, fils d'Eétiôn ?

Il parla ainsi, et la noire nuée de la douleur enveloppa Hektôr, et il se rua aux premiers rangs, armé de l'airain splendide. Et alors le Kroniôn saisit l'aigide aux franges éclatantes, et il couvrit l'Ida de nuées, et, fulgurant, il tonna fortement, secouant l'aigide, donnant la victoire aux Troiens et mettant les Akhaiens en fuite.

Et, le premier, le Boiôtien Pènéléôs prit la fuite, blessé par Polydamas d'un coup de lance qui lui avait traversé le haut de l'épaule jusqu'à l'os. Et Hektôr blessa à la main Lèitos, fils du magnanime Alektriôn ; et il le mit en fuite, épouvanté et regardant de tous côtés, car il n'espérait plus pouvoir tenir une lance pour le combat.

Et comme Hektôr se jetait sur Lèitos, Idoméneus le frappa à la cuirasse, au-dessous de la mamelle, mais la longue pique se rompit là où la pointe s'unit au bois, et les Troiens poussèrent des clameurs ; et, contre Idoméneus Deukalide debout sur son char, Hektôr lança sa pique qui s'égara et perça le conducteur de Mèrionès, Koiranos, qui l'avait suivi de la populeuse Lyktos. Idoméneus étant venu à pied des nefs aux doubles avirons, il eût donné une grande gloire aux Troiens, si Koiranos n'eût amené aussitôt les chevaux rapides. Et il fut le salut d'Idoméneus, et il lui conserva la lumière ; mais lui-même rendit l'âme sous le tueur d'hommes Hektôr qui le perça entre la mâchoire et l'oreille. La pique ébranla les dents et trancha la moitié de la langue. Koiranos tomba du char, laissant traîner les rênes. Et Mèrionès, les saisissant à terre, dit à Idoméneus :

— Fouette maintenant les rapides chevaux jusqu'aux nefs ; tu vois comme moi que la victoire échappe aux Akhaiens.

Il parla ainsi, et Idoméneus fouetta les chevaux aux belles crinières, jusqu'aux nefs creuses, car la crainte avait envahi son cœur. Et le magnanime Aias et Ménélaos reconnurent aussi que la victoire échappait aux Akhaiens et que Zeus la donnait aux Troiens. Et le grand Télamônien Aias dit le premier :

— Ô Dieux ! le plus insensé comprendrait maintenant que le père Zeus donne la victoire aux Troiens. Tous leurs traits portent, que ce soit la main d'un lâche qui les envoie ou d'un brave ; Zeus les dirige, et les nôtres tombent, vains et impuissants sur la terre. Allons, songeons au moins au meilleur moyen d'entraîner le cadavre de Patroklos, et nous réjouirons ensuite nos compagnons par notre retour. Ils s'attristent en nous regardant, car ils pensent que nous n'échapperons pas aux mains inévitables et à la vigueur du tueur d'hommes Hektôr, mais que nous serons rejetés vers les nefs noires. Plût aux Dieux qu'un de nous annonçât promptement ce malheur au Pèléide ! Je ne pense pas qu'il sache que son cher compagnon est mort. Mais je ne sais qui nous pourrions envoyer parmi les Akhaiens. Un brouillard noir nous enveloppe tous, les hommes et les chevaux. Père Zeus, délivre de cette obscurité les fils des Akhaiens ; rends-nous la clarté ; que nos yeux puissent voir ; et si tu veux nous perdre dans ta colère, que ce soit du moins à la lumière !

Il parla ainsi, et le père Zeus eut compassion de ses larmes, et il dispersa aussitôt le brouillard et dissipa la nuée ; Hélios brilla, et toute l'armée apparut. Et Aias dit au brave Ménélaos :

— Divin Ménélaos, cherche maintenant Antilokhos, le magnanime fils de Nestôr, si toutefois il est encore vivant, et qu'il se hâte d'aller dire au belliqueux Akhilleus que le plus cher de ses compagnons est mort.

Il parla ainsi, et le brave Ménélaos se hâta d'obéir, et il s'éloigna, comme un lion qui, fatigué d'avoir lutté contre les chiens et les hommes, s'éloigne de l'enclos ; car, toute la nuit, par leur vigilance, ils ne lui ont point permis d'enlever les bœufs gras. Il s'est rué sur eux, plein du désir des chairs fraîches ; mais la foule des traits a volé de leurs mains audacieuses, ainsi que les torches ardentes qu'il redoute malgré sa fureur ; et, vers le matin, il s'éloigne, le cœur attristé. De même le brave Ménélaos s'éloignait contre son gré du corps de Patroklos, car il craignait que les Akhaiens terrifiés ne l'abandonnassent en proie à l'ennemi. Et il exhorta Mèrionès et les Aias.

— Aias, chefs des Argiens, et toi, Mèrionès, souvenez-vous de la douceur du malheureux Patroklos ! Pendant sa vie, il était plein de douceur pour tous ; et, maintenant, la mort et la Moire l'ont saisi !

Ayant ainsi parlé, le blond Ménélaos s'éloigna, regardant de tous les côtés, comme l'aigle qui, dit-on, est, de tous les oiseaux de l'Ouranos, celui dont la vue est la plus perçante, car, des hauteurs où il vit, il aperçoit le lièvre qui gîte sous un arbuste feuillu ; et il tombe aussitôt sur lui, le saisit et lui arrache l'âme. De même, divin Ménélaos, tes yeux clairs regardaient de tous côtés, dans la foule des Akhaiens, s'ils voyaient, vivant, le fils de Nestôr. Et Ménélaos le reconnut, à la gauche de la mêlée, excitant ses compagnons au combat. Et, s'approchant, le blond Ménélaos lui dit :

— Viens, divin Antilokhos ! apprends une triste nouvelle. Plût aux Dieux que ceci ne fût jamais arrivé ! Sans doute tu sais déjà qu'un Dieu accable les Akhaiens et donne la victoire aux Troiens. Le meilleur des Akhaiens a été tué, Patroklos, qui laisse de grands regrets aux Danaens. Mais toi, cours aux nefs des Akhaiens, et annonce ce malheur au Pèléide. Qu'il vienne promptement sauver son cadavre nu, car Hektôr au casque mouvant possède ses armes.

Il parla ainsi, et Antilokhos, accablé par ces paroles, resta longtemps muet, et ses yeux s'emplirent de larmes, et la voix lui manqua ; mais il obéit à l'ordre de Ménélaos. Et il remit ses armes à l'irréprochable Laodokos, son ami, qui conduisait ses chevaux aux sabots massifs, et il s'éloigna en courant. Et ses pieds l'emportaient, pleurant, afin d'annoncer au Pèléide Akhilleus la triste nouvelle.

Et tu ne voulus point, divin Ménélaos, venir en aide aux compagnons attristés d'Antilokhos, aux Pyliens qui le regrettaient. Et il leur laissa le divin Thrasymèdès, et il retourna auprès du héros Patroklos, et, parvenu jusqu'aux Aias, il leur dit :

— J'ai envoyé Antilokhos vers les nefs, afin de parler au Pèléiôn aux pieds rapides ; mais je ne pense pas que le Pèlèiade vienne maintenant, bien que très-irrité contre le divin Hektôr, car il ne peut combattre sans armes. Songeons, pour le mieux, de quelle façon nous entraînerons ce cadavre, et comment nous éviterons nous-mêmes la mort et la moire à travers le tumulte des Troiens.

Et le grand Aias Télamônien lui répondit :

— Tu as bien dit, ô illustre Ménélaos. Toi et Mèrionès, enlevez promptement le cadavre et emportez-le hors de la mêlée ; et, derrière vous, nous repousserons les Troiens et le divin Hektôr, nous qui avons la même âme et le même nom, et qui savons affronter tous deux le combat terrible.

Il parla ainsi, et, dans leurs bras, ils enlevèrent le cadavre. Et les Troiens poussèrent des cris horribles en voyant les Akhaiens enlever Patroklos. Et ils se ruèrent, semblables à des chiens qui, devançant les chasseurs, s'amassent sur un sanglier blessé qu'ils veulent déchirer. Mais s'il se retourne, confiant dans sa force, ils s'arrêtent et fuient çà et là. Ainsi les Troiens se ruaient en foule, frappant de l'épée et de la lance ; mais, quand les Aias se retournaient et leur tenaient tête, ils changeaient de couleur, et aucun n'osait les combattre pour leur disputer ce cadavre.

Et ils emportaient ainsi avec ardeur le cadavre, hors de la mêlée, vers les nefs creuses. Et le combat les suivait, acharné et terrible, comme un incendie qui éclate brusquement dans une ville ; et les maisons croulent dans une vaste flamme que tourmente la violence du vent. Ainsi le tumulte sans trêve des chevaux et des hommes poursuivait les Akhaiens. Comme des mulets vigoureux, se hâtant, malgré le travail et la sueur, traînent par l'âpre chemin d'une montagne, soit une poutre, soit un mât ; ainsi Ménélaos et Mèrionès emportaient à la hâte le cadavre. Et derrière eux, les Aias repoussaient les Troiens, comme une colline boisée, qui s'étend par la plaine, repousse les courants furieux des fleuves rapides qui ne peuvent la rompre et qu'elle rejette toujours vers la plaine. Ainsi les Aias repoussaient la foule des Troiens qui les poursuivaient, conduits par Ainéias Ankhisiade et par l'illustre Hektôr. Comme une troupe d'étourneaux et de geais vole en poussant des cris aigus, à l'approche de l'épervier qui tue les petits oiseaux, de même les fils des Akhaiens couraient avec des clameurs perçantes, devant Ainéias et Hektôr, et oublieux du combat. Et les belles armes des Danaens en fuite emplissaient les bords du fossé et le fossé lui-même ; mais le carnage ne cessait point.

RHAPSODIE XVIII.

Et ils combattaient ainsi, comme le feu ardent. Et Antilokhos vint à Akhilleus aux pieds rapides, et il le trouva devant ses nefs aux antennes dressées, songeant dans son esprit aux choses accomplies déjà ; et, gémissant, il disait dans son cœur magnanime :

— Ô Dieux ! pourquoi les Akhaiens chevelus, dispersés par la plaine, sont-ils repoussés tumultueusement vers les nefs ? Que les Dieux m'épargnent ces cruelles douleurs qu'autrefois ma mère m'annonça, quand elle me disait que le meilleur des Myrmidones, moi vivant, perdrait la lumière de Hélios sous les mains des Troiens. Sans doute il est déjà mort, le brave fils de Ménoitios, le malheureux ! Certes, j'avais ordonné qu'ayant repoussé le feu ennemi, il revînt aux nefs sans combattre Hektôr.

Tandis qu'il roulait ceci dans son esprit et dans son cœur, le fils de l'illustre Nestôr s'approcha de lui, et, versant de chaudes larmes, dit la triste nouvelle :

— Hélas ! fils du belliqueux Pèleus, certes, tu vas entendre une triste nouvelle ; et plût aux Dieux que ceci ne fût point arrivé ! Patroklos gît mort, et tous combattent pour son cadavre nu, car Hektôr possède ses armes.

Il parla ainsi, et la noire nuée de la douleur enveloppa Akhilleus, et il saisit de ses deux mains la poussière du foyer et la répandit sur sa tête, et il en souilla sa belle face ; et la noire poussière souilla sa tunique nektaréenne ; et, lui-même, étendu tout entier dans la poussière, gisait, et des deux mains arrachait sa chevelure. Et les femmes, que lui et Patroklos avaient prises, hurlaient violemment, affligées dans leur cœur ; et toutes, hors des tentes, entouraient le belliqueux Akhilleus, et elles se frappaient la poitrine, et leurs genoux étaient rompus. Antilokhos aussi gémissait, répandant des larmes, et tenait les mains d'Akhilleus qui sanglotait dans son noble cœur. Et le Nestôride craignait qu'il se tranchât la gorge avec l'airain.

Akhilleus poussait des sanglots terribles, et sa mère vénérable l'entendit, assise dans les gouffres de la mer, auprès de son vieux père. Et elle se lamenta aussitôt. Et autour de la Déesse étaient rassemblées toutes les Nèrèides qui sont au fond de la mer : Glaukè, et Thaléia, et Kymodokè, et Nèsaiè, et Spéiô, et Thoè, et Haliè aux yeux de bœuf, et Kymothoè, et Alkaiè, et Limnoréia, et Mélitè, et Iaira, et Amphithoè, et Agavè, et Lôtô, et Prôtô, et Phérousa, Dynaménè, et Dexaménè et Amphinomè, et Kallianassa, et Dôris, et Panopè, et l'illustre Galatéia, et Nèmertès, et Abseudès, et Kallianéira, et Klyménè, et Ianéira, et Ianassa, et Maira, et Oreithya, et Amathéia aux beaux cheveux, et les autres Nèrèides qui sont dans la profonde mer. Et elles emplissaient la grotte d'argent, et elles se frappaient la poitrine, et Thétis se lamentait ainsi :

— Écoutez-moi, sœurs Nèrèides, afin que vous sachiez les douleurs qui déchirent mon âme, hélas ! à moi, malheureuse, qui ai enfanté un homme illustre, un fils irréprochable et brave, le plus courageux des héros, et qui a grandi comme un arbre. Je l'ai élevé comme une plante dans une terre fertile, et je l'ai envoyé vers Ilios, sur ses nefs aux poupes recourbées, combattre les Troiens. Et je ne le verrai point revenir dans mes demeures, dans la maison Pèléienne. Voici qu'il est vivant, et qu'il voit la lumière de Hélios, et qu'il souffre, et je ne puis le secourir. Mais j'irai vers mon fils bien-aimé, et je saurai de lui-même quelle douleur l'accable loin du combat.

Ayant ainsi parlé, elle quitta la grotte, et toutes la suivaient, pleurantes ; et l'eau de la mer s'ouvrait devant elles. Puis, elles parvinrent à la riche Troie, et elles abordèrent là où les Myrmidones, autour d'Akhilleus aux pieds rapides, avaient tiré leurs nombreuses nefs sur le rivage. Et sa mère vénérable le trouva poussant de profonds soupirs ; et elle prit, en pleurant, la tête de son fils, et elle lui dit en gémissant ces paroles ailées :

— Mon enfant, pourquoi pleures-tu ? Quelle douleur envahit ton âme ? Parle, ne me cache rien, afin que nous sachions tous deux. Zeus, ainsi que je l'en avais supplié de mes mains étendues, a rejeté tous les fils des Akhaiens auprès des nefs, et ils souffrent de grands maux, parce que tu leur manques.

Et Akhilleus aux pieds rapides, avec de profonds soupirs, lui répondit :

— Ma mère, l'Olympien m'a exaucé ; mais qu'en ai-je retiré, puisque mon cher compagnon Patroklos est mort, lui que j'honorais entre tous autant que moi-même ? Je l'ai perdu. Hektôr, l'ayant tué, lui a arraché mes belles, grandes et admirables armes, présents splendides des Dieux à Pèleus, le jour où ils te firent partager le lit d'un homme mortel. Plût aux Dieux que tu fusses restée avec les Déesses de la mer, et que Pèleus eût épousé plutôt une femme mortelle ! Maintenant, une douleur éternelle emplira ton âme, à cause de la mort de ton fils que tu ne verras plus revenir dans tes demeures ; car je ne veux plus vivre, ni m'inquiéter des hommes, à moins que Hektôr, percé par ma lance, ne rende l'âme, et que Patroklos Ménoitiade, livré en pâture aux chiens, ne soit vengé.

Et Thétis, versant des larmes, lui répondit :

— Mon enfant, dois-tu donc bientôt mourir, comme tu le dis ? C'est ta mort qui doit suivre celle de Hektôr !

Et Akhilleùs aux pieds rapides, en gémissant lui répondit :

— Je mourrai donc, puisque je n'ai pu secourir mon compagnon, pendant qu'on le tuait. Il est mort loin de la patrie, et il m'a conjuré de le venger. Je mourrai maintenant, puisque je ne retournerai point dans la patrie, et que je n'ai sauvé ni Patroklos, ni ceux de mes compagnons qui sont tombés en foule sous le divin Hektôr, tandis que j'étais assis sur mes nefs, inutile fardeau de la terre, moi qui l'emporte sur tous les Akhaiens dans le combat ; car d'autres sont meilleurs dans l'agora. Ah ! que la dissension périsse parmi les Dieux ! et, parmi les hommes, périsse la colère qui trouble le plus sage, et qui, plus douce que le miel liquide, se gonfle, comme la fumée dans la poitrine des hommes ! C'est ainsi que le roi des hommes, Agamemnôn, a provoqué ma colère. Mais oublions le passé, malgré nos douleurs, et, dans notre poitrine, ployons notre âme à la nécessité. Je chercherai Hektôr qui m'a enlevé cette chère tête, et je recevrai la mort quand il plaira à Zeus et aux autres Dieux immortels. La Force Hèrakléenne n'évita point la mort, lui qui était très-cher au roi Zeus Kroniôn ; mais l'inévitable colère de Hèrè et la Moire le domptèrent. Si une Moire semblable m'attend, on me couchera mort sur le bûcher, mais, auparavant, je remporterai une grande gloire. Et que la Troadienne, ou la Dardanienne, essuie de ses deux mains ses joues délicates couvertes de larmes, car je la contraindrai de gémir misérablement ; et elles comprendront que je me suis longtemps éloigné du combat. Ne me retiens donc pas, malgré ta tendresse, car tu ne me persuaderas point.

Et la Déesse Thétis aux pieds d'argent lui répondit :

— Certes, mon fils, tu as bien dit : il est beau de venger la ruine cruelle de ses compagnons. Mais tes armes d'airain, belles et splendides, sont parmi les Troiens. Hektôr au casque mouvant se glorifie d'en avoir couvert ses épaules ; mais je ne pense pas qu'il s'en réjouisse longtemps, car le meurtre est auprès de lui. N'entre point dans la mêlée d'Arès avant que tu m'aies revue de tes yeux. Je reviendrai demain, comme Hélios se lèvera, avec de belles armes venant du roi Hèphaistos.

Ayant ainsi parlé, elle quitta son fils et dit à ses sœurs de la mer :

— Rentrez à la hâte dans le large sein de la mer, et retournez dans les demeures de notre vieux père, et dites-lui tout ceci. Moi, je vais dans le vaste Olympos, auprès de l'illustre ouvrier Hèphaistos, afin de lui demander de belles armes splendides pour mon fils.

Elle parla ainsi, et les Nèrèides disparurent aussitôt sous l'eau de la mer, et la déesse Thétis aux pieds d'argent monta de nouveau dans l'Olympos, afin d'en rapporter de belles et illustres armes pour son fils.

Et, tandis que ses pieds la portaient dans l'Olympos, les Akhaiens, avec un grand tumulte, vers les nefs et le Hellespontos, fuyaient devant le tueur d'hommes Hektôr.

Et les Akhaiens aux belles knèmides n'avaient pu enlever hors des traits le cadavre de Patroklos, du compagnon d'Akhilleus ; et tout le peuple de Troiè, et les chevaux, et le Priamide Hektôr, semblable à la flamme par sa fureur, poursuivaient toujours Patroklos. Et, trois fois, l'illustre Hektôr le saisit par les pieds, désirant l'entraîner, et excitant les Troiens, et, trois fois, les Aias, revêtus d'une force impétueuse, le repoussèrent loin du cadavre ; et lui, certain de son courage, tantôt se ruait dans la mêlée, tantôt s'arrêtait avec de grands cris, mais jamais ne reculait. De même que les bergers campagnards ne peuvent chasser loin de sa proie un lion fauve et affamé, de même les deux Aias ne pouvaient repousser le Priamide Hektôr loin du cadavre ; et il l'eût entraîné, et il eût remporté une grande gloire, si la rapide Iris aux pieds aériens vers le Pèléide ne fût venue à la hâte de l'Olympos, afin qu'il se montrât. Hèrè l'avait envoyée, Zeus et les autres Dieux l'ignorant. Et, debout auprès de lui, elle dit en paroles ailées :

— Lève-toi, Pèléide, le plus effrayant des hommes, et secours Patroklos pour qui on combat avec fureur devant les nefs. C'est là que tous s'entre-tuent, les Akhaiens pour le défendre, et les Troiens pour l'entraîner vers Ilios battue des vents. Et l'illustre Hektôr espère surtout l'entraîner, et il veut mettre, après l'avoir coupée, la tête de Patroklos au bout d'un pieu. Lève-toi ; ne reste pas plus longtemps inerte, et que la honte te saisisse en songeant à Patroklos devenu le jouet des chiens troiens. Ce serait un opprobre pour toi, si son cadavre était souillé.

Et le divin et rapide Akhilleus lui dit :

— Déesse Iris, qui d'entre les Dieux t'a envoyée vers moi ?

Et la rapide Iris aux pieds aériens lui répondit :

— Hèrè, la glorieuse épouse de Zeus, m'a envoyée ; et le sublime Kronide et tous les immortels qui habitent l'Olympos neigeux l'ignorent.

Et Akhilleus aux pieds rapides, lui répondant, parla ainsi :

— Comment irais-je au combat, puisqu'ils ont mes armes ? Ma mère bien-aimée me le défend, avant que je l'aie vue, de mes yeux, reparaître avec de belles armes venant de Hèphaistos. Je ne puis revêtir celles d'aucun autre guerrier, sauf le bouclier d'Aias Télamôniade ; mais il combat sans doute aux premiers rangs, tuant les ennemis, de sa lance, autour du cadavre de Patroklos.

Et la rapide Iris aux pieds aériens lui répondit :

— Certes, nous savons que tes belles armes te sont enlevées ; mais, tel que te voilà, apparais aux Troiens sur le bord du fossé ; et ils reculeront épouvantés, et les braves fils des Akhaiens respireront. Il ne s'agit que de respirer un moment.

Ayant ainsi parlé, la rapide Iris disparut. Et Akhilleus cher à Zeus se leva ; et, sur ses robustes épaules, Athènè mit l'aigide frangée ; et la grande Déesse ceignit la tête du héros d'une nuée d'or sur laquelle elle alluma une flamme resplendissante. De même, dans une île lointaine, la fumée monte vers l'Aithèr, du milieu d'une ville assiégée. Tout le jour, les citoyens ont combattu avec fureur hors de la ville ; mais, au déclin de Hélios, ils allument des feux ardents dont la splendeur monte dans l'air, et sera peut-être vue des peuples voisins qui viendront sur leurs nefs les délivrer d'Arès. Ainsi, une haute clarté montait de la tête d'Akhilleus jusque dans l'Aithèr. Et il s'arrêta sur le bord du fossé, sans se mêler aux Akhaiens, car il obéissait à l'ordre prudent de sa mère. Là, debout, il poussa un cri, et Pallas Athènè cria aussi, et un immense tumulte s'éleva parmi les Troiens. Et l'illustre voix de l'Aiakide était semblable au son strident de la trompette, autour d'une ville assiégée par des ennemis acharnés.

Et, dès que les Troiens eurent entendu la voix d'airain de l'Aiakide, ils frémirent tous ; et les chevaux aux belles crinières tournèrent les chars, car ils pressentaient des malheurs, et leurs conducteurs furent épouvantés quand ils virent cette flamme infatigable et horrible qui brûlait sur la tête du magnanime Pèléiôn et que nourrissait la déesse aux yeux clairs Athènè. Et, trois fois, sur le bord du fossé, le divin Akhilleus cria, et, trois fois, les Troiens furent bouleversés, et les illustres alliés ; et douze des plus braves périrent au milieu de leurs chars et de leurs lances.

Mais les Akhaiens, emportant avec ardeur Patroklos hors des traits, le déposèrent sur un lit. Et ses chers compagnons pleuraient autour, et, avec eux, marchait Akhilleus aux pieds rapides. Et il versait de chaudes larmes, voyant son cher compagnon couché dans le cercueil, percé par l'airain aigu, lui qu'il avait envoyé au combat avec ses chevaux et son char, et qu'il ne devait point revoir vivant.

Et la vénérable Hèrè aux yeux de bœuf commanda à l'infatigable Hélios de retourner aux sources d'Okéanos, et Hélios disparut à regret ; et les divins Akhaiens mirent fin à la mêlée violente et à la guerre lamentable. Et les Troiens, abandonnant aussi le rude combat, délièrent les chevaux rapides, et s'assemblèrent pour l'agora, avant le repas. Et l'agora les vit debout, aucun ne voulant s'asseoir, car la terreur les tenait depuis qu'Akhilleus avait reparu, lui qui, depuis longtemps, ne se mêlait plus au combat. Et le sage Polydamas Panthoide commença de parler. Et seul il voyait le passé et l'avenir. Et c'était le compagnon de Hektôr, étant né la même nuit ; mais il le surpassait en sagesse, autant que Hektôr l'emportait en courage. Plein de prudence, il leur dit dans l'agora :

— Amis, délibérez mûrement. Je conseille de marcher vers la Ville, et de ne point attendre la divine Éôs auprès des nefs, car nous sommes loin des murs. Aussi longtemps que cet homme a été irrité contre le divin Agamemnôn, il était plus aisé de dompter les Akhaiens. Et je me réjouissais de coucher auprès des nefs rapides, espérant saisir les nefs aux deux rangs d'avirons ; mais je redoute maintenant le rapide Pèléiôn ; car, dans son cœur indomptable, il ne voudra point rester dans la plaine où les Troyens et les Akhaiens déploient la force d'Arès, mais il combattra pour s'emparer de notre ville et de nos femmes. Allons vers Ilios ; obéissez-moi et faites ainsi. Maintenant, la nuit contraire retient le rapide Pèléiôn ; mais s'il nous attaque demain avec fureur, celui qui le sentira, alors fuira volontiers vers la sainte Ilios, s'il lui échappe. Et les chiens et les oiseaux carnassiers mangeront une foule de Troiens. Plaise aux Dieux qu'on ne me le dise jamais ! Si vous obéissez à mes paroles, bien qu'à regret, nous reprendrons des forces cette nuit ; et ses tours, ses hautes portes et leurs barrières longues et solides protégeront la Ville. Demain, armés dès le matin, nous serons debout sur nos tours ; et le travail lui sera lourds s'il vient de ses nefs assiéger nos murailles. Et il s'en retournera vers les nefs, ayant épuisé ses chevaux au grand cou à courir sous les murs de la Ville. Et il ne pourra point pénétrer dans Ilios et il ne la détruira jamais, et, auparavant, les chiens rapides le mangeront.

Et Hektôr au casque mouvant, avec un sombre regard, lui répondit :

— Polydamas, il me déplaît que tu nous ordonnes de nous renfermer encore dans la Ville. N'êtes-vous donc point las d'être enfermés dans nos tours ? Autrefois, tous les hommes qui parlent des langues diverses vantaient la Ville de Priamos, abondante en or, riche en airain. Aujourd'hui, les trésors qui étaient dans nos demeures sont dissipés. Depuis que le grand Zeus est irrité, la plupart de nos biens ont été transportés en Phrygiè et dans la belle Maioniè. Et maintenant que le fils du subtil Kronos m'a donné la victoire auprès des nefs et m'a permis d'acculer les Akhaiens à la mer, ô insensé, ne répands point de telles pensées dans le peuple. Aucun des Troiens ne t'obéira, et je ne le permettrai point. Allons ! faites ce que je vais dire. Prenez le repas dans les rangs. N'oubliez point de veiller, chacun à son tour. Si quelque Troien craint pour ses richesses, qu'il les donne au peuple afin que tous en profitent, et cela vaudra mieux que d'en faire jouir les Akhaiens. Demain, dès le matin, nous recommencerons le rude combat auprès des nefs creuses. Et, si le divin Akhilleus se lève auprès des nefs, la rencontre lui sera rude ; car je ne le fuirai pas dans le combat violent, mais je lui tiendrai courageusement tête. Ou il remportera une grande gloire, ou je triompherai. Arès est commun à tous, et, souvent, il tue celui qui voulait tuer.

Hektôr parla ainsi, et les Troiens applaudirent, les insensés ! car Pallas Athènè leur avait ravi l'esprit. Et ils applaudirent les paroles funestes de Hektôr, et ils n'écoutèrent point le sage conseil de Polydamas ; et ils prirent leur repas dans les rangs.

Mais les Akhaiens, pendant toute la nuit, pleurèrent autour de Patroklos. Et le Pèléide menait le deuil lamentable, posant ses mains tueuses d'hommes sur la poitrine de son compagnon, et gémissant, comme une lionne à longue barbe dont un chasseur a enlevé les petits dans une épaisse forêt. Elle arrive trop tard, et elle gémit, cherchant par toutes les vallées les traces de l'homme ; et une violente colère la saisit. Ainsi Akhilleus, avec de profonds soupirs, dit aux Myrmidones :

— Ô Dieux ! Certes, j'ai prononcé une parole vaine, le jour où, consolant le héros Ménoitios dans ses demeures, je lui disais que je ramènerais son fils illustre, après qu'il aurait renversé Ilios et pris sa part des dépouilles. Mais Zeus n'accomplit pas tous les désirs des hommes. Nous rougirons tous deux la terre devant Troiè, et le vieux cavalier Pèleus ne me reverra plus dans ses demeures, ni ma mère Thétis, car cette terre me gardera. Ô Patroklos, puisque je subirai la tombe le dernier, je ne t'ensevelirai point avant de t'avoir apporté les armes et la tête de Hektôr, ton magnanime meurtrier. Et je tuerai devant ton bûcher douze illustres fils des Troiens, car je suis irrité de ta mort. Et, pendant ce temps, tu resteras couché sur mes nefs aux poupes recourbées ; et autour de toi, les Troiennes et les Dardaniennes au large sein que nous avons conquises tous deux par notre force et nos lances, après avoir renversé beaucoup de riches cités d'hommes aux diverses langues, gémiront nuit et jour en versant des larmes.

Le divin Akhilleus parla ainsi, et il ordonna à ses compagnons de mettre un grand trépied sur le feu, afin de laver promptement les souillures sanglantes de Patroklos. Et ils mirent sur le feu ardent le trépied des ablutions, et ils y versèrent l'eau ; et, au-dessous, ils allumèrent le bois. Et la flamme enveloppa le ventre du trépied, et l'eau chauffa. Et quand l'eau fut chaude dans le trépied brillant, ils lavèrent Patroklos ; et, l'ayant oint d'une huile grasse, ils emplirent ses plaies d'un baume de neuf ans ; et, le déposant sur le lit, ils le couvrirent d'un lin léger, de la tête aux pieds, et, par-dessus, d'un vêtement blanc. Ensuite, pendant toute la nuit, les Myrmidones gémirent, pleurant Patroklos. Mais Zeus dit à Hèrè sa sœur et son épouse :

— Tu as enfin réussi, vénérable Hèrè aux yeux de bœuf ! Voici qu'Akhilleus aux pieds rapides s'est levé. Les Akhaiens chevelus ne seraient-ils point nés de toi ?

Et la vénérable Hèrè aux yeux de bœuf lui répondit :

— Très-dur Kronide, quelle parole as-tu dite ? Un homme, bien que mortel, et doué de peu d'intelligence, peut se venger d'un autre homme ; et moi, qui suis la plus puissante des Déesses, et par ma naissance, et parce que je suis ton épouse à toi qui règnes sur les Immortels, je ne pourrais méditer la perte des Troiens !

Et ils parlaient ainsi. Et Thétis aux pieds d'argent parvint à la demeure de Hèphaistos, incorruptible, étoilée, admirable aux Immortels eux-mêmes ; faite d'airain, et que le Boiteux avait construite de ses mains.

Et elle le trouva suant et se remuant autour des soufflets, et haletant. Et il forgeait vingt trépieds pour être placés autour de sa demeure solide. Et il les avait posés sur des roues d'or afin qu'ils se rendissent d'eux-mêmes à l'assemblée divine, et qu'ils en revinssent de même. Il ne leur manquait, pour être finis, que des anses aux formes variées. Hèphaistos les préparait et en forgeait les attaches. Et tandis qu'il travaillait à ces ouvrages habiles, la déesse Thétis aux pieds d'argent s'approcha. Et Kharis aux belles bandelettes, qu'avait épousée l'illustre Boiteux des deux pieds, l'ayant vue, lui prit la main et lui dit :

— Ô Thétis au large péplos, vénérable et chère, pourquoi viens-tu dans notre demeure où nous te voyons si rarement ? Mais suis-moi, et je t'offrirai les mets hospitaliers.

Ayant ainsi parlé, la très-noble Déesse la conduisit. Et, l'ayant fait asseoir sur un trône aux clous d'argent, beau et ingénieusement fait, elle plaça un escabeau sous ses pieds et appela l'illustre ouvrier Hèphaistos :

— Viens, Hèphaistos ! Thétis a besoin de toi.

Et l'illustre Boiteux des deux pieds lui répondit :

— Certes, elle est toute puissante sur moi, la Déesse vénérable qui est entrée ici. C'est elle qui me sauva, quand je fus précipité d'en haut par ma mère impitoyable qui voulait me cacher aux dieux parce que j'étais boiteux. Que de douleurs j'eusse endurées alors, si Thétis, et Eurynomè, la fille d'Okéanos au reflux rapide, ne m'avaient reçu dans leur sein ! Pour elles, dans leur grotte profonde, pendant neuf ans, je forgeai mille ornements, des agrafes, des nœuds, des colliers et des bracelets. Et l'immense fleuve Okéanos murmurait autour de la grotte. Et elle n'était connue ni des Dieux, ni des hommes, mais seulement de Thétis et d'Eurynomè qui m'avaient sauvé. Et, maintenant, puisque Thétis aux beaux cheveux vient dans ma demeure, je lui rendrai grâce de m'avoir sauvé. Mais toi, offre-lui les mets hospitaliers, tandis que je déposerai mes soufflets et tous mes instruments.

Il parla ainsi. Et le corps monstrueux du dieu se redressa de l'enclume ; et il boitait, chancelant sur ses jambes grêles et torses. Et il éloigna les soufflets du feu, et il déposa dans un coffre d'argent tous ses instruments familiers. Puis, une éponge essuya sa face, ses deux mains, son cou robuste et sa poitrine velue. Il mit une tunique, prit un sceptre énorme et sortit de la forge en boitant. Et deux servantes soutenaient les pas du roi.

Elles étaient d'or, semblables aux vierges vivantes qui pensent et parlent, et que les Dieux ont instruites. Soutenu par elles et marchant à pas lourds, il vint s'asseoir auprès de Thétis, sur un trône brillant. Et il prit les mains de la déesse et lui dit :

— Thétis au long péplos, vénérable et chère, pourquoi es-tu venue dans ma demeure où nous te voyons si rarement ? Parle. Mon cœur m'ordonne d'accomplir ton désir, si je le puis, et si c'est possible.

Et Thétis, versant des larmes, lui répondit :

— Hèphaistos ! parmi toutes les Déesses qui sont dans l'Olympos, en est-il une qui ait subi des maux aussi cruels que ceux dont m'accable le Kronide Zeus ? Seule, entre les Déesses de la mer, il m'a soumise à un homme, à l'Aiakide Pèleus ; et j'ai subi à regret la couche d'un homme ! Et, maintenant, accablé par la triste vieillesse, il gît dans sa demeure. Mais voici que j'ai d'autres douleurs. Un fils est né de moi, le plus illustre des héros, et il a grandi comme un arbre, et je l'ai nourri comme une plante dans une terre fertile. Et je l'ai envoyé vers Ilios sur ses nefs aux poupes recourbées, pour combattre les Troiens, et je ne le verrai plus revenir dans ma demeure, dans la maison Pèléienne. Pendant qu'il est vivant et qu'il voit la lumière de Hélios, il est triste, et je ne puis le secourir. Les fils des Akhaiens lui avaient donné pour récompense une vierge que le Roi Agamemnôn lui a enlevée des mains, et il en gémissait dans son cœur. Mais voici que les Troiens ont repoussé les Akhaiens jusqu'aux nefs et les y ont renfermés. Les princes des Argiens ont supplié mon fils et lui ont offert de nombreux et illustres présents. Il a refusé de détourner lui-même leur ruine, mais il a envoyé Patroklos au combat, couvert de ses armes et avec tout son peuple. Et, ce jour-là, sans doute, ils eussent renversé la ville, si Apollôn n'eût tué aux premiers rangs le brave fils de Ménoitios qui accablait les Troiens, et n'eût donné la victoire à Hektôr. Et, maintenant, j'embrasse tes genoux ! Donne à mon fils, qui doit bientôt mourir, un bouclier, un casque, de belles knèmides avec leurs agrafes et une cuirasse, car son cher compagnon, tué par les Troiens, a perdu ses armes, et il gémit, couché sur la terre !

Et l'illustre Boiteux des deux pieds lui répondit :

— Rassure-toi, et n'aie plus d'inquiétudes dans ton esprit. Plût aux Dieux que je pusse le sauver de la mort lamentable quand le lourd destin le saisira, aussi aisément que je vais lui donner de belles armes qui empliront d'admiration la multitude des hommes.

Ayant ainsi parlé, il la quitta, et, retournant à ses soufflets, il les approcha du feu et leur ordonna de travailler. Et ils répandirent leur souffle dans vingt fourneaux, tantôt violemment, tantôt plus lentement, selon la volonté de Hèphaistos, pour l'accomplissement de son œuvre. Et il jeta dans le feu le dur airain et l'étain, et l'or précieux et l'argent. Il posa sur un tronc une vaste enclume, et il saisit d'une main le lourd marteau et de l'autre la tenaille. Et il fit d'abord un bouclier grand et solide, aux ornements variés, avec un contour triple et resplendissant et une attache d'argent. Et il mit cinq bandes au bouclier, et il y traça, dans son intelligence, une multitude d'images. Il y représenta la terre et l'Ouranos, et la mer, et l'infatigable Hélios, et l'orbe enflé de Sélènè, et tous les astres dont l'Ouranos est couronné : les Plèiades, les Hyades, la force d'Oriôn, et l'Ourse, qu'on nomme aussi le Chariot qui se tourne sans cesse vers Oriôn, et qui, seule, ne tombe point dans les eaux de l'Okéanos.

Et il fit deux belles cités des hommes. Dans l'une on voyait des noces et des festins solennels. Et les épouses, hors des chambres nuptiales, étaient conduites par la ville, et de toutes parts montait le chant d'hyménée, et les jeunes hommes dansaient en rond, et les flûtes et les kitharcs résonnaient, et les femmes, debout sous les portiques, admiraient ces choses.

Et les peuples étaient assemblés dans l'agora, une querelle s'étant élevée. Deux hommes se disputaient pour l'amende d'un meurtre. L'un affirmait au peuple qu'il avait payé cette amende, et l'autre niait l'avoir reçue. Et tous deux voulaient qu'un arbitre finît leur querelle, et les citoyens les applaudissaient l'un et l'autre. Les hérauts apaisaient le peuple, et les vieillards étaient assis sur des pierres polies, en un cercle sacré. Les hérauts portaient des sceptres en main ; et les plaideurs, prenant le sceptre, se défendaient tour à tour. Deux talents d'or étaient déposés au milieu du cercle pour celui qui parlerait selon la justice.

Puis, deux armées, éclatantes d'airain, entouraient l'autre cité. Et les ennemis offraient aux citoyens, ou de détruire la ville, ou de la partager, elle et tout ce qu'elle renfermait. Et ceux-ci n'y consentaient pas, et ils s'armaient secrètement pour une embuscade ; et, sur les murailles veillaient les femmes, les enfants et les vieillards. Mais les hommes marchaient, conduits par Arès et par Athènè, tous deux en or, vêtus d'or, beaux et grands sous leurs armes, comme il était convenable pour des Dieux ; car les hommes étaient plus petits. Et, parvenus au lieu commode pour l'embuscade, sur les bords du fleuve où boivent les troupeaux, ils s'y cachaient, couverts de l'airain brillant.

Deux sentinelles, placées plus loin, guettaient les brebis et les bœufs aux cornes recourbées. Et les animaux s'avançaient suivis de deux bergers qui se charmaient en jouant de la flûte, sans se douter de l'embûche.

Et les hommes cachés accouraient ; et ils tuaient les bœufs et les beaux troupeaux de blanches brebis, et les bergers eux-mêmes. Puis, ceux qui veillaient devant les tentes, entendant ce tumulte parmi les bœufs, et montant sur leurs chars rapides, arrivaient aussitôt et combattaient sur les bords du fleuve. Et ils se frappaient avec les lances d'airain, parmi la discorde et le tumulte et la Kèr fatale. Et celle-ci blessait un guerrier, ou saisissait cet autre sans blessure, ou traînait celui-là par les pieds, à travers le carnage, et ses vêtements dégouttaient de sang. Et tous semblaient des hommes vivants qui combattaient et qui entraînaient de part et d'autre les cadavres.

Puis, Hèphaistos représenta une terre grasse et molle et trois fois labourée. Et les laboureurs menaient dans ce champ les attelages qui retournaient la terre. Parvenus au bout, un homme leur offrait à chacun une coupe de vin doux ; et ils revenaient, désirant achever les nouveaux sillons qu'ils creusaient. Et la terre était d'or, et semblait noire derrière eux, et comme déjà labourée. Tel était ce miracle de Hèphaistos.

Puis, il représenta un champ de hauts épis que des moissonneurs coupaient avec des faux tranchantes. Les épis tombaient, épais, sur les bords du sillon, et d'autres étaient liés en gerbes. Trois hommes liaient les gerbes, et, derrière eux, des enfants prenaient dans leurs bras les épis et les leur offraient sans cesse. Le roi, en silence, le sceptre en main et le cœur joyeux, était debout auprès des sillons. Des hérauts, plus loin, sous un chêne, préparaient, pour le repas, un grand bœuf qu'ils avaient tué, et les femmes saupoudraient les viandes avec de la farine blanche, pour le repas des moissonneurs.

Puis, Hèphaistos représenta une belle vigne d'or chargée de raisins, avec des rameaux d'or sombre et des pieds d'argent. Autour d'elle un fossé bleu, et, au-dessus, une haie d'étain. Et la vigne n'avait qu'un sentier où marchaient les vendangeurs. Les jeunes filles et les jeunes hommes qui aiment la gaîté portaient le doux fruit dans des paniers d'osier. Un enfant, au milieu d'eux, jouait harmonieusement d'une kithare sonore, et sa voix fraîche s'unissait aux sons des cordes. Et ils le suivaient chantant, dansant avec ardeur, et frappant tous ensemble la terre.

Puis, Hèphaistos représenta un troupeau de bœufs aux grandes cornes. Et ils étaient faits d'or et d'étain, et, hors de l'étable, en mugissant, ils allaient au pâturage, le long du fleuve sonore qui abondait en roseaux. Et quatre bergers d'or conduisaient les bœufs, et neuf chiens rapides les suivaient. Et voici que deux lions horribles saisissaient, en tête des vaches, un taureau beuglant ; et il était entraîné, poussant de longs mugissements. Les chiens et les bergers les poursuivaient ; mais les lions déchiraient la peau du grand bœuf, et buvaient ses entrailles et son sang noir. Et les bergers excitaient en vain les chiens rapides qui refusaient de mordre les lions, et n'aboyaient de près que pour fuir aussitôt.

Puis, l'illustre Boiteux des deux pieds représenta un grand pacage de brebis blanches, dans une grande vallée ; et des étables, des enclos et des bergeries couvertes.

Puis, l'illustre Boiteux des deux pieds représenta un chœur de danses, semblable à celui que, dans la grande Gnôssôs, Daidalos fit autrefois pour Ariadnè aux beaux cheveux ; et les adolescents et les belles vierges dansaient avec ardeur en se tenant par la main. Et celles-ci portaient des robes légères, et ceux-là des tuniques finement tissées qui brillaient comme de l'huile. Elles portaient de belles couronnes, et ils avaient des épées d'or suspendues à des baudriers d'argent. Et, habilement, ils dansaient en rond avec rapidité, comme la roue que le potier, assis au travail, sent courir sous sa main. Et ils tournaient ainsi en s'enlaçant par dessins variés ; et la foule charmée se pressait autour. Et deux sauteurs qui chantaient, bondissaient eux-mêmes au milieu du chœur.

Puis, Hèphaistos, tout autour du bouclier admirablement travaillé, représenta la grande force du fleuve Okéanos.

Et, après le bouclier grand et solide, il fit la cuirasse plus éclatante que la splendeur du feu. Et il fit le casque épais, beau, orné, et adapté aux tempes du Pèléide, et il le surmonta d'une aigrette d'or. Puis il fit les knèmides d'étain flexible.

Et, quand l'illustre Boiteux des deux pieds eut achevé ces armes, il les déposa devant la mère d'Akhilleus, et celle-ci, comme l'épervier, sauta du faîte de l'Olympos neigeux, emportant les armes resplendissantes que Hèphaistos avait faites.

RHAPSODIE XIX.

Éôs au péplos couleur de safran sortait des flots d'Okéanos pour porter la lumière aux Immortels et aux hommes. Et Thétis parvint aux nefs avec les présents du Dieu. Et elle trouva son fils bien-aimé entourant de ses bras Patroklos et pleurant amèrement. Et, autour de lui, ses compagnons gémissaient. Mais la Déesse parut au milieu d'eux, prit la main d'Akhilleus et lui dit :

— Mon enfant, malgré notre douleur, laissons-le, puisqu'il est mort par la volonté des Dieux. Reçois de Hèphaistos ces armes illustres et belles, telles que jamais aucun homme n'en a porté sur ses épaules.

Ayant ainsi parlé, la Déesse les déposa devant Akhilleus, et les armes merveilleuses résonnèrent. La terreur saisit les Myrmidones, et nul d'entre eux ne put en soutenir l'éclat, et ils tremblèrent ; mais Akhilleus, dès qu'il les vit, se sentit plus furieux, et, sous ses paupières, ses yeux brûlaient, terribles, et tels que la flamme. Il se réjouissait de tenir dans ses mains les présents splendides du Dieu ; et, après avoir admiré, plein de joie, ce travail merveilleux, aussitôt il dit à sa mère ces paroles ailées :

— Ma mère, certes, un Dieu t'a donné ces armes qui ne peuvent être que l'œuvre des Immortels, et qu'un homme ne pourrait faire. Je vais m'armer à l'instant. Mais je crains que les mouches pénètrent dans les blessures du brave fils de Ménoitios, y engendrent des vers, et, souillant ce corps où la vie est éteinte, corrompent tout le cadavre.

Et la Déesse Thétis aux pieds d'argent lui répondit :

— Mon enfant, que ces inquiétudes ne soient point dans ton esprit. Loin de Patroklos j'écarterai moi-même les essaims impurs des mouches qui mangent les guerriers tués dans le combat. Ce cadavre resterait couché ici toute une année, qu'il serait encore sain, et plus frais même. Mais toi, appelle les héros Akhaiens à l'agora, et, renonçant à ta colère contre le prince des peuples Agamemnôn, hâte-toi de t'armer et revêts-toi de ton courage.

Ayant ainsi parlé, elle le remplit de vigueur et d'audace ; et elle versa dans les narines de Patroklos l'ambroisie et le nektar rouge, afin que le corps fût incorruptible.

Et le divin Akhilleus courait sur le rivage de la mer, poussant des cris horribles, et excitant les héros Akhaiens. Et ceux qui, auparavant, restaient dans les nefs, et les pilotes qui tenaient les gouvernails, et ceux mêmes qui distribuaient les vivres auprès des nefs, tous allaient à l'agora où Akhilleus reparaissait, après s'être éloigné longtemps du combat. Et les deux serviteurs d'Arès, le belliqueux Tydéide et le divin Odysseus, boitant et appuyés sur leurs lances, car ils souffraient encore de leurs blessures, vinrent s'asseoir aux premiers rangs. Et le Roi des hommes, Agamemnôn, vint le dernier, étant blessé aussi, Koôn Anténoride l'ayant frappé de sa lance d'airain, dans la rude mêlée. Et quand tous les Akhaiens furent assemblés, Akhilleus aux pieds rapides, se levant au milieu d'eux, parla ainsi :

— Atréide, n'eût-il pas mieux valu nous entendre, quand, pleins de colère, nous avons consumé notre cœur pour cette jeune femme ? Plût aux Dieux que la flèche d'Artémis l'eût tuée sur les nefs, le jour où je la pris dans Lyrnessos bien peuplée ! Tant d'Akhaiens n'auraient pas mordu la vaste terre sous des mains ennemies, à cause de ma colère. Ceci n'a servi qu'à Hektôr et aux Troiens ; et je pense que les Akhaiens se souviendront longtemps de notre querelle. Mais oublions le passé, malgré notre douleur ; et, dans notre poitrine, soumettons notre âme à la nécessité. Aujourd'hui, je dépose ma colère. Il ne convient pas que je sois toujours irrité. Mais toi, appelle promptement au combat les Akhaiens chevelus, afin que je marche aux Troiens et que je voie s'ils veulent dormir auprès des nefs. Il courbera volontiers les genoux, celui qui aura échappé à nos lances dans le combat.

Il parla ainsi, et les Akhaiens aux belles knèmides se réjouirent que le magnanime Pèléiôn renonçât à sa colère. Et le Roi des hommes, Agamemnôn, parla de son siége, ne se levant point au milieu d'eux :

— Ô chers héros Danaens, serviteurs d'Arès, il est juste d'écouter celui qui parle, et il ne convient point de l'interrompre, car cela est pénible, même pour le plus habile. Qui pourrait écouter et entendre au milieu du tumulte des hommes ? La voix sonore du meilleur agorète est vaine. Je parlerai au Pèléide. Vous, Argiens, écoutez mes paroles, et que chacun connaisse ma pensée. Souvent les Akhaiens m'ont accusé, mais je n'ai point causé leurs maux. Zeus, la Moire, Érinnyes qui errent dans les ténèbres, ont jeté la fureur dans mon âme, au milieu de l'agora, le jour où j'ai enlevé la récompense d'Akhilleus. Mais qu'aurais-je fait ? Une Déesse accomplit tout, la vénérable fille de Zeus, la fatale Atè qui égare les hommes. Ses pieds aériens ne touchent point la terre, mais elle passe sur la tête des hommes qu'elle blesse, et elle n'enchaîne pas qu'eux. Autrefois, en effet, elle a égaré Zeus qui l'emporte sur les hommes et les Dieux. Hèrè trompa le Kronide par ses ruses, le jour où Alkménè allait enfanter la force Hèracléenne, dans Thèbè aux fortes murailles. Et, plein de joie, Zeus dit au milieu de tous les Dieux :

— Écoutez-moi, Dieux et Déesses, afin que je dise ce que mon esprit m'inspire. Aujourd'hui, Eileithya, qui préside aux douloureux enfantements, appellera à la lumière un homme de ceux qui sont de ma race et de mon sang, et qui commandera sur tous ses voisins.

Et la vénérable Hèrè qui médite des ruses parla ainsi :

— Tu mens, et tu n'accompliras point tes paroles. Allons, Olympien ! jure, par un inviolable serment, qu'il commandera sur tous ses voisins, l'homme de ton sang et de ta race qui, aujourd'hui, tombera d'entre les genoux d'une femme.

Elle parla ainsi, et Zeus ne comprit point sa ruse, et il jura un grand serment dont il devait souffrir dans la suite. Et, quittant à la hâte le faîte de l'Olympos, Hèrè parvint dans Argos Akhaienne où elle savait que l'illustre épouse de Sthénélos Persèiade portait un fils dans son sein. Et elle le fit naître avant le temps, à sept mois. Et elle retarda les douleurs de l'enfantement et les couches d'Alkménè. Puis, l'annonçant au Kroniôn Zeus, elle lui dit :

— Père Zeus qui tiens la foudre éclatante, je t'annoncerai ceci : l'homme illustre est né qui commandera sur les Argiens. C'est Eurystheus, fils de Sthénélos Persèiade. Il est de ta race, et il n'est pas indigne de commander sur les Argiens.

Elle parla ainsi, et une douleur aiguë et profonde blessa le cœur de Zeus. Et, saisissant Atè par ses tresses brillantes, il jura, par un inviolable serment, qu'elle ne reviendrait plus jamais dans l'Olympos et dans l'Ouranos étoilé, Atè, qui égare tous les esprits. Il parla ainsi, et, la faisant tournoyer, il la jeta, de l'Ouranos étoilé, au milieu des hommes. Et c'est par elle qu'il gémissait, quand il voyait son fils bien-aimé accablé de travaux sous le joug violent d'Eurystheus. Et il en est ainsi de moi. Quand le grand Hektôr au casque mouvant accablait les Argiens auprès des poupes des nefs, je ne pouvais oublier cette fureur qui m'avait égaré. Mais, puisque je t'ai offensé et que Zeus m'a ravi l'esprit, je veux t'apaiser et te faire des présents infinis. Va donc au combat et encourage les troupes ; et je préparerai les présents que le divin Odysseus, hier sous tes tentes, t'a promis. Ou, si tu le désires, attends, malgré ton ardeur à combattre. Des hérauts vont t'apporter ces présents, de ma nef, et tu verras ce que je veux te donner pour t'apaiser.

Et Akhilleus aux pieds rapides lui répondit :

— Très-illustre Atréide Agamemnôn, Roi des hommes, si tu veux me faire ces présents, comme cela est juste, ou les garder, tu le peux. Ne songeons maintenant qu'à combattre. Il ne s'agit ni d'éviter le combat, ni de perdre le temps, mais d'accomplir un grand travail. Il faut qu'on revoie

Akhilleus aux premiers rangs, enfonçant de sa lance d'airain les phalanges troiennes, et que chacun de vous se souvienne
de combattre un ennemi.

Et le sage Odysseus, lui répondant, parla ainsi :

— Bien que tu sois brave, ô Akhilleus semblable à un Dieu, ne pousse point vers Ilios, contre les Troiens, les fils des Akhaiens qui n'ont point mangé ; car la mêlée sera longue, dès que les phalanges des guerriers se seront heurtées, et qu'un Dieu leur aura inspiré à tous la vigueur. Ordonne que les Akhaiens se nourrissent de pain et de vin dans les nefs rapides. Cela seul donne la force et le courage. Un guerrier ne peut, sans manger, combattre tout un jour, jusqu'à la chute de Hélios. Quelle que soit son ardeur, ses membres sont lourds, la soif et la faim le tourmentent, et ses genoux sont rompus. Mais celui qui a bu et mangé combat tout un jour contre l'ennemi, plein de courage, et ses membres ne sont las que lorsque tous se retirent de la mêlée. Renvoie l'armée et ordonne-lui de préparer le repas. Et le Roi des hommes, Agamemnôn, fera porter ses présents au milieu de l'agora, afin que tous les Akhaiens les voient de leurs yeux ; et tu te réjouiras dans ton cœur. Et Agamemnôn jurera, debout, au milieu des Argiens, qu'il n'est jamais entré dans le lit de Breisèis, et qu'il ne l'a point possédée, comme c'est la coutume, ô Roi, des hommes et des femmes. Et toi, Akhilleus, apaise ton cœur dans ta poitrine. Ensuite, Agamemnôn t'offrira un festin sous sa tente, afin que rien ne manque à ce qui t'est dû. Et toi, Atréide, sois plus équitable désormais. Il est convenable qu'un Roi apaise celui qu'il a offensé le premier.

Et le Roi des hommes, Agamemnôn, lui répondit :

— Laertiade, je me réjouis de ce que tu as dit. Tu n'as rien oublié, et tu as tout expliqué convenablement. Certes, je veux faire ce serment, car mon cœur me l'ordonne et je ne me parjurerai point devant les Dieux. Qu'Akhilleus attende, malgré son désir de combattre, et que tous attendent réunis, jusqu'à ce que les présents soient apportés de mes tentes et que nous ayons consacré notre alliance. Et toi, Odysseus, je te le commande et te l'ordonne, prends les plus illustres des jeunes fils des Akhaiens, et qu'ils apportent de mes nefs tout ce que tu as promis hier au Pèléide ; et amène aussi les femmes. Et Talthybios préparera promptement, dans le vaste camp des Akhaiens, le sanglier qui sera tué, en offrande à Zeus et à Hélios.

Et Akhilleus aux pieds rapides, lui répondant, parla ainsi :

— Atréide Agamemnôn, très-illustre Roi des hommes, tu t'inquiéteras de ceci quand la guerre aura pris fin et quand ma fureur sera moins grande dans ma poitrine. Ils gisent encore sans sépulture ceux qu'a tués le Priamide Hektôr, tandis que Zeus lui donnait la victoire, et vous songez à manger ! J'ordonnerai plutôt aux fils des Akhaiens de combattre maintenant, sans avoir mangé, et de ne préparer un grand repas qu'au coucher de Hélios, après avoir vengé notre injure. Pour moi, rien n'entrera auparavant dans ma bouche, ni pain, ni vin. Mon compagnon est mort ; il est couché sous ma tente, percé de l'airain aigu, les pieds du côté de l'entrée, et mes autres compagnons pleurent autour de lui. Et je n'ai plus d'autre désir dans le cœur que le carnage, le sang et le gémissement des guerriers.

Et le sage Odysseus, lui répondant, parla ainsi :

— Ô Akhilleus Pèléide, le plus brave des Akhaiens, tu l'emportes de beaucoup sur moi, et tu vaux beaucoup mieux que moi par ta lance, mais ma sagesse est supérieure à la tienne, car je suis ton aîné, et je sais plus de choses. C'est pourquoi, cède à mes paroles. Le combat accable bientôt des hommes qui ont faim. L'airain couche d'abord sur la terre une moisson épaisse, mais elle diminue quand Zeus, qui est le juge du combat des hommes, incline ses balances. Ce n'est point par leur ventre vide que les Akhaiens doivent pleurer les morts. Les nôtres tombent en grand nombre tous les jours ; quand donc pourrions-nous respirer ? Il faut, avec un esprit patient, ensevelir nos morts, et pleurer ce jour-là ; mais ceux que la guerre haïssable a épargnés, qu'ils mangent et boivent, afin que, vêtus de l'airain indompté, ils puissent mieux combatte l'ennemi, et sans relâche. Qu'aucun de vous n'attende un meilleur conseil, car tout autre serait fatal à qui resterait auprès des nefs des Argiens. Mais, bientôt, marchons tous ensemble contre les Troiens dompteurs de chevaux, et soulevons une rude mêlée.

Il parla ainsi, et il choisit pour le suivre les fils de l'illustre Nestôr, et Mégès Phyléide, et Thoas, et Mèrionès, et le Kréiontiade Lykomèdès, et Mélanippos. Et ils arrivèrent aux tentes de l'Atréide Agamemnôn, et aussitôt Odysseus parla, et le travail s'acheva. Et ils emportèrent de la tente les sept trépieds qu'il avait promis, et vingt splendides coupes. Et ils emmenèrent douze chevaux et sept belles femmes habiles aux travaux, et la huitième fut Breisèis aux belles joues. Et Odysseus marchait devant avec dix talents d'or qu'il avait pesés ; et les jeunes hommes d'Akhaiè portaient ensemble les autres présents, et ils les déposèrent au milieu de l'agora.

Alors Agamemnôn se leva. Talthybios, semblable à un Dieu par la voix, debout auprès du prince des peuples, tenait un sanglier dans ses mains. Et l'Atréide saisit le couteau toujours suspendu auprès de la grande gaîne de son épée, et, coupant les soies du sanglier, les mains levées vers Zeus, il les lui voua. Et les Argiens, assis en silence, écoutaient le Roi respectueusement. Et, suppliant, il dit, regardant le large Ouranos :

— Qu'ils le sachent tous, Zeus le plus haut et le très-puissant, et Gaia, et Hélios, et les Erinnyes qui, sous la terre, punissent les hommes parjures : je n'ai jamais porté la main sur la vierge Breisèis, ni partagé son lit, et je ne l'ai soumise à aucun travail ; mais elle est restée intacte dans mes tentes. Et si je ne jure point la vérité, que les Dieux m'envoient tous les maux dont ils accablent celui qui les outrage en se parjurant.

Il parla ainsi, et, de l'airain cruel, il coupa la gorge du sanglier. Et Talthybios jeta, en tournant, la victime dans les grands flots de la blanche mer, pour être mangée par les poissons. Et, se levant au milieu des belliqueux Argiens, Akhilleus dit :

— Père Zeus ! certes, tu causes de grands maux aux hommes. L'Atréide n'eût jamais excité la colère dans ma poitrine, et il ne m'eût jamais enlevé cette jeune femme contre ma volonté dans un mauvais dessein, si Zeus n'eût voulu donner la mort à une foule d'Akhaiens. Maintenant, allez manger, afin que nous combattions.

Il parla ainsi, et il rompit aussitôt l'agora, et tous se dispersèrent, chacun vers sa nef. Et les magnanimes Myrmidones emportèrent les présents vers la nef du divin Akhilleus, et ils les déposèrent dans les tentes, faisant asseoir les femmes et liant les chevaux auprès des chevaux.

Et dès que Breisèis, semblable à Aphroditè d'or, eut vu Patroklos percé de l'airain aigu, elle se lamenta en l'entourant de ses bras, et elle déchira de ses mains sa poitrine, son cou délicat et son beau visage. Et la jeune femme, semblable aux déesses, dit en pleurant :

— O Patroklos, si doux pour moi, malheureuse ! Je t'ai laissé vivant quand je quittai cette tente, et voici que je te retrouve mort, prince des peuples ! Pour moi le mal suit le mal. L'homme à qui mon père et ma mère vénérable m'avaient donnée, je l'ai vu, devant sa ville, percé de l'airain aigu. Et mes trois frères, que ma mère avait enfantés, et que j'aimais, trouvèrent aussi leur jour fatal. Et tu ne me permettais point de pleurer, quand le rapide Akhilleus eut tué mon époux et renversé la ville du divin Mynès, et tu me disais que tu ferais de moi la jeune épouse du divin Akhilleus, et que tu me conduirais sur tes nefs dans la Phthiè, pour y faire le festin nuptial au milieu des Myrmidones. Aussi, toi qui étais si doux, je pleurerai toujours ta mort.

Elle parla ainsi, en pleurant. Et les autres jeunes femmes gémissaient, semblant pleurer sur Patroklos, et déplorant leurs propres misères.

Et les princes vénérables des Akhaiens, réunis autour d'Akhilleus, le suppliaient de manger, mais il ne le voulait pas :

— Je vous conjure, si mes chers compagnons veulent m'écouter, de ne point m'ordonner de boire et de manger, car je suis en proie à une amère douleur. Je puis attendre jusqu'au coucher de Hélios.

Il parla ainsi et renvoya les autres Rois, sauf les deux Atréides, le divin Odysseus, Nestôr, Idoméneus et le vieux cavalier Phoinix, qui restèrent pour charmer sa tristesse. Mais rien ne devait le consoler, avant qu'il se fût jeté dans la mêlée sanglante. Et le souvenir renouvelait ses gémissements, et il disait :

— Certes, autrefois, ô malheureux, le plus cher de mes compagnons, tu m'apprêtais toi-même, avec soin, un excellent repas, quand les Akhaiens portaient la guerre lamentable aux Troiens dompteurs de chevaux. Et, maintenant, tu gîs, percé par l'airain, et mon cœur, plein du regret de ta mort, se refuse à toute nourriture. Je ne pourrais subir une douleur plus amère, même si j'apprenais la mort de mon père qui, peut-être, dans la

Phthiè, verse en ce moment des larmes, privé du secours de son fils, tandis que, sur une terre étrangère je combats les Troiens dompteurs de chevaux pour la cause de l'exécrable Hélénè ; ou même, si je regrettais mon fils bien-aimé, qu'on élève à Skyros, Néoptolémos semblable à un Dieu, s'il vit encore. Autrefois, j'espérais dans mon cœur que je mourrais seul devant Troiè, loin d'Argos féconde en chevaux, et que tu conduirais mon fils, de Skyros vers la Phthiè, sur ta nef rapide ; et que tu lui remettrais mes domaines, mes serviteurs et ma haute et grande demeure. Car je pense que Pèleus n'existe plus, ou que, s'il traîne un reste de vie, il attend, accablé par l'affreuse vieillesse, qu'on lui porte la triste nouvelle de ma mort.

Il parla ainsi en pleurant, et les princes vénérables gémirent, chacun se souvenant de ce qu'il avait laissé dans ses demeures. Et le Kroniôn, les voyant pleurer, fut saisi de compassion, et il dit à Athènè ces paroles ailées :

— Ma fille, délaisses-tu déjà ce héros ? Akhilleus n'est-il plus rien dans ton esprit ? Devant ses nefs aux antennes dressées, il est assis, gémissant sur son cher compagnon. Les autres mangent, et lui reste sans nourriture. Va ! verse dans sa poitrine le nektar et la douce ambroisie, pour que la faim ne l'accable point.

Et, parlant ainsi, il excita Athènè déjà pleine d'ardeur. Et, semblable à l'aigle marin aux cris perçants, elle sauta de l'Ouranos dans l'Aithèr ; et tandis que les Akhaiens s'armaient sous les tentes, elle versa dans la poitrine d'Akhilleus le nektar et l'ambroisie désirable, pour que la faim mauvaise ne rompît pas ses genoux. Puis, elle retourna dans la solide demeure de son père très-puissant, et les Akhaiens se répandirent hors des nefs rapides.

De même que les neiges épaisses volent dans l'air, refroidies par le souffle impétueux de l'aithéréen Boréas, de même, hors des nefs, se répandaient les casques solides et resplendissants, et les boucliers bombés, et les cuirasses épaisses, et les lances de frêne. Et la splendeur en montait dans l'Ouranos, et toute la terre, au loin, riait de l'éclat de l'airain, et retentissait du trépignement des pieds des guerriers. Et, au milieu d'eux, s'armait le divin Akhilleus ; et ses dents grinçaient, et ses yeux flambaient comme le feu, et une affreuse douleur emplissait son cœur ; et, furieux contre les Troiens, il se couvrit des armes que le Dieu Hèphaistos lui avait faites. Et, d'abord, il attacha autour de ses jambes, par des agrafes d'argent, les belles knèmides. Puis il couvrit sa poitrine de la cuirasse. Il suspendit l'épée d'airain aux clous d'argent à ses épaules, et il saisit le bouclier immense et solide d'où sortait une longue clarté, comme de Sélénè. De même que la splendeur d'un ardent incendie apparaît de loin, sur la mer, aux matelots, et brûle, dans un enclos solitaire, au faîte des montagnes, tandis que les rapides tempêtes, sur la mer poissonneuse, les emportent loin de leurs amis ; de même l'éclat du beau et solide bouclier d'Akhilleus montait dans l'air. Et il mit sur sa tête le casque lourd. Et le casque à crinière luisait comme un astre, et les crins d'or que Hèphaistos avait posés autour se mouvaient par masses. Et le divin Akhilleus essaya ses armes, présents illustres, afin de voir si elles convenaient à ses membres. Et elles étaient comme des ailes qui enlevaient le prince des peuples. Et il retira de l'étui la lance paternelle, lourde, immense et solide, que ne pouvait soulever aucun des Akhaiens, et que, seul, Akhilleus savait manier ; la lance Pèliade que, du faîte du Pèlios, Khirôn avait apportée à Pèleus, pour le meurtre des héros.

Et Automédôn et Alkimos lièrent les chevaux au joug avec de belles courroies ; ils leur mirent les freins dans la bouche, et ils roidirent les rênes vers le siége du char. Et Automédôn y monta, saisissant d'une main habile le fouet brillant, et Akhilleus y monta aussi, tout resplendissant sous ses armes, comme le matinal Hypérionade, et il dit rudement aux chevaux de son père :

— Xanthos et Balios, illustres enfants de Podargè, ramenez cette fois votre conducteur parmi les Danaens, quand nous serons rassasiés du combat, et ne l'abandonnez point mort comme Patroklos.

Et le cheval aux pieds rapides, Xanthos, lui parla sous le joug ; et il inclina la tête, et toute sa crinière, flottant autour du timon, tombait jusqu'à terre. Et la Déesse Hèrè aux bras blancs lui permit de parler :

— Certes, nous te sauverons aujourd'hui, très-brave Akhilleus ; cependant, ton dernier jour approche. Ne nous en accuse point, mais le grand Zeus et la Moire puissante. Ce n'est ni par notre lenteur, ni par notre lâcheté que les Troiens ont arraché tes armes des épaules de Patroklos. C'est le Dieu excellent que Lètô aux beaux cheveux a enfanté, qui, ayant tué le Ménoitiade au premier rang, a donné la victoire à Hektôr. Quand notre course serait telle que le souffle de Zéphyros, le plus rapide des vents, tu n'en tomberais pas moins sous les coups d'un Dieu et d'un homme.

Et comme il parlait, les Érinnyes arrêtèrent sa voix, et Akhilleus aux pieds rapides lui répondit, furieux :

— Xanthos, pourquoi m'annoncer la mort ? Que t'importe ? Je sais que ma destinée est de mourir ici, loin de mon père et de ma mère, mais je ne m'arrêterai qu'après avoir assouvi les Troiens de combats.

Il parla ainsi, et, avec de grands cris, il poussa aux premiers rangs les chevaux aux sabots massifs.

RHAPSODIE XX.

Auprès des nefs aux poupes recourbées, et autour de toi, fils de Pèleus, les

Akhaiens insatiables de combats s'armaient ainsi, et les Troiens, de leur côté, se rangeaient sur la hauteur de la plaine.

Et Zeus ordonna à Thémis de convoquer les dieux à l'agora, de toutes les cimes de l'Olympos. Et celle-ci, volant çà et là, leur commanda de se rendre à la demeure de Zeus. Et aucun des fleuves n'y manqua, sauf Okéanos ; ni aucune des nymphes qui habitent les belles forêts, et les sources des fleuves et les prairies herbues. Et tous les dieux vinrent s'asseoir, dans la demeure de Zeus qui amasse les nuées, sous les portiques brillants que Hèphaistos avait habilement construits pour le père Zeus. Et ils vinrent tous ; et Poseidaôn, ayant entendu la déesse, vint aussi de la mer ; et il s'assit au milieu d'eux, et il interrogea la pensée de Zeus :

— Pourquoi, ô foudroyant, convoques-tu de nouveau les Dieux à l'agora ? Serait-ce pour délibérer sur les Troiens et les Akhaiens ? Bientôt, en effet, ils vont engager la bataille ardente.

Et Zeus qui amasse les nuées, lui répondant, parla ainsi :

— Tu as dit, Poseidaôn, dans quel dessein je vous ai tous réunis, car ces peuples périssables m'occupent en effet. Assis au faîte de l'Olympos, je me réjouirai en les regardant combattre, mais vous, allez tous vers les Troiens et les Akhaiens. Secourez les uns ou les autres, selon que votre cœur vous y poussera ; car si Akhilleus combat seul et librement les Troiens, jamais ils ne soutiendront la rencontre du rapide Pèléiôn. Déjà, son aspect seul les a épouvantés ; et, maintenant qu'il est plein de fureur à cause de son compagnon, je crains qu'il renverse les murailles d'Ilios, malgré le destin.

Le Kroniôn parla, suscitant une guerre inéluctable. Et tous les Dieux, opposés les uns aux autres, se préparèrent au combat. Et, du côté des nefs, se rangèrent Hèrè, et Pallas Athènè, et Poseidaôn qui entoure la terre, et Hermès utile et plein de sagesse, et Hèphaistos, boiteux et frémissant dans sa force. Et, du côté des Troiens, se rangèrent Arès aux armes mouvantes, et Phoibos aux longs cheveux, et Artémis joyeuse de ses flèches, et Lètô, et Xanthos, et Aphroditè qui aime les sourires.

Tant que les Dieux ne se mêlèrent point aux guerriers, les Akhaiens furent pleins de confiance et d'orgueil, parce que Akhilleus avait reparu, après s'être éloigné longtemps du combat. Et la terreur rompit les genoux des Troiens quand ils virent le Pèléiôn aux pieds rapides, resplendissant sous ses armes et pareil au terrible Arès. Mais quand les Dieux se furent mêlés aux guerriers, la violente Éris excita les deux peuples. Et Athènè poussa des cris, tantôt auprès du fossé creux, hors des murs, tantôt le long des rivages retentissants. Et Arès, semblable à une noire tempête, criait aussi, soit au faîte d'Ilios, en excitant les Troiens, soit le long des belles collines du Simoïs. Ainsi les Dieux heureux engagèrent la mêlée violente entre les deux peuples.

Et le père des hommes et des Dieux tonna longuement dans les hauteurs ; et Poseidaôn ébranla la terre immense et les cimes des montagnes ; et les racines de l'Ida aux nombreuses sources tremblèrent, et la ville des Troiens et les nefs des Akhaiens. Et le souterrain Aidôneus, le Roi des morts, trembla, et il sauta, épouvanté, de son trône ; et il cria, craignant que Poseidaôn qui ébranle la terre l'entr'ouvrît, et que les Demeures affreuses et infectes, en horreur aux Dieux eux-mêmes, fussent vues des mortels et des Immortels : tant fut terrible le retentissement du choc des Dieux.

Et Phoibos Apollôn, avec ses flèches empennées, marchait contre le roi Poseidaôn ; et la déesse Athènè aux yeux clairs contre Arès, et Artémis, sœur de l'archer Apollôn, joyeuse de porter les sonores flèches dorées, contre Hèrè ; et, contre Lètô, le sage et utile Hermès ; et, contre Hèphaistos, le grand fleuve aux profonds tourbillons, que les Dieux nomment Xanthos, et les hommes Skamandros. Ainsi les Dieux marchaient contre les Dieux.

Mais Akhilleus ne désirait rencontrer que le Priamide Hektôr dans la mêlée, et il ne songeait qu'à boire le sang du brave Priamide. Et Apollôn qui soulève les peuples excita Ainéias contre le Pèléide, et il le remplit d'une grande force, et semblable par la voix à Lykaôn, fils de Priamos, le fils de Zeus dit à Ainéias :

— Ainéias, prince des Troiens, où est la promesse que tu faisais aux Rois d'Ilios de combattre le Pèléide Akhilleus ?

Et Ainéias, lui répondant, parla ainsi :

— Priamide, pourquoi me pousses-tu à combattre l'orgueilleux Pèléiôn. Je ne tiendrais pas tête pour la première fois au rapide Akhilleus. Déjà, autrefois, de sa lance, il m'a chassé de l'Ida, quand, ravissant nos bœufs, il détruisit Lyrnessos et Pèdasos ; mais Zeus me sauva, en donnant la force et la rapidité à mes genoux. Certes, je serais tombé sous les mains d'Akhilleus et d'Athènè qui marchait devant lui et l'excitait à tuer les Léléges et les Troiens, à l'aide de sa lance d'airain. Aucun guerrier ne peut lutter contre Akhilleus. Un des Dieux est toujours auprès de lui qui le préserve. Ses traits vont droit au but, et ne s'arrêtent qu'après s'être enfoncés dans le corps de l'homme. Si un Dieu rendait le combat égal entre nous, il ne me dompterait pas aisément, bien qu'il se vante d'être tout entier d'airain.

Et le roi Apollôn, fils de Zeus, lui répondit :

— Héros, il t'appartient aussi d'invoquer les Dieux éternels. On dit aussi, en effet, qu'Aphroditè, fille de Zeus, t'a enfanté, et lui est né d'une déesse inférieure. Ta mère est fille de Zeus, et la sienne est fille du Vieillard de la mer. Pousse droit à lui l'airain indomptable, et que ses paroles injurieuses et ses menaces ne t'arrêtent pas.

Ayant ainsi parlé, il inspira une grande force au prince des peuples, qui courut en avant, armé de l'airain splendide. Mais le fils d'Ankisès, courant au Pèléide à travers la mêlée des hommes, fut aperçu par Hèrè aux bras blancs, et celle-ci, réunissant les Dieux, leur dit :

— Poseidaôn et Athènè, songez à ceci dans votre esprit : Ainéias, armé de l'airain splendide, court au Pèléide, et Phoibos Apollôn l'y excite. Allons, écartons ce Dieu, et qu'un de nous assiste Akhilleus et lui donne la force et l'intrépidité. Qu'il sache que les plus puissants des immortels l'aiment, et que ce sont les plus faibles qui viennent en aide aux Troiens dans le combat. Tous, nous sommes descendus de l'Ouranos dans la mêlée, afin de le préserver des Troiens, en ce jour ; et il subira ensuite ce que la destinée lui a filé avec le lin, depuis que sa mère l'a enfanté. Si Akhilleus, dans ce combat, ne ressent pas l'inspiration des dieux, il redoutera la rencontre d'un immortel, car l'apparition des dieux épouvante les hommes.

Et Poseidaôn qui ébranle la terre lui répondit :

— Hèrè, ne t'irrite point hors de raison, car cela ne te convient pas. Je ne veux point que nous combattions les autres Dieux, étant de beaucoup plus forts qu'eux. Asseyons-nous hors de la mêlée, sur la colline, et laissons aux hommes le souci de la guerre. Si Arès commence le combat, ou Phoibos Apollôn, et s'ils arrêtent Akhilleus et l'empêchent d'agir, alors une lutte terrible s'engagera entre eux et nous, et je pense que, promptement vaincus, ils retourneront dans l'Ouranos, vers l'assemblée des Immortels, rudement domptés par nos mains irrésistibles.

Ayant ainsi parlé, Poseidaôn aux cheveux bleus les précéda vers la muraille haute du divin Hèraklès. Athènè et les Troiens avaient autrefois élevé cette enceinte pour le mettre à l'abri de la Baleine, quand ce monstre le poursuivait du rivage dans la plaine. Là, Poseidaôn et les autres Dieux s'assirent, s'étant enveloppés d'une épaisse nuée. Et, de leur côté, les Immortels, défenseurs d'Ilios, s'assirent sur les collines du Simoïs, autour de toi, Archer Apollôn, et de toi, Arès, destructeur des citadelles ! Ainsi tous les Dieux étaient assis, et ils méditaient, retardant le terrible combat, bien que Zeus, tranquille dans les hauteurs, les y eût excités.

Et toute la plaine était emplie et resplendissait de l'airain des chevaux et des hommes, et la terre retentissait sous les pieds des deux armées. Et, au milieu de tous, s'avançaient, prêts à combattre, Ainéias Ankhisiade et le divin Akhilleus. Et Ainéias marchait, menaçant, secouant son casque solide et portant devant sa poitrine son bouclier terrible, et brandissant sa lance d'airain. Et le Pèléide se ruait sur lui, comme un lion dangereux que toute une foule désire tuer. Et il avance, méprisant ses ennemis ; mais, dès qu'un des jeunes hommes l'a blessé, il ouvre la gueule, et l'écume jaillit à travers ses dents, et son cœur rugit dans sa poitrine, et il se bat les deux flancs et les reins de sa queue, s'animant au combat. Puis, les yeux flambants, il bondit avec force droit sur les hommes, afin de les déchirer ou d'en être tué lui-même. Ainsi sa force et son orgueil poussaient Akhilleus contre le magnanime Ainéias. Et, quand ils se furent rencontrés, le premier, le divin Akhilleus aux pieds rapides parla ainsi :

— Ainéias, pourquoi sors-tu de la foule des guerriers ? Désires-tu me combattre dans l'espoir de commander aux Troiens dompteurs de chevaux, avec la puissance de Priamos ? Mais si tu me tuais, Priamos ne te donnerait point cette récompense, car il a des fils, et lui-même n'est pas insensé. Les Troiens, si tu me tuais, t'auraient-ils promis un domaine excellent où tu jouirais de tes vignes et de tes moissons ? Mais je pense que tu le mériteras peu aisément, car déjà je t'ai vu fuir devant ma lance. Ne te souviens-tu pas que je t'ai précipité déjà des cimes Idaiennes, loin de tes bœufs, et que, sans te retourner dans ta fuite, tu te réfugias à Lyrnessos ? Mais, l'ayant renversée, avec l'aide de Zeus et d'Athènè, j'en emmenai toutes les femmes qui pleuraient leur liberté. Zeus et les autres dieux te sauvèrent. Cependant, je ne pense pas qu'ils te sauvent aujourd'hui comme tu l'espères. Je te conseille donc de ne pas me tenir tête, et de rentrer dans la foule avant qu'il te soit arrivé malheur. L'insensé ne connaît son mal qu'après l'avoir subi.

Et Ainéias lui répondit :

— N'espère point, par des paroles, m'épouvanter comme un enfant, car moi aussi je pourrais me répandre en outrages. L'un et l'autre nous connaissons notre race et nos parents, sachant tous deux la tradition des anciens hommes, bien que tu n'aies jamais vu mes parents, ni moi les tiens. On dit que tu es le fils de l'illustre Pèleus et que ta mère est la nymphe marine Thétis aux beaux cheveux. Moi, je me glorifie d'être le fils du magnanime Ankhisès, et ma mère est Aphroditè. Les uns ou les autres, aujourd'hui, pleureront leur fils bien-aimé ; car je ne pense point que des paroles enfantines nous éloignent du combat. Veux-tu bien connaître ma race, célèbre parmi la multitude des hommes ? Zeus qui amasse les nuées engendra d'abord Dardanos, et celui-ci bâtit Dardaniè. Et la sainte Ilios, citadelle des hommes, ne s'élevait point encore dans la plaine, et les peuples habitaient aux pieds de l'Ida où abondent les sources. Et Dardanos engendra le roi Érikhthonios, qui fut le plus riche des hommes. Dans ses marécages paissaient trois mille juments fières de leurs poulains. Et Boréas, sous la forme d'un cheval aux crins bleus, les aima et les couvrit comme elles paissaient, et elles firent douze poulines qui bondissaient dans les champs fertiles, courant sur la cime des épis sans les courber. Et quand elles bondissaient sur le large dos de la mer, elles couraient sur la cime des écumes blanches. Et Érikthonios engendra le roi des Troiens, Trôos. Et Trôos engendra trois fils irréprochables, Ilos, Assarakos et le divin Ganymèdès, qui fut le plus beau des hommes mortels, et que les Dieux enlevèrent à cause de sa beauté, afin qu'il fût l'échanson de Zeus et qu'il habitât parmi les Immortels. Et Ilos engendra l'illustre Laomédôn, et Laomédôn engendra Tithonos, Priamos, Lampos, Klytios et Hikétaôn, nourrisson d'Arès. Mais Assarakos engendra Kapys, qui engendra Ankhisès, et Ankhisès m'a engendré, comme Priamos a engendré le divin Hektôr. Je me glorifie de ce sang et de cette race. Zeus, comme il le veut, augmente ou diminue la vertu des hommes, étant le plus puissant. Mais, debout dans la mêlée, ne parlons point plus longtemps comme de petits enfants. Nous pourrions aisément amasser plus d'injures que n'en porterait une nef à cent avirons. La langue des hommes est rapide et abonde en discours qui se multiplient de part et d'autre, et tout ce que tu diras, tu pourras l'entendre. Faut-il que nous luttions d'injures et d'outrages, comme des femmes furieuses qui combattent sur une place publique à coups de mensonges et de vérités, car la colère les mène ? Les paroles ne me feront pas reculer avant que tu n'aies combattu. Agis donc promptement, et goûtons tous deux de nos lances d'airain.

    Il parla ainsi, et il poussa violemment la lance d'airain contre le terrible bouclier, dont l'orbe résonna sous le coup. Et le Pèléide, de sa main vigoureuse, tendit le bouclier loin de son corps, craignant que la longue lance du magnanime Ainéias passât au travers. L'insensé ne songeait pas que les présents glorieux des dieux résistent aisément aux forces des hommes.

    La forte lance du belliqueux Ainéias ne traversa point le bouclier, car l'or, présent d'un dieu, arrêta le coup, qui perça deux lames. Et il y en avait encore trois que le Boiteux avait disposées ainsi : deux lames d'airain par-dessus, deux lames d'étain au-dessous, et, au milieu, une lame d'or qui arrêta la pique d'airain. Alors Akhilleus jeta sa longue lance, qui frappa le bord du bouclier égal d'Ainéias, là où l'airain et le cuir étaient le moins épais. Et la lance du Pèliade traversa le bouclier qui retentit. Et Ainéias le tendit loin de son corps, en se courbant, plein de crainte. Et la lance, par-dessus son dos, s'enfonça en terre, ayant rompu les deux lames du bouclier qui abritait le Troien. Et celui-ci resta épouvanté, et la douleur
troubla ses yeux, quand il vit la grande lance enfoncée auprès de lui.

    Et Akhilleus, arrachant de la gaîne son épée aiguë, se rua avec un cri terrible. Et Ainéias saisit un lourd rocher, tel que deux hommes de maintenant ne pourraient le porter ; mais il le remuait aisément. Alors, Ainéias eût frappé Akhilleus, qui se ruait, soit au casque, soit au bouclier qui le préservait de la mort, et le Pèléide, avec l'épée, lui eût arraché l'âme, si Poseidaôn qui ébranle la terre ne s'en fût aperçu. Et aussitôt, il dit, au milieu des dieux immortels :

    — Hélas ! je gémis sur le magnanime Ainéias, qui va descendre chez Aidès, dompté par le Pèléide. L'archer Apollôn a persuadé l'insensé et ne le sauvera point. Mais, innocent qu'il est, pourquoi subirait-il les maux mérités par d'autres ? N'a-t-il point toujours offert des présents agréables aux dieux qui habitent le large Ouranos ? Allons ! sauvons-le de la mort, de peur que le Kronide ne s'irrite si Akhilleus le tue. Sa destinée est de survivre, afin que la race de Dardanos ne périsse point, lui que le Kronide a le plus aimé parmi tous les enfants que lui ont donnés les femmes mortelles. Le Kroniôn est plein de haine pour la race de Priamos. La force d'Ainéias commandera sur les Troiens, et les fils de ses fils régneront, et ceux qui naîtront dans les temps à venir.

    Et la vénérable Hèrè aux yeux de bœuf lui répondit :

— Poseidaôn, vois s'il te convient, dans ton esprit, de sauver Ainéias ou de laisser le Pèléide Akhilleus le tuer ; car nous avons souvent juré, moi et Pallas Athènè, au milieu des dieux, que jamais nous n'éloignerions le jour fatal d'un Troien, même quand Troiè brûlerait tout entière dans le feu allumé par les fils des Akhaiens.

Et, dès que Poseidaôn qui ébranle la terre eut entendu ces paroles, il se jeta dans la mêlée, à travers le retentissement des lances, jusqu'au lieu où se trouvaient Ainéias et Akhilleus. Et il couvrit d'un brouillard les yeux du Pèléide ; et, arrachant du bouclier du magnanime Ainéias la lance à pointe d'airain, il la posa aux pieds d'Akhilleus. Puis, il enleva de terre Ainéias ; et celui-ci franchit les épaisses masses de guerriers et de chevaux, poussé par la main du dieu. Et quand il fut arrivé aux dernières lignes de la bataille, là où les Kaukônes s'armaient pour le combat, Poseidaôn qui ébranle la terre, s'approchant, lui dit ces paroles ailées :

— Ainéias, qui d'entre les dieux t'a persuadé, insensé, de combattre Akhilleus, qui est plus fort que toi et plus cher aux immortels ? Recule quand tu le rencontreras, de peur que, malgré la moire, tu descendes chez Aidès. Mais, quand Akhilleus aura subi la destinée et la mort, ose combattre aux premiers rangs, car aucun autre des Akhaiens ne te tuera.

Ayant ainsi parlé, il le quitta. Puis, il dispersa l'épais brouillard qui couvrait les yeux d'Akhilleus, et celui-ci vit tout clairement de ses yeux, et, plein de colère, il dit dans son esprit :

— Ô dieux ! certes, voici un grand prodige. Ma lance gît sur la terre, devant moi, et je ne vois plus le guerrier contre qui je l'ai jetée et que je voulais tuer ! Certes, Ainéias est cher aux dieux immortels. Je pensais qu'il s'en vantait faussement. Qu'il vive ! Il n'aura plus le désir de me braver, maintenant qu'il a évité la mort. Mais, allons ! j'exhorterai les Danaens belliqueux et j'éprouverai la force des autres Troiens.

Il parla ainsi, et il courut à travers les rangs, commandant à chaque guerrier :

— Ne restez pas plus longtemps loin de l'ennemi, divins Akhaiens ! Marchez, homme contre homme, et prêts au combat. Il m'est difficile, malgré ma force, de poursuivre et d'attaquer seul tant de guerriers ; ni Arès, bien qu'il soit un dieu immortel, ni Athènè, n'y suffiraient. Je vous aiderai de mes mains, de mes pieds, de toute ma vigueur, sans jamais faiblir ; et je serai partout, au travers de la mêlée ; et je ne pense pas qu'aucun Troien se réjouisse de rencontrer ma lance.

Il parla ainsi, et, de son côté, l'illustre Hektôr animait les Troiens, leur promettant qu'il combattrait Akhilleus :

— Troiens magnanimes, ne craignez point Akhilleus. Moi aussi, avec des paroles, je combattrais jusqu'aux immortels ; mais, avec la lance, ce serait impossible, car ils sont les plus forts. Akhilleus ne réussira point dans tout ce qu'il dit. S'il accomplit une de ses menaces, il n'accomplira point l'autre. Je vais marcher contre lui, quand même il serait tel que le feu par ses mains. Oui ! quand même il serait tel que le feu par ses mains, quand il serait par sa vigueur tel que le feu ardent.

Il parla ainsi, et aussitôt les Troiens tendirent leurs lances, et ils se serrèrent, et une grande clameur s'éleva. Mais Phoibos Apollôn s'approcha de Hektôr et lui dit :

— Hektôr, ne sors point des rangs contre Akhilleus. Reste dans le tumulte de la mêlée, de peur qu'il te perce de la lance ou de l'épée, de loin ou de près.

Il parla ainsi, et le Priamide rentra dans la foule des guerriers, plein de crainte, dès qu'il eut entendu la voix du dieu.

Et Akhilleus, vêtu de courage et de force, se jeta sur les Troiens en poussant des cris horribles. Et il tua d'abord le brave Iphitiôn Otryntéide, chef de nombreux guerriers, et que la nymphe Nèis avait conçu du destructeur de citadelles Otryntous, sous le neigeux Tmôlos, dans la fertile Hydè. Comme il se ruait en avant, le divin Akhilleus le frappa au milieu de la tête, et celle-ci se fendit en deux, et Iphitiôn tomba avec bruit, et le divin Akhilleus se glorifia ainsi :

— Te voilà couché sur la terre, Otryntéide, le plus effrayant des hommes ! Tu es mort ici, toi qui es né non loin du lac Gygaios où est ton champ paternel, sur les bords poissonneux du Hyllos et du Hermos tourbillonnant.

Il parla ainsi, triomphant, et le brouillard couvrit les yeux de Iphitiôn, que les chars des Akhaiens déchirèrent de leurs roues aux premiers rangs. Et, après lui, Akhilleus tua Dèmoléôn, brave fils d'Antènôr. Et il lui rompit la tempe à travers le casque d'airain, et le casque d'airain n'arrêta point le coup, et la pointe irrésistible brisa l'os en écrasant toute la cervelle. Et c'est ainsi qu'Akhilleus tua Dèmoléôn qui se ruait sur lui.

Et comme Hippodamas, sautant de son char, fuyait, Akhilleus le perça dans le dos d'un coup de lance. Et le Troien rendit l'âme en mugissant comme un taureau que des jeunes hommes entraînent à l'autel du dieu de Hélikè, de Poseidaôn qui se réjouit du sacrifice. Et c'est ainsi qu'il mugissait et que son âme abandonna ses ossements.

Puis Akhilleus poursuivit de sa lance le divin Polydôros Priamide, à qui son père ne permettait point de combattre, étant le dernier-né de ses enfants et le plus aimé de tous. Et il surpassait tous les hommes à la course. Et il courait, dans une ardeur de jeunesse, fier de son agilité, parmi les premiers combattants ; mais le divin Akhilleus, plus rapide que lui, le frappa dans le dos, là où les agrafes d'or attachaient le baudrier sur la double cuirasse. Et la pointe de la lance le traversa jusqu'au nombril, et il tomba, hurlant, sur les genoux ; et une nuée noire l'enveloppa, tandis que, courbé sur la terre, il retenait ses entrailles à pleines mains.

Hektôr, voyant son frère Polydôros renversé et retenant ses entrailles avec ses mains, sentit un brouillard sur ses yeux, et il ne put se résoudre à combattre plus longtemps de loin, et il vint à Akhilleus, secouant sa lance aiguë et semblable à la flamme. Et Akhilleus le vit, et bondit en avant, et dit en triomphant :

— Voici donc l'homme qui m'a déchiré le cœur et qui a tué mon irréprochable compagnon ! Ne nous évitons pas plus longtemps dans les détours de la mêlée.

Il parla ainsi, et, regardant le divin Hektôr d'un œil sombre, il dit :

— Viens ! approche, afin de mourir plus vite !

Et Hektôr au casque mouvant lui répondit sans crainte :

— Pèléide, n'espère point m'épouvanter par des paroles comme un petit enfant. Moi aussi je pourrais parler injurieusement et avec orgueil. Je sais que tu es brave et que je ne te vaux pas ; mais nos destinées sont sur les genoux des dieux. Bien que je sois moins fort que toi, je t'arracherai peut-être l'âme d'un coup de ma lance. Elle aussi, elle a une pointe perçante.

Il parla ainsi, et, secouant sa lance, il la jeta ; mais Athènè, d'un souffle, l'écarta de l'illustre Akhilleus, et la repoussa vers le divin Hektôr, et la fit tomber à ses pieds. Et Akhilleus, furieux, se rua pour le tuer, en jetant des cris horribles ; mais Apollôn enleva aisément le Priamide, comme le peut un dieu ; et il l'enveloppa d'une épaisse nuée. Et trois fois le divin Akhilleus aux pieds rapides, se précipitant, perça cette nuée épaisse de sa lance d'airain. Et, une quatrième fois, semblable à un daimôn, il se rua en avant, et il cria ces paroles outrageantes :

— Chien ! de nouveau tu échappes à la mort. Elle t'a approché de près, mais Phoibos Apollôn t'a sauvé, lui à qui tu fais des vœux quand tu marches à travers le retentissement des lances. Je te tuerai, si je te rencontre encore, et si quelque dieu me vient en aide. Maintenant, je poursuivrai les autres Troiens.

Ayant ainsi parlé, il perça Dryops au milieu de la gorge, et l'homme tomba à ses pieds, et il l'abandonna. Puis, il frappa de sa lance, au genou, le large et grand Démokhos Philétoride ; puis, avec sa forte épée, il lui arracha l'âme. Et, courant sur Laogonos et Dardanos, fils de Bias, il les renversa tous deux de leur char, l'un d'un coup de lance, l'autre d'un coup d'épée.

Et Trôos Alastoride, pensant qu'Akhilleus l'épargnerait, ne le tuerait point et le prendrait vivant, ayant pitié de sa jeunesse, vint embrasser ses genoux. Et l'insensé ne savait pas que le Pèléide était inexorable, et qu'il n'était ni doux, ni tendre, mais féroce. Et comme le Troien embrassait ses genoux en le suppliant, Akhilleus lui perça le foie d'un coup d'épée et le lui arracha. Un sang noir jaillit du corps de Trôos, et le brouillard de la mort enveloppa ses yeux.

Et Akhilleus perça Moulios d'un coup de lance, de l'une à l'autre oreille. Et de son épée à lourde poignée il fendit par le milieu la tête de l'Agènôride Ekheklos ; et l'épée fuma ruisselante de sang, et la noire mort et la moire violente couvrirent ses yeux.

Et il frappa Deukaliôn là où se réunissent les nerfs du coude. La pointe d'airain lui engourdit le bras, et il resta immobile, voyant la mort devant lui. Et Akhilleus, d'un coup d'épée, lui enleva la tête, qui tomba avec le casque. La moelle jaillit des vertèbres, et il resta étendu contre terre.

Puis, Akhilleus se jeta sur le brave Rhigmos, fils de Peireus, qui était venu de la fertile Thrèkè. Et il le perça de sa lance dans le ventre, et l'homme tomba de son char. Et comme Aréithoos, compagnon de Rhigmos, faisait retourner les chevaux, Akhilleus, le perçant dans le dos d'un coup de lance, le renversa du char ; et les chevaux s'enfuirent épouvantés.

De même qu'un vaste incendie gronde dans les gorges profondes d'une montagne aride, tandis que l'épaisse forêt brûle et que le vent secoue et roule la flamme ; de même Akhilleus courait, tel qu'un Daimôn, tuant tous ceux qu'il poursuivait, et la terre noire ruisselait de sang.

De même que deux bœufs au large front foulent, accouplés, l'orge blanche dans une aire arrondie, et que les tiges frêles laissent échapper les graines sous les pieds des bœufs qui mugissent ; de même, sous le magnanime Akhilleus, les chevaux aux sabots massifs foulaient les cadavres et les boucliers. Et tout l'essieu était inondé de sang, et toutes les parois du char ruisselaient des gouttes de sang qui jaillissaient des roues et des sabots des chevaux. Et le Pèléide était avide de gloire, et le sang souillait ses mains inévitables.

RHAPSODIE XXI.

Et quand les Troiens furent arrivés au gué du fleuve au beau cours, du Xanthos tourbillonnant qu'engendra l'immortel Zeus, le Pèléide, partageant leurs phalanges, les rejeta dans la plaine, vers la ville, là où les Akhaiens fuyaient, la veille, bouleversés par la fureur de l'illustre Hektôr.

Et les uns se précipitaient çà et là dans leur fuite, et, pour les arrêter, Hèrè répandit devant eux une nuée épaisse ; et les autres roulaient dans le fleuve profond aux tourbillons d'argent. Ils y tombaient avec un grand bruit, et les eaux et les rives retentissaient, tandis qu'ils nageaient çà et là, en poussant des cris, au milieu des tourbillons.

De même que des sauterelles volent vers un fleuve, chassées par l'incendie, et que le feu infatigable éclate brusquement avec plus de violence, et qu'elles se jettent, épouvantées, dans l'eau ; de même, devant Akhilleus, le cours retentissant du Xanthos aux profonds tourbillons s'emplissait confusément de chevaux et d'hommes.

Et le divin Akhilleus, laissant sa lance sur le bord, appuyée contre un tamaris, et ne gardant que son épée, sauta lui-même dans le fleuve, semblable à un Daimôn, et méditant un œuvre terrible. Et il frappait tout autour de lui ; et il excitait de l'épée les gémissements des blessés, et le sang rougissait l'eau.

De même que les poissons qui fuient un grand dauphin emplissent, épouvantés, les retraites secrètes des baies tranquilles, tandis qu'il dévore tous ceux qu'il saisit ; de même les Troiens, à travers le courant impétueux du fleuve, se cachaient sous les rochers. Et quand Akhilleus fut las de tuer, il tira du fleuve douze jeunes hommes vivants qui devaient mourir, en offrande à Patroklos Ménoitiade. Et les retirant du fleuve, tremblants comme des faons, il leur lia les mains derrière le dos avec les belles courroies qui retenaient leurs tuniques retroussées, et les remit à ses compagnons pour être conduits aux nefs creuses. Puis, il se rua en avant pour tuer encore.

Et il aperçut un fils du Dardanide Priamos, Lykaôn, qui sortait du fleuve. Et il l'avait autrefois enlevé, dans une marche de nuit, loin du verger de son père. Et Lykaôn taillait avec l'airain tranchant les jeunes branches d'un figuier pour en faire les deux hémicycles d'un char. Et le divin Akhilleus survint brusquement pour son malheur, et, l'emmenant sur ses nefs, il le vendit à Lemnos bien bâtie, et le fils de Jèsôn l'acheta. Et Êétiôn d'Imbros, son hôte, l'ayant racheté à grand prix, l'envoya dans la divine Arisbè, d'où il revint en secret dans la demeure paternelle. Et, depuis onze jours, il se réjouissait avec ses amis, étant revenu de Lemnos, et, le douzième, un dieu le rejeta aux mains d'Akhilleus, qui devait l'envoyer violemment chez Aidès. Et dès que le divin Akhilleus aux pieds rapides l'eut reconnu qui sortait nu du fleuve, sans casque, sans bouclier et sans lance, car il avait jeté ses armes, étant rompu de fatigue et couvert de sueur, aussitôt le Pèléide irrité se dit dans son esprit magnanime :

— Ô dieux ! certes, voici un grand prodige. Sans doute aussi les Troiens magnanimes que j'ai tués se relèveront des ténèbres noires, puisque celui-ci, que j'avais vendu dans la sainte Lemnos, reparaît, ayant évité la mort. La profondeur de la blanche mer qui engloutit tant de vivants ne l'a point arrêté. Allons ! il sentira la pointe de ma lance, et je verrai et je saurai s'il s'évadera de même, et si la terre féconde le retiendra, elle qui dompte le brave.

Il pensait ainsi, immobile. Et Lykaôn vint à lui, tremblant et désirant embrasser ses genoux, car il voulait éviter la mort mauvaise et la kèr noire. Et le divin Akhilleus leva sa longue lance pour le frapper ; mais Lykaôn saisit ses genoux en se courbant, et la lance, avide de mordre la chair, par-dessus son dos s'enfonça en terre. Et, tenant d'une main la lance aiguë qu'il ne lâchait point, et de l'autre bras entourant les genoux d'Akhilleus, il le supplia par ces paroles ailées :

— J'embrasse tes genoux, Akhilleus ! honore-moi, aie pitié de moi ! Je suis ton suppliant, ô race divine ! J'ai goûté sous ton toit les dons de Dèmétèr, depuis le jour où tu m'enlevas de nos beaux vergers pour me vendre, loin de mon père et de mes amis, dans la sainte Lemnos, où je te valu le prix de cent bœufs. Et je fus racheté pour trois fois autant. Voici le douzième jour, après tant de maux soufferts, que je suis rentré dans Ilios, et de nouveau la moire fatale me remet dans tes mains ! Je dois être odieux au père Zeus, qui me livre à toi de nouveau. Sans doute elle m'a enfanté pour peu de jours ma mère Laothoè, fille du vieux Alteus qui commande aux belliqueux Léléges, et qui habite la haute Pèdasos sur les bords du fleuve Satnioïs. Et Priamos posséda Laothoè parmi toutes ses femmes, et elle eut deux fils, et tu les auras tués tous deux. En tête des hommes de pied tu as dompté Polydôros égal à un dieu, en le perçant de ta lance aiguë. Et voici que le malheur est maintenant sur moi, car je n'éviterai pas tes mains, puisqu'un dieu m'y a jeté. Mais je te le dis, et que mes paroles soient dans ton esprit : ne me tue point, puisque je ne suis pas le frère utérin de Hektôr, qui a tué ton compagnon doux et brave.

Et l'illustre fils de Priamos parla ainsi, suppliant, mais il entendit une voix inexorable :

— Insensé ! ne parle plus jamais du prix de ton affranchissement. Avant le jour suprême de Patroklos, il me plaisait d'épargner les Troiens. J'en ai pris un grand nombre vivants et je les ai vendus. Maintenant, aucun des Troiens qu'un dieu me jettera dans les mains n'évitera la mort, surtout les fils de Priamos. Ami, meurs ! Pourquoi gémir en vain ? Patroklos est bien mort, qui valait beaucoup mieux que toi. Regarde ! Je suis beau et grand, je suis né d'un noble père ; une déesse m'a enfanté ; et cependant la mort et la moire violente me saisiront, le matin, le soir ou à midi, et quelqu'un m'arrachera l'âme, soit d'un coup de lance, soit d'une flèche.

Il parla ainsi, et les genoux et le cœur manquèrent au Priamide. Et, lâchant la lance, il s'assit, les mains étendues. Et Akhilleus, tirant son épée aiguë, le frappa au cou, près de la clavicule, et l'airain entra tout entier. Lykaôn tomba sur la face ; un sang noir jaillit et ruissela par terre. Et Akhilleus, le saisissant par les pieds, le jeta dans le fleuve, et il l'insulta en paroles rapides :

— Va ! reste avec les poissons, qui boiront tranquillement le sang de ta blessure. Ta mère ne te déposera point sur le lit funèbre, mais le Skamandros tourbillonnant t'emportera dans la vaste mer, et quelque poisson, sautant sur l'eau, dévorera la chair blanche de Lykaôn dans la noire horreur de l'abîme. Périssez tous, jusqu'à ce que nous renversions la sainte Ilios ! Fuyez, et moi je vous tuerai en vous poursuivant. Il ne vous sauvera point, le fleuve au beau cours, aux tourbillons d'argent, à qui vous sacrifiez tant de taureaux et tant de chevaux vivants que vous jetez dans ses tourbillons ; mais vous périrez tous d'une mort violente, jusqu'à ce que vous ayez expié le meurtre de Patroklos et le carnage des Akhaiens que vous avez tués, moi absent, auprès des nefs rapides.

Il parla ainsi, et le fleuve irrité délibérait dans son esprit comment il réprimerait la fureur du divin Akhilleus et repousserait cette calamité loin des Troiens.

Et le fils de Pèleus, avec sa longue lance, sauta sur Astéropaios, fils de Pèlégôn, afin de le tuer. Et le large Axios engendra Pèlégôn, et il avait été conçu par l'aînée des filles d'Akessamènos, Péribola, qui s'était unie à ce fleuve aux profonds tourbillons. Et Akhilleus courait sur Astéropaios qui, hors du fleuve, l'attendait, deux lances aux mains ; car le Xanthos, irrité à cause des jeunes hommes qu'Akhilleus avait égorgés dans ses eaux, avait inspiré la force et le courage au Pèlégonide. Et quand ils se furent rencontrés, le divin Pèléide aux pieds rapides lui parla ainsi :

— Qui es-tu parmi les hommes, toi qui oses m'attendre ? Ce sont les fils des malheureux qui s'opposent à mon courage.

Et l'illustre fils de Pèlégôn lui répondit :

— Magnanime Pèléide, pourquoi demander quelle est ma race ? Je viens de la Paioniè fertile et lointaine, et je commande les Paiones aux longues lances. Il y a onze jours que je suis arrivé dans Ilios. Je descends du large fleuve Axios qui répand ses eaux limpides sur la terre, et qui engendra l'illustre Pèlégôn ; et on dit que Pèlégôn est mon père. Maintenant, divin Akhilleus, combattons !

Il parla ainsi, menaçant. Et le divin Akhilleus leva la lance Pèliade, et le héros Astéropaios, de ses deux mains à la fois, jeta ses deux lances ; et l'une, frappant le bouclier, ne put le rompre, arrêtée par la lame d'or, présent d'un dieu ; et l'autre effleura le coude du bras droit. Le sang noir jaillit, et l'arme, avide de mordre la chair, s'enfonça en terre. Alors Akhilleus lança sa pique rapide contre Astéropaios, voulant le tuer ; mais il le manqua, et la pique de frêne, en frémissant, s'enfonça presque en entier dans le tertre du bord. Et le Pèléide, tirant son épée aiguë, se jeta sur Astéropaios qui s'efforçait d'arracher du rivage la lance d'Akhilleus. Et, trois fois, il l'ébranla pour l'arracher, et comme il allait, une quatrième fois, tenter de rompre la lance de frêne de l'Aiakide, celui-ci lui arracha l'âme, l'ayant frappé dans le ventre, au nombril. Et toutes les entrailles s'échappèrent de la plaie, et la nuit couvrit ses yeux. Et Akhilleus, se jetant sur lui, le dépouilla de ses armes, et dit, triomphant :

— Reste là, couché. Il n'était pas aisé pour toi de combattre les enfants du tout-puissant Kroniôn, bien que tu sois né d'un fleuve au large cours, et moi je me glorifie d'être de la race du grand Zeus. Pèleus Aiakide qui commande aux nombreux Myrmidones m'a engendré, et Zeus a engendré Aiakos. Autant Zeus est supérieur aux fleuves qui se jettent impétueusement dans la mer, autant la race de Zeus est supérieure à celle des fleuves. Voici un grand fleuve auprès de toi ; qu'il te sauve, s'il peut. Mais il n'est point permis de lutter contre Zeus Kroniôn. Le roi Akhéloios lui-même ne se compare point à Zeus, ni la grande violence du profond Okéanos d'où sont issus toute la mer, tous les fleuves, toutes les fontaines et toutes les sources. Mais lui-même redoute la foudre du grand Zeus, l'horrible tonnerre qui prolonge son retentissement dans l'Ouranos.

Il parla ainsi, et arrachant du rivage sa lance d'airain, il le laissa mort sur le sable, et baigné par l'eau noire. Et les anguilles et les poissons l'environnaient, mangeant la graisse de ses reins. Et Akhilleus se jeta sur les cavaliers Paiones qui s'enfuirent le long du fleuve tourbillonnant, quand ils virent leur brave chef, dans le rude combat, tué d'un coup d'épée par les mains d'Akhilleus.

Et il tua Thersilokos, et Mydôn, et Astypylos, et Mnèsos, et Thrasios, et Ainios, et Orphélestès. Et le rapide Akhilleus eût tué beaucoup d'autres Paiones, si le fleuve aux profonds tourbillons, irrité, et semblable à un homme, ne lui eût dit du fond d'un tourbillon :

— Ô Akhilleus, certes, tu es très-brave ; mais tu égorges affreusement les hommes, et les dieux eux-mêmes te viennent en aide. Si le fils de Kronos te livre tous les Troiens pour que tu les détruises, du moins, les chassant hors de mon lit, tue les dans la plaine. Mes belles eaux sont pleines de cadavres, et je ne puis mener à la mer mon cours divin entravé par les morts, et tu ne cesses de tuer. Arrête, car l'horreur me saisit, ô prince des peuples !

Et Akhilleus aux pieds rapides lui répondit :

— Je ferai ce que tu veux, divin Skamandros ; mais je ne cesserai point d'égorger les Troiens insolents avant de les avoir enfermés dans leur ville, et d'avoir trouvé Hektôr face à face, afin qu'il me tue, ou que je le tue.

Il parla ainsi et se jeta comme un Daimôn sur les Troiens. Et le fleuve aux profonds tourbillons dit à Apollôn :

— Hélas ! fils de Zeus, toi qui portes l'arc d'argent, tu n'obéis pas au Kroniôn qui t'avait commandé de venir en aide aux Troiens, et de les protéger jusqu'au moment où le crépuscule du soir couvrira de son ombre la terre féconde.

Il parla ainsi ; mais Akhilleus sauta du rivage au milieu de l'eau, et le fleuve se gonfla en bouillonnant, et, furieux, il roula ses eaux bouleversées, soulevant tous les cadavres dont il était plein, et qu'avait faits Akhilleus, et les rejetant sur ses bords en mugissant comme un taureau. Mais il sauvait ceux qui vivaient encore, en les cachant parmi ses belles eaux, dans ses tourbillons profonds.

Et l'eau tumultueuse et terrible montait autour d'Akhilleus en heurtant son bouclier avec fureur, et il chancelait sur ses pieds. Et, alors, il saisit des deux mains un grand orme qui, tombant déraciné, en déchirant toute la berge, amassa ses branches épaisses en travers du courant, et, couché tout entier, fit un pont sur le fleuve. Et Akhilleus, sautant de là hors du gouffre, s'élança, épouvanté, dans la plaine. Mais le grand fleuve ne s'arrêta point, et il assombrit la cime de ses flots, afin d'éloigner le divin Akhilleus du combat, et de reculer la chute d'Ilios.

Et le Pèléide fuyait par bonds d'un jet de lance, avec l'impétuosité de l'aigle noir, de l'aigle chasseur, le plus fort et le plus rapide des oiseaux.

C'est ainsi qu'il fuyait. Et l'airain retentissait horriblement sur sa poitrine ; et il se dérobait en courant, mais le fleuve le poursuivait toujours à grand bruit.

Quand un fontainier a mené, d'une source profonde, un cours d'eau à travers les plantations et les jardins, et qu'il a écarté avec sa houe tous les obstacles à l'écoulement, les cailloux roulent avec le flot qui murmure, et court sur la pente, et devance le fontainier lui-même. C'est ainsi que le fleuve pressait toujours Akhilleus, malgré sa rapidité, car les dieux sont plus puissants que les hommes. Et toutes les fois que le divin et rapide Akhilleus tentait de s'arrêter, afin de voir si tous les immortels qui habitent le large Ouranos voulaient l'épouvanter, autant de fois l'eau du fleuve divin se déroulait par-dessus ses épaules. Et, triste dans son cœur, il bondissait vers les hauteurs ; mais le Xanthos furieux heurtait obliquement ses genoux et dérobait le fond sous ses pieds. Et le Pèléide hurla vers le large Ouranos : — Père Zeus ! aucun des dieux ne veut-il me délivrer de ce fleuve, moi, misérable ! Je subirais ensuite ma destinée. Certes, nul d'entre les Ouraniens n'est plus coupable que ma mère bien-aimée qui m'a menti, disant que je devais périr par les flèches rapides d'Apollôn sous les murs des Troiens cuirassés. Plût aux dieux que Hektôr, le plus brave des hommes nourris ici, m'eût tué ! Un brave au moins eût tué un brave. Et, maintenant, voici que ma destinée est de subir une mort honteuse, étouffé dans ce grand fleuve, comme un petit porcher qu'un torrent a noyé, tandis qu'il le traversait par un mauvais temps !

Il parla ainsi, et aussitôt Poseidaôn et Athènè s'approchèrent de lui sous des formes humaines ; et, prenant sa main entre leurs mains, ils le rassurèrent. Et Poseidaôn qui ébranle la terre lui dit :

— Pèléide, rassure-toi, et cesse de craindre. Nous te venons en aide, Athènè et moi, et Zeus nous approuve. Ta destinée n'est point de mourir dans ce fleuve, et tu le verras bientôt s'apaiser. Mais nous te conseillerons sagement, si tu nous obéis. Ne cesse point d'agir de tes mains dans la rude mêlée, que tu n'aies renfermé les Troiens dans les illustres murailles d'Ilios, ceux du moins qui t'auront échappé. Puis, ayant arraché l'âme de Hektôr, retourne vers les nefs. Nous te réservons une grande gloire.

Ayant ainsi parlé, ils rejoignirent les immortels. Et Akhilleus, excité par les paroles des dieux, s'élança dans la plaine où l'eau débordait de tous côtés, soulevant les belles armes des guerriers morts, et les cadavres aussi. Et ses genoux le soutinrent contre le courant impétueux, et le large fleuve ne put le retenir, car Athènè lui avait donné une grande vigueur. Mais le Skamandros n'apaisa point sa fureur, et il s'irrita plus encore contre le Pèléide, et, soulevant toute son onde, il appela le Simoïs à grands cris :

— Cher frère, brisons tous deux la vigueur de cet homme qui renversera bientôt la grande Ville du roi Priamos, car les Troiens ne combattent plus. Viens très-promptement à mon aide. Emplis-toi de toute l'eau des sources, enfle tous les torrents, et hausse une grande houle pleine de bruit, de troncs d'arbres et de rochers, afin que nous arrêtions cet homme féroce qui triomphe, et ose tout ce qu'osent les Dieux. Je jure ceci : à quoi lui serviront sa force, sa beauté et ses belles armes, quand tout cela sera couché au fond de mon lit, sous la boue ? Et, lui-même, je l'envelopperai de sables et de limons, et les Akhaiens ne pourront recueillir ses os, tant je les enfouirai sous la boue. Et la boue sera son sépulcre, et quand les Akhaiens voudront l'ensevelir, il n'aura plus besoin de tombeau !

— Il parla ainsi, et sur Akhilleus il se rua tout bouillonnant de fureur, plein de bruit, d'écume, de sang et de cadavres. Et l'onde pourprée du fleuve tombé de Zeus se dressa, saisissant le Pèléide. Et, alors, Hèrè poussa un cri, craignant que le grand fleuve tourbillonnant engloutît Akhilleus, et elle dit aussitôt à son fils bien-aimé Hèphaistos

Va, Hèphaistos, mon fils ! combats le Xanthos tourbillonnant que nous t'avons donné pour adversaire. Va ! allume promptement tes flammes innombrables. Moi, j'exciterai, du sein de la mer, la violence de Zéphyros et du tempêtueux Notos, afin que l'incendie dévore les têtes et les armes des Troiens. Et toi, brûle tous les arbres sur les rives du Xanthos, embrase-le lui-même, et n'écoute ni ses flatteries, ni ses menaces ; mais déploie toute ta violence, jusqu'à ce que je t'avertisse ; et, alors, éteins l'incendie infatigable.

Elle parla ainsi, et Hèphaistos alluma le vaste feu qui, d'abord, consuma dans la plaine les nombreux cadavres qu'avait faits Akhilleus. Et toute la plaine fut desséchée, et l'eau divine fut réprimée. De même que Boréas, aux jours d'automne, sèche les jardins récemment arrosés et réjouit le jardinier, de même le feu desséscha la plaine et brûla les cadavres. Puis, Hèphaistos tourna contre le fleuve sa flamme resplendissante ; et les ormes brûlaient, et les saules, et les tamaris ; et le lotos brûlait, et le glaïeul, et le cyprès, qui abondaient tous autour du fleuve aux belles eaux. Et les anguilles et les poissons nageaient çà et là, ou plongeaient dans les tourbillons, poursuivis par le souffle du sage Hèphaistos. Et la force même du fleuve fut consumée, et il cria ainsi :

— Hèphaistos ! aucun des dieux ne peut lutter contre toi. Je ne combattrai point tes feux brûlants. Cesse donc. Le divin Akhilleus peut chasser tous les Troiens de leur ville. Pourquoi les secourir et que me fait leur querelle ?

Il parla ainsi, brûlant, et ses eaux limpides bouillonnaient. De même qu'un vase bout sur un grand feu qui fond la graisse d'un sanglier gras, tandis que la flamme du bois sec l'enveloppe ; de même le beau cours du Xanthos brûlait, et l'eau bouillonnait, ne pouvant plus couler dans son lit, tant le souffle ardent du sage Hèphaistos la dévorait. Alors, le Xanthos implora Hèrè en paroles rapides :

— Hèrè ! pourquoi ton fils me tourmente-t-il ainsi ? Je ne suis point, certes, aussi coupable que les autres dieux qui secourent les Troiens. Je m'arrêterai moi-même, si tu ordonnes à ton fils de cesser. Et je jure aussi de ne plus retarder le dernier jour des Troiens, quand même Troiè périrait par le feu, quand même les fils belliqueux des Akhaiens la consumeraient tout entière !

Et la déesse Hèrè aux bras blancs, l'ayant entendu, dit aussitôt à son fils bien-aimé Hèphaistos :

— Hèphaistos, arrête, mon illustre fils ! Il ne convient pas qu'un dieu soit tourmenté à cause d'un homme.

Elle parla ainsi, et Hèphaistos éteignit le vaste incendie et l'eau reprit son beau cours ; et la force du Xanthos étant domptée, ils cessèrent le combat ; et, bien qu'irritée, Hèrè les apaisa tous deux.

Mais, alors, une querelle terrible s'éleva parmi les autres dieux, et leur esprit leur inspira des pensées ennemies. Et ils coururent les uns sur les autres ; et la terre large rendit un son immense ; et, au-dessus, le grand Ouranos retentit. Et Zeus, assis sur l'Olympos, se mit à rire ; et la joie emplit son cœur quand il vit la dissension des dieux. Et ils ne retardèrent point le combat. Arès, qui rompt les boucliers, attaqua, le premier, Athènè. Et il lui dit cette parole outrageante, en brandissant sa lance d'airain :

— Mouche à chien ! pourquoi pousses-tu les dieux au combat ? Tu as une audace insatiable et un esprit toujours violent. Ne te souvient-il plus que tu as excité le Tydéide Diomèdès contre moi, et que tu as conduit sa lance et déchiré mon beau corps ? Je pense que tu vas expier tous les maux que tu m'as causés.

Il parla ainsi, et il frappa l'horrible aigide à franges d'or qui ne craint même point la foudre de Zeus. C'est là que le sanglant Arès frappa de sa longue lance la déesse. Et celle-ci, reculant, saisit, de sa main puissante, un rocher noir, âpre, immense, qui gisait dans la plaine, et dont les anciens hommes avaient fait la borne d'un champ. Elle en frappa le terrible Arès à la gorge et rompit ses forces. Et il tomba, couvrant de son corps sept arpents ; et ses cheveux furent souillés de poussière, et ses armes retentirent sur lui. Et Pallas Athènè rit et l'insulta orgueilleusement en paroles ailées :

— Insensé, qui luttes contre moi, ne sais-tu pas que je me glorifie d'être beaucoup plus puissante que toi ? C'est ainsi que les Érinnyes vengent ta mère qui te punit, dans sa colère, d'avoir abandonné les Akhaiens pour secourir les Troiens insolents.

Ayant ainsi parlé, elle détourna ses yeux splendides. Et voici qu'Aphroditè, la fille de Zeus, conduisait par la main, hors de la mêlée, Arès respirant à peine et recueillant ses esprits. Et la déesse Hèrè aux bras blancs, l'ayant vue, dit à Athènè ces paroles ailées :

— Athènè, fille de Zeus tempêtueux, vois-tu cette mouche à chien qui emmène, hors de la mêlée, Arès, le fléau des vivants ? Poursuis-la.

Elle parla ainsi, et Athènè, pleine de joie, se jeta sur Aphroditè, et, la frappant de sa forte main sur la poitrine, elle fit fléchir ses genoux et son cœur.

Arès et Aphroditè restèrent ainsi, étendus tous deux sur la terre féconde ; et Athènè les insulta par ces paroles ailées :

— Que ne sont-ils ainsi, tous les alliés des Troiens qui combattent les Akhaiens cuirassés ! Que n'ont-ils tous l'audace d'Aphroditè qui, bravant ma force, a secouru Arès ! Bientôt nous cesserions de combattre, après avoir saccagé la haute citadelle d'Ilios.

Elle parla ainsi, et la déesse Hèrè aux bras blancs rit. Et le puissant qui ébranle la terre dit à Apollôn :

— Phoibos, pourquoi restons-nous éloignés l'un de l'autre ? Il ne convient point, quand les autres dieux sont aux mains, que nous retournions, sans combat, dans l'Ouranos, dans la demeure d'airain de Zeus. Commence, car tu es le plus jeune, et il serait honteux à moi de t'attaquer, puisque je suis l'aîné et que je sais plus de choses. Insensé ! as-tu donc un cœur tellement oublieux, et ne te souvient-il plus des maux que nous avons subis à Ilios, quand, seuls d'entre les dieux, exilés par Zeus, il fallut servir l'insolent Laomédôn pendant une année ? Une récompense nous fut promise, et il nous commandait. Et j'entourai d'une haute et belle muraille la ville des Troiens, afin qu'elle fût inexpugnable ; et toi, Phoibos, tu menais paître, sur les nombreuses cimes de l'Ida couvert de forêts, les bœufs aux pieds tors et aux cornes recourbées. Mais quand les Heures charmantes amenèrent le jour de la récompense, le parjure Laomédôn nous la refusa, nous chassant avec outrage. Même, il te menaça de te lier les mains et les pieds, et de te vendre dans les îles lointaines. Et il jura aussi de nous couper les oreilles avec l'airain. Et nous partîmes, irrités dans l'âme, à cause de la récompense promise qu'il nous refusait. Est-ce de cela que tu es reconnaissant à son peuple ? Et ne devrais-tu pas te joindre à nous pour exterminer ces Troiens parjures, eux, leurs enfants et leurs femmes ?

Et le royal archer Apollôn lui répondit :

— Poseidaôn qui ébranles la terre, tu me nommerais insensé, si je combattais contre toi pour les hommes misérables qui verdissent un jour semblables aux feuilles, et qui mangent les fruits de la terre, et qui se flétrissent et meurent bientôt. Ne combattons point, et laissons-les lutter entre eux.

Il parla ainsi et s'éloigna, ne voulant point, par respect, combattre le frère de son père. Et la vénérable Artémis, sa sœur, chasseresse de bêtes fauves, lui adressa ces paroles injurieuses :

— Tu fuis, ô archer ! et tu laisses la victoire à Poseidaôn ? Lâche, pourquoi portes-tu un arc inutile ? Je ne t'entendrai plus désormais, dans les demeures paternelles, te vanter comme auparavant, au milieu des dieux immortels, de combattre Poseidaôn à forces égales !

Elle parla ainsi, et l'archer Apollôn ne lui répondit pas ; mais la vénérable épouse de Zeus, pleine de colère, insulta de ces paroles injurieuses Artémis qui se réjouit de ses flèches :

— Chienne hargneuse, comment oses-tu me tenir tête ? Il te sera difficile de me résister, bien que tu lances des flèches et que tu sois comme une lionne pour les femmes que Zeus te permet de tuer à ton gré. Il est plus aisé de percer, sur les montagnes, les bêtes fauves et les biches sauvages que de lutter contre plus puissant que soi. Mais si tu veux tenter le combat, viens ! et tu sauras combien ma force est supérieure à la tienne, bien que tu oses me tenir tête !

Elle parla ainsi, et saisissant d'une main les deux mains d'Artémis, de l'autre elle lui arracha le carquois des épaules, et elle l'en souffleta en riant. Et comme Artémis s'agitait çà et là, les flèches rapides se répandirent de tous côtés. Et Artémis s'envola, pleurante, comme une colombe qui, loin d'un épervier, se réfugie sous une roche creuse, car sa destinée n'est point de périr. Ainsi, pleurante, elle s'enfuit, abandonnant son arc.

Alors, le messager, tueur d'Argos, dit à Lètô :

— Lètô, je ne combattrai point contre toi. Il est dangereux d'en venir aux mains avec les épouses de Zeus qui amasse les nuées. Hâte-toi, et va te vanter parmi les dieux immortels de m'avoir dompté par ta force.

Il parla ainsi ; et Lètô, ramassant l'arc et les flèches éparses dans la poussière, et les emportant, suivit sa fille. Et celle-ci parvint à l'Olympos, à la demeure d'airain de Zeus. Et, pleurante, elle s'assit sur les genoux de son père, et son péplos ambroisien frémissait. Et le père Kronide lui demanda, en souriant doucement :

— Chère fille, qui d'entre les dieux t'a maltraitée ainsi témérairement, comme si tu avais commis une faute devant tous ?

Et Artémis à la belle couronne lui répondit :

— Père, c'est ton épouse, Hèrè aux bras blancs, qui m'a frappée, elle qui répand sans cesse la dissension parmi les immortels.

Et tandis qu'ils se parlaient ainsi, Phoibos Apollôn descendit dans la sainte Ilios, car il craignait que les Danaens ne renversassent ses hautes murailles avant le jour fatal. Et les autres dieux éternels retournèrent dans l'Olympos, les uns irrités et les autres triomphants ; et ils s'assirent auprès du père qui amasse les nuées. Mais Akhilleus bouleversait les Troiens et leurs chevaux aux sabots massifs. De même que la fumée monte d'une ville qui brûle, jusque dans le large Ouranos ; car la colère des dieux est sur elle et accable de maux tous ses habitants ; de même Akhilleus accablait les Troiens.

Et le vieux Priamos, debout sur une haute tour, reconnut le féroce Akhilleus bouleversant et chassant devant lui les phalanges Troiennes qui ne lui résistaient plus. Et il descendit de la tour en se lamentant, et il dit aux gardes illustres des portes :

— Tenez les portes ouvertes, tant que les peuples mis en fuite accourront vers la ville. Certes, voici qu'Akhilleus les a bouleversés et qu'il approche ; mais dès que les phalanges respireront derrière les murailles, refermez les battants massifs, car je crains que cet homme désastreux se rue dans nos murs.

Il parla ainsi, et ils ouvrirent les portes en retirant les barrières, et ils offrirent le salut aux phalanges. Et Apollôn s'élança au-devant des Troiens pour les secourir. Et ceux-ci, vers les hautes murailles et la ville, dévorés de soif et couverts de poussière, fuyaient. Et, furieux, Akhilleus les poursuivait de sa lance, le cœur toujours plein de rage et du désir de la gloire.

Alors, sans doute, les fils des Akhaiens eussent pris Troiè aux portes élevées, si Phoibos Apollôn n'eût excité le divin Agènôr, brave et irréprochable fils d'Antènôr. Et il lui versa l'audace dans le cœur, et pour le sauver des lourdes mains de la mort, il se tint auprès, appuyé contre un hêtre et enveloppé d'un épais brouillard.

Mais dès qu'Agènôr eut reconnu le destructeur de citadelles Akhilleus, il s'arrêta, roulant mille pensées dans son esprit, et il se dit dans son brave cœur, en gémissant :

— Hélas ! fuirai-je devant le brave Akhilleus, comme tous ceux-ci dans leur épouvante ? Il me saisira et me tuera comme un lâche que je serai. Mais si, les laissant se disperser devant le Pèléide Akhilleus, je fuyais à travers la plaine d'Ilios jusqu'aux cimes de l'Ida, je m'y cacherais au milieu des taillis épais ; et, le soir, après avoir lavé mes sueurs au fleuve, je reviendrais à Ilios. Mais pourquoi mon esprit délibère-t-il ainsi ? Il me verra quand je fuirai à travers la plaine, et, me poursuivant de ses pieds rapides, il me saisira. Et alors je n'éviterai plus la mort et les kères, car il est bien plus fort que tous les autres hommes. Pourquoi n'irais-je pas à sa rencontre devant la ville ? Sans doute son corps est vulnérable à l'airain aigu, quoique le Kronide Zeus lui donne la victoire.

Ayant ainsi parlé, et son brave cœur l'excitant à combattre, il attendit Akhilleus. De même qu'une panthère qui, du fond d'une épaisse forêt, bondit, au-devant du chasseur, et que les aboiements des chiens ne troublent ni n'épouvantent ; et qui, blessée d'un trait ou de l'épée, ou même percée de la lance, ne recule point avant qu'elle ait déchiré son ennemi ou qu'il l'ait tuée ; de même le fils de l'illustre Antènôr, le divin Agènôr, ne voulait point reculer avant de combattre Akhilleus. Et, tendant son bouclier devant lui, et brandissant sa lance, il s'écria :

— Certes, tu as espéré trop tôt, illustre Akhilleus, que tu renverserais aujourd'hui la ville des braves Troiens. Insensé ! tu subiras encore bien des maux pour cela. Nous sommes, dans Ilios, un grand nombre d'hommes courageux qui saurons défendre nos parents bien-aimés, nos femmes et nos enfants ; et c'est ici que tu subiras ta destinée, bien que tu sois un guerrier terrible et plein d'audace.

Il parla ainsi, et lança sa pique aiguë d'une main vigoureuse. Et il frappa la jambe d'Akhilleus, au-dessous du genou. Et l'airain résonna contre l'étain récemment forgé de la knèmide qui repoussa le coup, car elle était le présent d'un Dieu. Et le Pèléide se jeta sur le divin Agènôr. Mais Apollôn lui refusa la victoire, car il lui enleva l'Anténoride en le couvrant d'un brouillard épais, et il le retira sain et sauf du combat. Puis il détourna par une ruse le Pèléide des Troiens, en se tenant devant lui, sous la forme d'Agènôr. Et il le fuyait, se laissant poursuivre à travers la plaine fertile et le long du Skamandros tourbillonnant, et le devançant à peine pour l'égarer. Et, pendant ce temps, les Troiens épouvantés rentraient en foule dans Ilios qui s'en emplissait. Et ils ne s'arrêtaient point hors de la ville et des murs, pour savoir qui avait péri ou qui fuyait ; mais ils s'engloutissaient ardemment dans Ilios, tous ceux que leurs pieds et leurs genoux avaient sauvés.

RHAPSODIE XXII.

Ainsi les Troiens, chassés comme des faons, rentraient dans la ville. Et ils séchaient leur sueur, et ils buvaient, apaisant leur soif. Et les Akhaiens approchaient des murs, en lignes serrées et le bouclier aux épaules. Mais la moire fatale fit que Hektôr resta devant Ilios et les portes Skaies. Et Phoibos Apollôn dit au Pèléide :

— Pèléide aux pieds rapides, toi qui n'es qu'un mortel, pourquoi poursuis-tu un dieu immortel ? Ne vois-tu pas que je suis un dieu ? Mais ta fureur n'a point de fin. Ne songes-tu donc plus aux Troiens que tu poursuivais, et qui se sont enfermés dans leur ville, tandis que tu t'écartais de ce côté ? Cependant tu ne me tueras point, car je ne suis pas mortel.

Et Akhilleus aux pieds rapides lui répondit, plein de colère :

— Ô Apollôn, le plus funeste de tous les Dieux, tu m'as aveuglé en m'écartant des murailles ! Sans doute, de nombreux Troiens auraient encore mordu la terre avant de rentrer dans Ilios, et tu m'as enlevé une grande gloire. Tu les as sauvés aisément, ne redoutant point ma vengeance. Mais, certes, je me vengerais de toi, si je le pouvais !

Ayant ainsi parlé, il s'élança vers la ville, en méditant de grandes actions, tel qu'un cheval victorieux qui emporte aisément un char dans la plaine. Ainsi Akhilleus agitait rapidement ses pieds et ses genoux. Et le vieux Priamos l'aperçut le premier, se ruant à travers la plaine, et resplendissant comme l'étoile caniculaire dont les rayons éclatent parmi les astres innombrables de la nuit, et qu'on nomme le chien d'Oriôn. Et c'est la plus éclatante des étoiles, mais c'est aussi un signe funeste qui présage une fièvre ardente aux misérables hommes mortels. Et l'airain resplendissait ainsi autour de la poitrine d'Akhilleus qui accourait.

Et le vieillard se lamentait en se frappant la tête, et il levait ses mains, et il pleurait, poussant des cris et suppliant son fils bien-aimé. Et celui-ci était debout devant les portes, plein du désir de combattre Akhilleus. Et le vieillard, les mains étendues, lui dit d'une voix lamentable :

— Hektôr, mon fils bien-aimé, n'attends point cet homme, étant seul et loin des tiens, de peur que, tué par le Pèléiôn, tu ne subisses ta destinée, car il est bien plus fort que toi. Ah ! le misérable, que n'est-il aussi cher aux dieux qu'à moi ! Bientôt les chiens et les oiseaux le dévoreraient étendu contre terre, et ma douleur affreuse serait apaisée. De combien de braves enfants ne m'a-t-il point privé, en les tuant, ou en les vendant aux îles lointaines ! Et je ne vois point, au milieu des Troiens rentrés dans Ilios, mes deux fils Lykaôn et Polydôros, qu'a enfantés Laothoè, la plus noble des femmes. S'ils sont vivants sous les tentes, certes, nous les rachèterons avec de l'or et de l'airain, car j'en ai beaucoup, et le vieux et illustre Altès en a beaucoup donné à sa fille ; mais s'ils sont morts, leur mère et moi qui les avons engendrés, nous les pleurerons jusque dans les demeures d'Aidès ! Mais la douleur de nos peuples sera bien moindre si tu n'es pas dompté par Akhilleus. Mon fils, rentre à la hâte dans nos murs, pour le salut des Troiens et des Troiennes. Ne donne pas une telle gloire au Pèléide, et ne te prive pas de la douce vie. Aie pitié de moi, malheureux, qui vis encore, et à qui le père Zeus réserve une affreuse destinée aux limites de la vieillesse, ayant vu tous les maux m'accabler : mes fils tués, mes filles enlevées, mes foyers renversés, mes petits-enfants écrasés contre terre et les femmes de mes fils entraînées par les mains inexorables des Akhaiens ! Et moi-même, le dernier, les chiens mangeurs de chair crue me déchireront sous mes portiques, après que j'aurai été frappé de l'airain, ou qu'une lance m'aura arraché l'âme. Et ces chiens, gardiens de mon seuil et nourris de ma table dans mes demeures, furieux, et ayant bu tout mon sang, se coucheront sous mes portiques ! On peut regarder un jeune homme percé de l'airain aigu et couché mort dans la mêlée, car il est toujours beau, bien qu'il soit nu ; mais une barbe blanche et les choses de la pudeur déchirées par les chiens, c'est la plus misérable des destinées pour les misérables mortels !

Le vieillard parla ainsi, et il arrachait ses cheveux blancs ; mais il ne fléchissait point l'âme de Hektôr. Et voici que sa mère gémissait et pleurait, et que, découvrant son sein et soulevant d'une main sa mamelle, elle dit ces paroles lamentables :

— Hektôr, mon fils, respecte ce sein et prends pitié de moi ! Si jamais je t'ai donné cette mamelle qui apaisait tes vagissements d'enfant, souviens-t'en, mon cher fils ! Fuis cet homme, rentre dans nos murs, ne t'arrête point pour le combattre. Car s'il te tuait, ni moi qui t'ai enfanté, ni ta femme richement dotée, nous ne te pleurerons sur ton lit funèbre ; mais, loin de nous, auprès des nefs des Argiens, les chiens rapides te mangeront !

Et ils gémissaient ainsi, conjurant leur fils bien-aimé ; mais ils ne fléchissaient point l'âme de Hektôr, qui attendait le grand Akhilleus. De même qu'un dragon montagnard nourri d'herbes vénéneuses, et plein de rage, se tord devant son repaire avec des yeux horribles, en attendant un homme qui approche ; de même Hektôr, plein d'un ferme courage, ne reculait point. Et, le bouclier appuyé contre le relief de la tour, il se disait dans son cœur :

— Malheur à moi si je rentre dans les murailles ! Polydamas m'accablera de reproches, lui qui me conseillait de ramener les Troiens dans la ville, cette nuit fatale où le divin Akhilleus s'est levé. Je ne l'ai point écouté, et, certes, son conseil était le meilleur. Et voici que j'ai perdu mon peuple par ma folie. Je crains maintenant les Troiens et les Troiennes aux longs péplos. Le plus lâche pourra dire : — Hektôr, trop confiant dans ses forces, a perdu son peuple ! Ils parleront ainsi. Mieux vaut ne rentrer qu'après avoir tué Akhilleus, ou bien mourir glorieusement pour Ilios. Si, déposant mon bouclier bombé et mon casque solide, et appuyant ma lance au mur, j'allais au-devant du brave Akhilleus ? Si je lui promettais de rendre aux Atréides Hélénè et toutes les richesses qu'Alexandros a portées à Troiè sur ses nefs creuses ? Car c'est là l'origine de nos querelles. Si j'offrais aux Akhaiens de partager tout ce que la ville renferme, ayant fait jurer par serment aux Troiens de ne rien cacher et de partager tous les trésors que contient la riche Ilios ? Mais à quoi songe mon esprit ? Je ne supplierai point Akhilleus, car il n'aurait ni respect ni pitié pour moi, et, désarmé que je serais, il me tuerait comme une femme. Non ! Il ne s'agit point maintenant de causer du chêne ou du rocher comme le jeune homme et la jeune fille qui parlent entre eux ; mais or il s'agit de combattre et de voir à qui l'Olympien donnera la victoire.

Et il songeait ainsi, attendant Akhilleus. Et le Pèléide approchait semblable à l'impétueux guerrier Arès et brandissant de la main droite la terrible lance Pèlienne. Et l'airain resplendissait, semblable à l'éclair, ou au feu ardent, ou à Hélios qui se lève. Mais dès que Hektôr l'eut vu, la terreur le saisit et il ne put l'attendre ; et, laissant les portes derrière lui, il s'enfuit épouvanté. Et le Pèléide s'élança de ses pieds rapides.

De même que, sur les montagnes, un épervier, le plus rapide des oiseaux, poursuit une colombe tremblante qui fuit d'un vol oblique et qu'il presse avec des cris aigus, désirant l'atteindre et la saisir ; de même Akhilleus se précipitait, et Hektôr, tremblant, fuyait devant lui sous les murs des Troiens, en agitant ses genoux rapides. Et ils passèrent auprès de la colline et du haut figuier, à travers le chemin et le long des murailles. Et ils parvinrent près du fleuve au beau cours, là où jaillissent les deux fontaines du Skamandros tourbillonnant. Et l'une coule, tiède, et une fumée s'en exhale comme d'un grand feu ; et l'autre filtre, pendant l'été, froide comme la grêle, ou la neige, ou le dur cristal de l'eau.

Et auprès des fontaines, il y avait deux larges et belles cuves de pierre où les femmes des Troiens et leurs filles charmantes lavaient leurs robes splendides, au temps de la paix, avant l'arrivée des Akhaiens. Et c'est là qu'ils couraient tous deux, l'un fuyant, et l'autre le poursuivant. Et c'était un brave qui fuyait, et un plus brave qui le poursuivait avec ardeur. Et ils ne se disputaient point une victime, ni le dos d'un bœuf, prix de la course parmi les hommes ; mais ils couraient pour la vie de Hektôr dompteur de chevaux.

De même que deux chevaux rapidement élancés, dans les jeux funéraires d'un guerrier, pour atteindre la borne et remporter un prix magnifique, soit un trépied, soit une femme ; de même ils tournèrent trois fois, de leurs pieds rapides, autour de la ville de Priamos. Et tous les dieux les regardaient. Et voici que le père des dieux et des hommes parla ainsi :

— Ô malheur ! certes, je vois un homme qui m'est cher fuir autour des murailles. Mon cœur s'attriste sur Hektôr, qui a souvent brûlé pour moi de nombreuses cuisses de bœuf, sur les cimes du grand Ida ou dans la citadelle d'Ilios. Le divin Akhilleus le poursuit ardemment, de ses pieds rapides, autour de la ville de Priamos. Allons, délibérons, ô dieux immortels. L'arracherons-nous à la mort, ou dompterons-nous son courage par les mains du Pèléide Akhilleus ?

Et la déesse Athènè aux yeux clairs lui répondit :

— Ô père foudroyant qui amasses les nuées, qu'as-tu dit ? Tu veux arracher à la mort lugubre cet homme mortel que la destinée a marqué pour mourir ! Fais-le ; mais jamais, nous, les dieux, nous ne t'approuverons.

Et Zeus qui amasse les nuées, lui répondant, parla ainsi :

— Rassure-toi, Tritogénéia, chère fille. Je n'ai point parlé dans une volonté arrêtée, et je veux te complaire. Va, et agis comme tu le voudras.

Il parla ainsi, excitant Athènè déjà pleine d'ardeur ; et elle s'élança du faîte de l'Olympos.

Et, cependant, le rapide Akhilleus pressait sans relâche Hektôr, de même qu'un chien presse, sur les montagnes, le faon d'une biche. Il le poursuit à travers les taillis et les vallées des bois ; et quand il se cache tremblant sous un buisson, le chien flaire sa trace et le découvre aussitôt. De même Hektôr ne pouvait se dérober au rapide Pèléiade. Autant de fois il voulait regagner les portes Dardaniennes et l'abri des tours hautes et solides d'où les Troiens pouvaient le secourir de leurs flèches, autant de fois Akhilleus le poursuivait en le chassant vers la plaine ; mais Hektôr revenait toujours vers Ilios. De même que, dans un songe, on poursuit un homme qui fuit, sans qu'on puisse l'atteindre et qu'il puisse échapper, de même l'un ne pouvait saisir son ennemi, ni celui-ci lui échapper. Mais comment Hektôr eût-il évité plus longtemps les kères de la mort, si Apollôn, venant à son aide pour la dernière fois, n'eût versé la vigueur dans ses genoux rapides ?

Et le divin Akhilleus ordonnait à ses peuples, par un signe de tête, de ne point lancer contre Hektôr de flèches mortelles, de peur que quelqu'un le tuât et remportât cette gloire avant lui. Mais, comme ils revenaient pour la quatrième fois aux fontaines du Skamandros, le père Zeus déploya ses balances d'or, et il y mit deux kères de la mort violente, l'une pour

Akhilleus et l'autre pour Hektôr dompteur de chevaux. Et il les éleva en les tenant par le milieu, et le jour fatal de Hektôr descendit vers les demeures d'Aidès, et Phoibos Apollôn l'abandonna, et la déesse Athènè aux yeux clairs, s'approchant du Pèléide, lui dit ces paroles ailées :

— J'espère enfin, illustre Akhilleus cher à Zeus, que nous allons remporter une grande gloire auprès des nefs Akhaiennes, en tuant Hektôr insatiable de combats. Il ne peut plus nous échapper, même quand l'archer Apollôn, faisant mille efforts pour le sauver, se prosternerait devant le père Zeus tempêtueux. Arrête-toi, et respire. Je vais persuader le Priamide de venir à toi et de te combattre.

Athènè parla ainsi, et Akhilleus, plein de joie, s'arrêta, appuyé sur sa lance d'airain. Et Athènè, le quittant, s'approcha du divin Hektôr, étant semblable à Dèiphobos par le corps et par la voix. Et, debout auprès de lui, elle lui dit ces paroles ailées :

— Ô mon frère, voici que le rapide Akhilleus te presse en te poursuivant autour de la ville de Priamos. Tenons ferme et faisons tête tous deux à l'ennemi.

Et le grand Hektôr au casque mouvant lui répondit :

— Dèiphobos, certes, tu étais déjà le plus cher de mes frères, de tous ceux que Hékabè et Priamos ont engendrés ; mais je dois t'honorer bien plus dans mon cœur, aujourd'hui que, pour me secourir, tu es sorti
de nos murailles, où tous les autres restent enfermés.

Et la déesse Athènè aux yeux clairs lui répondit :

— Ô mon frère, notre père et notre mère vénérable m'ont supplié à genoux, et tous mes compagnons aussi, de rester dans les murs, car tous sont épouvantés ; mais mon âme était en proie à une amère douleur. Maintenant, combattons bravement, et ne laissons point nos lances en repos, et voyons si Akhilleus, nous ayant tués, emportera nos dépouilles sanglantes vers les nefs creuses, ou s'il sera dompté par ta lance.

Athènè parla ainsi avec ruse et elle le précéda. Et dès qu'ils se furent rencontrés, le grand Hektôr au casque mouvant parla ainsi le premier :

— Je ne te fuirai pas plus longtemps, fils de Pèleus. Je t'ai fui trois fois autour de la grande ville de Priamos et je n'ai point osé attendre ton attaque ; mais voici que mon cœur me pousse à te tenir tête. Je tuerai ou je serai tué. Mais attestons les dieux, et qu'ils soient les fidèles témoins et les gardiens de nos pactes. Je ne t'outragerai point cruellement, si Zeus me donne la victoire et si je t'arrache l'âme ; mais, Akhilleus, après t'avoir dépouillé de tes belles armes, je rendrai ton cadavre aux Akhaiens. Fais de même, et promets-le.

Et Akhilleus aux pieds rapides, le regardant d'un œil sombre, lui répondit :

— Hektôr, le plus exécrable des hommes, ne me parle point de pactes. De même qu'il n'y a point d'alliances entre les lions et les hommes, et que les loups et les agneaux, loin de s'accorder, se haïssent toujours ; de même il m'est impossible de ne pas te haïr, et il n'y aura point de pactes entre nous avant qu'un des deux ne tombe, rassasiant de son sang le terrible guerrier Arès. Rappelle tout ton courage. C'est maintenant que tu vas avoir besoin de toute ton adresse et de toute ta vigueur, car tu n'as plus de refuge, et voici que Pallas Athènè va te dompter par ma lance, et que tu expieras en une fois les maux de mes compagnons que tu as tués dans ta fureur !

Il parla ainsi, et, brandissant sa longue pique, il la lança ; mais l'illustre Hektôr la vit et l'évita ; et la pique d'airain, passant au-dessus de lui, s'enfonça en terre. Et Pallas Athènè, l'ayant arrachée, la rendit à Akhilleus, sans que le prince des peuples, Hektôr, s'en aperçût. Et le Priamide dit au brave Pèléide :

— Tu m'as manqué, ô Akhilleus semblable aux dieux ! Zeus ne t'avait point enseigné ma destinée, comme tu le disais, mais ce n'étaient que des paroles vaines et rusées, afin de m'effrayer et de me faire oublier ma force et mon courage. Ce ne sera point dans le dos que tu me perceras de ta lance, car je cours droit à toi. Frappe donc ma poitrine, si un dieu te l'accorde, et tente maintenant d'éviter ma lance d'airain. Plût aux dieux que tu la reçusses tout entière dans le corps ! La guerre serait plus facile aux Troiens si je te tuais, car tu es leur pire fléau.

Il parla ainsi en brandissant sa longue pique, et il la lança ; et elle frappa, sans dévier, le milieu du bouclier du Pèléide ; mais le bouclier la repoussa au loin. Et Hektôr, irrité qu'un trait inutile se fût échappé de sa main, resta plein de trouble, car il n'avait que cette lance. Et il appela à grands cris Dèiphobos au bouclier brillant, et il lui demanda une autre lance ; mais, Dèiphobos ayant disparu, Hektôr, dans son esprit, connut sa destinée, et il dit :

— Malheur à moi ! voici que les dieux m'appellent à la mort. Je croyais que le héros Dèiphobos était auprès de moi ; mais il est dans nos murs. C'est Athènè qui m'a trompé. La mauvaise mort est proche ; la voilà, plus de refuge. Ceci plaisait dès longtemps à Zeus et au fils de Zeus, Apollôn, qui tous deux cependant m'étaient bienveillants. Et voici que la moire va me saisir ! Mais, certes, je ne mourrai ni lâchement, ni sans gloire, et j'accomplirai une grande action qu'apprendront les hommes futurs.

Il parla ainsi, et, tirant l'épée aiguë qui pendait, grande et lourde, sur son flanc, il se jeta sur Akhilleus, semblable à l'aigle qui, planant dans les hauteurs, descend dans la plaine à travers les nuées obscures, afin d'enlever la faible brebis ou le lièvre timide. Ainsi se ruait Hektôr, en brandissant l'épée aiguë. Et Akhilleus, emplissant son cœur d'une rage féroce, se rua aussi sur le Priamide. Et il portait son beau bouclier devant sa poitrine, et il secouait son casque éclatant aux quatre cônes et aux splendides crinières d'or mouvantes que Hèphaistos avait fixées au sommet. Comme Hespéros, la plus belle des étoiles ouraniennes, se lève au milieu des astres de la nuit, ainsi resplendissait l'éclair de la pointe d'airain que le Pèléide brandissait, pour la perte de Hektôr, cherchant sur son beau corps la place où il frapperait. Les belles armes d'airain que le Priamide avait arrachées au cadavre de Patroklos le couvraient en entier, sauf à la jointure du cou et de l'épaule, là où la fuite de l'âme est la plus prompte. C'est là que le divin Akhilleus enfonça sa lance, dont la pointe traversa le cou de Hektôr ; mais la lourde lance d'airain ne trancha point le gosier, et il pouvait encore parler. Il tomba dans la poussière, et le divin Akhilleus se glorifia ainsi :

— Hektôr, tu pensais peut-être, après avoir tué Patroklos, n'avoir plus rien à craindre ? Tu ne songeais point à moi qui étais absent. Insensé ! un vengeur plus fort lui restait sur les nefs creuses, et c'était moi qui ai rompu tes genoux ! Va ! les chiens et les oiseaux te déchireront honteusement, et les Akhaiens enseveliront Patroklos !

Et Hektôr au casque mouvant lui répondit, parlant à peine :

— Je te supplie par ton âme, par tes genoux, par tes parents, ne laisse pas les chiens me déchirer auprès des nefs Akhaiennes. Accepte l'or et l'airain que te donneront mon père et ma mère vénérable. Renvoie mon corps dans mes demeures, afin que les Troiens et les Troiennes me déposent avec honneur sur le bûcher.

Et Akhilleus aux pieds rapides, le regardant d'un œil sombre, lui dit :

— Chien ! ne me supplie ni par mes genoux, ni par mes parents. Plût aux dieux que j'eusse la force de manger ta chair crue, pour le mal que tu m'as fait ! Rien ne sauvera ta tête des chiens, quand même on m'apporterait dix et vingt fois ton prix, et nulle autres présents ; quand même le Dardanide Priamos voudrait te racheter ton poids d'or ! Jamais la mère vénérable qui t'a enfanté ne te pleurera couché sur un lit funèbre. Les chiens et les oiseaux te déchireront tout entier !

Et Hektôr au casque mouvant lui répondit en mourant :

— Certes, je prévoyais, te connaissant bien, que je ne te fléchirais point, car ton cœur est de fer. Souviens-toi que les dieux me vengeront le jour où Pâris et Phoibos Apollôn te tueront, malgré ton courage, devant les portes Skaies.

Et la mort l'ayant interrompu, son âme s'envola de son corps chez Aidès, pleurant sa destinée mauvaise, sa vigueur et sa jeunesse.

Et Akhilleus dit à son cadavre :

— Meurs ! Je subirai ma destinée quand Zeus et les autres dieux le voudront.

Ayant ainsi parlé, il arracha sa lance d'airain du cadavre, et, la posant à l'écart, il dépouilla les épaules du Priamide de ses armes sanglantes. Et les fils des Akhaiens accoururent, et ils admiraient la grandeur et la beauté de Hektôr ; et chacun le blessait de nouveau, et ils disaient en se regardant :

— Certes, Hektôr est maintenant plus aisé à manier que le jour où il incendiait les nefs.

Ils parlaient ainsi, et chacun le frappait. Mais aussitôt que le divin Akhilleus aux pieds rapides eut dépouillé le Priamide de ses armes, debout au milieu des Akhaiens, il leur dit ces paroles ailées :

— Ô amis, princes et chefs des Argiens, puisque les dieux m'ont donné de tuer ce guerrier qui nous a accablés de plus de maux que tous les autres à la fois, allons assiéger la ville, et sachons quelle est la pensée des Troiens : s'ils veulent, le Priamide étant mort, abandonner la citadelle, ou y rester, bien qu'ils aient perdu Hektôr. Mais à quoi songe mon esprit ? Il gît auprès des nefs, mort, non pleuré, non enseveli, Patroklos, que je n'oublierai jamais tant que je vivrai, et que mes genoux remueront ! Même quand les morts oublieraient chez Aidès, moi je me souviendrai de mon cher compagnon. Et maintenant, ô fils des Akhaiens, chantez les paians et retournons aux nefs en entraînant ce cadavre. Nous avons remporté une grande gloire, nous avons tué le divin Hektôr, à qui les Troiens adressaient des vœux, dans leur ville, comme à un dieu.

Il parla ainsi, et il outragea indignement le divin Hektôr. Il lui perça les tendons des deux pieds, entre le talon et la cheville, et il y passa des courroies. Et il l'attacha derrière le char, laissant traîner la tête. Puis, déposant les armes illustres dans le char, il y monta lui-même, et il fouetta les chevaux, qui s'élancèrent avec ardeur. Et le Priamide Hektôr était ainsi traîné dans un tourbillon de poussière, et ses cheveux noirs en étaient souillés, et sa tête était ensevelie dans la poussière, cette tête autrefois si belle que Zeus livrait maintenant à l'ennemi, pour être outragée sur la terre de la patrie.

Ainsi toute la tête de Hektôr était souillée de poussière. Et sa mère, arrachant ses cheveux et déchirant son beau voile, gémissait en voyant de loin son fils. Et son père pleurait misérablement, et les peuples aussi hurlaient et pleuraient par la ville. On eût dit que la haute Ilios croulait tout entière dans le feu. Et les peuples retenaient à grand'peine le vieux Priamos désespéré qui voulait sortir des portes
Dardaniennes. Et, se prosternant devant eux, il les suppliait, les nommant par leurs noms :

— Mes amis, laissez-moi sortir seul de la ville, afin que j'aille aux nefs des Akhaiens. Je supplierai cet homme impie qui accomplit d'horribles actions. Il respectera peut-être mon âge, il aura peut-être pitié de ma vieillesse ; car son père aussi est vieux, Pèleus, qui l'a engendré et nourri pour la ruine des Troiens, et surtout pour m'accabler de maux. Que de fils florissants il m'a tués ! Et je gémis moins sur eux tous ensemble que sur le seul Hektôr, dont le regret douloureux me fera descendre aux demeures d'Aidès. Plût aux dieux qu'il fût mort dans nos bras ! Au moins, sur son cadavre, nous nous serions rassasiés de larmes et de sanglots, la mère malheureuse qui l'a enfanté et moi !

Il parla ainsi en pleurant. Et tous les citoyens pleuraient. Et, parmi les Troiennes, Hékabè commença le deuil sans fin :

— Mon enfant ! pourquoi suis-je encore vivante, malheureuse, puisque tu es mort ? Toi qui, les nuits et les jours, étais ma gloire dans Ilios, et l'unique salut des Troiens et des Troiennes, qui, dans la ville, te recevaient comme un dieu ! Certes, tu faisais toute leur gloire, quand tu vivais ; mais voici que la moire et la mort t'ont saisi !

Elle parla ainsi en pleurant. Et la femme de Hektôr ne savait rien encore, aucun messager ne lui ayant annoncé que son époux était resté hors des portes. Et, dans sa haute demeure fermée, elle tissait une toile double, splendide et ornée de fleurs variées. Et elle ordonnait aux servantes à la belle chevelure de préparer, dans la demeure, et de mettre un grand trépied sur le feu, afin qu'un bain chaud fût prêt pour Hektôr à son retour du combat. L'insensée ignorait qu'Athènè aux yeux clairs avait tué Hektôr par les mains d'Akhilleus, loin de tous les bains. Mais elle entendit des lamentations et des hurlements sur la tour. Et ses membres tremblèrent, et la navette lui tomba des mains, et elle dit aux servantes à la belle chevelure :

— Venez. Que deux d'entre vous me suivent, afin que je voie ce qui nous arrive, car j'ai entendu la voix de la vénérable mère de Hektôr. Mon cœur bondit dans ma poitrine, et mes genoux défaillent. Peut-être quelque malheur menace-t-il les fils de Priamos. Plaise aux dieux que mes paroles soient vaines ! Mais je crains que le divin Akhilleus, ayant écarté le brave Hektôr de la ville, le poursuive dans la plaine et dompte son courage. Car mon époux ne reste point dans la foule des guerriers, et il combat en tête de tous, ne le cédant à aucun.

Elle parla ainsi et sortit de sa demeure, semblable à une bakkhante et le cœur palpitant, et les servantes la suivaient. Arrivée sur la tour, au milieu de la foule des hommes, elle s'arrêta, regardant du haut des murailles, et reconnut Hektôr traîné devant la ville. Et les chevaux rapides le traînaient indignement vers les nefs creuses des Akhaiens. Alors, une nuit noire couvrit ses yeux, et elle tomba à la renverse, inanimée. Et tous les riches ornements se détachèrent de sa tête, la bandelette, le nœud, le réseau, et le voile que lui avait donné Aphroditè d'or le jour où Hektôr au casque mouvant l'avait emmenée de la demeure d'Éétiôn, après lui avoir donné une grande dot. Et les sœurs et les belles-sœurs de Hektôr l'entouraient et la soutenaient dans leurs bras, tandis qu'elle respirait à peine. Et quand elle eut recouvré l'esprit, elle dit, gémissant au milieu des Troiennes :

— Hektôr ! ô malheureuse que je suis ! Nous sommes nés pour une même destinée : toi, dans Troiè et dans la demeure de Priamos ; moi, dans Thèbè, sous le mont Plakos couvert de forêts, dans la demeure d'Éétiôn, qui m'éleva toute petite, père malheureux d'une malheureuse. Plût aux dieux qu'il ne m'eût point engendrée ! Maintenant tu descends vers les demeures d'Aidès, dans la terre creuse, et tu me laisses, dans notre demeure, veuve et accablée de deuil. Et ce petit enfant que nous avons engendré tous deux, malheureux que nous sommes ! tu ne le protégeras pas, Hektôr, puisque tu es mort, et lui ne te servira point de soutien. Même s'il échappait à cette guerre lamentable des Akhaiens, il ne peut s'attendre qu'au travail et à la douleur, car ils lui enlèveront ses biens. Le jour qui fait un enfant orphelin lui ôte aussi tous ses jeunes amis. Il est triste au milieu de tous, et ses joues sont toujours baignées de larmes. Indigent, il s'approche des compagnons de son père, prenant l'un par le manteau et l'autre par la tunique. Si l'un d'entre eux, dans sa pitié, lui offre une petite coupe, elle mouille ses lèvres sans rafraîchir son palais. Le jeune homme, assis entre son père et sa mère, le repousse de la table du festin, et, le frappant de ses mains, lui dit des paroles injurieuses : Va-t'en ! ton père n'est pas des nôtres ! Et l'enfant revient en pleurant auprès de sa mère veuve. Astyanax, qui autrefois mangeait la moelle et la graisse des brebis sur les genoux de son père ; qui, lorsque le sommeil le prenait et qu'il cessait de jouer, dormait dans un doux lit, aux bras de sa nourrice, et le cœur rassasié de délices ; maintenant Astyanax, que les Troiens nommaient ainsi, car Hektôr défendait seul leurs hautes murailles, subira mille maux, étant privé de son père bien-aimé. Et voici, Hektôr, que les vers rampants te mangeront auprès des nefs éperonnées, loin de tes parents, après que les chiens se seront rassasiés de ta chair. Tu possédais, dans tes demeures, de beaux et doux vêtements, œuvre des femmes ; mais je les brûlerai tous dans le feu ardent, car ils ne te serviront pas et tu ne seras pas enseveli avec eux. Qu'ils soient donc brûlés en ton honneur au milieu des Troiens et des Troiennes !

Elle parla ainsi en pleurant, et toutes les femmes se lamentaient comme elle.

RHAPSODIE XXIII.

Et tandis qu'ils gémissaient ainsi par la ville, les Akhaiens arrivèrent aux nefs et au Hellespontos. Et ils se dispersèrent, et chacun rentra dans sa nef. Mais Akhilleus ne permit point aux Myrmidones de se séparer, et il dit à ses braves compagnons :

— Myrmidones aux chevaux rapides, mes chers compagnons, ne détachons point des chars nos chevaux aux sabots massifs ; mais, avec nos chevaux et nos chars, pleurons Patroklos, car tel est l'honneur dû aux morts. Après nous être rassasiés de deuil, nous délierons nos chevaux, et, tous, nous prendrons notre repas ici.

Il parla ainsi, et ils se lamentaient, et Akhilleus le premier. Et, en gémissant, ils poussèrent trois fois les chevaux aux belles crinières autour du cadavre ; et Thétis augmentait leur désir de pleurer. Et, dans le regret du héros Patroklos, les larmes baignaient les armes et arrosaient le sable. Au milieu d'eux, le Pèléide commença le deuil lamentable, en posant ses mains tueuses d'homme sur la poitrine de son ami :

— Sois content de moi, ô Patroklos, dans les demeures d'Aidès. Tout ce que je t'ai promis, je l'accomplirai. Hektôr, jeté aux chiens, sera déchiré par eux ; et, pour te venger, je tuerai devant ton bûcher douze nobles fils des Troiens.

Il parla ainsi, et il outragea indignement le divin Hektôr en le couchant dans la poussière devant le lit du Ménoitiade. Puis, les Myrmidones quittèrent leurs splendides armes d'airain, dételèrent leurs chevaux hennissants et s'assirent en foule autour de la nef du rapide Aiakide, qui leur offrit le repas funèbre. Et beaucoup de bœufs blancs mugissaient sous le fer, tandis qu'on les égorgeait ainsi qu'un grand nombre de brebis et de chèvres bêlantes. Et beaucoup de porcs gras cuisaient devant la flamme du feu. Et le sang coulait abondamment autour du cadavre. Et les princes Akhaiens conduisirent le prince Pèléiôn aux pieds rapides vers le divin Agamemnôn, mais non sans peine, car le regret de son compagnon emplissait son cœur.

Et quand ils furent arrivés à la tente d'Agamemnôn, celui-ci ordonna aux hérauts de poser un grand trépied sur le feu, afin que le Pèléide, s'il y consentait, lavât le sang qui le souillait. Mais il s'y refusa toujours et jura un grand serment :

— Non ! par Zeus, le plus haut et le meilleur des dieux, je ne purifierai point ma tête que je n'aie mis Patroklos sur le bûcher, élevé son tombeau et coupé ma chevelure. Jamais, tant que je vivrai, une telle douleur ne m'accablera plus. Mais achevons ce repas odieux. Roi des hommes, Agamemnôn, commande qu'on apporte, dès le matin, le bois du bûcher, et qu'on l'apprête, car il est juste d'honorer ainsi Patroklos, qui subit les noires ténèbres. Et le feu infatigable le consumera promptement à tous les yeux, et les peuples retourneront aux travaux de la guerre.

Il parla ainsi, et les princes, l'ayant entendu, lui obéirent. Et tous, préparant le repas, mangèrent ; et aucun ne se plaignit d'une part inégale. Puis, ils se retirèrent sous les tentes pour y dormir.

Mais le Pèléide était couché, gémissant, sur le rivage de la mer aux bruits sans nombre, au milieu des Myrmidones, en un lieu où les flots blanchissaient le bord. Et le doux sommeil, lui versant l'oubli de ses peines, l'enveloppa, car il avait fatigué ses beaux membres en poursuivant Hektôr autour de la haute Ilios. Et l'âme du malheureux Patroklos lui apparut, avec la grande taille, les beaux yeux, la voix et jusqu'aux vêtements du héros. Elle s'arrêta sur la tête d'Akhilleus et lui dit :

— Tu dors, et tu m'oublies, Akhilleus. Vivant, tu ne me négligeais point, et, mort, tu m'oublies. Ensevelis-moi, afin que je passe promptement les portes d'Aidès. Les âmes, ombres des morts, me chassent et ne me laissent point me mêler à elles au-delà du fleuve ; et je vais, errant en vain autour des larges portes de la demeure d'Aidès. Donne-moi la main ; je t'en supplie en pleurant, car je ne reviendrai plus du Hadès, quand vous m'aurez livré au bûcher. Jamais plus, vivants tous deux, nous ne nous confierons l'un à l'autre, assis loin de nos compagnons, car la kèr odieuse qui m'était échue dès ma naissance m'a enfin saisi. Ta moire fatale, ô Akhilleus égal aux dieux, est aussi de mourir sous les murs des Troiens magnanimes ! Mais je te demande ceci, et puisses-tu me l'accorder : Akhilleus, que mes ossements ne soient point séparés des tiens, mais qu'ils soient unis comme nous l'avons été dans tes demeures. Quand Ménoitios m'y conduisit tout enfant, d'Opoën, parce que j'avais tué déplorablement, dans ma colère, le fils d'Amphidamas, en jouant aux dés, le cavalier Pèleus me reçut dans ses demeures, m'y éleva avec tendresse et me nomma ton compagnon. Qu'une seule urne reçoive donc nos cendres, cette urne d'or que t'a donnée ta mère vénérable.

Et Akhilleus aux pieds rapides lui répondit :

— Pourquoi es-tu venu, ô tête chère ! et pourquoi me commander ces choses ? Je t'obéirai, et les accomplirai promptement. Mais reste, que je t'embrasse un moment, au moins ! Adoucissons notre amère douleur.

Il parla ainsi, et il étendit ses mains affectueuses ; mais il ne saisit rien, et l'âme rentra en terre comme une fumée, avec un âpre murmure. Et Akhilleus se réveilla stupéfait et, frappant ses mains, il dit ces paroles lugubres :

— Ô dieux ! l'âme existe encore dans le Hadès, mais comme une vaine image, et sans corps. L'âme du malheureux Patroklos m'est apparue cette nuit, pleurant et se lamentant, et semblable à lui-même ; et elle m'a ordonné d'accomplir ses vœux.

Il parla ainsi, et il excita la douleur de tous les Myrmidones ; et Éôs aux doigts couleur de rose les trouva gémissant autour du cadavre.

Mais le roi Agamemnôn pressa les hommes et les mulets de sortir des tentes et d'amener le bois. Et un brave guerrier les commandait, Mèrionès, compagnon du courageux Idoméneus. Et ils allaient, avec les haches qui tranchent le bois, et les cordes bien tressées, et les mulets marchaient devant eux. Et, franchissant les pentes, et les rudes montées et les précipices, ils arrivèrent aux sommets de l'Ida où abondent les sources. Et, aussitôt, de leurs haches pesantes, ils abattirent les chênes feuillus qui tombaient à grand bruit. Et les Akhaiens y attelaient les mulets qui dévoraient la terre de leurs pieds, se hâtant d'emporter vers le camp leur charge à travers les broussailles épaisses. Et les Akhaiens traînaient aussi les troncs feuillus, ainsi que le commandait Mèrionès, le compagnon d'Idoméneus qui aime les braves. Et ils déposèrent le bois sur le rivage, là où Akhilleus avait marqué le grand tombeau de Patroklos et le sien.

Puis, ayant amassé un immense monceau, ils s'assirent, attendant. Et Akhilleus ordonna aux braves Myrmidones de se couvrir de leurs armes et de monter sur leurs chars. Et ils se hâtaient de s'armer et de monter sur leurs chars, guerriers et conducteurs. Et, derrière les cavaliers, s'avançaient des nuées d'hommes de pied ; et, au milieu d'eux, Patroklos était porté par ses compagnons, qui couvraient son cadavre de leurs cheveux qu'ils arrachaient. Et, triste, le divin Akhilleus soutenait la tête de son irréprochable compagnon qu'il allait envoyer dans le Hadès.

Et quand ils furent arrivés au lieu marqué par Akhilleus, ils déposèrent le corps et bâtirent le bûcher. Et le divin Akhilleus aux pieds rapides eut une autre pensée. Et il coupa, à l'écart, sa chevelure blonde qu'il avait laissée croître pour le fleuve Sperkhios ; et, gémissant, il dit, les yeux sur la mer sombre :

— Sperkhios ! c'est en vain que mon père Pèleus te promit qu'à mon retour dans la chère terre de la patrie je couperais ma chevelure, et que je te sacrifierais de saintes hécatombes et cinquante béliers, à ta source, là où sont ton temple et ton autel parfumé. Le vieillard te fit ce vœu ; mais tu n'as point exaucé son désir, car je ne reverrai plus la chère terre de la patrie. C'est au héros Patroklos que j'offre ma chevelure pour qu'il l'emporte.

Ayant ainsi parlé, il déposa sa chevelure entre les mains de son cher compagnon, augmentant ainsi la douleur de tous, et la lumière de Hélios fût tombée tandis qu'ils pleuraient encore, si Akhilleus, s'approchant d'Agamemnôn, ne lui eût dit :

— Atréide, à qui tout le peuple Akhaien obéit, plus tard il pourra se rassasier de larmes. Commande-lui de s'éloigner du bûcher et de préparer son repas. Nous, les chefs, qui avons un plus grand souci de Patroklos, restons seuls.

Et le roi des hommes, Agamemnôn, l'ayant entendu, renvoya aussitôt le peuple vers les nefs égales ; et les ensevelisseurs, restant seuls, amassèrent le bois. Et ils firent le bûcher de cent pieds sur toutes ses faces, et, sur son faîte, ils déposèrent, pleins de tristesse, le cadavre de Patroklos. Puis, ils égorgèrent et écorchèrent devant le bûcher une foule de brebis grasses et de bœufs aux pieds flexibles. Et le magnanime Akhilleus, couvrant tout le cadavre de leur graisse, de la tête aux pieds, entassa tout autour leurs chairs écorchées. Et, s'inclinant sur le lit funèbre, il y plaça des amphores de miel et d'huile. Puis, il jeta sur le bûcher quatre chevaux aux beaux cous. Neuf chiens familiers mangeaient autour de sa table. Il en tua deux qu'il jeta dans le bûcher. Puis, accomplissant une mauvaise pensée, il égorgea douze nobles enfants des Troiens magnanimes. Puis, il mit le feu au bûcher, afin qu'il fût consumé, et il gémit, appelant son cher compagnon :

— Sois content de moi, ô Patroklos ! dans le Hadès, car j'ai accompli tout ce que je t'ai promis. Le feu consume avec toi douze nobles enfants des magnanimes Troiens. Pour le Priamide Hektôr, je ne le livrerai point au feu, mais aux chiens.

Il parla ainsi dans sa colère ; mais les chiens ne devaient point déchirer Hektôr, car, jour et nuit, la fille de Zeus, Aphroditè, les chassait au loin, oignant le corps d'une huile ambroisienne, afin que le Pèléide ne le déchirât point en le traînant. Et Phoibos Apollôn enveloppait d'une nuée ouranienne le lieu où était couché le cadavre, de peur que la force de Hélios n'en desséchât les nerfs et les chairs.

Mais le bûcher de Patroklos ne brûlait point. Alors le divin Akhilleus aux pieds rapides pria à l'écart les deux Vents Boréas et Zéphyros, leur promettant de riches sacrifices. Et, faisant des libations avec une coupe d'or, il les supplia de venir, afin de consumer promptement le cadavre, en enflammant le bûcher. Et la rapide Iris entendit ses prières et s'envola en messagère auprès des Vents. Et, rassemblés en foule dans la demeure du violent Zéphyros, ils célébraient un festin. Et la rapide Iris survint et s'arrêta sur le seuil de pierre. Et, dès qu'ils l'eurent vue de leurs yeux, tous se levèrent, et chacun l'appela près de lui. Mais elle ne voulut point s'asseoir et leur dit :

— Ce n'est pas le temps de m'asseoir. Je retourne aux bouches de l'Okéanos, dans la terre des Aithiopiens, là où ils sacrifient des hécatombes aux immortels, et j'en ai ma part. Mais Akhilleus appelle Boréas et le sonore Zéphyros. Il les supplie de venir, leur promettant de riches sacrifices s'ils excitent le feu à consumer le bûcher sur lequel gît Patroklos que pleurent tous les Akhaiens.

Elle parla ainsi et s'envola. Et les deux Vents se ruèrent avec un bruit immense, chassant devant eux les nuées tumultueuses. Et ils traversèrent la mer, et l'eau se souleva sous leur souffle violent ; et ils arrivèrent devant la riche Troiè et se jetèrent sur le feu ; et toute la nuit, soufflant horriblement, ils irritèrent les flammes du bûcher ; et, toute la nuit, le rapide Akhilleus, puisant le vin à pleine coupe d'un kratère d'or, et le répandant, arrosa la terre, appelant l'âme du malheureux Patroklos. Comme un père qui se lamente, en brûlant les ossements de son jeune fils dont la mort accable ses malheureux parents de tristesse ; de même Akhilleus gémissait en brûlant les ossements de son compagnon, se roulant devant le bûcher, et se lamentant.

Et quand l'étoile du matin reparut, messagère de lumière, et, après elle, quand Éôs au péplos couleur de safran se répandit sur la mer, alors le bûcher s'apaisa et la flamme s'éteignit, et les Vents partirent, s'en retournant dans leur demeure, à travers la mer thrèkienne, dont les flots soulevés grondaient. Et le Pèléide, quittant le bûcher, se coucha accablé de fatigue, et le doux sommeil le saisit. Mais bientôt le bruit et le tumulte de ceux qui se rassemblaient autour de l'Atréide le réveillèrent. Et il se leva, et leur dit :

— Atréides, et vous, princes des Akhaiens, éteignez avec du vin noir toutes les parties du bûcher que le feu a brûlées, et nous recueillerons les os de Patroklos Ménoitiade. Ils sont faciles à reconnaître, car le cadavre était au milieu du bûcher, et, loin de lui tout autour, brûlaient confusément les chevaux et les hommes. Déposons dans une urne d'or ces os recouverts d'une double graisse, jusqu'à ce que je descende moi-même dans le Hadès. Je ne demande point maintenant un grand sépulcre. Que celui-ci soit simple. Mais vous, Akhaiens, qui survivrez sur vos nefs bien construites, vous nous élèverez, après ma mort, un vaste et grand tombeau.

Il parla ainsi, et ils obéirent au rapide Pèléiôn. Et ils éteignirent d'abord avec du vin noir toutes les parties du bûcher que le feu avait brûlées ; et la cendre épaisse tomba. Puis, en pleurant, ils déposèrent dans une urne d'or, couverts d'une double graisse, les os blancs de leur compagnon plein de douceur, et ils mirent, sous la tente du Pèléide, cette urne enveloppée d'un voile léger. Puis, marquant la place du tombeau, ils en creusèrent les fondements autour du bûcher, et ils mirent la terre en monceau, et ils partirent, ayant élevé le tombeau.

Mais Akhilleus retint le peuple en ce lieu, et le fit asseoir en un cercle immense, et il fit apporter des nefs les prix : des vases, des trépieds, des chevaux, des mulets, des bœufs aux fortes têtes, des femmes aux belles ceintures, et du fer brillant. Et, d'abord, il offrit des prix illustres aux cavaliers rapides : une femme irréprochable, habile aux travaux, et un trépied à anse, contenant vingt-deux mesures, pour le premier vainqueur ; pour le second, une jument de six ans, indomptée et pleine d'un mulet ; pour le troisième, un vase tout neuf, beau, blanc, et contenant quatre mesures ; pour le quatrième, deux talents d'or ; et pour le cinquième, une urne neuve à deux anses. Et le Pèléide se leva et dit aux Argiens :

— Atréides, et vous, très-braves Akhaiens, voici, dans l'enceinte, les prix offerts aux cavaliers. Si les Akhaiens luttaient aujourd'hui pour un autre mort, certes, j'emporterais ces prix dans mes tentes, car vous savez que mes chevaux l'emportent sur tous, étant immortels. Poseidaôn les donna à mon père Pèleus qui me les a donnés. Mais ni moi, ni mes chevaux aux sabots massifs nous ne combattrons. Ils ont perdu l'irréprochable vigueur de leur doux conducteur qui baignait leurs crinières d'huile liquide, après les avoir lavées dans une eau pure ; et maintenant ils pleurent, les crinières pendantes, et ils restent immobiles et pleins de tristesse. Mais vous qui, parmi tous les Akhaiens, vous confiez en vos chevaux et en vos chars solides, descendez dans l'enceinte.

Le Pèléide parla ainsi, et de rapides cavaliers se levèrent. Et, le premier, se leva le roi des hommes, Eumèlos, le fils bien-aimé d'Admètès, très-habile à mener un char. Et après lui, se leva le brave Diomèdès Tydéide, conduisant sous le joug les chevaux de Trôos qu'il avait enlevés autrefois à Ainéias, quand celui-ci fut sauvé par Apollôn. Et, après Diomèdès, se leva le blond Ménélaos Atréide, aimé de Zeus. Et il conduisait sous le joug deux chevaux rapides : Aithè, jument d'Agamemnôn, et Podargos, qui lui appartenait. Et l'Ankhisiade Ekhépôlos avait donné Aithè à Agamemnôn, afin de ne point le suivre vers la haute Ilios. Et il était resté, vivant dans les délices, car Zeus lui avait donné de grandes richesses, et il habitait la grande Sikiôn. Et Ménélaos la conduisait sous le joug, pleine d'ardeur. Et, après l'Atréide, se leva, conduisant deux beaux chevaux, Antilokhos, l'illustre fils du magnanime roi Nestôr Nèlèiade. Et les chevaux rapides qui traînaient son char étaient pyliens. Et le père, debout auprès de son fils, donnait des conseils excellents au jeune homme déjà plein de prudence :

— Antilokhos, certes, Zeus et Poseidaôn, t'ayant aimé tout jeune, t'ont enseigné à mener un char ; c'est pourquoi on ne peut t'instruire davantage. Tu sais tourner habilement la borne, mais tes chevaux sont lourds, et je crains un malheur. Les autres ne te sont pas supérieurs en science, mais leurs chevaux sont plus rapides. Allons, ami, réfléchis à tout, afin que les prix ne t'échappent pas. Le bûcheron vaut mieux par l'adresse que par la force. C'est par son art que le pilote dirige sur la noire mer une nef rapide, battue par les vents ; et le conducteur de chars l'emporte par son habileté sur le conducteur de chars. Celui qui s'abandonne à ses chevaux et à son char vagabonde follement çà et là, et ses chevaux s'emportent dans le stade, et il ne peut les retenir. Mais celui qui sait les choses utiles, quand il conduit des chevaux lourds, regardant toujours la borne, l'effleure en la tournant. Et il ne lâche point tout d'abord les rênes en cuir de bœuf, mais, les tenant d'une main ferme, il observe celui qui le précède. Je vais te montrer la borne. On la reconnaît aisément. Là s'élève un tronc desséché, d'une aune environ hors de terre et que la pluie ne peut nourrir. C'est le tronc d'un chêne ou d'un pin. Devant lui sont deux pierres blanches, posées de l'un et l'autre côté, au détour du chemin, et, en deçà comme au-delà, s'étend l'hippodrome aplani. C'est le tombeau d'un homme mort autrefois, ou une limite plantée par les anciens hommes, et c'est la borne que le divin Akhilleus aux pieds rapides vous a marquée. Quand tu en approcheras, pousse tout auprès tes chevaux et ton char. Penche-toi, de ton char bien construit, un peu sur la gauche, et excite le cheval de droite de la voix et du fouet, en lui lâchant toutes les rênes. Que ton cheval de gauche rase la borne, de façon que le moyeu de la roue la touche presque ; mais évite de heurter la pierre, de peur de blesser tes chevaux et de briser ton char, ce qui ferait la joie des autres, mais ta propre honte. Enfin, ami, sois adroit et prudent. Si tu peux dépasser la borne le premier, il n'en est aucun qui ne te poursuive vivement, mais nul ne te devancera, quand même on pousserait derrière toi le divin Atréiôn, ce rapide cheval d'Adrestès, qui était de race divine, ou même les illustres chevaux de Laomédôn qui furent nourris ici.

Et le Nèlèiôn Nestôr, ayant ainsi parlé et enseigné toute chose à son fils, se rassit. Et, le cinquième, Mèrionès conduisait deux chevaux aux beaux crins.

Puis, ils montèrent tous sur leurs chars, et ils jetèrent les sorts ; et Akhilleus les remua, et Antilokhos Nestôréide vint le premier, puis le roi Eumèlos, puis l'Atréide Ménélaos illustre par sa lance, puis Mèrionès, et le dernier fut le Tydéide, le plus brave de tous. Et ils se placèrent dans cet ordre, et Akhilleus leur marqua la borne, au loin dans la plaine ; et il envoya comme inspecteur le divin Phoinix, compagnon de son père, afin qu'il surveillât la course et dît la vérité.

Et tous ensemble, levant le fouet sur les chevaux et les excitant du fouet et de la voix, s'élancèrent dans la plaine, loin des nefs. Et la poussière montait autour de leurs poitrines, comme un nuage ou comme une tempête ; et les crinières flottaient au vent ; et les chars tantôt semblaient s'enfoncer en terre, et tantôt bondissaient au-dessus. Mais les conducteurs se tenaient fermes sur leurs siéges, et leur cœur palpitait du désir de la victoire, et chacun excitait ses chevaux qui volaient, soulevant la poussière de la plaine.

Mais quand les chevaux rapides, ayant atteint la limite de la course, revinrent vers la blanche mer, l'ardeur des combattants et la vitesse de la course devinrent visibles. Et les rapides juments du Phèrètiade parurent les premières, et les chevaux troiens de Diomèdès les suivaient de si près qu'ils semblaient monter sur le char. Et le dos et les larges épaules d'Eumèlos étaient chauffés de leur souffle, car ils posaient sur lui leurs têtes. Et, certes, Diomèdès eût vaincu ou rendu la lutte égale, si Phoibos Apollôn, irrité contre le fils de Tydeus, n'eût fait tomber de ses mains le fouet splendide. Et des larmes de colère jaillirent de ses yeux, quand il vit les juments d'Eumèlos se précipiter plus rapides, et ses propres chevaux se ralentir, n'étant plus aiguillonnés.

Mais Apollôn, retardant le Tydéide, ne put se cacher d'Athènè. Et, courant au prince des peuples, elle lui rendit son fouet et remplit ses chevaux de vigueur. Puis, furieuse, et poursuivant le fils d'Admètès, elle brisa le joug des juments, qui se dérobèrent. Et le timon tomba rompu ; et Eumèlos aussi tomba auprès de la roue, se déchirant les bras, la bouche et les narines. Et il resta muet, le front meurtri et les yeux pleins de larmes.

Alors, Diomèdès, le devançant, poussa ses chevaux aux sabots massifs, bien au-delà de tous, car Athènè leur avait donné une grande vigueur et accordait la victoire au Tydéide. Et, après lui, le blond Ménélaos Atréide menait son char, puis Antilokhos, qui exhortait les chevaux de son père :

— Prenez courage, et courez plus rapidement. Certes, je ne vous ordonne point de lutter contre les chevaux du brave Tydéide, car Athènè donne la vitesse à leurs pieds et accorde la victoire à leur maître ; mais atteignez les chevaux de l'Atréide, et ne faiblissez point, de peur que Aithè, qui n'est qu'une jument, vous couvre de honte.

Pourquoi tardez-vous, mes braves ? Mais je vous le dis, et, certes, ceci s'accomplira : Nestôr, le prince des peuples, ne se souciera plus de vous ; et il vous percera de l'airain aigu, si, par lâcheté, nous ne remportons qu'un prix vil. Hâtez-vous et poursuivez promptement l'Atréide. Moi, je vais méditer une ruse, et je le devancerai au détour du chemin, et je le tromperai.

Il parla ainsi, et les chevaux, effrayés des menaces du prince, coururent plus rapidement. Et le brave Antilokhos vit que le chemin se rétrécissait. La terre était défoncée par l'amas des eaux de l'hiver, et une partie du chemin était rompue, formant un trou profond. C'était là que se dirigeait Ménélaos pour éviter le choc des chars. Et Antilokhos y poussa aussi ses chevaux aux sabots massifs, hors de la voie, sur le bord du terrain en pente. Et l'Atréide fut saisi de crainte et dit à Antilokhos :

— Antilokhos, tu mènes tes chevaux avec imprudence. Le chemin est étroit, mais il sera bientôt plus large. Prends garde de nous briser tous deux en heurtant mon char.

Il parla ainsi, mais Antilokhos, comme s'il ne l'avait point entendu, aiguillonna plus encore ses chevaux. Aussi rapides que le jet d'un disque que lance de l'épaule un jeune homme qui éprouve ses forces, les deux chars s'élancèrent de front. Mais l'Atréide ralentit sa course et attendit, de peur que les chevaux aux sabots massifs, se heurtant dans le chemin, ne renversassent les chars, et qu'Antilokhos et lui, en se hâtant pour la victoire, ne fussent précipités dans la poussière. Mais le blond Ménélaos, irrité, lui dit :

— Antilokhos, aucun homme n'est plus perfide que toi ! Va ! c'est bien faussement que nous te disions sage. Mais tu ne remporteras point le prix sans te parjurer. Ayant ainsi parlé, il exhorta ses chevaux et leur cria :

— Ne me retardez pas, et n'ayez point le cœur triste. Leurs pieds et leurs genoux seront plus tôt fatigués que les vôtres, car ils sont vieux tous deux.

Il parla ainsi, et ses chevaux, effrayés par la voix du Roi, s'élancèrent, et atteignirent aussitôt ceux d'Antilokhos.

Cependant les Argiens, assis dans le stade, regardaient les chars qui volaient dans la plaine, en soulevant la poussière. Et Idoméneus, chef des Krètois, les vit le premier. Étant assis hors du stade, sur une hauteur, il entendit une voix qui excitait les chevaux, et il vit celui qui accourait le premier, dont toute la robe était rouge, et qui avait au front un signe blanc, rond comme l'orbe de Sélénè. Et il se leva et dit aux Argiens :

— Ô amis, princes et chefs des Argiens, voyez-vous ces chevaux comme moi ? Il me semble que ce sont d'autres chevaux et un autre conducteur qui tiennent maintenant la tête. Peut-être les premiers au départ ont-ils subi un malheur dans la plaine. Je les ai vus tourner la borne et je ne les vois plus, et cependant j'embrasse toute la plaine troienne. Ou les rênes auront échappé au conducteur et il n'a pu tourner la borne heureusement, ou il est tombé, brisant son char, et ses juments furieuses se sont dérobées. Mais regardez vous-mêmes ; je ne vois point clairement encore ; cependant, il me semble que c'est un guerrier Aitôlien qui commande parmi les Argiens, le brave fils de Tydeus dompteur de chevaux, Diomèdès.

Et le rapide Aias, fils d'Oileus, lui répondit amèrement :

— Idoméneus, pourquoi toujours bavarder ? Ce sont ces mêmes juments aux pieds aériens qui arrivent à travers la vaste plaine. Tu n'es certes pas le plus jeune parmi les Argiens, et les yeux qui sortent de ta tête ne sont point les plus perçants. Mais tu bavardes sans cesse. Il ne te convient pas de tant parler, car beaucoup d'autres ici valent mieux que toi. Ce sont les juments d'Eumèlos qui arrivent les premières, et c'est lui qui tient toujours les rênes.

Et le chef des Krètois, irrité, lui répondit :

— Aias, excellent pour la querelle, homme injurieux, le dernier des Argiens, ton âme est toute féroce ! Allons ! déposons un trépied, ou un vase, et prenons tous deux pour arbitre l'Atréide Agamemnôn. Qu'il dise quels sont ces chevaux, et tu le sauras à tes dépens.

Il parla ainsi, et le rapide Aias, fils d'Oileus, plein de colère, se leva pour lui répondre par d'outrageantes paroles, et il y aurait eu une querelle entre eux, si Akhilleus, s'étant levé, n'eût parlé :

— Ne vous adressez pas plus longtemps d'injurieuses paroles, Aias et Idoméneus. Cela ne convient point, et vous blâmeriez qui en ferait autant. Restez assis, et regardez. Ces chevaux qui se hâtent pour la victoire vont arriver. Vous verrez alors quels sont les premiers et les seconds.

Il parla ainsi, et le Tydéide arriva, agitant sans relâche le fouet sur ses chevaux, qui, en courant, soulevaient une haute poussière qui enveloppait leur conducteur. Et le char, orné d'or et d'étain, était enlevé par les chevaux rapides ; et l'orbe des roues laissait à peine une trace dans la poussière, tant ils couraient rapidement. Et le char s'arrêta au milieu du stade ; et des flots de sueur coulaient de la tête et du poitrail des chevaux. Et Diomèdès sauta de son char brillant et appuya le fouet contre le joug. Et, sans tarder, le brave Sthénélos saisit le prix. Il remit la femme et le trépied à deux anses à ses magnanimes compagnons, et lui-même détela les chevaux.

Et, après Diomèdès, le Nèlèiôn Antilokhos arriva, poussant ses chevaux et devançant Ménélaos par ruse et non par la rapidité de sa course. Et Ménélaos le poursuivait de près. Autant est près de la roue un cheval qui traîne son maître, sur un char, dans la plaine, tandis que les derniers crins de sa queue touchent les jantes, et qu'il court à travers l'espace ; autant Ménélaos suivait de près le brave Antilokhos. Bien que resté en arrière à un jet de disque, il l'avait atteint aussitôt, car Aithè aux beaux crins, la jument d'Agamemnôn, avait redoublé d'ardeur ; et si la course des deux chars eût été plus longue, l'Atréide eût sans doute devancé Antilokhos. Et Mèrionès, le brave compagnon d'Idoméneus, venait, à un jet de lance, derrière l'illustre Ménélaos, ses chevaux étant très-lourds, et lui-même étant peu habile à conduire un char dans le stade.

Mais le fils d'Admètès venait le dernier de tous, traînant son beau char et poussant ses chevaux devant lui. Et le divin Akhilleus aux pieds rapides, le voyant, en eut compassion, et, debout au milieu des Argiens, il dit ces paroles ailées :

— Ce guerrier excellent ramène le dernier ses chevaux aux sabots massifs. Donnons-lui donc le second prix, comme il est juste, et le fils de Tydeus emportera le premier.

Il parla ainsi, et tous y consentirent ; et il allait donner à Eumélos la jument promise, si Antilokhos, le fils du magnanime Nestôr, se levant, n'eût répondu à bon droit au Pèléide Akhilleus :

— Ô Akhilleus, je m'irriterai violemment contre toi, si tu fais ce que tu as dit. Tu veux m'enlever mon prix, parce que, malgré son habileté, Eumèlos a vu son char se rompre ! Il devait supplier les immortels. Il ne serait point arrivé le dernier. Si tu as compassion de lui, et s'il t'est cher, il y a, sous ta tente, beaucoup d'or, de l'airain, des brebis, des captives et des chevaux aux sabots massifs. Donne-lui un plus grand prix que le mien, dès maintenant, et que les Akhaiens y applaudissent, soit ; mais je ne céderai point mon prix. Que le guerrier qui voudrait me le disputer combatte d'abord contre moi. Il parla ainsi, et le divin Akhilleus aux pieds vigoureux rit, approuvant Antilokhos, parce qu'il l'aimait ; et il lui répondit ces paroles ailées :

— Antilokhos, si tu veux que je prenne dans ma tente un autre prix pour Eumèlos, je le ferai. Je lui donnerai la cuirasse que j'enlevai à Astéropaios. Elle est d'or et entourée d'étain brillant. Elle est digne de lui.

Il parla ainsi, et il ordonna à son cher compagnon Automédôn de l'apporter de sa tente, et Automédôn partit et l'apporta. Et Akhilleus la remit aux mains d'Eumèlos, qui la reçut avec joie.

Et Ménélaos se leva au milieu de tous, triste et violemment irrité contre Antilokhos. Un héraut lui mit le sceptre entre les mains et ordonna aux Argiens de faire silence, et le divin guerrier parla ainsi :

— Antilokhos, toi qui étais plein de sagesse, pourquoi en as-tu manqué ? Tu as déshonoré ma gloire ; tu as jeté en travers des miens tes chevaux qui leur sont bien inférieurs. Vous, princes et chefs des Argiens, jugez équitablement entre nous. Que nul d'entre les Akhaiens aux tuniques d'airain ne puisse dire : Ménélaos a opprimé Antilokhos par des paroles mensongères et a ravi son prix, car ses chevaux ont été vaincus, mais lui l'a emporté par sa puissance. Mais je jugerai moi-même, et je ne pense pas qu'aucun des Danaens me blâme, car mon jugement sera droit. Antilokhos, approche, enfant de Zeus, comme il est juste. Debout, devant ton char, prends en main ce fouet que tu agitais sur tes chevaux, et jure par Poseidaôn qui entoure la terre que tu n'as point traversé ma course par ruse.

Et le sage Antilokhos lui répondit :

— Pardonne maintenant, car je suis beaucoup plus jeune que toi, roi Ménélaos, et tu es plus âgé et plus puissant. Tu sais quels sont les défauts d'un jeune homme ; l'esprit est très-vif et la réflexion très-légère. Que ton cœur s'apaise. Je te donnerai moi-même cette jument indomptée que j'ai reçue ; et, si tu me demandais plus encore, j'aimerais mieux te le donner aussi, ô fils de Zeus, que de sortir pour toujours de ton cœur et d'être en exécration aux dieux.

Le fils du magnanime Nestôr parla ainsi et remit la jument entre les mains de Ménélaos ; et le cœur de celui-ci se remplit de joie, comme les épis sous la rosée, quand les campagnes s'emplissent de la moisson croissante. Ainsi, ton cœur fut joyeux, ô Ménélaos ! Et il répondit en paroles ailées :

— Antilokhos, ma colère ne te résiste pas, car tu n'as jamais été ni léger, ni injurieux. La jeunesse seule a égaré ta prudence ; mais prends garde désormais de tromper tes supérieurs par des ruses. Un autre d'entre les Akhaiens ne m'eût point apaisé aussi vite ; mais toi, ton père excellent et ton frère, vous avez subi beaucoup de maux pour ma cause. Donc, je me rends à ta prière, et je te donne cette jument qui m'appartient, afin que tous les Akhaiens soient témoins que mon cœur n'a jamais été ni orgueilleux, ni dur.

Il parla ainsi, et il donna la jument à Noèmôn, compagnon d'Antilokhos. Lui-même, il prit le vase splendide, et Mèrionès reçut les deux talents d'or, prix de sa course. Et le cinquième prix restait, l'urne à deux anses. Et Akhilleus, la portant à travers l'assemblée des Argiens, la donna à Nestôr, et lui dit :

— Reçois ce présent, vieillard, et qu'il te soit un souvenir des funérailles de Patroklos, que tu ne reverras plus parmi les Argiens. Je te donne ce prix que tu n'as point disputé ; car tu ne combattras point avec les cestes, tu ne lutteras point, tu ne lanceras point la pique et tu ne courras point, car la lourde vieillesse t'accable.

Ayant ainsi parlé, il lui mit l'urne aux mains, et Nestôr la recevant avec joie, lui répondit ces paroles ailées :

— Mon fils, certes, tu as bien parlé. Ami, je n'ai plus, en effet, mes membres vigoureux. Mes pieds sont lourds et mes bras ne sont plus agiles. Plût aux dieux que je fusse jeune, et que ma force fût telle qu'à l'époque où les Épéiens ensevelirent le roi Amarinkeus dans Bouprasiôn ! Ses fils déposèrent des prix, et aucun guerrier ne fut mon égal parmi les Épéiens, les Pyliens et les magnanimes Aitôliens. Je vainquis au pugilat Klydomèdeus, fils d'Énops ; à la lutte, Agkaios le Pleurônien qui se leva contre moi. Je courus plus vite que le brave Iphiklos ; je triomphai, au combat de la lance, de Phyleus et de Polydôros ; mais, à la course des chars, par leur nombre, les Aktoriônes remportèrent la victoire, et ils m'enlevèrent ainsi les plus beaux prix. Car ils étaient deux : et l'un tenait fermement les rênes, et l'autre le fouet. Tel j'étais autrefois, et maintenant de plus jeunes accomplissent ces travaux, et il me faut obéir à la triste vieillesse ; mais, alors, j'excellais parmi les héros. Va ! continue par d'autres combats les funérailles de ton compagnon. J'accepte ce présent avec joie, et mon cœur se réjouit de ce que tu te sois souvenu de moi qui te suis bienveillant, et de ce que tu m'aies honoré, comme il est juste qu'on m'honore parmi les Argiens. Que les dieux, en retour, te comblent de leurs grâces !

Il parla ainsi, et le Pèléide s'en retourna à travers la grande assemblée des Akhaiens, après avoir écouté jusqu'au bout la propre louange du Nèlèiade.

Et il déposa les prix pour le rude combat des poings. Et il amena dans l'enceinte, et il lia de ses mains une mule laborieuse, de six ans, indomptée et presque indomptable ; et il déposa une coupe ronde pour le vaincu. Et, debout, il dit au milieu des Argiens :

— Atréides, et vous Akhaiens aux belles knèmides, j'appelle, pour disputer ces prix, deux hommes vigoureux à se frapper de leurs poings levés. Que tous les Akhaiens le sachent, celui à qui Apollôn donnera la victoire, conduira dans sa tente cette mule patiente, et le vaincu emportera cette coupe ronde.

Il parla ainsi, et aussitôt un homme vigoureux et grand se leva, Épéios, fils de Panopeus, habile au combat du poing. Il saisit la mule laborieuse et dit :

— Qu'il vienne, celui qui veut emporter cette coupe, car je ne pense pas qu'aucun des Akhaiens puisse emmener cette mule, m'ayant vaincu par le poing ; car, en cela, je me glorifie de l'emporter sur tous. N'est-ce point assez que je sois inférieur dans le combat ? Aucun homme ne peut exceller en toutes choses. Mais, je le dis, et ma parole s'accomplira : je briserai le corps de mon adversaire et je romprai ses os. Que ses amis s'assemblent ici en grand nombre pour l'emporter, quand il sera tombé sous mes mains.

Il parla ainsi, et tous restèrent muets. Et le seul Euryalos se leva, homme illustre, fils du roi Mèkisteus Talionide qui, autrefois, alla dans Thèbè aux funérailles d'Oidipous, et qui l'emporta sur tous les Kadméiônes. Et l'illustre Tydéide s'empressait autour d'Euryalos, l'animant de ses paroles, car il lui souhaitait la victoire. Et il lui mit d'abord une ceinture, et il l'arma de courroies faites du cuir d'un bœuf sauvage.

Puis, les deux combattants s'avancèrent au milieu de l'enceinte. Et tous deux, levant à la fois leurs mains vigoureuses, se frappèrent à la fois, en mêlant leurs poings lourds. Et on entendait le bruit des mâchoires frappées ; et la sueur coulait chaude de tous leurs membres. Mais le divin Épéios, se ruant en avant, frappa de tous les côtés la face d'Euryalos qui ne put résister plus longtemps, et dont les membres défaillirent. De même que le poisson qui est jeté, par le souffle furieux de Boréas, dans les algues du bord, et que l'eau noire ressaisit ; de même Euryalos frappé bondit. Mais le magnanime Épéios le releva lui-même, et ses chers compagnons, l'entourant, l'emmenèrent à travers l'assemblée, les pieds traînants, vomissant un sang épais, et la tête penchée. Et ils l'emmenaient ainsi, en le soutenant, et ils emportèrent aussi la coupe ronde.

Et le Pèléide déposa les prix de la lutte difficile devant les Danaens : un grand trépied fait pour le feu, et destiné au vainqueur, et que les Akhaiens, entre eux, estimèrent du prix de douze bœufs ; et, pour le vaincu, une femme habile aux travaux et valant quatre bœufs. Et le Pèléide, debout, dit au milieu des Argiens :

— Qu'ils se lèvent, ceux qui osent combattre pour ce prix.

Il parla ainsi, et aussitôt le grand Télamônien Aias se leva ; et le sage Odysseus, plein de ruses, se leva aussi. Et tous deux, s'étant munis de ceintures, descendirent dans l'enceinte et se saisirent de leurs mains vigoureuses, tels que deux poutres qu'un habile charpentier unit au sommet d'une maison pour résister à la violence du vent. Ainsi leurs reins, sous leurs mains vigoureuses, craquèrent avec force, et leur sueur coula abondamment, et d'épaisses tumeurs, rouges de sang, s'élevèrent sur leurs flancs et leurs épaules. Et tous deux désiraient ardemment la victoire et le trépied qui en était le prix ; mais Odysseus ne pouvait ébranler Aias, et Aias ne pouvait renverser Odysseus. Et déjà ils fatiguaient l'attente des Akhaiens aux belles knèmides ; mais le grand Télamônien Aias dit alors à Odysseus :

— Divin Laertiade, très-sage Odysseus, enlève-moi, ou je t'enlèverai, et Zeus fera le reste.

Il parla ainsi, et il l'enleva ; mais Odysseus n'oublia point ses ruses, et, le frappant du pied sur le jarret, il fit ployer ses membres, et, le renversant, tomba sur lui. Et les peuples étonnés les admiraient. Alors le divin et patient Odysseus voulut à son tour enlever Aias ; mais il le souleva à peine, et ses genoux ployèrent, et tous deux tombèrent côte à côte, et ils furent souillés de poussière. Et, comme ils se relevaient une troisième fois, Akhilleus se leva lui-même et les retint :

— Ne combattez pas plus longtemps et ne vous épuisez pas. La victoire est à tous deux. Allez donc, emportant des prix égaux, et laissez combattre les autres Akhaiens.

Il parla ainsi ; et, l'ayant entendu, ils lui obéirent ; et, secouant leur poussière, ils se couvrirent de leurs vêtements.

Alors le Pèléide déposa les prix de la course : un très-beau kratère d'argent contenant six mesures. Et il surpassait par sa beauté tous ceux qui étaient sur la terre. Les habiles Sidônes l'avaient admirablement travaillé ; et des Phoinikes l'avaient amené, à travers la mer bleue ; et, arrivés au port, ils l'avaient donné à Thoas. Le Iasonide Euneus l'avait cédé au héros Patroklos pour l'affranchissement du Priamide Lykaôn ; et Akhilleus le proposa en prix aux plus habiles coureurs dans les jeux funèbres de son ami. Puis, il offrit un bœuf énorme et très-gras ; puis, enfin, un demi talent d'or. Et, debout, il dit au milieu des Argiens :

— Qu'ils se lèvent, ceux qui veulent combattre pour ce prix.

Il parla ainsi, et, aussitôt, le rapide Aias, fils d'Oileus, se leva ; puis le sage Odysseus, puis Antilokhos, fils de Nestôr. Et celui-ci dépassait tous les jeunes hommes à la course. Ils se placèrent de front, et Akhilleus leur montra le but, et ils se précipitèrent. L'Oiliade les devançait tous ; puis, venait le divin Odysseus. Autant la navette qu'une belle femme manie habilement, approche de son sein, quand elle tire le fil à elle, autant Odysseus était proche d'Aias, mettant ses pieds dans les pas de celui-ci, avant que leur poussière se fût élevée. Ainsi le divin Odysseus chauffait de son souffle la tête d'Aias. Et tous les Akhaiens applaudissaient à son désir de la victoire et l'excitaient à courir. Et comme ils approchaient du but, Odysseus pria en lui-même Athènè aux yeux clairs :

— Exauce-moi, déesse ! soutiens-moi heureusement dans ma course.

Il parla ainsi ; et Pallas Athènè, l'exauçant, rendit ses membres plus agiles et ses pieds plus légers. Et comme ils revenaient aux prix, Athènè poussa Aias qui tomba, en courant, là où s'était amassé le sang des bœufs mugissants qu'Akhilleus aux pieds rapides avait tués devant le corps de Patroklos ; et sa bouche et ses narines furent emplies de fumier et du sang des bœufs ; et le divin et patient Odysseus, le devançant, saisit le kratère d'argent. Et l'illustre Aias prit le bœuf ; et se tenant d'une main à l'une des cornes du bœuf sauvage, et rejetant le fumier de sa bouche, il dit au milieu des Argiens :

— Malheur à moi ! certes, la déesse Athènè a embarrassé mes pieds, elle qui accompagne et secourt toujours Odysseus, comme une mère.

Il parla ainsi, et tous, en l'entendant, se mirent à rire. Et Antilokhos enleva le dernier prix, et il dit en riant aux Argiens :

— Je vous le dis à tous, et vous le voyez, amis ; maintenant et toujours, les immortels honorent les vieillards. Aias est un peu plus âgé que moi ; mais Odysseus est de la génération des hommes anciens. Cependant, il a une verte vieillesse, et il est difficile à tous les Akhaiens, si ce n'est à Akhilleus, de lutter avec lui à la course.

Il parla ainsi, louant le Pèléiôn aux pieds rapides. Et Akhilleus lui répondit :

— Antilokhos, tu ne m'auras point loué en vain, et je te donnerai encore un autre demi-talent d'or.

Ayant ainsi parlé, il le lui donna, et Antilokhos le reçut avec joie. Puis, le Pèléide déposa dans l'enceinte une longue lance, un bouclier et un casque ; et c'étaient les armes que Patroklos avait enlevées à Sarpèdôn. Et, debout, il dit au milieu des Argiens :

— Que deux guerriers, parmi les plus braves, et couverts de leurs armes d'airain, combattent devant la foule. À celui qui, atteignant le premier le corps de l'autre, aura fait couler le sang noir à travers les armes, je donnerai cette belle épée Thrèkienne, aux clous d'argent, que j'enlevai à Astéropaios. Quant à ces armes, elles seront communes ; et je leur offrirai à tous deux un beau repas dans mes tentes.

Il parla ainsi, et, aussitôt, le grand Télamônien Aias se leva ; et, après lui, le brave Diomèdès Tydéide se leva aussi. Et tous deux, à l'écart, s'étant armés, se présentèrent au milieu de tous, prêts à combattre et se regardant avec des yeux terribles. Et la terreur saisit tous les Akhaiens. Et quand les héros se furent rencontrés, trois fois, se jetant l'un sur l'autre, ils s'attaquèrent ardemment. Aias perça le bouclier de Diomèdès, mais il n'atteignit point le corps que protégeait la cuirasse. Et le Tydéide dirigea la pointe de sa lance, au-dessus du grand bouclier, près du cou ; mais les Akhaiens, craignant pour Aias, firent cesser le combat et leur donnèrent des prix égaux. Cependant le héros Akhilleus donna au Tydéide la grande épée, avec la gaîne et le riche baudrier.

Puis, le Pèléide déposa un disque de fer brut que lançait autrefois la force immense d'Êétiôn. Et le divin Akhilleus aux pieds rapides, ayant tué Eétiôn, avait emporté cette masse dans ses nefs, avec d'autres richesses. Et, debout, il dit au milieu des Argiens :

— Qu'ils se lèvent, ceux qui veulent tenter ce combat. Celui qui possédera ce disque, s'il a des champs fertiles qui s'étendent au loin, ne manquera point de fer pendant cinq années entières. Ni ses bergers, ni ses laboureurs n'iront en acheter à la ville, car ce disque lui en fournira.

Il parla ainsi, et le belliqueux Polypoitès se leva ; et, après lui, la force du divin Léonteus ; puis, Aias Télamôniade, puis le divin Épéios. Et ils prirent place ; et le divin Épéios saisit le disque, et, le faisant tourner, le lança ; et tous les Akhaiens se mirent à rire. Le second qui le lança fut Léonteus, rejeton d'Arès. Le troisième fut le grand Télamônien Aias qui, de sa main vigoureuse, le jeta bien au-delà des autres. Mais quand le belliqueux Polypoitès l'eut saisi, il le lança plus loin que tous, de l'espace entier que franchit le bâton recourbé d'un bouvier, que celui-ci fait voler à travers les vaches vagabondes.

Et les Akhaiens poussèrent des acclamations, et les compagnons du brave Polypoitès emportèrent dans les nefs creuses le prix de leur roi.

Puis, le Pèléide déposa, pour les archers habiles, dix grandes haches à deux tranchants et dix petites haches, toutes en fer. Et il fit dresser dans l'enceinte le mât noir d'une nef éperonnée ; et, au sommet du mât, il fit lier par un lien léger une colombe tremblante, but des flèches :

— Celui qui atteindra la colombe emportera les haches à deux tranchants dans sa tente ; et celui qui, moins adroit, et manquant l'oiseau, aura coupé le lien, emportera les petites haches.

Il parla ainsi, et le prince Teukros se leva aussitôt ; et après lui, Mèrionès, brave compagnon d'Idoméneus, se leva aussi. Et les sorts ayant été remués dans un casque d'airain, celui de Teukros parut le premier. Et, aussitôt, il lança une flèche avec vigueur, oubliant de vouer à l'archer Apollôn une illustre hécatombe d'agneaux premiers-nés. Et il manqua l'oiseau car Apollôn lui envia cette gloire ; mais il atteignit, auprès du pied, le lien qui retenait l'oiseau ; et la flèche amère trancha le lien, et la colombe s'envola dans l'Ouranos, tandis que le lien retombait. Et les Akhaiens poussèrent des acclamations. Mais, aussitôt, Mèrionès, saisissant l'arc de la main de Teukros, car il tenait la flèche prête, voua à l'archer Apollôn une illustre hécatombe d'agneaux premiers-nés, et, tandis que la colombe montait en tournoyant vers les hautes nuées, il l'atteignit sous l'aile. Le trait la traversa et revint s'enfoncer en terre aux pieds de Mèrionès ; et l'oiseau tomba le long du mât noir de la nef éperonnée, le cou pendant, et les plumes éparses, et son âme s'envola de son corps. Et tous furent saisis d'admiration. Et Mèrionés prit les dix haches à deux tranchants, et Teukros emporta les petites haches dans sa tente.

Puis, le Pèléide déposa une longue lance et un vase neuf et orné, du prix d'un bœuf ; et ceux qui devaient lancer la pique se levèrent. Et l'Atréide Agamemnôn qui commande au loin se leva ; et Mèrionès, brave compagnon d'Idoménoue, se leva aussi. Mais le divin et rapide Akhilleus leur dit :

— Atréide, nous savons combien tu l'emportes sur tous par ta force et ton habileté à la lance. Emporte donc ce prix dans tes nefs creuses. Mais, si tu le veux, et tel est mon désir, donne cette lance au héros Mèrionès.

Il parla ainsi, et le roi des hommes Agamemnôn y consentit. Et Akhilleus donna la lance d'airain à Mèrionés, et le roi Atréide remit le vase magnifique au héraut Talthybios.

RHAPSODIE XXIV.

Et les luttes ayant pris fin, les peuples se dispersèrent, rentrant dans les nefs, afin de prendre leur repas et de jouir du doux sommeil. Mais Akhilleus pleurait, se souvenant de son cher compagnon ; et le sommeil qui dompte tout ne le saisissait pas. Et il se tournait çà et là, regrettant la force de Patroklos et son cœur héroïque. Et il se souvenait des choses accomplies et des maux soufferts ensemble, et de tous leurs combats en traversant la mer dangereuse. Et, à ce souvenir, il versait des larmes, tantôt couché sur le côté, tantôt sur le dos, tantôt le visage contre terre. Puis, il se leva brusquement, et, plein de tristesse, il erra sur le rivage de la mer. Et les premières lueurs d'Éôs s'étant répandues sur les flots et sur les plages, il attela ses chevaux rapides, et, liant Hektôr derrière le char, il le traîna trois fois autour du tombeau du Ménoitiade. Puis, il rentra de nouveau dans sa tente pour s'y reposer, et il laissa Hektôr étendu, la face dans la poussière.

Mais Apollôn, plein de pitié pour le guerrier sans vie, éloignait du corps toute souillure et le couvrait tout entier de l'aigide d'or, afin que le Pèléide, en le traînant, ne le déchirât point. C'est ainsi que, furieux, Akhilleus outrageait Hektôr ; et les dieux heureux qui le regardaient en avaient pitié, et ils excitaient le vigilant tueur d'Argos à l'enlever. Et ceci plaisait à tous les dieux, sauf à Hèrè, à Poseidaôn et à la vierge aux yeux clairs, qui, tous trois, gardaient leur ancienne haine pour la sainte Ilios, pour Priamos et son peuple, à cause de l'injure d'Alexandros qui méprisa les déesses quand elles vinrent dans sa cabane, où il couronna celle qui le remplit d'un désir funeste.

Et quand Éôs se leva pour la douzième fois, Phoibos Apollôn parla ainsi au milieu des immortels :

— Ô dieux ! vous êtes injustes et cruels. Pour vous, naguère, Hektôr ne brûlait-il pas les cuisses des bœufs et des meilleures chèvres ? Et, maintenant, vous ne voulez pas même rendre son cadavre à sa femme, à sa mère, à son fils, à son père Priamos et à ses peuples, pour qu'ils le revoient et qu'ils le brûlent, et qu'ils accomplissent ses funérailles. Ô dieux ! vous ne voulez protéger que le féroce Akhilleus dont les desseins sont haïssables, dont le cœur est inflexible dans sa poitrine, et qui est tel qu'un lion excité par sa grande force et par sa rage, qui se jette sur les troupeaux des hommes pour les dévorer. Ainsi Akhilleus a perdu toute compassion, et cette honte qui perd ou qui aide les hommes. D'autres aussi peuvent perdre quelqu'un qui leur est très-cher, soit un frère, soit un fils ; et ils pleurent et gémissent, puis ils se consolent, car les moires ont donné aux hommes un esprit patient. Mais lui, après avoir privé le divin Hektôr de sa chère âme, l'attachant à son char, il le traîne autour du tombeau de son compagnon. Cela n'est ni bon, ni juste. Qu'il craigne, bien que très-brave, que nous nous irritions contre lui, car, dans sa fureur, il outrage une poussière insensible.

Et, pleine de colère, Hèrè aux bras blancs lui répondit :

— Tu parles bien, archer, si on accorde des honneurs égaux à Akhilleus et à Hektôr. Mais le Priamide a sucé la mamelle d'une femme mortelle, tandis qu'Akhilleus est né d'une déesse que j'ai nourrie moi-même et élevée avec tendresse, et que j'ai unie au guerrier Pèleus cher aux immortels. Vous avez tous assisté à leurs noces, ô dieux ! et tu as pris part au festin, tenant ta kithare, toi, protecteur des mauvais, et toujours perfide.

Et Zeus qui amasse les nuées, lui répondant, parla ainsi :

— Hèrè, ne t'irrite point contre les dieux. Un honneur égal ne sera point fait à ces deux héros ; mais Hektôr était le plus cher aux dieux parmi les hommes qui sont dans Ilios. Et il m'était cher à moi-même, car il n'oublia jamais les dons qui me sont agréables, et jamais il n'a laissé mon autel manquer d'un repas abondant, de libations et de parfums, car nous avons ces honneurs en partage. Mais, certes, nous ne ferons point enlever furtivement le brave Hektôr, ce qui serait honteux, car Akhilleus serait averti par sa mère qui est auprès de lui nuit et jour. Qu'un des dieux appelle Thétis auprès de moi, et je lui dirai de sages paroles, afin qu'Akhilleus reçoive les présents de Priamos et rende Hektôr.

Il parla ainsi, et la messagère Iris aux pieds tourbillonnants partit. Entre Samos et Imbros, elle sauta dans la noire mer qui retentit. Et elle s'enfonça dans les profondeurs comme le plomb qui, attaché à la corne d'un bœuf sauvage, descend, portant la mort aux poissons voraces. Et elle trouva Thétis dans sa grotte creuse ; et autour d'elle les déesses de la mer étaient assises en foule. Et là, Thétis pleurait la destinée de son fils irréprochable qui devait mourir devant la riche Troiè, loin de sa patrie. Et, s'approchant, la rapide Iris lui dit :

— Lève-toi, Thétis. Zeus aux desseins éternels t'appelle.

Et la déesse Thétis aux pieds d'argent lui répondit :

— Pourquoi le grand dieu m'appelle-t-il ? Je crains de me mêler aux immortels, car je subis d'innombrables douleurs. J'irai cependant, et, quoi qu'il ait dit, il n'aura point parlé en vain.

Ayant ainsi parlé, la noble déesse prit un voile bleu, le plus sombre de tous, et se hâta de partir. Et la rapide Iris aux pieds aériens allait devant. Et l'eau de la mer s'entrouvrit devant elles ; et, montant sur le rivage, elles s'élancèrent dans l'Ouranos. Et elles trouvèrent là le Kronide au large regard, et, autour de lui, les éternels dieux heureux, assis et rassemblés. Et Thétis s'assit auprès du père Zeus, Athènè lui ayant cédé sa place. Hèrè lui mit en main une belle coupe d'or, en la consolant ; et Thétis, ayant bu, la lui rendit. Et le père des dieux et des hommes parla le premier :

— Déesse Thétis, tu es venue dans l'Olympos malgré ta tristesse, car je sais que tu as dans le cœur une douleur insupportable. Cependant, je te dirai pourquoi je t'ai appelée. Depuis neuf jours une dissension s'est élevée entre les immortels à cause du cadavre de Hektôr, et d'Akhilleus destructeur de citadelles. Les dieux excitaient le vigilant tueur d'Argos à enlever le corps du Priamide ; mais je protège la gloire d'Akhilleus, car j'ai gardé mon respect et mon amitié pour toi. Va donc promptement à l'armée des Argiens, et donne des ordres à ton fils. Dis-lui que les dieux sont irrités, et que moi-même, plus que tous, je suis irrité contre lui, parce que, dans sa fureur, il retient Hektôr auprès des nefs aux poupes recourbées. S'il me redoute, qu'il le rende. Cependant, j'enverrai Iris au magnanime Priamos afin que, se rendant aux nefs des Akhaiens, il rachète son fils bien-aimé, et qu'il porte des présents qui fléchissent le cœur d'Akhilleus.

Il parla ainsi, et la déesse Thétis aux pieds d'argent obéit. Et, descendant à la hâte du faîte de l'Olympos, elle parvint à la tente de son fils, et elle l'y trouva gémissant. Et, autour de lui, ses compagnons préparaient activement le repas. Et une grande brebis laineuse avait été tuée sous la tente. Et, auprès d'Akhilleus, s'assit la mère vénérable. Et, le caressant de la main, elle lui dit :

— Mon enfant, jusques à quand, pleurant et gémissant, consumeras-tu ton cœur, oubliant de manger et de dormir ? Cependant il est doux de s'unir par l'amour à une femme. Je ne te verrai pas longtemps vivant ; voici venir la mort et la moire toute-puissante. Mais écoute, car je te suis envoyée par Zeus. Il dit que tous les dieux sont irrités contre toi, et que, plus que tous les immortels, il est irrité aussi, parce que, dans ta fureur, tu retiens Hektôr auprès des nefs éperonnées, et que tu ne le renvoies point. Rends-le donc, et reçois le prix de son cadavre.

Et Akhilleus aux pieds rapides, lui répondant, parla ainsi :

— Qu'on apporte donc des présents et qu'on emporte ce cadavre, puisque l'Olympien lui-même le veut.

Et, auprès des nefs, la mère et le fils se parlaient ainsi en paroles rapides. Et le Kronide envoya Iris vers la sainte Ilios :

— Va, rapide Iris. Quitte ton siége dans l'Olympos, et ordonne, dans Ilios, au magnanime Priamos qu'il aille aux nefs des Akhaiens afin de racheter son fils bien-aimé, et qu'il porte à Akhilleus des présents qui fléchissent son cœur. Qu'aucun autre Troien ne le suive, sauf un héraut vénérable qui conduise les mulets et le char rapide, et ramène vers la ville le cadavre de Hektôr que le divin Akhilleus a tué. Et qu'il n'ait ni inquiétude, ni terreur. Nous lui donnerons pour guide le tueur d'Argos qui le conduira jusqu'à Akhilleus. Et quand il sera entré dans la tente d'Akhilleus, celui-ci ne le tuera point, et même il le
défendra contre tous, car il n'est ni violent, ni insensé, ni impie, et il respectera un suppliant.

Il parla ainsi, et la messagère Iris aux pieds tourbillonnants s'élança et parvint aux demeures de Priamos, pleines de gémissements et de deuil. Et les fils étaient assis dans la cour autour de leur père, et ils trempaient de larmes leurs vêtements. Et, au milieu d'eux, le vieillard s'enveloppait dans son manteau, et sa tête blanche et ses épaules étaient souillées de la cendre qu'il y avait répandue de ses mains, en se roulant sur la terre. Et ses filles et ses belles-filles se lamentaient par les demeures, se souvenant de tant de braves guerriers tombés morts sous les mains des Argiens. Et la messagère de Zeus, s'approchant de Priamos, lui parla à voix basse, car le tremblement agitait les membres du vieillard :

— Rassure-toi, Priamos Dardanide, et ne tremble pas. Je ne viens point t'annoncer de malheur, mais une heureuse nouvelle. Je suis envoyée par Zeus qui, de loin, prend souci de toi et te plaint. L'Olympien t'ordonne de racheter le divin Hektôr, et de porter à Akhilleus des présents qui fléchissent son cœur. Qu'aucun autre Troien ne te suive, sauf un héraut vénérable qui conduise les mulets et le char rapide, et ramène vers la ville le cadavre de Hektôr que le divin Akhilleus a tué. N'aie ni inquiétude, ni terreur. Le tueur d'Argos sera ton guide et il te conduira jusqu'à Akhilleus. Et quand il t'aura mené dans la tente d'Akhilleus, celui-ci ne te tuera point, et même il te défendra contre tous, car il n'est ni violent, ni insensé, ni impie, et il respectera un suppliant.

Ayant ainsi parlé, la rapide Iris partit. Et Priamos ordonna à ses fils d'atteler les mulets au char, et d'y attacher une corbeille. Et il se rendit dans la chambre nuptiale, parfumée, en bois de cèdre, et haute, et qui contenait beaucoup de choses admirables. Et il appela sa femme Hékabè, et il lui dit :

— Ô chère ! un messager oympien m'est venu de Zeus, afin qu'allant aux nefs des Akhaiens, je rachète mon fils bien-aimé, et que je porte à Akhilleus des présents qui fléchissent son cœur. Dis-moi ce que tu penses dans ton esprit. Pour moi, mon courage et mon cœur me poussent vers les nefs et la grande armée des Akhaiens.

Il parla ainsi, et la femme se lamenta et répondit :

— Malheur à moi ! Tu as perdu cette prudence qui t'a illustré parmi les étrangers et ceux auxquels tu commandes. Tu veux aller seul vers les nefs des Akhaiens, et rencontrer cet homme qui t'a tué tant de braves enfants ! Sans doute ton cœur est de fer. Dès qu'il t'aura vu et saisi, cet homme féroce et sans foi n'aura point pitié de toi et ne te respectera point, et nous te pleurerons seuls dans nos demeures. Lorsque la Moire puissante reçut Hektôr naissant dans ses langes, après que je l'eus enfanté, elle le destina à rassasier les chiens rapides, loin de ses parents, sous les yeux d'un guerrier féroce. Que ne puis-je, attachée à cet homme, lui manger le cœur ! Alors seraient expiés les maux de mon fils qui, cependant, n'est point mort en lâche, et qui, sans rien craindre et sans fuir, a combattu jusqu'à la fin pour les Troiens et les Troiennes.

Et le divin vieillard Priamos lui répondit :

— Ne tente point de me retenir, et ne sois point dans nos demeures un oiseau de mauvais augure. Si quelque homme terrestre m'avait parlé, soit un divinateur, soit un hiérophante, je croirais qu'il a menti, et je ne l'écouterais point ; mais j'ai vu et entendu une déesse, et je pars, car sa parole s'accomplira. Si ma destinée est de périr auprès des nefs des Akhaiens aux tuniques d'airain, soit ! Akhilleus me tuera ; tandis que je me rassasierai de sanglots en embrassant mon fils.

Il parla ainsi, et il ouvrit les beaux couvercles de ses coffres. Et il prit douze péplos magnifiques, douze couvertures simples, autant de tapis, autant de beaux manteaux et autant de tuniques. Il prit dix talents pesant d'or, deux trépieds éclatants, quatre vases et une coupe magnifique que les guerriers thrèkiens lui avaient donnée, présent merveilleux, quand il était allé en envoyé chez eux. Mais le vieillard en priva ses demeures, désirant dans son cœur racheter son fils. Et il chassa loin du portique tous les Troiens, en leur adressant ces paroles injurieuses :

— Allez, misérables couverts d'opprobre ! N'avez-vous point de deuil dans vos demeures ? Pourquoi vous occupez-vous de moi ? Vous réjouissez-vous des maux dont le Kronide Zeus m'accable, et de ce que j'ai perdu mon fils excellent ? Vous en sentirez aussi la perte, car, maintenant qu'il est mort, vous serez une proie plus facile pour les Akhaiens. Pour moi avant de voir de mes yeux la ville renversée et saccagée, je descendrai dans les demeures d'Aidès !

Il parla ainsi, et de son sceptre il repoussait les hommes, et ceux-ci se retiraient devant le vieillard qui les chassait. Et il appelait ses fils avec menace, injuriant Hélénos et Pâris, et le divin Agathôn, et Pammôn, et Antiphôn, et le brave Politès, et Dèiphobos, et Hippothoos, et le divin Aganos. Et le vieillard, les appelant tous les neuf, leur commandait rudement :

— Hâtez-vous, misérables et infâmes enfants ! Plût aux dieux que tous ensemble, au lieu de Hektôr, vous fussiez tombés devant les nefs rapides ! Malheureux que je suis ! J'avais engendré, dans la grande Troiè, des fils excellents, et pas un d'entre eux ne m'est resté, ni l'illustre Mèstôr, ni Trôilos dompteur de chevaux, ni Hektôr qui était comme un dieu parmi les hommes, et qui ne semblait pas être le fils d'un homme, mais d'un dieu. Arès me les a tous enlevés, et il ne me reste que des lâches, des menteurs, des sauteurs qui ne sont habiles qu'aux danses, des voleurs publics d'agneaux et de chevreaux ! Ne vous hâterez-vous point de me préparer ce char ? N'y placerez-vous point toutes ces choses, afin que je parte ?

Il parla ainsi, et, redoutant les menaces de leur père, ils amenèrent le beau char neuf, aux roues solides, attelé de mulets, et ils y attachèrent une corbeille. Et ils prirent contre la muraille le joug de buis, bossué et garni d'anneaux ; et ils prirent aussi les courroies du timon, longues de neuf coudées, qu'ils attachèrent au bout du timon poli en les passant dans l'anneau. Et ils les lièrent trois fois autour du bouton ; puis, les réunissant, ils les fixèrent par un nœud. Et ils apportèrent de la chambre nuptiale les présents infinis destinés au rachat de Hektôr, et ils les amassèrent sur le char. Puis, ils mirent sous le joug les mulets aux sabots solides que les Mysiens avaient autrefois donnés à Priamos. Et ils amenèrent aussi à Priamos les chevaux que le vieillard nourrissait lui-même à la crèche polie. Et, sous les hauts portiques, le héraut et Priamos, tous deux pleins de prudence, les attelèrent.

Puis, Hékabè, le cœur triste, s'approcha d'eux, portant de sa main droite un doux vin dans une coupe d'or, afin qu'ils fissent des libations. Et, debout devant les chevaux, elle dit à Priamos :

— Prends, et fais des libations au père Zeus, et prie-le, afin de revenir dans tes demeures du milieu des ennemis, puisque ton cœur te pousse vers les nefs, malgré moi. Supplie le Kroniôn Idaien qui amasse les noires nuées et qui voit toute la terre d'Ilios. Demande-lui d'envoyer à ta droite celui des oiseaux qu'il aime le mieux, et dont la force est la plus grande ; et, le voyant de tes yeux, tu marcheras, rassuré, vers les nefs des cavaliers Danaens. Mais si Zeus qui tonne au loin ne t'envoie point ce signe, je ne te conseille point d'aller vers les nefs des Argiens, malgré ton désir.

Et Priamos semblable à un dieu, lui répondant, parla ainsi :

— Ô femme, je ne repousserai point ton conseil. Il est bon d'élever ses mains vers Zeus, afin qu'il ait pitié de nous.

Le vieillard parla ainsi, et il ordonna à une servante de verser une eau pure sur ses mains. Et la servante apporta le bassin et le vase. Et Priamos, s'étant lavé les mains, reçut la coupe de Hékabè ; et, priant, debout au milieu de la cour, il répandit le vin, regardant l'Ouranos et disant :

— Père Zeus, qui règnes sur l'Ida, très-glorieux, très-grand, accorde-moi de trouver grâce devant Akhilleus et de lui inspirer de la compassion. Envoie à ma droite celui de tous les oiseaux que tu aimes le mieux, et dont la force est la plus grande, afin que, le voyant de mes yeux, je marche, rassuré, vers les nefs des cavaliers Danaens.

Il parla ainsi en priant, et le sage Zeus l'entendit, et il envoya le plus véridique des oiseaux, l'aigle noir, le chasseur, celui qu'on nomme le tacheté. Autant s'ouvrent les portes de la demeure d'un homme riche, autant s'ouvraient ses deux ailes. Et il apparut, volant à droite au-dessus de la ville ; et tous se réjouirent de le voir, et leur cœur fût joyeux dans leurs poitrines.

Et le vieillard monta aussitôt sur le beau char, et il le poussa hors du vestibule et du portique sonore. Et les mulets traînaient d'abord le char aux quatre roues, et le sage Idaios les conduisait. Puis, venaient les chevaux que Priamos excitait du fouet, et tous l'accompagnaient par la ville, en gémissant, comme s'il allait à la mort. Et quand il fut descendu d'Ilios dans la plaine, tous revinrent dans la ville, ses fils et ses gendres.

Et Zeus au large regard, les voyant dans la plaine, eut pitié du vieux Priamos, et, aussitôt, il dit à son fils bien-aimé Herméias :

— Herméias, puisque tu te plais avec les hommes et que tu peux exaucer qui tu veux, va ! conduis Priamos aux nefs creuses des Akhaiens, et fais qu'aucun des Danaens ne l'aperçoive avant qu'il parvienne au Pèléide.

Il parla ainsi, et le messager tueur d'Argos obéit. Et aussitôt il attacha à ses talons de belles ailes immortelles et d'or qui le portaient sur la mer et sur la terre immense comme le souffle du vent. Et il prit la verge qui, selon qu'il le veut, ferme les paupières des hommes ou les éveille. Et, la tenant à la main, l'illustre tueur d'Argos s'envola et parvint aussitôt à Troiè et au Hellespontos. Et il s'approcha, semblable à un jeune homme royal dans la fleur de sa belle jeunesse.

Et les deux vieillards, ayant dépassé la grande tombe d'Ilos, arrêtèrent les mulets et les chevaux pour les faire boire au fleuve. Et déjà l'ombre du soir se répandait sur la terre. Et le héraut aperçut Herméias, non loin, et il dit à Priamos :

— Prends garde, Dardanide ! Ceci demande de la prudence. Je vois un homme, et je pense que nous allons périr. Fuyons promptement avec les chevaux, ou supplions-le en embrassant ses genoux. Peut-être aura-t-il pitié de nous.

Il parla ainsi et l'esprit de Priamos fut troublé, et il eut peur, et ses cheveux se tinrent droits sur sa tête courbée, et il resta stupéfait. Mais Herméias, s'approchant, lui prit la main et l'interrogea ainsi :

— Père, où mènes-tu ces chevaux et ces mulets, dans la nuit solitaire, tandis que tous les autres hommes dorment ? Ne crains-tu pas les Akhaiens pleins de force, ces ennemis redoutables qui sont près de toi ? Si quelqu'un d'entre eux te rencontrait par la nuit noire et rapide, emmenant tant de richesses, que ferais-tu ? C'est un vieillard qui te suit, et tu n'es plus assez jeune pour repousser un guerrier qui vous attaquerait. Mais, loin de te nuire, je te préserverai de tout mal, car tu me sembles mon père bien-aimé.

Et le vieux et divin Priamos lui répondit :

— Mon cher fils, tu as dit la vérité. Mais un des dieux me protège encore, puisqu'il envoie heureusement sur mon chemin un guide tel que toi. Ton corps et ton visage sont beaux, ton esprit est sage, et tu es né de parents heureux.

Et le messager, tueur d'Argos, lui répondit :

— Vieillard, tu n'as point parlé au hasard. Mais réponds, et dis la vérité. Envoies-tu ces trésors nombreux et précieux à des hommes étrangers, afin qu'on te les conserve ? ou, dans votre terreur, abandonnez-vous tous la sainte Ilios, car un guerrier illustre est mort, ton fils, qui, dans le combat, ne le cédait point aux Akhaiens ?

Et le vieux et divin Priamos lui répondit :

— Qui donc es-tu, ô excellent ! Et de quels parents es-tu né, toi qui parles si bien de la destinée de mon fils malheureux ?

Et le messager, tueur d'Argos, lui répondit :

— Tu m'interroges, vieillard, sur le divin Hektôr. Je l'ai vu souvent de mes yeux dans la mêlée glorieuse, quand, repoussant vers les nefs les Argiens dispersés, il les tuait de l'airain aigu. Immobiles, nous l'admirions ; car Akhilleus, irrité contre l'Atréide, ne nous permettait point de combattre. Je suis son serviteur, et la même nef bien construite nous a portés. Je suis un des Myrmidones et mon père est Polyktôr. Il est riche et vieux comme toi. Il a sept fils et je suis le septième. Ayant tiré au sort avec eux, je fus désigné pour suivre Akhilleus. J'allais maintenant des nefs dans la plaine. Demain matin les Akhaiens aux sourcils arqués porteront le combat autour de la ville. Ils se plaignent du repos, et les rois des Akhaiens ne peuvent retenir les guerriers avides de combattre.

Et le vieux et divin Priamos lui répondit :

— Si tu es le serviteur du Pèlèiade Akhilleus, dis-moi toute la vérité. Mon fils est-il encore auprès des nefs, ou déjà Akhilleus a-t-il tranché tous ses membres, pour les livrer à ses chiens ?

Et le messager, tueur d'Argos, lui répondit :

— Ô vieillard, les chiens ne l'ont point encore mangé, ni les oiseaux, mais il est couché devant la nef d'Akhilleus, sous la tente. Voici douze jours et le corps n'est point corrompu, et les vers, qui dévorent les guerriers tombés dans le combat, ne l'ont point mangé. Mais Akhilleus le traîne sans pitié autour du tombeau de son cher compagnon, dès que la divine Éôs reparaît, et il ne le flétrit point. Tu admirerais, si tu le voyais, combien il est frais. Le sang est lavé, il est sans aucune souillure, et toutes les blessures sont fermées que beaucoup de guerriers lui ont faites. Ainsi les dieux heureux prennent soin de ton fils, tout mort qu'il est, parce qu'il leur était cher.

Il parla ainsi, et le vieillard, plein de joie, lui répondit :

— Ô mon enfant, certes, il est bon d'offrir aux immortels les présents qui leur sont dus. Jamais mon fils, quand il vivait, n'a oublié, dans ses demeures, les dieux qui habitent l'Olympos, et voici qu'ils se souviennent de lui dans la mort. Reçois cette belle coupe de ma main, fais qu'on me rende Hektôr, et conduis-moi, à l'aide des dieux, jusqu'à la tente du Pèléide.

Et le messager, tueur d'Argos, lui répondit :

— Vieillard, tu veux tenter ma jeunesse, mais tu ne me persuaderas point de prendre tes dons à l'insu d'Akhilleus. Je le crains, en effet, et je le vénère trop dans mon cœur pour le dépouiller, et il m'en arriverait malheur. Mais je t'accompagnerais jusque dans l'illustre Argos, sur une nef rapide, ou à pied ; et aucun, si je te conduis, ne me bravera en t'attaquant.

Herméias, ayant ainsi parlé, sauta sur le char, saisit le fouet et les rênes et inspira une grande force aux chevaux et aux mulets. Et ils arrivèrent au fossé et aux tours des nefs, là où les gardes achevaient de prendre leur repas. Et le messager, tueur d'Argos, répandit le sommeil sur eux tous ; et, soulevant les barres, il ouvrit les portes, et il fit entrer Priamos et ses présents splendides dans le camp, et ils parvinrent à la grande tente du Pèlèiade. Et les Myrmidones l'avaient faite pour leur roi avec des planches de sapin, et ils l'avaient couverte d'un toit de joncs coupés dans la prairie. Et tout autour ils avaient fait une grande enceinte de pieux ; et la porte en était fermée par un seul tronc de sapin, barre énorme que trois hommes, les Akhaiens, ouvraient et fermaient avec peine, et que le Pèléide soulevait seul. Le bienveillant Herméias la retira pour Priamos, et il conduisit le vieillard dans l'intérieur de la cour, avec les illustres présents destinés à Akhilleus aux pieds rapides. Et il sauta du char sur la terre, et il dit :

— Ô vieillard, je suis Herméias, un dieu immortel, et Zeus m'a envoyé pour te conduire. Mais je vais te quitter, et je ne me montrerai point aux yeux d'Akhilleus, car il n'est point digne d'un Immortel de protéger ainsi ouvertement les mortels. Toi, entre, saisis les genoux du Pèléiôn et supplie-le au nom de son père, de sa mère vénérable et de son fils, afin de toucher son cœur.

Ayant ainsi parlé, Herméias monta vers le haut Olympos ; et Priamos sauta du char sur la terre, et il laissa Idaios pour garder les chevaux et les mulets, et il entra dans la tente où Akhilleus cher à Zeus était assis. Et il le trouva. Ses compagnons étaient assis à l'écart ; et seuls, le héros Automédôn et le nourrisson d'Arès Alkimos le servaient. Déjà il avait cessé de manger et de boire, et la table était encore devant lui. Et le grand Priamos entra sans être vu d'eux, et, s'approchant, il entoura de ses bras les genoux d'Akhilleus, et il baisa les mains terribles et meurtrières qui lui avaient tué tant de fils.

Quand un homme a encouru une grande peine, ayant tué quelqu'un dans sa patrie, et quand, exilé chez un peuple étranger, il entre dans une riche demeure, tous ceux qui le voient restent stupéfaits. Ainsi Akhilleus fut troublé en voyant le divin Priamos ; et les autres, pleins d'étonnement, se regardaient entre eux. Et Priamos dit ces paroles suppliantes :

— Souviens-toi de ton père, ô Akhilleus égal aux dieux ! Il est de mon âge et sur le seuil fatal de la vieillesse. Ses voisins l'oppriment peut-être en ton absence, et il n'a personne qui écarte loin de lui l'outrage et le malheur ; mais, au moins, il sait que tu es vivant, et il s'en réjouit dans son cœur, et il espère tous les jours qu'il verra son fils bien-aimé de retour d'Ilios. Mais, moi, malheureux ! qui ai engendré des fils irréprochables dans la grande Troiè, je ne sais s'il m'en reste un seul. J'en avais cinquante quand les Akhaiens arrivèrent. Dix-neuf étaient sortis du même sein, et plusieurs femmes avaient enfanté les autres dans mes demeures. L'impétueux Arès a rompu les genoux du plus grand nombre. Un seul défendait ma ville et mes peuples, Hektôr, que tu viens de tuer tandis qu'il combattait pour sa patrie. Et c'est pour lui que je viens aux nefs des Akhaiens ; et je t'apporte, afin de le racheter, des présents infinis. Respecte les dieux, Akhilleus, et, te souvenant de ton père, aie pitié de moi qui suis plus malheureux que lui, car j'ai pu, ce qu'aucun homme n'a encore fait sur la terre, approcher de ma bouche les mains de celui qui a tué mes enfants !

Il parla ainsi, et il remplit Akhilleus du regret de son père. Et le Pèlèiade, prenant le vieillard par la main, le repoussa doucement. Et ils se souvenaient tous deux ; et Priamos, prosterné aux pieds d'Akhilleus, pleurait de toutes ses larmes le tueur d'hommes Hektôr ; et Akhilleus pleurait son père et Patroklos, et leurs gémissements retentissaient sous la tente.

Puis, le divin Akhilleus, s'étant rassasié de larmes, sentit sa douleur s'apaiser dans sa poitrine, et il se leva de son siége ; et plein de pitié pour cette tête et cette barbe blanche, il releva le vieillard de sa main et lui dit ces paroles ailées :

— Ah ! malheureux ! Certes, tu as subi des peines sans nombre dans ton cœur. Comment as-tu osé venir seul vers les nefs des Akhaiens et soutenir la vue de l'homme qui t'a tué tant de braves enfants ? Ton cœur est de fer. Mais prends ce siége, et, bien qu'affligés, laissons nos douleurs s'apaiser, car le deuil ne nous rend rien. Les dieux ont destiné les misérables mortels à vivre pleins de tristesse, et, seuls, ils n'ont point de soucis. Deux tonneaux sont au seuil de Zeus, et l'un contient les maux, et l'autre les biens. Et le foudroyant Zeus, mêlant ce qu'il donne, envoie tantôt le mal et tantôt le bien. Et celui qui n'a reçu que des dons malheureux est en proie à l'outrage, et la mauvaise faim le ronge sur la terre féconde, et il va çà et là, non honoré des Dieux ni des hommes. Ainsi les dieux firent à Pèleus des dons illustres dès sa naissance, et plus que tous les autres hommes il fut comblé de félicités et de richesses, et il commanda aux Myrmidones, et, mortel, il fut uni à une déesse. Mais les dieux le frappèrent d'un mal : il fut privé d'une postérité héritière de sa puissance, et il n'engendra qu'un fils qui doit bientôt mourir et qui ne soignera point sa vieillesse ; car, loin de ma patrie, je reste devant Troiè, pour ton affliction et celle de tes enfants. Et toi-même, vieillard, nous avons appris que tu étais heureux autrefois, et que sur toute la terre qui va jusqu'à Lesbos de Makar, et, vers le nord, jusqu'à la Phrygiè et le large Hellespontos, tu étais illustre ô vieillard, par tes richesses et par tes enfants. Et voici que les dieux t'ont frappé d'une calamité, et, depuis la guerre et le carnage, des guerriers environnent ta ville. Sois ferme, et ne te lamente point dans ton cœur sur l'inévitable destinée. Tu ne feras point revivre ton fils par tes gémissements. Crains plutôt de subir d'autres maux.

Et le vieux et divin Priamos lui répondit :

— Ne me dis point de me reposer, ô nourrisson de Zeus, tant que Hektôr est couché sans sépulture devant tes tentes. Rends-le-moi promptement, afin je le voie de mes yeux, et reçois les présents nombreux que nous te portons. Puisses-tu en jouir et retourner dans la terre de ta patrie, puisque tu m'as laissé vivre et voir la lumière de Hélios.

Et Akhilleus aux pieds rapides, le regardant d'un œil sombre, lui répondit :

— Vieillard, ne m'irrite pas davantage. Je sais que je dois te rendre Hektôr. La mère qui m'a enfanté, la fille du Vieillard de la mer, m'a été envoyée par Zeus. Et je sais aussi, Priamos, et tu n'as pu me cacher, qu'un des dieux t'a conduit aux nefs rapides des Akhaiens. Aucun homme, bien que jeune et brave, n'eût osé venir jusqu'au camp. Il n'eût point échappé aux gardes, ni soulevé aisément les barrières de nos portes. Ne réveille donc point les douleurs de mon âme. Bien que je t'aie reçu, vieillard, comme un suppliant sous mes tentes, crains que je viole les ordres de Zeus et que je te tue.

Il parla ainsi, et le vieillard trembla et obéit. Et le Pèléide sauta comme un lion hors de la tente. Et il n'était point seul, et deux serviteurs le suivirent, le héros Automédôn et Alkimos. Et Akhilleus les honorait entre tous ses compagnons depuis la mort de Patroklos. Et ils dételèrent les chevaux et les mulets, et ils firent entrer le héraut de Priamos et lui donnèrent un siége. Puis ils enlevèrent du beau char les présents infinis qui rachetaient Hektôr ; mais ils y laissèrent deux manteaux et une riche tunique pour envelopper le cadavre qu'on allait emporter dans Ilios.

Et Akhilleus, appelant les femmes, leur ordonna de laver le cadavre et de le parfumer à l'écart, afin que Priamos ne vît point son fils, et de peur qu'en le voyant, le père ne pût contenir sa colère dans son cœur irrité, et qu'Akhilleus, furieux, le tuât, en violant les ordres de Zeus. Et après que les femmes, ayant lavé et parfumé le cadavre, l'eurent enveloppé du beau manteau et de la tunique, Akhilleus le souleva lui-même du lit funèbre, et, avec l'aide de ses compagnons, il le plaça sur le beau char. Puis, il appela en gémissant son cher compagnon :

— Ne t'irrite point contre moi, Patroklos, si tu apprends, chez Aidès, que j'ai rendu le divin Hektôr à son père bien-aimé ; car il m'a fait des présents honorables, dont je te réserve, comme il est juste, une part égale.

Le divin Akhilleus, ayant ainsi parlé, rentra dans sa tente. Et il reprit le siége poli qu'il occupait en face de Priamos, et il lui dit : — Ton fils t'est rendu, vieillard, comme tu l'as désiré. Il est couché sur un lit. Tu le verras et tu l'emporteras au retour d'Éôs. Maintenant, songeons au repas. Niobè aux beaux cheveux elle-même se souvint de manger après que ses douze enfants eurent péri dans ses demeures, six filles et autant de fils florissants de jeunesse. Apollôn, irrité contre Niobè, tua ceux-ci de son arc d'argent ; et Artémis qui se réjouit de ses flèches tua celles-là, parce que Niobè s'était égalée à Lètô aux belles joues, disant que la déesse n'avait conçu que deux enfants, tandis qu'elle en avait conçu de nombreux. Elle le disait, mais les deux enfants de Lètô tuèrent tous les siens. Et depuis neuf jours ils étaient couchés dans le sang, et nul ne les ensevelissait : le Kroniôn avait changé ces peuples en pierres ; mais, le dixième jour, les dieux les ensevelirent. Et, cependant, Niobè se souvenait de manger lorsqu'elle était fatiguée de pleurer. Et maintenant, au milieu des rochers et des montagnes désertes, sur le Sipylos, où sont les retraites des nymphes divines qui dansent autour de l'Akhélôios, bien que changée en pierre par les dieux, elle souffre encore. Allons, divin vieillard, mangeons. Tu pleureras ensuite ton fils bien-aimé, quand tu l'auras conduit dans Ilios. Là, il te fera répandre des larmes.

Le rapide Akhilleus parla ainsi, et, se levant, il tua une brebis blanche. Et ses compagnons, l'ayant écorchée, la préparèrent avec soin. Et, la coupant en morceaux, ils les fixèrent à des broches, les rôtirent et les retirèrent à temps. Et Automédôn, prenant le pain, le distribua sur la table dans de belles corbeilles. Et Akhilleus distribua lui-même les chairs. Tous étendirent les mains sur les mets qui étaient devant eux. Et quand ils n'eurent plus le désir de boire et de manger, le Dardanide Priamos admira combien Akhilleus était grand et beau et semblable aux dieux. Et Akhilleus admirait aussi le Dardanide Priamos, son aspect vénérable et ses sages paroles. Et, quand ils se furent admirés longtemps, le vieux et divin Priamos parla ainsi :

— Fais que je puisse me coucher promptement, nourrisson de Zeus, afin que je jouisse du doux sommeil ; car mes yeux ne se sont point fermés sous mes paupières depuis que mon fils a rendu l'âme sous tes mains. Je n'ai fait que me lamenter et subir des douleurs infinies, prosterné sur le fumier, dans l'enceinte de ma cour. Et je n'ai pris quelque nourriture, et je n'ai bu de vin qu'ici. Auparavant, je n'avais rien mangé.

Il parla ainsi, et Akhilleus ordonna à ses compagnons et aux femmes de préparer des lits sous le portique, et d'y étendre de belles étoffes pourprées, puis des tapis, et, par-dessus, des tuniques de laine. Et les femmes, sortant de la tente avec des torches aux mains, préparèrent aussitôt deux lits. Et alors Akhilleus aux pieds rapides dit avec bienveillance :

Tu dormiras hors de la tente, cher vieillard, de peur qu'un des Akhaiens, venant me consulter, comme ils en ont coutume, ne t'aperçoive dans la nuit noire et rapide. Et aussitôt il en avertirait le prince des peuples Agamemnôn, et peut-être que le rachat du cadavre serait retardé. Mais réponds-moi, et dis la vérité. Combien de jours désires-tu pour ensevelir le divin Hektôr, afin que je reste en repos pendant ce temps, et que je retienne les peuples ?

Et le vieux et divin Priamos lui répondit :

— Si tu veux que je rende de justes honneurs au divin Hektôr, en faisant cela, Akhilleus, tu exauceras mon vœu le plus cher. Tu sais que nous sommes renfermés dans la ville, et loin de la montagne où le bois doit être coupé, et que les Troiens sont saisis de terreur. Pendant neuf jours nous pleurerons Hektôr dans nos demeures ; le dixième, nous l'ensevelirons, et le peuple fera le repas funèbre ; le onzième, nous le placerons dans le tombeau, et, le douzième, nous combattrons de nouveau, s'il le faut.

Et le divin Akhilleus aux pieds rapides lui répondit :

— Vieillard Priamos, il en sera ainsi, selon ton désir ; et pendant ce temps, j'arrêterai la guerre.

Ayant ainsi parlé, il serra la main droite du vieillard afin qu'il cessât de craindre dans son cœur. Et le héraut et Priamos, tous deux pleins de sagesse, s'endormirent sous le portique de la tente. Et Akhilleus s'endormit dans le fond de sa tente bien construite, et Breisèis aux belles joues coucha auprès de lui.

Et tous les dieux et les hommes qui combattent à cheval dormaient dans la nuit, domptés par le doux sommeil ; mais le sommeil ne saisit point le bienveillant Herméias, qui songeait à emmener le roi Priamos du milieu des nefs, sans être vu des gardes sacrés des portes. Et il s'approcha de sa tête et il lui dit :

— Ô vieillard ! ne crains-tu donc aucun malheur, que tu dormes ainsi au milieu d'hommes ennemis, après qu'Akhilleus t'a épargné ? Maintenant que tu as racheté ton fils bien-aimé par de nombreux présents, les fils qui te restent en donneront trois fois autant pour te racheter vivant, si l'Atréide Agamemnôn te découvre, et si tous les Akhaiens l'apprennent.

Il parla ainsi, et le vieillard trembla ; et il ordonna au hérout de se lever. Et Herméias attela leurs mulets et leurs chevaux, et il les conduisit rapidement à travers le camp, et nul ne les vit. Et quand ils furent arrivés au gué du fleuve au beau cours, du Xanthos tourbillonnant que l'immortel Zeus engendra, Herméias remonta vers le haut Olympos.

Et déjà Éôs au péplos couleur de safran se répandait sur toute la terre, et les deux vieillards poussaient les chevaux vers la ville, en pleurant et en se lamentant, et les mulets portaient le cadavre. Et nul ne les aperçut, parmi les hommes et les femmes aux belles ceintures, avant Kassandrè semblable à Aphroditè d'or. Et, du haut de Pergamos, elle vit son père bien-aimé, debout sur le char, et le hérout, et le corps que les mulets amenaient sur le lit funèbre. Et aussitôt elle pleura, et elle cria, par toute la ville :

— Voyez, Troiens et Troiennes ! Si vous alliez autrefois au-devant de Hektôr, le cœur plein de joie, quand il revenait vivant du combat, voyez celui qui était l'orgueil de la ville et de tout un peuple !

Elle parla ainsi, et nul parmi les hommes et les femmes ne resta dans la ville, tant un deuil irrésistible les entraînait tous. Et ils coururent, au-delà des portes, au-devant du cadavre. Et, les premières, l'épouse bien-aimée et la mère vénérable, arrachant leurs cheveux, se jetèrent sur le char en embrassant la tête de Hektôr. Et tout autour la foule pleurait. Et certes, tout le jour, jusqu'à la chute de Hélios, ils eussent gémi et pleuré devant les portes, si Priamos, du haut de son char, n'eût dit à ses peuples :

— Retirez-vous, afin que je passe avec les mulets. Nous nous rassasierons de larmes quand j'aurai conduit ce corps dans ma demeure.

Il parla ainsi, et, se séparant, ils laissèrent le char passer. Puis, ayant conduit Hektôr dans les riches demeures, ils le déposèrent sur un lit sculpté, et ils appelèrent les chanteurs funèbres, et ceux-ci gémirent un chant lamentable auquel succédaient les plaintes des femmes. Et, parmi celles-ci, Andromakhè aux bras blancs commença le deuil, tenant dans ses mains la tête du tueur d'hommes Hektôr :

— Ô homme ! tu es mort jeune, et tu m'as laissée veuve dans mes demeures, et je ne pense pas qu'il parvienne à la puberté, ce fils enfant que nous avons engendré tous deux, ô malheureux que nous sommes ! Avant cela, cette ville sera renversée de son faîte, puisque son défenseur a péri, toi qui la protégeais, et ses femmes fidèles et ses petits enfants. Elles seront enlevées sur les nefs creuses, et moi avec elles. Et toi, mon enfant, tu me suivras et tu subiras de honteux travaux, te fatiguant pour un maître féroce ! ou bien un Akhaien, te faisant tourner de la main, te jettera du haut d'une tour pour une mort affreuse, furieux que Hektôr ait tué ou son frère, ou son père, ou son fils ; car de nombreux Akhaiens sont tombés, mordant la terre, sous ses mains. Et ton père n'était pas doux dans le combat, et c'est pour cela que les peuples le pleurent par la ville. Ô Hektôr ! tu accables tes parents d'un deuil inconsolable, et tu me laisses surtout en proie à d'affreuses douleurs, car, en mourant, tu ne m'auras point tendu les bras de ton lit, et tu ne m'auras point dit quelque sage parole dont je puisse me souvenir, les jours et les nuits, en versant des larmes.

Elle parla ainsi en pleurant, et les femmes gémirent avec elle ; et, au milieu de celles-ci, Hékabè continua le deuil désespéré :

— Hektôr, le plus cher de tous mes enfants, certes, les dieux t'aimaient pendant ta vie, car ils ont veillé sur toi dans la mort. Akhilleus aux pieds rapides a vendu tous ceux de mes fils qu'il a pu saisir, par-delà la mer stérile, à Samos, à Imbros, et dans la barbare Lemnos. Et il t'a arraché l'âme avec l'airain aigu, et il t'a traîné autour du tombeau de son compagnon Patroklos que tu as tué et qu'il n'a point fait revivre ; et, maintenant, te voici couché comme si tu venais de mourir dans nos demeures, frais et semblable à un homme que l'archer Apollon vient de frapper de ses divines flèches.

Elle parla ainsi en pleurant, et elle excita les gémissements des femmes ; et, au milieu de celles-ci, Hélénè continua le deuil :

— Hektôr, tu étais le plus cher de tous mes frères, car Alexandros, plein de beauté, est mon époux, lui qui m'a conduite dans Troiè. Plût aux dieux que j'eusse péri auparavant ! Voici déjà la vingtième année depuis que je suis venue, abandonnant ma patrie, et jamais tu ne m'as dit une parole injurieuse ou dure, et si l'un de mes frères, ou l'une des mes sœurs, ou ma belle-mère, — car Priamos me fut toujours un père plein de douceur, — me blâmait dans nos demeures, tu les avertissais et tu les apaisais par ta douceur et par tes paroles bienveillantes. C'est pour cela que je te pleure en gémissant, moi, malheureuse, qui n'aurai plus jamais un protecteur ni un ami dans la grande Troiè, car tous m'ont en horreur.

Elle parla ainsi en pleurant, et tout le peuple gémit.

Mais le vieux Priamos leur dit :

— Troiens, amenez maintenant le bois dans la ville, et ne craignez point les embûches profondes des Argiens, car Akhilleus, en me renvoyant des nefs noires, m'a promis de ne point nous attaquer avant qu'Éôs ne soit revenue pour la douzième fois.

Il parla ainsi, et tous, attelant aux chars les bœufs et les mulets, aussitôt se rassemblèrent devant la ville. Et, pendant neuf jours, ils amenèrent des monceaux de bois. Et quand Éôs reparut pour la dixième fois éclairant les mortels, ils placèrent, en versant des larmes, le brave Hektôr sur le faîte du bûcher, et ils y mirent le feu. Et quand Éôs aux doigts rosés, née au matin, reparut encore, tout le peuple se rassembla autour du bûcher de l'illustre Hektôr. Et, après s'être rassemblés, ils éteignirent d'abord le bûcher où la force du feu avait brûlé, avec du vin noir. Puis, ses frères et ses compagnons recueillirent en gémissant ses os blancs ; et les larmes coulaient sur leurs joues. Et ils déposèrent dans une urne d'or ses os fumants, et ils l'enveloppèrent de péplos pourprés. Puis, ils la mirent dans une fosse creuse recouverte de grandes pierres, et, au-dessus, ils élevèrent le tombeau. Et des sentinelles veillaient de tous côtés de peur que les Akhaiens aux belles knèmides ne se jetassent sur la ville. Puis, le tombeau étant achevé, ils se retirèrent et se réunirent en foule, afin de prendre part à un repas solennel, dans les demeures du roi Priamos, nourrisson de Zeus.

Et c'est ainsi qu'ils accomplirent les funérailles de Hektôr dompteur de chevaux. ---- PARIS. — Imprimerie A. LEMERRE, 6, rue des Bergers.

Odyssée

RHAPSODIE I

Dis-moi, Muse, cet homme subtil qui erra si longtemps, après qu'il eut renversé la citadelle sacrée de Troiè. Et il vit les cités de peuples nombreux, et il connut leur esprit ; et, dans son cœur, il endura beaucoup de maux, sur la mer, pour sa propre vie et le retour de ses compagnons. Mais il ne les sauva point, contre son désir ; et ils périrent par leur impiété, les insensés ! ayant mangé les bœufs de Hèlios Hypérionade. Et ce dernier leur ravit l'heure du retour. Dis-moi une partie de ces choses, Déesse, fille de Zeus.

Tous ceux qui avaient évité la noire mort, échappés de la guerre et de la mer, étaient rentrés dans leur demeures ; mais Odysseus restait seul, loin de son pays et de sa femme, et la vénérable Nymphe Kalypsô, la très-noble Déesse, le retenait dans ses grottes creuses, le désirant pour mari. Et quand le temps vint, après le déroulement des années, où les Dieux voulurent qu'il revît sa demeure en Ithakè, même alors il devait subir des combats au milieu des siens. Et tous les Dieux le prenaient en pitié, excepté Poseidaôn, qui était toujours irrité contre le divin Odysseus, jusqu'à ce qu'il fût rentré dans son pays.

Et Poseidaôn était allé chez les Aithiopiens qui habitent au loin et sont partagés en deux peuples, dont l'un regarde du côté de Hypériôn, au couchant, et l'autre au levant. Et le Dieu y était allé pour une hécatombe de taureaux et d'agneaux. Et comme il se réjouissait, assis à ce repas, les autres Dieux étaient réunis dans la demeure royale de Zeus Olympien. Et le Père des hommes et des Dieux commença de leur parler, se rappelant dans son cœur l'irréprochable Aigisthos que l'illustre Orestès Agamemnonide avait tué. Se souvenant de cela, il dit ces paroles aux Immortels :

– Ah ! combien les hommes accusent les Dieux ! Ils disent que leurs maux viennent de nous, et, seuls, ils aggravent leur destinée par leur démence. Maintenant, voici qu'Aigisthos, contre le destin, a épousé la femme de l'Atréide et a tué ce dernier, sachant quelle serait sa mort terrible ; car nous l'avions prévenu par Herméias, le vigilant tueur d'Argos, de ne point tuer Agamemnôn et de ne point désirer sa femme, de peur que l'Atréide Orestès se vengeât, ayant grandi et désirant revoir son pays. Herméias parla ainsi, mais son conseil salutaire n'a point persuadé l'esprit d'Aigisthos, et, maintenant, celui-ci a tout expié d'un coup.

Et Athènè, la Déesse aux yeux clairs, lui répondit :

– Ô notre Père, Kronide, le plus haut des Rois ! celui-ci du moins a été frappé d'une mort juste. Qu'il meure ainsi celui qui agira de même ! Mais mon cœur est déchiré au souvenir du brave Odysseus, le malheureux ! qui souffre depuis longtemps loin des siens, dans une île, au milieu de la mer, et où en est le centre. Et, dans cette île plantée d'arbres, habite une Déesse, la fille dangereuse d'Atlas, lui qui connaît les profondeurs de la mer, et qui porte les hautes colonnes dressées entre la terre et l'Ouranos. Et sa fille retient ce malheureux qui se lamente et qu'elle flatte toujours de molles et douces paroles, afin qu'il oublie Ithakè ; mais il désire revoir la fumée de son pays et souhaite de mourir. Et ton cœur n'est point touché, Olympien, par les sacrifices qu'Odysseus accomplissait pour toi auprès des nefs Argiennes, devant la grande Troiè. Zeus, pourquoi donc es-tu si irrité contre lui ?

Et Zeus qui amasse les nuées, lui répondant, parla ainsi :

– Mon enfant, quelle parole s'est échappée d'entre tes dents ? Comment pourrais-je oublier le divin Odysseus, qui, par l'intelligence, est au-dessus de tous les hommes, et qui offrait le plus de sacrifices aux Dieux qui vivent toujours et qui habitent le large Ouranos ? Mais Poseidaôn qui entoure la terre est constamment irrité à cause du Kyklôps qu'Odysseus a aveuglé, Polyphèmos tel qu'un Dieu, le plus fort des Kyklôpes. La Nymphe Thoôsa, fille de Phorkyn, maître de la mer sauvage, l'enfanta, s'étant unie à Poseidaôn dans ses grottes creuses. C'est pour cela que Poseidaôn qui secoue la terre, ne tuant point Odysseus, le contraint d'errer loin de son pays. Mais nous, qui sommes ici, assurons son retour ; et Poseidaôn oubliera sa colère, car il ne pourra rien, seul, contre tous les Dieux Immortels.

Et la Déesse Athènè aux yeux clairs lui répondit :

– Ô notre Père, Kronide, le plus haut des Rois ! s'il plaît aux Dieux heureux que le sage Odysseus retourne en sa demeure, envoyons le Messager Herméias, tueur d'Argos, dans l'île Ogygiè, afin qu'il avertisse la Nymphe à la belle chevelure que nous avons résolu le retour d'Odysseus à l'âme forte et patiente. Et moi j'irai à Ithakè, et j'exciterai son fils et lui inspirerai la force, ayant réuni l'agora des Akhaiens chevelus, de chasser tous les Prétendants qui égorgent ses brebis nombreuses et ses bœufs aux jambes torses et aux cornes recourbées. Et je l'enverrai à Spartè et dans la sablonneuse Pylos, afin qu'il s'informe du retour de son père bien-aimé, et qu'il soit très-honoré parmi les hommes.

Ayant ainsi parlé, elle attacha à ses pieds de belles sandales ambroisiennes, dorées, qui la portaient sur la mer et sur l'immense terre comme le souffle du vent. Et elle prit une forte lance, armée d'un airain aigu, lourde, grande et solide, avec laquelle elle dompte la foule des hommes héroïques contre qui, fille d'un père puissant, elle est irritée. Et, s'étant élancée du faîte de l'Olympos, elle descendit au milieu du peuple d'Ithakè, dans le vestibule d'Odysseus, au seuil de la cour, avec la lance d'airain en main, et semblable à un étranger, au chef des Taphiens, à Mentès.

Et elle vit les Prétendants insolents qui jouaient aux jetons devant les portes, assis sur la peau des bœufs qu'ils avaient tués eux-mêmes. Et des hérauts et des serviteurs s'empressaient autour d'eux ; et les uns mêlaient l'eau et le vin dans les kratères ; et les autres lavaient les tables avec les éponges poreuses ; et, les ayant dressées, partageaient les viandes abondantes.

Et, le premier de tous, le divin Tèlémakhos vit Athènè. Et il était assis parmi les Prétendants, le cœur triste, voyant en esprit son brave père revenir soudain, chasser les Prétendants hors de ses demeures, ressaisir sa puissance et régir ses biens. Or, songeant à cela, assis parmi eux, il vit Athènè : et il alla dans le vestibule, indigné qu'un étranger restât longtemps debout à la porte. Et il s'approcha, lui prit la main droite, reçut la lance d'airain et dit ces paroles ailées :

– Salut, Étranger. Tu nous seras ami, et, après le repas, tu nous diras ce qu'il te faut.

Ayant ainsi parlé, il le conduisit, et Pallas Athènè le suivit. Et lorsqu'ils furent entrés dans la haute demeure, il appuya la lance contre une longue colonne, dans un arsenal luisant où étaient déjà rangées beaucoup d'autres lances d'Odysseus à l'âme ferme et patiente. Et il fit asseoir Athènè, ayant mis un beau tapis bien travaillé sur le thrône, et, sous ses pieds, un escabeau. Pour lui-même il plaça auprès d'elle un siège sculpté, loin des Prétendants, afin que l'étranger ne souffrît point du repas tumultueux, au milieu de convives injurieux, et afin de l'interroger sur son père absent.

Et une servante versa, pour les ablutions, de l'eau dans un bassin d'argent, d'une belle aiguière d'or ; et elle dressa auprès d'eux une table luisante. Puis, une intendante vénérable apporta du pain et couvrit la table de mets nombreux et réservés ; et un découpeur servit les plats de viandes diverses et leur offrit des coupes d'or ; et un héraut leur servait souvent du vin.

Et les Prétendants insolents entrèrent. Ils s'assirent en ordre sur des sièges et sur des thrônes ; et des hérauts versaient de l'eau sur leurs mains ; et les servantes entassaient le pain dans les corbeilles, et les jeunes hommes emplissaient de vin les kratères. Puis, les Prétendants mirent la main sur les mets ; et, quand leur faim et leur soif furent assouvies, ils désirèrent autre chose, la danse et le chant, ornements des repas. Et un héraut mit une très-belle kithare aux mains de Phèmios, qui chantait là contre son gré. Et il joua de la kithare et commença de bien chanter. Mais Tèlémakhos dit à Athènè aux yeux clairs, en penchant la tête, afin que les autres ne pussent entendre :

– Cher Étranger, seras-tu irrité de mes paroles ? La kithare et le chant plaisent aisément à ceux-ci, car ils mangent impunément le bien d'autrui, la richesse d'un homme dont les ossements blanchis pourrissent à la pluie, quelque part, sur la terre ferme ou dans les flots de la mer qui les roule. Certes, s'ils le voyaient de retour à Ithakè, tous préféreraient des pieds rapides à l'abondance de l'or et aux riches vêtements ! Mais il est mort, subissant une mauvaise destinée ; et il ne nous reste plus d'espérance, quand même un des habitants de la terre nous annoncerait son retour, car ce jour n'arrivera jamais. Mais parle-moi, et réponds sincèrement. Qui es-tu, et de quelle race ? Où est ta ville et quels sont tes parents ? Sur quelle nef es-tu venu ? Quels matelots t'ont conduit à Ithakè, et qui sont-ils ? Car je ne pense pas que tu sois venu à pied. Et dis-moi vrai, afin que je sache : viens-tu pour la première fois, ou bien es-tu un hôte de mon père ? Car beaucoup d'hommes connaissent notre demeure, et Odysseus aussi visitait les hommes.

Et la Déesse Athènè aux yeux clairs lui répondit :

— Je te dirai des choses sincères. Je me vante d'être Mentès, fils du brave Ankhialos, et je commande aux Taphiens, amis des avirons. Et voici que j'ai abordé ici avec une nef et des compagnons, voguant sur la noire mer vers des hommes qui parlent une langue étrangère, vers Témésè, où je vais chercher de l'airain et où je porte du fer luisant. Et ma nef s'est arrêtée là, près de la campagne, en dehors de la ville, dans le port Rhéitrôs, sous le Néios couvert de bois. Et nous nous honorons d'être unis par l'hospitalité, dès l'origine, et de père en fils. Tu peux aller interroger sur ceci le vieux Laertès, car on dit qu'il ne vient plus à la ville, mais qu'il souffre dans une campagne éloignée, seul avec une vieille femme qui lui sert à manger et à boire, quand il s'est fatigué à parcourir sa terre fertile plantée de vignes. Et je suis venu, parce qu'on disait que ton père était de retour ; mais les Dieux entravent sa route. Car le divin Odysseus n'est point encore mort sur la terre ; et il vit, retenu en quelque lieu de la vaste mer, dans une île entourée des flots ; et des hommes rudes et farouches, ses maîtres, le retiennent par la force. Mais, aujourd'hui, je te prédirai ce que les Immortels m'inspirent et ce qui s'accomplira, bien que je ne sois point un divinateur et que j'ignore les augures. Certes, il ne restera point longtemps loin de la chère terre natale, même étant chargé de liens de fer. Et il trouvera les moyens de revenir, car il est fertile en ruses. Mais parle, et dis-moi sincèrement si tu es le vrai fils d'Odysseus lui-même. Tu lui ressembles étrangement par la tête et la beauté des yeux. Car nous nous sommes rencontrés souvent, avant son départ pour Troiè, où allèrent aussi, sur leurs nefs creuses, les autres chefs Argiens. Depuis ce temps je n'ai plus vu Odysseus, et il ne m'a plus vu.

Et le sage Tèlémakhos lui répondit :

— Étranger, je te dirai des choses très-sincères. Ma mère dit que je suis fils d'Odysseus, mais moi, je n'en sais rien, car nul ne sait par lui-même qui est son père. Que ne suis-je plutôt le fils de quelque homme heureux qui dût vieillir sur ses domaines ! Et maintenant, on le dit, c'est du plus malheureux des hommes mortels que je suis né, et c'est ce que tu m'as demandé.

Et la Déesse Athènè aux yeux clairs lui répondit :

— Les Dieux ne t'ont point fait sortir d'une race sans gloire dans la postérité, puisque Pènélopéia t'a enfanté tel que te voilà. Mais parle, et réponds-moi sincèrement. Quel est ce repas ? Pourquoi cette assemblée ? En avais-tu besoin ? Est-ce un festin ou une noce ? Car ceci n'est point payé en commun, tant ces convives mangent avec insolence et arrogance dans cette demeure ! Tout homme, d'un esprit sensé du moins, s'indignerait de te voir au milieu de ces choses honteuses.

Et le sage Tèlémakhos lui répondit :

— Étranger, puisque tu m'interroges sur ceci, cette demeure fut autrefois riche et honorée, tant que le héros habita le pays ; mais, aujourd'hui, les Dieux, source de nos maux, en ont décidé autrement, et ils ont fait de lui le plus ignoré d'entre tous les hommes. Et je ne le pleurerais point ainsi, même le sachant mort, s'il avait été frappé avec ses compagnons, parmi le peuple des Troiens, ou s'il était mort entre des mains amies, après la guerre. Alors les Panakhaiens lui eussent bâti un tombeau, et il eût légué à son fils une grande gloire dans la postérité. Mais, aujourd'hui, les Harpyes l'ont enlevé obscurément, et il est mort, et nul n'a rien su, ni rien appris de lui, et il ne m'a laissé que les douleurs et les lamentations. Mais je ne gémis point uniquement sur lui, et les Dieux m'ont envoyé d'autres peines amères. Tous ceux qui commandent aux Îles, à Doulikios, à Samè, à Zakyntos couverte de bois, et ceux qui commandent dans la rude Ithakè, tous recherchent ma mère et épuisent ma demeure. Et ma mère ne peut refuser des noces odieuses ni mettre fin à ceci ; et ces hommes épuisent ma demeure en mangeant, et ils me perdront bientôt aussi.

Et, pleine de pitié, Pallas Athènè lui répondit :

— Ah ! sans doute, tu as grand besoin d'Odysseus qui mettrait la main sur ces Prétendants injurieux ! Car s'il survenait et se tenait debout sur le seuil de la porte, avec le casque et le bouclier et deux piques, tel que je le vis pour la première fois buvant et se réjouissant dans notre demeure, à son retour d'Éphyrè, d'auprès d'Illos Merméridaïde ; — car Odysseus était allé chercher là, sur une nef rapide, un poison mortel, pour y tremper ses flèches armées d'une pointe d'airain ; et Illos ne voulut point le lui donner, redoutant les Dieux qui vivent éternellement, mais mon père, qui l'aimait beaucoup, le lui donna ; — si donc Odysseus, tel que je le vis, survenait au milieu des Prétendants, leur destinée serait brève et leurs noces seraient amères ! Mais il appartient aux Dieux de décider s'il reviendra, ou non, les punir dans sa demeure. Je t'exhorte donc à chercher comment tu pourras les chasser d'ici. Maintenant, écoute, et souviens-toi de mes paroles. Demain, ayant réuni l'agora des héros Akhaiens, parle-leur, et prends les Dieux à témoin. Contrains les Prétendants de se retirer chez eux. Que ta mère, si elle désire d'autres noces, retourne dans la demeure de son père qui a une grande puissance. Ses proches la marieront et lui donneront une aussi grande dot qu'il convient à une fille bien-aimée. Et je te conseillerai sagement, si tu veux m'en croire. Arme ta meilleure nef de vingt rameurs, et va t'informer de ton père parti depuis si longtemps, afin que quelqu'un des hommes t'en parle, ou que tu entendes un de ces bruits de Zeus qui dispense le mieux la gloire aux hommes. Rends-toi d'abord à Pylos et interroge le divin Nestôr ; puis à Spartè, auprès du blond Ménélaos, qui est revenu le dernier des Akhaiens cuirassés d'airain. Si tu apprends que ton père est vivant et revient, attends encore une année, malgré ta douleur ; mais si tu apprends qu'il est mort, ayant cessé d'exister, reviens dans la chère terre natale, pour lui élever un tombeau et célébrer de grandes funérailles comme il convient, et donner ta mère à un mari. Puis, lorsque tu auras fait et achevé tout cela, songe, de l'esprit et du cœur, à tuer les Prétendants dans ta demeure, par ruse ou par force. Il ne faut plus te livrer aux choses enfantines, car tu n'en as plus l'âge. Ne sais-tu pas de quelle gloire s'est couvert le divin Orestès parmi les hommes, en tuant le meurtrier de son père illustre, Aigisthos aux ruses perfides ? Toi aussi, ami, que voilà grand et beau, sois brave, afin que les hommes futurs te louent. Je vais redescendre vers ma nef rapide et mes compagnons qui s'irritent sans doute de m'attendre. Souviens-toi, et ne néglige point mes paroles.

Et le sage Tèlémakhos lui répondit :

— Étranger, tu m'as parlé en ami, comme un père à son fils, et je n'oublierai jamais tes paroles. Mais reste, bien que tu sois pressé, afin que t'étant baigné et ayant charmé ton cœur, tu retournes vers ta nef, plein de joie, avec un présent riche et précieux qui te viendra de moi et sera tel que des amis en offrent à leurs hôtes.

Et la Déesse Athènè aux yeux clairs lui répondit :

— Ne me retiens plus, il faut que je parte. Quand je reviendrai, tu me donneras ce présent que ton cœur me destine, afin que je l'emporte dans ma demeure. Qu'il soit fort beau, et que je puisse t'en offrir un semblable.

Et Athènè aux yeux clairs, ayant ainsi parlé, s'envola et disparut comme un oiseau ; mais elle lui laissa au cœur la force et l'audace et le souvenir plus vif de son père. Et lui, le cœur plein de crainte, pensa dans son esprit que c'était un Dieu. Puis, le divin jeune homme s'approcha des Prétendants.

Et l'Aoide très-illustre chantait, et ils étaient assis, l'écoutant en silence. Et il chantait le retour fatal des Akhaiens, que Pallas Athènè leur avait infligé au sortir de Troiè. Et, de la haute chambre, la fille d'Ikarios, la sage Pènélopéia, entendit ce chant divin, et elle descendit l'escalier élevé, non pas seule, mais suivie de deux servantes. Et quand la divine femme fut auprès des Prétendants, elle resta debout contre la porte, sur le seuil de la salle solidement construite, avec un beau voile sur les joues, et les honnêtes servantes se tenaient à ses côtés. Et elle pleura et dit à l'Aoide divin :

Phèmios, tu sais d'autres chants par lesquels les Aoides célèbrent les actions des hommes et des Dieux. Assis au milieu de ceux-ci, chante-leur une de ces choses, tandis qu'ils boivent du vin en silence ; mais cesse ce triste chant qui déchire mon cœur dans ma poitrine, puisque je suis la proie d'un deuil que je ne puis oublier. Car je pleure une tête bien aimée, et je garde le souvenir éternel de l'homme dont la gloire emplit Hellas et Argos.

Et le sage Tèlémakhos lui répondit :

— Ma mère, pourquoi défends-tu que ce doux Aoide nous réjouisse, comme son esprit le lui inspire ? Les Aoides ne sont responsables de rien, et Zeus dispense ses dons aux poètes comme il lui plaît. Il ne faut point t'indigner contre celui-ci parce qu'il chante la sombre destinée des Danaens, car les hommes chantent toujours les choses les plus récentes. Aie donc la force d'âme d'écouter. Odysseus n'a point perdu seul, à Troiè, le jour du retour, et beaucoup d'autres y sont morts aussi. Rentre dans ta demeure ; continue tes travaux à l'aide de la toile et du fuseau, et remets tes servantes à leur tâche. La parole appartient aux hommes, et surtout à moi qui commande ici.

Étonnée, Pènélopéia s'en retourna chez elle, emportant dans son cœur les sages paroles de son fils. Remontée dans les hautes chambres, avec ses femmes, elle pleura Odysseus, son cher mari, jusqu'à ce que Athènè aux yeux clairs eût répandu un doux sommeil sur ses paupières.

Et les Prétendants firent un grand bruit dans la sombre demeure, et tous désiraient partager son lit. Et le sage Tèlémakhos commença de leur parler :

— Prétendants de ma mère, qui avez une insolence arrogante, maintenant réjouissons-nous, mangeons et ne poussons point de clameurs, car il est bien et convenable d'écouter un tel Aoide qui est semblable aux Dieux par sa voix ; mais, dès l'aube, rendons-nous tous à l'agora, afin que je vous déclare nettement que vous ayez tous à sortir d'ici. Faites d'autres repas, mangez vos biens en vous recevant tour à tour dans vos demeures ;

mais s'il vous paraît meilleur de dévorer impunément la subsistance d'un seul homme, dévorez-la. Moi, je supplierai les Dieux qui vivent toujours, afin que Zeus ordonne que votre action soit punie, et vous périrez peut-être sans vengeance dans cette demeure.

Il parla ainsi, et tous, se mordant les lèvres, s'étonnaient que Tèlémakhos parlât avec cette audace.

Et Antinoos, fils d'Eupeithès, lui répondit :

— Tèlémakhos, certes, les Dieux mêmes t'enseignent à parler haut et avec audace ; mais puisse le Kroniôn ne point te faire roi dans Ithakè entourée des flots, bien qu'elle soit ton héritage par ta naissance !

Et le sage Tèlémakhos lui répondit :

— Antinoos, quand tu t'irriterais contre moi à cause de mes paroles, je voudrais être roi par la volonté de Zeus. Penses-tu qu'il soit mauvais de l'être parmi les hommes ? Il n'est point malheureux de régner. On possède une riche demeure, et on est honoré. Mais beaucoup d'autres rois Akhaiens, jeunes et vieux, sont dans Ithakè entourée des flots. Qu'un d'entre eux règne, puisque le divin Odysseus est mort. Moi, du moins, je serai le maître de la demeure et des esclaves que le divin Odysseus a conquis pour moi.

Et Eurymakhos, fils de Polybos, lui répondit :

— Tèlémakhos, il appartient aux Dieux de décider quel sera l'Akhaien qui régnera dans Ithakè entourée des flots. Pour toi, possède tes biens et commande en ta demeure, et que nul ne te dépouille jamais par violence et contre ton gré, tant que Ithakè sera habitée. Mais je veux, ami, t'interroger sur cet étranger. D'où est-il ? De quelle terre se vante-t-il de sortir ? Où est sa famille ? Où est son pays ? Apporte-t-il quelque nouvelle du retour de ton père ? Est-il venu réclamer une dette ? Il est parti promptement et n'a point daigné se faire connaître. Son aspect, d'ailleurs, n'est point celui d'un misérable.

Et le sage Tèlémakhos lui répondit :

– Eurymakhos, certes, mon père ne reviendra plus, et je n'en croirais pas la nouvelle, s'il m'en venait ; et je ne me soucie point des prédictions que ma mère demande au Divinateur qu'elle a appelé dans cette demeure. Mais cet hôte de mes pères est de Taphos ; et il se vante d'être Mentès, fils du brave Ankhialos, et il commande aux Taphiens, amis des avirons.

Et Tèlémakhos parla ainsi ; mais, dans son cœur, il avait reconnu la Déesse immortelle. Donc, les Prétendants, se livrant aux danses et au chant, se réjouissaient en attendant le soir, et comme ils se réjouissaient, la nuit survint. Alors, désirant dormir, chacun d'eux rentra dans sa demeure. Et Tèlémakhos monta dans la chambre haute qui avait été construite pour lui dans une belle cour, et d'où l'on voyait de tous côtés. Et il se coucha, l'esprit plein de pensées.

Et la sage Eurykléia portait des flambeaux allumés ; et elle était fille d'Ops Peisènôride, et Laertès l'avait achetée, dans sa première jeunesse, et payée du prix de vingt bœufs, et il l'honorait dans sa demeure, autant qu'une chaste épouse ; mais il ne s'était point uni à elle, pour éviter la colère de sa femme.

Elle portait des flambeaux allumés auprès de Tèlémakhos, étant celle qui l'aimait le plus, l'ayant nourri et élevé depuis son enfance. Elle ouvrit les portes de la chambre solidement construite. Et il s'assit sur le lit, ôta sa molle tunique et la remit entre les mains de la vieille femme aux sages conseils. Elle plia et arrangea la tunique avec soin et la suspendit à un clou auprès du lit sculpté. Puis, sortant de la chambre, elle attira la porte par un anneau d'argent dans lequel elle poussa le verrou à l'aide d'une courroie. Et Tèlémakhos, couvert d'une toison de brebis, médita, pendant toute la nuit, le voyage que Athènè lui avait conseillé.

RHAPSODIE II

QUAND Éôs aux doigts rosés, née au matin, apparut, le cher fils d'Odysseus quitta son lit. Et il se vêtit, et il suspendit une épée à ses épaules, et il attacha de belles sandales à ses pieds brillants, et, semblable à un Dieu, il se hâta de sortir de sa chambre. Aussitôt, il ordonna aux hérauts à la voix éclatante de convoquer les Akhaiens chevelus à l'agora. Et il les convoquèrent, et ceux-ci se réunirent rapidement.

Et quand ils furent réunis, Tèlémakhos se rendit à l'agora, tenant à la main une lance d'airain. Et il n'était point seul, mais deux chiens rapides le suivaient. Et Pallas avait répandu sur lui une grâce divine, et les peuples l'admiraient tandis qu'il s'avançait. Et il s'assit sur le siége de son père, que les vieillards lui cédèrent.

Et, aussitôt parmi eux, le héros Aigyptios parla le premier. Il était courbé par la vieillesse et il savait beaucoup de choses. Et son fils bien-aimé, le brave Antiphos, était parti, sur les nefs creuses, avec le divin Odysseus, pour Ilios, nourrice de beaux chevaux ; mais le féroce Kyklôps l'avait tué dans sa caverne creuse, et en avait fait son dernier repas. Il lui restait trois autres fils, et un d'entre eux, Eurynomos, était parmi les Prétendants. Les deux autres s'occupaient assidûment des biens paternels. Mais Aigyptios gémissait et se lamentait, n'oubliant point Antiphos. Et il parla ainsi en pleurant, et il dit :

— Écoutez maintenant, Ithakèsiens, ce que je vais dire. Nous n'avons jamais réuni l'agora, et nous ne nous y sommes point assis depuis que le divin Odysseus est parti sur ses nefs creuses. Qui nous rassemble ici aujourd'hui ? Quelle nécessité le presse ? Est-ce quelqu'un d'entre les jeunes hommes ou d'entre les vieillards ? A-t-il reçu quelque nouvelle de l'armée, et veut-il nous dire hautement ce qu'il a entendu le premier ? Ou désire-t-il parler de choses qui intéressent tout le peuple ? Il me semble plein de justice. Que Zeus soit propice à son dessein, quel qu'il soit.

Il parla ainsi, et le cher fils d'Odysseus se réjouit de cette louange, et il ne resta pas plus longtemps assis, dans son désir de parler. Et il se leva au milieu de l'agora, et le sage héraut Peisènôr lui mit le sceptre en main. Et, se tournant vers Aigyptios, il lui dit :

— Ô vieillard, il n'est pas loin, et, dès maintenant, tu peux le voir celui qui a convoqué le peuple, car une grande douleur m'accable. Je n'ai reçu aucune nouvelle de l'armée que je puisse vous rapporter hautement après l'avoir apprise le premier, et je n'ai rien à dire qui intéresse tout le peuple ; mais j'ai à parler de mes propres intérêts et du double malheur tombé sur ma demeure ; car, d'une part, j'ai perdu mon père irréprochable, qui autrefois vous commandait, et qui, pour vous aussi, était doux comme un père ; et, d'un autre côté, voici maintenant, — et c'est un mal pire qui détruira bientôt ma demeure et dévorera tous mes biens, — que des Prétendants assiègent ma mère contre sa volonté. Et ce sont les fils bien-aimés des meilleurs d'entre ceux qui siègent ici. Et ils ne veulent point se rendre dans la demeure d'Ikarios, père de Pènélopéia, qui dotera sa fille et la donnera à qui lui plaira davantage. Et ils envahissent tous les jours notre demeure, tuant mes bœufs, mes brebis et mes chèvres grasses, et ils en font des repas magnifiques, et ils boivent mon vin noir effrontément et dévorent tout. Il n'y a point ici un homme tel qu'Odysseus qui puisse repousser cette ruine loin de ma demeure, et je ne puis rien, moi qui suis inhabile et sans force guerrière. Certes, je le ferais si j'en avais la force, car ils commettent des actions intolérables, et ma maison périt honteusement. Indignez-vous donc, vous-mêmes. Craignez les peuples voisins qui habitent autour d'Ithakè, et la colère des Dieux qui puniront ces actions iniques. Je vous supplie, par Zeus Olympien, ou par Thémis qui réunit ou qui disperse les agoras des hommes, venez à mon aide, amis, et laissez-moi subir au moins ma douleur dans la solitude. Si jamais mon irréprochable père Odysseus a opprimé les Akhaiens aux belles knèmides, et si, pour venger leurs maux, vous les excitez contre moi, consumez plutôt vous-mêmes mes biens et mes richesses ; car, alors, peut-être verrions-nous le jour de l'expiation. Nous pourrions enfin nous entendre devant tous, expliquant les choses jusqu'à ce qu'elles soient résolues.

Il parla ainsi, irrité, et il jeta son sceptre contre terre en versant des larmes, et le peuple fut rempli de compassion, et tous restaient dans le silence, et nul n'osait répondre aux paroles irritées de Tèlémakhos. Et Antinoos seul, lui répondant, parla ainsi :

— Tèlémakhos, agorète orgueilleux et plein de colère, tu as parlé en nous outrageant, et tu veux nous couvrir d'une tache honteuse. Les Prétendants Akhaiens ne t'ont rien fait. C'est plutôt ta mère, qui, certes, médite mille ruses. Voici déjà la troisième année, et bientôt la quatrième, qu'elle se joue du cœur des Akhaiens. Elle les fait tous espérer, promet à chacun, envoie des messages et médite des desseins contraires. Enfin, elle a ourdi une autre ruse dans son esprit. Elle a tissé dans ses demeures une grande toile, large et fine, et nous a dit : — Jeunes hommes, mes prétendants, puisque le divin Odysseus est mort, cessez de hâter mes noces jusqu'à ce que j'aie achevé, pour que mes fils ne restent pas inutiles, ce linceul du héros Laertès, quand la Moire mauvaise de la mort inexorable l'aura saisi, afin qu'aucune des femmes Akhaiennes ne puisse me reprocher, devant tout le peuple, qu'un homme qui a possédé tant de biens ait été enseveli sans linceul. — Elle parla ainsi, et notre cœur généreux fut aussitôt persuadé. Et, alors, pendant le jour, elle tissait la grande toile, et, pendant la nuit, ayant allumé les torches, elle la défaisait. Ainsi, trois ans, elle cacha sa ruse et trompa les Akhaiens ; mais quand vint la quatrième année, et quand les saisons recommencèrent, une de ses femmes, sachant bien sa ruse, nous la dit. Et nous la trouvâmes défaisant sa belle toile. Mais, contre sa volonté, elle fut contrainte de l'achever. Et c'est ainsi que les Prétendants te répondent, afin que tu le saches dans ton esprit, et que tous les Akhaiens le sachent aussi. Renvoie ta mère et ordonne-lui de se marier à celui que son père choisira et qui lui plaira à elle-même. Si elle a abusé si longtemps les fils des Akhaiens, c'est qu'elle songe, dans son cœur, à tous les dons que lui a faits Athènè, à sa science des travaux habiles, à son esprit profond, à ses ruses. Certes, nous n'avons jamais entendu dire rien de semblable des Akhaiennes aux belles chevelures, qui vécurent autrefois parmi les femmes anciennes, Tyrô, Alkmènè et Mykènè aux beaux cheveux. Nulle d'entre elles n'avait des arts égaux à ceux de Pènélopéia ; mais elle n'en use pas avec droiture. Donc, les Prétendants consumeront tes troupeaux et tes richesses tant qu'elle gardera le même esprit que les Dieux mettent maintenant dans sa poitrine. À la vérité, elle remportera une grande gloire, mais il ne t'en restera que le regret de tes biens dissipés ; car nous ne retournerons point à nos travaux, et nous n'irons point en quelque autre lieu, avant qu'elle ait épousé celui des Akhaiens qu'elle choisira.

Et le prudent Tèlémakhos lui répondit :

— Antinoos, je ne puis renvoyer de ma demeure, contre son gré, celle qui m'a enfanté et qui m'a nourri. Mon père vit encore quelque part sur la terre, ou bien il est mort, et il me sera dur de rendre de nombreuses richesses à Ikarios, si je renvoie ma mère. J'ai déjà subi beaucoup de maux à cause de mon père, et les dieux m'en enverront d'autres après que ma mère, en quittant ma demeure, aura supplié les odieuses Érinnyes, et ce sont les hommes qui la vengeront. Et c'est pourquoi je ne prononcerai point une telle parole. Si votre cœur s'en indigne, sortez de ma demeure, songez à d'autres repas, mangez vos propres biens en des festins réciproques. Mais s'il vous semble meilleur et plus équitable de dévorer impunément la subsistance d'un seul homme, faites ! Moi, j'invoquerai les

Dieux éternels. Et si jamais Zeus permet qu'un juste retour vous châtie, vous périrez sans vengeance dans ma demeure.

Tèlémakhos parla ainsi, et Zeus qui regarde au loin fit voler du haut sommet d'un mont deux aigles qui s'enlevèrent au souffle du vent, et, côte à côte, étendirent leurs ailes. Et quand ils furent parvenus au-dessus de l'agora bruyante, secouant leurs plumes épaisses, ils en couvrirent toutes les têtes, en signe de mort. Et, de leurs serres, se déchirant la tête et le cou, ils s'envolèrent sur la droite à travers les demeures et la ville des Ithakèsiens. Et ceux-ci, stupéfaits, voyant de leurs yeux ces aigles, cherchaient dans leur esprit ce qu'ils présageaient. Et le vieux héros Halithersès Mastoride leur parla. Et il l'emportait sur ses égaux en âge pour expliquer les augures et les destinées. Et, très-sage, il parla ainsi au milieu de tous :

— Écoutez maintenant, Ithakèsiens, ce que je vais dire. Ce signe s'adresse plus particulièrement aux Prétendants. Un grand danger est suspendu sur eux, car Odysseus ne restera pas longtemps encore loin de ses amis ; mais voici qu'il est quelque part près d'ici et qu'il prépare aux Prétendants la Kèr et le carnage. Et il arrivera malheur à beaucoup parmi ceux qui habitent l'illustre Ithakè. Voyons donc, dès maintenant, comment nous éloignerons les Prétendants, à moins qu'ils se retirent d'eux-mêmes, et ceci leur serait plus salutaire. Je ne suis point, en effet, un divinateur inexpérimenté, mais bien instruit ; car je pense qu'elles vont s'accomplir les choses que j'ai prédites à Odysseus quand les Argiens partirent pour Ilios, et que le subtil Odysseus les commandait. Je dis qu'après avoir subi une foule de maux et perdu tous ses compagnons, il reviendrait dans sa demeure vers la vingtième année. Et voici que ces choses s'accomplissent.

Et Eurymakhos, fils de Polybos, lui répondit :

— Ô Vieillard, va dans ta maison faire des prédictions à tes enfants, de peur qu'il leur arrive malheur dans l'avenir ; mais ici je suis de beaucoup meilleur divinateur que toi. De nombreux oiseaux volent sous les rayons de Hèlios, et tous ne sont pas propres aux augures. Certes, Odysseus est mort au loin, et plût aux dieux que tu fusses mort comme lui ! Tu ne profèrerais pas tant de prédictions vaines, et tu n'exciterais pas ainsi Tèlémakhos déjà irrité, avec l'espoir sans doute qu'il t'offrira un présent dans sa maison. Mais je te le dis, et ceci s'accomplira : Si, le trompant par ta science ancienne et tes paroles, tu pousses ce jeune homme à la colère, tu lui seras surtout funeste ; car tu ne pourras rien contre nous ; et nous t'infligerons, ô Vieillard, une amende que tu déploreras dans ton cœur, la supportant avec peine ; et ta douleur sera accablante. Moi, je conseillerai à Tèlémakhos d'ordonner que sa mère retourne chez Ikarios, afin que les siens célèbrent ses noces et lui fassent une dot illustre, telle qu'il convient d'en faire à une fille bien-aimée. Je ne pense pas qu'avant cela les fils des Akhaiens restent en repos et renoncent à l'épouser ; car nous ne craignons personne, ni, certes, Tèlémakhos, bien qu'il parle beaucoup ; et nous n'avons nul souci, ô Vieillard, de tes vaines prédictions, et tu ne nous en seras que plus odieux. Les biens de Tèlémakhos seront de nouveau consumés, et ce sera ainsi tant que Pènélopéia retiendra les Akhaiens par l'espoir de ses noces. Et, en effet, c'est à cause de sa vertu que nous attendons de jour en jour, en nous la disputant, et que nous n'irons point chercher ailleurs d'autres épouses.

Et le prudent Tèlémakhos lui répondit :

— Eurymakhos, et tous, tant que vous êtes, illustres Prétendants, je ne vous supplierai ni ne vous parlerai plus longtemps. Les Dieux et tous les Akhaiens savent maintenant ces choses. Mais donnez-moi promptement une nef rapide et vingt compagnons qui fendent avec moi les chemins de la mer. J'irai à Spartè et dans la sablonneuse Pylos m'informer du retour de mon père depuis longtemps absent. Ou quelqu'un d'entre les hommes m'en parlera, ou j'entendrai la renommée de Zeus qui porte le plus loin la gloire des hommes. Si j'entends dire que mon père est vivant et revient, j'attendrai encore une année, bien qu'affligé. Si j'entends dire qu'il est mort et ne doit plus reparaître, je reviendrai dans la chère terre de la patrie, je lui élèverai un tombeau, je célèbrerai d'illustres funérailles, telles qu'il convient, et je donnerai ma mère à un mari.

Ayant ainsi parlé, il s'assit. Et au milieu d'eux se leva Mentôr, qui était le compagnon de l'irréprochable Odysseus. Et celui-ci, comme il partait, lui confia toute sa maison, lui remit ses biens en garde et voulut qu'on obéît au vieillard. Et, au milieu d'eux, plein de sagesse, il parla et dit :

— Écoutez-moi maintenant, Ithakèsiens, quoi que je dise. Craignez qu'un roi porte-sceptre ne soit plus jamais ni bienveillant, ni doux, et qu'il ne médite plus de bonnes actions dans son esprit, mais qu'il soit cruel désormais et veuille l'iniquité, puisque nul ne se souvient du divin Odysseus parmi les peuples auxquels il commandait aussi doux qu'un père. Je ne reproche point aux Prétendants orgueilleux de commettre des actions violentes dans un esprit inique, car ils jouent leurs têtes en consumant la demeure d'Odysseus qu'ils pensent ne plus revoir. Maintenant, c'est contre tout le peuple que je m'irrite, contre vous qui restez assis en foule et qui n'osez point parler, ni réprimer les Prétendants peu nombreux, bien que vous soyez une multitude.

Et l'Euènoride Leiôkritos lui répondit :

— Mentôr, injurieux et stupide, qu'as-tu dit ? Tu nous exhortes à nous retirer ! Certes, il serait difficile de chasser violemment du festin tant de jeunes hommes. Même si l'Ithakèsien Odysseus, survenant lui-même, songeait dans son esprit à chasser les illustres Prétendants assis au festin dans sa demeure, certes, sa femme, bien qu'elle le désire ardemment, ne se réjouirait point alors de le revoir, car il rencontrerait une mort honteuse, s'il combattait contre un si grand nombre. Tu n'as donc point bien parlé. Allons ! dispersons-nous, et que chacun retourne à ses travaux. Mentôr et

Halithersès prépareront le voyage de Tèlémakhos, puisqu'ils sont dès sa naissance ses amis paternels. Mais je pense qu'il restera longtemps ici, écoutant des nouvelles dans Ithakè, et qu'il n'accomplira point son dessein.

Ayant ainsi parlé, il rompit aussitôt l'agora, et ils se dispersèrent, et chacun retourna vers sa demeure. Et les Prétendants se rendirent à la maison du divin Odysseus. Et Tèlémakhos s'éloigna sur le rivage de la mer, et, plongeant ses mains dans la blanche mer, il supplia Athènè :

— Entends-moi, Déesse qui es venue hier dans ma demeure, et qui m'as ordonné d'aller sur une nef, à travers la mer sombre, m'informer de mon père depuis longtemps absent. Et voici que les Akhaiens m'en empêchent, et surtout les orgueilleux Prétendants.

Il parla ainsi en priant, et Athènè parut auprès de lui, semblable à Mentôr par l'aspect et par la voix, et elle lui dit ces paroles ailées :

— Tèlémakhos, tu ne seras ni un lâche, ni un insensé, si l'excellent esprit de ton père est en toi, tel qu'il le possédait pour parler et pour agir, et ton voyage ne sera ni inutile, ni imparfait. Si tu n'étais le fils d'Odysseus et de Pènélopéia, je n'espérerais pas que tu pusses accomplir ce que tu entreprends, car peu de fils sont semblables à leur père. La plupart sont moindres, peu son meilleurs que leurs parents. Mais tu ne seras ni un lâche, ni un insensé, puisque l'intelligence d'Odysseus est restée en toi, et tu dois espérer accomplir ton dessein. C'est pourquoi oublie les projets et les résolutions des Prétendants insensés, car ils ne sont ni prudents, ni équitables, et ils ne songent point à la mort et à la Kèr noire qui vont les faire périr tous en un seul jour. Ne tarde donc pas plus longtemps à faire ce que tu as résolu. Moi qui suis le compagnon de ton père, je te préparerai une nef rapide et je t'accompagnerai. Mais retourne à ta demeure te mêler aux Prétendants. Apprête nos vivres ; enferme le vin dans les amphores, et, dans les outres épaisses, la farine, moelle des hommes. Moi, je te réunirai des compagnons volontaires parmi le peuple. Il y a beaucoup de nefs, neuves et vieilles, dans Ithakè entourée des flots. Je choisirai la meilleure de toutes, et nous la conduirons, bien armée, sur la mer vaste.

Ainsi parla Athènaiè, fille de Zeus ; et Tèlémakhos ne tarda pas plus longtemps, dès qu'il eut entendu la voix de la Déesse. Et, le cœur triste, il se hâta de retourner dans sa demeure. Et il trouva les Prétendants orgueilleux dépouillant les chèvres et faisant rôtir les porcs gras dans la cour.

Et Antinoos, en riant, vint au-devant de Tèlémakhos ; et, lui prenant la main, il lui parla ainsi :

— Tèlémakhos, agorète orgueilleux et plein de colère, qu'il n'y ait plus dans ton cœur ni soucis, ni mauvais desseins. Mange et bois en paix comme auparavant. Les Akhaiens agiront pour toi. Ils choisiront une nef et des rameurs, afin que tu ailles promptement à la divine Pylos t'informer de ton illustre père.

Et le prudent Tèlémakhos lui répondit :

— Antinoos, il ne m'est plus permis de m'asseoir au festin et de me réjouir en paix avec vous, orgueilleux ! N'est-ce pas assez, Prétendants, que vous ayez déjà dévoré mes meilleures richesses, tandis que j'étais enfant ? Maintenant, je suis plus grand, et j'ai écouté les conseils des autres hommes, et la colère a grandi dans mon cœur. Je tenterai donc de vous apporter la Kèr fatale, soit en allant à Pylos, soit ici, par le peuple. Certes, je partirai, et mon voyage ne sera point inutile. J'irai sur une nef louée, puisque je n'ai moi-même ni nef, ni rameurs, et qu'il vous a plu de m'en réduire là.

Ayant parlé, il arracha vivement sa main de la main d'Antinoos. Et les Prétendants préparaient le repas dans la maison. Et ces jeunes hommes orgueilleux poursuivaient Tèlémakhos de paroles outrageantes et railleuses :

Certes, voici que Tèlémakhos médite notre destruction, soit qu'il ramène des alliés de la sablonneuse Pylos, soit qu'il en ramène de Spartè. Il le désire du moins avec ardeur. Peut-être aussi veut-il aller dans la fertile terre d'Ephyrè, afin d'en rapporter des poisons mortels qu'il jettera dans nos kratères pour nous tuer tous.

Et un autre de ces jeunes hommes orgueilleux disait :

— Qui sait si, une fois parti sur sa nef creuse, il ne périra pas loin des siens, ayant erré comme Odysseus ? Il nous donnerait ainsi un plus grand travail. Nous aurions à partager ses biens, et nous donnerions cette demeure à sa mère et à celui qu'elle épouserait.

Ils parlaient ainsi. Et Tèlémakhos monta dans la haute chambre de son père, où étaient amoncelés l'or et l'airain, et les vêtements dans les coffres, et l'huile abondante et parfumée. Et là aussi étaient des muids de vieux vin doux. Et ils étaient rangés contre le mur, enfermant la boisson pure et divine réservée à Odysseus quand il reviendrait dans sa patrie, après avoir subi beaucoup de maux. Et les portes étaient bien fermées au double verrou, et une femme les surveillait nuit et jour avec une active vigilance ; et c'était Eurykléia, fille d'Ops Peisènôride. Et Tèlémakhos, l'ayant appelée dans la chambre, lui dit :

— Nourrice, puise dans les amphores le plus doux de ces vins parfumés que tu conserves dans l'attente d'un homme très-malheureux, du divin Odysseus, s'il revient jamais, ayant évité la Kèr et la mort. Emplis douze vases et ferme-les de leurs couvercles. Verse de la farine dans des outres bien cousues, et qu'il y en ait vingt mesures. Que tu le saches seule, et réunis toutes ces provisions. Je les prendrai à la nuit, quand ma mère sera retirée dans sa chambre, désirant son lit. Je vais à Spartè et à la sablonneuse Pylos pour m'informer du retour de mon père bien-aimé.

Il parla ainsi, et sa chère nourrice Eurykléia gémit, et, se lamentant, elle dit ces paroles ailées :

— Pourquoi, cher enfant, as-tu cette pensée ? Tu veux aller à travers tant de pays, ô fils unique et bien-aimé ? Mais le divin Odysseus est mort, loin de la terre de la patrie, chez un peuple inconnu. Et les Prétendants te tendront aussitôt des piéges, et tu périras par ruse, et ils partageront tes biens. Reste donc ici auprès des tiens ! Il ne faut pas que tu subisses des maux et que tu erres sur la mer indomptée.

Et le prudent Tèlémakhos lui répondit :

— Rassure-toi, nourrice ; ce dessein n'est point sans l'avis d'un Dieu. Mais jure que tu ne diras rien à ma chère mère avant onze ou douze jours, à moins qu'elle me demande ou qu'elle sache que je suis parti, de peur qu'en pleurant elle blesse son beau corps.

Il parla ainsi, et la vieille femme jura le grand serment des Dieux. Et, après avoir juré et accompli les formes du serment, elle puisa aussitôt le vin dans les amphores et versa la farine dans les outres bien cousues. Et Tèlémakhos, entrant dans sa demeure, se mêla aux Prétendants.

Alors la Déesse Athènè aux yeux clairs songea à d'autres soins. Et, semblable à Tèlémakhos, elle marcha par la ville, parlant aux hommes qu'elle avait choisis et leur ordonnant de se réunir à la nuit sur une nef rapide. Elle avait demandé cette nef rapide à Noèmôn, le cher fils de Phronios, et celui-ci la lui avait confiée très-volontiers.

Et Hèlios tomba, et tous les chemins se couvrirent d'ombre. Alors Athènè lança à la mer la nef rapide et y déposa les agrès ordinaires aux nefs bien pontées. Puis, elle la plaça à l'extrémité du port. Et, autour de la nef, se réunirent tous les excellents compagnons, et la Déesse exhortait chacun d'eux.

Alors la Déesse Athènè aux yeux clairs songea à d'autres soins. Se hâtant d'aller à la demeure du divin Odysseus, elle y répandit le doux sommeil sur les Prétendants. Elle les troubla tandis qu'ils buvaient, et fit tomber les coupes de leurs mains. Et ils s'empressaient de retourner par la ville pour se coucher, et, à peine étaient-ils couchés, le sommeil ferma leurs paupières.

Et la Déesse Athènè aux yeux clairs, ayant appelé Tèlémakhos hors de la maison, lui parla ainsi, ayant pris l'aspect et la voix de Mentôr :

— Tèlémakhos, déjà tes compagnons aux belles knèmides sont assis, l'aviron aux mains, prêts à servir ton ardeur. Allons, et ne tardons pas plus longtemps à faire route.

Ayant ainsi parlé, Pallas Athènè le précéda aussitôt, et il suivit en hâte les pas de la Déesse ; et, parvenus à la mer et à la nef, ils trouvèrent leurs compagnons chevelus sur le rivage. Et le divin Tèlémakhos leur dit :

— Venez, amis. Emportons les provisions qui sont préparées dans ma demeure. Ma mère et ses femmes ignorent tout. Ma nourrice seule est instruite.

Ayant ainsi parlé, il les précéda et ils le suivirent. Et ils transportèrent les provisions dans la nef bien pontée, ainsi que le leur avait ordonné le cher fils d'Odysseus. Et Tèlémakhos monta dans la nef, conduit par Athènè qui s'assit à la poupe. Et auprès d'elle s'assit Tèlémakhos. Et ses compagnons détachèrent le câble et se rangèrent sur les bancs de rameurs. Et Athènè aux yeux clairs fit souffler un vent favorable, Zéphyros, qui les poussait en résonnant sur la mer sombre.

Puis, Tèlémakhos ordonna à ses compagnons de dresser le mât, et ils lui obéirent. Et ils dressèrent le mât de sapin sur sa base creuse et ils le fixèrent avec des câbles. Puis, ils déployèrent les voiles blanches retenues par des courroies, et le vent les gonfla par le milieu. Et le flot pourpré résonnait le long de la carène de la nef qui marchait et courait sur la mer, faisant sa route.

Puis, ayant lié la mâture sur la nef rapide et noire, ils se levèrent debout, avec des kratères pleins de vin, faisant des libations aux Dieux éternels et surtout à la fille aux yeux clairs de Zeus. Et, toute la nuit, jusqu'au jour, la Déesse fit route avec eux.

RHAPSODIE III

HÈLIOS, quittant son beau lac, monta dans l'Ouranos d'airain, afin de porter la lumière aux Immortels et aux hommes mortels sur la terre féconde. Et ils arrivèrent à Pylos, la citadelle bien bâtie de Nèleus. Et les Pyliens, sur le rivage de la mer, faisaient des sacrifices de taureaux entièrement noirs à Poseidaôn aux cheveux bleus. Et il y avait neuf rangs de siéges, et sur chaque rang cinq cents hommes étaient assis, et devant chaque rang il y avait neuf taureaux égorgés.

Et ils goûtaient les entrailles et ils brûlaient les cuisses pour le Dieu, quand ceux d'Ithakè entrèrent dans le port, serrèrent les voiles de la nef égale, et, l'ayant amarrée, en sortirent. Et Tèlémakhos sortit aussi de la nef, conduit par Athènè. Et, lui parlant la première, la Déesse Athènè aux yeux clairs lui dit :

— Tèlémakhos, il ne te convient plus d'être timide, maintenant que tu as traversé la mer pour l'amour de ton père, afin de t'informer quelle terre le renferme, et quelle a été sa destinée. Allons ! va droit au dompteur de chevaux Nestôr, et voyons quelle pensée il cache dans sa poitrine. Supplie-le de te dire la vérité. Il ne mentira pas, car il est plein de sagesse.

Et le prudent Tèlémakhos lui répondit :

— Mentôr, comment l'aborder et comment le saluer ? Je n'ai point l'expérience des sages discours, et un jeune homme a quelque honte d'interroger un vieillard.

Et Athènè, la Déesse aux yeux clairs, lui répondit :

— Tèlémakhos, tu y songeras dans ton esprit, ou un Dieu te l'inspirera, car je ne pense pas que tu sois né et que tu aies été élevé sans la bienveillance des Dieux.

Ayant ainsi parlé, Pallas Athènè le précéda rapidement et il suivit aussitôt la Déesse. Et ils parvinrent à l'assemblée où siégeaient les hommes

Pyliens. Là était assis Nestôr avec ses fils, et, tout autour, leurs compagnons préparaient le repas, faisaient rôtir les viandes et les embrochaient. Et dès qu'ils eurent vu les étrangers, ils vinrent tous à eux, les accueillant du geste, et ils les firent asseoir. Et le Nestôride Peisistratos, s'approchant le premier, les prit l'un et l'autre par la main et leur fit place au repas, sur des peaux moelleuses qui couvraient le sable marin, auprès de son frère Thrasymèdès et de son père. Puis, il leur offrit des portions d'entrailles, versa du vin dans une coupe d'or, et, la présentant à Pallas Athènaiè, fille de Zeus tempétueux, il lui dit :

— Maintenant, ô mon hôte, supplie le Roi Poseidaôn. Ce festin auquel vous venez tous deux prendre part est à lui. Après avoir fait des libations et imploré le Dieu, comme il convient, donne cette coupe de vin doux à ton compagnon, afin qu'il fasse à son tour des libations. Je pense qu'il supplie aussi les Immortels. Tous les hommes ont besoin des Dieux. Mais il est plus jeune que toi et semble être de mon âge, c'est pourquoi je te donne d'abord cette coupe d'or.

Ayant ainsi parlé, il lui mit aux mains la coupe de vin doux, et Athènè se réjouit de la sagesse et de l'équité du jeune homme, parce qu'il lui avait offert d'abord la coupe d'or. Et aussitôt elle supplia le Roi Poseidaôn :

— Entends-moi, Poseidaôn qui contient la terre ! Ne nous refuse pas, à nous qui t'en supplions, d'accomplir notre dessein. Glorifie d'abord Nestôr et ses fils, et sois aussi favorable à tous les Pyliens en récompense de cette illustre hécatombe. Fais, enfin, que Tèlémakhos et moi nous retournions, ayant accompli l'œuvre pour laquelle nous sommes venus sur une nef noire et rapide.

Elle pria ainsi, exauçant elle-même ses vœux. Et elle donna la belle coupe ronde à Tèlémakhos, et le cher fils d'Odysseus supplia aussi le Dieu. Et dès que les Pyliens eurent rôti les chairs supérieures, ils les retirèrent du feu, et, les distribuant par portions, ils célébrèrent le festin splendide. Et dès qu'ils eurent assouvi le besoin de boire et de manger, le cavalier Gérennien Nestôr leur parla ainsi :

— Maintenant, nous pouvons demander qui sont nos hôtes, puisqu'ils sont rassasiés de nourriture. Ô nos hôtes, qui êtes-vous ? Naviguez-vous pour quelque trafic, ou bien, à l'aventure, comme des pirates qui, jouant leur vie, portent le malheur aux étrangers ?

Et le prudent Tèlémakhos lui répondit avec assurance, car Athènè avait mis la fermeté dans son cœur, afin qu'il s'informât de son père absent et qu'une grande gloire lui fût acquise par là parmi les hommes :

— Ô Nestôr Nèlèiade, grande gloire des Akhaiens, tu demandes d'où nous sommes, et je puis te le dire. Nous venons d'Ithakè, sous le Nèios, pour un intérêt privé, et non public, que je t'apprendrai. Je cherche à entendre parler de l'immense gloire de mon père, le divin et patient Odysseus qui, autrefois, dit-on, combattant avec toi, a renversé la ville des Troiens. Nous avons su dans quel lieu chacun de ceux qui combattaient contre les Troiens a subi la mort cruelle ; mais le Kroniôn, au seul Odysseus, a fait une mort ignorée ; et aucun ne peut dire où il a péri, s'il a été dompté sur la terre ferme par des hommes ennemis, ou dans la mer, sous les écumes d'Amphitrite. C'est pour lui que je viens, à tes genoux, te demander de me dire, si tu le veux, quelle a été sa mort cruelle, soit que tu l'aies vue de tes yeux, soit que tu l'aies apprise de quelque voyageur ; car sa mère l'a enfanté pour être très-malheureux. Ne me flatte point d'espérances vaines, par compassion ; mais parle-moi ouvertement, je t'en supplie, si jamais mon père, l'excellent Odysseus, soit par ses paroles, soit par ses actions, a tenu les promesses qu'il t'avait faites, chez le peuple des Troiens, où vous, Akhaiens, avez subi tant de maux. Souviens-t'en maintenant, et dis-moi la vérité.

Et le cavalier Gérennien Nestôr lui répondit :

— Ô ami, tu me fais souvenir des maux que nous, fils indomptables des Akhaiens, nous avons subis chez le peuple Troien, soit en poursuivant notre proie, sur nos nefs, à travers la mer sombre, et conduits par Akhilleus, soit en combattant autour de la grande ville du roi Priamos, là où tant de guerriers excellents ont été tués. C'est là que gisent le brave Aias, et Akhilleus, et Patroklos semblable aux Dieux par la sagesse, et mon fils bien-aimé Antilokhos, robuste et irréprochable, habile à la course et courageux combattant. Et nous avons subi bien d'autres maux, et nul, parmi les hommes mortels, ne pourrait les raconter tous. Et tu pourrais rester ici et m'interroger pendant cinq ou six ans, que tu retournerais, plein de tristesse, dans la terre de la patrie, avant de connaître tous les maux subis par les divins Akhaiens. Et, pendant neuf ans, nous avons assiégé Troiè par mille ruses, et le Kroniôn ne nous donna la victoire qu'avec peine. Là, nul n'égala jamais le divin Odysseus par la sagesse, car ton père l'emportait sur tous par ses ruses sans nombre, si vraiment tu es son fils. Mais l'admiration me saisit en te regardant. Tes paroles sont semblables aux siennes, et on ne te croirait pas si jeune, tant tu sais parler comme lui. Là-bas, jamais le divin Odysseus et moi, dans l'agora ou dans le conseil, nous n'avons parlé différemment ; et nous donnions aux Akhaiens les meilleurs avis, ayant le même esprit et la même sagesse. Enfin, après avoir renversé la haute citadelle de Priamos, nous partîmes sur nos nefs, et un Dieu dispersa les Akhaiens. Déjà Zeus, sans doute, préparait, dans son esprit, un triste retour aux Akhaiens ; car tous n'étaient point prudents et justes, et une destinée terrible était réservée à beaucoup d'entre eux, à cause de la colère d'Athènè aux yeux clairs qui a un père effrayant, et qui jeta la discorde entre les deux Atréides. Et ceux-ci avaient convoqué tous les Akhaiens à l'agora, sans raison et contre l'usage, au coucher de Hèlios, et les fils des Akhaiens y vinrent, alourdis par le vin, et les Atréides leur expliquèrent pourquoi ils avaient convoqué le peuple. Alors Ménélaos leur ordonna de songer au retour sur le vaste dos de la mer ; mais cela ne plut point à Agamemnôn, qui voulait retenir le peuple et sacrifier de saintes hécatombes, afin d'apaiser la violente colère d'Athènè. Et l'insensé ne savait pas qu'il ne pourrait l'apaiser, car l'esprit des Dieux éternels ne change point aussi vite. Et tandis que les Atréides, debout, se disputaient avec d'âpres paroles, tous les Akhaiens aux belles knèmides se levèrent, dans une grande clameur, pleins de résolutions contraires. Et nous dormîmes pendant la nuit, méditant un dessein fatal, car Zeus préparait notre plus grand malheur. Et, au matin, traînant nos nefs à la mer divine, nous y déposâmes notre butin et les femmes aux ceintures dénouées. Et la moitié de l'armée resta auprès du Roi Atréide Agamemnôn ; et nous, partant sur nos nefs, nous naviguions. Un Dieu apaisa la mer où vivent les monstres, et, parvenus promptement à Ténédos, nous fîmes des sacrifices aux Dieux, désirant revoir nos demeures. Mais Zeus irrité, nous refusant un prompt retour, excita de nouveau une fatale dissension. Et quelques-uns, remontant sur leurs nefs à double rang d'avirons, et parmi eux était le Roi Odysseus plein de prudence, retournèrent vers l'Atréide Agamemnôn, afin de lui complaire. Pour moi, ayant réuni les nefs qui me suivaient, je pris la fuite, car je savais quels malheurs préparait le Dieu. Et le brave fils de Tydeus, excitant ses compagnons, prit aussi la fuite ; et le blond Ménélaos nous rejoignit plus tard à Lesbos, où nous délibérions sur la route à suivre. Irions-nous par le nord de l'âpre Khios, ou vers l'île Psyriè, en la laissant à notre gauche, ou par le sud de Khios, vers Mimas battue des vents ? Ayant supplié Zeus de nous montrer un signe, il nous le montra et nous ordonna de traverser le milieu de la mer d'Euboia, afin d'éviter notre perte. Et un vent sonore commença de souffler ; et nos nefs, ayant parcouru rapidement les chemins poissonneux, arrivèrent dans la nuit à Géraistos ; et là, après avoir traversé la grande mer, nous brûlâmes pour Poseidaôn de nombreuses cuisses de taureaux. Le quatrième jour, les nefs égales et les compagnons du dompteur de chevaux Tydéide Diomèdès s'arrêtèrent dans Argos, mais je continuai ma route vers Pylos, et le vent ne cessa pas depuis qu'un Dieu lui avait permis de souffler. C'est ainsi que je suis arrivé, cher fils, ne sachant point quels sont ceux d'entre les Akhaiens qui se sont sauvés ou qui ont péri. Mais ce que j'ai appris, tranquille dans mes demeures, il est juste que tu en sois instruit, et je ne te le cacherai point. On dit que l'illustre fils du magnanime Akhilleus a ramené en sûreté les Myrmidones habiles à manier la lance. Philoktètès, l'illustre fils de Paian, a aussi ramené les siens, et Idoméneus a reconduit dans la Krètè ceux de ses compagnons qui ont échappé à la guerre, et la mer ne lui en a ravi aucun. Tu as entendu parler de l'Atréide, bien qu'habitant au loin ; et tu sais comment il revint, et comment Aigisthos lui infligea une mort lamentable. Mais le meurtrier est mort misérablement, tant il est bon qu'un homme laisse un fils qui le venge. Et Orestès a tiré vengeance d'Aigisthos qui avait tué son illustre père. Et toi, ami, que je vois si beau et si grand, sois brave, afin qu'on parle bien de toi parmi les hommes futurs.

Et le prudent Tèlémakhos lui répondit :

— Ô Nestôr Nèlèiade, grande gloire des Akhaiens, certes, Orestès a tiré une juste vengeance, et tous les Akhaiens l'en glorifient, et les hommes futurs l'en glorifieront. Plût aux Dieux que j'eusse la force de faire expier aux prétendants les maux qu'ils me font et l'opprobre dont ils me couvrent. Mais les Dieux ne nous ont point destinés à être honorés, mon père et moi, et, maintenant, il me faut tout subir avec patience.

Et le cavalier Gérennien Nestôr lui répondit :

— Ô ami, ce que tu me dis m'a été rapporté, que de nombreux prétendants, à cause de ta mère, t'opprimaient dans ta demeure. Mais, dis-moi, souffres-tu ces maux sans résistance, ou bien les peuples, obéissant à l'oracle d'un Dieu, t'ont-ils pris en haine ! Qui sait si Odysseus ne châtiera pas un jour leur iniquité violente, seul, ou aidé de tous les Akhaiens ? Qu'Athènè aux yeux clairs puisse t'aimer autant qu'elle aimait le glorieux Odysseus, chez le peuple des Troiens, où, nous, Akhaiens, nous avons subi tant de maux ! Non, je n'ai jamais vu les Dieux aimer aussi manifestement un homme que Pallas Athènè aimait Odysseus. Si elle voulait t'aimer ainsi et te protéger, chacun des prétendants oublierait bientôt ses désirs de noces !

Et le prudent Tèlémakhos lui répondit :

— Ô vieillard, je ne pense pas que ceci arrive jamais. Les grandes choses que tu prévois me troublent et me jettent dans la stupeur. Elles tromperaient mes espérances, même si les Dieux le voulaient.

Alors, Athènè, la Déesse aux yeux clairs, lui répondit :

— Tèlémakhos, quelle parole s'est échappée d'entre tes dents ! Un Dieu peut aisément sauver un homme, même de loin. J'aimerais mieux, après avoir subi de nombreuses douleurs, revoir le jour du retour et revenir dans ma demeure, plutôt que de périr à mon arrivée, comme Agamemnôn par la perfidie d'Aigisthos et de Klytaimnestrè. Cependant, les Dieux eux-mêmes ne peuvent éloigner de l'homme qu'ils aiment la mort commune à tous, quand la Moire fatale de la rude mort doit les saisir.

Et le prudent Tèlémakhos lui répondit :

— Mentôr, n'en parlons pas plus longtemps, malgré notre tristesse. Odysseus ne reviendra jamais, et déjà les Dieux immortels lui ont infligé la mort et la noire kèr. Maintenant, je veux interroger Nestôr, car il l'emporte sur tous par l'intelligence et par la justice. Ô Nestôr Nèlèiade, dis-moi la vérité ; comment a péri l'Atréide Agamemnôn qui commandait au loin ? Quelle mort lui préparait le perfide Aigisthos ? Certes, il a tué un homme qui lui était bien supérieur. Où était Ménélaos ? Non dans l'Argos Akhaïque, sans doute ; et il errait au loin parmi les hommes, et Aigisthos, en son absence, a commis le meurtre.

Et le cavalier Gérennien Nestôr lui répondit :

— Certes, mon enfant, je te dirai la vérité sur ces choses, et tu les sauras, telles qu'elles sont arrivées. Si le blond Ménélaos Atréide, à son retour de Troiè, avait trouvé, dans ses demeures, Aigisthos vivant, sans doute celui-ci eût péri, et n'eût point été enseveli, et les chiens et les oiseaux carnassiers l'eussent mangé, gisant dans la plaine, loin d'Argos ; et aucune Akhaienne ne l'eût pleuré, car il avait commis un grand crime. En effet, tandis que nous subissions devant Ilios des combats sans nombre, lui, tranquille en une retraite, dans Argos nourrice de chevaux, séduisait par ses paroles l'épouse Agamemnonienne. Et certes, la divine Klytaimnestrè repoussa d'abord cette action indigne, car elle obéissait à ses bonnes pensées ; et auprès d'elle était un Aoide à qui l'Atréide, en partant pour Troiè, avait confié la garde de l'Épouse. Mais quand la Moire des Dieux eut décidé que l'Aoide mourrait, on jeta celui-ci dans une île déserte et on l'y abandonna pour être déchiré par les oiseaux carnassiers. Alors, ayant tous deux les mêmes désirs, Aigisthos conduisit Klytaimnestrè dans sa demeure. Et il brûla de nombreuses cuisses sur les autels des Dieux, et il y suspendit de nombreux ornements et des vêtements d'or, parce qu'il avait accompli le grand dessein qu'il n'eût jamais osé espérer dans son âme. Et nous naviguions loin de Troiè, l'Atréide et moi, ayant l'un pour l'autre la même amitié. Mais, comme nous arrivions à Sounios, sacré promontoire des Athènaiens, Phoibos Apollôn tua soudainement de ses douces flèches le pilote de Ménélaos, Phrontis Onètoride, au moment où il tenait le gouvernail de la nef qui marchait. Et c'était le plus habile de tous les hommes à gouverner une nef, aussi souvent que soufflaient les tempêtes. Et Ménélaos, bien que pressé de continuer sa course, s'arrêta en ce lieu pour ensevelir son compagnon et célébrer ses funérailles. Puis, reprenant son chemin à travers la mer sombre, sur ses nefs creuses, il atteignit le promontoire Maléien. Alors Zeus à la grande voix, s'opposant à sa marche, répandit le souffle des vents sonores qui soulevèrent les grands flots pareils à des montagnes. Et les nefs se séparèrent, et une partie fut poussée en Krètè, où habitent les Kydônes, sur les rives du Iardanos. Mais il y a, sur les côtes de Gortyna, une roche escarpée et plate qui sort de la mer sombre. Là, le Notos pousse les grands flots vers Phaistos, à la gauche du promontoire ; et cette roche, très-petite, rompt les grands flots. C'est là qu'ils vinrent, et les hommes évitèrent à peine la mort ; et les flots fracassèrent les nefs contre les rochers, et le vent et la mer poussèrent cinq nefs aux proues bleues vers le fleuve Aigyptos. Et Ménélaos, amassant beaucoup de richesses et d'or, errait parmi les hommes qui parlent une langue étrangère. Pendant ce temps, Aigisthos accomplissait dans ses demeures son lamentable dessein, en tuant l'Atréide et en soumettant son peuple. Et il commanda sept années dans la riche Mykènè. Et, dans la huitième année, le divin Orestès revint d'Athéna, et il tua le meurtrier de son père, le perfide Aigisthos, qui avait tué son illustre père. Et, quand il l'eut tué, il offrit aux Argiens le repas funéraire de sa malheureuse mère et du lâche Aigisthos. Et ce jour-là, arriva le brave Ménélaos, apportant autant de richesses que sa nef en pouvait contenir. Mais toi, ami, ne reste pas plus longtemps éloigné de ta maison, ayant ainsi laissé dans tes demeures tant d'hommes orgueilleux, de peur qu'ils consument tes biens et se partagent tes richesses, car tu aurais fait un voyage inutile. Je t'exhorte cependant à te rendre auprès de Ménélaos. Il est récemment arrivé de pays étrangers, d'où il n'espérait jamais revenir ; et les tempêtes l'ont poussé à travers la grande mer que les oiseaux ne pourraient traverser dans l'espace d'une année, tant elle est vaste et horrible. Va maintenant avec ta nef et tes compagnons ; ou, si tu veux aller par terre, je te donnerai un char et des chevaux, et mes fils te conduiront dans la divine Lakédaimôn où est le blond Ménélaos, afin que tu le pries de te dire la vérité. Et il ne te dira pas de mensonges, car il est très-sage.

Il parla ainsi, et Hèlios descendit, et les ténèbres arrivèrent. Et la Déesse Athènè aux yeux clairs lui dit :

— Ô Vieillard, tu as parlé convenablement. Mais tranchez les langues des victimes, et mêlez le vin, afin que nous fassions des libations à Poseidaôn et aux autres immortels. Puis, nous songerons à notre lit, car voici l'heure. Déjà la lumière est sous l'horizon, et il ne convient pas de rester plus longtemps au festin des Dieux ; mais il faut nous retirer.

La fille de Zeus parla ainsi, et tous obéirent à ses paroles. Et les hérauts leur versèrent de l'eau sur les mains, et les jeunes hommes couronnèrent les kratères de vin et les distribuèrent entre tous à pleines coupes. Et ils jetèrent les langues dans le feu. Et ils firent, debout, des libations ; et, après avoir fait des libations et bu autant que leur cœur le désirait, alors, Athènè et Tèlémakhos voulurent tous deux retourner à leur nef creuse. Mais, aussitôt, Nestôr les retint et leur dit :

— Que Zeus et tous les autres Dieux Immortels me préservent de vous laisser retourner vers votre nef rapide, en me quittant, comme si j'étais un homme pauvre qui n'a dans sa maison ni vêtements ni tapis, afin que ses hôtes y puissent dormir mollement ! Certes, je possède beaucoup de vêtements et de beaux tapis. Et jamais le cher fils du héros Odysseus ne passera la nuit dans sa nef tant que je vivrai, et tant que mes enfants habiteront ma maison royale et y recevront les étrangers qui viennent dans ma demeure.

Et la Déesse Athènè aux yeux clairs lui répondit :

— Tu as bien parlé, cher vieillard. Il convient que tu persuades Tèlémakhos, afin que tout soit pour le mieux. Il te suivra donc pour dormir dans ta demeure, et je retournerai vers notre nef noire pour donner des ordres à nos compagnons, car je me glorifie d'être le plus âgé d'entre eux. Ce sont des jeunes hommes, du même âge que le magnanime Tèlémakhos, et ils l'ont suivi par amitié. Je dormirai dans la nef noire et creuse, et, dès le matin, j'irai vers les magnanimes Kaukônes, pour une somme qui m'est due et qui n'est pas médiocre. Quand Tèlémakhos sera dans ta demeure, envoie-le sur le char, avec ton fils, et donne-lui tes chevaux les plus rapides et les plus vigoureux.

Ayant ainsi parlé, Athènè aux yeux clairs disparut semblable à un aigle, et la stupeur saisit tous ceux qui la virent. Et le vieillard, l'ayant vue de ses yeux, fut plein d'admiration, et il prit la main de Tèlémakhos et il lui dit ces paroles :

— Ô ami, tu ne seras ni faible ni lâche, puisque les Dieux eux-mêmes te conduisent, bien que tu sois si jeune. C'est là un des habitants des demeures Olympiennes, la fille de Zeus, la dévastatrice Tritogénéia, qui honorait ton père excellent entre tous les Argiens. C'est pourquoi, ô reine, sois-moi favorable ! Donne-nous une grande gloire, à moi, à mes fils et à ma vénérable épouse, et je te sacrifierai une génisse d'un an, au front large, indomptée, et que nul autre n'a soumise au joug ; et je te la sacrifierai après avoir répandu de l'or sur ses cornes.

Il parla ainsi, et Pallas-Athènè l'entendit.

Et le cavalier Gérennien Nestôr, en tête de ses fils et de ses gendres, retourna vers sa belle demeure. Et quand ils furent arrivés à l'illustre demeure du roi, ils s'assirent en ordre sur des gradins et sur des thrônes. Et le vieillard mêla pour eux un kratère de vin doux, âgé de onze ans, dont une servante ôta le couvercle. Et le vieillard, ayant mêlé le vin dans le kratère, supplia Athènè, faisant des libations à la fille de Zeus tempétueux. Et chacun d'eux, ayant fait des libations et bu autant que son cœur le désirait, retourna dans sa demeure pour y dormir. Et le cavalier Gérennien Nestôr fit coucher Tèlémakhos, le cher fils du divin Odysseus, en un lit sculpté, sous le portique sonore, auprès du brave Peisistratos, le plus jeune des fils de la maison royale. Et lui-même s'endormit au fond de sa haute demeure, là où l'Épouse lui avait préparé un lit.

Et quand Éôs aux doigts rosés, née au matin, apparut, le cavalier Gérennien Nestôr se leva de son lit. Puis, étant sorti, il s'assit sur les pierres polies, blanches et brillantes comme de l'huile, qui étaient devant les hautes portes, et sur lesquelles s'asseyait autrefois Nèleus semblable aux Dieux par la sagesse. Mais celui-ci, dompté par la Kèr, était descendu chez Aidès. Et, maintenant, le Gérennien Nestôr, rempart des Akhaiens, s'asseyait à sa place, tenant le sceptre. Et ses fils, sortant des chambres nuptiales, se réunirent autour de lui : Ekhéphrôn, et Stratios, et Perseus, et Arètos, et le divin Thrasymèdès. Et le héros Peisistratos vint le sixième. Et ils firent approcher Tèlémakhos semblable à un Dieu ; et le cavalier Gérennien Nestôr commença de leur parler :

— Mes chers enfants, satisfaites promptement mon désir, afin que je me rende favorable, avant tous les Dieux, Athènè qui s'est montrée ouvertement à moi au festin sacré de Poseidaôn. Que l'un de vous aille dans la campagne chercher une génisse que le bouvier amènera, et qu'il revienne à la hâte. Un autre se rendra à la nef noire du magnanime Tèlémakhos, et il amènera tous ses compagnons, et il n'en laissera que deux. Un autre ordonnera au fondeur d'or Laerkeus de venir répandre de l'or sur les cornes de la génisse ; et les autres resteront auprès de moi.

Ordonnez aux servantes de préparer un festin sacré dans la demeure, et d'apporter des sièges, du bois et de l'eau pure.

Il parla ainsi, et tous lui obéirent. La génisse vint de la campagne, et les compagnons du magnanime Tèlémakhos vinrent de la nef égale et rapide. Et l'ouvrier vint, portant dans ses mains les instruments de son art, l'enclume, le maillet et la tenaille, avec lesquels il travaillait l'or. Et Athènè vint aussi, pour jouir du sacrifice. Et le vieux cavalier Nestôr donna de l'or, et l'ouvrier le répandit et le fixa sur les cornes de la génisse, afin que la Déesse se réjouît en voyant cet ornement. Stratios et le divin Ekhéphrôn amenèrent la génisse par les cornes, et Arètos apporta, de la chambre nuptiale, dans un bassin fleuri, de l'eau pour leurs mains, et une servante apporta les orges dans une corbeille. Et le brave Thrasymèdès se tenait prêt à tuer la génisse, avec une hache tranchante à la main, et Perseus tenait un vase pour recevoir le sang. Alors, le vieux cavalier Nestôr répandit l'eau et les orges, et supplia Athènè, en jetant d'abord dans le feu quelques poils arrachés de la tête.

Et, après qu'ils eurent prié et répandu les orges, aussitôt, le noble Thrasymèdès, fils de Nestôr, frappa, et il trancha d'un coup de hache les muscles du cou ; et les forces de la génisse furent rompues. Et les filles, les belles-filles et la vénérable épouse de Nestôr, Eurydikè, l'aînée des filles de Klyménos, hurlèrent toutes.

Puis, relevant la génisse qui était largement étendue, ils la soutinrent, et Peisistratos, chef des hommes, l'égorgea. Et un sang noir s'échappa de sa gorge, et le souffle abandonna ses os. Aussitôt ils la divisèrent. Les cuisses furent coupées, selon le rite, et recouvertes de graisse des deux côtés. Puis, on déposa, par-dessus, les entrailles saignantes. Et le vieillard les brûlait sur du bois, faisant des libations de vin rouge. Et les jeunes hommes tenaient en mains des broches à cinq pointes. Les cuisses étant consumées, ils goûtèrent les entrailles ; puis, divisant les chairs avec soin, ils les embrochèrent et les rôtirent, tenant en mains les broches aiguës.

Pendant ce temps, la belle Polykastè, la plus jeune des filles de Nestôr Nèlèiade, baigna Tèlémakhos et, après l'avoir baigné et parfumé d'une huile grasse, elle le revêtit d'une tunique et d'un beau manteau. Et il sortit du bain, semblable par sa beauté aux Immortels. Et le prince des peuples vint s'asseoir auprès de Nestôr.

Les autres, ayant rôti les chairs, les retirèrent du feu et s'assirent au festin. Et les plus illustres, se levant, versaient du vin dans les coupes d'or. Et quand ils eurent assouvi la soif et la faim, le cavalier Gérennien Nestôr commença de parler au milieu d'eux :

— Mes enfants, donnez promptement à Tèlémakhos des chevaux au beau poil, et liez-les au char, afin qu'il fasse son voyage.

Il parla ainsi, et, l'ayant entendu, ils lui obéirent aussitôt. Et ils lièrent promptement au char deux chevaux rapides. Et la servante intendante y déposa du pain et du vin et tous les mets dont se nourrissent les rois élevés par Zeus. Et Tèlémakhos monta dans le beau char, et, auprès de lui, le Nestoride Peisistratos, chef des hommes, monta aussi et prit les rênes en mains. Puis, il fouetta les chevaux, et ceux-ci s'élancèrent avec ardeur dans la plaine, laissant derrière eux la ville escarpée de Pylos. Et, tout le jour, ils secouèrent le joug qui les retenait des deux côtés.

Alors, Hèlios tomba, et les chemins s'emplirent d'ombre. Et ils arrivèrent à Phèra, dans la demeure de Diokleus, fils d'Orthilokhos que l'Alphéios engendra. Là, ils passèrent la nuit, et Diokleus leur fit les dons de l'hospitalité.

Et quand Éôs aux doigts rosés, née au matin, apparut, ils attelèrent les chevaux et montèrent sur le beau char, et ils sortirent du vestibule et du portique sonore. Et Peisistratos fouetta les chevaux, qui s'élancèrent ardemment dans la plaine fertile. Et ils achevèrent leur route, tant les chevaux rapides couraient avec vigueur. Et Hèlios tomba de nouveau, et les chemins s'emplirent d'ombre.

RHAPSODIE IV

Et ils parvinrent à la vaste et creuse Lakédaimôn. Et ils se dirigèrent vers la demeure du glorieux Ménélaos, qu'ils trouvèrent célébrant dans sa demeure, au milieu de nombreux convives, les noces de son fils et de sa fille irréprochable qu'il envoyait au fils du belliqueux Akhilleus. Dès longtemps, devant Troiè, il l'avait promise et fiancée, et les Dieux accomplissaient leurs noces, et Ménélaos l'envoyait, avec un char et des chevaux, vers l'illustre ville des Myrmidones, auxquels commandait le fils d'Akhilleus.

Et il mariait une Spartiate, fille d'Alektôr, à son fils, le robuste Mégapenthès, que, dans sa vieillesse, il avait eu d'une captive. Car les Dieux n'avaient plus accordé d'enfants à Hélènè depuis qu'elle avait enfanté sa fille gracieuse, Hermionè, semblable à Aphroditè d'or.

Et les voisins et les compagnons du glorieux Ménélaos étaient assis au festin, dans la haute et grande demeure ; et ils se réjouissaient, et un Aoide divin chantait au milieu d'eux, en jouant de la flûte, et deux danseurs bondissaient au milieu d'eux, aux sons du chant.

Et le héros Tèlémakhos et l'illustre fils de Nestôr s'arrêtèrent, eux et leurs chevaux, dans le vestibule de la maison. Et le serviteur familier du glorieux Ménélaos, Etéôneus, accourant et les ayant vus, alla rapidement les annoncer dans les demeures du prince des peuples. Et, se tenant debout auprès de lui, il dit ces paroles ailées :

— Ménélaos, nourri par Zeus, voici deux étrangers qui semblent être de la race du grand Zeus. Dis-moi s'il faut dételer leurs chevaux rapides, ou s'il faut les renvoyer vers quelqu'autre qui les reçoive.

Et le blond Ménélaos lui répondit en gémissant :

— Étéôneus Boèthoïde, tu n'étais pas insensé avant ce moment, et voici que tu prononces comme un enfant des paroles sans raison. Nous avons souvent reçu, en grand nombre, les présents de l'hospitalité chez des hommes étrangers, avant de revenir ici. Que Zeus nous affranchisse de nouvelles misères dans l'avenir ! Mais délie les chevaux de nos hôtes et conduis-les eux-mêmes à ce festin.

Il parla ainsi, et Étéôneus sortit à la hâte des demeures, et il ordonna aux autres serviteurs fidèles de le suivre. Et ils délièrent les chevaux suant sous le joug, et ils les attachèrent aux crèches, en plaçant devant eux l'orge blanche et l'épeautre mêlés. Et ils appuyèrent le char contre le mur poli. Puis, ils conduisirent les étrangers dans la demeure divine.

Et ceux-ci regardaient, admirant la demeure du roi nourrisson de Zeus. Et la splendeur de la maison du glorieux Ménélaos était semblable à celle de Hèlios et de Sélènè. Et quand ils furent rassasiés de regarder, ils entrèrent, pour se laver, dans des baignoires polies. Et après que les servantes les eurent lavés et parfumés d'huile, et revêtus de tuniques et de manteaux moelleux, ils s'assirent sur des thrônes auprès de l'Atréide Ménélaos. Et une servante, pour laver leurs mains, versa de l'eau, d'une belle aiguière d'or, dans un bassin d'argent ; et elle dressa devant eux une table polie ; et la vénérable Intendante, pleine de bienveillance, y déposa du pain et des mets nombreux. Et le découpeur leur offrit les plateaux couverts de viandes différentes, et il posa devant eux des coupes d'or. Et le blond Ménélaos, leur donnant la main droite, leur dit :

— Mangez et réjouissez-vous. Quand vous serez rassasiés de nourriture, nous vous demanderons qui vous êtes parmi les hommes. Certes, la race de vos aïeux n'a point failli, et vous êtes d'une race de Rois porte-sceptres nourris par Zeus, car jamais des lâches n'ont enfanté de tels fils.

Il parla ainsi, et, saisissant de ses mains le dos gras d'une génisse, honneur qu'on lui avait fait à lui-même, il le plaça devant eux. Et ceux-ci étendirent les mains vers les mets offerts. Et quand ils eurent assouvi le besoin de manger et de boire, Tèlémakhos dit au fils de Nestôr, en approchant la tête de la sienne, afin de n'être point entendu :

— Vois, Nestoride, très-cher à mon cœur, la splendeur de l'airain et la maison sonore, et l'or, et l'émail, et l'argent et l'ivoire. Sans doute, telle est la demeure de l'olympien Zeus, tant ces richesses sont nombreuses. L'admiration me saisit en les regardant.

Et le blond Ménélaos, ayant compris ce qu'il disait, leur adressa ces paroles ailées :

— Chers enfants, aucun vivant ne peut lutter contre Zeus, car ses demeures et ses richesses sont immortelles. Il y a des hommes plus ou moins riches que moi ; mais j'ai subi bien des maux, et j'ai erré sur mes nefs pendant huit années, avant de revenir. Et j'ai vu Kypros et la Phoinikè, et les Aigyptiens, et les Aithiopiens, et les Sidônes, et les Érembes, et la

Libyè où les agneaux sont cornus et où les brebis mettent bas trois fois par an. Là, ni le Roi ni le berger ne manquent de fromage, de viandes et de lait doux, car ils peuvent traire le lait pendant toute l'année. Et tandis que j'errais en beaucoup de pays, amassant des richesses, un homme tuait traîtreusement mon frère, aidé par la ruse d'une femme perfide. Et je règne, plein de tristesse malgré mes richesses. Mais vous devez avoir appris ces choses de vos pères, quels qu'ils soient. Et j'ai subi des maux nombreux, et j'ai détruit une ville bien peuplée qui renfermait des trésors précieux. Plût aux Dieux que j'en eusse trois fois moins dans mes demeures, et qu'ils fussent encore vivants les héros qui ont péri devant la grande Troiè, loin d'Argos où paissent les beaux chevaux ! Et je pleure et je gémis sur eux tous. Souvent, assis dans mes demeures, je me plais à m'attrister en me souvenant, et tantôt je cesse de gémir, car la lassitude du deuil arrive promptement. Mais, bien qu'attristé, je les regrette moins tous ensemble qu'un seul d'entre eux, dont le souvenir interrompt mon sommeil et chasse ma faim ; car Odysseus a supporté plus de travaux que tous les Akhaiens. Et d'autres douleurs lui étaient réservées dans l'avenir ; et une tristesse incurable me saisit à cause de lui qui est depuis si longtemps absent. Et nous ne savons s'il est vivant ou mort ; et le vieux Laertès le pleure, et la sage Pènélopéia, et Tèlémakhos qu'il laissa tout enfant dans ses demeures.

    Il parla ainsi, et il donna à Tèlémakhos le désir de pleurer à cause de son père ; et, entendant parler de son père, il se couvrit les yeux de son manteau pourpré, avec ses deux mains, et il répandit des larmes hors de ses paupières. Et Ménélaos le reconnut, et il délibéra dans son esprit et dans son cœur s'il le laisserait se souvenir le premier de son père, ou s'il l'interrogerait en lui disant ce qu'il pensait.

    Pendant qu'il délibérait ainsi dans son esprit et dans son cœur, Hélénè sortit de la haute chambre nuptiale parfumée, semblable à Artémis qui porte un arc d'or. Aussitôt Adrestè lui présenta un beau siège, Alkippè apporta un tapis de laine moelleuse, et Phylô lui offrit une corbeille d'argent que lui avait donnée Alkandrè, femme de Polybos, qui habitait dans Thèbè Aigyptienne, où de nombreuses richesses étaient renfermées dans les demeures. Et Polybos donna à Ménélaos deux baignoires d'argent, et deux trépieds, et dix talents d'or ; et Alkandrè avait aussi offert de beaux présents à Hélénè : Une quenouille d'or et une corbeille d'argent massif dont la bordure était d'or. Et la servante Phylô la lui apporta, pleine de fil préparé, et, par-dessus, la quenouille chargée de laine violette. Hélénè s'assit, avec un escabeau sous les pieds, et aussitôt elle interrogea ainsi son époux :

    — Savons-nous, divin Ménélaos, qui sont ces hommes qui se glorifient d'être entrés dans notre demeure ? Mentirai-je ou dirai-je la vérité ? Mon esprit me l'ordonne. Je ne pense pas avoir jamais vu rien de plus ressemblant, soit un homme, soit une femme ; et l'admiration me saisit tandis que je regarde ce jeune homme, tant il est semblable au fils du magnanime Odysseus, à Tèlémakhos qu'il laissa tout enfant dans sa demeure, quand pour moi, chienne, les Akhaiens vinrent à Troiè, portant la guerre audacieuse.

Et le blond Ménélaos, lui répondant, parla ainsi ;

— Je reconnais comme toi, femme, que ce sont là les pieds, les mains, l'éclair des yeux, la tête et les cheveux d'Odysseus. Et voici que je me souvenais de lui et que je me rappelais combien de misères il avait patiemment subies pour moi. Mais ce jeune homme répand de ses paupières des larmes amères, couvrant ses yeux de son manteau pourpré.

Et le Nestoride Peisistratos lui répondit :

Atréide Ménélaos, nourri par Zeus, prince des peuples, certes, il est le fils de celui que tu dis. Mais il est sage, et il pense qu'il ne serait pas convenable, dès son arrivée, de prononcer des paroles téméraires devant toi dont nous écoutons la voix comme celle d'un Dieu. Le cavalier Gérennien Nestôr m'a ordonné de l'accompagner. Et il désire te voir, afin que tu le conseilles ou que tu l'aides ; car il subit beaucoup de maux, à cause de son père absent, dans sa demeure où il a peu de défenseurs. Cette destinée est faite à Tèlémakhos, et son père est absent, et il n'a personne, parmi son peuple, qui puisse détourner de lui les calamités.

Et le blond Ménélaos, lui répondant, parla ainsi :

— Ô Dieux ! certes, le fils d'un homme que j'aime est entré dans ma demeure, d'un héros qui, pour ma cause, a subi tant de combats. J'avais résolu de l'honorer entre tous les Akhaiens, si l'olympien Zeus qui tonne au loin nous eût donné de revenir sur la mer et sur nos nefs rapides. Et je lui aurais élevé une ville dans Argos, et je lui aurais bâti une demeure ; et il aurait transporté d'Ithakè ses richesses et sa famille et tout son peuple dans une des villes où je commande et qui aurait été quittée par ceux qui l'habitent. Et, souvent, nous nous fussions visités tour à tour, nous aimant et nous charmant jusqu'à ce que la noire nuée de la mort nous eût enveloppés. Mais, sans doute, un Dieu nous a envié cette destinée, puisque, le retenant seul et malheureux, il lui refuse le retour.

Il parla ainsi, et il excita chez tous le désir de pleurer. Et l'Argienne Hélénè, fille de Zeus, pleurait ; et Tèlémakhos pleurait aussi, et l'Atréide Ménélaos ; et le fils de Nestôr avait les yeux pleins de larmes, et il se souvenait dans son esprit de l'irréprochable Antilokhos que l'illustre fils de la splendide Éôs avait tué et, se souvenant, il dit en paroles ailées :

— Atréide, souvent le vieillard Nestôr m'a dit, quand nous nous souvenions de toi dans ses demeures, et quand nous nous entretenions, que tu l'emportais sur tous par ta sagesse. C'est pourquoi, maintenant, écoute-moi. Je ne me plais point à pleurer après le repas ; mais nous verserons des larmes quand Éôs née au matin reviendra. Il faut pleurer ceux qui ont subi leur destinée. C'est là, certes, la seule récompense des misérables mortels de couper pour eux sa chevelure et de mouiller ses joues de larmes. Mon frère aussi est mort, et il n'était pas le moins brave des Argiens, tu le sais. Je n'en ai pas été témoin, et je ne l'ai point vu, mais on dit qu'Antilokhos l'emportait sur tous, quand il courait et quand il combattait.

Et le blond Ménélaos lui répondit :

— Ô cher, tu parles comme un homme sage et plus âgé que toi parlerait et agirait, comme le fils d'un sage père. On reconnaît facilement l'illustre race d'un homme que le Kroniôn a honoré, qu'il a bien marié et qui est bien né. C'est ainsi qu'il a accordé tous les jours à Nestôr de vieillir en paix dans sa demeure, au milieu de fils sages et qui excellent par la lance. Mais retenons les pleurs qui viennent de nous échapper. Souvenons-nous de notre repas et versons de l'eau sur nos mains. Tèlémakhos et moi, demain matin, nous parlerons et nous nous entretiendrons.

Il parla ainsi, et Asphaliôn, fidèle serviteur de l'illustre Ménélaos, versa de l'eau sur leurs mains, et tous étendirent les mains vers les mets placés devant eux.

Et alors Hélénè, fille de Zeus, eut une autre pensée, et, aussitôt, elle versa dans le vin qu'ils buvaient un baume, le népenthès, qui donne l'oubli des maux. Celui qui aurait bu ce mélange ne pourrait plus répandre des larmes de tout un jour, même si sa mère et son père étaient morts, même si on tuait devant lui par l'airain son frère ou son fils bien-aimé, et s'il le voyait de ses yeux. Et la fille de Zeus possédait cette liqueur excellente que lui avait donnée Polydamna, femme de Thôs, en Aigyptiè, terre fertile qui produit beaucoup de baumes, les uns salutaires et les autres mortels. Là tous les médecins sont les plus habiles d'entre les hommes, et ils sont de la race de Paièôn. Après l'avoir préparé, Hélénè ordonna de verser le vin, et elle parla ainsi :

— Atréide Ménélaos, nourrisson de Zeus, certes, ceux-ci sont fils d'hommes braves, mais Zeus dispense comme il le veut le bien et le mal, car il peut tout. C'est pourquoi, maintenant, mangeons, assis dans nos demeures, et charmons-nous par nos paroles. Je vous dirai des choses qui vous plairont. Cependant, je ne pourrai raconter, ni même rappeler tous les combats du patient Odysseus, tant cet homme brave a fait et supporté de travaux chez le peuple des Troiens, là où les Akhaiens ont été accablés de misères. Se couvrant lui-même de plaies honteuses, les épaules enveloppées de vils haillons et semblable à un esclave, il entra dans la vaste ville des guerriers ennemis, s'étant fait tel qu'un mendiant, et bien différent de ce qu'il était auprès des nefs des Akhaiens. C'est ainsi qu'il entra dans la ville des Troiens, inconnu de tous. Seule, je le reconnus et je l'interrogeais mais il me répondit avec ruse. Puis, je le baignai et je le parfumais d'huile, et je le couvris de vêtements, et je jurais un grand serment, promettant de ne point révéler Odysseus aux Troiens avant qu'il fût retourné aux nefs rapides et aux tentes. Et alors il me découvrit tous les projets des Akhaiens. Et, après avoir tué avec le long airain un grand nombre de Troiens, il retourna vers les Argiens, leur rapportant beaucoup de secrets. Et les Troiennes gémissaient lamentablement ; mais mon esprit se réjouissait, car déjà j'avais dans mon cœur le désir de retourner vers ma demeure, et je pleurais sur la mauvaise destinée qu'Aphroditè m'avait faite, quand elle me conduisit, en me trompant, loin de la chère terre de la patrie, et de ma fille, et de la chambre nuptiale, et d'un mari qui n'est privé d'aucun don, ni d'intelligence, ni de beauté.

Et le blond Ménélaos, lui répondant, parla ainsi :

— Tu as dit toutes ces choses, femme, comme il convient. Certes, j'ai connu la pensée et la sagesse de beaucoup de héros, et j'ai parcouru beaucoup de pays, mais je n'ai jamais vu de mes yeux un cœur tel que celui du patient Odysseus, ni ce que ce vaillant homme fit et affronta dans le cheval bien travaillé où nous étions tous entrés, nous, les princes des Argiens, afin de porter le meurtre et la kèr aux Troiens. Et tu vins là, et sans doute un Dieu te l'ordonna qui voulut accorder la gloire aux Troiens, et Dèiphobos semblable à un Dieu te suivait. Et tu fis trois fois le tour de l'embûche creuse, en la frappant ; et tu nommais les princes des Danaens en imitant la voix des femmes de tous les Argiens ; et nous, moi, Diomèdès et le divin Odysseus, assis au milieu, nous écoutions ta voix. Et Diomèdès et moi nous voulions sortir impétueusement plutôt que d'écouter de l'intérieur, mais Odysseus nous arrêta et nous retint malgré notre désir. Et les autres fils des Akhaiens restaient muets, et Antiklos, seul, voulut te répondre : mais Odysseus lui comprima la bouche de ses mains robustes, et il sauva tous les Akhaiens ; et il le contint ainsi jusqu'à ce que Pallas Athènè t'eût éloignée.

Et le prudent Tèlémakhos lui répondit :

— Atréide Ménélaos, nourrisson de Zeus, prince des peuples, cela est triste, mais ces actions n'ont point éloigné de lui la mauvaise mort, et même si son cœur eût été de fer. Mais conduis-nous à nos lits, afin que nous jouissions du doux sommeil.

Il parla ainsi, et l'Argienne Hélénè ordonna aux servantes de préparer les lits sous le portique, d'amasser des vêtements beaux et pourprés, de les couvrir de tapis et de recouvrir ceux-ci de laines épaisses. Et les servantes sortirent des demeures, portant des torches dans leurs mains, et elles étendirent les lits, et un héraut conduisit les hôtes. Et le héros Tèlémakhos et l'illustre fils de Nestôr s'endormirent sous le portique de la maison. Et l'Atréide s'endormit au fond de la haute demeure, et Hélénè au large péplos, la plus belle des femmes, se coucha auprès de lui.

Mais quand Éôs aux doigts rosés, née au matin, apparut, le brave Ménélaos se leva de son lit, mit ses vêtements, suspendit une épée aiguë autour de ses épaules et attacha de belles sandales à ses pieds luisants. Et, semblable à un Dieu, sortant de la chambre nuptiale, il s'assit auprès de Tèlémakhos et il lui parla :

— Héros Tèlémakhos, quelle nécessité t'a poussé vers la divine Lakédaimôn, sur le large dos de la mer ? Est-ce un intérêt public ou privé ? Dis-le-moi avec vérité.

Et le prudent Tèlémakhos lui répondit :

— Atréide Ménélaos, nourrisson de Zeus, prince des peuples, je viens afin que tu me dises quelque chose de mon père. Ma maison est ruinée, mes riches travaux périssent. Ma demeure est pleine d'hommes ennemis qui égorgent mes brebis grasses et mes bœufs aux pieds flexibles et aux fronts sinueux. Ce sont les prétendants de ma mère, et ils ont une grande insolence. C'est pourquoi, maintenant, je viens à tes genoux, afin que, me parlant de la mort lamentable de mon père, tu me dises si tu l'as vue de tes yeux, ou si tu l'as apprise d'un voyageur. Certes, une mère malheureuse l'a enfanté. Ne me trompe point pour me consoler, et par pitié ; mais raconte-moi franchement tout ce que as vu. Je t'en supplie, si jamais mon père, le brave Odysseus, par la parole ou par l'action, a tenu ce qu'il avait promis, chez le peuple des Troiens, où les Akhaiens ont subi tant de misères, souviens-t'en et dis-moi la vérité.

Et, avec un profond soupir, le blond Ménélaos lui répondit :

— Ô Dieux ! certes, des lâches veulent coucher dans le lit d'un brave ! Ainsi une biche a déposé dans le repaire d'un lion robuste ses faons nouveau-nés et qui tettent, tandis qu'elle va paître sur les hauteurs ou dans les vallées herbues ; et voici que le lion, rentrant dans son repaire, tue misérablement tous les faons. Ainsi Odysseus leur fera subir une mort misérable. Plaise au père Zeus, à Athènè, à Apollôn, qu'Odysseus se mêle aux Prétendants tel qu'il était dans Lesbos bien bâtie, quand se levant pour lutter contre le Philomèléide, il le terrassa rudement. Tous les Akhaiens s'en réjouirent. La vie des Prétendants serait brève et leurs noces seraient amères ! Mais les choses que tu me demandes en me suppliant, je te les dirai sans te rien cacher, telles que me les a dites le Vieillard véridique de la mer. Je te les dirai toutes et je ne te cacherai rien. Malgré mon désir du retour, les Dieux me retinrent en Aigyptiè, parce que je ne leur avais point offert les hécatombes qui leur étaient dues. Les Dieux, en effet, ne veulent point que nous oubliions leurs commandements. Et il y a une île, au milieu de la mer onduleuse, devant l'Aigyptiè, et on la nomme Pharos, et elle est éloignée d'autant d'espace qu'une nef creuse, que le vent sonore pousse en poupe, peut en franchir en un jour entier. Et dans cette île il y a un port excellent d'où, après avoir puisé une eau profonde, on traîne à la mer les nefs égales. Là, les Dieux me retinrent vingt jours, et les vents marins ne soufflèrent point qui mènent les nefs sur le large dos de la mer. Et mes vivres étaient déjà épuisés, et l'esprit de mes hommes était abattu, quand une Déesse me regarda et me prit en pitié, la fille du Vieillard de la mer, de l'illustre Prôteus, Eidothéè. Et je touchai son âme, et elle vint au-devant de moi tandis que j'étais seul, loin de mes compagnons qui, sans cesse, erraient autour de l'île, pêchant à l'aide des hameçons recourbés, car la faim tourmentait leur ventre. Et, se tenant près de moi, elle parla ainsi :

— Tu es grandement insensé, ô étranger, ou tu as perdu l'esprit, ou tu restes ici volontiers et tu te plais à souffrir, car, certes, voici longtemps que tu es retenu dans l'île, et tu ne peux trouver aucune fin à cela, et le cœur de tes compagnons s'épuise.

Elle parla ainsi, et, lui répondant aussitôt, je dis :

— Je te dirai avec vérité, qui que tu sois entre les Déesses, que je ne reste point volontairement ici ; mais je dois avoir offensé les Immortels qui habitent le large Ouranos. Dis-moi donc, car les Dieux savent tout, quel est celui des immortels qui me retarde en route et qui s'oppose à ce que je retourne en fendant la mer poissonneuse.

Je parlais ainsi, et, aussitôt, l'illustre Déesse me répondit :

Ô étranger, je te répondrai avec vérité. C'est ici qu'habite le véridique Vieillard de la mer, l'immortel Prôteus Aigyptien qui connaît les profondeurs de toute la mer et qui est esclave de Poseidaôn. On dit qu'il est mon père et qu'il m'a engendrée. Si tu peux le saisir par ruse, il te dira ta route et comment tu retourneras à travers la mer poissonneuse ; et, de plus, il te dira, ô enfant de Zeus, si tu le veux, ce qui est arrivé dans tes demeures, le bien et le mal, pendant ton absence et ta route longue et difficile.

Elle parla ainsi, et, aussitôt, je lui répondis :

— Maintenant, explique-moi les ruses du Vieillard, de peur que, me voyant, il me prévienne et m'échappe, car un Dieu est difficile à dompter pour un homme mortel.

Je parlais ainsi, et, aussitôt, l'illustre déesse me répondit :

— Ô Étranger, je te répondrai avec vérité. Quand Hèlios atteint le milieu de l'Ouranos, alors le véridique Vieillard marin sort de la mer, sous le souffle de Zéphyros, et couvert d'une brume épaisse. Étant sorti, il s'endort sous les grottes creuses. Autour de lui, les phoques sans pieds de la belle Halosydnè, sortant aussi de la blanche mer, s'endorment, innombrables, exhalant l'âcre odeur de la mer profonde. Je te conduirai là, au lever de la lumière, et je t'y placerai comme il convient, et tu choisiras trois de tes compagnons parmi les plus braves qui sont sur tes nefs aux bancs de rameurs. Maintenant, je te dirai toutes les ruses du Vieillard. D'abord il comptera et il examinera les phoques ; puis, les ayant séparés par cinq, il se couchera au milieu d'eux comme un berger au milieu d'un troupeau de brebis. Dès que vous le verrez presque endormi, alors souvenez-vous de votre courage et de votre force, et retenez-le malgré son désir de vous échapper, et ses efforts. Il se fera semblable à toutes les choses qui sont sur la terre, aux reptiles, à l'eau, au feu ardent ; mais retenez-le vigoureusement et serrez-le plus fort. Mais quand il t'interrogera lui-même et que tu le verras tel qu'il était endormi, n'use plus de violence et lâche le Vieillard. Puis, ô Héros, demande-lui quel Dieu t'afflige, et il te dira comment retourner à travers la mer poissonneuse.

Elle parla ainsi et sauta dans la mer agitée. Et je retournai vers mes nefs, là où elles étaient tirées sur la plage, et mon cœur agitait de nombreuses pensées tandis que j'allais. Puis, étant arrivé à ma nef et à la mer, nous préparâmes le repas, et la nuit divine survint, et alors nous nous endormîmes sur le rivage de la mer. Et quand Éôs aux doigts rosés, née au matin, apparut, je marchais vers le rivage de la mer large, en suppliant les Dieux ; et je conduisais trois de mes compagnons, me confiant le plus dans leur courage. Pendant ce temps, la Déesse, étant sortie du large sein de la mer, en apporta quatre peaux de phoques récemment écorchés, et elle prépara une ruse contre son père. Et elle s'était assise, nous attendant, après avoir creusé des lits dans le sable marin. Et nous vînmes auprès d'elle. Et elle nous plaça et couvrit chacun de nous d'une peau. C'était une embuscade très-dure, car l'odeur affreuse des phoques nourris dans la mer nous affligeait cruellement. Qui peut en effet coucher auprès d'un monstre marin ? Mais la Déesse nous servit très-utilement, et elle mit dans les narines de chacun de nous l'ambroisie au doux parfum qui chassa l'odeur des bêtes marines. Et nous attendîmes, d'un esprit patient, toute la durée du matin. Enfin, les phoques sortirent, innombrables, de la mer, et vinrent se coucher en ordre le long du rivage. Et, vers midi, le Vieillard sortit de la mer, rejoignit les phoques gras, les compta, et nous les premiers parmi eux, ne se doutant point de la ruse ; puis, il se coucha lui-même. Aussitôt, avec des cris, nous nous jetâmes sur lui en l'entourant de nos bras ; mais le Vieillard n'oublia pas ses ruses adroites, et il se changea d'abord en un lion à longue crinière, puis en dragon, en panthère, en grand sanglier, en eau, en arbre au vaste feuillage. Et nous le tenions avec vigueur et d'un cœur ferme ; mais quand le Vieillard plein de ruses se vit réduit, alors il m'interrogea et il me dit :

— Qui d'entre les Dieux, fils d'Atreus, t'a instruit, afin que tu me saisisses malgré moi ? Que désires-tu ?

Il parla ainsi, et, lui répondant, je lui dis :

— Tu le sais, Vieillard. Pourquoi me tromper en m'interrogeant ? Depuis longtemps déjà je suis retenu dans cette île, et je ne puis trouver fin à cela, et mon cœur s'épuise. Dis-moi donc, car les Dieux savent tout, quel est celui des immortels qui me détourne de ma route et qui m'empêche de retourner à travers la mer poissonneuse ?

Je parlai ainsi, et lui, me répondant, dit :

— Avant tout, tu devais sacrifier à Zeus et aux autres Dieux, afin d'arriver très-promptement dans ta patrie, en naviguant sur la noire mer. Ta destinée n'est point de revoir tes amis ni de regagner ta demeure bien construite et la terre de la patrie, avant que tu ne sois retourné vers les eaux du fleuve Aigyptos tombé de Zeus, et que tu n'aies offert de sacrées hécatombes aux Dieux immortels qui habitent le large Ouranos. Alors les Dieux t'accorderont la route que tu désires.

Il parla ainsi, et, aussitôt, mon cher cœur se brisa parce qu'il m'ordonnait de retourner en Aigyptiè, à travers la noire mer, par un chemin long et difficile. Mais, lui répondant, je parlai ainsi :

— Je ferai toutes ces choses, Vieillard, ainsi que tu me le recommandes ; mais dis-moi, et réponds avec vérité, s'ils sont revenus sains et saufs avec leurs nefs tous les Akhaiens que Nestôr et moi nous avions laissés en partant de Troiè, ou si quelqu'un d'entre eux a péri d'une mort soudaine, dans sa nef, ou dans les bras de ses amis, après la guerre ?

Je parlai ainsi, et, me répondant, il dit :

— Atréide, ne m'interroge point, car il ne te convient pas de connaître ma pensée, et je ne pense pas que tu restes longtemps sans pleurer, après avoir tout entendu. Beaucoup d'Akhaiens ont été domptés, beaucoup sont vivants. Tu as vu toi-même les choses de la guerre. Deux chefs des Akhaiens cuirassés d'airain ont péri au retour ; un troisième est vivant et retenu au milieu de la mer large. Aias a été dompté sur sa nef aux longs avirons. Poseidaôn le conduisit d'abord vers les grandes roches de Gyras et le sauva de la mer ; et sans doute il eût évité la mort, bien que haï d'Athènè, s'il n'eût dit une parole impie et s'il n'eût commis une action mauvaise. Il dit que, malgré les Dieux, il échapperait aux grands flots de la mer. Et Poseidaôn entendit cette parole orgueilleuse, et, aussitôt, de sa main robuste saisissant le trident, il frappa la roche de Gyras et la fendit en deux ; et une partie resta debout, et l'autre, sur laquelle Aias s'était réfugié, tomba et l'emporta dans la grande mer onduleuse. C'est ainsi qu'il périt, ayant bu l'eau salée.

Ton frère évita la mort et il s'échappa sur sa nef creuse, et la vénérable Hèrè le sauva ; mais à peine avait-il vu le haut cap des Maléiens, qu'une tempête, l'ayant saisi, l'emporta, gémissant, à l'extrémité du pays où Thyestès habitait autrefois, et où habitait alors le Thyestade Aigisthos. Là, le retour paraissait sans danger, et les Dieux firent changer les vents et regagnèrent leurs demeures. Et Agamemnôn, joyeux, descendit sur la terre de la patrie, et il la baisait, et il versait des larmes abondantes parce qu'il l'avait revue avec joie. Mais une sentinelle le vit du haut d'un rocher où le traître Aigisthos l'avait placée, lui ayant promis en récompense deux talents d'or. Et, de là, elle veillait depuis toute une année, de peur que l'Atréide arrivât en secret et se souvint de sa force et de son courage. Et elle se hâta d'aller l'annoncer, dans ses demeures, au prince des peuples. Aussitôt Aigisthos médita une embûche rusée, et il choisit, parmi le peuple, vingt hommes très-braves, et il les plaça en embuscade, et, d'un autre côté, il ordonna de préparer un repas. Et lui-même il invita, méditant de honteuses actions, le prince des peuples Agamemnôn à le suivre avec ses chevaux et ses chars. Et il mena ainsi à la mort l'Atréide imprudent, et il le tua pendant le repas, comme on égorge un bœuf à l'étable. Et aucun des compagnons d'Agamemnôn ne fut sauvé, ni même ceux d'Aigisthos ; et tous furent égorgés dans la demeure royale.

Il parla ainsi, et ma chère âme fut brisée aussitôt, et je pleurais couché sur le sable, et mon cœur ne voulait plus vivre ni voir la lumière de Hèlios. Mais, après que je me fus rassasié de pleurer, le véridique Vieillard de la mer me dit :

— Ne pleure point davantage, ni plus longtemps, sans agir, fils d'Atreus, car il n'y a en cela nul remède ; mais tente plutôt très-promptement de regagner la terre de la patrie. Ou tu saisiras Aigisthos encore vivant, ou Orestès, te prévenant, l'aura tué, et tu seras présent au repas funèbre.

Il parla ainsi, et, dans ma poitrine, mon cœur et mon esprit généreux, quoique tristes, se réjouirent de nouveau, et je lui dis ces paroles ailées :

— Je connais maintenant la destinée de ceux-ci mais nomme-moi le troisième, celui qui, vivant ou mort, est retenu au milieu de la mer large. Je veux le connaître, quoique plein de tristesse.

Je parlai ainsi, et, me répondant, il dit :

— C'est le fils de Laertès qui avait ses demeures dans Ithakè. Je l'ai vu versant des larmes abondantes dans l'île et dans les demeures de la nymphe Kalypsô qui le retient de force ; et il ne peut regagner la terre de la patrie. Il n'a plus en effet de nefs armées d'avirons ni de compagnons qui puissent le reconduire sur le large dos de la mer. Pour toi, ô divin Ménélaos, ta destinée n'est point de subir la Moire et la mort dans Argos nourrice de chevaux ; mais les Dieux t'enverront dans la prairie Élysienne, aux bornes de la terre, là où est le blond Rhadamanthos. Là, il est très-facile aux hommes de vivre. Ni neige, ni longs hivers, ni pluie ; mais toujours le Fleuve Okéanos envoie les douces haleines de Zéphyros, afin de rafraîchir les hommes. Et ce sera ta destinée, parce que tu possèdes Hélénè et que tu es gendre de Zeus.

Il parla ainsi, et il plongea dans la mer écumeuse. Et je retournai vers mes nefs avec mes divins compagnons. Et mon cœur agitait de nombreuses pensées tandis que je marchais. Étant arrivés à ma nef et à la mer, nous préparâmes le repas, et la nuit solitaire survint, et nous nous endormîmes sur le rivage de la mer. Et quand Éôs aux doigts rosés, née au matin, apparut, nous traînâmes nos nefs à la mer divine. Puis, dressant les mâts et déployant les voiles des nefs égales, mes compagnons s'assirent sur les bancs de rameurs, et tous, assis en ordre, frappèrent de leurs avirons la mer écumeuse. Et j'arrêtai de nouveau mes nefs dans le fleuve Aigyptos tombé de Zeus, et je sacrifiais de saintes hécatombes. Et, après avoir apaisé la colère des Dieux qui vivent toujours, j'élevai un tombeau à Agamemnôn, afin que sa gloire se répandît au loin. Ayant accompli ces choses, je retournai, et les Dieux m'envoyèrent un vent propice et me ramenèrent promptement dans la chère patrie. Maintenant, reste dans mes demeures jusqu'au onzième ou au douzième jour ; et, alors, je te renverrai dignement, et je te ferai des présents splendides, trois chevaux et un beau char ; et je te donnerai aussi une belle coupe afin que tu fasses des libations aux Dieux immortels et que tu te souviennes toujours de moi.

Et le sage Tèlémakhos lui répondit :

— Atréide, ne me retiens pas ici plus longtemps. Certes, je consumerais toute une année assis auprès de toi, que je n'aurais le regret ni de ma demeure, ni de mes parents, tant je suis profondément charmé de tes paroles et de tes discours ; mais déjà je suis un souci pour mes compagnons dans la divine Pylos, et tu me retiens longtemps ici. Mais que le don, quel qu'il soit, que tu désires me faire, puisse être emporté et conservé. Je ne conduirai point de chevaux dans Ithakè, et je te les laisserai ici dans l'abondance. Car tu possèdes de vastes plaines où croissent abondamment le lotos, le souchet et le froment, et l'avoine et l'orge. Dans Itakhè il n'y a ni routes pour les chars, ni prairies, elle nourrit plutôt les chèvres que les chevaux et plaît mieux aux premières. Aucune des îles qui s'inclinent à la mer n'est grande, ni munie de prairies, et Ithakè par-dessus toutes.

Il parla ainsi, et le brave Ménélaos rit, et il lui prit la main, et il lui dit :

— Tu es d'un bon sang, cher enfant, puisque tu parles ainsi. Je changerai ce présent, car je le puis. Parmi tous les trésors qui sont dans ma demeure je te donnerai le plus beau et le plus précieux. Je te donnerai un beau kratère tout en argent et dont les bords sont ornés d'or. C'est l'ouvrage de Hèphaistos, et le héros illustre, roi des Sidônes, quand il me reçut dans sa demeure, à mon retour, me le donna ; et je veux te le donner.

Et ils se parlaient ainsi, et les convives revinrent dans la demeure du roi divin. Et ils amenaient des brebis, et ils apportaient le vin qui donne la vigueur ; et les épouses aux belles bandelettes apportaient le pain. Et ils préparaient ainsi le repas dans la demeure.

Mais les prétendants, devant la demeure d'Odysseus, se plaisaient à lancer les disques à courroies de peau de chèvre sur le pavé orné où ils déployaient d'habitude leur insolence. Antinoos et Eurymakhos semblable à un Dieu y étaient assis, et c'étaient les chefs des prétendants et les plus braves d'entre eux. Et Noèmôn, fils de Phronios, s'approchant d'eux, dit à Antinoos :

— Antinoos, savons-nous, ou non, quand Tèlémakhos revient de la sablonneuse Pylos ? Il est parti, emmenant ma nef dont j'ai besoin pour aller dans la grande Élis, où j'ai douze cavales et de patients mulets encore indomptés dont je voudrais mettre quelques-uns sous le joug.

Il parla ainsi, et tous restèrent stupéfaits, car ils ne pensaient pas que Tèlémakhos fût parti pour la Nèléienne Pylos, mais ils croyaient qu'il était dans les champs, auprès des brebis ou du berger. Et, aussitôt, Antinoos, fils d'Eupeithès, lui dit :

— Dis-moi avec vérité quand il est parti, et quels jeunes hommes choisis dans Ithakè l'ont suivi. Sont-ce des mercenaires ou ses esclaves ?

Ils ont donc pu faire ce voyage ! Dis-moi ceci avec vérité, afin que je sache s'il t'a pris ta nef noire par force et contre ton gré, ou si, t'ayant persuadé par ses paroles, tu la lui as donnée volontairement.

Et le fils de Phronios, Noèmôn, lui répondit :

— Je la lui ai donnée volontairement. Comment aurais-je fait autrement ? Quand un tel homme, ayant tant de soucis, adresse une demande, il est difficile de refuser. Les jeunes hommes qui l'ont suivi sont des nôtres et les premiers du peuple, et j'ai reconnu que leur chef était Mentôr, ou un Dieu qui est tout semblable à lui ; car j'admire ceci : j'ai vu le divin Mentôr, hier, au matin, et cependant il était parti sur la nef pour Pylos !

Ayant ainsi parlé, il regagna la demeure de son père. Et l'esprit généreux des deux hommes fut troublé. Et les prétendants s'assirent ensemble, se reposant de leurs jeux. Et le fils d'Eupeithès, Antinoos, leur parla ainsi, plein de tristesse, et une noire colère emplissait son cœur, et ses yeux étaient comme des feux flambants :

— Ô Dieux ! voici une grande action orgueilleusement accomplie, ce départ de Tèlémakhos ! Nous disions qu'il n'en serait rien, et cet enfant est parti témérairement, malgré nous, et il a traîné une nef à la mer, après avoir choisi les premiers parmi le peuple ! Il a commencé, et il nous réserve des calamités, à moins que Zeus ne rompe ses forces avant qu'il nous porte malheur. Mais donnez-moi promptement une nef rapide et vingt compagnons, afin que je lui tende une embuscade à son retour, dans le détroit d'Ithakè et de l'âpre Samos ; et, à cause de son père, il aura couru la mer pour sa propre ruine.

Il parla ainsi, et tous l'applaudirent et donnèrent des ordres, et aussitôt ils se levèrent pour entrer dans la demeure d'Odysseus.

Mais Pènélopéia ne fut pas longtemps sans connaître leurs paroles et ce qu'ils agitaient dans leur esprit, et le héraut Médôn, qui les avait entendus, le lui dit, étant au seuil de la cour, tandis qu'ils ourdissaient leur dessein à l'intérieur. Et il se hâta d'aller l'annoncer par les demeures à Pènélopéia. Et comme il paraissait sur le seuil, Pènélopéia lui dit :

— Héraut, pourquoi les illustres prétendants t'envoient-ils ? Est-ce pour dire aux servantes du divin Odysseus de cesser de travailler afin de préparer leur repas ? Si, du moins, ils ne me recherchaient point en mariage, s'ils ne s'entretenaient point ici ni ailleurs, si, enfin, ils prenaient ici leur dernier repas ! Vous qui vous êtes rassemblés pour consumer tous les biens et la richesse du sage Tèlémakhos, n'avez-vous jamais entendu dire par vos pères, quand vous étiez enfants, quel était Odysseus parmi vos parents ? Il n'a jamais traité personne avec iniquité, ni parlé injurieusement en public, bien que ce soit le droit des rois divins de haïr l'un et d'aimer l'autre ; mais lui n'a jamais violenté un homme. Et votre mauvais esprit et vos indignes actions apparaissent, et vous n'avez nulle reconnaissance des bienfaits reçus.

Et Médôn plein de sagesse lui répondit :

— Plût aux Dieux, Reine, que tu subisses maintenant tes pires malheurs ! mais les prétendants méditent un dessein plus pernicieux. Que le Kroniôn ne l'accomplisse pas ! Ils veulent tuer Tèlémakhos avec l'airain aigu, à son retour dans sa demeure ; car il est parti, afin de s'informer de son père, pour la sainte Pylos et la divine Lakédaimôn.

Il parla ainsi, et les genoux de Pènélopéia et son cher cœur furent brisés, et longtemps elle resta muette, et ses yeux s'emplirent de larmes, et sa tendre voix fut haletante, et, lui répondant, elle dit enfin :

— Héraut, pourquoi mon enfant est-il parti ? Où était la nécessité de monter sur les nefs rapides qui sont pour les hommes les chevaux de la mer et qui traversent les eaux immenses ? Veut-il que son nom même soit oublié parmi les hommes ?

Et Médôn plein de sagesse lui répondit :

— Je ne sais si un Dieu l'a poussé, ou s'il est allé de lui-même vers Pylos, afin de s'informer si son père revient ou s'il est mort.

Ayant ainsi parlé, il sortit de la demeure d'Odysseus. Et une douleur déchirante enveloppa l'âme de Pènélopéia, et elle ne put même s'asseoir sur ses sièges, quoiqu'ils fussent nombreux dans la maison ; mais elle s'assit sur le seuil de la belle chambre nuptiale, et elle gémit misérablement, et, de tous côtés, les servantes jeunes et vieilles, qui étaient dans la demeure, gémissaient aussi.

Et Pènélopéia leur dit en pleurant :

— Écoutez, amies ! les Olympiens m'ont accablée de maux entre toutes les femmes nées et nourries avec moi. J'ai perdu d'abord mon brave mari au cœur de lion, ayant toutes les vertus parmi les Danaens, illustre, et dont la gloire s'est répandue dans la grande Hellas et tout Argos ; et maintenant voici que les tempêtes ont emporté obscurément mon fils bien-aimé loin de ses demeures, sans que j'aie appris son départ ! Malheureuses ! aucune de vous n'a songé dans son esprit à me faire lever de mon lit, bien que sachant, certes, qu'il allait monter sur une nef creuse et noire. Si j'avais su qu'il se préparait à partir, ou il serait resté malgré son désir, ou il m'eût laissée morte dans cette demeure. Mais qu'un serviteur appelle le vieillard Dolios, mon esclave, que mon père me donna quand je vins ici, et qui cultive mon verger, afin qu'il aille dire promptement toutes ces choses à Laertès, et que celui-ci prenne une résolution dans son esprit, et vienne en deuil au milieu de ce peuple qui veut détruire sa race et celle du divin Odysseus.

Et la bonne nourrice Eurykléia lui répondit :

— Chère nymphe, tue-moi avec l'airain cruel ou garde-moi dans ta demeure ! Je ne te cacherai rien. Je savais tout, et je lui ai porté tout ce qu'il m'a demandé, du pain et du vin. Et il m'a fait jurer un grand serment que je ne te dirais rien avant le douzième jour, si tu ne le demandais pas, ou si tu ignorais son départ. Et il craignait qu'en pleurant tu blessasses ton beau corps. Mais baigne-toi et revêts de purs vêtements, et monte dans la haute chambre avec tes femmes. Là, supplie Athènè, fille de Zeus tempétueux, afin qu'elle sauve Tèlémakhos de la mort. N'afflige point un vieillard. Je ne pense point que la race de l'Arkeisiade soit haïe des Dieux heureux. Mais Odysseus ou Tèlémakhos possèdera encore ces hautes demeures et ces champs fertiles.

Elle parla ainsi, et la douleur de Pènélopéia cessa, et ses larmes s'arrêtèrent. Elle se baigna, se couvrit de purs vêtements, et, montant dans la chambre haute avec ses femmes, elle répandit les orges sacrées d'une corbeille et supplia Athènè :

— Entends-moi, fille indomptée de Zeus tempétueux. Si jamais, dans ses demeures, le subtil Odysseus a brûlé pour toi les cuisses grasses des bœufs et des agneaux, souviens-t'en et garde-moi mon cher fils. Romps le mauvais dessein des insolents prétendants.

Elle parla ainsi en gémissant, et la Déesse entendit sa prière.

Et les prétendants s'agitaient tumultueusement dans les salles déjà noires. Et chacun de ces jeunes hommes insolents disait :

— Déjà la Reine, désirée par beaucoup, prépare, certes, nos noces, et elle ne sait pas que le meurtre de son fils est proche.

Chacun d'eux parlait ainsi, mais elle connaissait leurs desseins, et Antinoos leur dit :

— Ô insensés ! cessez tous ces paroles téméraires, de peur qu'on les répète à Pènélopéia ; mais levons-nous, et accomplissons en silence ce que nous avons tous approuvé dans notre esprit.

Il parla ainsi, et il choisit vingt hommes très-braves qui se hâtèrent vers le rivage de la mer et la nef rapide. Et ils traînèrent d'abord la nef à la mer, établirent le mât et les voiles dans la nef noire, et lièrent comme il convenait les avirons avec des courroies. Puis, ils tendirent les voiles blanches, et leurs braves serviteurs leur apportèrent des armes. Enfin, s'étant embarqués, ils poussèrent la nef au large et ils prirent leur repas, en attendant la venue de Hespéros.

Mais, dans la chambre haute, la sage Pènélopéia s'était couchée, n'ayant mangé ni bu, et se demandant dans son esprit si son irréprochable fils éviterait la mort, ou s'il serait dompté par les orgueilleux prétendants. Comme un lion entouré par une foule d'hommes s'agite, plein de crainte, dans le cercle perfide, de même le doux sommeil saisit Pènélopéia tandis qu'elle roulait en elle-même toutes ces pensées. Et elle s'endormit, et toutes ses peines disparurent. Alors la Déesse aux yeux clairs, Athènè, eut une autre pensée, et elle forma une image semblable à Iphthimè, à la fille du magnanime Ikarios, qu'Eumèlos qui habitait Phérè avait épousée. Et Athènè l'envoya dans la demeure du divin Odysseus, afin d'apaiser les peines et les larmes de Pènélopéia qui se lamentait et pleurait. Et l'Image entra dans la chambre nuptiale le long de la courroie du verrou, et, se tenant au-dessus de sa tête, elle lui dit :

— Tu dors, Pènélopéia, affligée dans ton cher cœur ; mais les Dieux qui vivent toujours ne veulent pas que tu pleures, ni que tu sois triste, car ton fils reviendra, n'ayant jamais offensé les Dieux.

Et la sage Pènélopéia, doucement endormie aux portes des Songes, lui répondit :

– Ô sœur, pourquoi es-tu venue ici, où je ne t'avais encore jamais vue, tant la demeure est éloignée où tu habites ? Pourquoi m'ordonnes-tu d'apaiser les maux et les peines qui me tourmentent dans l'esprit et dans l'âme ? J'ai perdu d'abord mon brave mari au cœur de lion, ayant toutes les vertus parmi les Danaens, illustre, et dont la gloire s'est répandue dans la grande Hellas et tout Argos ; et, maintenant, voici que mon fils bien-aimé est parti sur une nef creuse, l'insensé ! sans expérience des travaux et des discours. Et je pleure sur lui plus que sur son père ; et je tremble, et je crains qu'il souffre chez le peuple vers lequel il est allé, ou sur la mer. De nombreux ennemis lui tendent des embûches et veulent le tuer avant qu'il revienne dans la terre de la patrie.

Et la vague Image lui répondit :

— Prends courage, et ne redoute rien dans ton esprit. Il a une compagne telle que les autres hommes en souhaiteraient volontiers, car elle peut tout. C'est Pallas Athènè, et elle a compassion de tes gémissements, et, maintenant, elle m'envoie te le dire.

Et la sage Pènélopéia lui répondit :

— Si tu es Déesse, et si tu as entendu la voix de la Déesse, parle-moi du malheureux Odysseus. Vit-il encore quelque part, et voit-il la lumière de Hèlios, ou est-il mort et dans les demeures d'Aidès ?

Et la vague Image lui répondit :

— Je ne te dirai rien de lui. Est-il vivant ou mort ? Il ne faut point parler de vaines paroles.

En disant cela, elle s'évanouit le long du verrou dans un souffle de vent. Et la fille d'Ikarios se réveilla, et son cher cœur se réjouit parce qu'un songe véridique lui était survenu dans l'ombre de la nuit.

Et les Prétendants naviguaient sur les routes humides, méditant dans leur esprit le meurtre cruel de Tèlémakhos. Et il y a une île au milieu de la mer pleine de rochers, entre Ithakè et l'âpre Samos, Astéris, qui n'est pas grande, mais où se trouvent pour les nefs des ports ayant une double issue. C'est là que s'arrêtèrent les Akhaiens embusqués.

RHAPSODIE V

ÉÔS sortait du lit de l'illustre Tithôn, afin de porter la lumière aux Immortels et aux mortels. Et les Dieux étaient assis en conseil, et au milieu d'eux était Zeus qui tonne dans les hauteurs et dont la puissance est la plus grande. Et Athènè leur rappelait les nombreuses traverses d'Odysseus. Et elle se souvenait de lui avec tristesse parce qu'il était retenu dans les demeures d'une Nymphe :

— Père Zeus, et vous, Dieux heureux qui vivez toujours, craignez qu'un roi porte-sceptre ne soit plus jamais ni doux, ni clément, mais que, loin d'avoir des pensées équitables, il soit dur et injuste, si nul ne se souvient du divin Odysseus parmi ceux sur lesquels il a régné comme un père plein de douceur. Voici qu'il est étendu, subissant des peines cruelles, dans l'île et dans les demeures de la Nymphe Kalypsô qui le retient de force, et il ne peut retourner dans la terre de la patrie, car il n'a ni nefs armées d'avirons, ni compagnons, qui puissent le conduire sur le vaste dos de la mer. Et voici maintenant qu'on veut tuer son fils bien-aimé à son retour dans ses demeures, car il est parti, afin de s'informer de son père, pour la divine Pylos et l'illustre Lakédaimôn.

Et Zeus qui amasse les nuées lui répondit :

— Mon enfant, quelle parole s'est échappée d'entre tes dents ? N'as-tu point délibéré toi-même dans ton esprit pour qu'Odysseus revînt et se vengeât ? Conduis Tèlémakhos avec soin, car tu le peux, afin qu'il retourne sain et sauf dans la terre de la patrie, et les prétendants reviendront sur leur nef.

Il parla ainsi, et il dit à Herméias, son cher fils :

— Herméias, qui es le messager des Dieux, va dire à la Nymphe aux beaux cheveux que nous avons résolu le retour d'Odysseus. Qu'elle le laisse partir. Sans qu'aucun Dieu ou qu'aucun homme mortel le conduise, sur un radeau uni par des liens, seul, et subissant de nouvelles douleurs, il parviendra le vingtième jour à la fertile Skhériè, terre des Phaiakiens qui descendent des Dieux. Et les Phaiakiens, dans leur esprit, l'honoreront comme un Dieu, et ils le renverront sur une nef dans la chère terre de la patrie, et ils lui donneront en abondance de l'airain, de l'or et des vêtements, de sorte qu'Odysseus n'en eût point rapporté autant de Troiè, s'il était revenu sain et sauf, ayant reçu sa part du butin. Ainsi sa destinée est de revoir ses amis et de rentrer dans sa haute demeure et dans la terre de la patrie.

Il parla ainsi, et le Messager tueur d'Argos obéit. Et il attacha aussitôt à ses pieds de belles sandales, immortelles et d'or, qui le portaient, soit au-dessus de la mer, soit au-dessus de la terre immense, pareil au souffle du vent. Et il prit aussi la baguette à l'aide de laquelle il charme les yeux des hommes, ou il les réveille, quand il le veut. Tenant cette baguette dans ses mains, le puissant Tueur d'Argos, s'envolant vers la Piériè, tomba de l'Aithèr sur la mer et s'élança, rasant les flots, semblable à la mouette qui, autour des larges golfes de la mer indomptée, chasse les poissons et plonge ses ailes robustes dans l'écume salée. Semblable à cet oiseau, Hermès rasait les flots innombrables.

Et, quand il fut arrivé à l'île lointaine, il passa de la mer bleue sur la terre, jusqu'à la vaste grotte que la Nymphe aux beaux cheveux habitait, et où il la trouva. Et un grand feu brûlait au foyer, et l'odeur du cèdre et du thuia ardents parfumait toute l'île. Et la Nymphe chantait d'une belle voix, tissant une toile avec une navette d'or. Et une forêt verdoyante environnait la grotte, l'aune, le peuplier et le cyprès odorant, où les oiseaux qui déploient leurs ailes faisaient leurs nids : les chouettes, les éperviers et les bavardes corneilles de mer qui s'inquiètent toujours des flots. Et une jeune vigne, dont les grappes mûrissaient, entourait la grotte, et quatre cours d'eau limpide, tantôt voisins, tantôt allant çà et là, faisaient verdir de molles prairies de violettes et d'aches. Même si un immortel s'en approchait, il admirerait et serait charmé dans son esprit. Et le puissant Messager tueur d'Argos s'arrêta et, ayant tout admiré dans son esprit, entra aussitôt dans la vaste grotte.

Et l'illustre déesse Kalypsô le reconnut, car les Dieux immortels ne sont point inconnus les uns aux autres, même quand ils habitent, chacun, une demeure lointaine. Et Hermès ne vit pas dans la grotte le magnanime Odysseus, car celui-ci pleurait, assis sur le rivage ; et, déchirant son cœur de sanglots et de gémissements, il regardait la mer agitée et versait des larmes. Mais l'illustre déesse Kalypsô interrogea Herméias, étant assise sur un thrône splendide :

— Pourquoi es-tu venu vers moi, Herméias à la baguette d'or, vénérable et cher, que je n'ai jamais vu ici ? Dis ce que tu désires. Mon cœur m'ordonne de te satisfaire, si je le puis et si cela est possible. Mais suis-moi, afin que je t'offre les mets hospitaliers.

Ayant ainsi parlé, la Déesse dressa une table en la couvrant d'ambroisie et mêla le rouge nektar. Et le Messager tueur d'Argos but et mangea, et quand il eut achevé son repas et satisfait son âme, il dit à la Déesse :

— Tu me demandes pourquoi un Dieu vient vers toi, Déesse ; je te répondrai avec vérité, comme tu le désires. Zeus m'a ordonné de venir, malgré moi, car qui parcourrait volontiers les immenses eaux salées où il n'y a aucune ville d'hommes mortels qui font des sacrifices aux Dieux et leur offrent de saintes hécatombes ? Mais il n'est point permis à tout autre Dieu de résister à la volonté de Zeus tempêtueux. On dit qu'un homme est auprès de toi, le plus malheureux de tous les hommes qui ont combattu pendant neuf ans autour de la ville de Priamos, et qui l'ayant saccagée dans la dixième année, montèrent sur leurs nefs pour le retour. Et ils offensèrent Athènè, qui souleva contre eux le vent, les grands flots et le malheur. Et tous les braves compagnons d'Odysseus périrent, et il fut lui-même jeté ici par le vent et les flots. Maintenant, Zeus t'ordonne de le renvoyer très-promptement, car sa destinée n'est point de mourir loin de ses amis, mais de les revoir et de rentrer dans sa haute demeure et dans la terre de la patrie.

Il parla ainsi, et l'illustre déesse Kalypsô frémit, et, lui répondant, elle dit en paroles ailées :

— Vous êtes injustes, ô Dieux, et les plus jaloux des autres Dieux, et vous enviez les Déesses qui dorment ouvertement avec les hommes qu'elles choisissent pour leurs chers maris. Ainsi, quand Éôs aux doigts rosés enleva Oriôn, vous fûtes jaloux d'elle, ô Dieux qui vivez toujours, jusqu'à ce que la chaste Artémis au thrône d'or eût tué Oriôn de ses douces flèches, dans Ortygiè ; ainsi, quand Dèmètèr aux beaux cheveux, cédant à son âme, s'unit d'amour à Iasiôn sur une terre récemment labourée, Zeus, l'ayant su aussitôt, le tua en le frappant de la blanche foudre ; ainsi, maintenant, vous m'enviez, ô Dieux, parce que je garde auprès de moi un homme mortel que j'ai sauvé et recueilli seul sur sa carène, après que Zeus eut fendu d'un jet de foudre sa nef rapide au milieu de la mer sombre. Tous ses braves compagnons avaient péri, et le vent et les flots l'avaient poussé ici. Et je l'aimai et je le recueillis, et je me promettais de le rendre immortel et de le mettre pour toujours à l'abri de la vieillesse. Mais il n'est point permis à tout autre dieu de résister à la volonté de Zeus tempêtueux. Puisqu'il veut qu'Odysseus soit de nouveau errant sur la mer agitée, soit ; mais je ne le renverrai point moi-même, car je n'ai ni nefs armées d'avirons, ni compagnons qui le reconduisent sur le vaste dos de la mer. Je lui révélerai volontiers et ne lui cacherai point ce qu'il faut faire pour qu'il parvienne sain et sauf dans la terre de la patrie.

Et le Messager tueur d'Argos lui répondit aussitôt :

— Renvoie-le dès maintenant, afin d'éviter la colère de Zeus, et de peur qu'il s'enflamme contre toi à l'avenir.

Ayant ainsi parlé, le puissant Tueur d'Argos s'envola, et la vénérable nymphe, après avoir reçu les ordres de Zeus, alla vers le magnanime Odysseus. Et elle le trouva assis sur le rivage, et jamais ses yeux ne tarissaient de larmes, et sa douce vie se consumait à gémir dans le désir du retour, car la nymphe n'était point aimée de lui. Certes, pendant la nuit, il dormait contre sa volonté dans la grotte creuse, sans désir, auprès de celle qui le désirait ; mais, le jour, assis sur les rochers et sur les rivages, il déchirait son cœur par les larmes, les gémissements et les douleurs, et il regardait la mer indomptée en versant des larmes.

Et l'illustre Déesse, s'approchant, lui dit :

— Malheureux, ne te lamente pas plus longtemps ici, et ne consume point ta vie, car je vais te renvoyer promptement. Va ! fais un large radeau avec de grands arbres tranchés par l'airain, et pose par-dessus un banc très élevé, afin qu'il te porte sur la mer sombre. Et j'y placerai moi-même du pain, de l'eau et du vin rouge qui satisferont ta faim, et je te donnerai des vêtements, et je t'enverrai un vent propice afin que tu parviennes sain et sauf dans la terre de la patrie, si les dieux le veulent ainsi qui habitent le large Ouranos et qui sont plus puissants que moi par l'intelligence et la sagesse.

Elle parla ainsi, et le patient et divin Odysseus frémit et il lui dit en paroles ailées :

— Certes, tu as une autre pensée, Déesse, que celle de mon départ, puisque tu m'ordonnes de traverser sur un radeau les grandes eaux de la mer, difficiles et effrayantes, et que traversent à peine les nefs égales et rapides se réjouissant du souffle de Zeus. Je ne monterai point, comme tu le veux, sur un radeau, à moins que tu ne jures par le grand serment des Dieux que tu ne prépares point mon malheur et ma perte.

Il parla ainsi, et l'illustre déesse Kalypsô rit, et elle le caressa de la main, et elle lui répondit :

— Certes, tu es menteur et rusé, puisque tu as pensé et parlé ainsi. Que Gaia le sache, et le large Ouranos supérieur, et l'eau souterraine de Styx, ce qui est le plus grand et le plus terrible serment des Dieux heureux, que je ne prépare ni ton malheur, ni ta perte. Je t'ai offert et conseillé ce que je tenterais pour moi-même, si la nécessité m'y contraignait. Mon esprit est équitable, et je n'ai point dans ma poitrine un cœur de fer, mais compatissant.

Ayant ainsi parlé, l'illustre Déesse le précéda promptement, et il allait sur les traces de la Déesse. Et tous deux parvinrent à la grotte creuse. Et il s'assit sur le thrône d'où s'était levé Herméias et la Nymphe plaça devant lui les choses que les hommes mortels ont coutume de manger et de boire. Elle-même s'assit auprès du divin Odysseus, et les servantes placèrent devant elle l'ambroisie et le nektar. Et tous deux étendirent les mains vers les mets placés devant eux ; et quand ils eurent assouvi la faim et la soif, l'illustre Déesse Kalypsô commença de parler :

— Divin Laertiade, subtil Odysseus, ainsi, tu veux donc retourner dans ta demeure et dans la chère terre de la patrie ? Cependant, reçois mon salut. Si tu savais dans ton esprit combien de maux il est dans ta destinée de subir avant d'arriver à la terre de la patrie, certes, tu resterais ici avec moi, dans cette demeure, et tu serais immortel, bien que tu désires revoir ta femme que tu regrettes tous les jours. Et certes, je me glorifie de ne lui être inférieure ni par la beauté, ni par l'esprit, car les mortelles ne peuvent lutter de beauté avec les immortelles.

Et le subtil Odysseus, lui répondant, parla ainsi :

— Vénérable Déesse, ne t'irrite point pour cela contre moi. Je sais en effet que la sage Pènélopéia t'est bien inférieure en beauté et majesté. Elle est mortelle, et tu ne connaîtras point la vieillesse ; et, cependant, je veux et je désire tous les jours revoir le moment du retour et regagner ma demeure. Si quelque dieu m'accable encore de maux sur la sombre mer, je les subirai avec un cœur patient. J'ai déjà beaucoup souffert sur les flots et dans la guerre ; que de nouvelles misères m'arrivent, s'il le faut.

Il parla ainsi, et Hèlios tomba et les ténèbres survinrent ; et tous deux, se retirant dans le fond de la grotte creuse, se charmèrent par l'amour, couchés ensemble. Et quand Éôs aux doigts rosés, née au matin, apparut, aussitôt Odysseus revêtit sa tunique et son manteau, et la Nymphe se couvrit d'une grande robe blanche, légère et gracieuse ; et elle mit autour de ses reins une belle ceinture d'or, et, sur sa tête, un voile. Enfin, préparant le départ du magnanime Odysseus, elle lui donna une grande hache d'airain, bien en main, à deux tranchants et au beau manche fait de bois d'olivier. Et elle lui donna ensuite une doloire aiguisée. Et elle le conduisit à l'extrémité de l'île où croissaient de grands arbres, des aunes, des peupliers et des pins qui atteignaient l'Ouranos, et dont le bois sec flotterait plus légèrement. Et, lui ayant montré le lieu où les grands arbres croissaient, l'illustre Déesse Kalypsô retourna dans sa demeure.

Et aussitôt Odysseus trancha les arbres et fit promptement son travail. Et il en abattit vingt qu'il ébrancha, équarrit et aligna au cordeau. Pendant ce temps l'illustre Déesse Kalypsô apporta des tarières ; et il perça les bois et les unit entre eux, les liant avec des chevilles et des cordes. Aussi grande est la cale d'une nef de charge que construit un excellent ouvrier, aussi grand était le radeau construit par Odysseus. Et il éleva un pont qu'il fit avec des ais épais ; et il tailla un mât auquel il attacha l'antenne. Puis il fit le gouvernail, qu'il munit de claies de saule afin qu'il résistât au choc des flots ; puis il amassa un grand lest. Pendant ce temps, l'illustre Déesse Kalypsô apporta de la toile pour faire les voiles, et il les fit habilement et il les lia aux antennes avec des cordes. Puis il conduisit le radeau à la mer large, à l'aide de leviers. Et le quatrième jour tout le travail était achevé ; et le cinquième jour la divine Kalypsô le renvoya de l'île, l'ayant baigné et couvert de vêtements parfumés. Et la Déesse mit sur le radeau une outre de vin noir, puis une outre plus grande pleine d'eau, puis elle lui donna, dans un sac de cuir, une grande quantité de vivres fortifiants, et elle lui envoya un vent doux et propice.

Et le divin Odysseus, joyeux, déploya ses voiles au vent propice ; et, s'étant assis à la barre, il gouvernait habilement, sans que le sommeil fermât ses paupières. Et il contemplait les Plèiades, et le Bouvier qui se couchait, et l'Ourse qu'on nomme le Chariot, et qui tourne en place en regardant Oriôn, et, seule, ne touche point les eaux de l'Okéanos. L'illustre Déesse Kalypsô lui avait ordonné de naviguer en la laissant toujours à gauche. Et, pendant dix-sept jours, il fit route sur la mer, et, le dix-huitième, apparurent les monts boisés de la terre des Phaiakiens. Et cette terre était proche, et elle lui apparaissait comme un bouclier sur la mer sombre.

Et le puissant qui ébranle la terre revenait du pays des Aithiopiens, et du haut des montagnes des Solymes, il vit de loin Odysseus traversant la mer ; et son cœur s'échauffa violemment, et secouant la tête, il dit dans son esprit :

— Ô Dieux ! les immortels ont décidé autrement d'Odysseus tandis que j'étais chez les Aithiopiens. Voici qu'il approche de la terre des Phaiakiens, où sa destinée est qu'il rompe la longue chaîne de misères qui l'accablent. Mais je pense qu'il va en subir encore.

Ayant ainsi parlé, il amassa les nuées et souleva la mer. Et il saisit de ses mains son trident et il déchaîna la tempête de tous les vents. Et il enveloppa de nuages la terre et la mer, et la nuit se rua de l'Ouranos. Et l'Euros et le Notos soufflèrent, et le violent Zéphyros et l'impétueux Boréas, soulevant de grandes lames. Et les genoux d'Odysseus et son cher cœur furent brisés, et il dit avec tristesse dans son esprit magnanime :

— Ah ! malheureux que je suis ! Que va-t-il m'arriver ? Je le crains, la Déesse ne m'a point trompé quand elle m'a dit que je subirais des maux nombreux sur la mer, avant de parvenir à la terre de la patrie. Certes, voici que ses paroles s'accomplissent. De quelles nuées Zeus couronne le large Ouranos ! La mer est soulevée, les tempêtes de tous les vents sont déchaînées, et voici ma ruine suprême. Trois et quatre fois heureux les Danaens qui sont morts autrefois, devant la grande Troiè, pour plaire aux Atréides ! Plût aux Dieux que j'eusse subi ma destinée et que je fusse mort le jour où les Troiens m'assiégeaient de leurs lances d'airain autour du cadavre d'Akhilleus ! Alors on eût accompli mes funérailles, et les Akhaiens eussent célébré ma gloire. Maintenant ma destinée est de subir une mort obscure !

Il parla ainsi, et une grande lame, se ruant sur lui, effrayante, renversa le radeau. Et Odysseus en fut enlevé, et le gouvernail fut arraché de ses mains ; et la tempête horrible des vents confondus brisa le mât par le milieu ; et l'antenne et la voile furent emportées à la mer ; et Odysseus resta longtemps sous l'eau, ne pouvant émerger de suite, à cause de l'impétuosité de la mer. Et il reparut enfin, et les vêtements que la divine Kalypsô lui avait donnés étaient alourdis, et il vomit l'eau salée, et l'écume ruisselait de sa tête. Mais, bien qu'affligé, il n'oublia point le radeau, et, nageant avec vigueur à travers les flots, il le ressaisit, et, se sauvant de la mort, il s'assit. Et les grandes lames impétueuses emportaient le radeau çà et là. De même que l'automnal Boréas chasse par les plaines les feuilles desséchées, de même les vents chassaient çà et là le radeau sur la mer. Tantôt l'Euros le cédait à Zéphyros afin que celui-ci l'entraînât, tantôt le Notos le cédait à Boréas.

Et la fille de Kadmos, Inô aux beaux talons, qui autrefois était mortelle, le vit. Maintenant elle se nomme Leukothéè et partage les honneurs des Dieux dans les flots de la mer. Et elle prit en pitié Odysseus errant et accablé de douleurs. Et elle émergea de l'abîme, semblable à un plongeon, et, se posant sur le radeau, elle dit à Odysseus

— Malheureux ! pourquoi Poseidaôn qui ébranle la terre est-il si cruellement irrité contre toi, qu'il t'accable de tant de maux ? Mais il ne te perdra pas, bien qu'il le veuille. Fais ce que je vais te dire, car tu ne me sembles pas manquer de sagesse. Ayant rejeté tes vêtements, abandonne le radeau aux vents et nage de tes bras jusqu'à la terre des Phaiakiens, où tu dois être sauvé. Prends cette bandelette immortelle, étends-la sur ta poitrine et ne crains plus ni la douleur, ni la mort. Dès que tu auras saisi le rivage de tes mains, tu la rejetteras au loin dans la sombre mer en te détournant.

La Déesse, ayant ainsi parlé, lui donna la bandelette puis elle se replongea dans la mer tumultueuse, semblable à un plongeon, et le flot noir la recouvrit. Mais le patient et divin Odysseus hésitait, et il dit, en gémissant, dans son esprit magnanime :

— Hélas ! je crains qu'un des immortels ourdisse une ruse contre moi en m'ordonnant de me jeter hors du radeau ; mais je ne lui obéirai pas aisément, car cette terre est encore très-éloignée où elle dit que je dois échapper à la mort ; mais je ferai ceci, et il me semble que c'est le plus sage : aussi longtemps que ces pièces de bois seront unies par leurs liens, je resterai ici et je subirai mon mal patiemment, et dès que la mer aura rompu le radeau, je nagerai, car je ne pourrai rien faire de mieux.

Tandis qu'il pensait ainsi dans son esprit et dans son cœur, Poseidaôn qui ébranle la terre souleva une lame immense, effrayante, lourde et haute, et il la jeta sur Odysseus. De même que le vent qui souffle avec violence disperse un monceau de pailles sèches qu'il emporte çà et là, de même la mer dispersa les longues poutres, et Odysseus monta sur une d'entre elles comme sur un cheval qu'on dirige. Et il dépouilla les vêtements que la divine Kalypsô lui avait donnés, et il étendit aussitôt sur sa poitrine la bandelette de Leukothéè ; puis, s'allongeant sur la mer, il étendit les bras, plein du désir de nager. Et le puissant qui ébranle la terre le vit, et secouant la tête, il dit dans son esprit :

— Va ! subis encore mille maux, errant sur la mer, jusqu'à ce que tu abordes ces hommes nourris par Zeus ; mais j'espère que tu ne te riras plus de mes châtiments.

Ayant ainsi parlé, il poussa ses chevaux aux belles crinières et parvint à Aigas, où sont ses demeures illustres.

Mais Athènè, la fille de Zeus, eut d'autres pensées. Elle rompit le cours des vents, et elle leur ordonna de cesser et de s'endormir. Et elle excita, seul, le rapide Boréas, et elle refréna les flots, jusqu'à ce que le divin Odysseus, ayant évité la kèr et la mort, se fût mêlé aux Phaiakiens habiles aux travaux de la mer.

Et, pendant deux nuits et deux jours, Odysseus erra par les flots sombres, et son cœur vit souvent la mort ; mais quand Éôs aux beaux cheveux amena le troisième jour, le vent s'apaisa, et la sérénité tranquille se fit ; et, se soulevant sur la mer, et regardant avec ardeur, il vit la terre toute proche. De même qu'à des fils est rendue la vie désirée d'un père qui, en proie à un Dieu contraire, a longtemps subi de grandes douleurs, mais que les Dieux ont enfin délivré de son mal, de même la terre et les bois apparurent joyeusement à Odysseus. Et il nageait s'efforçant de fouler de ses pieds cette terre. Mais, comme il n'en était éloigné que de la portée de la voix, il entendit le son de la mer contre les rochers. Et les vastes flots se brisaient, effrayants, contre la côte aride, et tout était enveloppé de l'écume de la mer. Et il n'y avait là ni ports, ni abris pour les nefs, et le rivage était hérissé d'écueils et de rochers.

Alors, les genoux et le cher cœur d'Odysseus furent brisés, et, gémissant, il dit dans son esprit magnanime :

— Hélas ! Zeus m'a accordé de voir une terre inespérée, et je suis arrivé ici, après avoir sillonné les eaux, et je ne sais comment sortir de la mer profonde. Les rochers aigus se dressent, les flots impétueux écument de tous côtés et la côte est escarpée. La profonde mer est proche, et je ne puis appuyer mes pieds nulle part, ni échapper à mes misères, et peut-être le grand flot va-t-il me jeter contre ces roches, et tous mes efforts seront vains. Si je nage encore, afin de trouver ailleurs une plage heurtée par les eaux, ou un port, je crains que la tempête me saisisse de nouveau et me rejette, malgré mes gémissements, dans la haute mer poissonneuse ; ou même qu'un Dieu me livre à un monstre marin, de ceux que l'illustre Amphitritè nourrit en grand nombre. Je sais, en effet, combien l'illustre qui ébranle la terre est irrité contre moi.

Tandis qu'il délibérait ainsi dans son esprit et dans son cœur, une vaste lame le porta vers l'âpre rivage, et il y eût déchiré sa peau et brisé ses os, si Athènè, la Déesse aux yeux clairs, ne l'eût inspiré. Emporté en avant, de ses deux mains il saisit la roche et il l'embrassa en gémissant jusqu'à ce que le flot immense se fût déroulé, et il se sauva ainsi ; mais le reflux, se ruant sur lui, le frappa et le remporta en mer. De même que les petites pierres restent, en grand nombre, attachées aux articulations creuses du polypode arraché de son abri, de même la peau de ses mains vigoureuses s'était déchirée au rocher, et le flot vaste le recouvrit. Là, enfin, le malheureux Odysseus eût péri malgré la destinée, si Athènè, la Déesse aux yeux clairs, ne l'eût inspiré sagement. Il revint sur l'eau, et, traversant les lames qui le poussaient à la côte, il nagea, examinant la terre et cherchant s'il trouverait quelque part une plage heurtée par les flots, ou un port. Et quand il fut arrivé, en nageant, à l'embouchure d'un fleuve au beau cours, il vit que cet endroit était excellent et mis à l'abri du vent par des roches égales. Et il examina le cours du fleuve, et, dans son esprit, il dit en suppliant :

— Entends-moi, ô Roi, qui que tu sois ! Je viens à toi en te suppliant avec ardeur, et fuyant hors de la mer la colère de Poseidaôn. Celui qui vient errant est vénérable aux Dieux immortels et aux hommes. Tel je suis maintenant en abordant ton cours, car je t'approche après avoir subi de nombreuses misères. Prends pitié, ô roi ! Je me glorifie d'être ton suppliant.

Il parla ainsi, et le fleuve s'apaisa, arrêtant son cours et les flots ; et il se fit tranquille devant Odysseus, et il le recueillit à son embouchure. Et les genoux et les bras vigoureux du Laertiade étaient rompus, et son cher cœur était accablé par la mer. Tout son corps était gonflé, et l'eau salée remplissait sa bouche et ses narines. Sans haleine et sans voix, il gisait sans force, et une violente fatigue l'accablait. Mais, ayant respiré et recouvré l'esprit, il détacha la bandelette de la Déesse et la jeta dans le fleuve, qui l'emporta à la mer, où Inô la saisit aussitôt de ses chères mains. Alors Odysseus, s'éloignant du fleuve, se coucha dans les joncs. Et il baisa la terre et dit en gémissant dans son esprit magnanime :

— Hélas ! que va-t-il m'arriver et que vais-je souffrir, si je passe la nuit dangereuse dans le fleuve ? Je crains que la mauvaise fraîcheur et la rosée du matin achèvent d'affaiblir mon âme. Le fleuve souffle en effet, au matin, un air froid. Si je montais sur la hauteur, vers ce bois ombragé, je m'endormirais sous les arbustes épais, et le doux sommeil me saisirait, à moins que le froid et la fatigue s'y opposent. Mais je crains d'être la proie des bêtes fauves.

Ayant ainsi délibéré, il vit que ceci était pour le mieux, et il se hâta vers la forêt qui se trouvait sur la hauteur, près de la côte. Et il aperçut deux arbustes entrelacés, dont l'un était un olivier sauvage et l'autre un olivier. Et là, ni la violence humide des vents, ni Hèlios étincelant de rayons, ni la pluie ne pénétrait, tant les rameaux entrelacés étaient touffus. Et Odysseus s'y coucha, après avoir amassé un large lit de feuilles, et si abondant, que deux ou trois hommes s'y seraient blottis par le temps d'hiver le plus rude. Et le patient et divin Odysseus, joyeux de voir ce lit, se coucha au milieu, en se couvrant de l'abondance des feuilles. De même qu'un berger, à l'extrémité d'une terre où il n'a aucun voisin, recouvre ses tisons de cendre noire et conserve ainsi le germe du feu, afin de ne point aller le chercher ailleurs ; de même Odysseus était caché sous les feuilles, et Athènè répandit le sommeil sur ses yeux et ferma ses paupières, pour qu'il se reposât promptement de ses rudes travaux.

RHAPSODIE VI

Ainsi dormait là le patient et divin Odysseus, dompté par le sommeil et par la fatigue, tandis qu'Athènè se rendait à la ville et parmi le peuple des hommes Phaiakiens qui habitaient autrefois la grande Hypériè, auprès des Kyklôpes insolents qui les opprimaient, étant beaucoup plus forts qu'eux. Et Nausithoos, semblable à un Dieu, les emmena de là et les établit dans l'île de Skhériè, loin des autres hommes. Et il bâtit un mur autour de la ville, éleva des demeures, construisit les temples des Dieux et partagea les champs. Mais, déjà, dompté par la Kèr, il était descendu chez Aidès. Et maintenant régnait Alkinoos, instruit dans la sagesse par les dieux. Et Athènè, la Déesse aux yeux clairs, se rendait à sa demeure, méditant le retour du magnanime Odysseus. Et elle entra promptement dans la chambre ornée où dormait la jeune vierge semblable aux Immortelles par la grâce et la beauté, Nausikaa, fille du magnanime Alkinoos. Et deux servantes, belles comme les Kharites, se tenaient des deux côtés du seuil, et les portes brillantes étaient fermées.

Athènè, comme un souffle du vent, approcha du lit de la jeune vierge, et, se tenant au-dessus de sa tête, lui parla, semblable à la fille de l'illustre marin Dymas, laquelle était du même âge qu'elle, et qu'elle aimait. Semblable à cette jeune fille, Athènè aux yeux clairs parla ainsi :

— Nausikaa, pourquoi ta mère t'a-t-elle enfantée si négligente ? En effet, tes belles robes gisent négligées, et tes noces approchent où il te faudra revêtir les plus belles et en offrir à ceux qui te conduiront. La bonne renommée, parmi les hommes, vient des beaux vêtements, et le père et la mère vénérable s'en réjouissent. Allons donc laver tes robes, au premier lever du jour, et je te suivrai et t'aiderai, afin que nous finissions promptement, car tu ne seras plus longtemps vierge. Déjà les premiers du peuple te recherchent, parmi tous les Phaiakiens d'où sort ta race. Allons ! demande à ton illustre père, dès le matin, qu'il fasse préparer les mulets et le char qui porteront les ceintures, les péplos et les belles couvertures. Il est mieux que tu montes aussi sur le char que d'aller à pied, car les lavoirs sont très-éloignés de la ville.

Ayant ainsi parlé, Athènè aux yeux clairs retourna dans l'Olympos, où sont toujours, dit-on, les solides demeures des Dieux, que le vent n'ébranle point, où la pluie ne coule point, dont la neige n'approche point, mais où la sérénité vole sans nuage et qu'enveloppe une splendeur éclatante dans laquelle les Dieux heureux se réjouissent sans cesse. C'est là que remonta la déesse aux yeux clairs, après qu'elle eut parlé à la jeune vierge.

Et aussitôt la brillante Éôs se leva et réveilla Nausikaa au beau péplos, qui admira le songe qu'elle avait eu. Et elle se hâta d'aller par les demeures, afin de prévenir ses parents, son cher père et sa mère, qu'elle trouva dans l'intérieur. Et sa mère était assise au foyer avec ses servantes, filant la laine teinte de pourpre marine ; et son père sortait avec les rois illustres, pour se rendre au conseil où l'appelaient les nobles Phaiakiens. Et, s'arrêtant près de son cher père, elle lui dit :

— Cher père, ne me feras-tu point préparer un char large et élevé, afin que je porte au fleuve et que je lave nos beaux vêtements qui gisent salis ? Il te convient, en effet, à toi qui t'assieds au conseil parmi les premiers, de porter de beaux vêtements. Tu as cinq fils dans ta maison royale ; deux sont mariés, et trois sont encore des jeunes hommes florissants. Et ceux-ci veulent aller aux danses, couverts de vêtements propres et frais, et ces soins me sont réservés.

Elle parla ainsi, n'osant nommer à son cher père ses noces fleuries ; mais il la comprit et il lui répondit :

— Je ne te refuserai, mon enfant, ni des mulets, ni autre chose. Va, et mes serviteurs te prépareront un char large et élevé propre à porter une charge.

Ayant ainsi parlé, il commanda aux serviteurs, et ils obéirent. Ils firent sortir un char rapide et ils le disposèrent, et ils mirent les mulets sous le joug et les lièrent au char. Et Nausikaa apporta de sa chambre ses belles robes, et elle les déposa dans le char. Et sa mère enfermait d'excellents mets dans une corbeille, et elle versa du vin dans une outre de peau de chèvre. La jeune vierge monta sur le char, et sa mère lui donna dans une fiole d'or une huile liquide, afin qu'elle se parfumât avec ses femmes. Et Nausikaa saisit le fouet et les belles rênes, et elle fouetta les mulets afin qu'ils courussent ; et ceux-ci, faisant un grand bruit, s'élancèrent, emportant les vêtements et Nausikaa, mais non pas seule, car les autres femmes allaient avec elle.

Et quand elles furent parvenues au cours limpide du fleuve, là où étaient les lavoirs pleins toute l'année, car une belle eau abondante y débordait, propre à laver toutes les choses souillées, elles délièrent les mulets du char, et elles les menèrent vers le fleuve tourbillonnant, afin qu'ils pussent manger les douces herbes. Puis, elles saisirent de leurs mains, dans le char, les vêtements qu'elles plongèrent dans l'eau profonde, les foulant dans les lavoirs et disputant de promptitude. Et, les ayant lavés et purifiés de toute souillure, elles les étendirent en ordre sur les rochers du rivage que la mer avait baignés. Et s'étant elles-mêmes baignées et parfumées d'huile luisante, elles prirent leur repas sur le bord du fleuve. Et les vêtements séchaient à la splendeur de Hèlios.

Après que Nausikaa et ses servantes eurent mangé, elles jouèrent à la balle, ayant dénoué les bandelettes de leur tête. Et Nausikaa aux beaux bras commença une mélopée. Ainsi Artémis marche sur les montagnes, joyeuse de ses flèches, et, sur le Tèygétos escarpé ou l'Érymanthos, se réjouit des sangliers et des cerfs rapides. Et les Nymphes agrestes, filles de Zeus tempétueux, jouent avec elle, et Lètô se réjouit dans son cœur. Artémis les dépasse toutes de la tête et du front, et on la reconnaît facilement, bien qu'elles soient toutes belles. Ainsi la jeune vierge brillait au milieu de ses femmes.

Mais quand il fallut plier les beaux vêtements, atteler les mulets et retourner vers la demeure, alors Athènè, la déesse aux yeux clairs, eut d'autres pensées, et elle voulut qu'Odysseus se réveillât et vît la vierge aux beaux yeux, et qu'elle le conduisît à la ville des Phaiakiens. Alors, la jeune reine jeta une balle à l'une de ses femmes, et la balle s'égara et tomba dans le fleuve profond. Et toutes poussèrent de hautes clameurs, et le divin Odysseus s'éveilla. Et, s'asseyant, il délibéra dans son esprit et dans son cœur :

— Hélas ! à quels hommes appartient cette terre où je suis venu ? Sont-ils injurieux, sauvages, injustes, ou hospitaliers et leur esprit craint-il les Dieux ? J'ai entendu des clameurs de jeunes filles. Est-ce la voix des Nymphes qui habitent le sommet des montagnes et les sources des fleuves et les marais herbus, ou suis-je près d'entendre la voix des hommes ? Je m'en assurerai et je verrai.

Ayant ainsi parlé, le divin Odysseus sortit du milieu des arbustes, et il arracha de sa main vigoureuse un rameau épais afin de voiler sa nudité sous les feuilles. Et il se hâta, comme un lion des montagnes, confiant dans ses forces, marche à travers les pluies et les vents. Ses yeux luisent ardemment, et il se jette sur les bœufs, les brebis ou les cerfs sauvages, car son ventre le pousse à attaquer les troupeaux et à pénétrer dans leur solide demeure. Ainsi Odysseus parut au milieu des jeunes filles aux beaux cheveux, tout nu qu'il était, car la nécessité l'y contraignait. Et il leur apparut horrible et souillé par l'écume de la mer, et elles s'enfuirent, çà et là, sur les hauteurs du rivage. Et, seule, la fille d'Alkinoos resta, car Athènè avait mis l'audace dans son cœur et chassé la crainte de ses membres. Elle resta donc seule en face d'Odysseus.

Et celui-ci délibérait, ne sachant s'il supplierait la vierge aux beaux yeux, en saisissant ses genoux, ou s'il la prierait de loin, avec des paroles flatteuses, de lui donner des vêtements et de lui montrer la ville. Et il vit qu'il valait mieux la supplier de loin par des paroles flatteuses, de peur que, s'il saisissait ses genoux, la s'irritât dans son esprit. Et, aussitôt, il lui adressa ce discours flatteur et adroit :

— Je te supplie, ô Reine, que tu sois Déesse ou mortelle ! si tu es Déesse, de celles qui habitent le large Ouranos, tu me sembles Artémis, fille du grand Zeus, par la beauté, la stature et la grâce ; si tu es une des mortelles qui habitent sur la terre, trois fois heureux ton père et ta mère vénérable ! trois fois heureux tes frères ! Sans doute leur âme est pleine de joie devant ta grâce, quand ils te voient te mêler aux chœurs dansants ! Mais plus heureux entre tous celui qui, te comblant de présents d'hyménée, te conduira dans sa demeure ! Jamais, en effet, je n'ai vu de mes yeux un homme aussi beau, ni une femme aussi belle, et je suis saisi d'admiration. Une fois, à Dèlos, devant l'autel d'Apollôn, je vis une jeune tige de palmier. J'étais allé là, en effet, et un peuple nombreux m'accompagnait dans ce voyage qui devait me porter malheur. Et, en voyant ce palmier, je restai longtemps stupéfait dans l'âme qu'un arbre aussi beau fût sorti de terre. Ainsi je t'admire, ô femme, et je suis stupéfait, et je tremble de saisir tes genoux, car je suis en proie à une grande douleur. Hier, après vingt jours, je me suis enfin échappé de la sombre mer. Pendant ce temps-là, les flots et les rapides tempêtes m'ont entraîné de l'île d'Ogygiè, et voici qu'un Dieu m'a poussé ici, afin que j'y subisse encore peut-être d'autres maux, car je ne pense pas en avoir vu la fin, et les Dieux vont sans doute m'en accabler de nouveau. Mais, ô reine, aie pitié de moi, car c'est vers toi, la première, que je suis venu, après avoir subi tant de misères. Je ne connais aucun des hommes qui habitent cette ville et cette terre. Montre-moi la ville et donne moi quelque lambeau pour me couvrir, si tu as apporté ici quelque enveloppe de vêtements. Que les Dieux t'accordent autant de choses que tu en désires : un mari, une famille et une heureuse concorde ; car rien n'est plus désirable et meilleur que la concorde à l'aide de laquelle on gouverne sa famille. Le mari et l'épouse accablent ainsi leurs ennemis de douleurs et leurs amis de joie, et eux-mêmes sont heureux.

Et Nausikaa aux bras blancs lui répondit :

— Étranger, — car, certes, tu n'es semblable ni à un lâche, ni à un insensé, — Zeus Olympien dispense la richesse aux hommes, aux bons et aux méchants, à chacun, comme il veut. C'est lui qui t'a fait cette destinée, et il faut la subir patiemment. Maintenant, étant venu vers notre terre et notre ville, tu ne manqueras ni de vêtements, ni d'aucune autre des choses qui conviennent à un malheureux qui vient en suppliant. Et je te montrerai la ville et je te dirai le nom de notre peuple. Les Phaiakiens habitent cette ville et cette terre, et moi, je suis la fille du magnanime Alkinoos, qui est le premier parmi les Phaiakiens par le pouvoir et la puissance.

Elle parla ainsi et commanda à ses servantes aux belles chevelures :

— Venez près de moi, servantes. Où fuyez-vous pour avoir vu cet homme ? Pensez-vous que ce soit quelque ennemi ? Il n'y a point d'homme vivant, et il ne peut en être un seul qui porte la guerre sur la terre des Phaiakiens, car nous sommes très-chers aux Dieux immortels, et nous habitons aux extrémités de la mer onduleuse, et nous n'avons aucun commerce avec les autres hommes. Mais si quelque malheureux errant vient ici, il nous faut le secourir, car les hôtes et les mendiants viennent de Zeus, et le don, même modique, qu'on leur fait, lui est agréable. C'est pourquoi, servantes, donnez à notre hôte à manger et à boire, et lavez-le dans le fleuve, à l'abri du vent.

Elle parla ainsi, et les servantes s'arrêtèrent et s'exhortèrent l'une l'autre, et elles conduisirent Odysseus à l'abri du vent, comme l'avait ordonné Nausikaa, fille du magnanime Alkinoos, et elles placèrent auprès de lui des vêtements, un manteau et une tunique, et elles lui donnèrent l'huile liquide dans la fiole d'or, et elles lui commandèrent de se laver dans le courant du fleuve. Mais alors le divin Odysseus leur dit :

— Servantes, éloignez-vous un peu, afin que je lave l'écume de mes épaules et que je me parfume d'huile, car il y a longtemps que mon corps manque d'onction. Je ne me laverai point devant vous, car je crains, par respect, de me montrer nu au milieu de jeunes filles aux beaux cheveux.

Il parla ainsi, et, se retirant, elles rapportèrent ces paroles à la vierge Nausikaa.

Et le divin Odysseus lava dans le fleuve l'écume salée qui couvrait son dos, ses flancs et ses épaules ; et il purifia sa tête des souillures de la mer indomptée. Et, après s'être entièrement baigné et parfumé d'huile, il se couvrit des vêtements que la jeune vierge lui avait donnés. Et Athènè, fille de Zeus, le fit paraître plus grand et fit tomber de sa tête sa chevelure bouclée semblable aux fleurs d'hyacinthe. De même un habile ouvrier qui répand de l'or sur de l'argent, et que Hèphaistos et Pallas Athènè ont instruit, achève de brillantes œuvres avec un art accompli, de même Athènè répandit la grâce sur sa tête et sur ses épaules. Et il s'assit ensuite à l'écart, sur le rivage de la mer, resplendissant de beauté et de grâce. Et la vierge, l'admirant, dit à ses servantes aux beaux cheveux :

— Écoutez-moi, servantes aux bras blancs, afin que je dise quelque chose. Ce n'est pas malgré tous les Dieux qui habitent l'Olympos que cet homme divin est venu chez les Phaiakiens. Il me semblait d'abord méprisable, et maintenant il est semblable aux Dieux qui habitent le large Ouranos. Plût aux Dieux qu'un tel homme fût nommé mon mari, qu'il habitât ici et qu'il lui plût d'y rester ! Mais, vous, servantes, offrez à notre hôte à boire et à manger.

Elle parla ainsi, et les servantes l'entendirent et lui obéirent ; et elles offrirent à Odysseus à boire et à manger. Et le divin Odysseus buvait et mangeait avec voracité, car il y avait longtemps qu'il n'avait pris de nourriture. Mais Nausikaa aux bras blancs eut d'autres pensées ; elle posa les vêtements pliés dans le char, y monta après avoir attelé les mulets aux sabots massifs, et, exhortant Odysseus, elle lui dit :

– Lève-toi, étranger, afin d'aller à la ville et que je te conduise à la demeure de mon père prudent, où je pense que tu verras les premiers d'entre les Phaiakiens. Mais fais ce que je vais te dire, car tu me sembles plein de sagesse : aussi longtemps que nous irons à travers les champs et les travaux des hommes, marche rapidement avec les servantes, derrière les mulets et le char, et, moi, je montrerai le chemin ; mais quand nous serons arrivés à la ville, qu'environnent de hautes tours et que partage en deux un beau port dont l'entrée est étroite, où sont conduites les nefs, chacune à une station sûre, et devant lequel est le beau temple de Poseidaôn dans l'agora pavée de grandes pierres taillées ; — et là aussi sont les armements des noires nefs, les cordages et les antennes et les avirons qu'on polit, car les arcs et les carquois n'occupent point les Phaiakiens, mais seulement les mâts, et les avirons des nefs, et les nefs égales sur lesquelles ils traversent joyeux la mer pleine d'écume ; — évite alors leurs amères paroles, de peur qu'un d'entre eux me blâme en arrière, car ils sont très-insolents, et que le plus méchant, nous rencontrant, dise peut-être : — Quel est cet étranger grand et beau qui suit Nausikaa ? Où l'a-t-elle trouvé ? Certes, il sera son mari. Peut-être l'a-t-elle reçu avec bienveillance, comme il errait hors de sa nef conduite par des hommes étrangers, car aucuns n'habitent près d'ici ; ou peut-être encore un Dieu qu'elle a supplié ardemment est-il descendu de l'Ouranos, et elle le possédera tous les jours. Elle a bien fait d'aller au-devant d'un mari étranger, car, certes, elle dédaigne les Phaiakiens illustres et nombreux qui la recherchent ! — Ils parleraient ainsi, et leurs paroles seraient honteuses pour moi. Je blâmerais moi-même celle qui, à l'insu de son cher père et de sa mère, irait seule parmi les hommes avant le jour des noces. Écoute donc mes paroles, Étranger, afin d'obtenir de mon père des compagnons et un prompt retour. Nous trouverons auprès du chemin un beau bois de peupliers consacré à Athènè. Une source en coule et une prairie l'entoure, et là sont le verger de mon père et ses jardins florissants, éloignés de la ville d'une portée de voix. Il faudra t'arrêter là quelque temps, jusqu'à ce que nous soyons arrivées à la ville et à la maison de mon père. Dès que tu penseras que nous y sommes parvenues, alors, marche vers la ville des Phaiakiens et cherche les demeures de mon père, le magnanime Alkinoos. Elles sont faciles à reconnaître, et un enfant pourrait y conduire ; car aucune des maisons des Phaiakiens n'est telle que la demeure du héros Alkinoos. Quand tu seras entré dans la cour, traverse promptement la maison royale afin d'arriver jusqu'à ma mère. Elle est assise à son foyer, à la splendeur du feu, filant une laine pourprée admirable à voir. Elle est appuyée contre une colonne et ses servantes sont assises autour d'elle. Et, à côté d'elle, est le thrône de mon père, où il s'assied, pour boire du vin, semblable à un Immortel. En passant devant lui, embrasse les genoux de ma mère, afin que, joyeux, tu voies promptement le jour du retour, même quand tu serais très-loin de ta demeure. En effet, si ma mère t'est bienveillante dans son âme, tu peux espérer revoir tes amis, et rentrer dans ta demeure bien bâtie et dans la terre de la patrie.

Ayant ainsi parlé, elle frappa les mulets du fouet brillant, et les mulets, quittant rapidement les bords du fleuve, couraient avec ardeur et en trépignant. Et Nausikaa les guidait avec art des rênes et du fouet, de façon que les servantes et Odysseus suivissent à pied. Et Hèlios tomba, et ils parvinrent au bois sacré d'Athènè, où le divin Odysseus s'arrêta. Et, aussitôt, il supplia la fille du magnanime Zeus :

— Entends-moi, fille indomptée de Zeus tempêtueux ! Exauce-moi maintenant, puisque tu ne m'as point secouru quand l'Illustre qui entoure la terre m'accablait. Accorde-moi d'être le bien venu chez les Phaiakiens, et qu'ils aient pitié.

Il parla ainsi en suppliant, et Pallas Athènè l'entendit, mais elle ne lui apparut point, respectant le frère de son père ; car il devait être violemment irrité contre le divin Odysseus jusqu'à ce que celui-ci fût arrivé dans la terre de la patrie.

RHAPSODIE VII

TANDIS que le patient et divin Odysseus suppliait ainsi Athènè, la vigueur des mulets emportait la jeune vierge vers la ville. Et quand elle fut arrivée aux illustres demeures de son père, elle s'arrêta dans le vestibule ; et, de tous côtés, ses frères, semblables aux Immortels, s'empressèrent autour d'elle, et ils détachèrent les mulets du char, et ils portèrent les vêtements dans la demeure. Puis la vierge rentra dans sa chambre où la vieille servante Épirote Eurymédousa alluma du feu. Des nefs à deux rangs d'avirons l'avaient autrefois amenée du pays des Épirotes, et on l'avait donnée en récompense à Alkinoos, parce qu'il commandait à tous les Phaiakiens et que le peuple l'écoutait comme un Dieu. Elle avait allaité Nausikaa aux bras blancs dans la maison royale, et elle allumait son feu et elle préparait son repas.

Et, alors, Odysseus se leva pour aller à la ville, et Athènè, pleine de bienveillance pour lui, l'enveloppa d'un épais brouillard, de peur qu'un des Phaiakiens insolents, le rencontrant, l'outrageât par ses paroles et lui demandât qui il était. Mais, quand il fut entré dans la belle ville, alors Athènè, la Déesse aux yeux clairs, sous la figure d'une jeune vierge portant une urne, s'arrêta devant lui, et le divin Odysseus l'interrogea :

— Ô mon enfant, ne pourrais-tu me montrer la demeure du héros Alkinoos qui commande parmi les hommes de ce pays ? Je viens ici, d'une terre lointaine et étrangère, comme un hôte, ayant subi beaucoup de maux, et je ne connais aucun des hommes qui habitent cette ville et cette terre.

Et la Déesse aux yeux clairs, Athènè, lui répondit :

— Hôte vénérable, je te montrerai la demeure que tu me demandes, car elle est auprès de celle de mon père irréprochable. Mais viens en silence, et je t'indiquerai le chemin. Ne parle point et n'interroge aucun de ces hommes, car ils n'aiment point les étrangers et ils ne reçoivent point avec amitié quiconque vient de loin. Confiants dans leurs nefs légères et rapides, ils traversent les grandes eaux, et Celui qui ébranle la terre leur a donné des nefs rapides comme l'aile des oiseaux et comme la pensée.

Ayant ainsi parlé, Pallas Athènè le précéda promptement, et il marcha derrière la Déesse, et les illustres navigateurs Phaiakiens ne le virent point tandis qu'il traversait la ville au milieu d'eux, car Athènè, la vénérable Déesse aux beaux cheveux, ne le permettait point, ayant enveloppé Odysseus d'un épais brouillard, dans sa bienveillance pour lui. Et Odysseus admirait le port, les nefs égales, l'agora des héros et les longues murailles fortifiées de hauts pieux, admirables à voir. Et, quand ils furent arrivés à l'illustre demeure du roi, Athènè, la Déesse aux yeux clairs, lui parla d'abord :

— Voici, hôte, mon père, la demeure que tu m'as demandé de te montrer. Tu trouveras les rois, nourrissons de Zeus, prenant leur repas. Entre, et ne crains rien dans ton âme. D'où qu'il vienne, l'homme courageux est celui qui accomplit le mieux tout ce qu'il fait. Va d'abord à la Reine, dans la maison royale. Son nom est Arètè, et elle le mérite, et elle descend des mêmes parents qui ont engendré le roi Alkinoos. Poseidaôn qui ébranle la terre engendra Nausithoos que conçut Périboia, la plus belle des femmes et la plus jeune fille du magnanime Eurymédôn qui commanda autrefois aux fiers Géants. Mais il perdit son peuple impie et périt lui-même. Poseidaôn s'unit à Périboia, et il engendra le magnanime Nausithoos qui commanda aux Phaiakiens. Et Nausithoos engendra Rhèxènôr et Alkinoos. Apollôn à l'arc d'argent frappa le premier qui venait de se marier dans la maison royale et qui ne laissa point de fils, mais une fille unique, Arètè, qu'épousa Alkinoos. Et il l'a honorée plus que ne sont honorées toutes les autres femmes qui, sur la terre, gouvernent leur maison sous la puissance de leurs maris. Et elle est honorée par ses chers enfants non moins que par Alkinoos, ainsi que par les peuples, qui la regardent comme une Déesse et qui recueillent ses paroles quand elle marche par la ville. Elle ne manque jamais de bonnes pensées dans son esprit, et elle leur est bienveillante, et elle apaise leurs différends. Si elle t'est favorable dans son âme, tu peux espérer revoir tes amis et rentrer dans ta haute demeure et dans la terre de la patrie.

Ayant ainsi parlé, Athènè aux yeux clairs s'envola sur la mer indomptée, et elle abandonna l'aimable Skhériè, et elle arriva à Marathôn, et, étant parvenue dans Athéna aux larges rues, elle entra dans la forte demeure d'Erekhtheus.

Et Odysseus se dirigea vers l'illustre maison d'Alkinoos, et il s'arrêta, l'âme pleine de pensées, avant de fouler le pavé d'airain. En effet, la haute demeure du magnanime Alkinoos resplendissait comme Hèlios ou Sélènè. De solides murs d'airain, des deux côtés du seuil, enfermaient la cour intérieure, et leur pinacle était d'émail. Et des portes d'or fermaient la solide demeure, et les poteaux des portes étaient d'argent sur le seuil d'airain argenté, et, au-dessus, il y avait une corniche d'or, et, des deux côtés, il y avait des chiens d'or et d'argent que Hèphaistos avait faits très-habilement, afin qu'ils gardassent la maison du magnanime Alkinoos, étant immortels et ne devant point vieillir. Dans la cour, autour du mur, des deux côtés, étaient des thrônes solides, rangés jusqu'à l'entrée intérieure et recouverts de légers péplos, ouvrage des femmes. Là, siégeaient les Princes des Phaiakiens, mangeant et buvant toute l'année. Et des figures de jeunes hommes, en or, se dressaient sur de beaux autels, portant aux mains des torches flambantes qui éclairaient pendant la nuit les convives dans la demeure. Et cinquante servantes habitaient la maison, et les unes broyaient sous la meule le grain mûr, et les autres, assises, tissaient les toiles et tournaient la quenouille agitée comme les feuilles du haut peuplier, et une huile liquide distillait de la trame des tissus. Autant les Phaiakiens étaient les plus habiles de tous les hommes pour voguer en mer sur une nef rapide, autant leurs femmes l'emportaient pour travailler les toiles, et Athènè leur avait accordé d'accomplir de très-beaux et très-habiles ouvrages. Et, au delà de la cour, auprès des portes, il y avait un grand jardin de quatre arpents, entouré de tous côtés par une haie. Là, croissaient de grands arbres florissants qui produisaient, les uns la poire et la grenade, les autres les belles oranges, les douces figues et les vertes olives. Et jamais ces fruits ne manquaient ni ne cessaient, et ils duraient tout l'hiver et tout l'été, et

Zéphyros, en soufflant, faisait croître les uns et mûrir les autres ; la poire succédait à la poire, la pomme mûrissait après la pomme, et la grappe après la grappe, et la figue après la figue. Là, sur la vigne fructueuse, le raisin séchait, sous l'ardeur de Hèlios, en un lieu découvert, et, là, il était cueilli et foulé ; et, parmi les grappes, les unes perdaient leurs fleurs tandis que d'autres mûrissaient. Et à la suite du jardin, il y avait un verger qui produisait abondamment toute l'année. Et il y avait deux sources, dont l'une courait à travers tout le jardin, tandis que l'autre jaillissait sous le seuil de la cour, devant la haute demeure, et les citoyens venaient y puiser de l'eau. Et tels étaient les splendides présents des Dieux dans la demeure d'Alkinoos.

Le patient et divin Odysseus, s'étant arrêté, admira toutes ces choses, et, quand il les eut admirées, il passa rapidement le seuil de la demeure. Et il trouva les princes et les chefs des Phaiakiens faisant des libations au vigilant Tueur d'Argos, car ils finissaient par lui, quand ils songeaient à gagner leurs lits. Et le divin et patient Odysseus, traversa la demeure, enveloppé de l'épais brouillard que Pallas Athènè avait répandu autour de lui, et il parvint à Arètè et au roi Alkinoos. Et Odysseus entoura de ses bras les genoux d'Arètè, et le brouillard divin tomba. Et, à sa vue, tous restèrent muets dans la demeure, et ils l'admiraient. Mais Odysseus fit cette prière :

— Arètè, fille du divin Rhèxènôr, je viens à tes genoux, et vers ton mari et vers ses convives, après avoir beaucoup souffert. Que les dieux leur accordent de vivre heureusement, et de laisser à leurs enfants les biens qui sont dans leurs demeures et les récompenses que le peuple leur a données ! Mais préparez mon retour, afin que j'arrive promptement dans ma patrie, car il y a longtemps que je subis de nombreuses misères, loin de mes amis.

Ayant ainsi parlé, il s'assit dans les cendres du foyer, devant le feu, et tous restaient muets. Enfin, le vieux héros Ekhénèos parla ainsi. C'était le plus âgé de tous les Phaiakiens, et il savait beaucoup de choses anciennes, et il l'emportait sur tous par son éloquence. Plein de sagesse, il parla ainsi au milieu de tous :

— Alkinoos, il n'est ni bon, ni convenable pour toi, que ton hôte soit assis dans les cendres du foyer. Tes convives attendent tous ta décision. Mais hâte-toi ; fais asseoir ton hôte sur un trône orné de clous d'argent, et commande aux hérauts de verser du vin, afin que nous fassions des libations à Zeus foudroyant qui accompagne les suppliants vénérables. Pendant ce temps, l'Économe offrira à ton hôte les mets qui sont dans la demeure.

Dès que la Force sacrée d'Alkinoos eut entendu ces paroles, il prit par la main le sage et subtil Odysseus, et il le fit lever du foyer, et il le fit asseoir sur un trône brillant d'où s'était retiré son fils, le brave Laodamas, qui siégeait à côté de lui et qu'il aimait le plus. Une servante versa de l'eau d'une belle aiguière d'or dans un bassin d'argent, pour qu'il lavât ses mains, et elle dressa devant lui une table polie. Et la vénérable Économe, gracieuse pour tous, apporta le pain et de nombreux mets. Et le sage et divin Odysseus buvait et mangeait. Alors Alkinoos dit à un héraut :

— Pontonoos, mêle le vin dans le kratère et distribue-le à tous dans la demeure, afin que nous fassions des libations à Zeus Foudroyant qui accompagne les suppliants vénérables.

Il parla ainsi, et Pontonoos mêla le doux vin, et il le distribua en goûtant d'abord à toutes les coupes. Et ils firent des libations, et ils burent autant que leur âme le désirait, et Alkinoos leur parla ainsi :

— Écoutez-moi, Princes et chefs des Phaiakiens, afin que je dise ce que mon cœur m'inspire dans ma poitrine. Maintenant que le repas est achevé, allez dormir dans vos demeures. Demain matin, ayant convoqué les vieillards, nous exercerons l'hospitalité envers notre hôte dans ma maison, et nous ferons de justes sacrifices aux Dieux ; puis nous songerons au retour de notre hôte, afin que, sans peine et sans douleur, et par nos soins, il arrive plein de joie dans la terre de sa patrie, quand même elle serait très-lointaine. Et il ne subira plus ni maux, ni misères, jusqu'à ce qu'il ait foulé sa terre natale. Là, il subira ensuite la destinée que les lourdes Moires lui ont filée dès l'instant où sa mère l'enfanta. Qui sait s'il n'est pas un des Immortels descendu de l'Ouranos ? Les Dieux auraient ainsi médité quelque autre dessein ; car ils se sont souvent, en effet, manifestés à nous, quand nous leur avons offert d'illustres hécatombes, et ils se sont assis à nos repas, auprès de nous et comme nous ; et si un voyageur Phaiakien les rencontre seul sur sa route, ils ne se cachent point de lui, car nous sommes leurs parents, de même que les Kyklôpes et la race sauvage des géants.

Et le prudent Odysseus lui répondit :

— Alkinoos, que d'autres pensées soient dans ton esprit. Je ne suis point semblable aux Immortels qui habitent le large Ouranos ni par l'aspect, ni par la démarche ; mais je ressemble aux hommes mortels, de ceux que vous savez être le plus accablés de misères. C'est à ceux-ci que je suis semblable par mes maux. Et les douleurs infinies que je pourrais raconter, certes, je les ai toutes souffertes par la volonté des dieux. Mais laissez-moi prendre mon repas malgré ma tristesse ; car il n'est rien de pire qu'un ventre affamé, et il ne se laisse pas oublier par l'homme le plus affligé et dont l'esprit est le plus tourmenté d'inquiétudes. Ainsi, j'ai dans l'âme un grand deuil, et la faim et la soif m'ordonnent de manger et de boire et de me rassasier, quelques maux que j'aie subis. Mais hâtez-vous, dès qu'Éôs reparaîtra, de me renvoyer, malheureux que je suis, dans ma patrie, afin qu'après avoir tant souffert, la vie ne me quitte pas sans que j'aie revu mes biens, mes serviteurs et ma haute demeure !

Il parla ainsi, et tous l'applaudirent, et ils s'exhortaient à reconduire leur hôte, parce qu'il avait parlé convenablement. Puis, ayant fait des libations et bu autant que leur âme le désirait, ils allèrent dormir, chacun dans sa demeure. Mais le divin Odysseus resta, et, auprès de lui, Arètè et le divin Alkinoos s'assirent, et les servantes emportèrent les vases du repas. Et Arètè aux bras blancs parla la première, ayant reconnu le manteau, la tunique, les beaux vêtements qu'elle avait faits elle-même avec ses femmes. Et elle dit à Odysseus ces paroles ailées :

— Mon hôte, je t'interrogerai la première. Qui es-tu ? D'où viens-tu ? Qui t'a donné ces vêtements ? Ne dis-tu pas qu'errant sur la mer, tu es venu ici ?

Et le prudent Odysseus lui répondit :

— Il me serait difficile, Reine, de raconter de suite tous les maux dont les Dieux Ouraniens m'ont accablé ; mais je te dirai ce que tu me demandes d'abord. Il y a au milieu de la mer une île, Ogygiè, qu'habite Kalypsô, Déesse dangereuse, aux beaux cheveux, fille rusée d'Atlas ; et aucun des Dieux ni des hommes mortels n'habite avec elle. Un Daimôn m'y conduisit seul, malheureux que j'étais ! car Zeus, d'un coup de la blanche foudre, avait fendu en deux ma nef rapide au milieu de la noire mer où tous mes braves compagnons périrent. Et moi, serrant de mes bras la carène de ma nef au double rang d'avirons, je fus emporté pendant neuf jours, et, dans la dixième nuit noire, les Dieux me poussèrent dans l'île Ogygiè, où habitait Kalypsô, la Déesse dangereuse aux beaux cheveux. Et elle m'accueillit avec bienveillance, et elle me nourrit, et elle me disait qu'elle me rendrait immortel et qu'elle m'affranchirait pour toujours de la vieillesse ; mais elle ne put persuader mon cœur dans ma poitrine. Et je passai là sept années, et je mouillais de mes larmes les vêtements immortels que m'avait donnés Kalypsô. Mais quand vint la huitième année, alors elle me pressa elle-même de m'en retourner, soit par ordre de Zeus, soit que son cœur eût changé. Elle me renvoya sur un radeau lié de cordes, et elle me donna beaucoup de pain et de vin, et elle me couvrit de vêtements divins, et elle me suscita un vent propice et doux. Je naviguais pendant dix-sept jours, faisant ma route sur la mer, et, le dix-huitième jour, les montagnes ombragées de votre terre m'apparurent, et mon cher cœur fut joyeux. Malheureux ! j'allais être accablé de nouvelles et nombreuses misères que devait m'envoyer Poseidaôn qui ébranle la terre. Et il excita les vents, qui m'arrêtèrent en chemin ; et il souleva la mer immense, et il voulut que les flots, tandis que je gémissais, accablassent le radeau, que la tempête dispersa ; et je nageai, fendant les eaux, jusqu'à ce que le vent et le flot m'eurent porté à terre, où la mer me jeta d'abord contre de grands rochers, puis me porta en un lieu plus favorable ; car je nageai de nouveau jusqu'au fleuve, à un endroit accessible, libre de rochers et à l'abri du vent. Et je raffermis mon esprit, et la nuit divine arriva. Puis, étant sorti du fleuve tombé de Zeus, je me couchai sous les arbustes, où j'amassai des feuilles, et un Dieu m'envoya un profond sommeil. Là, bien qu'affligé dans mon cher cœur, je dormis toute la nuit jusqu'au matin et tout le jour. Et Hèlios tombait, et le doux sommeil me quitta. Et j'entendis les servantes de ta fille qui jouaient sur le rivage, et je la vis elle-même, au milieu de toutes, semblable aux Immortelles. Je la suppliais, et elle montra une sagesse excellente bien supérieure à celle qu'on peut espérer d'une jeune fille, car la jeunesse, en effet, est toujours imprudente. Et elle me donna aussitôt de la nourriture et du vin rouge, et elle me fit baigner dans le fleuve, et elle me donna des vêtements. Je t'ai dit toute la vérité, malgré mon affliction.

Et Alkinoos, lui répondant, lui dit :

— Mon hôte, certes, ma fille n'a point agi convenablement puisqu'elle ne t'a point conduit, avec ses servantes, dans ma demeure, car tu l'avais suppliée la première.

Et le subtil Odysseus lui répondit :

— Héros, ne blâme point, à cause de moi, la jeune vierge irréprochable. Elle m'a ordonné de la suivre avec ses femmes, mais je ne l'ai point voulu, craignant de t'irriter si tu avais vu cela ; car nous, race des hommes, sommes soupçonneux sur la terre.

Et Alkinoos, lui répondant, dit :

— Mon hôte, mon cher cœur n'a point coutume de s'irriter sans raison dans ma poitrine, et les choses équitables sont toujours les plus puissantes sur moi. Plaise au Père Zeus, à Athènè, à Apollôn, que, tel que tu es, et sentant en toutes choses comme moi, tu veuilles rester, épouser ma fille, être appelé mon gendre ! Je te donnerais une demeure et des biens, si tu voulais rester. Mais aucun des Phaiakiens ne te retiendra malgré toi, car ceci ne serait point agréable au Père Zeus. Afin que tu le saches bien, demain je déciderai ton retour. Jusque-là, dors, dompté par le sommeil ; et mes hommes profiteront du temps paisible, afin que tu parviennes dans ta patrie et dans ta demeure, ou partout où il te plaira d'aller, même par-delà l'Euboiè, que ceux de notre peuple qui l'ont vue disent la plus lointaine des terres, quand ils y conduisirent le blond Rhadamanthos, pour visiter Tityos, le fils de Gaia. Ils y allèrent et en revinrent en un seul jour. Tu sauras par toi-même combien mes nefs et mes jeunes hommes sont habiles à frapper la mer de leurs avirons.

Il parla ainsi, et le subtil et divin Odysseus, plein de joie, fit cette supplication :

— Père Zeus ! qu'il te plaise qu'Alkinoos accomplisse ce qu'il promet, et que sa gloire soit immortelle sur la terre féconde si je rentre dans ma patrie !

Et tandis qu'ils se parlaient ainsi, Arètè ordonna aux servantes aux bras blancs de dresser un lit sous le portique, d'y mettre plusieurs couvertures pourprées, et d'étendre par-dessus des tapis et des manteaux laineux. Et les servantes sortirent de la demeure en portant des torches flambantes ; et elles dressèrent un beau lit à la hâte, et, s'approchant d'Odysseus, elles lui dirent :

— Lève-toi, notre hôte, et va dormir : ton lit est préparé.

Elles parlèrent ainsi, et il lui sembla doux de dormir. Et ainsi le divin et patient Odysseus s'endormit dans un lit profond, sous le portique sonore. Et Alkinoos dormait aussi au fond de sa haute demeure. Et, auprès de lui, la Reine, ayant préparé le lit, se coucha.

RHAPSODIE VIII

QUAND Éôs aux doigts rosés, née au matin, apparut, la Force sacrée d'Alkinoos se leva de son lit, et le dévastateur de citadelles, le divin et subtil Odysseus se leva aussi ; et la Force sacrée d'Alkinoos le conduisit à l'agora des Phaiakiens, auprès des nefs. Et, dès leur arrivée, ils s'assirent l'un près de l'autre sur des pierres polies. Et Pallas Athènè parcourait la Ville, sous la figure d'un héraut prudent d'Alkinoos ; et, méditant le retour du magnanime Odysseus, elle abordait chaque homme et lui disait :

— Princes et chefs des Phaiakiens, allez à l'agora, afin d'entendre l'Étranger qui est arrivé récemment dans la demeure du sage Alkinoos, après avoir erré sur la mer. Il est semblable aux immortels.

Ayant parlé ainsi, elle excitait l'esprit de chacun, et bientôt l'agora et les sièges furent pleins d'hommes rassemblés ; et ils admiraient le fils prudent de Laertès, car Athènè avait répandu une grâce divine sur sa tête et sur ses épaules, et l'avait rendu plus grand et plus majestueux, afin qu'il parût plus agréable, plus fier et plus vénérable aux Phaiakiens et qu'il accomplît toutes les choses par lesquelles ils voudraient l'éprouver. Et, après que tous se furent réunis, Alkinoos leur parla ainsi :

— Écoutez-moi, Princes et chefs des Phaiakiens, afin que je dise ce que mon cœur m'inspire dans ma poitrine. Je ne sais qui est cet Étranger errant qui est venu dans ma demeure, soit du milieu des hommes qui sont du côté d'Éôs, soit de ceux qui habitent du côté de Hespéros. Il nous demande d'aider à son prompt retour. Nous le reconduirons, comme cela est déjà arrivé pour d'autres ; car aucun homme entré dans ma demeure n'a jamais pleuré longtemps ici, désirant son retour. Allons ! tirons à la mer divine une nef noire et neuve, et que cinquante-deux jeunes hommes soient choisis dans le peuple parmi les meilleurs de tous. Liez donc à leurs bancs les avirons de la nef, et préparons promptement dans ma demeure un repas que je vous offre. Les jeunes hommes accompliront mes ordres, et vous tous, Rois porteurs de sceptres, venez dans ma belle demeure, afin que nous honorions notre hôte dans la maison royale. Que nul ne refuse, et appelez le divin Aoide Dèmodokos, car un Dieu lui a donné le chant admirable qui charme, quand son âme le pousse à chanter.

Ayant ainsi parlé, il marcha devant, et les Porteurs de sceptres le suivaient, et un héraut courut vers le divin Aoide. Et cinquante-deux jeunes hommes, choisis dans le peuple, allèrent, comme Alkinoos l'avait ordonné, sur le rivage de la mer indomptée. Étant arrivés à la mer et à la nef, ils traînèrent la noire nef à la mer profonde, dressèrent le mât, préparèrent les voiles, lièrent les avirons avec des courroies, et, faisant tout comme il convenait, étendirent les blanches voiles et poussèrent la nef au large. Puis, ils se rendirent à la grande demeure du sage Alkinoos. Et le portique, et la salle, et la demeure étaient pleins d'hommes rassemblés, et les jeunes hommes et les vieillards étaient nombreux.

Et Alkinoos tua pour eux douze brebis, huit porcs aux blanches dents et deux bœufs aux pieds flexibles. Et ils les écorchèrent, et ils préparèrent le repas agréable. Et le héraut vint, conduisant le divin Aoide. La Muse l'aimait plus que tous, et elle lui avait donné de connaître le bien et le mal, et, l'ayant privé des yeux, elle lui avait accordé le chant admirable. Le héraut plaça pour lui, au milieu des convives, un thrône aux clous d'argent, appuyé contre une longue colonne ; et, au-dessus de sa tête, il suspendit la kithare sonore, et il lui montra comment il pourrait la prendre. Puis, il dressa devant lui une belle table et il y mit une corbeille et une coupe de vin, afin qu'il bût autant de fois que son âme le voudrait. Et tous étendirent les mains vers les mets placés devant eux.

Après qu'ils eurent assouvi leur faim et leur soif, la Muse excita l'Aoide à célébrer la gloire des hommes par un chant dont la renommée était parvenue jusqu'au large Ouranos. Et c'était la querelle d'Odysseus et du Pèléide Akhilleus, quand ils se querellèrent autrefois en paroles violentes dans un repas offert aux Dieux. Et le Roi des hommes, Agamemnôn, se réjouissait dans son âme parce que les premiers d'entre les Akhaiens se querellaient. En effet, la prédiction s'accomplissait que lui avait faite Phoibos Apollôn, quand, dans la divine Pythô, il avait passé le seuil de pierre pour interroger l'oracle ; et alors se préparaient les maux des Troiens et des Danaens, par la volonté du grand Zeus.

Et l'illustre Aoide chantait ces choses, mais Odysseus ayant saisi de ses mains robustes son grand manteau pourpré, l'attira sur sa tête et en couvrit sa belle face, et il avait honte de verser des larmes devant les Phaiakiens. Mais quand le divin Aoide cessait de chanter, lui-même cessait de pleurer, et il écartait son manteau, et, prenant une coupe ronde, il faisait des libations aux dieux. Puis, quand les princes des Phaiakiens excitaient l'Aoide à chanter de nouveau, car ils étaient charmés de ses paroles, de nouveau Odysseus pleurait, la tête cachée. Il se cachait de tous en versant des larmes ; mais Alkinoos le vit, seul, étant assis auprès de lui, et il l'entendit gémir, et aussitôt il dit aux Phaiakiens habiles à manier les avirons :

— Écoutez-moi, Princes et chefs des Phaiakiens. Déjà nous avons satisfait notre âme par ce repas et par les sons de la kithare qui sont la joie des repas. Maintenant, sortons, et livrons-nous à tous les jeux, afin que notre hôte raconte à ses amis, quand il sera retourné dans sa patrie, combien nous l'emportons sur les autres hommes au combat des poings, à la lutte, au saut et à la course.

Ayant ainsi parlé, il marcha le premier et tous le suivirent. Et le héraut suspendit la kithare sonore à la colonne, et, prenant Dèmodokos par la main, il le conduisit hors des demeures, par le même chemin qu'avaient pris les princes des Phaiakiens afin d'admirer les jeux. Et ils allèrent à l'agora, et une foule innombrable suivait. Puis, beaucoup de robustes jeunes hommes se levèrent, Akronéôs, Okyalos, Élatreus, Nauteus, Prymneus, Ankhialos, Érethmeus, Ponteus, Prôteus, Thoôn, Anabèsinéôs, Amphialos, fils de Polinéos Tektonide, et Euryalos semblable au tueur d'hommes Arès, et Naubolidès qui l'emportait par la force et la beauté sur tous les Phaiakiens, après l'irréprochable Laodamas. Et les trois fils de l'irréprochable Alkinoos se levèrent aussi, Laodamas, Halios et le divin Klytonèos.

Et ils combattirent d'abord à la course, et ils s'élancèrent des barrières, et, tous ensemble, ils volaient rapidement, soulevant la poussière de la plaine. Mais celui qui les devançait de plus loin était l'irréprochable Klytonèos. Autant les mules qui achèvent un sillon ont franchi d'espace, autant il les précédait, les laissant en arrière, quand il revint devant le peuple. Et d'autres engagèrent le combat de la lutte, et dans ce combat Euryalos l'emporta sur les plus vigoureux. Et Amphialos fut vainqueur en sautant le mieux, et Élatreus fut le plus fort au disque, et Laodamas, l'illustre fils d'Alkinoos, au combat des poings. Mais, après qu'ils eurent charmé leur âme par ces combats, Laodamas, fils d'Alkinoos, parla ainsi :

— Allons, amis, demandons à notre hôte s'il sait aussi combattre. Certes, il ne semble point sans courage. Il a des cuisses et des bras et un cou très-vigoureux, et il est encore jeune, bien qu'il ait été affaibli par beaucoup de malheurs ; car je pense qu'il n'est rien de pire que la mer pour épuiser un homme, quelque vigoureux qu'il soit.

Et Euryalos lui répondit :

— Laodamas, tu as bien parlé. Maintenant, va, provoque-le, et rapporte-lui nos paroles.

Et l'illustre fils d'Alkinoos, ayant écouté ceci, s'arrêta au milieu de l'arène et dit à Odysseus :

— Allons, hôte, mon père, viens tenter nos jeux, si tu y es exercé comme il convient que tu le sois. Il n'y a point de plus grande gloire pour les hommes que celle d'être brave par les pieds et par les bras. Viens donc, et chasse la tristesse de ton âme. Ton retour n'en subira pas un long retard, car déjà ta nef est traînée à la mer et tes compagnons sont prêts à partir.

Et le subtil Odysseus lui répondit :

— Laodamas, pourquoi me provoques-tu à combattre ? Les douleurs remplissent mon âme plus que le désir des jeux. J'ai déjà subi beaucoup de maux et supporté beaucoup de travaux, et maintenant, assis dans votre agora, j'implore mon retour, priant le Roi et tout le peuple.

Et Euryalos, lui répondant, l'outragea ouvertement :

— Tu parais, mon hôte, ignorer tous les jeux où s'exercent les hommes, et tu ressembles à un chef de matelots marchands qui, sur une nef de charge, n'a souci que de gain et de provisions, plutôt qu'à un athlète.

Et le subtil Odysseus, avec un sombre regard, lui dit :

— Mon hôte, tu n'as point parlé convenablement, et tu ressembles à un homme insolent. Les Dieux ne dispensent point également leurs dons à tous les hommes, la beauté, la prudence ou l'éloquence. Souvent un homme n'a point de beauté, mais un Dieu l'orne par la parole, et tous sont charmés devant lui, car il parle avec assurance et une douce modestie, et il domine l'agora, et, quand il marche par la ville, on le regarde comme un Dieu. Un autre est semblable aux Dieux par sa beauté, mais il ne lui a point été accordé de bien parler. Ainsi, tu es beau, et un Dieu ne t'aurait point formé autrement, mais tu manques d'intelligence, et, comme tu as mal parlé, tu as irrité mon cœur dans ma chère poitrine. Je n'ignore point ces combats, ainsi que tu le dis. J'étais entre les premiers, quand je me confiais dans ma jeunesse et dans la vigueur de mes bras. Maintenant, je suis accablé de misères et de douleurs, ayant subi de nombreux combats parmi les hommes ou en traversant les flots dangereux. Mais, bien que j'aie beaucoup souffert, je tenterai ces jeux, car ta parole m'a mordu, et tu m'as irrité par ce discours.

Il parla ainsi, et, sans rejeter son manteau, s'élançant impétueusement, il saisit une pierre plus grande, plus épaisse, plus lourde que celle dont les Phaiakiens avaient coutume de se servir dans les jeux, et, l'ayant fait tourbillonner, il la jeta d'une main vigoureuse. Et la pierre rugit, et tous les Phaiakiens habiles à manier les avirons courbèrent la tête sous l'impétuosité de la pierre qui vola bien au delà des marques de tous les autres. Et Athènè accourut promptement, et, posant une marque, elle dit, ayant pris la figure d'un homme :

— Même un aveugle, mon hôte, pourrait reconnaître ta marque en la touchant, car elle n'est point mêlée à la foule des autres, mais elle est bien au delà. Aie donc confiance, car aucun des Phaiakiens n'atteindra là, loin de te dépasser.

Elle parla ainsi, et le patient et divin Odysseus fut joyeux, et il se réjouissait d'avoir dans l'agora un compagnon bienveillant. Et il dit avec plus de douceur aux Phaiakiens :

— Maintenant, jeunes hommes, atteignez cette pierre. Je pense que je vais bientôt en jeter une autre aussi loin, et même au delà. Mon âme et mon cœur m'excitent à tenter tous les autres combats. Que chacun de vous se fasse ce péril, car vous m'avez grandement irrité. Au ceste, à la lutte, à la course, je ne refuse aucun des Phaiakiens, sauf le seul Laodamas. Il est mon hôte. Qui pourrait combattre un ami ? L'insensé seul et l'homme de nulle valeur le disputent à leur hôte dans les jeux, au milieu d'un peuple étranger, et ils s'avilissent ainsi. Mais je n'en récuse ni n'en repousse aucun autre. Je n'ignore aucun des combats qui se livrent parmi les hommes. Je sais surtout tendre un arc récemment poli, et le premier j'atteindrais un guerrier lançant des traits dans la foule des hommes ennemis, même quand de nombreux compagnons l'entoureraient et tendraient l'arc contre moi. Le seul Philoktètès l'emportait sur moi par son arc, chez le peuple des Troiens, toutes les fois que les Akhaiens lançaient des flèches. Mais je pense être maintenant le plus habile de tous les mortels qui se nourrissent de pain sur la terre. Certes, je ne voudrais point lutter contre les anciens héros, ni contre Hèraklès, ni contre Eurytos l'Oikhalien, car ils luttaient, comme archers, même avec les Dieux. Le grand Eurytos mourut tout jeune, et il ne vieillit point dans ses demeures. En effet, Apollôn irrité le tua, parce qu'il l'avait provoqué au combat de l'arc. Je lance la pique aussi bien qu'un autre lance une flèche. Seulement, je crains qu'un des Phaiakiens me surpasse à la course, ayant été affaibli par beaucoup de fatigues au milieu des flots, car je ne possédais pas une grande quantité de vivres dans ma nef, et mes chers genoux sont rompus.

Il parla ainsi, et tous restèrent muets, et le seul Alkinoos lui répondit :

— Mon hôte, tes paroles me plaisent. Ta force veut prouver la vertu qui te suit partout, étant irrité, car cet homme t'a défié ; mais aucun n'oserait douter de ton courage, si du moins il n'a point perdu le jugement. Maintenant, comprends bien ce que je vais dire, afin que tu parles favorablement de nos héros quand tu prendras tes repas dans tes demeures, auprès de ta femme et de tes enfants, et que tu te souviennes de notre vertu et des travaux dans lesquels Zeus nous a donné d'exceller dès le temps de nos ancêtres. Nous ne sommes point les plus forts au ceste, ni des lutteurs irréprochables, mais nous courons rapidement et nous excellons sur les nefs. Les repas nous sont chers, et la kithare et les danses, et les vêtements renouvelés, les bains chauds et les lits. Allons ! vous qui êtes les meilleurs danseurs Phaiakiens, dansez, afin que notre hôte, de retour dans sa demeure, dise à ses amis combien nous l'emportons sur tous les autres hommes dans la science de la mer, par la légèreté des pieds, à la danse et par le chant. Que quelqu'un apporte aussitôt à Dèmodokos sa kithare sonore qui est restée dans nos demeures.

Alkinoos semblable à un dieu parla ainsi, et un héraut se leva pour rapporter la kithare harmonieuse de la maison royale. Et les neuf chefs des jeux, élus par le sort, se levèrent, car c'étaient les régulateurs de chaque chose dans les jeux. Et ils aplanirent la place du chœur, et ils disposèrent un large espace. Et le héraut revint, apportant la kithare sonore à Dèmodokos ; et celui-ci se mit au milieu, et autour de lui se tenaient les jeunes adolescents habiles à danser. Et ils frappaient de leurs pieds le chœur divin, et
Odysseus admirait la rapidité de leurs pieds, et il s'en étonnait dans son âme.

Mais l'Aoide commença de chanter admirablement l'amour d'Arès et d'Aphroditè à la belle couronne, et comment ils s'unirent dans la demeure de Hèphaistos. Arès fit de nombreux présents, et il déshonora le lit du Roi Hèphaistos. Aussitôt Hèlios, qui les avait vus s'unir, vint l'annoncer à Hèphaistos, qui entendit là une cruelle parole. Puis, méditant profondément sa vengeance, il se hâta d'aller à sa forge, et, dressant une grande enclume, il forgea des liens qui ne pouvaient être ni rompus, ni dénoués. Ayant achevé cette trame pleine de ruse, il se rendit dans la chambre nuptiale où se trouvait son cher lit. Et il suspendit de tous côtés, en cercle, ces liens qui tombaient des poutres autour du lit comme les toiles de l'araignée, et que nul ne pouvait voir, pas même les dieux heureux. Ce fut ainsi qu'il ourdit sa ruse. Et, après avoir enveloppé le lit, il feignit d'aller à Lemnos, ville bien bâtie, celle de toutes qu'il aimait le mieux sur la terre. Arès au frein d'or le surveillait, et quand il vit partir l'illustre ouvrier Hèphaistos, il se hâta, dans son désir d'Aphroditè à la belle couronne, de se rendre à la demeure de l'illustre Hèphaistos. Et Aphroditè, revenant de voir son tout-puissant père Zeus, était assise. Et Arès entra dans la demeure, et il lui prit la main, et il lui dit :

— Allons, chère, dormir sur notre lit. Hèphaistos n'est plus ici ; il est allé à Lemnos, chez les Sintiens au langage barbare.

Il parla ainsi, et il sembla doux à la déesse de lui céder, et ils montèrent sur le lit pour y dormir, et, aussitôt, les liens habilement disposés par le subtil Hèphaistos les enveloppèrent. Et ils ne pouvaient ni mouvoir leurs membres, ni se lever, et ils reconnurent alors qu'ils ne pouvaient fuir. Et l'illustre Boiteux des deux pieds approcha, car il était revenu avant d'arriver à la terre de Lemnos, Hèlios ayant veillé pour lui et l'ayant averti. Et il rentra dans sa demeure, affligé en sa chère poitrine. Il s'arrêta sous le vestibule, et une violente colère le saisit, et il cria horriblement, et il fit que tous les dieux l'entendirent :

— Père Zeus, et vous, Dieux heureux qui vivez toujours, venez voir des choses honteuses et intolérables. Moi qui suis boiteux, la fille de Zeus, Aphroditè, me déshonore, et elle aime le pernicieux Arès parce qu'il est beau et qu'il ne boite pas. Si je suis laid, certes, je n'en suis pas cause, mais la faute en est à mon père et à ma mère qui n'auraient pas dû m'engendrer. Voyez comme ils sont couchés unis par l'amour. Certes, en les voyant sur ce lit, je suis plein de douleur, mais je ne pense pas qu'ils tentent d'y dormir encore, bien qu'ils s'aiment beaucoup ; et ils ne pourront s'unir, et mon piège et mes liens les retiendront jusqu'à ce que son père m'ait rendu toute la dot que je lui ai livrée à cause de sa fille aux yeux de chien, parce qu'elle était belle.

Il parla ainsi, et tous les Dieux se rassemblèrent dans la demeure d'airain. Poseidaôn qui entoure la terre vint, et le très-utile Herméias vint aussi, puis le royal Archer Apollôn. Les Déesses, par pudeur, restèrent seules dans leurs demeures. Et les Dieux qui dispensent les biens étaient debout dans le vestibule. Et un rire immense s'éleva parmi les Dieux heureux quand ils virent l'ouvrage du prudent Hèphaistos ; et, en le regardant, ils disaient entre eux :

— Les actions mauvaises ne valent pas la vertu. Le plus lent a atteint le rapide. Voici que Hèphaistos, bien que boiteux, a saisi, par sa science Arès, qui est le plus rapide de tous les Dieux qui habitent l'Olympos, et c'est pourquoi il se fera payer une amende.

Ils se parlaient ainsi entre eux. Et le Roi Apollôn, fils de Zeus, dit à Herméias :

— Messager Herméias, fils de Zeus, qui dispense les biens, certes, tu voudrais sans doute être enveloppé de ces liens indestructibles, afin de coucher dans ce lit, auprès d'Aphroditè d'or ?

Et le Messager Herméias lui répondit aussitôt :

Plût aux Dieux, ô royal Archer Apollôn, que cela arrivât, et que je fusse enveloppé de liens trois fois plus inextricables, et que tous les Dieux et les Déesses le vissent, pourvu que je fusse couché auprès d'Aphroditè d'or !

Il parla, ainsi, et le rire des dieux immortels éclata. Mais Poseidaôn ne riait pas, et il suppliait l'illustre Hèphaistos de délivrer Arès, et il lui disait ces paroles ailées :

— Délivre-le, et je te promets qu'il te satisfera, ainsi que tu le désires, et comme il convient entre Dieux Immortels.

Et l'illustre ouvrier Hèphaistos lui répondit :

— Poseidaôn qui entoures la terre, ne me demande point cela. Les cautions des mauvais sont mauvaises. Comment pourrais-je te contraindre, parmi les Dieux Immortels, si Arès échappait à sa dette et à mes liens ?

Et Poseidaôn qui ébranle la terre lui répondit :

— Hèphaistos, si Arès, reniant sa dette, prend la fuite, je te la payerai moi-même.

Et l'illustre Boiteux des deux pieds lui répondit :

— Il ne convient point que je refuse ta parole, et cela ne sera point.

Ayant ainsi parlé, la Force de Hèphaistos rompit les liens. Et tous deux, libres des liens inextricables, s'envolèrent aussitôt, Arès dans la Thrèkè, et Aphroditè qui aime les sourires dans Kypros, à Paphos où sont ses bois sacrés et ses autels parfumés. Là, les Kharites la baignèrent et la parfumèrent d'une huile ambroisienne, comme il convient aux Dieux immortels, et elles la revêtirent de vêtements précieux, admirables à voir.

Ainsi chantait l'illustre Aoide, et, dans son esprit, Odysseus se réjouissait de l'entendre, ainsi que tous les Phaiakiens habiles à manier les longs avirons des nefs.

Et Alkinoos ordonna à Halios et à Laodamas de danser seuls, car nul ne pouvait lutter avec eux. Et ceux-ci prirent dans leurs mains une belle boule pourprée que le sage Polybos avait faite pour eux. Et l'un, courbé en arrière, la jetait vers les sombres nuées, et l'autre la recevait avant qu'elle eût touché la terre devant lui. Après avoir ainsi admirablement joué de la boule, ils dansèrent alternativement sur la terre féconde ; et tous les jeunes hommes, debout dans l'agora, applaudirent, et un grand bruit s'éleva. Alors, le divin Odysseus dit à Alkinoos :

— Roi Alkinoos, le plus illustre de tout le peuple, certes, tu m'as annoncé les meilleurs danseurs, et cela est manifeste. L'admiration me saisit en les regardant.

Il parla ainsi, et la Force sacrée d'Alkinoos fut remplie de joie, et il dit aussitôt aux Phaiakiens qui aiment les avirons :

— Écoutez, Princes et chefs des Phaiakiens. Notre hôte me semble plein de sagesse. Allons ! Il convient de lui offrir les dons hospitaliers. Douze rois illustres, douze princes, commandent ce peuple, et moi, je suis le treizième. Apportez-lui, chacun, un manteau bien lavé, une tunique et un talent d'or précieux. Et, aussitôt, nous apporterons tous ensemble ces présents, afin que notre hôte, les possédant, siége au repas, l'âme pleine de joie. Et Euryalos l'apaisera par ses paroles, puisqu'il n'a point parlé convenablement.

Il parla ainsi, et tous, ayant applaudi, ordonnèrent qu'on apportât les présents, et chacun envoya un héraut. Et Euryalos, répondant à Alkinoos, parla ainsi :

— Roi Alkinoos, le plus illustre de tout le peuple, j'apaiserai notre hôte, comme tu me l'ordonnes, et je lui donnerai cette épée d'airain, dont la poignée est d'argent et dont la gaîne est d'ivoire récemment travaillé. Ce don sera digne de notre hôte.

En parlant ainsi, il mit l'épée aux clous d'argent entre les mains d'Odysseus, et il lui dit en paroles ailées :

— Salut, hôte, mon père ! si j'ai dit une parole mauvaise, que les tempêtes l'emportent ! Que les Dieux t'accordent de retourner dans ta patrie et de revoir ta femme, car tu as longtemps souffert loin de tes amis.

Et le subtil Odysseus lui répondit :

— Et toi, ami, je te salue. Que les dieux t'accordent tous les biens. Puisses-tu n'avoir jamais le regret de cette épée que tu me donnes en m'apaisant par tes paroles.

Il parla ainsi, et il suspendit l'épée aux clous d'argent autour de ses épaules. Puis, Hèlios tomba, et les splendides présents furent apportés, et les hérauts illustres les déposèrent dans la demeure d'Alkinoos ; et les irréprochables fils d'Alkinoos, les ayant reçus, les placèrent devant leur mère vénérable. Et la Force sacrée d'Alkinoos commanda aux Phaiakiens de venir dans sa demeure, et ils s'assirent sur des thrônes élevés, et la Force d'Alkinoos dit à Arètè :

— Femme, apporte un beau coffre, le plus beau que tu aies, et tu y renfermeras un manteau bien lavé et une tunique. Qu'on mette un vase sur le feu, et que l'eau chauffe, afin que notre hôte, s'étant baigné, contemple les présents que lui ont apportés les irréprochables Phaiakiens, et qu'il se réjouisse du repas, en écoutant le chant de l'Aoide. Et moi, je lui donnerai cette belle coupe d'or, afin qu'il se souvienne de moi tous les jours de sa vie, quand il fera, dans sa demeure, des libations à Zeus et aux autres Dieux.

Il parla ainsi, et Arètè ordonna aux servantes de mettre promptement un grand vase sur le feu. Et elles mirent sur le feu ardent le grand vase pour le bain : et elles y versèrent de l'eau, et elles allumèrent le bois par-dessous. Et le feu enveloppa le vase à trois pieds, et l'eau chauffa.

Et, pendant ce temps, Arètè descendit, de sa chambre nuptiale, pour son hôte, un beau coffre, et elle y plaça les présents splendides, les vêtements et l'or que les Phaiakiens lui avaient donnés. Elle-même y déposa un manteau et une belle tunique, et elle dit à Odysseus ces paroles ailées :

Vois toi-même ce couvercle, et ferme-le d'un nœud, afin que personne, en route, ne puisse te dérober quelque chose, car tu dormiras peut-être d'un doux sommeil dans la nef noire.

Ayant entendu cela, le patient et divin Odysseus ferma aussitôt le couvercle à l'aide d'un nœud inextricable que la vénérable Kirkè lui avait enseigné autrefois. Puis, l'Intendante l'invita à se baigner, et il descendit dans la baignoire, et il sentit, plein de joie, l'eau chaude, car il y avait longtemps qu'il n'avait usé de ces soins, depuis qu'il avait quitté la demeure de Kalypsô aux beaux cheveux, où ils lui étaient toujours donnés comme à un Dieu. Et les servantes, l'ayant baigné, le parfumèrent d'huile et le revêtirent d'une tunique et d'un beau manteau ; et, sortant du bain, il revint au milieu des hommes buveurs de vin. Et Nausikaa, qui avait reçu des Dieux la beauté, s'arrêta sur le seuil de la demeure bien construite, et, regardant Odysseus qu'elle admirait, elle lui dit ces paroles ailées :

— Salut, mon hôte ! Plaise aux Dieux, quand tu seras dans la terre de la patrie, que tu te souviennes de moi à qui tu dois la vie.

Et le subtil Odysseus lui répondit :

— Nausikaa, fille du magnanime Alkinoos, si, maintenant, Zeus, le retentissant époux de Hèrè, m'accorde de voir le jour du retour et de rentrer dans ma demeure, là, certes, comme à une Déesse, je t'adresserai des vœux tous les jours de ma vie, car tu m'as sauvé, ô vierge !

Il parla ainsi, et il s'assit sur un trône auprès du Roi Alkinoos. Et les hommes faisaient les parts et mélangeaient le vin. Et un héraut vint, conduisant l'Aoide harmonieux, Dèmodokos vénérable au peuple, et il le plaça au milieu des convives, appuyé contre une haute colonne. Alors Odysseus, coupant la plus forte part du dos d'un porc aux blanches dents, et qui était enveloppée de graisse, dit au héraut :

— Prends, héraut, et offre, afin, qu'il la mange, cette chair à Dèmodokos. Moi aussi je l'aime, quoique je sois affligé. Les Aoides sont dignes d'honneur et de respect parmi tous les hommes terrestres, car la Muse leur a enseigné le chant, et elle aime la race des Aoides.

Il parla ainsi, et le héraut déposa le mets aux mains du héros Dèmodokos, et celui-ci le reçut, plein de joie. Et tous étendirent les mains vers la nourriture placée devant eux. Et, après qu'ils se furent rassasiés de boire et de manger, le subtil Odysseus dit à Dèmodokos :

— Dèmodokos, je t'honore plus que tous les hommes mortels, soit que la Muse, fille de Zeus, t'ait instruit, soit Apollôn. Tu as admirablement chanté la destinée des Akhaiens, et tous les maux qu'ils ont endurés, et toutes les fatigues qu'ils ont subies, comme si toi-même avais été présent, ou comme si tu avais tout appris d'un Argien. Mais chante maintenant le cheval de bois qu'Épéios fit avec l'aide d'Athènè, et que le divin Odysseus conduisit par ses ruses dans la citadelle, tout rempli d'hommes qui renversèrent Ilios. Si tu me racontes exactement ces choses, je déclarerai à tous les hommes qu'un Dieu t'a doué avec bienveillance du chant divin.

Il parla ainsi, et l'Aoide, inspiré par un Dieu, commença de chanter. Et il chanta d'abord comment les Argiens, étant montés sur les nefs aux bancs de rameurs, s'éloignèrent après avoir mis le feu aux tentes. Mais les autres Akhaiens étaient assis déjà auprès de l'illustre Odysseus, enfermés dans le cheval, au milieu de l'agora des Troiens. Et ceux-ci, eux-mêmes, avaient traîné le cheval dans leur citadelle. Et là, il se dressait, tandis qu'ils proféraient mille paroles, assis autour de lui. Et trois desseins leur plaisaient, ou de fendre ce bois creux avec l'airain tranchant, ou de le précipiter d'une hauteur sur les rochers, ou de le garder comme une vaste offrande aux Dieux. Ce dernier dessein devait être accompli, car leur destinée était de périr, après que la ville eut reçu dans ses murs le grand cheval de bois où étaient assis les Princes des Akhaiens, devant porter le meurtre et la Kèr aux Troiens. Et Dèmodokos chanta comment les fils des Akhaiens, s'étant précipités du cheval, leur creuse embuscade, saccagèrent la ville. Puis, il chanta la dévastation de la ville escarpée, et Odysseus et le divin Ménélaos semblable à Arès assiégeant la demeure de Dèiphobos, et le très-rude combat qui se livra en ce lieu, et comment ils vainquirent avec l'aide de la magnanime Athènè.

L'illustre Aoide chantait ces choses, et Odysseus défaillait, et, sous ses paupières, il arrosait ses joues de larmes. De même qu'une femme entoure de ses bras et pleure son mari bien aimé tombé devant sa ville et son peuple, laissant une mauvaise destinée à sa ville et à ses enfants ; et de même que, le voyant mort et encore palpitant, elle se jette sur lui en hurlant, tandis que les ennemis, lui frappant le dos et les épaules du bois de leurs lances, l'emmènent en servitude afin de subir le travail et la douleur, et que ses jours sont flétris par un très-misérable désespoir ; de même Odysseus versait des larmes amères sous ses paupières, en les cachant à tous les autres convives. Et le seul Alkinoos, étant assis auprès de lui, s'en aperçut, et il l'entendit gémir profondément, et aussitôt il dit aux Phaiakiens habiles dans la science de la mer :

— Écoutez, Princes et chefs des Phaiakiens, et que Dèmodokos fasse taire sa kithare sonore. Ce qu'il chante ne plaît pas également à tous. Dès le moment où nous avons achevé le repas et où le divin Aoide a commencé de chanter, notre hôte n'a point cessé d'être en proie à un deuil cruel, et la douleur a envahi son cœur. Que Dèmodokos cesse donc, afin que, nous et notre hôte, nous soyons tous également satisfaits. Ceci est de beaucoup le plus convenable. Nous avons préparé le retour de notre hôte vénérable et des présents amis que nous lui avons offerts parce que nous l'aimons. Un hôte, un suppliant, est un frère pour tout homme qui peut encore s'attendrir dans l'âme. C'est pourquoi, Étranger, ne me cache rien, par ruse, de tout ce que je vais te demander, car il est juste que tu parles sincèrement. Dis-moi comment se nommaient ta mère, ton père, ceux qui habitaient ta ville, et tes voisins. Personne, en effet, parmi les hommes, lâches ou illustres, n'a manqué de nom, depuis qu'il est né. Les parents qui nous ont engendrés nous en ont donné à tous. Dis-moi aussi ta terre natale, ton peuple et ta ville, afin que nos nefs qui pensent t'y conduisent ; car elles n'ont point de pilotes, ni de gouvernails, comme les autres nefs, mais elles pensent comme les hommes, et elles connaissent les villes et les champs fertiles de tous les hommes, et elles traversent rapidement la mer, couvertes de brouillards et de nuées, sans jamais craindre d'être maltraitées ou de périr. Cependant j'ai entendu autrefois mon père Nausithoos dire que Poseidaôn s'irriterait contre nous, parce que nous reconduisons impunément tous les étrangers. Et il disait qu'une solide nef des Phaiakiens périrait au retour d'un voyage sur la mer sombre, et qu'une grande montagne serait suspendue devant notre ville. Ainsi parlait le vieillard. Peut-être ces choses s'accompliront-elles, peut-être n'arriveront-elles point. Ce sera comme il plaira au Dieu. Mais parle, et dis-nous dans quels lieux tu as erré, les pays que tu as vus, et les villes bien peuplées et les hommes, cruels et sauvages, ou justes et hospitaliers et dont l'esprit plaît aux Dieux. Dis pourquoi tu pleures en écoutant la destinée des Argiens, des Danaens et d'Ilios ! Les Dieux eux-mêmes ont fait ces choses et voulu la mort de tant de guerriers, afin qu'on les chantât dans les jours futurs. Un de tes parents est-il mort devant Ilios ? Était-ce ton gendre illustre ou ton beau-père, ceux qui nous sont le plus chers après notre propre sang ? Est-ce encore un irréprochable compagnon ? Un sage compagnon, en effet, n'est pas moins qu'un frère.

RHAPSODIE IX

ET le subtil Odysseus, lui répondant, parla ainsi : — Roi Alkinoos, le plus illustre de tout le peuple, il est doux d'écouter un Aoide tel que celui-ci, semblable aux Dieux par la voix. Je ne pense pas que rien soit plus agréable. La joie saisit tout ce peuple, et tes convives, assis en rang dans ta demeure, écoutent l'Aoide. Et les tables sont chargées de pain et de chairs, et l'Échanson, puisant le vin dans le kratère, en remplit les coupes et le distribue. Il m'est très-doux, dans l'âme, de voir cela. Mais tu veux que je dise mes douleurs lamentables, et je n'en serai que plus affligé. Que dirai-je d'abord ? Comment continuer ? comment finir ? car les Dieux Ouraniens m'ont accablé de maux innombrables. Et maintenant je dirai d'abord mon nom, afin que vous le sachiez et me connaissiez, et, qu'ayant évité la cruelle mort, je sois votre hôte, bien qu'habitant une demeure lointaine.

Je suis Odysseus Laertiade, et tous les hommes me connaissent par mes ruses, et ma gloire est allée jusqu'à l'Ouranos. J'habite la très-illustre Ithakè, où se trouve le mont Nèritos aux arbres battus des vents. Et plusieurs autres îles sont autour, et voisines, Doulikhios, et Samè, et Zakynthos couverte de forêts. Et Ithakè est la plus éloignée de la terre ferme et sort de la mer du côté de la nuit ; mais les autres sont du côté d'Éôs et de Hèlios. Elle est âpre, mais bonne nourrice de jeunes hommes, et il n'est point d'autre terre qu'il me soit plus doux de contempler. Certes, la noble déesse Kalypsô m'a retenu dans ses grottes profondes, me désirant pour mari ; et, de même, Kirkè, pleine de ruses, m'a retenu dans sa demeure, en l'île Aiaiè, me voulant aussi pour mari ; mais elles n'ont point persuadé mon cœur dans ma poitrine, tant rien n'est plus doux que la patrie et les parents pour celui qui, loin des siens, habite même une riche demeure dans une terre étrangère. Mais je te raconterai le retour lamentable que me fit Zeus à mon départ de Troiè.

D'Ilios le vent me poussa chez les Kikônes, à Ismaros. Là, je dévastai la ville et j'en tuai les habitants ; et les femmes et les abondantes dépouilles enlevées furent partagées, et nul ne partit privé par moi d'une part égale. Alors, j'ordonnai de fuir d'un pied rapide, mais les insensés n'obéirent pas. Et ils buvaient beaucoup de vin, et ils égorgeaient sur le rivage les brebis et les bœufs noirs aux pieds flexibles.

Et, pendant ce temps, des Kikônes fugitifs avaient appelé d'autres Kikônes, leurs voisins, qui habitaient l'intérieur des terres. Et ceux-ci étaient nombreux et braves, aussi habiles à combattre sur des chars qu'à pied, quand il le fallait. Et ils vinrent aussitôt, vers le matin, en aussi grand nombre que les feuilles et les fleurs printanières. Alors la mauvaise destinée de Zeus nous accabla, malheureux, afin que nous subissions mille maux. Et ils nous combattirent auprès de nos nefs rapides ; et des deux côtés nous nous frappions de nos lances d'airain. Tant que dura le matin et que la lumière sacrée grandit, malgré leur multitude, le combat fut soutenu par nous ; mais quand Hèlios marqua le moment de délier les bœufs, les Kikônes domptèrent les Akhaiens, et six de mes compagnons aux belles knèmides furent tués par nef, et les autres échappèrent à la mort et à la Kèr.

Et nous naviguions loin de là, joyeux d'avoir évité la mort et tristes dans le cœur d'avoir perdu nos chers compagnons ; et mes nefs armées d'avirons des deux côtés ne s'éloignèrent pas avant que nous eussions appelé trois fois chacun de nos compagnons tués sur la plage par les

Kikônes. Et Zeus qui amasse les nuées souleva Boréas et une grande tempête, et il enveloppa de nuées la terre et la mer, et la nuit se rua de l'Ouranos. Et les nefs étaient emportées hors de leur route, et la force du vent déchira les voiles en trois ou quatre morceaux ; et, craignant la mort, nous les serrâmes dans les nefs. Et celles-ci, avec de grands efforts, furent tirées sur le rivage, où, pendant deux nuits et deux jours, nous restâmes gisants, accablés de fatigue et de douleur. Mais quand Éôs aux beaux cheveux amena le troisième jour, ayant dressé les mâts et déployé les blanches voiles, nous nous assîmes sur les bancs, et le vent et les pilotes nous conduisirent ; et je serais arrivé sain et sauf dans la terre de la patrie, si la mer et le courant du cap Maléien et Boréas ne m'avaient porté par delà Kythèrè. Et nous fûmes entraînés, pendant neuf jours, par les vents contraires, sur la mer poissonneuse ; mais, le dixième jour, nous abordâmes la terre des Lotophages qui se nourrissent d'une fleur. Là, étant montés sur le rivage, et ayant puisé de l'eau, mes compagnons prirent leur repas auprès des nefs rapides. Et, alors, je choisis deux de mes compagnons, et le troisième fut un hérault, et je les envoyai afin d'apprendre quels étaient les hommes qui vivaient sur cette terre.

Et ceux-là, étant partis, rencontrèrent les Lotophages, et les Lotophages ne leur firent aucun mal, mais ils leur offrirent le lotos à manger. Et dès qu'ils eurent mangé le doux lotos, ils ne songèrent plus ni à leur message, ni au retour ; mais, pleins d'oubli, ils voulaient rester avec les Lotophages et manger du lotos. Et, les reconduisant aux nefs, malgré leurs larmes, je les attachai sous les bancs des nefs creuses ; et j'ordonnai à mes chers compagnons de se hâter de monter dans nos nefs rapides, de peur qu'en mangeant le lotos, ils oubliassent le retour.

Et ils y montèrent, et, s'asseyant en ordre sur les bancs de rameurs, ils frappèrent de leurs avirons la blanche mer, et nous naviguâmes encore, tristes dans le cœur. Et nous parvînmes à la terre des Kyklopes orgueilleux et sans lois qui, confiants dans les Dieux immortels, ne plantent point de leurs mains et ne labourent point. Mais, n'étant ni semées, ni cultivées, toutes les plantes croissent pour eux, le froment et l'orge, et les vignes qui leur donnent le vin de leurs grandes grappes que font croître les pluies de Zeus. Et les agoras ne leur sont point connues, ni les coutumes ; et ils habitent le faîte des hautes montagnes, dans de profondes cavernes, et chacun d'eux gouverne sa femme et ses enfants, sans nul souci des autres.

Une petite île est devant le port de la terre des Kyklopes, ni proche, ni éloignée. Elle est couverte de forêts où se multiplient les chèvres sauvages. Et la présence des hommes ne les a jamais effrayées, car les chasseurs qui supportent les douleurs dans les bois et les fatigues sur le sommet des montagnes ne parcourent point cette île. On n'y fait point paître de troupeaux et on n'y laboure point ; mais elle n'est ni ensemencée ni labourée ; elle manque d'habitants et elle ne nourrit que des chèvres bêlantes. En effet, les Kyklopes n'ont point de nefs peintes en rouge, et ils n'ont point de constructeurs de nefs à bancs de rameurs qui les portent vers les villes des hommes, comme ceux-ci traversent la mer les uns vers les autres, afin que, sur ces nefs, ils puissent venir habiter cette île. Mais celle-ci n'est pas stérile, et elle produirait toutes choses selon les saisons. Il y a de molles prairies arrosées sur le bord de la blanche mer, et des vignes y croîtraient abondamment, et cette terre donnerait facilement des moissons, car elle est très-grasse. Son port est sûr, et on n'y a besoin ni de cordes, ni d'ancres jetées, ni de lier les câbles ; et les marins peuvent y rester aussi longtemps que leur âme le désire et attendre le vent. Au fond du port, une source limpide coule sous une grotte, et l'aune croît autour.

C'est là que nous fûmes poussés, et un Dieu nous y conduisit pendant une nuit obscure, car nous ne pouvions rien voir. Et un épais brouillard enveloppait les nefs, et Sélèné ne luisait point dans l'Ouranos, étant couverte de nuages. Et aucun de nous ne vit l'île de ses yeux, ni les grandes lames qui roulaient vers le rivage, avant que nos nefs aux bancs de rameurs n'y eussent abordé. Alors nous serrâmes toutes les voiles et nous descendîmes sur le rivage de la mer, puis, nous étant endormis, nous attendîmes la divine Éôs.

Quand Éôs aux doigts rosés, née au matin, apparut, admirant l'île, nous la parcourûmes. Et les Nymphes, filles de Zeus tempétueux, firent lever les chèvres montagnardes, afin que mes compagnons pussent faire leur repas. Et, aussitôt, on retira des nefs les arcs recourbés et les lances à longues pointes d'airain, et, divisés en trois corps, nous lançâmes nos traits, et un dieu nous donna une chasse abondante. Douze nefs me suivaient, et à chacune le sort accorda neuf chèvres, et dix à la mienne. Ainsi, tout le jour, jusqu'à la chute de Hèlios, nous mangeâmes, assis, les chairs abondantes, et nous bûmes le vin rouge ; mais il en restait encore dans les nombreuses amphores que nous avions enlevées de la citadelle sacrée des Kikônes. Et nous apercevions la fumée sur la terre prochaine des Kyklopes, et nous entendions leur voix, et celle des brebis et des chèvres. Et quand Hèlios tomba, la nuit survint, et nous nous endormîmes sur le rivage de la mer. Et quand Éôs aux doigts rosés, née au matin, apparut, ayant convoqué l'agora, je dis à tous mes compagnons :

— Restez ici, mes chers compagnons. Moi, avec ma nef et mes rameurs, j'irai voir quels sont ces hommes, s'ils sont injurieux, sauvages et injustes, ou s'ils sont hospitaliers et craignant les dieux.

Ayant ainsi parlé, je montai sur ma nef et j'ordonnai à mes compagnons d'y monter et de détacher le câble. Et ils montèrent, et, assis en ordre sur les bancs de rameurs, ils frappèrent la blanche mer de leurs avirons.

Quand nous fûmes parvenus à cette terre prochaine, nous vîmes, à son extrémité, une haute caverne ombragée de lauriers, près de la mer. Et là, reposaient de nombreux troupeaux de brebis et de chèvres. Auprès, il y avait un enclos pavé de pierres taillées et entouré de grands pins et de chênes aux feuillages élevés. Là habitait un homme géant qui, seul et loin de tous, menait paître ses troupeaux, et ne se mêlait point aux autres, mais vivait à l'écart, faisant le mal. Et c'était un monstre prodigieux, non semblable à un homme qui mange le pain, mais au faîte boisé d'une haute montagne, qui se dresse, seul, au milieu des autres sommets.

Et alors j'ordonnai à mes chers compagnons de rester auprès de la nef et de la garder. Et j'en choisis douze des plus braves, et je partis, emportant une outre de peau de chèvre, pleine d'un doux vin noir que m'avait donné Maron, fils d'Euanthéos, sacrificateur d'Apollôn, et qui habitait Ismaros, parce que nous l'avions épargné avec sa femme et ses enfants, par respect. Et il habitait dans le bois sacré de Phoibos Apollôn : il me fit de beaux présents, car il me donna sept talents d'or bien travaillés, un kratère d'argent massif, et, dans douze amphores, un vin doux, pur et divin, qui n'était connu dans sa demeure ni de ses serviteurs, ni de ses servantes, mais de lui seul, de sa femme et de l'Intendante. Toutes les fois qu'on buvait ce doux vin rouge, on y mêlait, pour une coupe pleine, vingt mesures d'eau, et son arome parfumait encore le kratère, et il eût été dur de s'en abstenir. Et j'emportai une grande outre pleine de ce vin, et des vivres dans un sac, car mon âme courageuse m'excitait à m'approcher de cet homme géant, doué d'une grande force, sauvage, ne connaissant ni la justice ni les lois.

Et nous arrivâmes rapidement à son antre, sans l'y trouver, car il paissait ses troupeaux dans les gras pâturages ; et nous entrâmes, admirant tout ce qu'on voyait là. Les claies étaient chargées de fromages, et les étables étaient pleines d'agneaux et de chevreaux, et ceux-ci étaient renfermés en ordre et séparés, les plus jeunes d'un côté, et les nouveau-nés de l'autre. Et tous les vases à traire étaient pleins, dans lesquels la crème flottait sur le petit lait. Et mes compagnons me suppliaient d'enlever les fromages et de retourner, en chassant rapidement vers la nef les agneaux et les chevreaux hors des étables, et de fuir sur l'eau salée. Et je ne le voulus point, et, certes, cela eût été le plus sage ; mais je désirais voir cet homme, afin qu'il me fît les présents hospitaliers. Bientôt sa vue ne devait pas être agréable à mes compagnons.

Alors, ranimant le feu et mangeant les fromages, nous l'attendîmes, assis. Et il revint du pâturage, et il portait un vaste monceau de bois sec, afin de préparer son repas, et il le jeta à l'entrée de la caverne, avec retentissement. Et nous nous cachâmes, épouvantés, dans le fond de l'antre. Et il poussa dans la caverne large tous ceux de ses gras troupeaux qu'il devait traire, laissant dehors les mâles, béliers et boucs, dans le haut enclos. Puis, soulevant un énorme bloc de pierre, si lourd que vingt-deux chars solides, à quatre roues, n'auraient pu le remuer, il le mit en place. Telle était la pierre immense qu'il plaça contre la porte. Puis, s'asseyant, il commença de traire les brebis et les chèvres bêlantes, comme il convenait, et il mit les petits sous chacune d'elles. Et il fit cailler aussitôt la moitié du lait blanc qu'il déposa dans des corbeilles tressées, et il versa l'autre moitié dans les vases, afin de la boire en mangeant et qu'elle lui servît pendant son repas. Et quand il eut achevé tout ce travail à la hâte, il alluma le feu, nous aperçut et nous dit :

— Ô Étrangers, qui êtes-vous ? D'où venez-vous sur la mer ? Est-ce pour un trafic, ou errez-vous sans but, comme des pirates qui vagabondent sur la mer, exposant leurs âmes au danger et portant les calamités aux autres hommes ?

Il parla ainsi, et notre cher cœur fut épouvanté au son de la voix du monstre et à sa vue. Mais, lui répondant ainsi, je dis :

— Nous sommes des Akhaiens venus de Troiè, et nous errons entraînés par tous les vents sur les vastes flots de la mer, cherchant notre demeure par des routes et des chemins inconnus. Ainsi Zeus l'a voulu. Et nous nous glorifions d'être les guerriers de l'Atréide Agamemnôn, dont la gloire, certes, est la plus grande sous l'Ouranos. En effet, il a renversé une vaste ville et dompté des peuples nombreux. Et nous nous prosternons, en suppliants, à tes genoux, pour que tu nous sois hospitalier, et que tu nous fasses les présents qu'on a coutume de faire à des hôtes. Ô excellent, respecte les Dieux, car nous sommes tes suppliants, et Zeus est le vengeur des suppliants et des étrangers dignes d'être reçus comme des hôtes vénérables.

Je parlai ainsi, et il me répondit avec un cœur farouche :

— Tu es insensé, ô Étranger, et tu viens de loin, toi qui m'ordonnes de craindre les Dieux et de me soumettre à eux. Les Kyklopes ne se soucient point de Zeus tempétueux, ni des Dieux heureux, car nous sommes plus forts qu'eux. Pour éviter la colère de Zeus, je n'épargnerai ni toi, ni tes compagnons, à moins que mon âme ne me l'ordonne. Mais dis-moi où tu as laissé, pour venir ici, ta nef bien construite. Est-ce loin ou près ? que je le sache.

Il parla ainsi, me tentant ; mais il ne put me tromper, car je savais beaucoup de choses, et je lui répondis ces paroles rusées :

— Poseidaôn qui ébranle la terre a brisé ma nef poussée contre les rochers d'un promontoire à l'extrémité de votre terre, et le vent l'a jetée hors de la mer et, avec ceux-ci, j'ai échappé à la mort.

Je parlai ainsi, et, dans son cœur farouche, il ne me répondit rien ; mais, en se ruant, il étendit les mains sur mes compagnons, et il en saisit deux et les écrasa contre terre comme des petits chiens. Et leur cervelle jaillit et coula sur la terre. Et, les coupant membre à membre, il prépara son repas. Et il les dévora comme un lion montagnard, et il ne laissa ni leurs entrailles, ni leurs chairs, ni leurs os pleins de moelle. Et nous, en gémissant, nous levions nos mains vers Zeus, en face de cette chose affreuse, et le désespoir envahit notre âme.

Quand le Kyklôps eut empli son vaste ventre en mangeant les chairs humaines et en buvant du lait sans mesure, il s'endormit étendu au milieu de l'antre, parmi ses troupeaux. Et je voulus, dans mon cœur magnanime, tirant mon épée aiguë de la gaîne et me jetant sur lui, le frapper à la poitrine, là où les entrailles entourent le foie ; mais une autre pensée me retint. En effet, nous aurions péri de même d'une mort affreuse, car nous n'aurions pu mouvoir de nos mains le lourd rocher qu'il avait placé devant la haute entrée. C'est pourquoi nous attendîmes en gémissant la divine Éôs.

Quand Éôs aux doigts rosés, née au matin, apparut, il alluma le feu et se mit à traire ses illustres troupeaux. Et il plaça les petits sous leurs mères. Puis, ayant achevé tout ce travail à la hâte, il saisit de nouveau deux de mes compagnons et prépara son repas. Et dès qu'il eut mangé, écartant sans peine la grande pierre, il poussa hors de l'antre ses gras troupeaux. Et il remit le rocher en place, comme le couvercle d'un carquois. Et il mena avec beaucoup de bruit ses gras troupeaux sur la montagne.

Et je restai, méditant une action terrible et cherchant comment je me vengerais et comment Athènè exaucerait mon vœu. Et ce dessein me sembla le meilleur dans mon esprit. La grande massue du Kyklôps gisait au milieu de l'enclos, un olivier vert qu'il avait coupé afin de s'y appuyer quand il serait sec. Et ce tronc nous semblait tel qu'un mât de nef de charge à vingt avirons qui fend les vastes flots. Telles étaient sa longueur et son épaisseur. J'en coupai environ une brasse que je donnai à mes compagnons, leur ordonnant de l'équarrir. Et ils l'équarrirent, et je taillai le bout de l'épieu en pointe, et je le passai dans le feu ardent pour le durcir ; puis je le cachai sous le fumier qui était abondamment répandu dans toute la caverne, et j'ordonnai à mes compagnons de tirer au sort ceux qui le soulèveraient avec moi pour l'enfoncer dans l'œil du Kyklôps quand le doux sommeil l'aurait saisi. Ils tirèrent au sort, qui marqua ceux mêmes que j'aurais voulu prendre. Et ils étaient quatre, et j'étais le cinquième, car ils m'avaient choisi.

Le soir, le Kyklôps revint, ramenant ses troupeaux du pâturage ; et, aussitôt, il les poussa tous dans la vaste caverne et il n'en laissa rien dans l'enclos, soit par défiance, soit qu'un Dieu le voulût ainsi. Puis, il plaça l'énorme pierre devant l'entrée, et, s'étant assis, il se mit à traire les brebis et les chèvres bêlantes. Puis, il mit les petits sous leurs mères. Ayant achevé tout ce travail à la hâte, il saisit de nouveau deux de mes compagnons et prépara son repas. Alors, tenant dans mes mains une coupe de vin noir, je m'approchai du Kyklôps et je lui dis :

— Kyklôps, prends et bois ce vin après avoir mangé des chairs humaines, afin de savoir quel breuvage renfermait notre nef. Je t'en rapporterais de nouveau, si, me prenant en pitié, tu me renvoyais dans ma demeure : mais tu es furieux comme on ne peut l'être davantage. Insensé ! Comment un seul des hommes innombrables pourra-t-il t'approcher désormais, puisque tu manques d'équité ?

Je parlai ainsi, et il prit et but plein de joie ; puis, ayant bu le doux breuvage, il m'en demanda de nouveau :

— Donne-m'en encore, cher, et dis-moi promptement ton nom, afin que je te fasse un présent hospitalier dont tu te réjouisses. La terre féconde rapporte aussi aux Kyklopes un vin généreux, et les pluies de Zeus font croître nos vignes ; mais celui-ci est fait de nektar et d'ambroisie.

Il parla ainsi, et de nouveau je lui donnai ce vin ardent. Et je lui en offris trois fois, et trois fois il le but dans sa démence. Mais dès que le vin eut troublé son esprit, alors je lui parlai ainsi en paroles flatteuses :

— Kyklôps, tu me demandes mon nom illustre. Je te le dirai, et tu me feras le présent hospitalier que tu m'as promis. Mon nom est Personne. Mon père et ma mère et tous mes compagnons me nomment Personne.

Je parlai ainsi, et, dans son âme farouche, il me répondit :

— Je mangerai Personne après tous ses compagnons, tous les autres avant lui. Ceci sera le présent hospitalier que je te ferai.

Il parla ainsi, et il tomba à la renverse, et il gisait, courbant son cou monstrueux, et le sommeil qui dompte tout le saisit, et de sa gorge jaillirent le vin et des morceaux de chair humaine ; et il vomissait ainsi, plein de vin. Aussitôt je mis l'épieu sous la cendre, pour l'échauffer ; et je rassurai mes compagnons, afin qu'épouvantés, ils ne m'abandonnassent pas. Puis, comme l'épieu d'olivier, bien que vert, allait s'enflammer dans le feu, car il brûlait violemment, alors je le retirai du feu. Et mes compagnons étaient autour de moi, et un Daimôn nous inspira un grand courage. Ayant saisi l'épieu d'olivier aigu par le bout, ils l'enfoncèrent dans l'œil du Kyklôps, et moi, appuyant dessus, je le tournais, comme un constructeur de nefs troue le bois avec une tarière, tandis que ses compagnons la fixent des deux côtés avec une courroie, et qu'elle tourne sans s'arrêter. Ainsi nous tournions l'épieu enflammé dans son œil. Et le sang chaud en jaillissait, et la vapeur de la pupille ardente brûla ses paupières et son sourcil ; et les racines de l'œil frémissaient, comme lorsqu'un forgeron plonge une grande hache ou une doloire dans l'eau froide, et qu'elle crie, stridente, ce qui donne la force au fer. Ainsi son œil faisait un bruit strident autour de l'épieu d'olivier. Et il hurla horriblement, et les rochers en retentirent. Et nous nous enfuîmes épouvantés. Et il arracha de son œil l'épieu souillé de beaucoup de sang, et, plein de douleur, il le rejeta. Alors, à haute voix, il appela les Kyklopes qui habitaient autour de lui les cavernes des promontoires battus des vents. Et, entendant sa voix, ils accoururent de tous côtés, et, debout autour de l'antre, ils lui demandaient pourquoi il se plaignait :

— Pourquoi, Polyphèmos, pousses-tu de telles clameurs dans la nuit divine et nous réveilles-tu ? Souffres-tu ? Quelque mortel a-t-il enlevé tes brebis ? Quelqu'un veut-il te tuer par force ou par ruse ?

Et le robuste Polyphèmos leur répondit du fond de son antre :

— Ô amis, qui me tue par ruse et non par force ? Personne.

Et ils lui répondirent en paroles ailées :

— Certes, nul ne peut te faire violence, puisque tu es seul. On ne peut échapper aux maux qu'envoie le grand Zeus. Supplie ton père, le roi Poseidaôn.

Ils parlèrent ainsi et s'en allèrent. Et mon cher cœur rit, parce que mon nom les avait trompés, ainsi que ma ruse irréprochable.

Mais le Kyklôps, gémissant et plein de douleurs, tâtant avec les mains, enleva le rocher de la porte, et, s'asseyant là, étendit les bras, afin de saisir ceux de nous qui voudraient sortir avec les brebis. Il pensait, certes, que j'étais insensé. Aussitôt, je songeai à ce qu'il y avait de mieux à faire pour sauver mes compagnons et moi-même de la mort. Et je méditai ces ruses et ce dessein, car il s'agissait de la vie, et un grand danger nous menaçait. Et ce dessein me parut le meilleur dans mon esprit.

Les mâles des brebis étaient forts et laineux, beaux et grands, et ils avaient une laine de couleur violette. Je les attachai par trois avec l'osier tordu sur lequel dormait le Kyklôps monstrueux et féroce. Celui du milieu portait un homme, et les deux autres, de chaque côté, cachaient mes compagnons. Et il y avait un bélier, le plus grand de tous. J'embrassai son dos, suspendu sous son ventre, et je saisis fortement de mes mains sa laine très-épaisse, dans un esprit patient. Et c'est ainsi qu'en gémissant nous attendîmes la divine Éôs.

Et quand Éôs aux doigts rosés, née au matin, apparut, alors le Kyklôps poussa les mâles des troupeaux au pâturage. Et les femelles bêlaient dans les étables, car il n'avait pu les traire et leurs mamelles étaient lourdes. Et lui, accablé de douleurs, tâtait le dos de tous les béliers qui passaient devant lui, et l'insensé ne s'apercevait point que mes compagnons étaient liés sous le ventre des béliers laineux. Et celui qui me portait dans sa laine épaisse, alourdi, sortit le dernier, tandis que je roulais mille pensées. Et le robuste Polyphèmos, le tâtant, lui dit :

— Bélier paresseux, pourquoi sors-tu le dernier de tous de mon antre ? Auparavant, jamais tu ne restais derrière les autres, mais, le premier, tu paissais les tendres fleurs de l'herbe, et, le premier, marchant avec fierté, tu arrivais au cours des fleuves, et, le premier, le soir, tu rentrais à l'enclos. Maintenant, te voici le dernier. Regrettes-tu l'œil de ton maître qu'un méchant homme a arraché, à l'aide de ses misérables compagnons, après m'avoir dompté l'âme par le vin, Personne, qui n'échappera pas, je pense, à la mort ? Plût aux Dieux que tu pusses entendre, parler, et me dire où il se dérobe à ma force ! Aussitôt sa cervelle écrasée coulerait çà et là dans la caverne, et mon cœur se consolerait des maux que m'a faits ce misérable Personne !

Ayant ainsi parlé, il laissa sortir le bélier. À peine éloignés de peu d'espace de l'antre et de l'enclos, je quittai le premier le bélier et je détachai mes compagnons. Et nous poussâmes promptement hors de leur chemin les troupeaux chargés de graisse, jusqu'à ce que nous fussions arrivés à notre nef. Et nos chers compagnons nous revirent, nous du moins qui avions

échappé à la mort, et ils nous regrettaient ; aussi ils gémissaient, et ils pleuraient les autres. Mais, par un froncement de sourcils, je leur défendis de pleurer, et j'ordonnai de pousser promptement les troupeaux laineux dans la nef, et de fendre l'eau salée. Et aussitôt ils s'embarquèrent, et, s'asseyant en ordre sur les bancs de rameurs, ils frappèrent la blanche mer de leurs avirons. Mais quand nous fûmes éloignés de la distance où porte la voix, alors je dis au Kyklôps ces
paroles outrageantes :

— Kyklôps, tu n'as pas mangé dans ta caverne creuse, avec une grande violence, les compagnons d'un homme sans courage, et le châtiment devait te frapper, malheureux ! toi qui n'as pas craint de manger tes hôtes dans ta demeure. C'est pourquoi Zeus et les autres dieux t'ont châtié.

Je parlai ainsi, et il entra aussitôt dans une plus violente fureur, et, arrachant la cime d'une grande montagne, il la lança. Et elle tomba devant notre nef à noire proue, et l'extrémité de la poupe manqua être brisée, et la mer nous inonda sous la chute de ce rocher qui la fit refluer vers le rivage, et le flot nous remporta jusqu'à toucher le bord. Mais, saisissant un long pieu, je repoussai la nef du rivage, et, d'un signe de tête, j'ordonnai à mes compagnons d'agiter les avirons afin d'échapper à la mort, et ils se courbèrent sur les avirons. Quand nous nous fûmes une seconde fois éloignés à la même distance, je voulus encore parler au Kyklôps, et tous mes compagnons s'y opposaient par des paroles suppliantes :

— Malheureux ! pourquoi veux-tu irriter cet homme sauvage ? Déjà, en jetant ce rocher dans la mer, il a ramené notre nef contre terre, où, certes, nous devions périr ; et s'il entend tes paroles ou le son de ta voix, il pourra briser nos têtes et notre nef sous un autre rocher qu'il lancera, tant sa force est grande.

Ils parlaient ainsi, mais ils ne persuadèrent point mon cœur magnanime, et je lui parlai de nouveau injurieusement :

— Kyklôps, si quelqu'un parmi les hommes mortels t'interroge sur la perte honteuse de ton œil, dis-lui qu'il a été arraché par le dévastateur de citadelles Odysseus, fils de Laertès, et qui habite dans Ithakè.

Je parlai ainsi, et il me répondit en gémissant :

— Ô Dieux ! voici que les anciennes prédictions qu'on m'a faites se sont accomplies. Il y avait ici un excellent et grand divinateur, Tèlémos Eurymide, qui l'emportait sur tous dans la divination, et qui vieillit en prophétisant au milieu des Kyklopes. Et il me dit que toutes ces choses s'accompliraient qui me sont arrivées, et que je serais privé de la vue par Odysseus. Et je pensais que ce serait un homme grand et beau qui viendrait ici, revêtu d'une immense force. Et c'est un homme de rien, petit et sans courage, qui m'a privé de mon œil après m'avoir dompté avec du vin ! Viens ici, Odysseus, afin que je te fasse les présents de l'hospitalité. Je demanderai à l'illustre qui ébranle la terre de te reconduire. Je suis son fils, et il se glorifie d'être mon père, et il me guérira, s'il le veut, et non quelque autre des Dieux Immortels ou des hommes mortels.

Il parla ainsi et je lui répondis :

— Plût aux Dieux que je t'eusse arraché l'âme et la vie, et envoyé dans la demeure d'Aidès aussi sûrement que Celui qui ébranle la terre ne guérira point ton œil.

Je parlais ainsi, et, aussitôt, il supplia le Roi Poseidaôn, en étendant les mains vers l'Ouranos étoilé :

— Entends-moi, Poseidaôn aux cheveux bleus, qui contiens la terre ! Si je suis ton fils, et si tu te glorifies d'être mon père, fais que le dévastateur de citadelles, Odysseus, fils de Laertès, et qui habite dans Ithakè, ne retourne jamais dans sa patrie. Mais si sa destinée est de revoir ses amis et de rentrer dans sa demeure bien construite et dans la terre de sa patrie, qu'il n'y parvienne que tardivement, après avoir perdu tous ses compagnons, et sur une nef étrangère, et qu'il souffre encore en arrivant dans sa demeure !

Il pria ainsi, et l'illustre aux cheveux bleus l'entendit. Puis, il souleva un plus lourd rocher, et, le faisant tourner, il le jeta avec une immense force. Et il tomba à l'arrière de la nef à proue bleue, manquant d'atteindre l'extrémité du gouvernail, et la mer se souleva sous le coup ; mais le flot, cette fois, emporta la nef et la poussa vers l'île ; et nous parvînmes bientôt là où étaient les autres nefs à bancs de rameurs. Et nos compagnons y étaient assis, pleurant et nous attendant toujours. Ayant abordé, nous tirâmes la nef sur le sable et nous descendîmes sur le rivage de la mer.

Et nous partageâmes les troupeaux du Kyklôps, après les avoir retirés de la nef creuse, et nul ne fut privé d'une part égale. Et mes compagnons me donnèrent le bélier, outre ma part, et après le partage. Et, l'ayant sacrifié sur le rivage à Zeus Kronide qui amasse les noires nuées et qui commande à tous, je brûlai ses cuisses. Mais Zeus ne reçut point mon sacrifice ; mais, plutôt, il songeait à perdre toutes mes nefs à bancs de rameurs et tous mes chers compagnons.

Et nous nous reposâmes là, tout le jour, jusqu'à la chute de Hèlios, mangeant les chairs abondantes et buvant le doux vin. Et quand Hèlios tomba et que les ombres survinrent, nous dormîmes sur le rivage de la mer.

Et quand Éôs aux doigts rosés, née au matin, apparut, je commandai à mes compagnons de s'embarquer et de détacher les câbles. Et, aussitôt, ils s'embarquèrent, et, s'asseyant en ordre sur les bancs, ils frappèrent la blanche mer de leurs avirons. Et, de là, nous naviguâmes, tristes dans le cœur, bien que joyeux d'avoir échappé à la mort, car nous avions perdu nos chers compagnons.

RHAPSODIE X

Et nous arrivâmes à l'île Aioliè, où habitait Aiolos Hippotade cher aux Dieux immortels. Et un mur d'airain qu'on ne peut rompre entourait l'île entière, et une roche escarpée la bordait de toute part. Douze enfants étaient nés dans la maison royale d'Aiolos : six filles et six fils pleins de jeunesse. Et il unit ses filles à ses fils afin qu'elles fussent les femmes de ceux-ci, et tous prenaient leur repas auprès de leur père bien-aimé et de leur mère vénérable, et de nombreux mets étaient placés devant eux. Pendant le jour, la maison et la cour retentissaient, parfumées ; et, pendant la nuit, tous dormaient auprès de leurs femmes chastes, sur des tapis et sur des lits sculptés.

Et nous entrâmes dans la Ville et dans les belles demeures. Et tout un mois Aiolos m'accueillit, et il m'interrogeait sur Ilios, sur les nefs des Argiens et sur le retour des Akhaiens. Et je lui racontai toutes ces choses comme il convenait. Et quand je lui demandai de me laisser partir et de me renvoyer, il ne me refusa point et il prépara mon retour. Et il me donna une outre, faite de la peau d'un bœuf de neuf ans, dans laquelle il enferma le souffle des Vents tempétueux ; car le Kroniôn l'avait fait le maître des Vents, et lui avait donné de les soulever ou de les apaiser, selon sa volonté. Et, avec un splendide câble d'argent, il l'attacha dans ma nef creuse, afin qu'il n'en sortît aucun souffle. Puis il envoya le seul Zéphyros pour nous emporter, les nefs et nous. Mais ceci ne devait point s'accomplir, car nous devions périr par notre démence.

Et, sans relâche, nous naviguâmes pendant neuf jours et neuf nuits, et au dixième jour la terre de la patrie apparaissait déjà, et nous apercevions les feux des habitants. Et, dans ma fatigue, le doux sommeil me saisit. Et j'avais toujours tenu le gouvernail de la nef, ne l'ayant cédé à aucun de mes compagnons, afin d'arriver promptement dans la terre de la patrie. Et mes compagnons parlèrent entre eux, me soupçonnant d'emporter dans ma demeure de l'or et de l'argent, présents du magnanime Aiolos Hippotade. Et ils se disaient entre eux :

— Ô Dieux ! combien Odysseus est aimé de tous les hommes et très-honoré de tous ceux dont il aborde la ville et la terre ! Il a emporté de Troiè, pour sa part du butin, beaucoup de choses belles et précieuses, et nous rentrons dans nos demeures, les mains vides, après avoir fait tout ce qu'il a fait. Et voici que, par amitié, Aiolos l'a comblé de présents ! Mais voyons à la hâte ce qu'il y a dans cette outre, et combien d'or et d'argent on y a renfermé.

Ils parlaient ainsi, et leur mauvais dessein l'emporta. Ils ouvrirent l'outre, et tous les Vents en jaillirent. Et aussitôt la tempête furieuse nous emporta sur la mer, pleurants, loin de la terre de la patrie. Et, m'étant réveillé, je délibérai dans mon cœur irréprochable si je devais périr en me jetant de ma nef dans la mer, ou si, restant parmi les vivants, je souffrirais en silence. Je restai et supportai mes maux. Et je gisais caché dans le fond de ma nef, tandis que tous étaient de nouveau emportés par les tourbillons du vent vers l'île Aioliè. Et mes compagnons gémissaient.

Étant descendus sur le rivage, nous puisâmes de l'eau, et mes compagnons prirent aussitôt leur repas auprès des nefs rapides. Après avoir mangé et bu, je choisis un héraut et un autre compagnon, et je me rendis aux illustres demeures d'Aiolos. Et je le trouvai faisant son repas avec sa femme et ses enfants. Et, en arrivant, nous nous assîmes sur le seuil de la porte. Et tous étaient stupéfaits et ils m'interrogèrent :

— Pourquoi es-tu revenu, Odysseus ? Quel Daimôn t'a porté malheur ? N'avions-nous pas assuré ton retour, afin que tu parvinsses dans la terre de ta patrie, dans tes demeures, là où il te plaisait d'arriver ?

Ils parlaient ainsi, et je répondis, triste dans le cœur :

— Mes mauvais compagnons m'ont perdu, et, avant eux, le sommeil funeste. Mais venez à mon aide, amis, car vous en avez le pouvoir.

Je parlai ainsi, tâchant de les apaiser par des paroles flatteuses ; mais ils restèrent muets, et leur père me répondit :

— Sors promptement de cette île, ô le pire des vivants ! Il ne m'est point permis de recueillir ni de reconduire un homme qui est odieux aux Dieux heureux. Va ! car, certes, si tu es revenu, c'est que tu es odieux aux Dieux heureux.

Il parla ainsi, et il me chassa de ses demeures tandis que je soupirais profondément. Et nous naviguions de là, tristes dans le cœur ; et l'âme de mes compagnons était accablée par la fatigue cruelle des avirons, car le retour ne nous semblait plus possible, à cause de notre démence. Et nous naviguâmes ainsi six jours et six nuits. Et, le septième jour, nous arrivâmes à la haute ville de Lamos, dans la Laistrygoniè Télépyle. Là, le pasteur qui rentre appelle le pasteur qui sort en l'entendant. Là, le pasteur qui ne dort pas gagne un salaire double, en menant paître les bœufs d'abord, et, ensuite, les troupeaux aux blanches laines, tant les chemins du jour sont proches des chemins de la nuit. Et nous abordâmes le port illustre entouré d'un haut rocher. Et, des deux côtés, les rivages escarpés se rencontraient, ne laissant qu'une entrée étroite. Et mes compagnons conduisirent là toutes les nefs égales, et ils les amarrèrent, les unes auprès des autres, au fond du port, où jamais le flot ne se soulevait, ni peu, ni beaucoup, et où il y avait une constante tranquillité. Et, moi seul, je retins ma nef noire en dehors, et je l'amarrai aux pointes du rocher. Puis, je montai sur le faîte des écueils, et je ne vis ni les travaux des bœufs, ni ceux des hommes, et je ne vis que de la fumée qui s'élevait de terre. Alors, je choisis deux de mes compagnons et un héraut, et je les envoyai pour savoir quels hommes nourris de pain habitaient cette terre. Et ils partirent, prenant un large chemin par où les chars portaient à la Ville le bois des hautes montagnes. Et ils rencontrèrent devant la Ville, allant chercher de l'eau, une jeune vierge, fille du robuste Laistrygôn Antiphatès. Et elle descendait à la fontaine limpide d'Artakiè. Et c'est là qu'on puisait de l'eau pour la Ville.

S'approchant d'elle, ils lui demandèrent quel était le roi qui commandait à ces peuples ; et elle leur montra aussitôt la haute demeure de son père. Étant entrés dans l'illustre demeure, ils y trouvèrent une femme haute comme une montagne, et ils en furent épouvantés. Mais elle appela aussitôt de l'agora l'illustre Antiphatès son mari, qui leur prépara une lugubre destinée, car il saisit un de mes compagnons pour le dévorer. Et les deux autres, précipitant leur fuite, revinrent aux nefs. Alors, Antiphatès poussa des clameurs par la ville, et les robustes Laistrygones, l'ayant entendu, se ruaient de toutes parts, innombrables, et pareils, non à des hommes, mais à des géants. Et ils lançaient de lourdes pierres arrachées au rocher, et un horrible retentissement s'éleva d'hommes mourants et de nefs écrasées. Et les Laistrygones transperçaient les hommes comme des poissons, et ils emportaient ces tristes mets. Pendant qu'ils les tuaient ainsi dans l'intérieur du port, je tirai de la gaîne mon épée aiguë et je coupai les câbles de ma nef noire, et, aussitôt, j'ordonnai à mes compagnons de se courber sur les avirons, afin de fuir notre perte. Et tous ensemble se courbèrent sur les avirons, craignant la mort. Ainsi ma nef gagna la pleine mer, évitant les lourdes pierres ; mais toutes les autres périrent en ce lieu.

Et nous naviguions loin de là, tristes dans le cœur d'avoir perdu tous nos chers compagnons, bien que joyeux d'avoir évité la mort. Et nous arrivâmes à l'île Aiaiè, et c'est là qu'habitait Kirkè aux beaux cheveux, vénérable et éloquente déesse, sœur du prudent Aiètès. Et tous deux étaient nés de Hèlios qui éclaire les hommes, et leur mère était Persè, qu'engendra Okéanos. Et là, sur le rivage, nous conduisîmes notre nef dans une large rade, et un Dieu nous y mena. Puis, étant descendus, nous restâmes là deux jours, l'âme accablée de fatigue et de douleur. Mais quand Éôs aux beaux cheveux amena le troisième jour, prenant ma lance et mon épée aiguë, je quittai la nef et je montai sur une hauteur d'où je pusse voir des hommes et entendre leurs voix. Et, du sommet escarpé où j'étais monté, je vis s'élever de la terre large, à travers une forêt de chênes épais, la fumée des demeures de Kirkè. Puis, je délibérai, dans mon esprit et dans mon cœur, si je partirais pour reconnaître la fumée que je voyais. Et il me parut plus sage de regagner ma nef rapide et le rivage de la mer, de faire prendre le repas à mes compagnons et d'envoyer reconnaître le pays. Mais, comme, déjà, j'étais près de ma nef, un Dieu qui, sans doute, eut compassion de me voir seul, envoya sur ma route un grand cerf au bois élevé qui descendait des pâturages de la forêt pour boire au fleuve, car la force de Hèlios le poussait. Et, comme il s'avançait, je le frappai au milieu de l'épine du dos, et la lame d'airain le traversa, et, en bramant, il tomba dans la poussière et son esprit s'envola. Je m'élançai, et je retirai la lance d'airain de la blessure. Je la laissai à terre, et, arrachant toute sorte de branches pliantes, j'en fis une corde tordue de la longueur d'une brasse, et j'en liai les pieds de l'énorme bête. Et, la portant à mon cou, je descendis vers ma nef, appuyé sur ma lance, car je n'aurais pu retenir un animal aussi grand, d'une seule main, sur mon épaule. Et je le jetai devant la nef, et je ranimai mes compagnons en adressant des paroles flatteuses à chacun d'eux :

— Ô amis, bien que malheureux, nous ne descendrons point dans les demeures d'Aidès avant notre jour fatal. Allons, hors de la nef rapide, songeons à boire et à manger, et ne souffrons point de la faim.

Je parlai ainsi, et ils obéirent à mes paroles, et ils descendirent sur le rivage de la mer, admirant le cerf, et combien il était grand. Et après qu'ils se furent réjouis de le regarder, s'étant lavé les mains, ils préparèrent un excellent repas. Ainsi, tout le jour, jusqu'à la chute de Hèlios, nous restâmes assis, mangeant les chairs abondantes et buvant le vin doux. Et quand Hèlios tomba et que les ombres survinrent, nous nous endormîmes sur le rivage de la mer. Et quand Éôs aux doigts rosés, née au matin, apparut, alors, ayant convoqué l'agora, je parlai ainsi :

— Écoutez mes paroles et supportez patiemment vos maux, compagnons. Ô amis ! nous ne savons, en effet, où est le couchant, où le levant, de quel côté Hèlios se lève sur la terre pour éclairer les hommes, ni de quel côté il se couche. Délibérons donc promptement, s'il est nécessaire ; mais je ne le pense pas. Du faîte de la hauteur où j'ai monté, j'ai vu que cette terre est une île que la mer sans bornes environne. Elle est petite, et j'ai vu de la fumée s'élever à travers une forêt de chênes épais.

Je parlai ainsi, et leur cher cœur fut brisé, se souvenant des crimes du Laistrygôn Antiphatès et de la violence du magnanime Kyklôps mangeur d'hommes. Et ils pleuraient, répandant des larmes abondantes. Mais il ne servait à rien de gémir. Je divisai mes braves compagnons, et je donnai un chef à chaque troupe. Je commandai l'une, et Eurylokhos semblable à un Dieu commanda l'autre. Et les sorts ayant été promptement jetés dans un casque d'airain, ce fut celui du magnanime Eurylokhos qui sortit. Et il partit à la hâte, et en pleurant, avec vingt-deux compagnons, et ils nous laissèrent gémissants.

Et ils trouvèrent, dans une vallée, en un lieu découvert, les demeures de Kirkè, construites en pierres polies. Et tout autour erraient des loups montagnards et des lions. Et Kirkè les avait domptés avec des breuvages perfides ; et ils ne se jetaient point sur les hommes, mais ils les approchaient en remuant leurs longues queues, comme des chiens caressant leur maître qui se lève du repas, car il leur donne toujours quelques bons morceaux. Ainsi les loups aux ongles robustes et les lions entouraient, caressants, mes compagnons ; et ceux-ci furent effrayés de voir ces bêtes féroces, et ils s'arrêtèrent devant les portes de la Déesse aux beaux cheveux. Et ils entendirent Kirkè chantant d'une belle voix dans sa demeure et tissant une grande toile ambroisienne, telle que sont les ouvrages légers, gracieux et brillants des Déesses. Alors Polytès, chef des hommes, le plus cher de mes compagnons, et que j'honorais le plus, parla le premier :

— Ô amis, quelque femme, tissant une grande toile, chante d'une belle voix dans cette demeure, et tout le mur en résonne. Est-ce une Déesse ou une mortelle ? Poussons promptement un cri.

Il les persuada ainsi, et ils appelèrent en criant. Et Kirkè sortit aussitôt, et, ouvrant les belles portes, elle les invita, et tous la suivirent imprudemment. Eurylokhos resta seul dehors, ayant soupçonné une embûche. Et Kirkè, ayant fait entrer mes compagnons, les fit asseoir sur des sièges et sur des thrônes. Et elle mêla, avec du vin de Pramnios, du fromage, de la farine et du miel doux ; mais elle mit dans le pain des poisons, afin de leur faire oublier la terre de la patrie. Et elle leur offrit cela, et ils burent, et, aussitôt, les frappant d'une baguette, elle les renferma dans les étables à porcs. Et ils avaient la tête, la voix, le corps et les soies du porc, mais leur esprit était le même qu'auparavant. Et ils pleuraient, ainsi renfermés ; et Kirkè leur donna du gland de chêne et du fruit de cornouiller à manger, ce que mangent toujours les porcs qui couchent sur la terre.

Mais Eurylokhos revint à la hâte vers la nef noire et rapide nous annoncer la dure destinée de nos compagnons. Et il ne pouvait parler, malgré son désir, et son cœur était frappé d'une grande douleur, et ses yeux étaient pleins de larmes, et son âme respirait le deuil. Mais, comme nous l'interrogions tous avec empressement, il nous raconta la perte de ses compagnons :

— Nous avons marché à travers la forêt, comme tu l'avais ordonné, illustre Odysseus, et nous avons rencontré, dans une vallée, en un lieu découvert, de belles demeures construites en pierres polies. Là, une Déesse, ou une mortelle, chantait harmonieusement en tissant une grande toile. Et mes compagnons l'appelèrent en criant. Aussitôt, elle sortit, et, ouvrant la belle porte, elle les invita, et tous la suivirent imprudemment, et, moi seul, je restai, ayant soupçonné une embûche. Et tous les autres disparurent à la fois, et aucun n'a reparu, bien que je les aie longtemps épiés et attendus.

Il parla ainsi, et je jetai sur mes épaules une grande épée d'airain aux clous d'argent et un arc, et j'ordonnai à Eurylokhos de me montrer le chemin. Mais, ayant saisi mes genoux de ses mains, en pleurant, il me dit ces paroles ailées :

— Ne me ramène point là contre mon gré, ô Divin, mais laisse-moi ici. Je sais que tu ne reviendras pas et que tu ne ramèneras aucun de nos compagnons. Fuyons promptement avec ceux-ci, car, sans doute, nous pouvons encore éviter la dure destinée.

Il parla ainsi, et je lui répondis :

— Eurylokhos, reste donc ici, mangeant et buvant auprès de la nef noire et creuse. Moi, j'irai, car une nécessité inexorable me contraint.

Ayant ainsi parlé, je m'éloignai de la mer et de la nef, et traversant les vallées sacrées, j'arrivai à la grande demeure de l'empoisonneuse Kirkè. Et

Herméias à la baguette d'or vint à ma rencontre, comme j'approchais de la demeure, et il était semblable à un jeune homme dans toute la grâce de l'adolescence. Et, me prenant la main, il me dit :

— Ô malheureux ! où vas-tu seul, entre ces collines, ignorant ces lieux. Tes compagnons sont enfermés dans les demeures de Kirkè, et ils habitent comme des porcs des étables bien closes. Viens-tu pour les délivrer ? Certes, je ne pense pas que tu reviennes toi-même, et tu resteras là où ils sont déjà. Mais je te délivrerai de ce mal et je te sauverai. Prends ce remède excellent, et le portant avec toi, rends-toi aux demeures de Kirkè, car il éloignera de ta tête le jour fatal. Je te dirai tous les mauvais desseins de Kirkè. Elle te préparera un breuvage et elle mettra les poisons dans le pain, mais elle ne pourra te charmer, car l'excellent remède que je te donnerai ne le permettra pas. Je vais te dire le reste. Quand Kirkè t'aura frappé de sa longue baguette, jette toi sur elle, comme si tu voulais la tuer. Alors, pleine de crainte, elle t'invitera à coucher avec elle. Ne refuse point le lit d'une Déesse, afin qu'elle délivre tes compagnons et qu'elle te traite toi-même avec bienveillance. Mais ordonne-lui de jurer par le grand serment des Dieux heureux, afin qu'elle ne te tende aucune autre embûche, et que, t'ayant mis nu, elle ne t'enlève point ta virilité.

Ayant ainsi parlé, le tueur d'Argos me donna le remède qu'il arracha de terre, et il m'en expliqua la nature. Et sa racine est noire et sa fleur semblable à du lait. Les Dieux la nomment Môly. Il est difficile aux hommes mortels de l'arracher, mais les Dieux peuvent tout. Puis Herméias s'envola vers le grand Olympos, sur l'île boisée, et je marchai vers la demeure de Kirkè, et mon cœur roulait mille pensées tandis que je marchais.

Et, m'arrêtant devant la porte de la Déesse aux beaux cheveux, je l'appelai, et elle entendit ma voix, et, sortant aussitôt, elle ouvrit les portes brillantes et elle m'invita. Et, l'ayant suivie, triste dans le cœur, elle me fit entrer, puis asseoir sur un thrône à clous d'argent, et bien travaillé. Et j'avais un escabeau sous les pieds. Aussitôt elle prépara dans une coupe d'or le breuvage que je devais boire, et, méditant le mal dans son esprit, elle y mêla le poison. Après me l'avoir donné, et comme je buvais, elle me frappa de sa baguette et elle me dit :

— Va maintenant dans l'étable à porcs, et couche avec tes compagnons.

Elle parla ainsi, mais je tirai de la gaîne mon épée aiguë et je me jetai sur elle comme si je voulais la tuer. Alors, poussant un grand cri, elle se prosterna, saisit mes genoux et me dit ces paroles ailées, en pleurant :

— Qui es-tu parmi les hommes ? Où est ta ville ? Où sont tes parents ? Je suis stupéfaite qu'ayant bu ces poisons tu ne sois pas transformé. Jamais aucun homme, pour les avoir seulement fait passer entre ses dents, n'y a résisté. Tu as un esprit indomptable dans ta poitrine, ou tu es le subtil Odysseus qui devait arriver ici, à son retour de Troiè, sur sa nef noire et rapide, ainsi que Herméias à la baguette d'or me l'avait toujours prédit. Mais, remets ton épée dans sa gaîne, et couchons-nous tous deux sur mon lit, afin que nous nous unissions, et que nous nous confiions l'un à l'autre.

Elle parla ainsi, et, lui répondant, je lui dis :

— Ô Kirkè ! comment me demandes-tu d'être doux pour toi qui as changé, dans tes demeures, mes compagnons en porcs, et qui me retiens ici moi-même, m'invitant à monter sur ton lit, dans la chambre nuptiale, afin qu'étant nu, tu m'enlèves ma virilité ? Certes, je ne veux point monter sur ton lit, à moins que tu ne jures par un grand serment, ô Déesse, que tu ne me tendras aucune autre embûche.

Je parlais ainsi, et aussitôt elle jura comme je le lui demandais ; et après qu'elle eut juré et prononcé toutes les paroles du serment, alors je montai sur son beau lit.

Et les servantes s'agitaient dans la demeure ; et elles étaient quatre, et elles prenaient soin de toute chose. Et elles étaient nées des sources des forêts et des fleuves sacrés qui coulent à la mer. L'une d'elles jeta sur les thrônes de belles couvertures pourprées, et, pardessus, de légères toiles de lin. Une autre dressa devant les thrônes des tables d'argent sur lesquelles elle posa des corbeilles d'or. Une troisième mêla le vin doux et mielleux dans un kratère d'argent et distribua des coupes d'or. La quatrième apporta de l'eau et alluma un grand feu sous un grand trépied, et l'eau chauffa. Et quand l'eau eut chauffé dans l'airain brillant, elle me mit au bain, et elle me lava la tête et les épaules avec l'eau doucement versée du grand trépied. Et quand elle m'eut lavé et parfumé d'huile grasse, elle me revêtit d'une tunique et d'un beau manteau. Puis elle me fit asseoir sur un thrône d'argent bien travaillé, et j'avais un escabeau sous mes pieds. Une servante versa, d'une belle aiguière d'or dans un bassin d'argent, de l'eau pour les mains, et dressa devant moi une table polie. Et la vénérable Intendante, bienveillante pour tous, apporta du pain qu'elle plaça sur la table ainsi que beaucoup de mets. Et Kirkè m'invita à manger, mais cela ne plut point à mon âme.

Et j'étais assis, ayant d'autres pensées et prévoyant d'autres maux. Et Kirkè, me voyant assis, sans manger, et plein de tristesse, s'approcha de moi et me dit ces paroles ailées :

— Pourquoi, Odysseus, restes-tu ainsi muet et te rongeant le cœur, sans boire et sans manger ? Crains-tu quelque autre embûche ? Tu ne dois rien craindre, car j'ai juré un grand serment.

Elle parla ainsi, et, lui répondant, je dis :

— Ô Kirkè, quel homme équitable et juste oserait boire et manger, avant que ses compagnons aient été délivrés, et qu'il les ait vus de ses yeux ? Si, dans ta bienveillance, tu veux que je boive et que je mange, délivre mes compagnons et que je les voie.

Je parlai ainsi, et Kirkè sortit de ses demeures, tenant une baguette à la main, et elle ouvrit les portes de l'étable à porcs. Elle en chassa mes compagnons semblables à des porcs de neuf ans. Ils se tenaient devant nous, et, se penchant, elle frotta chacun d'eux d'un autre baume, et de leurs membres tombèrent aussitôt les poils qu'avait fait pousser le poison funeste que leur avait donné la vénérable Kirkè ; et ils redevinrent des hommes plus jeunes qu'ils n'étaient auparavant, plus beaux et plus grands. Et ils me reconnurent, et tous, me serrant la main, pleuraient de joie, et la demeure retentissait de leurs sanglots. Et la Déesse elle-même fut prise de pitié. Puis, la noble déesse, s'approchant de moi, me dit :

— Divin Laertiade, subtil Odysseus, va maintenant vers ta nef rapide et le rivage de la mer. Fais tirer, avant tout, ta nef sur le sable. Cachez ensuite vos richesses et vos armes dans une caverne, et revenez aussitôt, toi-même et tes chers compagnons.

Elle parla ainsi, et mon esprit généreux fut persuadé, et je me hâtai de retourner à ma nef rapide et au rivage de la mer, et je trouvai auprès de ma nef rapide mes chers compagnons gémissant misérablement et versant des larmes abondantes. De même que les génisses, retenues loin de la prairie, s'empressent autour des vaches qui, du pâturage, reviennent à l'étable après s'être rassasiées d'herbes, et vont toutes ensemble au-devant d'elles, sans que les enclos puissent les retenir, et mugissent sans relâche autour de leurs mères ; de même, quand mes compagnons me virent de leurs yeux, ils m'entourèrent en pleurant, et leur cœur fut aussi ému que s'ils avaient revu leur patrie et la ville de l'âpre Ithakè, où ils étaient nés et avaient été nourris. Et, en pleurant, ils me dirent ces paroles ailées :

— À ton retour, ô divin ! nous sommes aussi joyeux que si nous voyions Ithakè et la terre de la patrie. Mais dis-nous comment sont morts nos compagnons.

Ils parlaient ainsi, et je leur répondis par ces douces paroles :

— Avant tout, tirons la nef sur le rivage, et cachons dans une caverne nos richesses et toutes nos armes. Puis, suivez-moi tous à la hâte, afin de revoir, dans les demeures sacrées de Kirkè, vos compagnons mangeant et buvant et jouissant d'une abondante nourriture.

Je parlai ainsi, et ils obéirent promptement à mes paroles ; mais le seul Eurylokhos tentait de les retenir, et il leur dit ces paroles ailées :

— Ah ! malheureux, où allez-vous ? Vous voulez donc subir les maux qui vous attendent dans les demeures de Kirkè, elle qui nous changera en porcs, en loups et en lions, et dont nous garderons de force la demeure ? Elle fera comme le Kyklôps, quand nos compagnons vinrent dans sa caverne, conduits par l'audacieux Odysseus. Et ils y ont péri par sa démence.

Il parla ainsi, et je délibérai dans mon esprit si, ayant tiré ma grande épée de sa gaine, le long de la cuisse, je lui couperais la tête et la jetterais sur le sable, malgré notre parenté ; mais tous mes autres compagnons me retinrent par de flatteuses paroles :

— Ô Divin ! laissons-le, si tu y consens, rester auprès de la nef et la garder. Nous, nous te suivrons à la demeure sacrée de Kirkè.

Ayant ainsi parlé, ils s'éloignèrent de la nef et de la mer, mais Eurylokhos ne resta point auprès de la nef creuse, et il nous suivit, craignant mes rudes menaces. Pendant cela, Kirkè, dans ses demeures, baigna et parfuma d'huile mes autres compagnons, et elle les revêtit de tuniques et de beaux manteaux, et nous les trouvâmes tous faisant leur repas dans les demeures. Et quand ils se furent réunis, ils se racontèrent tous leurs maux, les uns aux autres, et ils pleuraient, et la maison retentissait de leurs sanglots. Et la noble déesse, s'approchant, me dit :

— Divin Laertiade, subtil Odysseus, ne vous livrez pas plus longtemps à la douleur. Je sais moi-même combien vous avez subi de maux sur la mer poissonneuse et combien d'hommes injustes vous ont fait souffrir sur la terre. Mais, mangez et buvez, et ranimez votre cœur dans votre poitrine, et qu'il soit tel qu'il était quand vous avez quitté la terre de l'âpre Ithakè, votre patrie. Cependant, jamais vous n'oublierez vos misères, et votre esprit ne sera jamais plus dans la joie, car vous avez subi des maux innombrables.

Elle parla ainsi, et notre cœur généreux lui obéit. Et nous restâmes là toute une année, mangeant les chairs abondantes et buvant le doux vin. Mais, à la fin de l'année, quand les Heures eurent accompli leur tour, quand les mois furent passés et quand les longs jours se furent écoulés, alors, mes chers compagnons m'appelèrent et me dirent :

— Malheureux, souviens-toi de ta patrie, si toutefois il est dans ta destinée de survivre et de rentrer dans ta haute demeure et dans la terre de la patrie.

Ils parlèrent ainsi, et mon cœur généreux fut persuadé. Alors, tout le jour, jusqu'à la chute de Hèlios, nous restâmes assis, mangeant les chairs abondantes et buvant le doux vin. Et quand Hèlios tomba, et quand la nuit vint, mes compagnons s'endormirent dans la demeure obscure. Et moi, étant monté dans le lit splendide de Kirkè, je saisis ses genoux en la suppliant, et la Déesse entendit ma voix. Et je lui dis ces paroles ailées :

— Ô Kirkè, tiens la promesse que tu m'as faite de me renvoyer dans ma demeure, car mon âme me pousse, et mes compagnons affligent mon cher cœur et gémissent autour de moi, quand tu n'es pas là.

Je parlai ainsi, et la noble Déesse me répondit aussitôt :

— Divin Laertiade, subtil Odysseus, vous ne resterez pas plus longtemps malgré vous dans ma demeure ; mais il faut accomplir un autre voyage et entrer dans la demeure d'Aidès et de l'implacable Perséphonéia, afin de consulter l'âme du Thébain Teirésias, du divinateur aveugle, dont l'esprit est toujours vivant. Perséphonéia n'a accordé qu'à ce seul Mort l'intelligence et la pensée. Les autres ne seront que des ombres autour de toi.

Elle parla ainsi, et mon cher cœur fut dissous, et je pleurais, assis sur le lit, et mon âme ne voulait plus vivre, ni voir la lumière de Hèlios. Mais, après avoir pleuré et m'être rassasié de douleur, alors, lui répondant, je lui dis :

— Ô Kirkè, qui me montrera le chemin ? Personne n'est jamais arrivé chez Aidès sur une nef noire.

Je parlai ainsi, et la noble Déesse me répondit aussitôt :

— Divin Laertiade, subtil Odysseus, n'aie aucun souci pour ta nef. Assieds-toi, après avoir dressé le mât et déployé les blanches voiles ; et le souffle de Boréas conduira ta nef. Mais quand tu auras traversé l'Okéanos, jusqu'au rivage étroit et aux bois sacrés de Perséphonéia, où croissent de hauts peupliers et des saules stériles, alors arrête ta nef dans l'Okéanos aux profonds tourbillons, et descends dans la noire demeure d'Aidès, là où coulent ensemble, dans l'Akhérôn, le Pyriphlégéthôn et le Kokytos qui est un courant de l'eau de Styx. Il y a une roche au confluent des deux fleuves retentissants. Tu t'en approcheras, héros, comme je te l'ordonne, et tu creuseras là une fosse d'une coudée dans tous les sens, et, sur elle, tu feras des libations à tous les morts, de lait mielleux d'abord, puis de vin doux, puis enfin d'eau, et tu répandras par-dessus de la farine blanche. Prie alors les têtes vaines des morts et promets, dès que tu seras rentré dans Ithakè, de sacrifier dans tes demeures la meilleure vache stérile que tu posséderas, d'allumer un bûcher formé de choses précieuses, et de sacrifier, à part, au seul Teirésias un bélier entièrement noir, le plus beau de tes troupeaux. Puis, ayant prié les illustres âmes des morts, sacrifie un mâle et une brebis noire, tourne-toi vers l'Érébos, et, te penchant, regarde dans le cours du fleuve, et les innombrables âmes des morts qui ne sont plus accourront. Alors, ordonne et commande à tes compagnons d'écorcher les animaux égorgés par l'airain aigu, de les brûler et de les vouer aux dieux, à l'illustre Aidès et à l'implacable Perséphonéia. Tire ton épée aiguë de sa gaîne, le long de ta cuisse, et ne permets pas aux ombres vaines des morts de boire le sang, avant que tu aies entendu Teirésias. Aussitôt le divinateur arrivera, ô chef des peuples, et il te montrera ta route et comment tu la feras pour ton retour, et comment tu traverseras la mer poissonneuse.

Elle parla ainsi, et aussitôt Éôs s'assit sur son trône d'or. Et Kirkè me revêtit d'une tunique et d'un manteau. Elle-même se couvrit d'une longue robe blanche, légère et gracieuse, ceignit ses reins d'une belle ceinture et mit sur sa tête un voile couleur de feu. Et j'allai par la demeure, excitant mes compagnons, et je dis à chacun d'eux ces douces paroles :

— Ne dormez pas plus longtemps, et chassez le doux sommeil, afin que nous partions, car la vénérable Kirkè me l'a permis.

Je parlai ainsi, et leur cœur généreux fut persuadé. Mais je n'emmenai point tous mes compagnons sains et saufs. Elpènôr, un d'eux, jeune, mais ni très-brave, ni intelligent, à l'écart de ses compagnons, s'était endormi au faîte des demeures sacrées de Kirkè, ayant beaucoup bu et recherchant la fraîcheur. Entendant le bruit que faisaient ses compagnons, il se leva brusquement, oubliant de descendre par la longue échelle. Et il tomba du haut du toit, et son cou fut rompu, et son âme descendit chez Aidès. Mais je dis à mes compagnons rassemblés :

— Vous pensiez peut-être que nous partions pour notre demeure et pour la chère terre de la patrie ? Mais Kirkè nous ordonne de suivre une autre route, vers la demeure d'Aidès et de l'implacable Perséphonéia, afin de consulter l'âme du Thébain Teirésias.

Je parlai ainsi, et leur cher cœur fut brisé, et ils s'assirent, pleurant et s'arrachant les cheveux. Mais il n'y a nul remède à gémir. Et nous parvînmes à notre nef rapide et au rivage de la mer, en versant des larmes abondantes. Et, pendant ce temps, Kirkè était venue, apportant dans la nef un bélier et une brebis noire ; et elle s'était aisément cachée à nos yeux ; car qui pourrait voir un Dieu et le suivre de ses yeux, s'il ne le voulait pas ?

RHAPSODIE XI

ÉTANT arrivés à la mer, nous traînâmes d'abord notre nef à la mer divine. Puis, ayant dressé le mât, avec les voiles blanches de la nef noire, nous y portâmes les victimes offertes. Et, nous-mêmes nous y prîmes place, pleins de tristesse et versant des larmes abondantes. Et Kirkè à la belle chevelure, Déesse terrible et éloquente, fit souffler pour nous un vent propice derrière la nef à proue bleue, et ce vent, bon compagnon, gonfla la voile.

Toutes choses étant mises en place sur la nef, nous nous assîmes, et le vent et le pilote nous dirigeaient. Et, tout le jour, les voiles de la nef qui courait sur la mer furent déployées, et Hèlios tomba, et tous les chemins s'emplirent d'ombre. Et la nef arriva aux bornes du profond Okéanos.

Là, étaient le peuple et la ville des Kimmériens, toujours enveloppés de brouillards et de nuées ; et jamais le brillant Hèlios ne les regardait de ses rayons, ni quand il montait dans l'Ouranos étoilé, ni quand il descendait de l'Ouranos sur la terre ; mais une affreuse nuit était toujours suspendue sur les misérables hommes. Arrivés là, nous arrêtâmes la nef, et, après en avoir retiré les victimes, nous marchâmes le long du cours d'Okéanos, jusqu'à ce que nous fussions parvenus dans la contrée que nous avait indiquée Kirkè. Et Périmèdès et Eurylokhos portaient les victimes.

Alors je tirai mon épée aiguë de sa gaîne, le long de ma cuisse, et je creusai une fosse d'une coudée dans tous les sens, et j'y fis des libations pour tous les morts, de lait mielleux d'abord, puis de vin doux, puis enfin d'eau, et, par-dessus, je répandis la farine blanche. Et je priai les têtes vaines des morts, promettant, dès que je serais rentré dans Ithakè, de sacrifier dans mes demeures la meilleure vache stérile que je posséderais, d'allumer un bûcher formé de choses précieuses, et de sacrifier à part, au seul Teirésias, un bélier entièrement noir, le plus beau de mes troupeaux. Puis, ayant prié les générations des morts, j'égorgeai les victimes sur la fosse, et le sang noir y coulait. Et les âmes des morts qui ne sont plus sortaient en foule de l'Érébos. Les nouvelles épouses, les jeunes hommes, les vieillards qui ont subi beaucoup de maux, les tendres vierges ayant un deuil dans l'âme, et les guerriers aux armes sanglantes, blessés par les lances d'airain, tous s'amassaient de toutes parts sur les bords de la fosse, avec un frémissement immense. Et la terreur pâle me saisit.

Alors j'ordonnai à mes compagnons d'écorcher les victimes qui gisaient égorgées par l'airain cruel, de les brûler et de les vouer aux Dieux, à l'Illustre Aidès et à l'implacable Persephonéia. Et je m'assis, tenant l'épée aiguë tirée de sa gaine, le long de ma cuisse ; et je ne permettais pas aux têtes vaines des morts de boire le sang, avant que j'eusse entendu Teirésias.

La première, vint l'âme de mon compagnon Elpènôr. Et il n'avait point été enseveli dans la vaste terre, et nous avions laissé son cadavre dans les demeures de Kirkè, non pleuré et non enseveli, car un autre souci nous pressait. Et je pleurai en le voyant, et je fus plein de pitié dans le cœur. Et je lui dis ces paroles ailées :

— Elpènôr, comment es-tu venu dans les épaisses ténèbres ? Comment as-tu marché plus vite que moi sur ma nef noire ?

Je parlai ainsi, et il me répondit en pleurant :

— Divin Laertiade, subtil Odysseus, la mauvaise volonté d'un Daimôn et l'abondance du vin m'ont perdu. Dormant sur la demeure de Kirkè, je ne songeai pas à descendre par la longue échelle, et je tombai du haut du toit, et mon cou fut rompu, et je descendis chez Aidès. Maintenant, je te supplie par ceux qui sont loin de toi, par ta femme, par ton père qui t'a nourri tout petit, par Tèlémakhos, l'enfant unique que tu as laissé dans tes demeures ! Je sais qu'en sortant de la demeure d'Aidès tu retourneras sur ta nef bien construite à l'île Aiaiè. Là, ô roi, je te demande de te souvenir de moi, et de ne point partir, me laissant non pleuré et non enseveli, de peur que je ne te cause la colère des Dieux ; mais de me brûler avec toutes mes armes. Élève sur le bord de la mer écumeuse le tombeau de ton compagnon malheureux. Accomplis ces choses, afin qu'on se souvienne de moi dans l'avenir, et plante sur mon tombeau l'aviron dont je me servais quand j'étais avec mes compagnons.

Il parla ainsi, et, lui répondant, je dis :

— Malheureux, j'accomplirai toutes ces choses.

Nous nous parlions ainsi tristement, et je tenais mon épée au-dessus du sang, tandis que, de l'autre côté de la fosse, mon compagnon parlait longuement. Puis, arriva l'âme de ma mère morte, d'Antikléia, fille du magnanime Autolykos, que j'avais laissée vivante en partant pour la sainte Ilios. Et je pleurai en la voyant, le cœur plein de pitié ; mais, malgré ma tristesse, je ne lui permis pas de boire le sang avant que j'eusse entendu Teirésias. Et l'âme du Thébain Teirésias arriva, tenant un sceptre d'or, et elle me reconnut et me dit :

— Pourquoi, ô malheureux, ayant quitté la lumière de Hèlios, es-tu venu pour voir les morts et leur pays lamentable ? Mais recule de la fosse, écarte ton épée, afin que je boive le sang, et je te dirai la vérité.

Il parla ainsi, et, me reculant, je remis dans la gaîne mon épée aux clous d'argent. Et il but le sang noir, et, alors, l'irréprochable divinateur me dit :

— Tu désires un retour très-facile, illustre Odysseus, mais un Dieu te le rendra difficile ; car je ne pense pas que Celui qui entoure la terre apaise sa colère dans son cœur, et il est irrité parce que tu as aveuglé son fils. Vous arriverez cependant, après avoir beaucoup souffert, si tu veux contenir ton esprit et celui de tes compagnons. En ce temps, quand ta nef solide aura abordé l'île Thrinakiè, où vous échapperez à la sombre mer, vous trouverez là, paissant, les bœufs et les gras troupeaux de Hèlios qui voit et entend tout. Si vous les laissez sains et saufs, si tu te souviens de ton retour, vous parviendrez tous dans Ithakè, après avoir beaucoup souffert ; mais, si tu les blesses, je te prédis la perte de ta nef et de tes compagnons. Tu échapperas seul, et tu reviendras misérablement, ayant perdu ta nef et tes compagnons, sur une nef étrangère. Et tu trouveras le malheur dans ta demeure et des hommes orgueilleux qui consumeront tes richesses, recherchant ta femme et lui offrant des présents. Mais, certes, tu te vengeras de leurs outrages en arrivant. Et, après que tu auras tué les Prétendants dans ta demeure, soit par ruse, soit ouvertement avec l'airain aigu, tu partiras de nouveau, et tu iras, portant un aviron léger, jusqu'à ce que tu rencontres des hommes qui ne connaissent point la mer et qui ne salent point ce qu'ils mangent, et qui ignorent les nefs aux proues rouges et les avirons qui sont les ailes des nefs. Et je te dirai un signe manifeste qui ne t'échappera pas. Quand tu rencontreras un autre voyageur qui croira voir un fléau sur ta brillante épaule, alors, plante l'aviron en terre et fais de saintes offrandes au Roi Poseidaôn, un bélier, un taureau et un verrat. Et tu retourneras dans ta demeure, et tu feras, selon leur rang, de saintes hécatombes à tous les Dieux immortels qui habitent le large Ouranos. Et la douce mort te viendra de la mer et te tuera consumé d'une heureuse vieillesse, tandis qu'autour de toi les peuples seront heureux. Et je t'ai dit, certes, des choses vraies.

Il parla ainsi, et je lui répondis :

— Teirésias, les Dieux eux-mêmes, sans doute, ont résolu ces choses. Mais dis-moi la vérité. Je vois l'âme de ma mère qui est morte. Elle se tait et reste loin du sang, et elle n'ose ni regarder son fils, ni lui parler. Dis-moi, ô Roi, comment elle me reconnaîtra.

Je parlai ainsi, et il me répondit :

— Je t'expliquerai ceci aisément. Garde mes paroles dans ton esprit. Tous ceux des morts qui ne sont plus, à qui tu laisseras boire le sang, te diront des choses vraies ; celui à qui tu refuseras cela s'éloignera de toi.

Ayant ainsi parlé, l'âme du roi Teirésias, après avoir rendu ses oracles, rentra dans la demeure d'Aidès ; mais je restai sans bouger jusqu'à ce que ma mère fût venue et eût bu le sang noir. Et aussitôt elle me reconnut, et elle me dit, en gémissant, ces paroles ailées :

— Mon fils, comment es-tu venu sous le noir brouillard, vivant que tu es ? Il est difficile aux vivants de voir ces choses. Il y a entre celles-ci et eux de grands fleuves et des courants violents, Okéanos d'abord qu'on ne peut traverser, à moins d'avoir une nef bien construite. Si, maintenant, longtemps errant en revenant de Troiè, tu es venu ici sur ta nef et avec tes compagnons, tu n'as donc point revu Ithakè, ni ta demeure, ni ta femme ?

Elle parla ainsi, et je lui répondis :

— Ma mère, la nécessité m'a poussé vers les demeures d'Aidès, afin de demander un oracle à l'âme du Thébain Teirésias. Je n'ai point en effet abordé ni l'Akhaiè, ni notre terre ; mais j'ai toujours erré, plein de misères, depuis le jour où j'ai suivi le divin Agamemnôn à Ilios qui nourrit d'excellents chevaux, afin d'y combattre les Troiens. Mais dis-moi la vérité. Comment la Kèr de la cruelle mort t'a-t-elle domptée ? Est-ce par une maladie ? Ou bien Artémis qui se réjouit de ses flèches t'a-t-elle atteinte de ses doux traits ? Parle-moi de mon père et de mon fils. Mes biens sont-ils encore entre leurs mains, ou quelque autre parmi les hommes les possède-t-il ? Tous, certes, pensent que je ne reviendrai plus. Dis-moi aussi les desseins et les pensées de ma femme que j'ai épousée. Reste-t-elle avec son enfant ? Garde-t-elle toutes mes richesses intactes ? ou déjà, l'un des premiers Akhaiens l'a-t-il emmenée ?

Je parlai ainsi, et, aussitôt, ma mère vénérable me répondit :

— Elle reste toujours dans tes demeures, le cœur affligé, pleurant, et consumant ses jours et ses nuits dans le chagrin. Et nul autre ne possède ton beau domaine ; et Tèlémakhos jouit, tranquille, de tes biens, et prend part à de beaux repas, comme il convient à un homme qui rend la justice, car tous le convient. Et ton père reste dans son champ ; et il ne vient plus à la ville, et il n'a plus ni lits moelleux, ni manteaux, ni couvertures luisantes. Mais, l'hiver, il dort avec ses esclaves dans les cendres près du foyer, et il couvre son corps de haillons ; et quand vient l'été, puis l'automne verdoyant, partout, dans sa vigne fertile, on lui fait un lit de feuilles tombées, et il se couche là, triste ; et une grande douleur s'accroît dans son cœur, et il pleure ta destinée, et la dure vieillesse l'accable. Pour moi, je suis morte, et j'ai subi la destinée ; mais Artémis habile à lancer des flèches ne m'a point tuée de ses doux traits dans ma demeure, et la maladie ne m'a point saisie, elle qui enlève l'âme du corps affreusement flétri ;

mais le regret, le chagrin de ton absence, illustre Odysseus, et le souvenir de ta bonté, m'ont privée de la douce vie.

Elle parla ainsi, et je voulus, agité dans mon esprit, embrasser l'âme de ma mère morte. Et je m'élançai trois fois, et mon cœur me poussait à l'embrasser, et trois fois elle se dissipa comme une ombre, semblable à un songe. Et une vive douleur s'accrut dans mon cœur, et je lui dis ces paroles ailées :

— Ma mère, pourquoi ne m'attends-tu pas quand je désire t'embrasser ? Même chez Aidès, nous entourant de nos chers bras, nous nous serions rassasiés de deuil ! N'es-tu qu'une image que l'illustre Perséphonéia suscite afin que je gémisse davantage ?

Je parlai ainsi, et ma mère vénérable me répondit :

— Hélas ! mon enfant, le plus malheureux de tous les hommes, Perséphonéia, fille de Zeus, ne se joue point de toi ; mais telle est la loi des mortels quand ils sont morts. En effet, les nerfs ne soutiennent plus les chairs et les os, et la force du feu ardent les consume aussitôt que la vie abandonne les os blancs, et l'âme vole comme un songe. Mais retourne promptement à la lumière des vivants, et souviens-toi de toutes ces choses, afin de les redire à Pènélopéia.

Nous parlions ainsi, et les femmes et les filles des héros accoururent, excitées par l'illustre Perséphonéia. Et elles s'assemblaient, innombrables, autour du sang noir. Et je songeais comment je les interrogerais tour à tour ; et il me sembla meilleur, dans mon esprit, de tirer mon épée aiguë de la gaîne, le long de ma cuisse, et de ne point leur permettre de boire, toutes à la fois, le sang noir. Et elles approchèrent tour à tour, et chacune disait son origine, et je les interrogeais l'une après l'autre.

Et je vis d'abord Tyrô, née d'un noble père, car elle me dit qu'elle était la fille de l'irréprochable Salmoneus et la femme de Krètheus Aioliade. Et elle aimait le divin fleuve Énipeus, qui est le plus beau des fleuves qui coulent sur la terre ; et elle se promenait le long des belles eaux de l'Énipeus. Sous la figure de ce dernier, celui qui entoure la terre et qui la secoue sortit des bouches du fleuve tourbillonnant ; et une lame bleue, égale en hauteur à une montagne, enveloppa, en se recourbant, le Dieu et la femme mortelle. Et il dénoua sa ceinture de vierge, et il répandit sur elle le sommeil. Puis, ayant accompli le travail amoureux, il prit la main de Tyrô et lui dit :

— Réjouis-toi, femme, de mon amour. Dans une année tu enfanteras de beaux enfants, car la couche des Immortels n'est point inféconde. Nourris et élève-les. Maintenant, va vers ta demeure, mais prends garde et ne me nomme pas. Je suis pour toi seul Poseidaôn qui ébranle la terre.

Ayant ainsi parlé, il plongea dans la mer agitée. Et Tyrô, devenue enceinte, enfanta Péliès et Nèleus, illustres serviteurs du grand Zeus. Et Péliès riche en troupeaux habita la grande Iaolkôs, et Nèleus la sablonneuse Pylos. Puis, la reine des femmes conçut de son mari, Aisôn, Phérès et le dompteur de chevaux Hamythaôr.

Puis, je vis Antiopè, fille d'Aisopos, qui se glorifiait d'avoir dormi dans les bras de Zeus. Elle en eut deux fils, Amphiôn et Zèthos, qui, les premiers, bâtirent Thèbè aux sept portes et l'environnèrent de tours. Car ils n'auraient pu, sans ces tours, habiter la grande Thèbè, malgré leur courage.

Puis, je vis Alkmènè, la femme d'Amphitryôn, qui conçut Hèraklès au cœur de lion dans l'embrassement du magnanime Zeus ; puis, Mègarè, fille de l'orgueilleux Krèiôn, et qu'eut pour femme l'Amphitryonade indomptable dans sa force.

Puis, je vis la mère d'Oidipous, la belle Épikastè, qui commit un grand crime dans sa démence, s'étant mariée à son fils. Et celui-ci, ayant tué son père, épousa sa mère. Et les Dieux révélèrent ces actions aux hommes. Et Oidipous, subissant de grandes douleurs dans la désirable Thèbè, commanda aux Kadméiones par la volonté cruelle des Dieux. Et Épikastè descendit dans les demeures aux portes solides d'Aidès, ayant attaché, saisie de douleur, une corde à une haute poutre, et laissant à son fils les innombrables maux que font souffrir les Érinnyes d'une mère.

Puis, je vis la belle Khlôris qu'autrefois Nèleus épousa pour sa beauté, après lui avoir offert les présents nuptiaux. Et c'était la plus jeune fille d'Amphiôn Iaside qui commanda autrefois puissamment sur Orkhomènos Minyèénne et sur Pylos. Et elle conçut de lui de beaux enfants, Nestôr, Khromios et l'orgueilleux Périklyménos. Puis, elle enfanta l'illustre Pèrô, l'admiration des hommes qui la suppliaient tous, voulant l'épouser ; mais Nèleus ne voulait la donner qu'à celui qui enlèverait de Phylakè les bœufs au large front de la Force Iphikléenne. Seul, un divinateur irréprochable le promit ; mais la Moire contraire d'un Dieu, les rudes liens et les bergers l'en empêchèrent. Cependant, quand les jours et les mois se furent écoulés, et que, l'année achevée, les saisons recommencèrent, alors la Force Iphikléenne délivra l'irréprochable divinateur, et le dessein de Zeus s'accomplit.

Puis, je vis Lèdè, femme de Tyndaros. Et elle conçut de Tyndaros des fils excellents, Kastôr dompteur de chevaux et Polydeukès formidable par ses poings. La terre nourricière les enferme, encore vivants, et, sous la terre, ils sont honorés par Zeus. Ils vivent l'un après l'autre et meurent de même, et sont également honorés par les Dieux.

Puis, je vis Iphimédéia, femme d'Aôleus, et qui disait s'être unie à Poseidaôn. Et elle enfanta deux fils dont la vie fut brève, le héros Otos et l'illustre Éphialtès, et ils étaient les plus grands et les plus beaux qu'eût nourris la terre féconde, après l'illustre Oriôn. Ayant neuf ans, ils étaient larges de neuf coudées, et ils avaient neuf brasses de haut. Et ils menacèrent les Immortels de porter dans l'Olympos le combat de la guerre tumultueuse. Et ils tentèrent de poser l'Ossa sur l'Olympos et le Pèlios boisé sur l'Ossa, afin d'atteindre l'Ouranos. Et peut-être eussent-ils accompli leurs menaces, s'ils avaient eu leur puberté ; mais le fils de Zeus, qu'enfanta Lètô aux beaux cheveux, les tua tous deux, avant que le duvet fleurît sur leurs joues et qu'une barbe épaisse couvrît leurs mentons.

Puis, je vis Phaidrè, et Prokris, et la belle Ariadnè, fille du sage Minôs, que Thèseus conduisit autrefois de la Krètè dans la terre sacrée des Athénaiens ; mais il ne le put pas, car Artémis, sur l'avertissement de Dionysos, retint Ariadnè dans Diè entourée des flots.

Puis, je vis Mairè, et Klyménè, et la funeste Ériphylè qui trahit son mari pour de l'or.

Mais je ne pourrais ni vous dire combien je vis de femmes et de filles de héros, ni vous les nommer avant la fin de la nuit divine. Voici l'heure de dormir, soit dans la nef rapide avec mes compagnons, soit ici ; car c'est aux Dieux et à vous de prendre soin de mon départ.

Il parla ainsi, et tous restèrent immobiles et pleins de plaisir dans la demeure obscure. Alors, Arètè aux bras blancs parla la première :

— Phaiakiens, que penserons-nous de ce héros, de sa beauté, de sa majesté et de son esprit immuable ? Il est, certes, mon hôte, et c'est un honneur que vous partagez tous. Mais ne vous hâtez point de le renvoyer sans lui faire des présents, car il ne possède rien. Par la bonté des Dieux nous avons beaucoup de richesses dans nos demeures.

Alors, le vieux héros Ékhéneus parla ainsi, et c'était le plus vieux des Phaiakiens :

— Ô amis, la Reine prudente nous parle selon le sens droit. Obéissez donc. C'est à Alkinoos de parler et d'agir, et nous l'imiterons.

Et Alkinoos dit :

— Je ne puis parler autrement, tant que je vivrai et que je commanderai aux Phaiakiens habiles dans la navigation. Mais que notre hôte reste, malgré son désir de partir, et qu'il attende le matin, afin que je réunisse tous les présents. Le soin de son retour me regarde plus encore que tous les autres, car je commande pour le peuple.

Et le subtil Odysseus, lui répondant, parla ainsi :

— Roi Alkinoos, le plus illustre de tout le peuple, si vous m'ordonniez de rester ici toute l'année, tandis que vous prépareriez mon départ et que vous réuniriez de splendides présents, j'y consentirais volontiers ; car il vaudrait mieux pour moi rentrer les mains pleines dans ma chère patrie. J'en serais plus aimé et plus honoré de tous ceux qui me verraient de retour dans Ithakè.

Et Alkinoos lui dit :

— Ô Odysseus, certes, nous ne pouvons te soupçonner d'être un menteur et un voleur, comme tant d'autres vagabonds, que nourrit la noire terre, qui ne disent que des mensonges dont nul ne peut rien comprendre. Mais ta beauté, ton éloquence, ce que tu as raconté, d'accord avec l'Aoide, des maux cruels des Akhaiens et des tiens, tout a pénétré en nous. Dis-moi donc et parle avec vérité, si tu as vu quelques-uns de tes illustres compagnons qui t'ont suivi à Ilios et que la destinée a frappés là. La nuit sera encore longue, et le temps n'est point venu de dormir dans nos demeures. Dis-moi donc tes travaux admirables. Certes, je t'écouterai jusqu'au retour de la divine Éôs, si tu veux nous dire tes douleurs.

Et le subtil Odysseus parla ainsi :

— Roi Alkinoos, le plus illustre de tout le peuple, il y a un temps de parler et un temps de dormir ; mais, si tu désires m'entendre, certes, je ne refuserai pas de raconter les misères et les douleurs de mes compagnons, de ceux qui ont péri auparavant, ou qui, ayant échappé à la guerre lamentable des Troiens, ont péri au retour par la ruse d'une femme perfide.

Après que la vénérable Perséphonéia eut dispersé çà et là les âmes des femmes, survint l'âme pleine de tristesse de l'Atréide Agamemnôn ; et elle était entourée de toutes les âmes de ceux qui avaient subi la destinée et qui avaient péri avec lui dans la demeure d'Aigisthos.

Ayant bu le sang noir, il me reconnut aussitôt, et il pleura, en versant des larmes amères, et il étendit les bras pour me saisir ; mais la force qui était en lui autrefois n'était plus, ni la vigueur qui animait ses membres souples. Et je pleurai en le voyant, plein de pitié dans mon cœur, et je lui dis ces paroles ailées :

— Atréide Agamemnôn, roi des hommes, comment la Kèr de la dure mort t'a-t-elle dompté ? Poseidaôn t'a-t-il dompté dans tes nefs en excitant les immenses souffles des vents terribles, ou des hommes ennemis t'ont-ils frappé sur la terre ferme, tandis que tu enlevais leurs bœufs et leurs beaux troupeaux de brebis, ou bien que tu combattais pour ta ville et pour tes femmes ?

Je parlai ainsi, et, aussitôt, il me répondit :

— Divin Laertiade, subtil Odysseus, Poseidaôn ne m'a point dompté sur mes nefs, en excitant les immenses souffles des vents terribles, et des hommes ennemis ne m'ont point frappé sur la terre ferme ; mais Aigisthos m'a infligé la Kèr et la mort à l'aide de ma femme perfide. M'ayant convié à un repas dans la demeure, il m'a tué comme un bœuf à l'étable. J'ai subi ainsi une très-lamentable mort. Et, autour de moi, mes compagnons ont été égorgés comme des porcs aux dents blanches, qui sont tués dans les demeures d'un homme riche et puissant, pour des noces, des festins sacrés ou des repas de fête. Certes, tu t'es trouvé au milieu du carnage de nombreux guerriers, entouré de morts, dans la terrible mêlée ; mais tu aurais gémi dans ton cœur de voir cela. Et nous gisions dans les demeures, parmi les kratères et les tables chargées, et toute la salle était souillée de sang. Et j'entendais la voix lamentable de la fille de Priamos, Kassandrè, que la perfide Klytaimnestrè égorgeait auprès de moi. Et comme j'étais étendu mourant, je soulevai mes mains vers mon épée ; mais la femme aux yeux de chien s'éloigna et elle ne voulut point fermer mes yeux et ma bouche au moment où je descendais dans la demeure d'Aidès. Rien n'est plus cruel, ni plus impie qu'une femme qui a pu méditer de tels crimes.

Ainsi, certes, Klytaimnestrè prépara le meurtre misérable du premier mari qui la posséda, et je péris ainsi, quand je croyais rentrer dans ma demeure, bien accueilli de mes enfants, de mes servantes et de mes esclaves ! Mais cette femme, pleine d'affreuses pensées, couvrira de sa honte toutes les autres femmes futures, et même celles qui auront la sagesse en partage.

Il parla ainsi, et je lui répondis :

— Ô Dieux ! combien, certes, Zeus qui tonne hautement n'a-t-il point haï la race d'Atreus à cause des actions des femmes ! Déjà, à cause de Hélénè beaucoup d'entre nous sont morts, et Klytaimnestrè préparait sa trahison pendant que tu étais absent.

Je parlai ainsi, et il me répondit aussitôt :

— C'est pourquoi, maintenant, ne sois jamais trop bon envers ta femme, et ne lui confie point toutes tes pensées, mais n'en dis que quelques-unes et cache-lui-en une partie. Mais pour toi, Odysseus, ta perte ne te viendra point de ta femme, car la sage fille d'Ikarios, Pènélopéia, est pleine de prudence et de bonnes pensées dans son esprit. Nous l'avons laissée nouvellement mariée quand nous sommes partis pour la guerre, et son fils enfant était suspendu à sa mamelle ; et maintenant celui-ci s'assied parmi les hommes ; et il est heureux, car son cher père le verra en arrivant, et il embrassera son père. Pour moi, ma femme n'a point permis à mes yeux de se rassasier de mon fils, et m'a tué auparavant. Mais je te dirai une autre chose ; garde mon conseil dans ton esprit : Fais aborder ta nef dans la chère terre de la patrie, non ouvertement, mais en secret ; car il ne faut point se confier dans les femmes. Maintenant, parle et dis-moi la vérité. As-tu entendu dire que mon fils fût encore vivant, soit à Orkhoménos, soit dans la sablonneuse Pylos, soit auprès de Ménélaos dans la grande Sparta ? En effet, le divin Orestès n'est point encore mort sur la terre.

Il parla ainsi, et je lui répondis :

— Atréide, pourquoi me demandes-tu ces choses ? Je ne sais s'il est mort ou vivant. Il ne faut point parler inutilement.

Et nous échangions ainsi de tristes paroles, affligés et répandant des larmes. Et l'âme du Pèlèiade Akhilleus survint, celle de Patroklos, et celle de l'irréprochable Antilokhos, et celle d'Aias qui était le plus grand et le plus beau de tous les Akhaiens, après l'irréprochable Pèléiôn. Et l'âme du rapide Aiakide me reconnut, et, en gémissant, il me dit ces paroles ailées :

— Divin Laertiade, subtil Odysseus, malheureux, comment as-tu pu méditer quelque chose de plus grand que tes autres actions ? Comment as-tu osé venir chez Aidès où habitent les images vaines des hommes morts ?

Il parla ainsi, et je lui répondis :

— Ô Akhilleus, fils de Pèleus, le plus brave des Akhaiens, je suis venu pour l'oracle de Teirésias, afin qu'il m'apprenne comment je parviendrai dans l'âpre Ithakè, car je n'ai abordé ni l'Akhaiè, ni la terre de ma patrie, et j'ai toujours souffert. Mais toi, Akhilleus, aucun des anciens hommes n'a été, ni aucun des hommes futurs ne sera plus heureux que toi.

Vivant, nous, Akhaiens, nous t'honorions comme un Dieu, et, maintenant, tu commandes à tous les morts. Tel que te voilà, et bien que mort, ne te plains pas, Akhilleus.

Je parlai ainsi, et il me répondit :

— Ne me parle point de la mort, illustre Odysseus ! J'aimerais mieux être un laboureur, et servir, pour un salaire, un homme pauvre et pouvant à peine se nourrir, que de commander à tous les morts qui ne sont plus. Mais parle-moi de mon illustre fils. Combat-il au premier rang, ou non ? Dis-moi ce que tu as appris de l'irréprochable Pèleus. Possède-t-il encore les mêmes honneurs parmi les nombreux Myrmidones, ou le méprisent-ils dans Hellas et dans la Phthiè, parce que ses mains et ses pieds sont liés par la vieillesse ? En effet, je ne suis plus là pour le défendre, sous la splendeur de Hèlios, tel que j'étais autrefois devant la grande Troiè, quand je domptais les plus braves, en combattant pour les Akhaiens. Si j'apparaissais ainsi, un instant, dans la demeure de mon père, certes, je dompterais de ma force et de mes mains inévitables ceux qui l'outragent ou qui lui enlèvent ses honneurs.

Il parla ainsi, et je lui répondis :

— Certes, je n'ai rien appris de l'irréprochable Pèleus ; mais je te dirai toute la vérité, comme tu le désires, sur ton cher fils Néoptolémos. Je l'ai conduit moi-même, sur une nef creuse, de l'île Skyros vers les Akhaiens aux belles knèmides. Quand nous convoquions l'agora devant la ville Troiè, il parlait le premier sans se tromper jamais, et l'illustre Nestôr et moi nous luttions seuls contre lui. Toutes les fois que nous, Akhaiens, nous combattions autour de la ville des Troiens, jamais il ne restait dans la foule des guerriers, ni dans la mêlée ; mais il courait en avant, ne le cédant à personne en courage. Et il tua beaucoup de guerriers dans le combat terrible, et je ne pourrais ni les rappeler, ni les nommer tous, tant il en a tué en défendant les Akhaiens. C'est ainsi qu'il tua avec l'airain le héros Tèléphide Eurypylos ; et autour de celui-ci de nombreux Kètéiens furent tués à cause des présents des femmes. Et Eurypylos était le plus beau des hommes que j'aie vus, après le divin Memnôn. Et quand nous montâmes, nous, les princes des Akhaiens, dans le Cheval qu'avait fait Épéios, c'est à moi qu'ils remirent le soin d'ouvrir ou de fermer cette énorme embûche. Et les autres chefs des Akhaiens versaient des larmes, et les membres de chacun tremblaient ; mais lui, je ne le vis jamais ni pâlir, ni trembler, ni pleurer. Et il me suppliait de le laisser sortir du Cheval, et il secouait son épée et sa lance lourde d'airain, en méditant la perte des Troiens. Et quand nous eûmes renversé la haute ville de Priamos, il monta, avec une illustre part du butin, sur sa nef, sain et sauf, n'ayant jamais été blessé de l'airain aigu, ni de près ni de loin, comme il arrive toujours dans la guerre, quand Arès mêle furieusement les guerriers.

Je parlai ainsi, et l'âme de l'Aiakide aux pieds rapides s'éloigna, marchant fièrement sur la prairie d'asphodèle, et joyeuse, parce que je lui avais dit que son fils était illustre par son courage.

Et les autres âmes de ceux qui ne sont plus s'avançaient tristement, et chacune me disait ses douleurs ; mais, seule, l'âme du Télamoniade Aias restait à l'écart, irritée à cause de la victoire que j'avais remportée sur lui, auprès des nefs, pour les armes d'Akhilleus. La mère vénérable de l'Aiakide les déposa devant tous, et nos juges furent les fils des Troiens et Pallas Athènè. Plût aux dieux que je ne l'eusse point emporté dans cette lutte qui envoya sous la terre une telle tête, Aias, le plus beau et le plus brave des Akhaiens après l'irréprochable Pèléiôn ! Et je lui adressai ces douces paroles :

— Aias, fils irréprochable de Télamôn, ne devrais-tu pas, étant mort, déposer ta colère à cause des armes fatales que les dieux nous donnèrent pour la ruine des Argiens ? Ainsi, tu as péri, toi qui étais pour eux comme une tour ! Et les Akhaiens ne t'ont pas moins pleuré que le Pèlèiade Akhilleus. Et la faute n'en est à personne. Zeus, seul, dans sa haine pour l'armée des Danaens, t'a livré à la Moire. Viens, ô Roi, écoute ma prière, et dompte ta colère et ton cœur magnanime.

Je parlai ainsi, mais il ne me répondit rien, et il se mêla, dans l'Érébos, aux autres âmes des morts qui ne sont plus. Cependant, il m'eût parlé comme je lui parlais, bien qu'il fût irrité ; mais j'aimai mieux, dans mon cher cœur, voir les autres âmes des morts.

Et je vis Minôs, l'illustre fils de Zeus, et il tenait un sceptre d'or, et, assis, il jugeait les morts. Et ils s'asseyaient et se levaient autour de lui, pour défendre leur cause, dans la vaste demeure d'Aidès.

Puis, je vis le grand Oriôn chassant, dans la prairie d'asphodèle, les bêtes fauves qu'il avait tuées autrefois sur les montagnes sauvages, en portant dans ses mains la massue d'airain qui ne se brisait jamais.

Puis, je vis Tityos, le fils de l'illustre Gaia, étendu sur le sol et long de neuf plèthres. Et deux vautours, des deux côtés, fouillaient son foie avec leurs becs ; et, de ses mains, il ne pouvait les chasser ; car, en effet, il avait outragé par violence Lètô, l'illustre concubine de Zeus, comme elle allait à Pythô, le long du riant Panopeus.

Et je vis Tantalos, subissant de cruelles douleurs, debout dans un lac qui lui baignait le menton. Et il était là, souffrant la soif et ne pouvant boire. Toutes les fois, en effet, que le vieillard se penchait, dans son désir de boire, l'eau décroissait absorbée, et la terre noire apparaissait autour de ses pieds, et un daimôn la desséchait. Et des arbres élevés laissaient pendre leurs fruits sur sa tête, des poires, des grenades, des oranges, des figues douces et des olives vertes. Et toutes les fois que le vieillard voulait les saisir de ses mains, le vent les soulevait jusqu'aux nuées sombres.

Et je vis Sisyphos subissant de grandes douleurs et poussant un immense rocher avec ses deux mains. Et il s'efforçait, poussant ce rocher des mains et des pieds jusqu'au faîte d'une montagne. Et quand il était près d'atteindre ce faîte, alors la force lui manquait, et l'immense rocher roulait jusqu'au bas. Et il recommençait de nouveau, et la sueur coulait de ses membres, et la poussière s'élevait au-dessus de sa tête.

Et je vis la Force Hèrakléenne, ou son image, car lui-même est auprès des Dieux immortels, jouissant de leurs repas et possédant Hèbè aux beaux talons, fille du magnanime Zeus et de Hèrè aux sandales d'or. Et, autour de la Force Hèrakléenne, la rumeur des morts était comme celle des oiseaux, et ils fuyaient de toutes parts. Et Hèraklès s'avançait, semblable à la nuit sombre, l'arc en main, la flèche sur le nerf, avec un regard sombre, comme un homme qui va lancer un trait. Un effrayant baudrier d'or entourait sa poitrine, et des images admirables y étaient sculptées, des ours, des sangliers sauvages et des lions terribles des batailles, des mêlées et des combats tueurs d'hommes, par un trou habile ouvrier en cet orfèvre habile. Et, m'ayant vu, il me reconnut aussitôt, et il me dit en gémissant ces paroles ailées :

— Divin Laertiade, subtil Odysseus, sans doute tu es misérable et une mauvaise destinée te conduit, ainsi que moi, quand j'étais sous la clarté de Hèlios. J'étais le fils du Kroniôn Zeus, mais je subissais d'innombrables misères, opprimé par un homme qui m'était inférieur et qui me commandait de lourds travaux. Il m'envoya autrefois ici pour enlever le chien Kerbéros, et il pensait que ce serait mon plus cruel travail ; mais j'enlevai Kerbéros et je le traînai hors des demeures d'Aidès, car Herméias et Athènè aux yeux clairs m'avaient aidé.

Il parla ainsi, et il rentra dans la demeure d'Aidès. Et moi, je restai là, immobile, afin de voir quelques-uns des hommes héroïques qui étaient morts dans les temps antiques ; et peut-être eussé-je vu les anciens héros que je désirais, Thèseus, Peirithoos, illustres enfants des Dieux ; mais l'innombrable multitude des morts s'agita avec un si grand tumulte que la pâle terreur me saisit, et je craignis que l'illustre Perséphonéia m'envoyât, du Hadès, la tête de l'horrible monstre Gorgônien. Et aussitôt je retournai vers ma nef, et j'ordonnai à mes compagnons d'y monter et de détacher le câble. Et aussitôt ils s'assirent sur les bancs de la nef, et le courant emporta celle-ci sur le fleuve Okéanos, à l'aide de la force des avirons et du vent favorable.

RHAPSODIE XII

La nef, ayant quitté le Fleuve Okéanos, courut sur les flots de la mer, là où Hèlios se lève, où Éôs, née au matin, a ses demeures et ses chœurs, vers l'île Aiaiè. Étant arrivés là, nous tirâmes la nef sur le sable ; puis, descendant sur le rivage de la mer, nous nous endormîmes en attendant la divine Éôs.

Et quand Éôs aux doigts rosés, née au matin, apparut, j'envoyai mes compagnons vers la demeure de Kirkè, afin d'en rapporter le cadavre d'Elpènôr qui n'était plus. Puis, ayant coupé des arbres sur la hauteur du rivage, nous fîmes ses funérailles, tristes et versant d'abondantes larmes. Et quand le cadavre et les armes du mort eurent été brûlés, ayant construit le tombeau surmonté d'une colonne, nous plantâmes l'aviron au sommet. Et ces choses furent faites ; mais, en revenant du Hadès, nous ne retournâmes point chez Kirkè. Elle vint elle-même à la hâte, et, avec elle, vinrent ses servantes qui portaient du pain, des chairs abondantes et du vin rouge. Et la noble Déesse au milieu de nous, parla ainsi :

— Malheureux, qui, vivants, êtes descendus dans la demeure d'Aidès, vous mourrez deux fois, et les autres hommes ne meurent qu'une fois. Allons ! mangez et buvez pendant tout le jour, jusqu'à la chute de Hèlios ; et, à la lumière naissante, vous naviguerez, et je vous dirai la route, et je vous avertirai de toute chose, de peur que vous subissiez encore des maux cruels sur la mer ou sur la terre.

Elle parla ainsi, et elle persuada notre âme généreuse. Et, pendant tout le jour, jusqu'à la chute de Hèlios, nous restâmes, mangeant les chairs abondantes et buvant le vin doux. Et, quand Hèlios tomba, le soir survint, et mes compagnons s'endormirent auprès des câbles de la nef. Mais Kirkè, me prenant par la main, me conduisit loin de mes compagnons, et, s'étant couchée avec moi, m'interrogea sur les choses qui m'étaient arrivées. Et je lui racontai tout, et, alors, la vénérable Kirkè me dit :

— Ainsi, tu as accompli tous ces travaux. Maintenant, écoute ce que je vais te dire. Un Dieu lui-même fera que tu t'en souviennes. Tu rencontreras d'abord les Seirènes qui charment tous les hommes qui les approchent ; mais il est perdu celui qui, par imprudence, écoute leur chant, et jamais sa femme et ses enfants ne le reverront dans sa demeure, et ne se réjouiront. Les Seirènes le charment par leur chant harmonieux, assises dans une prairie, autour d'un grand amas d'ossements d'hommes et de peaux en putréfaction. Navigue rapidement au delà, et bouche les oreilles de tes compagnons avec de la cire molle, de peur qu'aucun d'eux entende. Pour toi, écoute-les, si tu veux ; mais que tes compagnons te lient, à l'aide de cordes, dans la nef rapide, debout contre le mât, par les pieds et les mains, avant que tu écoutes avec une grande volupté la voix des Seirènes. Et, si tu pries tes compagnons, si tu leur ordonnes de te délier, qu'ils te chargent de plus de liens encore. Après que vous aurez navigué au delà, je ne puis te dire, des deux voies que tu trouveras, laquelle choisir ; mais tu te décideras dans ton esprit. Je te les décrirai cependant. Là, se dressent deux hautes roches, et contre elles retentissent les grands flots d'Amphitritè aux yeux bleus. Les Dieux heureux les nomment les Errantes. Et jamais les oiseaux ne volent au delà, pas même les timides colombes qui portent l'ambroisie au Père Zeus. Souvent une d'elles tombe sur la roche, mais le Père en crée une autre, afin que le nombre en soit complet. Jamais aucune nef, ayant approché ces roches, n'en a échappé ; et les flots de la mer et la tempête pleine d'éclairs emportent les bancs de rameurs et les corps des hommes. Et une seule nef, sillonnant la mer, a navigué au delà : Argô, chère à tous les dieux, et qui revenait de la terre d'Aiètès. Et même, elle allait être jetée contre les grandes roches, mais Hèrè la fit passer outre, car Jèsôn lui était cher. Tels sont ces deux écueils. L'un, de son faîte aigu, atteint le haut Ouranos, et une nuée bleue l'environne sans cesse, et jamais la sérénité ne baigne son sommet, ni en été, ni en automne, et jamais aucun homme mortel ne pourrait y monter ou en descendre, quand il aurait vingt bras et vingt pieds, tant la roche est haute et semblable à une pierre polie. Au milieu de l'écueil il y a une caverne noire dont l'entrée est tournée vers l'Érébos ; et c'est de cette caverne, illustre Odysseus, qu'il faut approcher ta nef creuse. Un homme dans la force de la jeunesse ne pourrait, de sa nef, lancer une flèche jusque dans cette caverne profonde. Et c'est là qu'habite Skyllè qui pousse des rugissements et dont la voix est aussi forte que celle d'un jeune lion. C'est un monstre prodigieux, et nul n'est joyeux de l'avoir vu, pas même un Dieu. Elle a douze pieds difformes, et six cous sortent longuement de son corps, et à chaque cou est attachée une tête horrible, et dans chaque gueule pleine de la noire mort il y a une triple rangée de dents épaisses et nombreuses. Et elle est plongée dans la caverne creuse jusqu'aux reins ; mais elle étend au dehors ses têtes, et, regardant autour de l'écueil, elle saisit les dauphins, les chiens de mer et les autres monstres innombrables qu'elle veut prendre et que nourrit la gémissante Amphitritè. Jamais les marins ne pourront se glorifier d'avoir passé auprès d'elle sains et saufs sur leur nef, car chaque tête enlève un homme hors de la nef à proue bleue. L'autre écueil voisin que tu verras, Odysseus, est moins élevé, et tu en atteindrais le sommet d'un trait. Il y croît un grand figuier sauvage chargé de feuilles, et, sous ce figuier, la divine Kharybdis engloutit l'eau noire. Et elle la revomit trois fois par jour et elle l'engloutit trois fois horriblement. Et si tu arrivais quand elle l'engloutit, Celui qui ébranle la terre, lui-même, voudrait te sauver, qu'il ne le pourrait pas. Pousse donc rapidement ta nef le long de Skyllè, car il vaut mieux perdre six hommes de tes compagnons, que de les perdre tous.

Elle parla ainsi, et je lui répondis :

— Parle, déesse, et dis-moi la vérité. Si je puis échapper à la désastreuse Kharybdis, ne pourrai-je attaquer Skyllè, quand elle saisira mes compagnons ?

Je parlai ainsi, et la noble Déesse me répondit :

— Malheureux, tu songes donc encore aux travaux de la guerre ? Et tu ne veux pas céder, même aux Dieux immortels ! Mais Skyllè n'est point mortelle, et c'est un monstre cruel, terrible et sauvage, et qui ne peut être combattu. Aucun courage ne peut en triompher. Si tu ne te hâtes point, ayant saisi tes armes près de la Roche, je crains que, se ruant de nouveau, elle emporte autant de têtes qu'elle a déjà enlevé d'hommes. Vogue donc rapidement, et invoque Krataïs, mère de Skyllè, qui l'a enfantée pour la perte des hommes, afin qu'elle l'apaise, et que celle-ci ne se précipite point de nouveau. Tu arriveras ensuite à l'île Thrinakiè. Là, paissent les bœufs et les gras troupeaux de Hèlios. Et il a sept troupeaux de bœufs et autant de brebis, cinquante par troupeau. Et ils ne font point de petits, et ils ne meurent point, et leurs pasteurs sont deux Nymphes divines, Phaéthousa et Lampétiè, que la divine Néaira a conçues du Hypérionide Hèlios. Et leur mère vénérable les enfanta et les nourrit, et elle les laissa dans l'île Thrinakiè, afin qu'elles habitassent au loin, gardant les brebis paternelles et les bœufs aux cornes recourbées. Si, songeant à ton retour, tu ne touches point à ces troupeaux, vous rentrerez tous dans Ithakè, après avoir beaucoup souffert ; mais si tu les blesses, alors je te prédis la perte de ta nef et de tes compagnons. Et tu échapperas seul, mais tu rentreras tard et misérablement dans ta demeure, ayant perdu tous tes compagnons.

Elle parla ainsi, et aussitôt Éôs s'assit sur son trône d'or, et la noble Déesse Kirkè disparut dans l'île. Et, retournant vers ma nef, j'excitai mes compagnons à y monter et à détacher les câbles. Et ils montèrent aussitôt, et ils s'assirent en ordre sur les bancs, et ils frappèrent la blanche mer de leurs avirons. Kirkè aux beaux cheveux, terrible et vénérable Déesse, envoya derrière la nef à proue bleue un vent favorable qui emplit la voile ; et, toutes choses étant mises en place sur la nef, nous nous assîmes, et le vent et le pilote nous conduisirent. Alors, triste dans le cœur, je dis à mes compagnons :

— Ô amis, il ne faut pas qu'un seul, et même deux seulement d'entre nous, sachent ce que m'a prédit la noble Déesse Kirkè ; mais il faut que nous le sachions tous, et je vous le dirai. Nous mourrons après, ou, évitant le danger, nous échapperons à la mort et à la Kèr. Avant tout, elle nous ordonne de fuir le chant et la prairie des divines Seirènes, et à moi seul elle permet de les écouter ; mais liez-moi fortement avec des cordes, debout contre le mât, afin que j'y reste immobile, et, si je vous supplie et vous ordonne de me délier, alors, au contraire, chargez-moi de plus de liens.

Et je disais cela à mes compagnons, et, pendant ce temps, la nef bien construite approcha rapidement de l'île des Seirènes, tant le vent favorable nous poussait ; mais il s'apaisa aussitôt, et il fit silence, et un Daimôn assoupit les flots. Alors, mes compagnons, se levant, plièrent les voiles et les déposèrent dans la nef creuse ; et, s'étant assis, ils blanchirent l'eau avec leurs avirons polis. Et je coupai, à l'aide de l'airain tranchant, une grande masse ronde de cire, dont je pressai les morceaux dans mes fortes mains ; et la cire s'amollit, car la chaleur du Roi Hèlios était brûlante, et j'employais une grande force. Et je fermai les oreilles de tous mes compagnons. Et, dans la nef, ils me lièrent avec des cordes, par les pieds et les mains, debout contre le mât. Puis, s'asseyant, ils frappèrent de leurs avirons la mer écumeuse.

Et nous approchâmes à la portée de la voix, et la nef rapide, étant proche, fut promptement aperçue par les Seirènes, et elles chantèrent leur chant harmonieux :

— Viens, ô illustre Odysseus, grande gloire des Akhaiens. Arrête ta nef, afin d'écouter notre voix. Aucun homme n'a dépassé notre île sur sa nef noire sans écouter notre douce voix ; puis, il s'éloigne, plein de joie, et sachant de nombreuses choses. Nous savons, en effet, tout ce que les Akhaiens et les Troiens ont subi devant la grande Troiè par la volonté des Dieux, et nous savons aussi tout ce qui arrive sur la terre nourricière.

Elles chantaient ainsi, faisant résonner leur belle voix, et mon cœur voulait les entendre ; et, en remuant les sourcils, je fis signe à mes compagnons de me détacher ; mais ils agitaient plus ardemment les avirons ; et, aussitôt, Périmèdès et Eurylokhos, se levant, me chargèrent de plus de liens.

Après que nous les eûmes dépassées et que nous n'entendîmes plus leur voix et leur chant, mes chers compagnons retirèrent la cire de leurs oreilles et me détachèrent ; mais, à peine avions-nous laissé l'île, que je vis de la fumée et de grands flots et que j'entendis un bruit immense. Et mes compagnons, frappés de crainte, laissèrent les avirons tomber de leurs mains. Et le courant emportait la nef, parce qu'ils n'agitaient plus les avirons. Et moi, courant çà et là, j'exhortai chacun d'eux par de douces paroles :

— Ô amis, nous n'ignorons pas les maux. N'avons nous pas enduré un mal pire quand le Kyklôps nous tenait renfermés dans sa caverne creuse avec une violence horrible ? Mais, alors, par ma vertu, par mon intelligence et ma sagesse, nous lui avons échappé. Je ne pense pas que vous l'ayez oublié. Donc, maintenant, faites ce que je dirai ; obéissez tous. Vous, assis sur les bancs, frappez de vos avirons les flots profonds de la mer ; et toi, pilote, je t'ordonne ceci, retiens-le dans ton esprit, puisque tu tiens le gouvernail de la nef creuse. Dirige-la en dehors de cette fumée et de ce courant, et gagne cet autre écueil. Ne cesse pas d'y tendre avec vigueur, et tu détourneras notre perte.

Je parlai ainsi, et ils obéirent promptement à mes paroles ; mais je ne leur dis rien de Skyllè, cette irrémédiable tristesse, de peur qu'épouvantés, ils cessassent de remuer les avirons, pour se cacher tous ensemble dans le fond de la nef. Et alors j'oubliai les ordres cruels de Kirkè qui m'avait recommandé de ne point m'armer. Et, m'étant revêtu de mes armes splendides, et, ayant pris deux, longues lances, je montai sur la proue de la nef d'où je croyais apercevoir d'abord la rocheuse Skyllè apportant la mort à mes compagnons. Mais je ne pus la voir, mes yeux se fatiguaient à regarder de tous les côtés de la Roche noire.

Et nous traversions ce détroit en gémissant. D'un côté était Skyllè ; et, de l'autre, la divine Kharybdis engloutissait l'horrible eau salée de la mer ; et, quand elle la revomissait, celle-ci bouillonnait comme dans un bassin sur un grand feu, et elle la lançait en l'air, et l'eau pleuvait sur les deux écueils. Et, quand elle engloutissait de nouveau l'eau salée de la mer, elle semblait bouleversée jusqu'au fond, et elle rugissait affreusement autour de la Roche ; et le sable bleu du fond apparaissait, et la pâle terreur saisit mes compagnons. Et nous regardions Kharybdis, car c'était d'elle que nous attendions notre perte ; mais, pendant ce temps, Skyllè enleva de la nef creuse six de mes plus braves compagnons. Et, comme je regardais sur la nef, je vis leurs pieds et leurs mains qui passaient dans l'air ; et ils m'appelaient dans leur désespoir.

De même qu'un pêcheur, du haut d'un rocher, avec une longue baguette, envoie dans la mer, aux petits poissons, un appât enfermé dans la corne d'un bœuf sauvage, et jette chaque poisson qu'il a pris, palpitant, sur le rocher ; de même Skyllè emportait mes compagnons palpitants et les dévorait sur le seuil, tandis qu'ils poussaient des cris et qu'ils tendaient vers moi leurs mains. Et c'était la chose la plus lamentable de toutes celles que j'aie vues dans mes courses sur la mer.

Après avoir fui l'horrible Kharybdis et Skyllè, nous arrivâmes à l'île irréprochable du Dieu. Et là étaient les bœufs irréprochables aux larges fronts et les gras troupeaux du Hypérionide Hèlios. Et comme j'étais encore en mer, sur la nef noire, j'entendis les mugissements des bœufs dans les étables et le bêlement des brebis ; et la parole du Divinateur aveugle, du Thébain Teirésias, me revint à l'esprit, et Kirkè aussi qui m'avait recommandé d'éviter l'île de Hèlios qui charme les hommes. Alors, triste dans mon cœur, je parlai ainsi à mes compagnons :

— Écoutez mes paroles, compagnons, bien qu'accablés de maux, afin que je vous dise les oracles de Teirésias et de Kirkè qui m'a recommandé de fuir promptement l'île de Hèlios qui donne la lumière aux hommes. Elle m'a dit qu'un grand malheur nous menaçait ici. Donc, poussez la nef noire au delà de cette île.

Je parlai ainsi, et leur cher cœur fut brisé. Et, aussitôt, Eurylokhos me répondit par ces paroles funestes :

— Tu es dur pour nous, ô Odysseus ! Ta force est grande, et tes membres ne sont jamais fatigués, et tout te semble de fer. Tu ne veux pas que tes compagnons, chargés de fatigue et de sommeil, descendent à terre, dans cette île entourée des flots où nous aurions préparé un repas abondant ; et tu ordonnes que nous errions à l'aventure, pendant la nuit rapide, loin de cette île, sur la sombre mer ! Les vents de la nuit sont dangereux et perdent les nefs. Qui de nous éviterait la Kèr fatale, si, soudainement, survenait une tempête du Notos ou du violent Zéphyros qui perdent le plus sûrement les nefs, même malgré les Dieux ? Maintenant donc, obéissons à la nuit noire, et préparons notre repas auprès de la nef rapide. Nous y remonterons demain, au matin, et nous fendrons la vaste mer.

Eurylokhos parla ainsi, et mes compagnons l'approuvèrent. Et je vis sûrement qu'un Daimôn méditait leur perte. Et je lui dis ces paroles ailées :

— Eurylokhos, vous me faites violence, car je suis seul ; mais jure-moi, par un grand serment, que, si nous trouvons quelque troupeau de bœufs ou de nombreuses brebis, aucun de vous, de peur de commettre un crime, ne tuera ni un bœuf, ni une brebis. Mangez tranquillement les vivres que nous a donnés l'immortelle Kirkè.

Je parlai ainsi, et, aussitôt, ils me le jurèrent comme je l'avais ordonné. Et, après qu'ils eurent prononcé toutes les paroles du serment, nous arrêtâmes la nef bien construite, dans un port profond, auprès d'une eau douce ; et mes compagnons sortirent de la nef et préparèrent à la hâte leur repas. Puis, après s'être rassasiés de boire et de manger, ils pleurèrent leurs chers compagnons que Skyllè avait enlevés de la nef creuse et dévorés. Et, tandis qu'ils pleuraient, le doux sommeil les saisit. Mais, vers la troisième partie de la nuit, à l'heure où les astres s'inclinent, Zeus qui amasse les nuées excita un vent violent, avec de grands tourbillons ; et il enveloppa la terre et la mer de brouillards, et l'obscurité tomba de l'Ouranos.

Et quand Éôs aux doigts rosés, née au matin, apparut, nous traînâmes la nef à l'abri dans une caverne profonde. Là étaient les belles demeures des Nymphes et leurs siéges. Et alors, ayant réuni l'agora, je parlai ainsi :

— Ô amis, il y a dans la nef rapide à boire et à manger. Abstenons-nous donc de ces bœufs, de peur d'un grand malheur. En effet, ce sont les bœufs terribles et les illustres troupeaux d'un Dieu, de Hèlios, qui voit et entend tout.

Je parlai ainsi, et leur esprit généreux fut persuadé. Et, tout un mois, le Notos souffla perpétuellement ; et aucun des autres vents ne soufflait, que le Notos et l'Euros. Et aussi longtemps que mes compagnons eurent du pain et du vin rouge, ils s'abstinrent des bœufs qu'ils désiraient vivement ; mais quand tous les vivres furent épuisés, la nécessité nous contraignant, nous fîmes, à l'aide d'hameçons recourbés, notre proie des poissons et des oiseaux qui nous tombaient entre les mains. Et la faim tourmentait notre ventre.

Alors, je m'enfonçai dans l'île, afin de supplier les Dieux, et de voir si un d'entre eux me montrerait le chemin du retour. Et j'allai dans l'île, et, laissant mes compagnons, je lavai mes mains à l'abri du vent, et je suppliai tous les Dieux qui habitent le large Olympos. Et ils répandirent le doux sommeil sur mes paupières. Alors, Eurylokhos inspira à mes compagnons un dessein fatal :

— Écoutez mes paroles, compagnons, bien que souffrant beaucoup de maux. Toutes les morts sont odieuses aux misérables hommes, mais mourir par la faim est tout ce qu'il y a de plus lamentable. Allons ! saisissons les meilleurs bœufs de Hèlios, et sacrifions-les aux Immortels qui habitent le large Ouranos. Si nous rentrons dans Ithakè, dans la terre de la patrie, nous élèverons aussitôt à Hèlios un beau temple où nous placerons toute sorte de choses précieuses ; mais, s'il est irrité à cause de ses bœufs aux cornes dressées, et s'il veut perdre la nef, et si les autres Dieux y consentent, j'aime mieux mourir en une fois, étouffé par les flots, que de souffrir plus longtemps dans cette île déserte.

Eurylokhos parla ainsi, et tous l'applaudirent. Et, aussitôt, ils entraînèrent les meilleurs bœufs de Hèlios, car les bœufs noirs au large front paissaient non loin de la nef à proue bleue. Et, les entourant, ils les vouèrent aux Immortels ; et ils prirent les feuilles d'un jeune chêne, car ils n'avaient point d'orge blanche dans la nef. Et, après avoir prié, ils égorgèrent les bœufs et les écorchèrent ; puis, ils rôtirent les cuisses recouvertes d'une double graisse, et ils posèrent par-dessus les entrailles crues. Et, n'ayant point de vin pour faire les libations sur le feu du sacrifice, ils en firent avec de l'eau, tandis qu'ils rôtissaient les entrailles. Quand les cuisses furent consumées, ils goûtèrent les entrailles. Puis, ayant coupé le reste en morceaux, ils les traversèrent de broches.

Alors, le doux sommeil quitta mes paupières, et je me hâtai de retourner vers la mer et vers la nef rapide. Mais quand je fus près du lieu où celle-ci avait été poussée, la douce odeur vint au-devant de moi. Et, gémissant, je criai vers les Dieux immortels :

— Père Zeus, et vous, dieux heureux et immortels, certes, c'est pour mon plus grand malheur que vous m'avez envoyé ce sommeil fatal. Voici que mes compagnons, restés seuls ici, ont commis un grand crime.

Aussitôt, Lampétiè au large péplos alla annoncer à Hèlios Hypérionide que mes compagnons avaient tué ses bœufs, et le Hypérionide, irrité dans son cœur, dit aussitôt aux autres Dieux :

— Père Zeus, et vous, Dieux heureux et immortels, vengez-moi des compagnons du Laertiade Odysseus. Ils ont tué audacieusement les bœufs dont je me réjouissais quand je montais à travers l'Ouranos étoilé, et quand je descendais de l'Ouranos sur la terre. Si vous ne me donnez pas une juste compensation pour mes bœufs, je descendrai dans la demeure d'Aidès, et j'éclairerai les morts.

Et Zeus qui amasse les nuées, lui répondant, parla ainsi :

— Hèlios, éclaire toujours les Immortels et les hommes mortels sur la terre féconde. Je brûlerai bientôt de la blanche foudre leur nef fracassée au milieu de la sombre mer.

Et j'appris cela de Kalypsô aux beaux cheveux, qui le savait du messager Herméias.

Étant arrivé à la mer et à ma nef, je fis des reproches violents à chacun de mes compagnons ; mais nous ne pouvions trouver aucun remède au mal, car les bœufs étaient déjà tués. Et déjà les prodiges des Dieux s'y manifestaient : les peaux rampaient comme des serpents, et les chairs mugissaient autour des broches, cuites ou crues, et on eût dit la voix des bœufs eux-mêmes. Et, pendant six jours, mes chers compagnons mangèrent les meilleurs bœufs de Hèlios, les ayant tués. Quand Zeus amena le septième jour, le vent cessa de souffler par tourbillons. Alors, étant montés sur la nef, nous la poussâmes au large ; et, le mât étant dressé, nous déployâmes les blanches voiles. Et nous abandonnâmes l'île, et aucune autre terre n'était en vue ; et rien ne se voyait que l'Ouranos et la mer.

Alors le Kroniôn suspendit une nuée épaisse sur la nef creuse qui ne marchait plus aussi vite, et, sous elle, la mer devint toute noire. Et aussitôt le strident Zéphyros souffla avec un grand tourbillon, et la tempête rompit les deux câbles du mât, qui tomba dans le fond de la nef avec tous les agrès. Et il s'abattit sur la poupe, brisant tous les os de la tête du pilote, qui tomba de son banc, semblable à un plongeur. Et son âme généreuse abandonna ses ossements. En même temps, Zeus tonna et lança la foudre sur la nef, et celle-ci, frappée de la foudre de Zeus, tourbillonna et s'emplit de soufre, et mes compagnons furent précipités. Semblables à des corneilles marines, ils étaient emportés par les flots, et un Dieu leur refusa le retour. Moi, je marchai sur la nef jusqu'à ce que la force de la tempête eût arraché ses flancs. Et les flots l'emportaient, inerte, çà et là. Le mât avait été rompu à la base, mais une courroie de peau de bœuf y était restée attachée. Avec celle-ci je le liai à la carène, et, m'asseyant dessus, je fus emporté par la violence des vents.

Alors, il est vrai, le Zéphyros apaisa ses tourbillons, mais le Notos survint, m'apportant d'autres douleurs, car, de nouveau, j'étais entraîné vers la funeste Kharybdis. Je fus emporté toute la nuit, et, au lever de Hèlios, j'arrivai auprès de Skyllè et de l'horrible Kharybdis, comme celle-ci engloutissait l'eau salée de la mer. Et je saisis les branches du haut figuier, et j'étais suspendu en l'air comme un oiseau de nuit, ne pouvant appuyer les pieds, ni monter, car les racines étaient loin, et les rameaux immenses et longs ombrageaient Kharybdis ; mais je m'y attachai fermement, jusqu'à ce qu'elle eût revomi le mât et la carène. Et ils tardèrent longtemps pour mes désirs.

À l'heure où le juge, afin de prendre son repas, sort de l'agora où il juge les nombreuses contestations des hommes, le mât et la carène rejaillirent de Kharybdis ; et je me laissai tomber avec bruit parmi les longues pièces de bois et, m'asseyant dessus, je nageai avec mes mains pour avirons. Et le Père des Dieux et des hommes ne permit pas à Skyllè de me voir, car je n'aurais pu échapper à la mort. Et je fus emporté pendant neuf jours, et, la dixième nuit, les Dieux me poussèrent à l'île Ogygiè, qu'habitait Kalypsô, éloquente et vénérable Déesse aux beaux cheveux, qui me recueillit et qui m'aima. Mais pourquoi te dirais-je ceci ? Déjà je te l'ai raconté dans ta demeure, à toi et à ta chaste femme ; et il m'est odieux de raconter de nouveau les mêmes choses.

RHAPSODIE XIII

Il parla ainsi, et tous, dans les demeures obscures, restaient muets et charmés. Et Alkinoos lui répondit :

— Ô Odysseus, puisque tu es venu dans ma haute demeure d'airain, je ne pense pas que tu erres de nouveau et que tu subisses d'autres maux pour ton retour, car tu en as beaucoup souffert. Et je dis ceci à chacun de vous qui, dans mes demeures, buvez l'honorable vin rouge et qui écoutez l'Aoide. Déjà sont enfermés dans le beau coffre les vêtements, et l'or bien travaillé, et tous les présents que les chefs des Phaiakiens ont offerts à notre hôte ; mais, allons ! que chacun de nous lui donne encore un grand trépied et un bassin. Réunis de nouveau, nous nous ferons aider par tout le peuple, car il serait difficile à chacun de nous de donner autant.

Alkinoos parla ainsi, et ses paroles plurent à tous, et chacun retourna dans sa demeure pour y dormir.

Quand Éôs aux doigts rosés, née au matin, apparut, ils se hâtèrent vers la nef, portant l'airain solide. Et la Force sacrée d'Alkinoos déposa les présents dans la nef ; et il les rangea lui-même sous les bancs des rameurs, afin que ceux-ci, en se courbant sur les avirons, ne les heurtassent point. Puis, ils retournèrent vers les demeures d'Alkinoos et préparèrent le repas.

Au milieu d'eux, la Force sacrée d'Alkinoos égorgea un bœuf pour Zeus Kronide qui amasse les nuées et qui commande à tous. Et ils brûlèrent les cuisses, et ils prirent, charmés, l'illustre repas ; et au milieu d'eux chantait le divin Aoide Dèmodokos, honoré des peuples. Mais Odysseus tournait souvent la tête vers Hèlios qui éclaire toutes choses, pressé de se rendre à la nef, et désirant son départ. De même que le laboureur désire son repas, quand tout le jour ses bœufs noirs ont traîné la charrue dans le sillon, et qu'il voit enfin la lumière de Hèlios tomber, et qu'il se rend à son repas, les genoux rompus de fatigue ; de même Odysseus vit tomber avec joie la lumière de Hèlios, et, aussitôt, il dit aux Phaiakiens habiles aux avirons, et surtout à Alkinoos :

— Roi Alkinoos, le plus illustre de tout le peuple ! Renvoyez-moi sain et sauf, et faites des libations. Je vous salue tous. Déjà ce que désirait mon cher cœur est accompli ; mon retour est décidé, et je possède vos chers présents dont les Dieux Ouraniens m'ont fait une richesse. Plaise aux Dieux que je retrouve dans ma demeure ma femme irréprochable et mes amis sains et saufs ! Pour vous, qui vous réjouissez ici de vos femmes et de vos chers enfants, que les Dieux vous donnent la vertu et vous préservent de tout malheur public !

Il parla ainsi, et tous l'applaudirent et décidèrent de renvoyer leur hôte qui parlait toujours si convenablement. Et, alors, la Force d'Alkinoos dit au héraut :

— Pontonoos, distribue, du kratère plein, du vin à tous, dans la demeure, afin qu'ayant prié le Père peus, nous renvoyions notre hôte dans sa patrie.

Il parla ainsi, et Pontonoos mêla le vin mielleux et le distribua à tous. Et ils firent des libations aux Dieux heureux qui habitent le large Ouranos, mais sans quitter leurs siéges. Et le divin Odysseus se leva. Et, mettant aux mains d'Arètè une coupe ronde, il dit ces paroles ailées :

— Salut, ô Reine ! et sois heureuse jusqu'à ce que t'arrivent la vieillesse et la mort qui sont inévitables pour les hommes. Moi, je pars. Toi, réjouis-toi, dans ta demeure, de tes enfants, de tes peuples et du roi Alkinoos.

Ayant ainsi parlé, le divin Odysseus sortit, et la Force d'Alkinoos envoya le héraut pour le précéder vers la nef rapide et le rivage de la mer. Et Arètè envoya aussi ses servantes, et l'une portait une blanche khlamide et une tunique, et l'autre un coffre peint, et une troisième du pain et du vin rouge.

Étant arrivés à la nef et à la mer, aussitôt les marins joyeux montèrent sur la nef creuse et y déposèrent le vin et les vivres. Puis ils étendirent sur la poupe de la nef creuse un lit et une toile de lin, afin qu'Odysseus fût mollement couché. Et il entra dans la nef, et il se coucha en silence. Et, s'étant assis en ordre sur les bancs, ils détachèrent le câble de la pierre trouée ; puis, se courbant, ils frappèrent la mer de leurs avirons. Et un doux sommeil se répandit sur les paupières d'Odysseus, invincible, très-agréable et
semblable à la mort.

De même que, dans une plaine, un quadrige d'étalons, excité par les morsures du fouet, dévore rapidement la route, de même la nef était enlevée, et l'eau noire et immense de la mer sonnante se ruait par derrière. Et la nef courait ferme et rapide, et l'épervier, le plus rapide des oiseaux, n'aurait pu la suivre. Ainsi, courant avec vitesse, elle fendait les eaux de la mer, portant un homme ayant des pensées égales à celles des dieux, et qui, en son âme, avait subi des maux innombrables, dans les combats des hommes et sur les mers dangereuses. Et maintenant il dormait en sûreté, oublieux de tout ce qu'il avait souffert.

Et quand la plus brillante des étoiles se leva, celle qui annonce la lumière d'Éôs née au matin, alors la nef qui fendait la mer aborda l'île.

Le port de Phorkys, vieillard de la mer, est sur la côte d'Ithakè. Deux promontoires abrupts l'enserrent et le défendent des vents violents et des grandes eaux ; et les nefs à bancs de rameurs, quand elles y sont entrées, y restent sans câbles. À la pointe du port, un olivier aux rameaux épais croît devant l'antre obscur, frais et sacré, des Nymphes qu'on nomme Naiades. Dans cet antre il y a des kratères et des amphores de pierre où les abeilles font leur miel, et de longs métiers à tisser où les Nymphes travaillent des toiles pourprées admirables à voir. Et là sont aussi des sources inépuisables. Et il y a deux entrées, l'une, pour les hommes, vers le Boréas, et l'autre, vers le Notos, pour les Dieux. Et jamais les hommes n'entrent par celle-ci, mais seulement les Dieux.

Et dès que les Phaiakiens eurent reconnu ce lieu, ils y abordèrent. Et une moitié de la nef s'élança sur la plage, tant elle était vigoureusement poussée par les bras des rameurs. Et ceux-ci, étant sortis de la nef à bancs de rameurs, transportèrent d'abord Odysseus hors de la nef creuse, et, avec lui, le lit brillant et la toile de lin ; et ils le déposèrent endormi sur le sable. Et ils transportèrent aussi les choses que lui avaient données les illustres Phaiakiens à son départ, ayant été inspirés par la magnanime Athènè. Et ils les déposèrent donc auprès des racines de l'olivier, hors du chemin, de peur qu'un passant y touchât avant le réveil d'Odysseus. Puis, ils retournèrent vers leurs demeures.

Mais Celui qui ébranle la terre n'avait point oublié les menaces qu'il avait faites au divin Odysseus, et il interrogea la pensée de Zeus :

— Père Zeus, je ne serai plus honoré par les Dieux immortels, puisque les Phaiakiens ne m'honorent point, eux qui sont cependant de ma race. En effet, je voulais qu'Odysseus souffrît encore beaucoup de maux avant de rentrer dans sa demeure, mais je ne lui refusais point entièrement le retour, puisque tu l'as promis et juré. Et voici qu'ils l'ont conduit sur la mer, dormant dans leur nef rapide, et qu'ils l'ont déposé dans Ithakè. Et ils l'ont comblé de riches présents, d'airain, d'or et de vêtements tissés, si nombreux, qu'Odysseus n'en eût jamais rapporté autant de Troiè, s'il en était revenu sain et sauf, avec sa part du butin.

Et Zeus qui amasse les nuées, lui répondant, parla ainsi :

— Ô Dieu ! toi qui entoures la terre, qu'as-tu dit ? Les Immortels ne te mépriseront point, car il serait difficile de mépriser le plus ancien et le plus illustre des Dieux ; mais si quelque mortel, inférieur en force et en puissance, ne te respecte point, ta vengeance ne sera pas tardive. Fais comme tu le veux et comme il te plaira.

Et Poseidaôn qui ébranle la terre lui répondit :

— Je le ferai aussitôt, ainsi que tu le dis, toi qui amasses les nuées, car j'attends ta volonté et je la respecte. Maintenant, je veux perdre la belle nef des Phaiakiens, qui revient de son voyage sur la mer sombre, afin qu'ils s'abstiennent désormais de reconduire les étrangers ; et je placerai une grande montagne devant leur ville.

Et Zeus qui amasse les nuées lui répondit :

— Ô Poseidaôn, il me semble que ceci sera pour le mieux. Quand la multitude sortira de la ville pour voir la nef, transforme, près de terre, la nef rapide en un rocher, afin que tous les hommes l'admirent, et place une grande montagne devant leur ville.

Et Poseidaôn qui ébranle la terre, ayant entendu cela, s'élança vers Skhériè, où habitaient les Phaiàkiens. Et comme la nef, vigoureusement poussée, arrivait, Celui qui ébranle la terre, la frappant de sa main, la transforma en rocher aux profondes racines, et s'éloigna. Et les Phaiakiens illustres par les longs avirons se dirent les uns aux autres :

— Ô Dieux ! qui donc a fixé notre nef rapide dans la mer, comme elle revenait vers nos demeures ?

Chacun parlait ainsi, et ils ne comprenaient pas comment cela s'était fait. Mais Alkinoos leur dit :

— Ô Dieux ! Certes, voici que les anciens oracles de mon père se sont accomplis, car il me disait que Poseidaôn s'irriterait contre nous, parce que nous reconduisions tous les étrangers sains et saufs. Et il me dit qu'une belle nef des Phaiakiens se perdrait à son retour d'un voyage sur la sombre mer, et qu'une grande montagne serait placée devant notre ville. Ainsi parla le vieillard, et les choses se sont accomplies. Allons ! faites ce que je vais dire. Ne reconduisons plus les étrangers, quel que soit celui d'entre eux qui vienne vers notre ville. Faisons un sacrifice de douze taureaux choisis à Poseidaôn, afin qu'il nous prenne en pitié et qu'il ne place point cette grande montagne devant notre ville.

Il parla ainsi, et les Phaiakiens craignirent, et ils préparèrent les taureaux. Et les peuples, les chefs et les princes des Phaiakiens suppliaient le roi Poseidaôn, debout autour de l'autel.

Mais le divin Odysseus se réveilla couché sur la terre de la patrie, et il ne la reconnut point, ayant été longtemps éloigné. Et la déesse Pallas Athènaiè l'enveloppa d'une nuée, afin qu'il restât inconnu et qu'elle l'instruisît de toute chose, et que sa femme, ses concitoyens et ses amis ne le reconnussent point avant qu'il eût réprimé l'insolence des Prétendants. Donc, tout lui semblait changé, les chemins, le port, les hautes roches et les arbres verdoyants. Et, se levant, et debout, il regarda la terre de la patrie. Et il pleura, et, se frappant les cuisses de ses deux mains, il dit en gémissant :

— Ô malheureux ! Dans quelle terre des hommes suis-je venu ? Ceux-ci sont-ils injurieux, cruels et iniques ? sont-ils hospitaliers, et leur esprit est-il pieux ? où porter toutes ces richesses ? où aller moi-même ? Plût aux dieux que je fusse resté avec les Phaiakiens ! J'aurais trouvé quelque autre roi magnanime qui m'eût aimé et donné des compagnons pour mon retour. Maintenant, je ne sais où porter ces richesses, ni où les laisser, de peur qu'elles soient la proie d'étrangers. Ô Dieux ! ils ne sont point, en effet, véridiques ni justes, les princes et les chefs des Phaiakiens qui m'ont conduit dans une terre étrangère, et qui me disaient qu'ils me conduiraient sûrement dans Ithakè ! Mais ils ne l'ont point fait. Que Zeus qu'on supplie me venge d'eux, lui qui veille sur les hommes et qui punit ceux qui agissent mal ! Mais je compterai mes richesses, et je verrai s'ils ne m'en ont rien enlevé en les transportant hors de la nef creuse.

Ayant parlé ainsi, il compta les beaux trépieds et les bassins, et l'or et les beaux vêtements tissés ; mais rien n'en manquait. Et il pleurait la terre de sa patrie, et il se jeta en gémissant sur le rivage de la mer aux bruits sans nombre. Et Athènè s'approcha de lui sous la figure d'un jeune homme pasteur de brebis, tel que sont les fils des Rois, ayant un beau vêtement sur ses épaules, des sandales sous ses pieds délicats, et une lance à la main. Et Odysseus, joyeux de la voir, vint à elle, et il lui dit ces paroles ailées :

— Ô ami ! puisque je te rencontre le premier en ce lieu, salut ! Ne viens pas à moi dans un esprit ennemi. Sauve ces richesses et moi. Je te supplie comme un Dieu et je me mets à tes chers genoux. Dis-moi la vérité, afin que je la sache. Quelle est cette terre ? Quels hommes l'habitent ? Quel est ton peuple ? Est-ce une belle île, ou est-ce la côte avancée dans la mer d'une terre fertile ?

Et la déesse Athènè aux yeux clairs lui répondit :

— Tu es insensé, ô Étranger, ou tu viens de loin, puisque tu me demandes quelle est cette terre, car elle n'est point aussi méprisable, et beaucoup la connaissent, soit les peuples qui habitent du côté d'Éôs et de Hèlios, ou du côté de la nuit obscure. Certes, elle est âpre et non faite pour les chevaux ; mais elle n'est point stérile, bien que petite. Elle possède beaucoup de froment et beaucoup de vignes, car la pluie et la rosée y abondent. Elle a de bons pâturages pour les chèvres et les vaches, et des forêts de toute sorte d'arbres, et elle est arrosée de sources qui ne tarissent point. C'est ainsi, Étranger, que le nom d'Ithakè est parvenu jusqu'à Troiè qu'on dit si éloignée de la terre Akhaienne.

Elle parla ainsi, et le patient et divin Odysseus fut rempli de joie, se réjouissant de sa patrie que nommait Pallas Athènè, la fille de Zeus tempêtueux. Et il lui dit en paroles ailées, mais en lui cachant la vérité, car il n'oubliait point son esprit rusé :

— J'avais entendu parler d'Ithakè dans la grande Krètè située au loin sur la mer. Maintenant je suis venu ici avec mes richesses, et j'en ai laissé autant à mes enfants. Je fuis, car j'ai tué le fils bien-aimé d'Idoméneus, Orsilokhos aux pieds rapides, qui, dans la grande Krètè, l'emportait sur tous les hommes par la rapidité de ses pieds. Et je le tuai parce qu'il voulait m'enlever ma part du butin, que j'avais rapportée de Troiè, et pour laquelle j'avais subi mille maux dans les combats des hommes ou en parcourant les mers. Car je ne servais point, pour plaire à son père, dans la plaine Troienne, et je commandais à d'autres guerriers que les siens. Et, dans les champs, m'étant mis en embuscade avec un de mes compagnons, je perçai de ma lance d'airain Orsilokhos qui venait à moi. Et comme la nuit noire couvrait tout l'Ouranos, aucun homme ne nous vit, et je lui arrachai l'âme sans témoin. Et quand je l'eus tué de l'airain aigu, je me rendis aussitôt dans une nef des illustres Phaiakiens, et je les priai de me recevoir, et je leur donnai une part de mes richesses. Je leur demandai de me porter à Pylos ou dans la divine Élis, où commandent les Épéiens ; mais la force du vent les en éloigna malgré eux, car ils ne voulaient point me tromper. Et nous sommes venus ici à l'aventure, cette nuit ; et nous sommes entrés dans le port ; et, sans songer au repas, bien que manquant de forces, nous nous sommes tous couchés en sortant de la nef. Et le doux sommeil m'a saisi, tandis que j'étais fatigué. Et les Phaiakiens, ayant retiré mes richesses de leur nef creuse, les ont déposées sur le sable où j'étais moi-même couché. Puis ils sont partis pour la belle Sidôn et m'ont laissé plein de tristesse.

Il parla ainsi, et la déesse Athènè aux yeux clairs se mit à rire, et, le caressant de la main, elle prit la figure d'une femme belle et grande et habile aux travaux, et elle lui dit ces paroles ailées :

— Ô fourbe, menteur, subtil et insatiable de ruses ! qui te surpasserait en adresse, si ce n'est peut-être un Dieu ! Tu ne veux donc pas, même sur la terre de ta patrie, renoncer aux ruses et aux paroles trompeuses qui t'ont été chères dès ta naissance ? Mais ne parlons pas ainsi. Nous connaissons tous deux ces ruses ; et de même que tu l'emportes sur tous les hommes par la sagesse et l'éloquence, ainsi je me glorifie de l'emporter par là sur tous les Dieux. N'as-tu donc point reconnu Pallas Athènaiè, fille de Zeus, moi qui t'assiste toujours dans tous tes travaux et qui te protége ? moi qui t'ai rendu cher à tous les Phaiakiens ? Viens donc, afin que je te conseille et que je t'aide à cacher les richesses que j'ai inspiré aux illustres Phaiakiens de te donner à ton retour dans tes demeures. Je te dirai les douleurs que tu es destiné à subir dans tes demeures bien construites. Subis-les par nécessité ; ne confie à aucun homme ni à aucune femme tes courses et ton arrivée ; mais supporte en silence tes maux nombreux et les outrages que te feront les hommes.

Et le subtil Odysseus, lui répondant, parla ainsi :

— Il est difficile à un homme qui te rencontre de te reconnaître, ô Déesse ! même au plus sage ; car tu prends toutes les figures. Certes, je sais que tu m'étais bienveillante, quand nous, les fils des Akhaiens, nous combattions devant Troiè ; mais quand nous eûmes renversé la haute citadelle de Priamos, nous montâmes sur nos nefs, et un Dieu dispersa les Akhaiens. Et, depuis, je ne t'ai point revue, fille de Zeus ; et je n'ai point senti ta présence sur ma nef pour éloigner de moi le malheur ; mais toujours, le cœur accablé dans ma poitrine, j'ai erré, jusqu'à ce que les Dieux m'aient délivré de mes maux. Et tu m'as encouragé par tes paroles chez le riche peuple des Phaiakiens, et tu m'as conduit toi-même à leur ville. Maintenant je te supplie par ton père ! Je ne pense point, en effet, être arrivé dans Ithakè, car je vois une terre étrangère, et je pense que tu me parles ainsi pour te jouer de moi et tromper mon esprit. Dis-moi donc sincèrement si je suis arrivé dans ma chère patrie.

Et la déesse Athènè aux yeux clairs lui répondit :

— Tu as donc toujours cette pensée dans ta poitrine ? Mais je ne puis permettre que tu sois malheureux, car tu es éloquent, intelligent et sage. Un autre homme, de retour après avoir tant erré, désirerait ardemment revoir sa femme et ses enfants dans ses demeures ; mais toi, tu ne veux parler et apprendre qu'après avoir éprouvé ta femme qui est assise dans tes demeures, passant les jours et les nuits dans les gémissements et les larmes. Certes, je n'ai jamais craint ce qu'elle redoute, et je savais dans mon esprit que tu reviendrais, ayant perdu tous tes compagnons. Mais je ne pouvais m'opposer au frère de mon père, à Poseidaôn qui était irrité dans son cœur contre toi, parce que tu avais aveuglé son cher fils. Et, maintenant, je te montrerai la terre d'Ithakè, afin que tu croies. Ce port est celui de Phorkys, le Vieillard de la mer, et, à la pointe du port, voici l'olivier épais devant l'antre haut et obscur des Nymphes sacrées qu'on nomme Naïades. C'est cette caverne où tu sacrifiais aux Nymphes de complètes hécatombes. Et voici le mont Nèritos couvert de forêts.

Ayant ainsi parlé, la Déesse dissipa la nuée, et la terre apparut. Et le patient et divin Odysseus fut plein de joie, se réjouissant de sa patrie. Et il baisa la terre féconde, et, aussitôt, levant les mains, il supplia les Nymphes :

— Nymphes, Naïades, filles de Zeus, je disais que je ne vous reverrais plus ! Et, maintenant, je vous salue d'une voix joyeuse. Je vous offrirai des présents, comme autrefois, si la Dévastatrice, fille de Zeus, me laisse vivre et fait grandir mon cher fils.

Et la déesse Athènè aux yeux clairs lui répondit :

— Prends courage, et que ceci ne t'inquiète point ; mais déposons aussitôt tes richesses au fond de l'antre divin, où elles seront en sûreté, et délibérons tous deux sur ce qu'il y a de mieux à faire.

Ayant ainsi parlé, la Déesse entra dans la grotte obscure, cherchant un lieu secret ; et Odysseus y porta aussitôt l'or et le dur airain, et les beaux vêtements que les Phaiakiens lui avaient donnés. Il les y déposa, et Pallas Athènè, fille de Zeus tempétueux, ferma l'entrée avec une pierre. Puis, tous deux, s'étant assis au pied de l'olivier sacré, méditèrent la perte des Prétendants insolents. Et la Déesse Athènè aux yeux clairs parla la première :

— Divin Laertiade, subtil Odysseus, songe comment tu mettras la main sur les prétendants insolents qui commandent depuis trois ans dans ta maison, recherchant ta femme divine et lui faisant des présents. Elle attend toujours ton retour, gémissant dans son cœur, et elle donne de l'espoir et elle fait des promesses à chacun d'eux, et elle leur envoie des messagers ; mais son esprit a d'autres pensées.

Et le subtil Odysseus, lui répondant, parla ainsi :

— Ô Dieux ! je devais donc, comme l'Atréide Agamemnôn, périr d'une mauvaise mort dans mes demeures, si tu ne m'eusses averti à temps, ô Déesse ! Mais dis-moi comment nous punirons ces hommes. Debout auprès de moi, souffle dans mon cœur une grande audace, comme au jour où nous avons renversé les grandes murailles de Troiè. Si tu restes, pleine d'ardeur, auprès de moi, ô Athènè aux yeux clairs, et si tu m'aides, ô vénérable Déesse, je combattrai seul trois cents guerriers.

Et la déesse Athènè aux yeux clairs lui répondit :

— Certes, je serai auprès de toi et je ne te perdrai pas de vue, quand nous accomplirons ces choses. Et j'espère que le large pavé sera souillé du sang et de la cervelle de plus d'un de ces Prétendants qui mangent tes richesses. Je vais te rendre inconnu à tous les hommes. Je riderai ta belle peau sur tes membres courbés ; je ferai tomber tes cheveux blonds de ta tête ; je te couvrirai de haillons qui font qu'on se détourne de celui qui les porte ; je ternirai tes yeux maintenant si beaux, et tu apparaîtras à tous les Prétendants comme un misérable, ainsi qu'à ta femme et au fils que tu as laissés dans tes demeures. Va d'abord trouver le porcher qui garde tes porcs, car il te veut du bien, et il aime ton fils et la sage Pènélopéia. Tu le trouveras surveillant les porcs ; et ceux-ci se nourrissent auprès de la roche du Corbeau et de la fontaine Aréthousè, mangeant le gland qui leur plaît et buvant l'eau noire. Reste là, et interroge-le avec soin sur toute chose, jusqu'à ce que je revienne de Spartè aux belles femmes, où j'appellerai, ô Odysseus, ton cher fils Tèlémakhos qui est allé dans la grande Lakédaimôn, vers Ménélaos, pour s'informer de toi et apprendre si tu vis encore.

Et le subtil Odysseus, lui répondant, parla ainsi :

— Pourquoi ne lui avoir rien dit, toi qui sais tout ? Est-ce pour qu'il soit errant et subisse mille maux sur la mer indomptée, tandis que ceux-ci mangent ses richesses ?

Et la Déesse Athènè aux yeux clairs lui répondit :

— Qu'il ne soit point une inquiétude pour toi. Je l'ai conduit là moi-même, afin qu'il se fasse une bonne renommée ; mais il ne souffre aucune douleur, et il est assis, tranquille, dans les demeures de l'Atréide, où tout lui est abondamment offert. À la vérité, les jeunes Prétendants lui tendent une embûche sur leur nef noire, désirant le tuer avant qu'il rentre dans la terre de sa patrie ; mais je ne pense pas que cela soit, et je pense plutôt que la terre recevra auparavant plus d'un de ces Prétendants qui mangent tes richesses.

En parlant ainsi, Athènè le toucha d'une baguette et elle desséca sa belle peau sur ses membres courbés, et elle fit tomber ses blonds cheveux de sa tête. Elle chargea tout son corps de vieillesse ; elle ternit ses yeux, si beaux auparavant ; elle lui donna un vêtement en haillons, déchiré, sale et souillé de fumée ; elle le couvrit ensuite de la grande peau nue d'un cerf rapide, et elle lui donna enfin un bâton et une besace misérable attachée par une courroie tordue.

Ils se séparèrent après s'être ainsi entendus, et Athènè se rendit dans la divine Lakédaimôn, auprès du fils d'Odysseus.

RHAPSODIE XIV

ET Odysseus s'éloigna du port, par un âpre sentier, à travers les bois et les hauteurs, vers le lieu où Athènè lui avait dit qu'il trouverait son divin porcher, qui prenait soin de ses biens plus que tous les serviteurs qu'il avait achetés, lui, le divin Odysseus.

Et il le trouva assis sous le portique, en un lieu découvert où il avait construit de belles et grandes étables autour desquelles on pouvait marcher. Et il les avait construites, pour ses porcs, de pierres superposées et entourées d'une haie épineuse, en l'absence du Roi, sans l'aide de sa maîtresse et du vieux Laertès. Et il avait planté au dehors des pieux épais et nombreux, en cœur noir de chêne ; et, dans l'intérieur, il avait fait douze parcs à porcs. Dans chacun étaient couchées cinquante femelles pleines ; et les mâles couchaient dehors ; et ceux-ci étaient beaucoup moins nombreux, car les divins Prétendants les diminuaient en les mangeant, et le porcher leur envoyait toujours le plus gras et le meilleur de tous ; et il n'y en avait plus que trois cent soixante. Quatre chiens, semblables à des bêtes fauves, et que le prince des porchers nourrissait, veillaient toujours sur les porcs.

Et celui-ci adaptait à ses pieds des sandales qu'il taillait dans la peau d'une vache coloriée. Et trois des autres porchers étaient dispersés, faisant paître leurs porcs ; et le quatrième avait été envoyé par nécessité à la Ville, avec un porc pour les Prétendants orgueilleux, afin que ceux-ci, l'ayant tué, dévorassent sa chair.

Et aussitôt les chiens aboyeurs virent Odysseus, et ils accoururent en hurlant ; mais Odysseus s'assit plein de ruse, et le bâton tomba de sa main. Alors il eût subi un indigne traitement auprès de l'étable qui était à lui ; mais le porcher accourut promptement de ses pieds rapides ; et le cuir lui tomba des mains, et, en criant, il chassa les chiens à coups de pierres, et il dit au Roi :

— Ô Vieillard, certes, ces chiens allaient te déchirer et me couvrir d'opprobre. Les Dieux m'ont fait assez d'autres maux. Je reste ici, gémissant, et pleurant un Roi divin, et je nourris ses porcs gras, pour que d'autres que lui les mangent ; et peut-être souffre-t-il de la faim, errant parmi les peuples étrangers, s'il vit encore et s'il voit la lumière de Hèlios. Mais suis-moi, et entrons dans l'étable, ô Vieillard, afin que, rassasié dans ton âme de nourriture et de vin, tu me dises d'où tu es et quels maux tu as subis.

Ayant ainsi parlé, le divin porcher le précéda dans l'étable, et, l'introduisant, il le fit asseoir sur des branches épaisses qu'il recouvrit de la peau d'une chèvre sauvage et velue. Et, s'étant couché sur cette peau grande et épaisse, Odysseus se réjouit d'être reçu ainsi, et il dit :

— Que Zeus, ô mon hôte, et les autres Dieux immortels t'accordent ce que tu désires le plus, car tu me reçois avec bonté.

Et le porcher Eumaios lui répondit :

— Étranger, il ne m'est point permis de mépriser même un hôte plus misérable encore, car les étrangers et les pauvres viennent de Zeus, et le présent modique que nous leur faisons lui plaît ; car cela seul est au pouvoir d'esclaves toujours tremblants que commandent de jeunes rois. Certes, les Dieux s'opposent au retour de celui qui m'aimait et qui m'eût donné un domaine aussi grand qu'un bon roi a coutume d'en donner à son serviteur qui a beaucoup travaillé pour lui et dont un Dieu a fait fructifier le labeur ; et, aussi, une demeure, une part de ses biens et une femme désirable. Ainsi mon travail a prospéré, et le Roi m'eût grandement récompensé, s'il était devenu vieux ici ; mais il a péri. Plût aux Dieux que la race des Hélène eût péri entièrement, puisqu'elle a rompu les genoux de tant de guerriers ! car mon maître aussi, pour la cause d'Agamemnôn, est allé vers Ilios nourrice de chevaux, afin de combattre les Troiens.

Ayant ainsi parlé, il ceignit sa tunique, qu'il releva, et, allant vers les étables où était enfermé le troupeau de porcs, il prit deux jeunes pourceaux, les égorgea, alluma le feu, les coupa et les traversa de broches, et, les ayant fait rôtir, les offrit à Odysseus, tout chauds autour des broches. Puis, il les couvrit de farine blanche, mêla du vin doux dans une coupe grossière, et, s'asseyant devant Odysseus, il l'exhorta à manger et lui dit :

— Mange maintenant, ô Étranger, cette nourriture destinée aux serviteurs, car les Prétendants mangent les porcs gras, n'ayant aucune pudeur, ni aucune bonté. Mais les Dieux heureux n'aiment pas les actions impies, et ils aiment au contraire la justice et les actions équitables. Même les ennemis barbares qui envahissent une terre étrangère, à qui Zeus accorde le butin, et qui reviennent vers leurs demeures avec des nefs pleines, sentent l'inquiétude et la crainte dans leurs âmes. Mais ceux-ci ont appris sans doute, ayant entendu la voix d'un Dieu, la mort fatale d'Odysseus, car ils ne veulent point rechercher des noces légitimes, ni retourner chez eux ; mais ils dévorent immodérément, et sans rien épargner, les biens du Roi ; et, toutes les nuits et tous les jours qui viennent de Zeus, ils sacrifient, non pas une seule victime, mais deux au moins. Et ils puisent et boivent le vin sans mesure. Certes, les richesses de mon maître étaient grandes. Aucun héros n'en avait autant, ni sur la noire terre ferme, ni dans Ithakè elle-même. Vingt hommes n'ont point tant de richesses. Je t'en ferai le compte : douze troupeaux de bœufs sur la terre ferme, autant de brebis, autant de porcs, autant de larges étables de chèvres. Le tout est surveillé par des pasteurs étrangers. Ici, à l'extrémité de l'île, onze grands troupeaux de chèvres paissent sous la garde de bons serviteurs ; et chacun de ceux-ci mène tous les jours aux Prétendants la meilleure des chèvres engraissées. Et moi, je garde ces porcs et je les protège, mais j'envoie aussi aux Prétendants le meilleur et le plus gras.

Il parla ainsi, et Odysseus mangeait les chairs et buvait le vin en silence, méditant le malheur des Prétendants. Après qu'il eut mangé et bu et satisfait son âme, Eumaios lui remit pleine de vin la coupe où il avait bu lui-même. Et Odysseus la reçut, et, joyeux dans son cœur, il dit à Eumaios ces paroles ailées :

— Ô ami, quel est cet homme qui t'a acheté de ses propres richesses, et qui, dis-tu, était si riche et si puissant ? Tu dis aussi qu'il a péri pour la cause d'Agamemnôn ? Dis-moi son nom, car je le connais peut-être. Zeus et les autres Dieux immortels savent, en effet, si je viens vous annoncer que je l'ai vu, car j'ai beaucoup erré.

Et le chef des porchers lui répondit :

— Ô vieillard, aucun voyageur errant et apportant des nouvelles ne persuadera sa femme et son cher fils. Que de mendiants affamés mentent effrontément et ne veulent point dire la vérité ! Chaque étranger qui vient parmi le peuple d'Ithakè va trouver ma maîtresse et lui fait des mensonges. Elle les reçoit avec bonté, les traite bien et les interroge sur chaque chose. Puis elle gémit, et les larmes tombent de ses paupières, comme c'est la coutume de la femme dont le mari est mort. Et toi, vieillard, tu inventerais aussitôt une histoire, afin qu'elle te donnât un manteau, une tunique, des vêtements. Mais déjà les chiens rapides et les oiseaux carnassiers ont arraché sa chair de ses os, et il a perdu l'âme ; ou les poissons l'ont mangé dans la mer, et ses os gisent sur le rivage, couverts d'un monceau de sable. Il a péri ainsi, laissant à ses amis et à moi de grandes douleurs ; car, dans quelque lieu que j'aille, je ne trouverai jamais un autre maître aussi bon, même quand j'irais dans la demeure de mon père et de ma mère, là où je suis né et où ceux-ci m'ont élevé. Et je ne les pleure point tant, et je ne désire point tant les revoir de mes yeux sur la terre de ma patrie, que je ne suis saisi du regret d'Odysseus absent. Et maintenant qu'il n'est point là, ô Étranger, je le respecte en le nommant, car il m'aimait beaucoup et prenait soin de moi ; c'est pourquoi je l'appelle mon frère aîné, bien qu'il soit absent au loin.

Et le patient et divin Odysseus lui répondit :

— Ô ami, puisque tu nies mes paroles, et que tu affirmes qu'il ne reviendra pas, ton esprit est toujours incrédule. Cependant, je ne parle point au hasard, et je jure par serment qu'Odysseus reviendra. Qu'on me récompense de cette bonne nouvelle quand il sera rentré dans ses demeures. Je n'accepterai rien auparavant, malgré ma misère ; mais, alors seulement, qu'on me donne des vêtements, un manteau et une tunique. Il m'est odieux, non moins que les portes d'Aidès, celui qui, poussé par la misère, parle faussement. Que Zeus, le premier des Dieux, le sache ! Et cette table hospitalière, et le foyer de l'irréprochable Odysseus où je me suis assis ! Certes, toutes les choses que j'annonce s'accompliront. Odysseus arrivera ici dans cette même année, même à la fin de ce mois ;

même dans peu de jours il rentrera dans sa demeure et il punira chacun de ceux qui outragent sa femme et son illustre fils.

Et le porcher Eumaios lui répondit :

— Ô vieillard, je ne te donnerai point cette récompense d'une bonne nouvelle, car jamais Odysseus ne reviendra vers sa demeure. Bois donc en repos ; ne parlons plus de cela, et ne me rappelle point ces choses, car je suis triste dans mon cœur quand quelqu'un se souvient de mon glorieux maître. Mais j'accepte ton serment ; qu'Odysseus revienne, comme je le désire, ainsi que Pènélopéia, le vieux Laertès et le divin Tèlémakhos. Maintenant, je gémis sur cet enfant, Tèlémakhos, qu'a engendré Odysseus, et que les Dieux ont nourri comme une jeune plante. J'espérais que, parmi les hommes, il ne serait inférieur à son père bien-aimé, ni en sagesse, ni en beauté ; mais quelqu'un d'entre les Immortels, ou d'entre les hommes, a troublé son esprit calme, et il est allé vers la divine Pylos pour s'informer de son père, et les Prétendants insolents lui tendent une embuscade au retour, afin que la race du divin Arkeisios périsse entièrement dans Ithakè. Mais laissons-le, soit qu'il périsse, soit qu'il échappe, et que le Kroniôn le couvre de sa main ! Pour toi, vieillard, raconte-moi tes malheurs, et parle avec vérité, afin que je t'entende. Qui es-tu ? quel est ton peuple ? où sont tes parents et ta ville ? sur quelle nef es-tu venu ? comment des marins t'ont-ils mené à Ithakè ? qui sont-ils ? car je pense que tu n'es pas venu ici à pied ?

Et le subtil Odysseus lui répondit :

— Je te dirai, en effet, ces choses avec vérité ; mais, quand même cette nourriture et ton vin doux dureraient un long temps, quand même nous resterions ici, mangeant tranquillement, tandis que d'autres travaillent, il me serait facile, pendant toute une année, de te raconter les douleurs que j'ai subies par la volonté des Dieux. Je me glorifie d'être né dans la vaste Krètè et d'être le fils d'un homme riche. Beaucoup d'autres fils lui étaient nés dans ses demeures, d'une femme légitime, et y avaient été élevés. Pour moi, c'est une mère achetée et concubine qui m'a enfanté ; mais Kastôr Hylakide m'aima autant que ses enfants légitimes ; et je me glorifie d'avoir été engendré par lui qui, autrefois, était honoré comme un Dieu par les Krètois, à cause de ses domaines, de ses richesses et de ses fils illustres. Mais les Kères de la mort l'emportèrent aux demeures d'Aidès, et ses fils magnanimes partagèrent ses biens et les tirèrent au sort. Et ils m'en donnèrent une très petite part avec sa maison. Mais, par ma vertu, j'épousai une fille d'hommes très-riches, car je n'étais ni insensé, ni lâche. Maintenant tout est flétri en moi, mais, cependant, tu peux juger en regardant le chaume ; et, certes, j'ai subi des maux cruels. Arès et Athènè m'avaient donné l'audace et l'intrépidité, et quand, méditant la perte des ennemis, je choisissais des hommes braves pour une embuscade, jamais, en mon cœur courageux, je n'avais la mort devant les yeux ; mais, courant aux premiers rangs, je tuais de ma lance celui des guerriers ennemis qui me le cédait en agilité. Tel j'étais dans la guerre ; mais les travaux et les soins de la famille, par lesquels on élève les chers enfants, ne me plaisaient point ; et j'aimais seulement les nefs armées d'avirons, les combats, les traits aigus et les flèches ; et ces armes cruelles qui sont horribles aux autres hommes me plaisaient, car un Dieu me les présentait toujours à l'esprit. Ainsi chaque homme se réjouit de choses différentes. En effet, avant que les fils des Akhaiens eussent mis le pied devant Troiè, j'avais neuf fois commandé des guerriers et des nefs rapides contre des peuples étrangers, et tout m'avait réussi. Je choisissais d'abord ma part légitime du butin, et je recevais ensuite beaucoup de dons ; et ma maison s'accroissait, et j'étais craint et respecté parmi les Krètois. Mais quand l'irréprochable Zeus eut décidé cette odieuse expédition qui devait rompre les genoux à tant de héros, alors les peuples nous ordonnèrent, à moi et à l'illustre Idoméneus, de conduire nos nefs à Ilios, et nous ne pûmes nous y refuser à cause des rumeurs menaçantes du peuple. Là, nous, fils des Akhaiens, nous combattîmes pendant neuf années, et, la dixième, ayant saccagé la ville de Priamos, nous revînmes avec nos nefs vers nos demeures ; mais un Dieu dispersa les Akhaiens. Mais à moi, malheureux, le sage Zeus imposa d'autres maux. Je restai un seul mois dans ma demeure, me réjouissant de mes enfants, de ma femme et de mes richesses ; et mon cœur me poussa ensuite à naviguer vers l'Aigyptiè sur mes nefs bien construites, avec de divins compagnons. Et je préparai neuf nefs, et aussitôt les équipages en furent réunis. Pendant six jours mes chers compagnons prirent de joyeux repas, car j'offris beaucoup de sacrifices aux Dieux, et, en même temps, des mets à mes hommes. Le septième jour, étant partis de la grande Krètè, nous naviguâmes aisément au souffle propice de Boréas, comme au courant d'un fleuve ; et aucune de mes nefs n'avait souffert mais, en repos et sains et saufs, nous restâmes assis et le vent et les pilotes conduisaient les nefs ; et, le cinquième jour, nous parvînmes au beau fleuve Aigyptos. Et j'arrêtai mes nefs recourbées dans le fleuve Aigyptos. Là, j'ordonnai à mes chers compagnons de rester auprès des nefs pour les garder, et j'envoyai des éclaireurs pour aller à la découverte. Mais ceux-ci, égarés par leur audace et confiants dans leurs forces, dévastèrent aussitôt les beaux champs des hommes Aigyptiens, entraînant les femmes et les petits enfants et tuant les hommes. Et aussitôt le tumulte arriva jusqu'à la ville. Et les habitants, entendant ces clameurs, accoururent au lever d'Éôs, et toute la plaine se remplit de piétons et de cavaliers et de l'éclat de l'airain. Et le foudroyant Zeus mit mes compagnons en fuite, et aucun d'eux ne soutint l'attaque, et la mort les environna de toutes parts. Là, un grand nombre des nôtres fut tué par l'airain aigu, et les autres furent emmenés vivants pour être esclaves. Mais Zeus lui-même mit cette résolution dans mon esprit. Plût aux Dieux que j'eusse dû mourir en Aigyptiè et subir alors ma destinée, car d'autres malheurs m'attendaient. Ayant aussitôt retiré mon casque de ma tête et mon bouclier de mes épaules, et jeté ma lance, je courus aux chevaux du Roi, et j'embrassai ses genoux, et il eut pitié de moi, et il me sauva ; et, m'ayant fait monter dans son char, il m'emmena dans ses demeures. Certes, ses guerriers m'entouraient, voulant me tuer de leurs lances de frêne, car ils étaient très-irrités ; mais il m'arracha à eux, craignant la colère de Zeus hospitalier qui châtie surtout les mauvaises actions. Je restai là sept ans, et j'amassai beaucoup de richesses parmi les Aigyptiens, car tous me firent des présents. Mais vers la huitième année, arriva un homme de la Phoinikiè, plein de mensonges, et qui avait déjà causé beaucoup de maux aux hommes. Et il me persuada par ses mensonges d'aller en Phoinikiè, où étaient sa demeure et ses biens. Et je restai là une année entière auprès de lui. Et quand les jours et les mois se furent écoulés, et que, l'année étant accomplie, les saisons revinrent, il me fit monter sur une nef, sous prétexte d'aller avec lui conduire un chargement en Libyè, mais pour me vendre et retirer de moi un grand prix. Et je le suivis, le soupçonnant, mais contraint. Et la nef, poussée par le souffle propice de Boréas, approchait de la Krètè, quand Zeus médita notre ruine. Et déjà nous avions laissé la Krètè, et rien n'apparaissait plus que l'Ouranos et la mer. Alors, le Kroniôn suspendit une nuée noire sur la nef creuse, et sous cette nuée toute la mer devint noire aussi. Et Zeus tonna, et il lança la foudre sur la nef, qui se renversa, frappée par la foudre de Zeus, et se remplit de fumée. Et tous les hommes furent précipités de la nef, et ils étaient emportés, comme des oiseaux de mer, par les flots, autour de la nef noire, et un Dieu leur refusa le retour. Alors Zeus me mit entre les mains le long mât de la nef à proue bleue, afin que je pusse fuir la mort ; et l'ayant embrassé, je fus la proie des vents furieux. Et je fus emporté pendant neuf jours, et, dans la dixième nuit noire, une grande lame me jeta sur la terre des Thesprôtes. Alors le héros Pheidôn, le roi des Thesprôtes, m'accueillit généreusement ; car je rencontrai d'abord son cher fils, et celui-ci me conduisit, accablé de froid et de fatigue, et, me soutenant de la main, m'emmena dans les demeures de son père. Et celui-ci me donna des vêtements, un manteau et une tunique. Là, j'entendis parler d'Odysseus. Pheidôn me dit que, lui ayant donné l'hospitalité, il l'avait traité en ami, comme il retournait dans la terre de sa patrie. Et il me montra les richesses qu'avait réunies Odysseus, de l'airain, de l'or et du fer très-difficile à travailler, le tout assez abondant pour nourrir jusqu'à sa dixième génération. Et tous ces trésors étaient déposés dans les demeures du Roi. Et celui-ci me disait qu'Odysseus était allé à Dôdônè pour apprendre du grand Chêne la volonté de Zeus, et pour savoir comment, depuis longtemps absent, il rentrerait dans la terre d'Ithakè, soit ouvertement, soit en secret. Et Pheidôn me jura, en faisant des libations dans sa demeure, que la nef et les hommes étaient prêts qui devaient conduire Odysseus dans la chère terre de sa patrie. Mais il me renvoya d'abord, profitant d'une nef des Thesprôtes qui allait à Doulikhios. Et il ordonna de me mener au Roi Akastos ; mais ces hommes prirent une résolution funeste pour moi, afin, sans doute, que je subisse toutes les misères. Quand la nef fut éloignée de terre, ils songèrent aussitôt à me réduire en servitude ; et, m'arrachant mon vêtement, mon manteau et ma tunique, ils jetèrent sur moi ce misérable haillon et cette tunique déchirée, tels que tu les vois. Vers le soir ils parvinrent aux champs de la riante Ithakè, et ils me lièrent aux bancs de la nef avec une corde bien tordue ; puis ils descendirent sur le rivage de la mer pour prendre leur repas. Mais les Dieux eux-mêmes détachèrent aisément mes liens. Alors, enveloppant ma tête de ce haillon, je descendis à la mer par le gouvernail, et pressant l'eau de ma poitrine et nageant des deux mains, j'abordai très loin d'eux. Et je montai sur la côte, là où croissait un bois de chênes touffus, et je me couchai contre terre, et ils me cherchaient en gémissant ; mais, ne me voyant point, ils jugèrent qu'il était mieux de ne plus me chercher ; car les Dieux m'avaient aisément caché d'eux, et ils m'ont conduit à l'étable d'un homme excellent, puisque ma destinée est de vivre encore.

Et le porcher Eumaios lui répondit :

— Ô Étranger très-malheureux, certes, tu as fortement ému mon cœur en racontant les misères que tu as subies et tes courses errantes ; mais, en parlant d'Odysseus, je pense que tu n'as rien dit de sage, et tu ne me persuaderas point. Comment un homme tel que toi peut-il mentir aussi effrontément ? Je sais trop que penser du retour de mon maître. Certes, il est très-odieux à tous les Dieux, puisqu'ils ne l'ont point dompté par la main des Troiens, ou qu'ils ne lui ont point permis, après la guerre, de mourir entre les bras de ses amis. Car tous les Akhaiens lui eussent élevé un tombeau, et une grande gloire eût été accordée à son fils dans l'avenir. Et maintenant les Harpyes l'ont déchiré sans gloire, et moi, séparé de tous, je reste auprès de mes porcs ; et je ne vais point à la ville, si ce n'est quand la sage Pènélopéia m'ordonne d'y aller, quand elle a reçu quelque nouvelle. Et, alors, tous s'empressent de m'interroger, ceux qui s'attristent de la longue absence de leur Roi et ceux qui se réjouissent de dévorer impunément ses richesses. Mais il ne m'est point agréable de demander ou de répondre depuis qu'un Aitôlien m'a trompé par ses paroles. Ayant tué un homme, il avait erré en beaucoup de pays, et il vint dans ma demeure, et je le reçus avec amitié. Il me dit qu'il avait vu, parmi les Krètois, auprès d'Idoméneus, mon maître réparant ses nefs que les tempêtes avaient brisées. Et il me dit qu'Odysseus allait revenir, soit cet été, soit cet automne, ramenant de nombreuses richesses avec ses divins compagnons. Et toi, vieillard, qui as subi tant de maux, et que la destinée a conduit vers moi, ne cherche point à me plaire par des mensonges, car je ne t'honorerai, ni ne t'aimerai pour cela, mais par respect pour Zeus hospitalier et par compassion pour toi.

Et le subtil Odysseus lui répondit :

— Certes, tu as dans ta poitrine un esprit incrédule, puisqu'ayant juré par serment, je ne t'ai point persuadé. Mais faisons un pacte, et que les

Dieux qui habitent l'Olympos soient témoins. Si ton Roi revient dans cette demeure, donne-moi des vêtements, un manteau et une tunique, et fais-moi conduire à Doulikhios, ainsi que je le désire ; mais si ton Roi ne revient pas comme je te le dis, ordonne à tes serviteurs de me jeter du haut d'un grand rocher, afin que, désormais, un mendiant craigne de mentir.

Et le divin porcher lui répondit :

— Étranger, je perdrais ainsi ma bonne renommée et ma vertu parmi les hommes, maintenant et à jamais, moi qui t'ai conduit dans mon étable et qui t'ai offert les dons de l'hospitalité, si je te tuais et si je t'arrachais ta chère âme. Comment supplierais-je ensuite le Kroniôn Zeus ? Mais voici l'heure du repas, et mes compagnons vont arriver promptement, afin que nous préparions un bon repas dans l'étable.

Tandis qu'ils se parlaient ainsi, les porcs et les porchers arrivèrent. Et ils enfermèrent les porcs, comme de coutume, pour la nuit, et une immense rumeur s'éleva du milieu des animaux qui allaient à l'enclos. Puis le divin porcher dit à ses compagnons :

— Amenez-moi un porc excellent, afin que je le tue pour cet hôte qui vient de loin, et nous nous en délecterons aussi, nous qui souffrons beaucoup, et qui surveillons les porcs aux dents blanches, tandis que d'autres mangent impunément le fruit de notre travail.

Ayant ainsi parlé, il fendit du bois avec l'airain tranchant. Et les porchers amenèrent un porc très-gras ayant cinq ans. Et ils l'étendirent devant le foyer. Mais Eumaios n'oublia point les Immortels, car il n'avait que de bonnes pensées ; et il jeta d'abord dans le feu les soies de la tête du porc aux dents blanches, et il pria tous les Dieux, afin que le subtil Odysseus revînt dans ses demeures. Puis, levant les bras, il frappa la victime d'un morceau de chêne qu'il avait réservé, et la vie abandonna le porc. Et les porchers l'égorgèrent, le brûlèrent et le coupèrent par morceaux. Et Eumaios, retirant les entrailles saignantes, qu'il recouvrit de la graisse prise au corps, les jeta dans le feu après les avoir saupoudrées de fleur de farine d'orge. Et les porchers, divisant le reste, traversèrent les viandes de broches, les firent rôtir avec soin et les retirèrent du feu. Puis ils les déposèrent sur des disques. Eumaios se leva, faisant les parts, car il avait des pensées équitables ; et il fit en tout sept parts. Il en consacra une aux Nymphes et à Hermès, fils de Maiè, et il distribua les autres à chacun ; mais il honora Odysseus du dos entier du porc aux dents blanches. Et le héros, le subtil Odysseus, s'en glorifia, et dit à Eumaios :

— Plaise aux dieux, Eumaios, que tu sois toujours cher au père Zeus, puisque, tel que je suis, tu m'as honoré de cette part excellente.

Et le porcher Eumaios lui répondit :

— Mange heureusement, mon hôte, et délecte-toi de ces mets tels qu'ils sont. Un Dieu nous les a donnés et nous laissera en jouir, s'il le veut ; car il peut tout.

Il parla ainsi, et il offrit les prémices aux Dieux éternels. Puis, ayant fait des libations avec du vin rouge, il mit une coupe entre les mains d'Odysseus destructeur des citadelles. Et celui-ci s'assit devant le dos du porc ; et Mésaulios, que le chef des porchers avait acheté en l'absence de son maître, et sans l'aide de sa maîtresse et du vieux Laertès, distribua les parts. Il l'avait acheté de ses propres richesses à des Taphiens.

Et tous étendirent les mains vers les mets placés devant eux. Et après qu'ils eurent assouvi le besoin de boire et de manger, Mésaulios enleva le pain, et tous, rassasiés de nourriture, allèrent à leurs lits.

Mais la nuit vint, mauvaise et noire ; et Zeus plut toute la nuit, et le grand Zéphyros soufflait chargé d'eau. Alors Odysseus parla ainsi, pour éprouver le porcher qui prenait tant de soins de lui, afin de voir si, retirant son propre manteau, il le lui donnerait, ou s'il avertirait un de ses compagnons :

— Écoutez-moi maintenant, toi, Eumaios, et vous, ses compagnons, afin que je vous parle en me glorifiant, car le vin insensé m'y pousse, lui qui excite le plus sage à chanter, à rire, à danser, et à prononcer des paroles qu'il eût été mieux de ne pas dire ; mais dès que j'ai commencé à être bavard, je ne puis rien cacher. Plût aux Dieux que je fusse jeune et que ma force fût grande, comme au jour où nous tendîmes une embuscade sous Troiè. Les chefs étaient Odysseus et l'Atréide Ménélaos, et je commandais avec eux, car ils m'avaient choisi eux-mêmes. Quand nous fûmes arrivés à la ville, sous la haute muraille, nous nous couchâmes avec nos armes, dans un marais, au milieu de roseaux et de broussailles épaisses. La nuit vint, mauvaise, et le souffle de Boréas était glacé. Puis la neige tomba, froide, et le givre couvrait nos boucliers. Et tous avaient leurs manteaux et leurs tuniques ; et ils dormaient tranquilles, couvrant leurs épaules de leurs boucliers. Pour moi, j'avais laissé mon manteau à mes compagnons comme un insensé ; mais je n'avais point pensé qu'il dût faire un si grand froid, et je n'avais que mon bouclier et une tunique brillante. Quand vint la dernière partie de la nuit, à l'heure où les astres s'inclinent, ayant touché du coude Odysseus, qui était auprès de moi, je lui dis ces paroles qu'il comprit aussitôt :

— Divin Laertiade, subtil Odysseus, je ne vivrai pas longtemps et ce froid me tuera, car je n'ai point de manteau et un Daimôn m'a trompé en me persuadant de ne prendre que ma seule tunique ; et maintenant il n'y a plus aucun remède.

Je parlai ainsi, et il médita aussitôt un projet dans son esprit, aussi prompt qu'il l'était toujours pour délibérer ou pour combattre. Et il me dit à voix basse :

— Tais-toi maintenant, de peur qu'un autre parmi les Akhaiens t'entende.

Il parla ainsi, et, appuyé sur le coude, il dit :

— Écoutez-moi, amis. Un songe divin m'a réveillé. Nous sommes loin des nefs ; mais qu'un de nous aille prévenir le prince des peuples, l'Atréide Agamemnôn, afin qu'il ordonne à un plus grand nombre de sortir des nefs et de venir ici.

Il parla ainsi, et aussitôt Thoas Andraimonide se leva, jeta son manteau pourpré et courut vers les nefs, et je me couchai oiseusement dans son manteau, jusqu'à la clarté d'Éôs au trône d'or. Plût aux Dieux que je fusse aussi jeune et que ma force fût aussi grande ! un des porchers, dans ces étables, me donnerait un manteau, par amitié et par respect pour un homme brave. Mais maintenant, je suis méprisé, à cause des misérables haillons qui me couvrent le corps.

Et le porcher Eumaios lui répondit :

— Ô vieillard, tu as raconté une histoire irréprochable, et tu n'auras point dit en vain une parole excellente. C'est pourquoi tu ne manqueras ni d'un manteau, ni d'aucune chose qui convienne à un suppliant malheureux venu de loin ; mais, au matin, tu reprendras tes haillons, car ici nous n'avons pas beaucoup de manteaux, ni de tuniques de rechange, et chaque homme n'en a qu'une. Quand le cher fils d'Odysseus sera revenu, il te donnera lui-même des vêtements, un manteau et une tunique, et il te fera conduire où ton cœur désire aller.

Ayant ainsi parlé, il se leva, approcha le feu du lit de peaux de chèvres et de brebis où Odysseus se coucha, et il jeta sur lui un grand et épais manteau de rechange et dont il se couvrait quand les mauvais temps survenaient. Et Odysseus se coucha, et, auprès de lui, les jeunes porchers s'endormirent ; mais il ne plut point à Eumaios de reposer dans son lit loin de ses porcs, et il sortit, armé. Et Odysseus se réjouissait qu'il prît tant de soin de ses biens pendant son absence. Et, d'abord, Eumaios mit une épée aiguë autour de ses robustes épaules ; puis, il se couvrit d'un épais manteau qui garantissait du vent : et il prit aussi la peau d'une grande chèvre, et il saisit une lance aiguë pour se défendre des chiens et des hommes ; et il alla dormir où dormaient ses porcs, sous une pierre creuse, à l'abri de Boréas.

RHAPSODIE XV

Et Pallas Athènè se rendit dans la grande Lakédaimôn, vers l'illustre fils du magnanime Odysseus, afin de l'avertir et de l'exciter au retour. Et elle trouva Tèlémakhos et l'illustre fils de Nestôr dormant sous le portique de la demeure de l'illustre Ménélaos. Et le Nestoride dormait paisiblement ; mais le doux sommeil ne saisissait point Tèlémakhos, et il songeait à son père, dans son esprit, pendant la nuit solitaire. Et Athènè aux yeux clairs, se tenant près de lui, parla ainsi :

— Tèlémakhos, il ne serait pas bien de rester plus longtemps loin de ta demeure et de tes richesses laissées en proie à des hommes insolents qui dévoreront et se partageront tes biens ; car tu aurais fait un voyage inutile. Excite donc très-promptement l'illustre Ménélaos à te renvoyer, afin que tu retrouves ton irréprochable mère dans tes demeures. Déjà son père et ses frères lui ordonnent d'épouser Eurymakhos, car il l'emporte sur tous les Prétendants par les présents qu'il offre et la plus riche dot qu'il promet. Prends garde que, contre son gré, elle emporte ces richesses de ta demeure. Tu sais, en effet, quelle est l'âme d'une femme ; elle veut toujours enrichir la maison de celui qu'elle épouse. Elle ne se souvient plus de ses premiers enfants ni de son premier mari mort, et elle n'y songe plus. Quand tu seras de retour, confie donc, jusqu'à ce que les Dieux t'aient donné une femme vénérable, toutes tes richesses à la meilleure de tes servantes. Mais je te dirai autre chose. Garde mes paroles dans ton esprit. Les plus braves des Prétendants te tendent une embuscade dans le détroit d'Ithakè et de la stérile Samos, désirant te tuer avant que tu rentres dans ta patrie ; mais je ne pense pas qu'ils le fassent, et, auparavant, la terre enfermera plus d'un de ces Prétendants qui mangent tes biens. Conduis ta nef bien construite loin des îles, et navigue la nuit. Celui des Immortels qui veille sur toi t'enverra un vent favorable. Et dès que tu seras arrivé au rivage d'Ithakè, envoie la nef et tous tes compagnons à la ville, et va d'abord chez le porcher qui garde tes porcs et qui t'aime. Dors chez lui, et envoie-le à la ville annoncer à l'irréprochable Pènélopéia que tu la salues et que tu reviens de Pylos.

Ayant ainsi parlé, elle remonta dans le haut Olympos. Et Tèlémakhos éveilla le Nestoride de son doux sommeil en le poussant du pied, et il lui dit :

— Lève-toi, Nestoride Peisistratos, et lie au char les chevaux au sabot massif afin que nous partions.

Et le Nestoride Peisistratos lui répondit :

— Tèlémakhos, nous ne pouvons, quelque hâte que nous ayons, partir dans la nuit ténébreuse. Bientôt Éôs paraîtra. Attendons au matin et jusqu'à ce que le héros Atréide Ménélaos illustre par sa lance ait placé ses présents dans le char et t'ait renvoyé avec des paroles amies. Un hôte se souvient toujours d'un homme aussi hospitalier qui l'a reçu avec amitié.

Il parla ainsi, et aussitôt Éôs s'assit sur son thrône d'or, et le brave Ménélaos s'approcha d'eux, ayant quitté le lit où était Hélénè aux beaux cheveux. Et dès que le cher fils du divin Odysseus l'eut reconnu, il se hâta de se vêtir de sa tunique brillante, et, jetant un grand manteau sur ses épaules, il sortit du portique, et dit à Ménélaos :

— Divin Atréide Ménélaos, prince des peuples, renvoie-moi dès maintenant dans la chère terre de la patrie, car voici que je désire en mon âme revoir ma demeure.

Et le brave Ménélaos lui répondit :

— Tèlémakhos, je ne te retiendrai pas plus longtemps, puisque tu désires t'en retourner. Je m'irrite également contre un homme qui aime ses hôtes outre mesure ou qui les hait. Une conduite convenable est la meilleure. Il est mal de renvoyer un hôte qui veut rester, ou de retenir celui qui veut partir ; mais il faut le traiter avec amitié s'il veut rester, ou le renvoyer s'il veut partir. Reste cependant jusqu'à ce que j'aie placé sur ton char de beaux présents que tu verras de tes yeux, et je dirai aux servantes de préparer un repas abondant dans mes demeures à l'aide des mets qui s'y trouvent. Il est honorable, glorieux et utile de parcourir une grande étendue de pays après avoir mangé. Si tu veux parcourir Hellas et Argos, je mettrai mes chevaux sous le joug et je te conduirai vers les villes des hommes, et aucun d'eux ne nous renverra outrageusement, mais chacun te donnera quelque chose, ou un trépied d'airain, ou un bassin, ou deux mulets, ou une coupe d'or.

Et le prudent Tèlémakhos lui répondit :

— Divin Atréide Ménélaos, prince des peuples, je veux rentrer dans nos demeures, car je n'ai laissé derrière moi aucun gardien de mes richesses, et je crains, ou de périr en cherchant mon divin père, ou, loin de mes demeures, de perdre mes richesses.

Et le brave Ménélaos, l'ayant entendu, ordonna aussitôt à sa femme et à ses servantes de préparer dans les demeures un repas abondant, à l'aide des mets qui s'y trouvaient. Et alors le Boèthoïde Étéônteus, qui sortait de son lit et qui n'habitait pas loin du roi, arriva près de lui. Et le brave Ménélaos lui ordonna d'allumer du feu et de faire rôtir les viandes. Et le Boèthoïde obéit dès qu'il eut entendu. Et Ménélaos rentra dans sa chambre nuptiale parfumée, et Hélénè et Mégapenthès allaient avec lui. Quand ils furent arrivés là où les choses précieuses étaient enfermées, l'Atréide prit une coupe ronde, et il ordonna à son fils Mégapenthès d'emporter un kratère d'argent. Et Hélénè s'arrêta devant un coffre où étaient enfermés les vêtements aux couleurs variées qu'elle avait travaillés elle-même. Et Hélénè, la divine femme, prit un péplos, le plus beau de tous par ses couleurs diverses, et le plus grand, et qui resplendissait comme une étoile ; et il était placé sous tous les autres. Et ils retournèrent par les demeures jusqu'à ce qu'ils fussent arrivés auprès de Tèlémakhos. Et le brave Ménélaos lui dit :

— Tèlémakhos, que Zeus, le puissant mari de Hèrè, accomplisse le retour que tu désires dans ton âme ! De tous mes trésors qui sont enfermés dans ma demeure je te donnerai le plus beau et le plus précieux, ce kratère bien travaillé, d'argent massif, et dont les bords sont enrichis d'or. C'est l'ouvrage de Hèphaistos, et l'illustre héros, roi des Sidônes, me l'offrit, quand il me reçut dans sa demeure, à mon retour ; et, moi, je veux te l'offrir.

Ayant ainsi parlé, le héros Atréide lui mit la coupe ronde entre les mains ; et le robuste Mégapenthès posa devant lui le splendide kratère d'argent, et Hélénè, tenant le péplos à la main, s'approcha et lui dit :

— Et moi aussi, cher enfant, je te ferai ce présent, ouvrage des mains de Hélénè, afin que tu le donnes à la femme bien-aimée que tu épouseras.

Jusque-là, qu'il reste auprès de ta chère mère. En quittant notre demeure pour la terre de ta patrie, réjouis-toi de mon souvenir.

Ayant ainsi parlé, elle lui mit le péplos entre les mains, et il le reçut avec joie. Et le héros Peisistratros plaça les présents dans une corbeille, et il les admirait dans son âme. Puis, le blond Ménélaos les conduisit dans les demeures où ils s'assirent sur des sièges et sur des thrônes. Et une servante versa, d'une belle aiguière d'or dans un bassin d'argent, de l'eau pour laver leurs mains ; et, devant eux, elle dressa la table polie. Et l'irréprochable Intendante, pleine de grâce pour tous, couvrit la table de pain et de mets nombreux ; et le Boèthoïde coupait les viandes et distribuait les parts, et le fils de l'illustre Ménélaos versait le vin. Et tous étendirent les mains vers les mets placés devant eux.

Après qu'ils eurent assouvi la faim et la soif, Télémakhos et l'illustre fils de Nestôr, ayant mis les chevaux sous le joug, montèrent sur le beau char et sortirent du vestibule et du portique sonore. Et le blond Ménélaos Atréide allait avec eux, portant à la main une coupe d'or pleine de vin doux, afin de faire une libation avant le départ. Et, se tenant devant les chevaux, il parla ainsi :

— Salut, ô jeunes hommes ! Portez mon salut au prince des peuples Nestôr, qui était aussi doux qu'un père pour moi, quand les fils des Akhaiens combattaient devant Troiè.

Et le prudent Tèlémakhos lui répondit :

— Ô divin, nous répéterons toutes tes paroles à Nestôr. Plaise aux Dieux que, de retour dans Ithakè et dans la demeure d'Odysseus, je puisse dire avec quelle amitié tu m'as reçu, toi dont j'emporte les beaux et nombreux présents.

Et tandis qu'il parlait ainsi, un aigle s'envola à sa droite, portant dans ses serres une grande oie blanche domestique. Les hommes et les femmes le poursuivaient avec des cris ; et l'aigle, s'approchant, passa à la droite des chevaux. Et tous, l'ayant vu, se réjouirent dans leurs âmes ; et le Nestoride Peisistratos dit le premier :

— Décide, divin Ménélaos, prince des peuples, si un Dieu nous envoie ce signe, ou à toi.

Il parla ainsi, et Ménélaos cher à Arès songeait comment il répondrait sagement ; mais Hélénè au large péplos le devança et dit :

— Écoutez-moi, et je prophétiserai ainsi que les Immortels me l'inspirent, et je pense que ceci s'accomplira. De même que l'aigle, descendu de la montagne où est sa race et où sont ses petits, a enlevé l'oie dans les demeures, ainsi Odysseus, après avoir beaucoup souffert et beaucoup erré, reviendra dans sa maison et se vengera. Peut-être déjà est-il dans sa demeure, apportant la mort aux Prétendants.

Et le prudent Tèlémakhos lui répondit :

— Puisse Zeus, le tonnant mari de Hèrè, le vouloir ainsi, et, désormais, je t'adresserai des prières comme à une Déesse.

Ayant ainsi parlé, il fouetta les chevaux, et ceux-ci s'élancèrent rapidement par la ville et la plaine. Et, ce jour entier, ils coururent tous deux sous le joug. Et Hèlios tomba, et tous les chemins devinrent sombres.

Et ils arrivèrent à Phèra, dans la demeure de Diokleus, fils d'Orsilokhos que l'Alphéios avait engendré. Et ils y dormirent la nuit, car il leur offrit l'hospitalité. Mais quand Éôs aux doigts rosés, née au matin, apparut, ils attelèrent leurs chevaux, et, montant sur leur beau char, ils sortirent du vestibule et du portique sonore. Et ils excitèrent les chevaux du fouet, et ceux-ci couraient avec ardeur. Et ils parvinrent bientôt à la haute ville de Pylos. Alors Tèlémakhos dit au fils de Nestôr :

— Nestoride, comment accompliras-tu ce que tu m'as promis ? Nous nous glorifions d'être hôtes à jamais, à cause de l'amitié de nos pères, de notre âge qui est le même, et de ce voyage qui nous unira plus encore. Ô divin, ne me conduis pas plus loin que ma nef, mais laisse-moi ici, de peur que le vieillard me retienne malgré moi dans sa demeure, désirant m'honorer ; car il est nécessaire que je parte très-promptement.

Il parla ainsi, et le Nestoride délibéra dans son esprit comment il accomplirait convenablement sa promesse. Et, en délibérant, ceci lui sembla la meilleure résolution. Il tourna les chevaux du côté de la nef rapide et du rivage de la mer. Et il déposa les présents splendides sur la poupe de la nef, les vêtements et l'or que Ménélaos avait donnés, et il dit à Tèlémakhos ces paroles ailées :

— Maintenant, monte à la hâte et presse tous tes compagnons, avant que je rentre à la maison et que j'avertisse le Vieillard. Car je sais dans mon esprit et dans mon cœur quelle est sa grande âme. Il ne te renverrait pas, et, lui-même, il viendrait ici te chercher, ne voulant pas que tu partes les mains vides. Et, certes, il sera très-irrité.

Ayant ainsi parlé, il poussa les chevaux aux belles crinières vers la ville des Pyliens, et il parvint rapidement à sa demeure.

Et aussitôt Tèlémakhos excita ses compagnons :

— Compagnons, préparez les agrès de la nef noire, montons-y et faisons notre route.

Il parla ainsi, et, dès qu'ils l'eurent entendu, ils montèrent sur la nef et s'assirent sur les bancs. Et, tandis qu'ils se préparaient, il suppliait Athènè à l'extrémité de la nef. Et voici qu'un étranger survint, qui, ayant tué un homme, fuyait Argos ; et c'était un divinateur de la race de Mélampous. Et celui-ci habitait autrefois Pylos nourrice de brebis, et il était riche parmi les Pyliens, et il possédait de belles demeures ; mais il s'enfuit loin de sa patrie vers un autre peuple, par crainte du magnanime Nèleus, le plus illustre des vivants, qui lui avait retenu de force ses nombreuses richesses pendant une année, tandis que lui-même était chargé de liens et subissait de nouvelles douleurs dans la demeure de Phylas ; car il avait outragé Iphiklès, à cause de la fille de Nèleus, poussé par la cruelle Déesse Érinnys. Mais il évita la mort, ayant chassé les bœufs mugissants de Phylakè à Pylos et s'étant vengé de l'outrage du divin Nèleus ; et il conduisit vers son frère la jeune fille qu'il avait épousée, et sa destinée fut d'habiter parmi les Argiens qu'il commanda. Là, il s'unit à sa femme et bâtit une haute demeure. Et il engendra deux fils robustes, Antiphatès et Mantios. Antiphatès engendra le magnanime Oikleus, et Oikleus engendra Amphiaraos, sauveur du peuple, que Zeus tempêtueux et Apollon aimèrent au-dessus de tous. Mais il ne parvint pas au seuil de la vieillesse, et il périt à Thèbè, trahi par sa femme que des présents avaient séduite. Et deux fils naquirent de lui, Alkmaôn et Amphilokhos. Et Mantios engendra Polypheideus et Klitos. Mais Éôs au thrône d'or enleva Klitos à cause de sa beauté et le mit parmi les Immortels. Et, quand Amphiaraos fut mort, Apollôn rendit le magnanime Polypheideus le plus habile des divinateurs. Et celui-ci, irrité contre son père, se retira dans la Hypérèsiè, où il habita, prophétisant pour tous les hommes. Et ce fut son fils qui survint, et il se nommait Théoklyménos. Et, s'arrêtant auprès de Tèlémakhos, qui priait et faisait des libations à l'extrémité de la nef noire, il lui dit ces paroles ailées :

— Ô ami, puisque je te trouve faisant des libations en ce lieu, je te supplie par ces libations, par le Dieu invoqué, par ta propre tête et par tes compagnons, dis-moi la vérité et ne me cache rien. Qui es-tu ? D'où viens-tu ? Où est ta ville ? Où sont tes parents ?

Et le prudent Tèlémakhos lui répondit :

— Étranger, je te dirai la vérité. Ma famille est d'Ithakè et mon père est Odysseus, s'il vit encore ; mais déjà sans doute il a péri d'une mort lamentable. Je suis venu ici, avec mes compagnons et ma nef noire, pour m'informer de mon père depuis longtemps absent.

Et le divin Théoklyménos lui répondit :

— Moi, je fuis loin de ma patrie, ayant tué un homme. Ses frères et ses compagnons nombreux habitent Argos nourrice de chevaux et commandent aux Akhaiens. Je fuis leur vengeance et la Kèr noire, puisque ma destinée est d'errer parmi les hommes. Laisse-moi monter sur ta nef, puisque je viens en suppliant, de peur qu'ils me tuent, car je pense qu'ils me poursuivent.

Et le prudent Tèlémakhos lui répondit :

— Certes, je ne te chasserai point de ma nef égale. Suis-moi ; nous t'accueillerons avec amitié et de notre mieux.

Ayant ainsi parlé, il prit la lance d'airain de Théoklyménos et il la déposa sur le pont de la nef aux deux rangs d'avirons ; et il y monta lui-même, et il s'assit sur la poupe, et il y fit asseoir Théoklyménos auprès de lui. Et ses compagnons détachèrent le câble, et il leur ordonna d'appareiller, et ils se hâtèrent d'obéir. Ils dressèrent le mât de sapin sur le pont creux et ils le soutinrent avec des cordes, et ils déployèrent les blanches voiles tenues ouvertes à l'aide de courroies. Athènè aux yeux clairs leur envoya un vent propice qui soufflait avec force, et la nef courait rapidement sur l'eau salée de la mer. Hèlios tomba et tous les chemins devinrent sombres. Et la nef, poussée par un Vent propice de Zeus, dépassa Phéras et la divine Élis où commandent les Épéiens. Puis Tèlémakhos s'engagea entre les îles rocheuses, se demandant s'il éviterait la mort ou s'il serait fait captif.

Mais Odysseus et le divin porcher et les autres pâtres prenaient de nouveau leur repas dans l'étable ; et quand ils eurent assouvi la faim et la soif, alors Odysseus dit au porcher, afin de voir s'il l'aimait dans son cœur, s'il voudrait le retenir dans l'étable ou s'il l'engagerait à se rendre à la ville :

— Écoutez-moi, Eumaios, et vous, ses compagnons. Je désire aller au matin à la ville, afin d'y mendier et de ne plus vous être à charge. Donnez-moi donc un bon conseil et un conducteur qui me mène. J'irai, errant çà et là, par nécessité, afin qu'on m'accorde à boire et à manger. Et j'entrerai dans la demeure du divin Odysseus, pour en donner des nouvelles à la sage Pènélopéia. Et je me mêlerai aux Prétendants insolents, afin qu'ils me donnent à manger, car ils ont des mets en abondance. Je ferai même aussitôt au milieu d'eux tout ce qu'ils m'ordonneront. Car je te le dis, écoute-moi et retiens mes paroles dans ton esprit : par la faveur du messager Herméias qui honore tous les travaux des hommes, aucun ne pourrait lutter avec moi d'adresse pour allumer du feu, fendre le bois sec et l'amasser afin qu'il brûle bien, préparer le repas, verser le vin et s'acquitter de tous les soins que les pauvres rendent aux riches.

Et le porcher Eumaios, très-irrité, lui répondit :

— Hélas ! mon hôte, quel dessein a conçu ton esprit ? Certes, si tu désires te mêler à la foule des Prétendants, c'est que tu veux périr. Leur insolence et leur violence sont montées jusqu'à l'Ouranos de fer. Leurs serviteurs ne te ressemblent pas ; ce sont des jeunes hommes vêtus de beaux manteaux et de belles tuniques, beaux de tête et de visage, qui chargent les tables polies de pain, de viandes et de vins. Reste ici ; aucun ne se plaint de ta présence, ni moi, ni mes compagnons. Dès que le cher fils d'Odysseus sera revenu, il te donnera une tunique et un manteau, et il te fera reconduire là où ton âme t'ordonne d'aller.

Et le patient et divin Odysseus lui répondit :

— Plaise aux Dieux, Eumaios, que tu sois aussi cher au Père Zeus qu'à moi, puisque tu as mis fin à mes courses errantes et à mes peines ; car il n'est rien de pire pour les hommes que d'errer ainsi, et celui d'entre eux qui vagabonde subit l'inquiétude et la douleur et les angoisses d'un ventre affamé. Maintenant, puisque tu me retiens et que tu m'ordonnes d'attendre Tèlémakhos, parle-moi de la mère du divin Odysseus, et de son père qu'il a laissé en partant sur le seuil de la vieillesse. Vivent-ils encore sous la splendeur de Hèlios, ou sont-ils morts et dans les demeures d'Aidès ?

Et le chef des porchers lui répondit :

— Mon hôte, je te dirai la vérité. Laertès vit encore, mais il supplie toujours Zeus, dans ses demeures, d'enlever son âme de son corps, car il gémit très-amèrement sur son fils qui est absent, et sur sa femme qu'il avait épousée vierge ; et la mort de celle-ci l'accable surtout de tristesse et lui fait sentir l'horreur de la vieillesse. Elle est morte d'une mort lamentable par le regret de son illustre fils. Ainsi, bientôt, mourra ici quiconque m'a aimé. Aussi longtemps qu'elle a vécu, malgré sa douleur, elle aimait à me questionner et à m'interroger ; car elle m'avait élevé elle-même, avec son illustre fille Klymènè au large péplos, qu'elle avait enfantée la dernière. Elle m'éleva avec sa fille et elle m'honora non moins que celle-ci. Mais, quand nous fûmes arrivés tous deux à la puberté, Klyménè fut mariée à un Samien qui donna de nombreux présents à ses parents. Et alors Antikléia me donna un manteau, une tunique, de belles sandales, et elle m'envoya aux champs, et elle m'aima plus encore dans son cœur. Et, maintenant, je suis privé de tous ces biens ; mais les dieux ont fécondé mon travail, et, par eux, j'ai mangé et bu, et j'ai donné aux suppliants vénérables. Cependant, il m'est amer de ne plus entendre les paroles de ma maîtresse ; mais le malheur et des hommes insolents sont entrés dans sa demeure, et les serviteurs sont privés de parler ouvertement à leur maîtresse, de l'interroger, de manger et de boire avec elle et de rapporter aux champs les présents qui réjouissent l'âme des serviteurs.

Et le patient Odysseus lui répondit :

— Ô Dieux ! ainsi, porcher Eumaios, tu as été enlevé tout jeune à ta patrie et à tes parents. Raconte-moi tout, et dis la vérité. La ville aux larges rues a-t-elle été détruite où habitaient ton père et ta mère vénérable, ou des hommes ennemis t'ont-ils saisi, tandis que tu étais auprès de tes brebis ou de tes bœufs, transporté dans leur nef et vendu dans les demeures d'un homme qui donna de toi un bon prix ?

Et le chef des porchers lui répondit :

— Étranger, puisque tu m'interroges sur ces choses, écoute en silence et réjouis-toi de boire ce vin en repos. Les nuits sont longues et laissent le temps de dormir et le temps d'être charmé par les récits. Il ne faut pas que tu dormes avant l'heure, car beaucoup de sommeil fait du mal. Si le cœur et l'âme d'un d'entre ceux-ci lui ordonnent de dormir, qu'il sorte ; et, au lever d'Éôs, après avoir mangé, il conduira les porcs du maître. Pour nous, mangeant et buvant dans l'étable, nous nous charmerons par le souvenir de nos douleurs ; car l'homme qui a beaucoup souffert et beaucoup erré est charmé par le souvenir de ses douleurs. Je vais donc te répondre, puisque tu m'interroges.

Il y a une île qu'on nomme Syrè, au-dessous d'Ortygiè, du côté où Hèlios tourne. Elle est moins grande, mais elle est agréable et produit beaucoup de bœufs, de brebis, de vin et de froment ; et jamais la famine n'afflige son peuple, ni aucune maladie ne frappe les mortels misérables hommes. Quand les générations ont vieilli dans leur ville, Apollôn à l'arc d'argent et Artémis surviennent et les tuent de leurs flèches illustres. Il y a deux villes qui se sont partagé tout le pays, et mon père Ktèsios Orménide, semblable aux Immortels, commandait à toutes deux, quand survinrent des Phoinikes illustres par leurs nefs, habiles et rusés, amenant sur leur nef noire mille choses frivoles. Il y avait dans la demeure de mon père une femme de Phoinikiè, grande, belle et habile aux beaux ouvrages des mains. Et les Phoinikes rusés la séduisirent. Tandis qu'elle allait laver, un d'eux, dans la nef creuse, s'unit à elle par l'amour qui trouble l'esprit des femmes luxurieuses, même de celles qui sont sages. Et il lui demanda ensuite qui elle était et d'où elle venait ; et, aussitôt, elle lui parla de la haute demeure de son père :

— Je me glorifie d'être de Sidôn riche en airain, et je suis la fille du riche Arybas. Des pirates Taphiens m'ont enlevée dans les champs, transportée ici dans les demeures de Ktèsios qui leur a donné de moi un bon prix.

Et l'homme lui répondit :

— Certes, si tu voulais revenir avec nous vers tes demeures, tu reverrais la haute maison de ton père et de ta mère, et eux-mêmes, car ils vivent encore et sont riches.

Et la femme lui répondit :

— Que cela soit, si les marins veulent me jurer par serment qu'ils me reconduiront saine et sauve.

Elle parla ainsi, et tous le lui jurèrent, et, après qu'ils eurent juré et prononcé toutes les paroles du serment, la femme leur dit encore :

— Maintenant, qu'aucun de vous, me rencontrant, soit dans la rue, soit à la fontaine, ne me parle, de peur qu'on le dise au vieillard ; car, me soupçonnant, il me chargerait de liens et méditerait votre mort. Mais gardez mes paroles dans votre esprit, et hâtez-vous d'acheter des vivres. Et quand la nef sera chargée de provisions, qu'un messager vienne promptement m'avertir dans la demeure. Je vous apporterai tout l'or qui me tombera sous les mains, et même je vous ferai, selon mon désir, un autre présent. J'élève, en effet, dans les demeures, le fils de Ktèsios, un enfant remuant et courant dehors. Je le conduirai dans la nef, et vous en aurez un grand prix en le vendant à des étrangers.

Ayant ainsi parlé, elle rentra dans nos belles demeures. Et les Phoinikes restèrent toute une année auprès de nous, rassemblant de nombreuses richesses dans leur nef creuse. Et quand celle-ci fut pleine, ils envoyèrent à la femme un messager pour lui annoncer qu'ils allaient partir. Et ce messager plein de ruses vint à la demeure de mon père avec un collier d'or orné d'émaux. Et ma mère vénérable et toutes les servantes se passaient ce collier de mains en mains et l'admiraient, et elles lui offrirent un prix ; mais il ne répondit rien ; et, ayant fait un signe à la femme, il retourna vers la nef. Alors, la femme, me prenant par la main, sortit de la demeure. Et elle trouva dans le vestibule des coupes d'or sur les tables des convives auxquels mon père avait offert un repas. Et ceux-ci s'étaient rendus à l'agora du peuple. Elle saisit aussitôt trois coupes qu'elle cacha dans son sein, et elle sortit, et je la suivis sans songer à rien. Hèlios tomba, et tous les chemins devinrent sombres ; et nous arrivâmes promptement au port où était la nef rapide des Phoinikes qui, nous ayant mis dans la nef, y montèrent et sillonnèrent les chemins humides ; et Zeus leur envoya un vent propice. Et nous naviguâmes pendant six jours et six nuits ; mais quand le Kroniôn Zeus amena le septième jour, Artémis, qui se réjouit de ses flèches, tua la femme, qui tomba avec bruit dans la sentine comme une poule de mer et les marins la jetèrent pour être mangée par les poissons et par les phoques, et je restai seul, gémissant dans mon cœur. Et le vent et le flot poussèrent les Phoinikes jusqu'à Ithakè, où Laertès m'acheta de ses propres richesses. Et c'est ainsi que j'ai vu de mes yeux cette terre.

Et le divin Odysseus lui répondit :

— Eumaios, certes, tu as profondément ému mon cœur en me racontant toutes les douleurs que tu as déjà subies : mais Zeus a mêlé pour toi le bien au mal, puisque tu es entré, après avoir beaucoup souffert, dans la demeure d'un homme excellent qui t'a donné abondamment à boire et à manger, et chez qui ta vie est paisible ; mais moi, je ne suis arrivé ici qu'après avoir erré à travers de nombreuses villes des hommes !

Et ils se parlaient ainsi. Puis ils s'endormirent, mais peu de temps ; et, aussitôt, Éôs au beau thrône parut.

Pendant ce temps les compagnons de Tèlémakhos, ayant abordé, plièrent les voiles et abattirent le mât et conduisirent la nef dans le port, à force d'avirons. Puis, ils jetèrent les ancres et lièrent les câbles. Puis, étant sortis de la nef, ils préparèrent leur repas sur le rivage de la mer et mêlèrent le vin rouge. Et quand ils eurent assouvi la faim et la soif, le prudent Tèlémakhos leur dit :

— Conduisez la nef noire à la ville ; moi, j'irai vers mes champs et mes bergers. Ce soir, je m'en reviendrai après avoir vu les travaux des champs ; et demain, au matin, je vous offrirai, pour ce voyage, un bon repas de viandes et de vin doux.

Et, alors, le divin Théoklyménos lui dit :

— Et moi, cher enfant, où irai-je ? Quel est celui des hommes qui commandent dans l'âpre Ithakè dont je dois gagner la demeure ? Dois-je me rendre auprès de ta mère, dans ta propre maison ?

Et le prudent Tèlémakhos lui répondit :

— Je ne te dirais point de te rendre à une autre demeure que la mienne, et les dons hospitaliers ne t'y manqueraient pas ; mais ce serait le pire pour toi. Je serais absent, et ma mère ne te verrait point, car elle tisse la toile, loin des Prétendants, dans la chambre supérieure ; mais je t'indiquerai un autre homme vers qui tu iras, Eurymakhos, illustre fils du prudent Polybos, que les Ithakèsiens regardent comme un Dieu. C'est de beaucoup l'homme le plus illustre, et il désire ardemment épouser ma mère et posséder les honneurs d'Odysseus. Mais l'Olympien Zeus qui habite l'Aithèr sait s'ils ne verront pas tous leur dernier jour avant leurs noces.

Il parlait ainsi quand un épervier, rapide messager d'Apollôn, vola à sa droite, tenant entre ses serres une colombe dont il répandait les plumes entre la nef et Tèlémakhos. Alors Théoklyménos, entraînant celui-ci loin de ses compagnons, le prit par la main et lui dit :

— Tèlémakhos, cet oiseau ne vole point à ta droite sans qu'un Dieu l'ait voulu. Je reconnais, l'ayant regardé, que c'est un signe augural. Il n'y a point de race plus royale que la vôtre dans Ithakè, et vous y serez toujours puissants.

Et le prudent Tèlémakhos lui répondit aussitôt :

— Plaise aux Dieux, Étranger, que ta parole s'accomplisse ! Je t'aimerai, et je te ferai de nombreux présents, et nul ne pourra se dire plus heureux que toi.

Il parla ainsi, et il dit à son fidèle compagnon Peiraios :

— Peiraios Klytide, tu m'es le plus cher des compagnons qui m'ont suivi à Pylos. Conduis maintenant cet étranger dans ta demeure ; aie soin de lui et honore-le jusqu'à ce que je revienne.

Et Peiraios illustre par sa lance lui répondit :

— Tèlémakhos, quand même tu devrais rester longtemps ici, j'aurai soin de cet étranger, et rien ne lui manquera de ce qui est dû à un hôte.

Ayant ainsi parlé, il entra dans la nef, et il ordonna à ses compagnons d'y monter et de détacher les câbles. Et Tèlémakhos, ayant lié de belles sandales à ses pieds, prit sur le pont de la nef une lance solide et brillante à pointe d'airain. Et, tandis que ses compagnons détachaient les câbles et naviguaient vers la ville, comme l'avait ordonné Tèlémakhos, le cher fils du divin Odysseus, les pieds du jeune homme le portaient rapidement vers l'étable où étaient enfermés ses nombreux porcs auprès desquels dormait le porcher fidèle et attaché à ses maîtres.

RHAPSODIE XVI

Au lever d'Éôs, Odysseus et le divin porcher préparèrent le repas, et ils allumèrent le feu, et ils envoyèrent les pâtres avec les troupeaux de porcs. Alors les chiens aboyeurs n'aboyèrent pas à l'approche de Tèlémakhos, mais ils remuaient la queue. Et le divin Odysseus, les ayant vus remuer la queue et ayant entendu un bruit de pas, dit à Eumaios ces paroles ailées :

— Eumaios, certes, un de tes compagnons approche, ou un homme bien connu, car les chiens n'aboient point, et ils remuent la queue, et j'entends un bruit de pas.

Il avait à peine ainsi parlé, quand son cher fils s'arrêta sous le portique. Et le porcher stupéfait s'élança, et le vase dans lequel il mêlait le vin rouge tomba de ses mains ; et il courut au-devant du maître, et il baisa sa tête, ses beaux yeux et ses mains, et il versait des larmes, comme un père plein de tendresse qui revient d'une terre lointaine, dans la dixième année, et qui embrasse son fils unique, engendré dans sa vieillesse, et pour qui il a souffert bien des maux. Ainsi le porcher couvrait de baisers le divin Tèlémakhos ; et il l'embrassait comme s'il eût échappé à la mort, et il lui dit, en pleurant, ces paroles ailées :

— Tu es donc revenu, Tèlémakhos, douce lumière ! Je pensais que je ne te reverrais plus, depuis ton départ pour Pylos. Hâte-toi d'entrer, cher enfant, afin que je me délecte à te regarder, toi qui reviens de loin. Car tu ne viens pas souvent dans tes champs et vers tes pâtres ; mais tu restes loin d'eux, et il te plaît de surveiller la multitude funeste des Prétendants.

Et le prudent Tèlémakhos lui répondit :

— Qu'il en soit comme tu le désires, Père. C'est pour toi que je suis venu, afin de te voir de mes yeux et de t'entendre, et pour que tu me dises si ma mère est restée dans nos demeures, ou si quelqu'un l'a épousée. Certes, peut-être le lit d'Odysseus, étant abandonné, reste-t-il en proie aux araignées immondes !

Et le chef des porchers lui répondit :

— Ta mère est restée, avec un cœur patient, dans tes demeures ; elle pleure nuit et jour, accablée de chagrins.

Ayant ainsi parlé, il prit sa lance d'airain. Et Tèlémakhos entra et passa le seuil de pierre. Et son père Odysseus voulut lui céder sa place ; mais Tèlémakhos le retint et lui dit :

— Assieds-toi, ô Étranger. Je trouverai un autre siège dans cette étable, et voici un homme qui me le préparera.

Il parla ainsi, et Odysseus se rassit, et le porcher amassa des branches vertes et mit une peau par-dessus, et le cher fils d'Odysseus s'y assit. Puis le porcher plaça devant eux des plateaux de chairs rôties que ceux qui avaient mangé la veille avaient laissées. Et il entassa à la hâte du pain dans des corbeilles, et il mêla le vin rouge dans un vase grossier, et il s'assit en face du divin Odysseus. Puis, ils étendirent les mains vers la nourriture placée devant eux. Et, après qu'ils eurent assouvi la faim et la soif, Tèlémakhos dit au divin porcher :

— Dis-moi, père, d'où vient cet Étranger ? Comment des marins l'ont-ils amené à Ithakè ? Qui se glorifie-t-il d'être ? Car je ne pense pas qu'il soit venu ici à pied.

Et le porcher Eumaios lui répondit :

— Certes, mon enfant, je te dirai la vérité. Il se glorifie d'être né dans la grande Krètè. Il dit qu'en errant il a parcouru de nombreuses villes des hommes, et, sans doute, un Dieu lui a fait cette destinée. Maintenant, s'étant échappé d'une nef de marins Thesprôtes, il est venu dans mon étable, et je te le confie. Fais de lui ce que tu veux. Il dit qu'il est ton suppliant.

Et le prudent Tèlémakhos lui répondit :

— Eumaios, certes, tu as prononcé une parole douloureuse. Comment le recevrais-je dans ma demeure ? Je suis jeune et je ne pourrais réprimer par la force de mes mains un homme qui l'outragerait le premier. L'esprit de ma mère hésite, et elle ne sait si, respectant le lit de son mari et la voix du peuple, elle restera dans sa demeure pour en prendre soin, ou si elle suivra le plus illustre d'entre les Akhaiens qui l'épousera et lui fera de nombreux présents. Mais, certes, puisque cet étranger est venu dans ta demeure, je lui donnerai de beaux vêtements, un manteau et une tunique, une épée à double tranchant et des sandales, et je le renverrai où son cœur désire aller. Si tu y consens, garde-le dans ton étable. J'enverrai ici des vêtements et du pain, afin qu'il mange et qu'il ne soit point à charge à toi et à tes compagnons. Mais je ne le laisserai point approcher des Prétendants, car ils ont une grande insolence, de peur qu'ils l'outragent, ce qui me serait une amère douleur. Que pourrait faire l'homme le plus vigoureux contre un si grand nombre ? Ils seront toujours les plus forts.

 Et le patient et divin Odysseus lui répondit :

 — Ô ami, certes, puisqu'il m'est permis de répondre, mon cœur est déchiré de t'entendre dire que les Prétendants, malgré toi, et tel que te voilà, commettent de telles iniquités dans tes demeures. Dis-moi si tu leur cèdes volontairement, ou si les peuples, obéissant aux Dieux, te haïssent ? Accuses-tu tes frères ? Car c'est sur leur appui qu'il faut compter, quand une dissension publique s'élève. Plût aux Dieux que je fusse jeune comme toi, étant plein de courage, ou que je fusse le fils irréprochable d'Odysseus, ou lui-même, et qu'il revînt, car tout espoir n'en est point perdu ! Je voudrais qu'un ennemi me coupât la tête, si je ne partais aussitôt pour la demeure du Laertiade Odysseus, pour être leur ruine à tous ! Et si, étant seul, leur multitude me domptait, j'aimerais mieux être tué dans mes demeures que de voir ces choses honteuses : mes hôtes maltraités, mes servantes misérablement violées dans mes belles demeures, mon vin épuisé, mes vivres dévorés effrontément, et cela pour un dessein inutile qui ne s'accomplira point !

 Et le prudent Tèlémakhos lui répondit :

 — Étranger, je te dirai la vérité. Le peuple n'est point irrité contre moi, et je n'accuse point de frères sur l'appui desquels il faut compter, quand une dissension publique s'élève. Le Kroniôn n'a donné qu'un seul fils à chaque génération de toute notre race. Arkeisios n'a engendré que le seul Laertès, et Laertès n'a engendré que le seul Odysseus, et Odysseus n'a engendré que moi dans ses demeures où il m'a laissé et où il n'a point été caressé par moi. Et, maintenant, de nombreux ennemis sont dans ma demeure. Ceux qui dominent dans les îles, à Doulikhios, à Samè, à Zakynthos couverte de bois, et ceux qui dominent dans l'âpre Ithakè, tous recherchent ma mère et ruinent ma maison. Et ma mère ne refuse ni n'accepte ces noces odieuses ; et tous mangent mes biens, ruinent ma maison, et bientôt ils me tueront moi-même. Mais, certes, ces choses sont sur les genoux des Dieux. Va, père Eumaios, et dis à la prudente Pènélopéia que je suis sauvé et revenu de Pylos. Je resterai ici. Reviens, n'ayant parlé qu'à elle seule ; et qu'aucun des autres Akhaiens ne t'entende, car tous méditent ma perte.

Et le porcher Eumaios lui répondit :

— J'entends et je comprends ce que tu m'ordonnes de faire. Mais dis-moi la vérité, et si, dans ce même voyage, je porterai cette nouvelle à Laertès qui est malheureux. Auparavant, bien que gémissant sur Odysseus, il surveillait les travaux, et, quand son âme le lui ordonnait, il buvait et mangeait avec ses serviteurs dans sa maison ; mais depuis que tu es parti sur une nef pour Pylos, on dit qu'il ne boit ni ne mange et qu'il ne surveille plus les travaux, mais qu'il reste soupirant et gémissant, et que son corps se dessèche autour de ses os.

Et le prudent Tèlémakhos lui répondit :

— Cela est très-triste ; mais cependant ne va pas à lui malgré sa douleur. Si les destinées pouvaient être choisies par les hommes, nous nous choisirions le jour du retour de mon père. Reviens donc après avoir parlé à ma mère, et ne t'éloigne pas vers Laertès et vers ses champs ; mais dis à ma mère d'envoyer promptement, et en secret, l'Intendante annoncer mon retour au Vieillard.

Il parla ainsi, excitant le porcher qui attacha ses sandales à ses pieds et partit pour la Ville. Mais le porcher Eumaios ne cacha point son départ à Athènè, et celle-ci apparut, semblable à une femme belle, grande et habile aux beaux ouvrages. Et elle s'arrêta sur le seuil de l'étable, étant visible seulement à Odysseus ; et Tèlémakhos ne la vit pas, car les dieux ne se manifestent point à tous les hommes. Et Odysseus et les chiens la virent, et les chiens n'aboyèrent point, mais ils s'enfuirent en gémissant au fond de l'étable. Alors Athènè fit un signe avec ses sourcils, et le divin Odysseus le comprit, et, sortant, il se rendit au delà du grand mur de l'étable ; et il s'arrêta devant Athènè, qui lui dit :

— Divin Laertiade, subtil Odysseus, parle maintenant à ton fils et ne lui cache rien, afin de préparer le carnage et la mort des Prétendants et d'aller à la Ville. Je ne serai pas longtemps loin de vous et j'ai hâte de combattre.

Athènè parla ainsi, et elle le frappa de sa baguette d'or. Et elle le couvrit des beaux vêtements qu'il portait auparavant, et elle le grandit et le rajeunit ; et ses joues devinrent plus brillantes, et sa barbe devint noire. Et Athènè, ayant fait cela, disparut.

Alors Odysseus rentra dans l'étable, et son cher fils resta stupéfait devant lui ; et il détourna les yeux, craignant que ce fût un Dieu, et il lui dit ces paroles ailées :

— Étranger, tu m'apparais tout autre que tu étais auparavant ; tu as d'autres vêtements et ton corps n'est plus le même. Si tu es un des Dieux qui habitent le large Ouranos, apaise-toi. Nous t'offrirons de riches sacrifices et nous te ferons des présents d'or. Épargne-nous.

Et le patient et divin Odysseus lui répondit :

— Je ne suis point un des Dieux. Pourquoi me compares-tu aux Dieux ? Je suis ton père, pour qui tu soupires et pour qui tu as subi de nombreuses douleurs et les outrages des hommes.

Ayant ainsi parlé, il embrassa son fils, et ses larmes coulèrent de ses joues sur la terre, car il les avait retenues jusque-là. Mais Tèlémakhos, ne pouvant croire que ce fût son père, lui dit de nouveau :

— Tu n'es pas mon père Odysseus, mais un Dieu qui me trompe, afin que je soupire et que je gémisse davantage. Jamais un homme mortel ne pourrait, dans son esprit, accomplir de telles choses, si un dieu, survenant, ne le faisait, aisément, et comme il le veut, paraître jeune ou vieux. Certes, tu étais vieux, il y a peu de temps, et vêtu misérablement, et voici que tu es semblable aux Dieux qui habitent le large Ouranos.

Et le sage Odysseus lui répondit :

Tèlémakhos, il n'est pas bien à toi, devant ton cher père, d'être tellement surpris et de rester stupéfait. Jamais plus un autre Odysseus ne reviendra ici. C'est moi qui suis Odysseus et qui ai souffert des maux innombrables, et qui reviens, après vingt années, dans la terre de la patrie. C'est la dévastatrice Athènè qui a fait ce prodige. Elle me fait apparaître tel qu'il lui plaît, car elle le peut. Tantôt elle me rend semblable à un mendiant, tantôt à un homme jeune ayant de beaux vêtements sur son corps ; car il est facile aux Dieux qui habitent le large Ouranos de glorifier un homme mortel ou de le rendre misérable.

Ayant ainsi parlé, il s'assit. Alors Tèlémakhos embrassa son brave père en versant des larmes. Et le désir de pleurer les saisit tous les deux, et ils pleuraient abondamment, comme les aigles aux cris stridents, ou les vautours aux serres recourbées, quand les pâtres leur ont enlevé leurs petits avant qu'ils pussent voler. Ainsi, sous leurs sourcils, ils versaient des larmes. Et, avant qu'ils eussent cessé de pleurer, la lumière de Hèlios fût tombée, si Tèlémakhos n'eût dit aussitôt à son père :

— Père, quels marins t'ont conduit sur leur nef dans Ithakè ? Quels sont-ils ? Car je ne pense pas que tu sois venu ici à pied.

Et le patient et divin Odysseus lui répondit :

— Mon enfant, je te dirai la vérité. Les illustres marins Phaiakiens m'ont amené, car ils ont coutume de reconduire tous les hommes qui viennent chez eux. M'ayant amené, à travers la mer, dormant sur leur nef rapide, ils m'ont déposé sur la terre d'Ithakè ; et ils m'ont donné en abondance des présents splendides, de l'airain, de l'or et de beaux vêtements. Par le conseil des Dieux toutes ces choses sont déposées dans une caverne ; et je suis venu ici, averti par Athènè, afin que nous délibérions sur le carnage de nos ennemis. Dis-moi donc le nombre des Prétendants, pour que je sache combien d'hommes braves ils sont ; et je verrai, dans mon cœur irréprochable, si nous devons les combattre seuls, ou si nous chercherons un autre appui.

Et le prudent Tèlémakhos lui répondit :

— Ô Père, certes, j'ai appris ta grande gloire, et je sais que tu es très-brave et plein de sagesse ; mais tu as dit une grande parole, et la stupeur me saisit, car deux hommes seuls ne peuvent lutter contre tant de robustes guerriers. Les Prétendants ne sont pas seulement dix, ou deux fois dix, mais ils sont beaucoup plus, et je vais te dire leur nombre, afin que tu le saches. Il y a d'abord cinquante-deux jeunes hommes choisis de Doulikhios, suivis de six serviteurs ; puis vingt-quatre de Samè ; puis vingt jeunes Akhaiens de Zakynthos ; puis les douze plus braves, qui sont d'Ithakè. Avec ceux-ci se trouvent Médôn, hérault et Aoide divin, et deux serviteurs habiles à préparer les repas. Si nous les attaquons tous ainsi réunis, vois si tu ne souffriras point amèrement et terriblement de leur violence. Mais tu peux appeler à notre aide un allié qui nous secoure d'un cœur empressé.

Et le patient et divin Odysseus lui répondit :

— Je te le dis. Écoute-moi avec attention. Vois si Athènè et son père Zeus suffiront, et si je dois appeler un autre allié à l'aide.

Et le prudent Tèlémakhos lui répondit :

— Ceux que tu nommes sont les meilleurs alliés. Ils sont assis dans les hautes nuées, et ils commandent aux hommes et aux dieux immortels.

Et le patient et divin Odysseus lui répondit :

— Ils ne seront pas longtemps éloignés, dans la rude mêlée, quand la Force d'Arès décidera entre nous et les Prétendants dans nos demeures. Mais toi, dès le lever d'Éôs, retourne à la maison et parle aux Prétendants insolents. Le porcher me conduira ensuite à la ville, semblable à un vieux mendiant. S'ils m'outragent dans nos demeures, que ton cher cœur supporte avec patience mes souffrances. Même s'ils me traînaient par les pieds hors de la maison, même s'ils me frappaient de leurs armes, regarde tout patiemment. Par des paroles flatteuses, demande-leur seulement de cesser leurs outrages. Mais ils ne t'écouteront point, car leur jour fatal est proche. Quand Athènè aux nombreux conseils aura averti mon esprit, je te ferai signe de la tête, et tu me comprendras. Transporte alors dans le réduit de la chambre haute toutes les armes d'Arès qui sont dans la grande salle. Et si les Prétendants t'interrogent sur cela, dis-leur en paroles flatteuses : « Je les ai mises à l'abri de la fumée, car elles ne sont plus telles qu'elles étaient autrefois, quand Odysseus les laissa à son départ pour Troiè ; mais elles sont souillées par la grande vapeur du feu. Puis, le Kroniôn m'a inspiré une autre pensée meilleure, et je crains qu'excités par le vin, et une querelle s'élevant parmi vous, vous vous blessiez les uns les autres et vous souilliez le repas et vos noces futures, car le fer attire l'homme. » Tu laisseras pour nous seuls deux épées, deux lances, deux boucliers, que nous puissions saisir quand nous nous jetterons sur eux. Puis, Pallas Athènaiè et le très-sage Zeus leur troubleront l'esprit. Maintenant, je te dirai autre chose. Retiens ceci dans ton esprit. Si tu es de mon sang, que nul ne sache qu'Odysseus est revenu, ni Laertès, ni le porcher, ni aucun des serviteurs, ni Pènélopéia elle-même. Que seuls, toi, et moi, nous connaissions l'esprit des servantes et des serviteurs, afin de savoir quel est celui qui nous honore et qui nous respecte dans son cœur, et celui qui n'a point souci de nous et qui te méprise.

Et son illustre fils lui répondit :

— Ô père, certes, je pense que tu connaîtras bientôt mon courage, car je ne suis ni paresseux ni mou ; mais je pense aussi que ceci n'est pas aisé pour nous deux, et je te demande d'y songer. Tu serais longtemps à éprouver chaque serviteur en parcourant les champs, tandis que les Prétendants, tranquilles dans tes demeures, dévorent effrontément tes richesses et n'en épargnent rien. Mais tâche de reconnaître les servantes qui t'outragent et celles qui sont fidèles. Cependant, il ne faut pas éprouver les serviteurs dans les demeures. Fais-le plus tard, si tu as vraiment quelque signe de Zeus tempêtueux.

Et tandis qu'ils se parlaient ainsi, la nef bien construite qui avait porté Tèlémakhos et tous ses compagnons à Pylos était arrivée à Ithakè et entra dans le port profond. Là, ils traînèrent la nef noire à terre. Puis, les magnanimes serviteurs enlevèrent tous les agrès et portèrent aussitôt les splendides présents dans les demeures de Klytios. Puis, ils envoyèrent un messager à la demeure d'Odysseus, afin d'annoncer à la prudente Pènélopéia que Tèlémakhos était allé aux champs, après avoir ordonné de conduire la nef à la ville, et pour que l'illustre Reine, rassurée, ne versât plus de larmes. Et leur messager et le divin porcher se rencontrèrent, chargés du même message pour la noble femme. Mais quand ils furent arrivés à la demeure du divin Roi, le héraut dit, au milieu des servantes :

— Ton cher fils, ô Reine, est arrivé.

Et le porcher, s'approchant de Pènélopéia, lui répéta tout ce que son cher fils avait ordonné de lui dire. Et, après avoir accompli son message, il se hâta de rejoindre ses porcs, et il quitta les cours et la demeure.

Et les Prétendants, attristés et soucieux dans l'âme, sortirent de la demeure et s'assirent auprès du grand mur de la cour, devant les portes. Et, le premier, Eurymakhos, fils de Polybos, leur dit :

— Ô amis, certes, une audacieuse entreprise a été accomplie, ce voyage de Tèlémakhos, que nous disions qu'il n'accomplirait pas. Traînons donc à la mer une solide nef noire et réunissons très promptement des rameurs qui avertiront nos compagnons de revenir à la hâte.

Il n'avait pas achevé de parler, quand Amphinomos, tourné vers la mer, vit une nef entrer dans le port profond. Et les marins, ayant serré les voiles, ne se servaient que des avirons. Alors, il se mit à rire, et il dit aux Prétendants :

— N'envoyons aucun message. Les voici entrés. Ou quelque Dieu les aura avertis, ou ils ont vu revenir l'autre nef et n'ont pu l'atteindre.

Il parla ainsi, et tous, se levant, coururent au rivage de la mer. Et aussitôt les marins traînèrent la nef noire à terre, et les magnanimes serviteurs enlevèrent tous les agrès. Puis ils se rendirent tous à l'agora ; et ils ne laissèrent s'asseoir ni les jeunes, ni les vieux. Et Antinoos, fils d'Eupeithès, leur dit :

— Ô amis, les Dieux ont préservé cet homme de tout mal. Tous les jours, de nombreuses sentinelles étaient assises sur les hauts rochers battus des vents. Même à la chute de Hèlios, jamais nous n'avons dormi à terre ; mais, naviguant sur la nef rapide, nous attendions la divine Éôs, épiant Tèlémakhos afin de le tuer au passage. Mais quelque Dieu l'a reconduit dans sa demeure. Délibérons donc ici sur sa mort. Il ne faut pas que Tèlémakhos nous échappe, car je ne pense pas que, lui vivant, nous accomplissions notre dessein. Il est, en effet, plein de sagesse et d'intelligence, et, déjà, les peuples ne nous sont pas favorables. Hâtons-nous avant qu'il réunisse les Akhaiens à l'agora, car je ne pense pas qu'il tarde à le faire. Il excitera leur colère, et il dira, se levant au milieu de tous, que nous avons médité de le tuer, mais que nous ne l'avons point rencontré. Et, l'ayant entendu, ils n'approuveront point ce mauvais dessein. Craignons qu'ils méditent notre malheur, qu'ils nous chassent dans nos demeures, et que nous soyons contraints de fuir chez des peuples étrangers. Prévenons Tèlémakhos en le tuant loin de la ville, dans les champs, ou dans le chemin. Nous prendrons sa vie et ses richesses que nous partagerons également entre nous, et nous donnerons cette demeure à sa mère, quel que soit celui qui l'épousera. Si mes paroles ne vous plaisent pas, si vous voulez qu'il vive et conserve ses biens paternels, ne consumons pas, assemblés ici, ses chères richesses ; mais que chacun de nous, retiré dans sa demeure, recherche Pènélopéia à l'aide de présents, et celui-là l'épousera qui lui fera le plus de présents et qui l'obtiendra par le sort.

Il parla ainsi, et tous restèrent muets. Et, alors, Amphinomos, l'illustre fils du roi Nisos Arètiade, leur parla. C'était le chef des Prétendants venus de Doulikhios herbue et fertile en blé, et il plaisait plus que les autres à Pènélopéia par ses paroles et ses pensées. Et il leur parla avec prudence, et il leur dit :

— Ô amis, je ne veux point tuer Tèlémakhos. Il est terrible de tuer la race des Rois. Mais interrogeons d'abord les desseins des Dieux. Si les lois du grand Zeus nous approuvent, je tuerai moi-même Tèlémakhos et j'exciterai les autres à m'imiter ; mais si les Dieux nous en détournent, je vous
engagerai à ne rien entreprendre.

Amphinomos parla ainsi, et ce qu'il avait dit leur plut. Et, aussitôt, ils se levèrent et entrèrent dans la demeure d'Odysseus, et ils s'assirent sur des thrônes polis. Et, alors, la prudente Pènélopéia résolut de paraître devant les Prétendants très-injurieux. En effet, elle avait appris la mort destinée à son fils dans les demeures. Le héraut Médôn, qui savait leurs desseins, les lui avait dits. Et elle se hâta de descendre dans la grande salle avec ses femmes. Et quand la noble femme se fut rendue auprès des Prétendants, elle s'arrêta sur le seuil de la belle salle, avec un beau voile sur les joues. Et elle réprimanda Antinoos et lui dit :

— Antinoos, injurieux et mauvais, on dit que tu l'emportes sur tes égaux en âge, parmi le peuple d'Ithakè, par ta sagesse et par tes paroles. Mais tu n'es point ce qu'on dit. Insensé ! Pourquoi médites-tu le meurtre et la mort de Tèlémakhos ? Tu ne te soucies point des prières des suppliants ; mais Zeus n'est-il pas leur témoin ? C'est une pensée impie que de méditer la mort d'autrui. Ne sais-tu pas que ton père s'est réfugié ici, fuyant le peuple qui était très-irrité contre lui ? Avec des pirates Taphiens, il avait pillé les Thesprôtes qui étaient nos amis, et le peuple voulait le tuer, lui déchirer le cœur et dévorer ses nombreuses richesses. Mais Odysseus les en empêcha et les retint. Et voici que, maintenant, tu ruines honteusement sa maison, tu recherches sa femme, tu veux tuer son fils et tu m'accables moi-même de douleurs ! Je t'ordonne de t'arrêter et de faire que les autres s'arrêtent.

Et Eurymakhos, fils de Polybos, lui répondit :

— Fille d'Ikarios, sage Pènélopéia, reprends courage et n'aie point ces inquiétudes dans ton esprit. L'homme n'existe point et n'existera jamais qui, moi vivant et les yeux ouverts, portera la main sur ton fils Tèlémakhos. Je le dis, en effet, et ma parole s'accomplirait : aussitôt son sang noir ruissellerait autour de ma lance. Souvent, le destructeur de citadelles Odysseus, me faisant asseoir sur ses genoux, m'a offert de ses mains de la chair rôtie et du vin rouge. C'est pourquoi Tèlémakhos m'est le plus cher de tous les hommes. Je l'invite à ne point craindre la mort de la part des Prétendants ; mais on ne peut l'éviter de la part d'un Dieu.

Il parla ainsi, la rassurant, et il méditait la mort de Tèlémakhos. Et Pènélopéia remonta dans la haute chambre splendide, où elle pleura son cher mari Odysseus, jusqu'à ce que Athènè aux yeux clairs eut répandu le doux sommeil sur ses paupières.

Et, vers le soir, le divin porcher revint auprès d'Odysseus et de son fils. Et ceux-ci, sacrifiant un porc d'un an, préparaient le repas dans l'étable. Mais Athènè s'approchant du Laertiade Odysseus, et le frappant de sa baguette, l'avait de nouveau rendu vieux. Et elle lui avait couvert le corps de haillons, de peur que le porcher, le reconnaissant, allât l'annoncer à la prudente Pènélopéia qui oublierait peut-être sa prudence.

Et, le premier, Tèlémakhos lui dit :

— Tu es revenu, divin Eumaios ! Que dit-on dans la Ville ? Les Prétendants insolents sont-ils de retour de leur embuscade, ou sont-ils encore à m'épier au passage ?

Et le porcher Eumaios lui répondit :

— Je ne me suis point inquiété de cela en traversant la Ville, car mon cœur m'a ordonné de revenir très-promptement ici, après avoir porté mon message ; mais j'ai rencontré un héraut rapide envoyé par tes compagnons, et qui a, le premier, parlé à ta mère. Mais je sais ceci, et mes yeux l'ont vu : Étant hors de la ville, sur la colline de Herméias, j'ai vu une nef rapide entrer dans le port. Elle portait beaucoup d'hommes, et elle était chargée de boucliers et de lances à deux pointes. Je pense que c'étaient les Prétendants eux-mêmes, mais je n'en sais rien.

Il parla ainsi, et la Force sacrée de Tèlémakhos se mit à rire en regardant son père à l'insu du porcher. Et, après avoir terminé leur travail, ils préparèrent le repas, et ils mangèrent, et aucun, dans son âme, ne fut privé d'une part égale. Et, quand ils eurent assouvi la soif et la faim, ils se couchèrent et s'endormirent.

RHAPSODIE XVII

QUAND Éôs aux doigts rosés, née au matin, apparut, Tèlémakhos, le cher fils du divin Odysseus, attacha de belles sandales à ses pieds, saisit une lance solide qui convenait à ses mains, et, prêt à partir pour la ville, il dit au porcher :

— Père, je vais à la ville, afin que ma mère me voie, car je ne pense pas qu'elle cesse, avant de me revoir, de pleurer et de gémir. Et je t'ordonne ceci. Mène à la ville ce malheureux Étranger afin qu'il y mendie sa nourriture. Celui qui voudra lui donner à manger et à boire le fera. Je ne puis, accablé moi-même de douleurs, supporter tous les hommes. Si cet Étranger s'en irrite, ceci sera plus cruel pour lui ; mais, certes, j'aime à parler sincèrement.

Et le subtil Odysseus lui répondit :

— Ô ami, je ne désire point être retenu ici. Il vaut mieux mendier sa nourriture à la ville qu'aux champs. Me donnera qui voudra. Je ne veux point rester davantage dans tes étables afin d'obéir à tous les ordres d'un chef. Va donc, et celui-ci me conduira, comme tu le lui ordonnes, dès que je me serai réchauffé au feu et que la chaleur sera venue ; car, n'ayant que ces haillons, je crains que le froid du matin me saisisse, et on dit que la ville est loin d'ici.

Il parla ainsi, et Tèlémakhos sortit de l'étable et marcha rapidement en méditant la perte des Prétendants. Puis, étant arrivé aux demeures bien peuplées, il appuya sa lance contre une haute colonne, et il entra, passant le seuil de pierre. Et, aussitôt, la nourrice Eurykléia, qui étendait des peaux sur les thrônes bien travaillés, le vit la première. Et elle s'élança, fondant en larmes. Et les autres servantes du patient Odysseus se rassemblèrent autour de lui, et elles l'entouraient de leurs bras, baisant sa tête et ses épaules. Et la sage Pènélopéia sortit à la hâte de la chambre nuptiale, semblable à Artémis ou à Aphroditè d'or. Et, en pleurant, elle jeta ses bras autour de son cher fils, et elle baisa sa tête et ses beaux yeux, et elle lui dit, en gémissant, ces paroles ailées :

— Tu es donc revenu, Tèlémakhos, douce lumière ! Je pensais ne plus te revoir depuis que tu es allé sur une nef à Pylos, en secret et contre mon gré, afin de t'informer de ton cher père. Mais dis-moi promptement ce que tu as appris.

Et le prudent Tèlémakhos lui répondit :

— Ma mère, n'excite point mes larmes et ne remue point mon cœur dans ma poitrine, à moi qui viens d'échapper à la mort. Mais baigne ton corps, prends des vêtements frais, monte avec tes servantes dans les chambres hautes et voue à tous les Dieux de complètes hécatombes que tu sacrifieras si Zeus m'accorde de me venger. Pour moi, je vais à l'agora, où je vais chercher un hôte qui m'a suivi quand je suis revenu. Je l'ai envoyé en avant avec mes divins compagnons, et j'ai ordonné à Peiraios de l'emmener dans sa demeure, de prendre soin de lui et de l'honorer jusqu'à ce que je vinsse.

Il parla ainsi, et sa parole ne fut pas vaine. Et Pénèlopéia baigna son corps, prit des vêtements frais, monta avec ses servantes dans les chambres hautes et voua à tous les Dieux de complètes hécatombes qu'elle devait leur sacrifier si Zeus accordait à son fils de se venger.

Tèlémakhos sortit ensuite de sa demeure, tenant sa lance. Et deux chiens aux pieds rapides le suivaient, et Athènè répandit sur lui une grâce divine. Tous les peuples l'admiraient au passage ; et les Prétendants insolents s'empressèrent autour de lui, le félicitant à l'envi, mais, au fond de leur âme, méditant son malheur. Et il se dégagea de leur multitude et il alla s'asseoir là où étaient Mentôr, Antiphos et Halithersès, qui étaient d'anciens amis de son père. Il s'assit là, et ils l'interrogèrent sur chaque chose. Et Peiraios illustre par sa lance vint à eux, conduisant son hôte à l'agora, à travers la ville. Et Tèlémakhos ne tarda pas à se tourner du côté de l'Étranger. Mais Peiraios dit le premier :

— Tèlémakhos, envoie promptement des servantes à ma demeure, afin que je te remette les présents que t'a faits Ménélaos.

Et le prudent Tèlémakhos lui répondit :

— Peiraios, nous ne savons comment tourneront les choses. Si les Prétendants insolents me tuent en secret dans mes demeures et se partagent mes biens paternels, je veux que tu possèdes ces présents, et j'aime mieux que tu en jouisses qu'eux. Si je leur envoie la Kèr et la mort, alors tu me les rapporteras, joyeux, dans mes demeures, et je m'en réjouirai.

Ayant ainsi parlé, il conduisit vers sa demeure son hôte malheureux. Et dès qu'ils furent arrivés ils déposèrent leurs manteaux sur des siéges et sur des thrônes, et ils se baignèrent dans des baignoires polies. Et, après que les servantes les eurent baignés et parfumés d'huile, elles les couvrirent de tuniques et de riches manteaux, et ils s'assirent sur des thrônes. Une servante leur versa de l'eau, d'une belle aiguière d'or dans un bassin d'argent, pour se laver les mains, et elle dressa devant eux une table polie que la vénérable Intendante, pleine de bienveillance pour tous, couvrit de pain qu'elle avait apporté et de nombreux mets. Et Pènélopéia s'assit en face d'eux, à l'entrée de la salle, et, se penchant de son siége, elle filait des laines fines. Puis, ils étendirent les mains vers les mets placés devant eux ; et, après qu'ils eurent assouvi la soif et la faim, la prudente Pènélopéia leur dit la première :

— Tèlémakhos, je remonterai dans ma chambre nuptiale et je me coucherai sur le lit plein de mes soupirs et arrosé de mes larmes depuis le jour où Odysseus est allé à Ilios avec les Atréides, et tu ne veux pas, avant l'entrée des Prétendants insolents dans cette demeure, me dire tout ce que tu as appris sur le retour de ton père !

Et le prudent Tèlémakhos lui répondit :

— Ma mère, je vais te dire la vérité. Nous sommes allés à Pylos, auprès du prince des peuples Nestôr. Et celui-ci m'a reçu dans ses hautes demeures, et il m'a comblé de soins, comme un père accueille son fils récemment arrivé après une longue absence. C'est ainsi que lui et ses illustres fils m'ont accueilli. Mais il m'a dit qu'aucun des hommes terrestres ne lui avait rien appris du malheureux Odysseus mort ou vivant. Et il m'a envoyé avec un char et des chevaux vers l'Atréide Ménélaos, illustre par sa lance. Et là j'ai vu l'Argienne Hélénè, pour qui tant d'Argiens et de Troiens ont souffert par la volonté des Dieux. Et le brave Ménélaos m'a demandé aussitôt pourquoi je venais dans la divine Lakédaimôn ; et je lui ai dit la vérité, et, alors, il m'a répondu ainsi :

— Ô Dieux ! certes, des lâches veulent coucher dans le lit d'un brave ! Ainsi une biche a déposé dans le repaire d'un lion robuste ses faons nouveau-nés et qui tettent, tandis qu'elle va paître sur les hauteurs ou dans les vallées herbues ; et voici que le lion, rentrant dans son repaire, tue misérablement tous les faons. Ainsi Odysseus leur fera subir une mort misérable. Plaise au père Zeus, à Athènè, à Apollôn, qu'Odysseus se mêle aux Prétendants, tel qu'il était dans Lesbos bien bâtie, quand, se levant pour lutter contre le Philomèléide, il le terrassa rudement ! Tous les Akhaiens s'en réjouirent. La vie des Prétendants serait brève et leurs noces seraient amères. Mais les choses que tu me demandes en me suppliant, je te les dirai sans te rien cacher, telles que me les a dites le Vieillard véridique de la mer. Je te les dirai toutes et je ne te cacherai rien. Il m'a dit qu'il avait vu Odysseus subissant de cruelles douleurs dans l'île et dans les demeures de la nymphe Kalypsô, qui le retient de force. Et il ne pouvait regagner la terre de sa patrie. Il n'avait plus, en effet, de nefs armées d'avirons, ni de compagnons pour le reconduire sur le large dos de la mer.

— C'est ainsi que m'a parlé l'Atréide Ménélaos, illustre par sa lance. Puis, je suis parti, et les Immortels m'ont envoyé un vent propice et m'ont ramené promptement dans la terre de la patrie.

Il parla ainsi, et l'âme de Pènélopéia fut émue dans sa poitrine. Et le divin Théoklyménos leur dit :

— Ô vénérable femme du Laertiade Odysseus, certes, Tèlémakhos ne sait pas tout. Écoute donc mes paroles. Je te prédirai des choses vraies et je ne te cacherai rien. Que Zeus, le premier des Dieux, le sache ! et cette table hospitalière, et la maison du brave Odysseus où je suis venu ! Certes, Odysseus est déjà dans la terre de la patrie. Caché ou errant, il s'informe des choses funestes qui se passent et il prépare la perte des Prétendants. Tel est le signe que j'ai vu sur la nef et que j'ai révélé à Tèlémakhos.

Et la prudente Pènélopéia lui répondit :

— Plaise aux dieux, étranger, que tes paroles s'accomplissent ! Tu connaîtras alors mon amitié, et je te ferai de nombreux présents, et chacun te dira un homme heureux.

Et c'est ainsi qu'ils se parlaient. Et les Prétendants, devant la demeure d'Odysseus, sur le beau pavé, là où ils avaient coutume d'être insolents, se réjouissaient en lançant les disques et les traits. Mais quand le temps de prendre le repas fut venu, et quand les troupeaux arrivèrent de tous côtés des champs avec ceux qui les amenaient ordinairement, alors Médôn, qui leur plaisait le plus parmi les hérauts et qui mangeait avec eux, leur dit :

— Jeunes hommes, puisque vous avez charmé votre âme par ces jeux, entrez dans la demeure, afin que nous préparions le repas. Il est bon de prendre son repas quand le temps en est venu.

Il parla ainsi, et tous se levèrent et entrèrent dans la maison. Et quand ils furent entrés, ils déposèrent leurs manteaux sur les sièges et sur les thrônes. Puis, ils égorgèrent les grandes brebis et les chèvres grasses. Et ils égorgèrent aussi les porcs gras et une génisse indomptée, et ils préparèrent le repas.

Pendant ce temps, Odysseus et le divin porcher se disposaient à se rendre des champs à la Ville, et le chef des porchers, le premier, parla ainsi :

— Étranger, allons ! puisque tu désires aller aujourd'hui à la Ville, comme mon maître l'a ordonné. Certes, j'aurais voulu te faire gardien des étables ; mais je respecte mon maître et je crains qu'il s'irrite, et les menaces des maîtres sont à redouter. Allons donc maintenant. Le jour s'incline déjà, et le froid est plus vif vers le soir.

Et le subtil Odysseus lui répondit :

— J'entends et je comprends, et je ferai avec intelligence ce que tu ordonnes. Allons, et conduis-moi, et donne-moi un bâton, afin que je m'appuie, puisque tu dis que le chemin est difficile.

Ayant ainsi parlé, il jeta sur ses épaules sa misérable besace pleine de trous et fermée par une courroie tordue. Et Eumaios lui donna un bâton à son goût, et ils partirent, laissant les chiens et les porchers garder les étables. Et Eumaios conduisait ainsi vers la ville son Roi semblable à un vieux et misérable mendiant, appuyé sur un bâton et couvert de haillons.

En avançant sur la route difficile, ils approchèrent de la Ville et de la fontaine aux belles eaux courantes où venaient puiser les citoyens. Ithakos, Nèritos et Polyktôr l'avaient construite, et, tout autour, il y avait un bois sacré de peupliers rafraîchis par l'eau qui coulait en cercle régulier. Et l'eau glacée tombait aussi de la cime d'une roche, et, au-dessous, il y avait un autel des Nymphes où sacrifiaient tous les voyageurs.

Ce fut là que Mélanthios, fils de Dolios, les rencontra tous deux. Il conduisait les meilleures chèvres de ses troupeaux pour les repas des Prétendants, et deux bergers le suivaient. Alors, ayant vu Odysseus et Eumaios, il les insulta grossièrement et honteusement, et il remua l'âme d'Odysseus :

— Voici qu'un misérable conduit un autre misérable, et c'est ainsi qu'un dieu réunit les semblables ! Ignoble porcher, où mènes-tu ce mendiant vorace, vile calamité des repas, qui usera ses épaules en s'appuyant à toutes les portes, demandant des restes et non des épées et des bassins. Si tu me le donnais, j'en ferais le gardien de mes étables, qu'il nettoierait. Il porterait le fourrage aux chevaux, et buvant au moins du petit lait, il engraisserait. Mais, sans doute, il ne sait faire que le mal, et il ne veut point travailler, et il aime mieux, parmi le peuple, mendier pour repaître son ventre insatiable. Je te dis ceci, et ma parole s'accomplira : s'il entre dans les demeures du divin Odysseus, les escabeaux des hommes voleront autour de sa tête par la demeure, le frapperont et lui meurtriront les flancs.

Ayant ainsi parlé, l'insensé se rua et frappa Odysseus à la cuisse, mais sans pouvoir l'ébranler sur le chemin. Et Odysseus resta immobile, délibérant s'il lui arracherait l'âme d'un coup de bâton, ou si, le soulevant de terre, il lui écraserait la tête contre le sol. Mais il se contint dans son âme. Et le porcher, ayant vu cela, s'indigna, et il dit en levant les mains :

— Nymphes Krèniades, filles de Zeus, si jamais Odysseus a brûlé pour vous les cuisses grasses et odorantes des agneaux et des chevreaux, accomplissez mon vœu. Que ce héros revienne et qu'une divinité le conduise ! Certes, alors, ô Mélanthios, il troublerait les joies que tu goûtes en errant sans cesse, plein d'insolence, par la Ville, tandis que de mauvais bergers perdent les troupeaux.

Et le chevrier Mélanthios lui répondit :

— Ô dieux ! Que dit ce chien rusé ? Mais bientôt je le conduirai moi-même, sur une nef noire, loin d'Ithakè, et un grand prix m'en reviendra. Plût aux Dieux qu'Apollôn à l'arc d'argent tuât aujourd'hui Tèlémakhos dans ses demeures, ou qu'il fût tué par les Prétendants, aussi vrai qu'Odysseus, au loin, a perdu le jour du retour !

Ayant ainsi parlé, il les laissa marcher en silence, et, les devançant, il parvint rapidement aux demeures du Roi. Et il y entra aussitôt, et il s'assit parmi les Prétendants, auprès d'Eurymakhos qui l'aimait beaucoup. Et on lui offrit sa part des viandes, et la vénérable Intendante lui apporta du pain à manger.

Alors, Odysseus et le divin porcher, étant arrivés, s'arrêtèrent ; et le son de la kithare creuse vint jusqu'à eux, car Phèmios commençait à chanter au milieu des Prétendants. Et Odysseus, ayant prit la main du porcher, lui dit :

— Eumaios, certes, voici les belles demeures d'Odysseus. Elles sont faciles à reconnaître au milieu de toutes les autres, tant elles en sont différentes. La cour est ornée de murs et de pieux, et les portes à deux battants sont solides. Aucun homme ne pourrait les forcer. Je comprends que beaucoup d'hommes prennent là leur repas, car l'odeur s'en élève, et la kithare résonne, elle dont les Dieux ont fait le charme des repas.

Et le porcher Eumaios lui répondit :

— Tu as tout compris aisément, car tu es très intelligent ; mais délibérons sur ce qu'il faut faire. Ou tu entreras le premier dans les riches demeures, au milieu des Prétendants, et je resterai ici ; ou, si tu veux rester, j'irai devant. Mais ne tarde pas dehors, de peur qu'on te frappe et qu'on te chasse. Je t'engage à te décider.

Et le patient et divin Odysseus lui répondit :

— Je sais, je comprends, et je ferai avec intelligence ce que tu dis. Va devant, et je resterai ici. J'ai l'habitude des blessures, et mon âme est patiente sous les coups, car j'ai subi bien des maux sur la mer et dans la guerre. Advienne que pourra. Il ne m'est point possible de cacher la faim cruelle qui ronge mon ventre et qui fait souffrir tant de maux aux hommes, et qui pousse sur la mer indomptée les nefs à bancs de rameurs pour apporter le malheur aux ennemis.

Et ils se parlaient ainsi, et un chien, qui était couché là, leva la tête et dressa les oreilles. C'était Argos, le chien du malheureux Odysseus qui l'avait nourri lui-même autrefois, et qui n'en jouit pas, étant parti pour la sainte Ilios. Les jeunes hommes l'avaient autrefois conduit à la chasse des chèvres sauvages, des cerfs et des lièvres ; et, maintenant, en l'absence de son maître, il gisait, délaissé, sur l'amas de fumier de mulets et de bœufs qui était devant les portes, et y restait jusqu'à ce que les serviteurs d'Odysseus l'eussent emporté pour engraisser son grand verger. Et le chien Argos gisait là, rongé de vermine. Et, aussitôt, il reconnut Odysseus qui approchait, et il remua la queue et dressa les oreilles ; mais il ne put pas aller au-devant de son maître, qui, l'ayant vu, essuya une larme, en se cachant aisément d'Eumaios. Et, aussitôt, il demanda à celui-ci :

— Eumaios, voici une chose prodigieuse. Ce chien gisant sur ce fumier a un beau corps. Je ne sais si, avec cette beauté, il a été rapide à la course, ou si c'est un de ces chiens que les hommes nourrissent à leur table et que les Rois élèvent à cause de leur beauté.

Et le porcher Eumaios lui répondit :

— C'est le chien d'un homme mort au loin. S'il était encore, par les formes et les qualités, tel qu'Odysseus le laissa en allant à Troiè, tu admirerais sa rapidité et sa force. Aucune bête fauve qu'il avait aperçue ne lui échappait dans les profondeurs des bois, et il était doué d'un flair excellent. Maintenant les maux l'accablent. Son maître est mort loin de sa patrie, et les servantes négligentes ne le soignent point. Les serviteurs, auxquels leurs maîtres ne commandent plus, ne veulent plus agir avec justice, car le retentissant Zeus ôte à l'homme la moitié de sa vertu, quand il le soumet à la servitude.

Ayant ainsi parlé, il entra dans la riche demeure, qu'il traversa pour se rendre au milieu des illustres Prétendants. Et, aussitôt, la Kèr de la noire mort saisit Argos comme il venait de revoir Odysseus après la vingtième année.

Et le divin Tèlémakhos vit, le premier, Eumaios traverser la demeure, et il lui fit signe pour l'appeler promptement à lui. Et le porcher, ayant regardé, prit le siége vide du Découpeur qui servait alors les viandes abondantes aux Prétendants, et qui les découpait pour les convives. Et Eumaios, portant ce siége devant la table de Tèlémakhos, s'y assit. Et un héraut lui offrit une part des mets et du pain pris dans une corbeille.

Et, après lui, Odysseus entra dans la demeure, semblable à un misérable et vieux mendiant, appuyé sur un bâton et couvert de vêtements en haillons. Et il s'assit sur le seuil de frêne, en dedans des portes, et il s'adossa contre le montant de cyprès qu'un ouvrier avait autrefois habilement poli et dressé avec le cordeau. Alors, Tèlémakhos, ayant appelé le porcher, prit un pain entier dans la belle corbeille, et des viandes, autant que ses mains purent en prendre, et dit :

— Porte ceci, et donne-le à l'Étranger, et ordonne lui de demander à chacun des Prétendants. La honte n'est pas bonne à l'indigent.

Il parla ainsi, et le porcher, l'ayant entendu, s'approcha d'Odysseus et lui dit ces paroles ailées :

— Tèlémakhos, ô Étranger, te donne ceci, et il t'ordonne de demander à chacun des Prétendants. Il dit que la honte n'est pas bonne à l'indigent.

Et le subtil Odysseus lui répondit :

— Roi Zeus ! accorde-moi que Tèlémakhos soit heureux entre tous les hommes, et que tout ce qu'il désire s'accomplisse !

Il parla ainsi, et, prenant la nourriture des deux mains, il la posa à ses pieds sur sa besace trouée, et il mangea pendant que le divin Aoide chantait dans les demeures. Mais le divin Aoide se tut, et les Prétendants élevèrent un grand tumulte, et Athènè, s'approchant du Laertiade Odysseus, l'excita à demander aux prétendants, afin de reconnaître ceux qui étaient justes et ceux qui étaient iniques. Mais aucun d'eux ne devait être sauvé de la mort. Et Odysseus se hâta de prier chacun d'eux en commençant par la droite et en tendant les deux mains, comme ont coutume les mendiants. Et ils lui donnaient, ayant pitié de lui, et ils s'étonnaient, et ils se demandaient qui il était et d'où il venait. Alors, le chevrier Mélanthios leur dit :

— Écoutez-moi, Prétendants de l'illustre Reine, je parlerai de cet Étranger que j'ai déjà vu. C'est assurément le porcher qui l'a conduit ici ; mais je ne sais où il est né.

Il parla ainsi, et Antinoos réprimanda le porcher par ces paroles :

— Ô porcher, pourquoi as-tu conduit cet homme à la Ville ? N'avons-nous pas assez de vagabonds et de mendiants, calamité des repas ? Trouves-tu qu'il ne suffit pas de ceux qui sont réunis ici pour dévorer les biens de ton maître, que tu aies encore appelé celui-ci ?

Et le porcher Eumaios lui répondit :

— Antinoos, tu ne dis pas de bonnes paroles, bien que tu sois illustre. Quel homme peut appeler un étranger, afin qu'il vienne de loin, s'il n'est de ceux qui sont habiles, un divinateur, un médecin, un ouvrier qui taille le bois, ou un grand Aoide qui charme en chantant ? Ceux-là sont illustres parmi les hommes sur la terre immense. Mais personne n'appelle un mendiant, s'il ne désire se nuire à soi-même. Tu es le plus dur des prétendants pour les serviteurs d'Odysseus, et surtout pour moi ; mais je n'en ai nul souci, tant que la sage Pènélopéia et le divin Tèlémakhos vivront dans leurs demeures.

Et le prudent Tèlémakhos lui dit :

— Tais-toi, et ne lui réponds point tant de paroles. Antinoos a coutume de chercher querelle par des paroles injurieuses et d'exciter tous les autres.

Il parla ainsi, et il dit ensuite à Antinoos ces paroles ailées :

— Antinoos, tu prends soin de moi comme un père de son fils, toi qui ordonnes impérieusement à un étranger de sortir de ma demeure ! mais qu'un dieu n'accomplisse point cet ordre. Donne à cet homme. Je ne t'en blâmerai point. Je te l'ordonne même. Tu n'offenseras ainsi ni ma mère, ni aucun des serviteurs qui sont dans la demeure du divin Odysseus. Mais telle n'est point la pensée que tu as dans ta poitrine, et tu aimes mieux manger davantage toi-même que de donner à un autre.

Et Antinoos lui répondit :

— Tèlémakhos, agorète orgueilleux et plein de colère, qu'as-tu dit ? Si tous les Prétendants lui donnaient autant que moi, il serait retenu loin de cette demeure pendant trois mois au moins.

Il parla ainsi, saisissant et montrant l'escabeau sur lequel il appuyait ses pieds brillants sous la table. Mais tous les autres donnèrent à Odysseus et emplirent sa besace de viandes et de pain. Et déjà Odysseus s'en retournait pour goûter les dons des Akhaiens, mais il s'arrêta auprès d'Antinoos et lui dit :

— Donne-moi, ami, car tu ne parais pas le dernier des Akhaiens mais plutôt le premier d'entre eux, et tu es semblable à un roi. Il t'appartient de me donner plus abondamment que les autres, et je te louerai sur la terre immense. En effet, moi aussi, autrefois, j'ai habité une demeure parmi les hommes ; j'ai été riche et heureux, et j'ai souvent donné aux étrangers, quels qu'ils fussent et quelle que fût leur misère. Je possédais de nombreux serviteurs et tout ce qui fait vivre heureux et fait dire qu'on est riche ; mais Zeus Kroniôn a tout détruit, car telle a été sa volonté. Il m'envoya avec des pirates vagabonds dans l'Aigyptiè lointaine, afin que j'y périsse. Le cinquième jour j'arrêtai mes nefs à deux rangs d'avirons dans le fleuve Aigyptos. Alors j'ordonnai à mes chers compagnons de rester auprès des nefs pour les garder, et j'envoyai des éclaireurs pour aller à la découverte. Mais ceux-ci, égarés par leur audace et confiants dans leurs forces, dévastèrent aussitôt les beaux champs des hommes Aigyptiens, entraînant les femmes et les petits enfants et tuant les hommes. Et aussitôt le tumulte arriva jusqu'à la Ville, et les habitants, entendant ces clameurs, accoururent au lever d'Éôs, et toute la plaine se remplit de piétons et de cavaliers et de l'éclat de l'airain. Et le foudroyant Zeus mit mes compagnons en fuite, et aucun d'eux ne soutint l'attaque, et la mort les environna de toutes parts. Là, un grand nombre des nôtres fut tué par l'airain aigu, et les autres furent emmenés vivants pour être esclaves. Et les Aigyptiens me donnèrent à Dmètôr Iaside, qui commandait à Kypros, et il m'y emmena, et de là je suis venu ici, après avoir beaucoup souffert.

Et Antinoos lui répondit :

— Quel dieu a conduit ici cette peste, cette calamité des repas ? Tiens-toi au milieu de la salle, loin de ma table, si tu ne veux voir bientôt une Aigyptiè et une Kypros amères, aussi sûrement que tu es un audacieux et impudent mendiant. Tu t'arrêtes devant chacun, et ils te donnent inconsidérément, rien ne les empêchant de donner ce qui ne leur appartient pas, car ils ont tout en abondance.

Et le subtil Odysseus dit en s'en retournant :

— Ô Dieux ! Tu n'as pas les pensées qui conviennent à ta beauté ; et à celui qui te le demanderait dans ta propre demeure tu ne donnerais pas même du sel, toi qui, assis maintenant à une table étrangère, ne peux supporter la pensée de me donner un peu de pain, quand tout abonde ici.

Il parla ainsi, et Antinoos fut grandement irrité dans son cœur, et, le regardant d'un œil sombre, il lui dit ces paroles ailées :

— Je ne pense pas que tu sortes sain et sauf de cette demeure, puisque tu as prononcé cet outrage.

Ayant ainsi parlé, il saisit son escabeau et en frappa l'épaule droite d'Odysseus à l'extrémité du dos. Mais Odysseus resta ferme comme une pierre, et le trait d'Antinoos ne l'ébranla pas. Il secoua la tête en silence, en méditant la mort du Prétendant. Puis, il retourna s'asseoir sur le seuil, posa à terre sa besace pleine et dit aux Prétendants :

— Écoutez-moi, Prétendants de l'illustre Reine, afin que je dise ce que mon cœur m'ordonne dans ma poitrine. Il n'y a ni douleur, ni honte, quand un homme est frappé, combattant pour ses biens, soit des bœufs, soit de grasses brebis ; mais Antinoos m'a frappé parce que mon ventre est rongé par la faim cruelle qui cause tant de maux aux hommes. Donc, s'il est des dieux et des Érinnyes pour les mendiants, Antinoos, avant ses noces, rencontrera la mort.

Et Antinoos, le fils d'Eupeithès, lui dit :

— Mange en silence, Étranger, ou sors, de peur que, parlant comme tu le fais, les jeunes hommes te traînent, à travers la demeure, par les pieds ou par les bras, et te mettent en pièces.

Il parla ainsi, mais tous les autres le blâmèrent rudement, et un des jeunes hommes insolents lui dit :

— Antinoos, tu as mal fait de frapper ce malheureux vagabond. Insensé ! si c'était un des Dieux Ouraniens ? Car les Dieux, qui prennent toutes les formes, errent souvent par les villes, semblables à des étrangers errants, afin de reconnaître la justice ou l'iniquité des hommes.

Les Prétendants parlèrent ainsi, mais leurs paroles ne touchèrent point Antinoos. Et une grande douleur s'éleva dans le cœur de Tèlémakhos à cause du coup qui avait été porté. Cependant, il ne versa point de larmes, mais il secoua la tête en silence, en méditant la mort du Prétendant. Et la prudente Pènélopéia, ayant appris qu'un Étranger avait été frappé dans la demeure, dit à ses servantes :

— Puisse Apollôn illustre par son arc frapper ainsi Antinoos !

Et Eurynomè l'Intendante lui répondit :

— Si nous pouvions accomplir nos propres vœux, aucun de ceux-ci ne verrait le retour du beau matin.

Et la prudente Pènélopéia lui dit :

— Nourrice, tous me sont ennemis, car ils méditent le mal ; mais Antinoos, plus que tous, est pour moi semblable à la noire Kèr. Un malheureux Étranger mendie dans la demeure, demandant à chacun, car la nécessité le presse, et tous lui donnent ; mais Antinoos le frappe d'un escabeau à l'épaule droite !

Elle parla ainsi au milieu de ses servantes. Et le divin Odysseus acheva son repas, et Pènélopéia fit appeler le divin porcher et lui dit :

— Va, divin Eumaios, et ordonne à l'Étranger de venir, afin que je le salue et l'interroge. Peut-être qu'il a entendu parler du malheureux Odysseus, ou qu'il l'a vu de ses yeux, car il semble lui-même avoir beaucoup erré.

Et le porcher Eumaios lui répondit :

— Plût aux Dieux, Reine, que tous les Akhaiens fissent silence et qu'il charmât ton cher cœur de ses paroles ! Je l'ai retenu dans l'étable pendant trois nuits et trois jours, car il était d'abord venu vers moi après s'être enfui d'une nef. Et il n'a point achevé de dire toute sa destinée malheureuse. De même qu'on révère un Aoide instruit par les Dieux à chanter des paroles douces aux hommes, et qu'on ne veut jamais cesser de l'écouter quand il chante, de même celui-ci m'a charmé dans mes demeures. Il dit qu'il est un hôte paternel d'Odysseus et qu'il habitait la Krètè où commande la race de Minôs. Après avoir subi beaucoup de maux, errant çà et là, il est venu ici. Il dit qu'il a entendu parler d'Odysseus chez le riche peuple des Thesprôtes, et qu'il vit encore, et qu'il rapporte de nombreuses richesses dans sa demeure.

Et la prudente Pènélopéia lui répondit :

— Va ! Appelle-le, afin qu'il parle devant moi. Les Prétendants se réjouissent, assis les uns devant les portes, les autres dans la demeure, car leur esprit est joyeux. Leurs richesses restent intactes dans leurs maisons, leur pain et leur vin doux, dont se nourrissent leurs serviteurs seulement. Mais, tous les jours, dans notre demeure, ils tuent nos bœufs, nos brebis et nos chèvres grasses, et ils les mangent, et ils boivent notre vin rouge impunément, et ils ont déjà consumé beaucoup de richesses. Il n'y a point ici d'homme tel qu'Odysseus pour chasser cette ruine hors de la demeure. Mais si Odysseus revenait et abordait la terre de la patrie, bientôt, avec son fils, il aurait réprimé les insolences de ces hommes.

Elle parla ainsi, et Tèlémakhos éternua très-fortement, et toute la maison en retentit. Et Pènélopéia se mit à rire, et, aussitôt, elle dit à Eumaios ces paroles ailées :

— Va ! Appelle cet Étranger devant moi. Ne vois-tu pas que mon fils a éternué comme j'achevais de parler ? Que la mort de tous les Prétendants s'accomplisse ainsi, et que nul d'entre eux n'évite la Kèr et la mort ! Mais je te dirai ceci ; retiens-le dans ton esprit : si je reconnais que cet Étranger me dit la vérité, je lui donnerai de beaux vêtements, un manteau et une tunique.

Elle parla ainsi, et le porcher, l'ayant entendue, s'approcha d'Odysseus et lui dit ces paroles ailées :

— Père Étranger, la sage Pènélopéia, la mère de Tèlémakhos, t'appelle. Son âme lui ordonne de t'interroger sur son mari, bien qu'elle subisse beaucoup de douleurs. Si elle reconnaît que tu lui as dit la vérité, elle te donnera un manteau et une tunique dont tu as grand besoin ; et tu demanderas ton pain parmi le peuple, et tu satisferas ta faim, et chacun te donnera s'il le veut.

Et le patient et divin Odysseus lui répondit :

— Eumaios, je dirai bientôt toute la vérité à la fille d'Ikarios, la très-sage Pènélopéia. Je sais toute la destinée d'Odysseus, et nous avons subi les mêmes maux. Mais je crains la multitude des Prétendants insolents. Leur orgueil et leur violence sont montés jusqu'à l'Ouranos de fer. Voici qu'un d'entre eux, comme je traversais innocemment la salle, m'ayant frappé, m'a fait un grand mal. Et Tèlémakhos n'y a point pris garde, ni aucun autre. Donc, maintenant, engage Pènélopéia, malgré sa hâte, à attendre dans ses demeures jusqu'à la chute de Hèlios. Alors, tandis que je serai assis auprès du foyer, elle m'interrogera sur le jour du retour de son mari. Je n'ai que des vêtements en haillons ; tu le sais, puisque c'est toi que j'ai supplié le premier.

Il parla ainsi, et le porcher le quitta après l'avoir entendu. Et, dès qu'il parut sur le seuil, Pènélopéia lui dit :

— Tu ne l'amènes pas, Eumaios ? Pourquoi refuse-t-il ? Craint-il quelque outrage, ou a-t-il honte ? La honte n'est pas bonne à l'indigent.

Et le porcher Eumaios lui répondit :

— Il parle comme il convient et comme chacun pense. Il veut éviter l'insolence des Prétendants orgueilleux. Mais il te prie d'attendre jusqu'au coucher de Hèlios. Il te sera ainsi plus facile, ô Reine, de parler seule à cet Étranger et de l'écouter.

Et la prudente Pènélopéia lui répondit :

— Cet Étranger, quel qu'il soit, ne semble point sans prudence ; et, en effet, aucun des plus injurieux parmi les hommes mortels n'a médité plus d'iniquités que ceux-ci.

Elle parla ainsi, et le divin porcher retourna dans l'assemblée des Prétendants, après avoir tout dit. Et, penchant la tête vers Tèlémakhos, afin que les autres ne l'entendissent pas, il dit ces paroles ailées :

— Ô ami, je pars, afin d'aller garder tes porcs et veiller sur tes richesses et les miennes. Ce qui est ici te regarde. Mais conserve-toi et songe dans ton âme à te préserver. De nombreux Akhaiens ont de mauvais desseins, mais que Zeus les perde avant qu'ils nous nuisent !

Et le prudent Tèlémakhos lui répondit :

— Il en sera ainsi, père. Mais pars avant la nuit. Reviens demain, au matin, et amène les belles victimes. C'est aux Immortels et à moi de nous inquiéter de tout le reste.

Il parla ainsi, et le porcher s'assit de nouveau sur le siége poli, et là il contenta son âme en buvant et en mangeant ; puis, se hâtant de retourner vers ses porcs, il laissa les cours et la demeure pleines de convives qui se charmaient par la danse et le chant, car déjà le soir était venu.

RHAPSODIE XVIII

Et il vint un mendiant qui errait par la Ville et qui mendiait dans Ithakè. Et il était renommé par son ventre insatiable, car il mangeait et buvait sans cesse ; mais il n'avait ni force, ni courage, bien qu'il fût beau et grand. Il se nommait Arnaios, et c'était le nom que sa mère vénérable lui avait donné à sa naissance ; mais les jeunes hommes le nommaient tous Iros, parce qu'il faisait volontiers les messages, quand quelqu'un le lui ordonnait. Et dès qu'il fut arrivé, il voulut chasser Odysseus de sa demeure, et, en l'injuriant, il lui dit ces paroles ailées :

— Sors du portique, Vieillard, de peur d'être traîné aussitôt par les pieds. Ne comprends-tu pas que tous me font signe et m'ordonnent de te traîner dehors ? Cependant, j'ai pitié de toi. Lève-toi donc, de peur qu'il y ait de la discorde entre nous et que nous en venions aux mains.

Et le subtil Odysseus, le regardant d'un œil sombre, lui dit :

— Malheureux ! Je ne te fais aucun mal, je ne te dis rien, et je ne t'envie pas à cause des nombreux dons que tu pourras recevoir. Ce seuil nous servira à tous deux. Il ne faut pas que tu sois envieux d'un étranger, car tu me sembles un vagabond comme moi, et ce sont les Dieux qui distribuent les richesses. Ne me provoque donc pas aux coups et n'éveille pas ma colère, de peur que je souille de sang ta poitrine et tes lèvres, bien que je sois vieux. Demain je n'en serai que plus tranquille, et je ne pense pas que tu reviennes après cela dans la demeure du Laertiade Odysseus.

Et le mendiant Iros, irrité, lui dit :

— Ô Dieux ! comme ce mendiant parle avec facilité, semblable à une vieille enfumée ! Mais je vais le maltraiter en le frappant des deux mains, et je ferai tomber toutes ses dents de ses mâchoires, comme celles d'un sanglier mangeur de moissons ! Maintenant, ceins-toi, et que tous ceux-ci nous voient combattre. Mais comment lutteras-tu contre un homme jeune ?

Ainsi, devant les hautes portes, sur le seuil poli, ils se querellaient de toute leur âme. Et la force sacrée d'Antinoos les entendit, et, se mettant à rire, il dit aux Prétendants :

— Ô amis ! jamais rien de tel n'est arrivé. Quel plaisir un Dieu nous envoie dans cette demeure ! L'Étranger et Iros se querellent et vont en venir aux coups. Mettons-les promptement aux mains.

Il parla ainsi, et tous se levèrent en riant, et ils se réunirent autour des mendiants en haillons, et Antinoos, fils d'Eupeithès, leur dit :

— Écoutez-moi, illustres Prétendants, afin que je parle. Des poitrines de chèvres sont sur le feu, pour le repas, et pleines de sang et de graisse. Celui qui sera vainqueur et le plus fort choisira la part qu'il voudra. Il assistera toujours à nos repas, et nous ne laisserons aucun autre mendiant demander parmi nous.

Ainsi parla Antinoos, et ses paroles plurent à tous. Mais le subtil Odysseus parla ainsi, plein de ruse :

— Ô amis, il n'est pas juste qu'un vieillard flétri par la douleur lutte contre un homme jeune ; mais la faim, mauvaise conseillère, me pousse à me faire couvrir de plaies. Cependant, jurez tous par un grand serment qu'aucun de vous, pour venir en aide à Iros, ne me frappera de sa forte main, afin que je sois
dompté.

Il parla ainsi, et tous jurèrent comme il l'avait demandé. Et la Force sacrée de Tèlémakhos lui dit :

— Étranger, si ton cœur et ton âme courageuse t'invitent à chasser cet homme, ne crains aucun des Akhaiens. Celui qui te frapperait aurait à combattre contre plusieurs, car je t'ai donné l'hospitalité, et deux rois prudents, Eurymakhos et Antinoos, m'approuvent.

Il parla ainsi, et tous l'approuvèrent. Et Odysseus ceignit ses parties viriles avec ses haillons, et il montra ses cuisses belles et grandes, et ses larges épaules, et sa poitrine et ses bras robustes. Et Athènè, s'approchant de lui, augmenta les membres du prince des peuples. Et tous les Prétendants furent très-surpris, et ils se dirent les uns aux autres :

— Certes, bientôt Iros ne sera plus Iros, et il aura ce qu'il a cherché. Quelles cuisses montre ce Vieillard en retirant ses haillons !

Ils parlèrent ainsi, et l'âme de Iros fut troublée ; mais les serviteurs, après l'avoir ceint de force, le conduisirent, et toute sa chair tremblait sur ses os. Et Antinoos le réprimanda et lui dit :

— Puisses-tu n'être jamais né, n'étant qu'un fanfaron, puisque tu trembles, plein de crainte, devant un vieillard flétri par la misère ! Mais je te dis ceci, et ma parole s'accomplira : si celui-ci est vainqueur et le plus fort, je t'enverrai sur la terre ferme, jeté dans une nef noire, chez le Roi Ékhétos, le plus féroce de tous les hommes, qui te coupera le nez et les oreilles avec l'airain tranchant, qui t'arrachera les parties viriles et les donnera, sanglantes, à dévorer aux chiens.

Il parla ainsi, et une plus grande terreur fit trembler la chair d'Iros. Et on le conduisit au milieu, et tous deux levèrent leurs bras. Alors, le patient et divin Odysseus délibéra s'il le frapperait de façon à lui arracher l'âme d'un seul coup, ou s'il ne ferait que l'étendre contre terre. Et il jugea que ceci était le meilleur, de ne le frapper que légèrement de peur que les Akhaiens le reconnussent.

Tous deux ayant levé les bras, Iros le frappa à l'épaule droite ; mais Odysseus le frappa au cou, sous l'oreille, et brisa ses os, et un sang noir emplit sa bouche, et il tomba dans la poussière en criant, et ses dents furent arrachées, et il battit la terre de ses pieds. Les Prétendants insolents, les bras levés, mouraient de rire. Mais Odysseus le traîna par un pied, à travers le portique, jusque dans la cour et jusqu'aux portes, et il l'adossa contre le mur de la cour, lui mit un bâton à la main, et lui adressa ces paroles ailées :

— Maintenant, reste là, et chasse les chiens et les porcs, et ne te crois plus le maître des étrangers et des mendiants, misérable ! de peur d'un mal pire.

Il parla ainsi, et, jetant sur son épaule sa pauvre besace pleine de trous suspendue à une courroie tordue, il revint s'asseoir sur le seuil. Et tous les Prétendants rentrèrent en riant, et ils lui dirent :

— Que Zeus et les autres Dieux immortels, Étranger, t'accordent ce que tu désires le plus et ce qui est cher à ton cœur ! car tu empêches cet insatiable de mendier. Nous l'enverrons bientôt sur la terre ferme, chez le roi Ékhétos, le plus féroce de tous les hommes.

Ils parlaient ainsi, et le divin Odysseus se réjouit de leur vœu. Et Antinoos plaça devant lui une large poitrine de chèvre pleine de sang et de graisse. Et Amphinomos prit dans une corbeille deux pains qu'il lui apporta, et, l'honorant d'une coupe d'or, il lui dit :

— Salut, Père Étranger. Que la richesse que tu possédais te soit rendue, car, maintenant, tu es accablé de beaucoup de maux.

Et le subtil Odysseus lui répondit :

— Amphinomos, tu me sembles plein de prudence, et tel que ton père, car j'ai appris par la renommée que Nisos était à Doulikhios un homme honnête et riche. On dit que tu es né de lui, et tu sembles un homme sage. Je te dis ceci ; écoute et comprends-moi. Rien n'est plus misérable que l'homme parmi tout ce qui respire ou rampe sur la terre, et qu'elle nourrit. Jamais, en effet, il ne croit que le malheur puisse l'accabler un jour, tant que les Dieux lui conservent la force et que ses genoux se meuvent ; mais quand les Dieux heureux lui ont envoyé les maux, il ne veut pas les subir d'un cœur patient. Tel est l'esprit des hommes terrestres, semblable aux jours changeants qu'amène le Père des hommes et des Dieux. Moi aussi, autrefois, j'étais heureux parmi les guerriers, et j'ai commis beaucoup d'actions injustes, dans ma force et dans ma violence, me fiant à l'aide de mon père et de mes frères. C'est pourquoi qu'aucun homme ne soit inique, mais qu'il accepte en silence les dons des Dieux. Je vois les Prétendants, pleins de pensées iniques, consumant les richesses et outrageant la femme d'un homme qui, je le dis, ne sera pas longtemps éloigné de ses amis et de la terre de la patrie. Qu'un Daimôn te ramène dans ta demeure, de peur qu'il te rencontre quand il reviendra dans la chère terre de la patrie. Ce ne sera pas, en effet, sans carnage, que tout se décidera entre les Prétendants et lui, quand il reviendra dans ses demeures.

Il parla ainsi, et, faisant une libation, il but le vin doux et remit la coupe entre les mains du Prince des peuples. Et celui-ci, le cœur déchiré et secouant la tête, allait à travers la salle, car, en effet, son âme prévoyait des malheurs. Mais cependant il ne devait pas éviter la Kèr, et Athènè l'empêcha de partir, afin qu'il fût tué par les mains et par la lance de Tèlémakhos. Et il alla s'asseoir de nouveau sur le trône d'où il s'était levé.

Alors, la déesse Athènè aux yeux clairs mit dans l'esprit de la fille d'Ikarios, de la prudente Pènélopéia, d'apparaître aux Prétendants, afin que leur cœur fût transporté, et qu'elle-même fût plus honorée encore par son mari et par son fils. Pènélopéia se mit donc à rire légèrement, et elle dit :

— Eurynomè, voici que mon âme m'excite maintenant à apparaître aux Prétendants odieux. Je dirai à mon fils une parole qui lui sera très-utile. Je lui conseillerai de ne point se mêler aux Prétendants insolents qui lui parlent avec amitié et méditent sa mort.

Et Eurynomè l'Intendante lui répondit :

— Mon enfant, ce que tu dis est sage ; fais-le. Donne ce conseil à ton fils, et ne lui cache rien. Lave ton corps et parfume tes joues avec de l'huile, et ne sors pas avec un visage sillonné de larmes, car rien n'est pire que de pleurer continuellement. En effet, ton fils est maintenant tel que tu suppliais ardemment les Dieux qu'il devint.

Et la prudente Pènélopéia lui répondit :

— Eurynomè, ne me parle point, tandis que je gémis, de laver et de parfumer mon corps. Les Dieux qui habitent l'Olympos m'ont ravi ma splendeur, du jour où Odysseus est parti sur ses nefs creuses. Mais ordonne à Autonoè et à Hippodamia de venir, afin de m'accompagner dans les demeures. Je ne veux point aller seule au milieu des hommes, car j'en aurais honte.

Elle parla ainsi, et la vieille femme sortit de la maison afin d'avertir les servantes et qu'elles vinssent à la hâte.

Et, alors, la déesse Athènè aux yeux clairs eut une autre pensée, et elle répandit le doux sommeil sur la fille d'Ikarios. Et celle-ci s'endormit, penchée en arrière, et sa force l'abandonna sur le lit de repos. Et, alors, la noble Déesse lui fit des dons immortels, afin qu'elle fût admirée des Akhaiens. Elle purifia son visage avec de l'ambroisie, de même que Kythéréia à la belle couronne se parfume, quand elle se rend aux chœurs charmants des Kharites. Elle la fit paraître plus grande, plus majestueuse, et elle la rendit plus blanche que l'ivoire récemment travaillé. Cela fait, la noble Déesse s'éloigna, et les deux servantes aux bras blancs, ayant été appelées, arrivèrent de la maison, et le doux sommeil quitta Pènélopéia. Et elle pressa ses joues avec ses mains, et elle s'écria :

— Certes, malgré mes peines, le doux sommeil m'a enveloppée. Puisse la chaste Artémis m'envoyer une mort aussi douce ! Je ne consumerais plus ma vie à gémir dans mon cœur, regrettant mon cher mari qui avait toutes les vertus et qui était le plus illustre des Akhaiens.

Ayant ainsi parlé, elle descendit des chambres splendides. Et elle n'était point seule, car deux servantes la suivaient. Et quand la divine femme arriva auprès des Prétendants, elle s'arrêta sur le seuil de la salle richement ornée, ayant un beau voile sur les joues. Et les servantes prudentes se tenaient à ses côtés. Et les genoux des Prétendants furent rompus, et leur cœur fut transporté par l'amour, et ils désiraient ardemment dormir avec elle dans leurs lits. Mais elle dit à son fils Tèlémakhos :

— Tèlémakhos, ton esprit n'est pas ferme, ni ta pensée. Quand tu étais encore enfant, tu avais des pensées plus sérieuses ; mais, aujourd'hui que tu es grand et parvenu au terme de la puberté, et que chacun dit que tu es le fils d'un homme heureux, et que l'étranger admire ta grandeur et ta beauté, ton esprit n'est plus équitable, ni ta pensée. Comment as-tu permis qu'une telle action mauvaise ait été commise dans tes demeures et qu'un hôte ait été ainsi outragé ? Qu'arrivera-t-il donc, si un étranger assis dans nos demeures souffre un tel outrage ? La honte et l'opprobre seront pour toi parmi les hommes.

Et le prudent Tèlémakhos lui répondit :

— Ma mère, je ne te blâme point de t'irriter ; mais je comprends et je sais dans mon âme ce qui est juste ou injuste. Il y a peu de temps j'étais encore enfant, et je ne puis avoir une égale prudence en toute chose. Ces hommes, assis les uns auprès des autres, méditent ma perte et je n'ai point de soutiens. Mais le combat de l'Étranger et d'Iros ne s'est point terminé selon le désir des Prétendants, et notre hôte l'a emporté par sa force. Plaise au Père Zeus, à Athènè, à Apollôn, que les Prétendants, domptés dans nos demeures, courbent bientôt la tête, les uns sous le portique, les autres dans la demeure, et que leurs forces soient rompues ; de même qu'Iros est assis devant les portes extérieures, baissant la tête comme un homme ivre et ne pouvant ni se tenir debout, ni revenir à sa place accoutumée, parce que ses forces sont rompues.

Et ils se parlaient ainsi. Eurymakhos dit à Pènélopéia :

— Fille d'Ikarios, sage Pènélopéia, si tous les Akhaiens de l'Argos d'Iasos te voyaient, demain, d'autres nombreux Prétendants viendraient s'asseoir à nos repas dans ces demeures, car tu l'emportes sur toutes les femmes par la beauté, la majesté et l'intelligence.

Et la sage Pènélopéia lui répondit :

— Eurymakhos, certes, les Immortels m'ont enlevé ma vertu et ma beauté depuis que les Argiens sont partis pour Ilios, et qu'Odysseus est parti avec eux ; mais s'il revenait et gouvernait ma vie, ma renommée serait meilleure et je serais plus belle. Maintenant je suis affligée, tant un Daimôn ennemi m'a envoyé de maux. Quand Odysseus quitta la terre de la patrie, il me prit la main droite et il me dit : — Ô femme, je ne pense pas que les Akhaiens aux belles knèmides reviennent tous sains et saufs de Troiè. On dit, en effet, que les Troiens sont de braves guerriers, lanceurs de piques et de flèches, et bons conducteurs de chevaux rapides qui décident promptement de la victoire dans la mêlée du combat furieux. Donc, je ne sais si un Dieu me sauvera, ou si je mourrai là, devant Troiè. Mais toi, prends soin de toute chose, et souviens-toi, dans mes demeures, de mon père et de ma mère, comme maintenant, et plus encore quand je serai absent. Puis, quand tu verras ton fils arrivé à la puberté, épouse celui que tu choisiras et abandonne ta demeure. — Il parla ainsi, et toutes ces choses sont accomplies, et la nuit viendra où je subirai d'odieuses noces, car Zeus m'a ravi le bonheur. Cependant, une douleur amère a saisi mon cœur et mon âme, et vous ne suivez pas la coutume ancienne des Prétendants. Ceux qui voulaient épouser une noble femme, fille d'un homme riche, et qui se la disputaient, amenaient dans sa demeure des bœufs et de grasses brebis, et ils offraient à la jeune fille des repas et des présents splendides, et ils ne dévoraient pas impunément les biens d'autrui.

Elle parla ainsi, et le patient et divin Odysseus se réjouit parce qu'elle attirait leurs présents et charmait leur âme par de douces paroles, tandis qu'elle avait d'autres pensées.

Et Antinoos, fils d'Eupeithès, lui répondit :

— Fille d'Ikarios, sage Pènélopéia, accepte les présents que chacun des Akhaiens voudra apporter ici. Il n'est pas convenable de refuser des présents, et nous ne retournerons point à nos travaux et nous ne ferons aucune autre chose avant que tu aies épousé celui des Akhaiens que tu préféreras.

Antinoos parla ainsi, et ses paroles furent approuvées de tous. Et chacun envoya un héraut pour apporter les présents. Et celui d'Antinoos apporta un très-beau péplos aux couleurs variées et orné de douze anneaux d'or où s'attachaient autant d'agrafes recourbées. Et celui d'Eurymakhos apporta un riche collier d'or et d'ambre étincelant, et semblable à Hèlios. Et les deux serviteurs d'Eurydamas des boucles d'oreilles merveilleuses et bien travaillées et resplendissantes de grâce. Et le serviteur de Peisandros Polyktoride apporta un collier, très-riche ornement. Et les hérauts apportèrent aux autres Akhaiens d'aussi beaux présents. Et la noble femme remonta dans les chambres hautes, tandis que les servantes portaient ces présents magnifiques.

Mais les Prétendants restèrent jusqu'à ce que le soir fût venu, se charmant par la danse et le chant. Et le soir sombre survint tandis qu'ils se charmaient ainsi. Aussitôt, ils dressèrent trois lampes dans les demeures, afin d'en être éclairés, et ils disposèrent, autour, du bois depuis fort longtemps desséché et récemment fendu à l'aide de l'airain. Puis ils enduisirent les torches. Et les servantes du subtil Odysseus les allumaient tour à tour ; mais le patient et divin Odysseus leur dit :

— Servantes du Roi Odysseus depuis longtemps absent, rentrez dans la demeure où est la Reine vénérable. Réjouissez-la, assises dans la demeure ; tournez les fuseaux et préparez les laines. Seul j'allumerai ces torches pour les éclairer tous. Et, même s'ils voulaient attendre la brillante Éôs, ils ne me lasseraient point, car je suis plein de patience.

Il parla ainsi, et les servantes se mirent à rire, se regardant les unes les autres. Et Mélanthô aux belles joues lui répondit injurieusement. Dolios l'avait engendrée, et Pènélopéia l'avait nourrie et élevée comme sa fille et entourée de délices ; mais elle ne prenait point part à la douleur de Pènélopéia, et elle s'était unie d'amour à Eurymakhos, et elle l'aimait ; et elle adressa ces paroles injurieuses à Odysseus :

— Misérable Étranger, tu es privé d'intelligence, puisque tu ne veux pas aller dormir dans la demeure de quelque ouvrier, ou dans quelque bouge, et puisque tu dis ici de vaines paroles au milieu de nombreux héros et sans rien craindre. Certes, le vin te trouble l'esprit, ou il est toujours tel, et tu ne prononces que de vaines paroles. Peut-être es-tu fier d'avoir vaincu le vagabond Iros ? Mais crains qu'un plus fort qu'Iros se lève bientôt, qui t'accablera de ses mains robustes et qui te chassera d'ici souillé de sang.

Et le subtil Odysseus, la regardant d'un œil sombre, lui répondit :

— Chienne ! je vais répéter à Tèlémakhos ce que tu oses dire, afin qu'ici même il te coupe en morceaux !

Il parla ainsi, et il épouvanta les servantes ; et elles s'enfuirent à travers la demeure, tremblantes de terreur et croyant qu'il disait vrai. Et il alluma les torches, se tenant debout et les surveillant toutes ; mais il méditait dans son esprit d'autres desseins qui devaient s'accomplir. Et Athènè ne permit pas que les Prétendants insolents cessassent de l'outrager, afin que la colère entrât plus avant dans le cœur du Laertiade Odysseus. Alors, Eurymakhos, fils de Polybos, commença de railler Odysseus, excitant le rire de ses compagnons :

— Écoutez-moi, Prétendants de l'illustre Reine, afin que je dise ce que mon cœur m'ordonne dans ma poitrine. Cet homme n'est pas venu dans la demeure d'Odysseus sans qu'un Dieu l'ait voulu. La splendeur des torches me semble sortir de son corps et de sa tête, où il n'y a plus absolument de cheveux.

Il parla ainsi, et il dit au destructeur de citadelles Odysseus :

— Étranger, si tu veux servir pour un salaire, je t'emmènerai à l'extrémité de mes champs. Ton salaire sera suffisant. Tu répareras les haies et tu planteras les arbres. Je te donnerai une nourriture abondante, des vêtements et des sandales. Mais tu ne sais faire que le mal ; tu ne veux point travailler, et tu aimes mieux mendier parmi le peuple afin de satisfaire ton ventre insatiable.

Et le subtil Odysseus lui répondit :

— Eurymakhos, plût aux Dieux que nous pussions lutter en travaillant, au printemps, quand les jours sont longs, promenant, tous deux à jeun, la faux recourbée dans un pré, et jusqu'au soir, tant qu'il y aura de l'herbe à couper ! Plût aux Dieux que j'eusse à conduire deux grands bœufs gras, rassasiés de fourrage, et de force égale, dans un vaste champ de quatre arpents ! Tu verrais alors si je saurais tracer un profond sillon et faire obéir la glèbe à la charrue. Si le Kroniôn excitait une guerre, aujourd'hui même, et si j'avais un bouclier, deux lances, et un casque d'airain autour des tempes, tu me verrais alors mêlé aux premiers combattants et tu ne m'outragerais plus en me raillant parce que j'ai faim. Mais tu m'outrages dans ton insolence, et ton esprit est cruel, et tu te crois grand et brave parce que tu es mêlé à un petit nombre de lâches. Mais si Odysseus revenait et abordait la terre de la patrie, aussitôt ces larges portes seraient trop étroites pour ta fuite, tandis que tu te sauverais hors du portique !

Il parla ainsi, et Eurymakhos fut très-irrité dans son cœur, et, le regardant d'un œil sombre, il dit ces paroles ailées :

— Ah ! misérable, certes je vais t'accabler de maux, puisque tu prononces de telles paroles au milieu de nombreux héros, et sans rien craindre. Certes, le vin te trouble l'esprit, ou il est toujours tel, et c'est pour cela que tu prononces de vaines paroles. Peut-être es-tu fier parce que tu as vaincu le mendiant Iros ?

Comme il parlait ainsi, il saisit un escabeau ; mais Odysseus s'assit aux genoux d'Amphinomos de Doulikhios pour échapper à Eurymakhos, qui atteignit à la main droite l'enfant qui portait à boire, et l'urne tomba en résonnant, et lui-même, gémissant, se renversa dans la poussière. Et les

Prétendants, en tumulte dans les demeures sombres, se disaient les uns aux autres :

— Plût aux dieux que cet étranger errant eût péri ailleurs et ne fût point venu nous apporter tant de trouble ! Voici que nous nous querellons pour un mendiant, et que la joie de nos repas est détruite parce que le mal l'emporte !

Et la force sacrée de Tèlémakhos leur dit :

— Malheureux, vous devenez insensés. Ne mangez ni ne buvez davantage, car quelque Dieu vous excite. Allez dormir, rassasiés, dans vos demeures, quand votre cœur vous l'ordonnera, car je ne contrains personne.

Il parla ainsi, et tous se mordirent les lèvres, admirant Tèlémakhos parce qu'il avait parlé avec audace. Alors, Amphinomos, l'illustre fils du roi Nisos Arètiade, leur dit :

— Ô amis, qu'aucun ne réponde par des paroles irritées à cette juste réprimande. Ne frappez ni cet Étranger, ni aucun des serviteurs qui sont dans la maison du divin Odysseus. Allons ! que le Verseur de vin distribue les coupes, afin que nous fassions des libations et que nous allions dormir dans nos demeures. Laissons cet Étranger ici, aux soins de Tèlémakhos qui l'a reçu dans sa chère demeure.

Il parla ainsi, et ses paroles furent approuvées de tous. Et le héros Moulios, héraut de Doulikhios et serviteur d'Amphinomos, mêla le vin dans le kratère et le distribua comme il convenait. Et tous firent des libations aux Dieux heureux et burent le vin doux. Et, après avoir fait des libations et bu autant que leur âme le désirait, ils se hâtèrent d'aller dormir, chacun dans sa demeure.

RHAPSODIE XIX

Mais le divin Odysseus resta dans la demeure, méditant avec Athènè la mort des Prétendants. Et, aussitôt, il dit à Tèlémakhos ces paroles ailées :

— Tèlémakhos, il faut transporter toutes les armes guerrières hors de la salle, et, quand les Prétendants te les demanderont, les tromper par ces douces paroles : — Je les ai mises à l'abri de la fumée, car elles ne sont pas telles qu'elles étaient autrefois, quand Odysseus les laissa à son départ pour Troiè ; mais elles sont souillées par la grande vapeur du feu. Puis, le Kroniôn m'a inspiré une autre pensée meilleure, et je crains qu'excités par le vin, et une querelle s'élevant parmi vous, vous vous blessiez les uns les autres et vous souilliez le repas et vos noces futures, car le fer attire l'homme.

Il parla ainsi, et Tèlémakhos obéit à son cher père et, ayant appelé la nourrice Eurykléia, il lui dit :

— Nourrice, enferme les femmes dans les demeures, jusqu'à ce que j'aie transporté dans la chambre nuptiale les belles armes de mon père, qui ont été négligées et que la fumée a souillées pendant l'absence de mon père, car j'étais encore enfant. Maintenant, je veux les transporter là où la vapeur du feu n'ira pas.

Et la chère nourrice Eurykléia lui répondit :

— Plaise aux Dieux, mon enfant, que tu aies toujours la prudence de prendre soin de la maison et de conserver toutes tes richesses ! Mais qui t'accompagnera en portant une lumière, puisque tu ne veux pas que les servantes t'éclairent ?

Et le prudent Tèlémakhos lui répondit :

— Ce sera cet Étranger. Je ne le laisserai pas sans rien faire, puisqu'il a mangé à ma table, bien qu'il vienne de loin.

Il parla ainsi, et sa parole ne fut point vaine. Et Eurykléia ferma les portes des grandes demeures. Puis, Odysseus et son illustre fils se hâtèrent de transporter les casques, les boucliers bombés et les lances aiguës. Et Pallas Athènè portant devant eux une lanterne d'or, les éclairait vivement ; et, alors, Tèlémakhos dit aussitôt à son père :

— Ô Père, certes, je vois de mes yeux un grand prodige ! Voici que les murs de la demeure, et ses belles poutres, et ses solives de sapin, et ses hautes colonnes, brillent comme un feu ardent. Certes, un des Dieux qui habitent le large Ouranos est entré ici.

Et le subtil Odysseus lui répondit :

— Tais-toi, et retiens ton esprit, et ne m'interroge pas. Telle est la coutume des Dieux qui habitent l'Olympos. Toi, va dormir. Je resterai ici, afin d'éprouver les servantes et ta mère. Dans sa douleur elle va m'interroger sur beaucoup de choses.

Il parla ainsi, et Tèlémakhos sortit de la salle, et il monta, éclairé par les torches flambantes, dans la chambre où il avait coutume de dormir. Là, il s'endormit, en attendant le matin ; et le divin Odysseus resta dans la demeure, méditant avec Athènè la mort des prétendants.

Et la prudente Pènélopéia, semblable à Artémis ou à Aphroditè d'or, sortit de sa chambre nuptiale. Et les servantes placèrent pour elle, devant le feu, le trône où elle s'asseyait. Il était d'ivoire et d'argent, et travaillé au tour. Et c'était l'ouvrier Ikmalios qui l'avait fait autrefois, ainsi qu'un escabeau pour appuyer les pieds de la Reine, et qui était recouvert d'une grande peau. Ce fut là que s'assit la prudente Pènélopéia.

Alors, les femmes aux bras blancs vinrent de la demeure, et elles emportèrent les pains nombreux, et les tables, et les coupes dans lesquelles les Prétendants insolents avaient bu. Et elles jetèrent à terre le feu des torches, et elles amassèrent, par-dessus, du bois qui devait les éclairer et les chauffer. Et, alors, Mélanthô injuria de nouveau Odysseus :

— Étranger, te voilà encore qui erres dans la demeure, épiant les femmes ! Sors d'ici, misérable, après t'être rassasié, ou je te frapperai de ce tison !

Et le sage Odysseus, la regardant d'un œil sombre, lui dit :

— Malheureuse ! pourquoi m'outrager avec fureur ? Est-ce parce que je suis vêtu de haillons et que je mendie parmi le peuple, comme la nécessité m'y contraint ? Tels sont les mendiants et les vagabonds. Et moi aussi, autrefois, j'étais heureux, et j'habitais une riche demeure, et je donnais aux vagabonds, quels qu'ils fussent et quels que fussent leurs besoins. Et j'avais de nombreux serviteurs et tout ce qui rend heureux et fait appeler un homme riche ; mais le Kroniôn Zeus m'a tout enlevé, le voulant ainsi. C'est pourquoi, femme, crains de perdre un jour la beauté dont tu es ornée parmi les servantes ; crains que ta maîtresse irritée te punisse, ou qu'Odysseus revienne, car tout espoir n'est pas perdu. Mais s'il a péri, et s'il ne doit plus revenir, son fils Tèlémakhos le remplace par la volonté d'Apollôn, et rien de ce que font les femmes dans les demeures ne lui échappera, car rien n'est plus au-dessus de son âge.

Il parla ainsi, et la prudente Pènélopéia, l'ayant entendu, réprimanda sa servante et lui dit :

— Chienne audacieuse, tu ne peux me cacher ton insolence effrontée que tu payeras de ta tête, car tu sais bien, m'ayant entendue toi-même, que je veux, étant très-affligée, interroger cet Étranger sur mon mari.

Elle parla ainsi, et elle dit à l'Intendante Eurynomè :

— Eurynomè, approche un siège et recouvre-le d'une peau afin que cet Étranger, s'étant assis, m'écoute et me réponde, car je veux l'interroger.

Elle parla ainsi, et Eurynomè approcha à la hâte un siége poli qu'elle recouvrit d'une peau, et le patient et divin Odysseus s'y assit, et la prudente Pènélopéia lui dit :

— Étranger, je t'interrogerai d'abord sur toi-même. Qui es-tu ? D'où viens-tu ? Où sont ta ville et tes parents ?

Et le sage Odysseus lui répondit :

— Ô femme, aucune des mortelles qui sont sur la terre immense ne te vaut, et, certes, ta gloire est parvenue jusqu'au large Ouranos, telle que la gloire d'un roi irréprochable qui, vénérant les Dieux, commande à de nombreux et braves guerriers et répand la justice. Et par lui la terre noire produit l'orge et le blé, et les arbres sont lourds de fruits, et les troupeaux multiplient, et la mer donne des poissons, et, sous ses lois équitables, les peuples sont heureux et justes. C'est pourquoi, maintenant, dans ta demeure, demande-moi toutes les autres choses, mais non ma race et ma patrie. N'emplis pas ainsi mon âme de nouvelles douleurs en me faisant souvenir, car je suis très-affligé et je ne veux pas pleurer et gémir dans une maison étrangère, car il est honteux de pleurer toujours. Peut-être qu'une de tes servantes m'outragerait, ou que tu t'irriterais toi-même, disant que je pleure ainsi ayant l'esprit troublé par le vin.

Et la prudente Pènélopéia lui répondit :

— Étranger, certes, les Dieux m'ont ravi ma vertu et ma beauté du jour où les Argiens sont partis pour Ilios, et, avec eux, mon mari Odysseus. S'il revenait et gouvernait ma vie, ma gloire serait plus grande et plus belle. Mais, maintenant, je gémis, tant un Daimôn funeste m'a accablée de maux. Voici que ceux qui dominent dans les îles, à Doulikhios, à Samè, à Zakynthos couverte de bois, et ceux qui habitent l'âpre Ithakè elle-même, tous me recherchent malgré moi et ruinent ma maison. Et je ne prends plus soin des étrangers, ni des suppliants, ni des hérauts qui agissent en public ; mais je regrette Odysseus et je gémis dans mon cher cœur. Et les Prétendants hâtent mes noces, et je médite des ruses. Et, d'abord, un Dieu m'inspira de tisser dans mes demeures une grande toile, large et fine, et je leur dis aussitôt : — Jeunes hommes, mes Prétendants, puisque le divin Odysseus est mort, cessez de hâter mes noces, jusqu'à ce que j'aie achevé, pour que mes fils ne restent pas inutiles, ce linceul du héros Laertès, quand la Moire mauvaise, de la mort inexorable l'aura saisi, afin qu'aucune des femmes akhaiennes ne puisse me reprocher devant tout le peuple qu'un homme qui a possédé tant de biens ait été enseveli sans linceul. — Je parlai ainsi, et leur cœur généreux fut persuadé ; et alors, pendant le jour, je tissais la grande toile, et pendant la nuit, ayant allumé des torches, je la défaisais. Ainsi, pendant trois ans, je cachai ma ruse et trompai les Akhaiens ; mais quand vint la quatrième année, et quand les saisons recommencèrent, après le cours des mois et des jours nombreux, alors avertis par mes chiennes de servantes, ils me surprirent et me menacèrent, et, contre ma volonté, je fus contrainte d'achever ma toile. Et, maintenant, je ne puis plus éviter mes noces, ne trouvant plus aucune ruse. Et mes parents m'exhortent à me marier, et mon fils supporte avec peine que ceux-ci dévorent ses biens, auxquels il tient ; car c'est aujourd'hui un homme, et il peut prendre soin de sa maison, et Zeus lui a donné la gloire. Mais toi, Étranger, dis-moi ta race et ta patrie, car tu ne sors pas du chêne et du rocher des histoires antiques.

Et le sage Odysseus lui répondit :

— Ô femme vénérable du Laertiade Odysseus, ne cesseras-tu point de m'interroger sur mes parents ? Je te répondrai donc, bien que tu renouvelles ainsi mes maux innombrables ; mais c'est là la destinée d'un homme depuis longtemps absent de la patrie, tel que moi qui ai erré parmi les villes des hommes, étant accablé de maux. Je te dirai cependant ce que tu me demandes.

La Krètè est une terre qui s'élève au milieu de la sombre mer, belle et fertile, où habitent d'innombrables hommes et où il y a quatre-vingt-dix villes. On y parle des langages différents, et on y trouve des Akhaiens, de magnanimes Krètois indigènes, des Kydônes, trois tribus de Dôriens et les divins Pélasges. Sur eux tous domine la grande ville de Knôssos, où régna Minôs qui s'entretenait tous les neuf ans avec le grand Zeus, et qui fut le père du magnanime Deukaliôn mon père. Et Deukaliôn nous engendra, moi et le roi Idoméneus. Et Idoméneus alla, sur ses nefs à proues recourbées, à Ilios, avec les Atréides. Mon nom illustre est Aithôn, et j'étais le plus jeune. Idoméneus était l'aîné et le plus brave. Je vis alors Odysseus et je lui offris les dons hospitaliers. En effet, comme il allait à Ilios, la violence du vent l'avait poussé en Krètè, loin du promontoire Maléien, dans Amnisos où est la caverne des Ilithyies ; et, dans ce port difficile, à peine évita-t-il la tempête. Arrivé à la ville, il demanda Idoméneus, qu'il appelait son hôte cher et vénérable. Mais Éôs avait reparu pour la dixième ou onzième fois depuis que, sur ses nefs à proue recourbée, Idoméneus était parti pour Ilios. Alors, je conduisis Odysseus dans mes demeures, et je le reçus avec amitié, et je le comblai de soins à l'aide des richesses que je possédais et je lui donnai, ainsi qu'à ses compagnons, de la farine, du vin rouge, et des bœufs à tuer, jusqu'à ce que leur âme fût rassasiée. Et les divins Akhaiens restèrent là douze jours, car le grand et tempétueux Boréas soufflait et les arrêtait, excité par quelque Daimôn. Mais le vent tomba le treizième jour, et ils partirent.

Il parlait ainsi, disant ces nombreux mensonges semblables à la vérité ; et Pènélopéia, en l'écoutant, pleurait, et ses larmes ruisselaient sur son visage, comme la neige ruisselle sur les hautes montagnes, après que Zéphyros l'a amoncelée et que l'Euros la fond en torrents qui emplissent les fleuves. Ainsi les belles joues de Pènélopéia ruisselaient de larmes tandis qu'elle pleurait son mari. Et Odysseus était plein de compassion en voyant pleurer sa femme ; mais ses yeux, comme la corne et le fer, restaient immobiles sous ses paupières, et il arrêtait ses larmes par prudence. Et après qu'elle se fut rassasiée de larmes et de deuil, Pènélopéia, lui répondant, dit de nouveau :

— Maintenant, Étranger, je pense que je vais t'éprouver, et je verrai si, comme tu le dis, tu as reçu dans tes demeures mon mari et ses divins compagnons. Dis-moi quels étaient les vêtements qui le couvraient, quel il était lui-même, et quels étaient les compagnons qui le suivaient.

Et le sage Odysseus, lui répondant, parla ainsi :

— Ô femme, il est bien difficile, après tant de temps, de te répondre, car voici la vingtième année qu'Odysseus est venu dans ma patrie et qu'il en est parti. Cependant, je te dirai ce dont je me souviens dans mon esprit. Le divin Odysseus avait un double manteau de laine pourprée qu'attachait une agrafe d'or à deux tuyaux, et ornée, par-dessus, d'un chien qui tenait sous ses pattes de devant un jeune cerf tremblant. Et tous admiraient, s'étonnant que ces deux animaux fussent d'or, ce chien qui voulait étouffer le faon, et celui-ci qui, palpitant sous ses pieds, voulait s'enfuir. Et je vis aussi sur le corps d'Odysseus une tunique splendide. Fine comme une pelure d'oignon, cette tunique brillait comme Hèlios. Et, certes, toutes les femmes l'admiraient. Mais, je te le dis, et retiens mes paroles dans ton esprit : je ne sais si Odysseus portait ces vêtements dans sa demeure, ou si quelqu'un de ses compagnons les lui avait donnés comme il montait sur sa nef rapide, ou bien quelqu'un d'entre ses hôtes, car Odysseus était aimé de beaucoup d'hommes, et peu d'Akhaiens étaient semblables à lui. Je lui donnai une épée d'airain, un double et grand manteau pourpré et une tunique longue, et je le conduisis avec respect sur sa nef à bancs de rameurs. Un héraut, un peu plus âgé que lui, le suivait, et je te dirai quel il était. Il avait les épaules hautes, la peau brune et les cheveux crépus, et il se nommait Eurybatès, et Odysseus l'honorait entre tous ses compagnons, parce qu'il était plein de sagesse.

Il parla ainsi, et le désir de pleurer saisit Pènélopéia, car elle reconnut ces signes certains que lui décrivait Odysseus. Et, après qu'elle se fut rassasiée de larmes et de deuil, elle dit de nouveau :

— Maintenant, ô mon hôte, auparavant misérable, tu seras aimé et honoré dans mes demeures. J'ai moi-même donné à Odysseus ces vêtements que tu décris et qui étaient pliés dans ma chambre nuptiale, et j'y ai attaché cette agrafe brillante. Mais je ne le verrai plus de retour dans la chère terre de la patrie ! C'est par une mauvaise destinée qu'Odysseus, montant dans sa nef creuse, est parti pour cette Troiè fatale qu'on ne devrait plus nommer !

Et le sage Odysseus lui répondit :

— Ô femme vénérable du Laertiade Odysseus, ne flétris point ton beau visage et ne te consume point dans ton cœur à pleurer. Cependant, je ne te blâme en rien. Quelle femme pleurerait un jeune mari dont elle a conçu des enfants, après s'être unie d'amour à lui, plus que tu dois pleurer Odysseus qu'on dit semblable aux Dieux ? Mais cesse de gémir et écoute-moi. Je te dirai la vérité et je ne te cacherai rien. J'ai entendu parler du retour d'Odysseus chez le riche peuple des Thesprôtes où il a paru vivant, et il rapporte de nombreuses richesses qu'il a amassées parmi beaucoup de peuples ; mais il a perdu ses chers compagnons et sa nef creuse, dans la noire mer, en quittant Thrinakiè. Zeus et Hèlios étaient irrités, parce que ses compagnons avaient tué les bœufs de Hèlios ; et ils ont tous péri dans la mer tumultueuse. Mais la mer a jeté Odysseus, attaché à la carène de sa nef, sur la côte des Phaiakiens qui descendent des Dieux. Et ils l'ont honoré comme un Dieu, et ils lui ont fait de nombreux présents, et ils ont voulu le ramener sain et sauf dans sa demeure. Odysseus serait donc déjà revenu depuis longtemps, mais il lui a semblé plus utile d'amasser d'autres richesses en parcourant beaucoup de terres ; car il sait un plus grand nombre de ruses que tous les hommes mortels, et nul ne pourrait lutter contre lui. Ainsi me parla Pheidôn, le roi des Thesprôtes. Et il me jura, en faisant des libations dans sa demeure, que la nef et les hommes étaient prêts qui devaient reconduire Odysseus dans la chère terre de sa patrie. Mais il me renvoya d'abord, profitant d'une nef des Thesprôtes qui allait à

Doulikhios fertile en blé. Et il me montra les richesses qu'avait réunies Odysseus, de l'airain, de l'or et du fer très-difficile à travailler, le tout assez abondant pour nourrir jusqu'à sa dixième génération. Et il me disait qu'Odysseus était allé à Dôdônè pour apprendre du grand Chêne la volonté de Zeus, et pour savoir comment, depuis longtemps absent, il rentrerait dans la terre d'Ithakè, soit ouvertement, soit en secret. Ainsi Odysseus est sauvé, et il viendra bientôt, et, désormais, il ne sera pas longtemps éloigné de ses amis et de sa patrie. Et je te ferai un grand serment : Qu'ils le sachent, Zeus, le meilleur et le plus grand des dieux, et la demeure du brave Odysseus où je suis arrivé ! Tout s'accomplira comme je le dis. Odysseus reviendra avant la fin de cette année, avant la fin de ce mois, dans quelques jours.

Et la prudente Pènélopéia lui répondit :

— Plaise aux dieux, Étranger, que tes paroles s'accomplissent ! Je te prouverais aussitôt mon amitié par de nombreux présents et chacun te dirait heureux ; mais je sens dans mon cœur que jamais Odysseus ne reviendra dans sa demeure et que ce n'est point lui qui te renverra. Il n'y a point ici de chefs tels qu'Odysseus parmi les hommes, si jamais il en a existé, qui congédient les étrangers après les avoir accueillis et honorés. Maintenant, servantes, baignez notre hôte, et préparez son lit avec des manteaux et des couvertures splendides, afin qu'il ait chaud en attendant Éôs au trône d'or. Puis, au matin, baignez et parfumez-le, afin qu'assis dans la demeure, il prenne son repas auprès de Tèlémakhos. Il arrivera malheur à celui d'entre eux qui l'outragera. Et qu'il ne soit soumis à aucun travail, quel que soit celui qui s'en irrite. Comment, ô Étranger, reconnaîtrais-tu que je l'emporte sur les autres femmes par l'intelligence et par la sagesse, si, manquant de vêtements, tu t'asseyais en haillons au repas dans les demeures ? La vie des hommes est brève. Celui qui est injuste et commet des actions mauvaises, les hommes le chargent d'imprécations tant qu'il est vivant, et ils le maudissent quand il est mort ; mais celui qui est irréprochable et qui a fait de bonnes actions, les étrangers répandent au loin sa gloire, et tous les hommes le louent.

Et le sage Odysseus, lui répondant, parla ainsi :

— Ô femme vénérable du Laertiade Odysseus, les beaux vêtements et les couvertures splendides me sont odieux, depuis que, sur ma nef aux longs avirons, j'ai quitté les montagnes neigeuses de la Krètè. Je me coucherai, comme je l'ai déjà fait pendant tant de nuits sans sommeil, sur une misérable couche, attendant la belle et divine Éôs. Les bains de pieds non plus ne me plaisent point, et aucune servante ne me touchera les pieds, à moins qu'il n'y en ait une, vieille et prudente, parmi elles, et qui ait autant souffert que moi. Je n'empêche point celle-ci de me laver les pieds.

Et la prudente Pènélopéia lui répondit :

— Cher hôte, aucun homme n'est plus sage que toi de tous les étrangers amis qui sont venus dans cette demeure, car tout ce que tu dis est plein de sagesse. J'ai ici une femme âgée et très-prudente qui nourrit et qui éleva autrefois le malheureux Odysseus, et qui l'avait reçu dans ses bras quand sa mère l'eut enfanté. Elle lavera tes pieds, bien qu'elle soit faible. Viens, lève-toi, prudente Eurykléia ; lave les pieds de cet Étranger qui a l'âge de ton maître. Peut-être que les pieds et les mains d'Odysseus ressemblent aux siens, car les hommes vieillissent vite dans le malheur.

Elle parla ainsi, et la vieille femme cacha son visage dans ses mains, et elle versa de chaudes larmes et elle dit ces paroles lamentables :

— Hélas ! je suis sans force pour te venir en aide, ô mon enfant ! Assurément Zeus te hait entre tous les hommes, bien que tu aies un esprit pieux. Aucun homme n'a brûlé plus de cuisses grasses à Zeus qui se réjouit de la foudre, ni d'aussi complètes hécatombes. Tu le suppliais de te laisser parvenir à une pleine vieillesse et de te laisser élever ton fils illustre, et voici qu'il t'a enlevé le jour du retour ! Peut être aussi que d'autres femmes l'outragent, quand il entre dans les illustres demeures où parviennent les étrangers, comme ces chiennes-ci t'outragent toi-même. Tu fuis leurs injures et leurs paroles honteuses, et tu ne veux point qu'elles te lavent ; et la fille d'Ikarios, la prudente Pènélopéia, m'ordonne de le faire, et j'y consens. C'est pourquoi je laverai tes pieds, pour l'amour de Pènélopéia et de toi, car mon cœur est ému de tes maux. Mais écoute ce que je vais dire : de tous les malheureux étrangers qui sont venus ici, aucun ne ressemble plus que toi à Odysseus. Tu as son corps, sa voix et ses pieds.

Et le sage Odysseus, lui répondant, parla ainsi :

— Ô vieille femme, en effet, tous ceux qui nous ont vus tous deux de leurs yeux disent que nous nous ressemblons beaucoup. Tu as parlé avec sagesse.

Il parla ainsi, et la vieille femme prit un bassin splendide dans lequel on lavait les pieds, et elle y versa beaucoup d'eau froide, puis de l'eau chaude. Et Odysseus s'assit devant le foyer, en se tournant vivement du côté de l'ombre, car il craignit aussitôt, dans son esprit, qu'en le touchant elle reconnût sa cicatrice et que tout fût découvert. Eurykléia, s'approchant de son roi, lava ses pieds, et aussitôt elle reconnut la cicatrice de la blessure qu'un sanglier lui avait faite autrefois de ses blanches dents sur le Parnèsos, quand il était allé chez Autolykos et ses fils. Autolykos était l'illustre père de sa mère, et il surpassait tous les hommes pour faire du butin et de faux serments. Un Dieu lui avait fait ce don, Herméias, pour qui il brûlait des chairs d'agneaux et de chevreaux et qui l'accompagnait toujours. Et Autolykos étant venu chez le riche peuple d'Ithakè, il trouva le fils nouveau-né de sa fille. Et Eurykléia, après le repas, posa l'enfant sur les chers genoux d'Autolykos et lui dit : — Autolykos, donne toi-même un nom au cher fils de ta fille, puisque tu l'as appelé par tant de vœux. — Et Autolykos lui répondit : — Mon gendre et ma fille, donnez-lui le nom que je vais dire. Je suis venu ici très-irrité contre un grand nombre d'hommes et de femmes sur la face de la terre nourricière. Que son nom soit donc

Odysseus. Quand il sera parvenu à la puberté, qu'il vienne sur le Parnèsos, dans la grande demeure de son aïeul maternel où sont mes richesses, et je lui en ferai de nombreux présents, et je le renverrai plein de joie. — Et, à cause de ces paroles, Odysseus y alla, afin de recevoir de nombreux présents. Et Autolykos et les fils d'Autolykos le saluèrent des mains et le reçurent avec de douces paroles. Amphithéè, la mère de sa mère, l'embrassa, baisant sa tête et ses deux beaux yeux. Et Autolykos ordonna à ses fils illustres de préparer le repas. Aussitôt, ceux-ci obéirent et amenèrent un taureau de cinq ans qu'ils écorchèrent. Puis, le préparant, ils le coupèrent en morceaux qu'ils embrochèrent, firent rôtir avec soin et distribuèrent. Et tout le jour, jusqu'à la chute de Hèlios, ils mangèrent, et nul dans son âme ne manqua d'une part égale. Quand Hèlios tomba et que les ténèbres survinrent, ils se couchèrent et s'endormirent ; mais quand Eôs aux doigts rosés, née au matin, apparut, les fils d'Autolykos et leurs chiens partirent pour la chasse, et le divin Odysseus alla avec eux. Et ils gravirent le haut Parnèsos couvert de bois, et ils pénétrèrent bientôt dans ses gorges battues des vents. Hèlios, à peine sorti du cours profond d'Okéanos, frappait les campagnes, quand les chasseurs parvinrent dans une vallée. Et les chiens les précédaient, flairant une piste ; et derrière eux venaient les fils d'Autolykos, et, avec eux, après les chiens, le divin Odysseus marchait agitant une longue lance. Là, dans le bois épais, était couché un grand sanglier. Et la violence humide des vents ne pénétrait point ce hallier, et le splendide Hèlios ne le perçait point de ses rayons, et la pluie n'y tombait point, tant il était épais ; et le sanglier était couché là, sous un monceau de feuilles. Et le bruit des hommes et des chiens parvint jusqu'à lui, et, quand les chasseurs arrivèrent, il sortit du hallier à leur rencontre, les soies hérissées sur le cou et le feu dans les yeux, et il s'arrêta près des chasseurs. Alors, le premier, Odysseus, levant sa longue lance, de sa forte main, se rua, désirant le percer ; mais le sanglier, le prévenant, le blessa au genou d'un coup oblique de ses défenses et enleva profondément les chairs, mais sans arriver jusqu'à l'os. Et Odysseus le frappa à l'épaule droite, et la pointe de la lance brillante le traversa de part en part, et il tomba étendu dans la poussière, et son âme s'envola. Aussitôt les chers fils d'Autolykos, s'empressant autour de la blessure de l'irréprochable et divin Odysseus, la bandèrent avec soin et arrêtèrent le sang noir par une incantation ; puis, ils rentrèrent aux demeures de leur cher père. Et Autolykos et les fils d'Autolykos, ayant guéri Odysseus et lui ayant fait de riches présents, le renvoyèrent plein de joie dans sa chère Ithakè. Là, son père et sa mère vénérable se réjouirent de son retour et l'interrogèrent sur chaque chose et sur cette blessure qu'il avait reçue. Et il leur raconta qu'un sanglier l'avait blessé de ses défenses blanches, à la chasse, où il était allé sur le Parnèsos avec les fils d'Autolykos.

Et voici que la vieille femme, touchant de ses mains cette cicatrice, la reconnut et laissa retomber le pied dans le bassin d'airain qui résonna et se renversa, et toute l'eau fut répandue à terre. Et la joie et la douleur envahirent à la fois l'âme d'Eurykléia, et ses yeux s'emplirent de larmes, et sa voix fut entrecoupée ; et, saisissant le menton d'Odysseus, elle lui dit :

— Certes, tu es Odysseus mon cher enfant ! Je ne t'ai point reconnu avant d'avoir touché tout mon maître.

Elle parla ainsi, et elle fit signe des yeux à Pènélopéia pour lui faire entendre que son cher mari était dans la demeure ; mais, du lieu où elle était, Pènélopéia ne put la voir ni la comprendre, car Athènè avait détourné son esprit. Alors, Odysseus, serrant de la main droite la gorge d'Eurykléia, et l'attirant à lui de l'autre main, lui dit :

— Nourrice, pourquoi veux-tu me perdre, toi qui m'as nourri toi-même de ta mamelle ? Maintenant, voici qu'ayant subi bien des maux, j'arrive après vingt ans dans la terre de la patrie. Mais, puisque tu m'as reconnu, et qu'un Dieu te l'a inspiré, tais-toi, et que personne ne t'entende, car je te le dis, et ma parole s'accomplira : Si un Dieu tue par mes mains les prétendants insolents, je ne t'épargnerai même pas, bien que tu sois ma nourrice, quand je tuerai les autres servantes dans mes demeures.

Et la prudente Eurykléia lui répondit :

— Mon enfant, quelle parole s'échappe d'entre tes dents ? Tu sais que mon âme est constante et ferme. Je me tairai comme la pierre ou le fer. Mais je te dirai autre chose ; garde mes paroles dans ton esprit : Si un Dieu dompte par tes mains les Prétendants insolents, je t'indiquerai dans les demeures les femmes qui te méprisent et celles qui sont innocentes.

Et le sage Odysseus lui répondit :

— Nourrice, pourquoi me les indiquerais-tu ? Il n'en est pas besoin. J'en jugerai moi-même et je les reconnaîtrai. Garde le silence et remets le reste aux dieux.

Il parla ainsi, et la vieille femme traversa la salle pour rapporter un autre bain de pieds, car toute l'eau s'était répandue. Puis, ayant lavé et parfumé Odysseus, elle approcha son siège du feu, afin qu'il se chauffât, et elle cacha la cicatrice sous les haillons. Et la sage Pènélopéia dit de nouveau :

— Étranger, je t'interrogerai encore quelques instants ; car l'heure du sommeil est douce, et le sommeil lui-même est doux pour le malheureux. Pour moi, un Dieu m'a envoyé une grande affliction. Le jour, du moins, je surveille en pleurant les travaux des servantes de cette maison et je charme ainsi ma douleur ; mais quand la nuit vient et quand le sommeil saisit tous les hommes, je me couche sur mon lit, et, autour de mon cœur impénétrable, les pensées amères irritent mes peines. Ainsi que la fille de Pandaros, la verte Aèdôn, chante, au retour du printemps, sous les feuilles épaisses des arbres, d'où elle répand sa voix sonore, pleurant son cher fils Itylos qu'engendra le roi Zéthoios, et qu'elle tua autrefois, dans sa démence, avec l'airain ; ainsi mon âme est agitée çà et là, hésitant si je dois rester auprès de mon fils, garder avec soin mes richesses, mes servantes et ma haute demeure, et respecter le lit de mon mari et la voix du peuple, ou si je dois me marier, parmi les Akhaiens qui me recherchent dans mes demeures, à celui qui est le plus noble et qui m'offrira le plus de présents. Tant que mon fils est resté enfant et sans raison, je n'ai pu ni me marier, ni abandonner la demeure de mon mari ; mais voici qu'il est grand et parvenu à la puberté, et il me supplie de quitter ces demeures, irrité qu'il est à cause de ses biens que dévorent les Akhaiens. Mais écoute, et interprète-moi ce songe. — Vingt oies, sortant de l'eau, mangent du blé dans ma demeure, et je les regarde, joyeuse. Et voici qu'un grand aigle au bec recourbé, descendu d'une haute montagne, tombe sur leurs cous et les tue. Et elles restent toutes amassées dans les demeures, tandis que l'aigle s'élève dans l'aithèr divin. Et je pleure et je gémis dans mon songe ; et les Akhaiennes aux beaux cheveux se réunissent autour de moi qui gémis amèrement parce que l'aigle a tué mes oies. Mais voici qu'il redescend sur le faîte de la demeure, et il me dit avec une voix d'homme :

— Rassure-toi, fille de l'illustre Ikarios ; ceci n'est point un songe, mais une chose heureuse qui s'accomplira. Les oies sont les Prétendants, et moi, qui semble un aigle, je suis ton mari qui suis revenu pour infliger une mort honteuse à tous les Prétendants. — Il parle ainsi, et le sommeil me quitte, et, les cherchant des yeux, je vois mes oies qui mangent le blé dans le bassin comme auparavant.

Et le sage Odysseus lui répondit :

— Ô femme, personne ne pourrait expliquer ce songe autrement ; et certes, Odysseus lui-même t'a dit comment il s'accomplira. La perte des Prétendants est manifeste, et aucun d'entre eux n'évitera les Kères et la mort.

Et la sage Pènélopéia lui répondit :

— Étranger, certes, les songes sont difficiles à expliquer, et tous ne s'accomplissent point pour les hommes. Les songes sortent par deux portes, l'une de corne et l'autre d'ivoire. Ceux qui sortent de l'ivoire bien travaillé trompent par de vaines paroles qui ne s'accomplissent pas ; mais ceux qui sortent par la porte de corne polie disent la vérité aux hommes qui les voient. Je ne pense pas que celui-ci sorte de là et soit heureux pour moi et mon fils. Voici venir le jour honteux qui m'emmènera de la demeure d'Odysseus, car je vais proposer une épreuve. Odysseus avait dans ses demeures des haches qu'il rangeait en ordre comme des mâts de nefs, et, debout, il les traversait de loin d'une flèche. Je vais proposer cette épreuve aux Prétendants. Celui qui, de ses mains, tendra le plus facilement l'arc et qui lancera une flèche à travers les douze anneaux des haches, celui-là je le suivrai loin de cette demeure si belle, qui a vu ma jeunesse, qui est pleine d'abondance, et dont je me souviendrai, je pense, même dans mes songes !

Et le sage Odysseus lui répondit :

— Ô femme vénérable du Laertiade Odysseus, ne retarde pas davantage cette épreuve dans tes demeures. Le prudent Odysseus reviendra avant qu'ils aient tendu le nerf, tiré l'arc poli et envoyé la flèche à travers le fer.

Et la prudente Pènélopéia lui répondit :

— Si tu voulais, Étranger, assis à côté de moi, me charmer dans mes demeures, le sommeil ne se répandrait pas sur mes paupières ; mais les hommes ne peuvent rester sans sommeil, et les immortels, sur la terre féconde, ont fait la part de toute chose aux mortels. Certes, je remonterai donc dans la haute chambre, et je me coucherai sur mon lit plein d'affliction et arrosé de mes larmes depuis le jour où Odysseus est parti pour cette Ilios fatale qu'on ne devrait plus nommer. Je me coucherai là ; et toi, couche dans cette salle, sur la terre ou sur le lit qu'on te fera.

Ayant ainsi parlé, elle monta dans sa haute chambre splendide, mais non pas seule, car deux servantes la suivaient. Et quand elle eut monté avec les servantes dans la haute chambre, elle pleura Odysseus, son cher mari, jusqu'à ce que Athènè aux yeux clairs eût répandu le doux sommeil sur ses paupières.

RHAPSODIE XX

Et le divin Odysseus se coucha dans le vestibule, et il étendit une peau de bœuf encore saignante, et, par-dessus, les nombreuses peaux de brebis que les Akhaiens avaient sacrifiées ; et Eurykléia jeta un manteau sur lui, quand il se fut couché. C'est là qu'Odysseus était couché, méditant dans son esprit la mort des Prétendants, et plein de vigilance.

Et les femmes qui s'étaient depuis longtemps livrées aux Prétendants sortirent de la maison, riant entre elles et songeant à la joie. Alors, le cœur d'Odysseus s'agita dans sa poitrine, et il délibérait dans son âme, si, se jetant sur elles, il les tuerait toutes, ou s'il les laisserait pour la dernière fois s'unir aux Prétendants insolents. Et son cœur aboyait dans sa poitrine, comme une chienne qui tourne autour de ses petits aboie contre un inconnu et désire le combattre. Ainsi son cœur aboyait dans sa poitrine contre ces outrages ; et, se frappant la poitrine, il réprima son cœur par ces paroles :

— Souffre encore, ô mon cœur ! Tu as subi des maux pires le jour où le Kyklôps indomptable par sa force mangea mes braves compagnons. Tu le supportas courageusement, jusqu'à ce que ma prudence t'eût retiré de la caverne où tu pensais mourir.

Il parla ainsi, apaisant son cher cœur dans sa poitrine, et son cœur s'apaisa et patienta. Mais Odysseus se retournait çà et là. De même qu'un homme tourne et retourne, sur un grand feu ardent, un ventre plein de graisse et de sang, de même il s'agitait d'un côté et de l'autre, songeant comment, seul contre une multitude, il mettrait la main sur les Prétendants insolents. Et voici qu'Athènè, étant descendue de l'Ouranos, s'approcha de lui, semblable à une femme, et, se tenant près de sa tête, lui dit ces paroles :

Pourquoi veilles-tu, ô le plus malheureux de tous les hommes ? Cette demeure est la tienne, ta femme est ici, et ton fils aussi, lui que chacun désirerait pour fils.

Et le sage Odysseus lui répondit :

Certes, déesse, tu as parlé très-sagement, mais je songe dans mon âme comment je mettrai la main sur les Prétendants insolents, car je suis seul, et ils se réunissent ici en grand nombre. Et j'ai une autre pensée plus grande dans mon esprit. Serai-je tué par la volonté de Zeus et par la tienne ? Échapperai-je ? Je voudrais le savoir de toi.

Et la Déesse aux yeux clairs, Athènè, lui répondit :

Insensé ! Tout homme a confiance dans le plus faible de ses compagnons, qui n'est qu'un mortel, et de peu de sagesse. Mais moi, je suis Déesse, et je t'ai protégé dans tous tes travaux, et je te le dis hautement : Quand même cinquante armées d'hommes parlant des langues diverses nous entoureraient pour te tuer avec l'épée, tu n'en ravirais pas moins leurs bœufs et leurs grasses brebis. Dors donc. Il est cruel de veiller toute la nuit. Bientôt tu échapperas à tous tes maux.

Elle parla ainsi et répandit le sommeil sur ses paupières. Puis, la noble Déesse remonta dans l'Olympos, dès que le sommeil eut saisi Odysseus, enveloppant ses membres et apaisant les peines de son cœur. Et sa femme se réveilla ; et elle pleurait, assise sur son lit moelleux. Et, après qu'elle se fut rassasiée de larmes, la noble femme supplia d'abord la vénérable Déesse Artémis, fille de Zeus :

— Artémis, vénérable Déesse, fille de Zeus, plût aux Dieux que tu m'arrachasses l'âme, à l'instant même, avec tes flèches, ou que les tempêtes pussent m'emporter par les routes sombres et me jeter dans les courants du rapide Okéanos ! Ainsi, les tempêtes emportèrent autrefois les filles de Pandaros. Les Dieux avaient fait mourir leurs parents et elles étaient restées orphelines dans leurs demeures, et la divine Aphroditè les nourrissait de fromage, de miel doux et de vin parfumé. Hèrè les doua, plus que toutes les autres femmes, de beauté et de prudence, et la chaste Artémis d'une haute taille, et Athènè leur enseigna à faire de beaux ouvrages. Alors, la divine Aphroditè monta dans le haut Olympos, afin de demander, pour ces vierges, d'heureuses noces à Zeus qui se réjouit de la foudre et qui connaît les bonnes et les mauvaises destinées des hommes mortels. Et, pendant ce temps, les Harpyes enlevèrent ces vierges et les donnèrent aux odieuses Érinnyes pour les servir. Que les Olympiens me perdent ainsi ! Qu'Artémis aux beaux cheveux me frappe, afin que je revoie au moins Odysseus sous la terre odieuse, plutôt que réjouir l'âme d'un homme indigne ! On peut supporter son mal, quand, après avoir pleuré tout le jour, le cœur gémissant, on dort la nuit ; car le sommeil, ayant fermé leurs paupières, fait oublier à tous les hommes les biens et les maux. Mais l'insomnie cruelle m'a envoyé un Daimôn qui a couché cette nuit auprès de moi, semblable à ce qu'était Odysseus quand il partit pour l'armée. Et mon cœur était consolé, pensant que ce n'était point un songe, mais la vérité.

Elle parla ainsi, et, aussitôt, Éôs au thrône d'or apparut. Et le divin Odysseus entendit la voix de Pènélopéia qui pleurait. Et il pensa et il lui vint à l'esprit que, placée au-dessus de sa tête, elle l'avait reconnu. C'est pourquoi, ramassant le manteau et les toisons sur lesquelles il était couché, il les plaça sur le thrône dans la salle ; et, jetant dehors la peau de bœuf, il leva les mains et supplia Zeus :

— Père Zeus ! si, par la volonté des Dieux, tu m'as ramené dans ma patrie, à travers la terre et la mer, et après m'avoir accablé de tant de maux, fais qu'un de ceux qui s'éveillent dans cette demeure dise une parole heureuse, et, qu'au dehors, un de tes signes m'apparaisse.

Il parla ainsi en priant, et le très-sage Zeus l'entendit, et, aussitôt, il tonna du haut de l'Olympos éclatant et par-dessus les nuées, et le divin Odysseus s'en réjouit. Et, aussitôt, une femme occupée à moudre éleva la voix dans la maison. Car il y avait non loin de là douze meules du prince des peuples, et autant de servantes les tournaient, préparant l'huile et la farine, moelle des hommes. Et elles s'étaient endormies, après avoir moulu le grain, et l'une d'elles n'avait pas fini, et c'était la plus faible de toutes. Elle arrêta sa meule et dit une parole heureuse pour le roi :

— Père Zeus, qui commandes aux Dieux et aux hommes, certes, tu as tonné fortement du haut de l'Ouranos étoilé où il n'y a pas un nuage. C'est un de tes signes à quelqu'un. Accomplis donc mon souhait, à moi, malheureuse : Que les Prétendants, en ce jour et pour la dernière fois, prennent le repas désirable dans la demeure d'Odysseus ! Ils ont rompu mes genoux sous ce dur travail de moudre leur farine ; qu'ils prennent aujourd'hui leur dernier repas !

Elle parla ainsi, et le divin Odysseus se réjouit de cette parole heureuse et du tonnerre de Zeus, et il se dit qu'il allait punir les coupables. Et les autres servantes se rassemblaient dans les belles demeures d'Odysseus, et elles allumèrent un grand feu dans le foyer. Et le divin Tèlémakhos se leva de son lit et se couvrit de ses vêtements. Il suspendit une épée à ses épaules et il attacha de belles sandales à ses pieds brillants ; puis, il saisit une forte lance à pointe d'airain, et, s'arrêtant, comme il passait le seuil, il dit à Eurykléia :

— Chère nourrice, comment avez-vous honoré l'Étranger dans la demeure ? Lui avez-vous donné un lit et de la nourriture, ou gît-il négligé ? Car ma mère est souvent ainsi, bien que prudente ; elle honore inconsidérément le moindre des hommes et renvoie le plus méritant sans honneurs.

Et la prudente Eurykléia lui répondit :

— N'accuse point ta mère innocente, mon enfant. L'Étranger s'est assis et il a bu du vin autant qu'il l'a voulu ; mais il a refusé de manger davantage quand ta mère l'invitait elle-même. Elle a ordonné aux servantes de préparer son lit ; mais lui, comme un homme plein de soucis et malheureux, a refusé de dormir dans un lit, sous des couvertures ; et il s'est couché, dans le vestibule, sur une peau de bœuf encore saignante et sur des peaux de brebis ; et nous avons jeté un manteau par-dessus.

Elle parla ainsi, et Tèlémakhos sortit de la demeure, tenant sa lance à la main. Et deux chiens rapides le suivaient. Et il se hâta vers l'agora des Akhaiens aux belles knèmides. Et Eurykléia, fille d'Ops Peisènoride, la plus noble des femmes, dit aux servantes :

— Allons ! hâtez-vous ! Balayez la salle, arrosez-la, jetez des tapis pourprés sur les beaux thrônes, épongez les tables, purifiez les kratères et les coupes rondes, et qu'une partie d'entre vous aille puiser de l'eau à la fontaine et revienne aussitôt. Les Prétendants ne tarderont pas à arriver, et ils viendront dès le matin, car c'est une fête pour tous.

Elle parla ainsi, et les servantes, l'ayant entendue, lui obéirent. Et les unes allèrent à la fontaine aux eaux noires, et les autres travaillaient avec ardeur dans la maison. Puis, les Prétendants insolents entrèrent ; et ils se mirent à fendre du bois. Et les servantes revinrent de la fontaine, et, après elles, le porcher qui amenait trois de ses meilleurs porcs. Et il les laissa manger dans l'enceinte des haies. Puis il adressa à Odysseus ces douces paroles :

— Étranger, les Akhaiens te traitent-ils mieux, ou t'outragent-ils comme auparavant ?

Et le prudent Odysseus lui répondit :

— Puissent les Dieux, Eumaios, châtier leur insolence, car ils commettent des actions outrageantes et honteuses dans une demeure étrangère, et ils n'ont plus la moindre pudeur.

Et, comme ils se parlaient ainsi, le chevrier Mélanthios s'approcha d'eux, conduisant, pour le repas des Prétendants, les meilleures chèvres de tous ses troupeaux, et deux bergers le suivaient. Et il attacha les chèvres sous le portique sonore, et il dit à Odysseus, en l'injuriant de nouveau :

— Étranger, es-tu encore ici à importuner les hommes en leur demandant avec insistance ? Ne passeras-tu point les portes ? Je ne pense pas que nous nous séparions avant que tu aies éprouvé nos mains, car tu demandes à satiété, et il y a d'autres repas parmi les Akhaiens.

Il parla ainsi, et le prudent Odysseus ne répondit rien, et il resta muet, mais secouant la tête et méditant sa vengeance. Puis, arriva Philoitios, chef des bergers, conduisant aux Prétendants une génisse stérile et des chèvres grasses. Des bateliers, de ceux qui faisaient passer les hommes, l'avaient amené. Il attacha les animaux sous le portique sonore, et, s'approchant du porcher, il lui dit :

— Porcher, quel est cet Étranger nouvellement venu dans notre demeure ? D'où est-il ? Quelle est sa race et quelle est sa patrie ? Le malheureux ! certes, il est semblable à un roi : mais les Dieux accablent les hommes qui errent sans cesse, et ils destinent les rois eux-mêmes au malheur.

Il parla ainsi, et, tendant la main droite à Odysseus, il lui dit ces paroles ailées :

— Salut, Père Étranger ! Que la richesse t'arrive bientôt, car maintenant, tu es accablé de maux ! Père Zeus, aucun des Dieux n'est plus cruel que toi, car tu n'as point pitié des hommes que tu as engendrés toi-même pour être accablés de misères et d'amères douleurs ! La sueur me coule, et mes yeux se remplissent de larmes en voyant cet Étranger, car je me souviens d'Odysseus, et je pense qu'il erre peut-être parmi les hommes, couvert de semblables haillons, s'il vit encore et s'il voit la lumière de Hèlios. Mais, s'il est mort et s'il est dans les demeures d'Aidès, je gémirai toujours au souvenir de l'irréprochable Odysseus qui m'envoya, tout jeune, garder ses bœufs chez le peuple des Képhalléniens. Et maintenant ils sont innombrables, et aucun autre ne possède une telle race de bœufs aux larges fronts. Et les Prétendants m'ordonnent de les leur amener pour qu'ils les mangent ; et ils ne s'inquiètent point du fils d'Odysseus dans cette demeure, et ils ne respectent ni ne craignent les Dieux, et ils désirent avec ardeur partager les biens d'un roi absent depuis longtemps. Cependant, mon cœur hésite dans ma chère poitrine. Ce serait une mauvaise action, Tèlémakhos étant vivant, de m'en aller chez un autre peuple, auprès d'hommes étrangers, avec mes bœufs ; et, d'autre part, il est dur de rester ici, gardant mes bœufs pour des étrangers et subissant mille maux. Déjà, depuis longtemps, je me serais enfui vers quelque roi éloigné, car, ici, rien n'est tolérable ; mais je pense que ce malheureux reviendra peut-être et dispersera les Prétendants dans ses demeures.

Et le prudent Odysseus lui répondit :

— Bouvier, tu ne ressembles ni à un méchant homme, ni à un insensé, et je reconnais que ton esprit est plein de prudence. C'est pourquoi je te le jure par un grand serment : que Zeus, le premier des Dieux, le sache ! Et cette table hospitalière, et cette demeure du brave Odysseus où je suis venu ! Toi présent, Odysseus reviendra ici, et tu le verras de tes yeux, si tu le veux, tuer les Prétendants qui oppriment ici.

— Étranger, puisse le Kroniôn accomplir tes paroles ! Tu sauras alors à qui appartiendront ma force et mes mains.

Et Eumaios suppliait en même temps tous les Dieux de ramener le très sage Odysseus dans ses demeures.

Et tandis qu'ils se parlaient ainsi, les Prétendants préparaient le meurtre et la mort de Tèlémakhos. Mais, en ce moment, un aigle vola à leur gauche, tenant une colombe tremblante.

Alors Amphinomos leur dit :

— Ô amis, notre dessein de tuer Tèlémakhos ne s'accomplira pas. Ne songeons plus qu'au repas.

Ainsi parla Amphinomos, et sa parole leur plut. Puis, entrant dans la demeure du divin Odysseus, ils déposèrent leurs manteaux sur les siéges et sur les thrônes, ils sacrifièrent les grandes brebis, les chèvres grasses, les porcs et la génisse indomptée. Et ils distribuèrent les entrailles rôties. Puis ils mêlèrent le vin dans les kratères ; et le Porcher distribuait les coupes, et Philoitios, le chef des bouviers, distribuait le pain dans de belles corbeilles, et Mélanthios versait le vin. Et ils étendirent les mains vers les mets placés devant eux. Mais Tèlémakhos vit asseoir Odysseus, qui méditait des ruses, auprès du seuil de pierre, dans la salle, sur un siége grossier, et il plaça devant lui, sur une petite table, une part des entrailles. Puis, il versa du vin dans une coupe d'or, et il lui dit :

— Assieds-toi là, parmi les hommes, et bois du vin. J'écarterai moi-même, loin de toi, les outrages de tous les Prétendants, car cette demeure n'est pas publique ; c'est la maison d'Odysseus, et il l'a construite pour moi. Et vous, Prétendants, retenez vos injures et vos mains, de peur que la discorde se manifeste ici.

Il parla ainsi, et tous, mordant leurs lèvres, admiraient Tèlémakhos et comme il avait parlé avec audace. Et Antinoos, fils d'Eupeithès, leur dit :

— Nous avons entendu, Akhaiens, les paroles sévères de Tèlémakhos, car il nous a rudement menacés. Certes, le Kroniôn Zeus ne l'a point permis ; mais, sans cela, nous l'aurions déjà fait taire dans cette demeure, bien qu'il soit un habile agorète.

Ainsi parla Antinoos, et Tèlémakhos ne s'en inquiéta point. Et les hérauts conduisirent à travers la ville l'hécatombe sacrée, et les Akhaiens chevelus se réunirent dans le bois épais de l'Archer Apollôn.

Et, après avoir rôti les chairs supérieures, les Prétendants distribuèrent les parts et prirent leur repas illustre ; et, comme l'avait ordonné Tèlémakhos, le cher fils du divin Odysseus, les serviteurs apportèrent à celui-ci une part égale à celles de tous les autres convives ; mais Athènè ne voulut pas que les Prétendants cessassent leurs outrages, afin qu'une plus grande colère entrât dans le cœur du Laertiade Odysseus. Et il y avait parmi les Prétendants un homme très-inique. Il se nommait Ktèsippos, et il avait sa demeure dans Samè. Confiant dans les richesses de son père, il recherchait la femme d'Odysseus absent depuis longtemps. Et il dit aux Prétendants insolents :

— Écoutez-moi, illustres prétendants. Déjà cet Étranger a reçu une part égale à la nôtre, comme il convient, car il ne serait ni bon, ni juste de priver les hôtes de Tèlémakhos, quels que soient, ceux qui entrent dans sa demeure. Mais moi aussi, je lui ferai un présent hospitalier, afin que lui-même donne un salaire aux baigneurs ou aux autres serviteurs qui sont dans la maison du divin Odysseus.

Ayant ainsi parlé, il saisit dans une corbeille un pied de bœuf qu'il lança d'une main vigoureuse ; mais Odysseus l'évita en baissant la tête, et il sourit sardoniquement dans son âme ; et le pied de bœuf frappa le mur bien construit. Alors Tèlémakhos réprimanda ainsi Ktèsippos :

— Ktèsippos, certes, il vaut beaucoup mieux pour toi que tu n'aies point frappé mon hôte, et qu'il ait lui-même évité ton trait, car, certes, je t'eusse frappé de ma lance aiguë au milieu du corps, et, au lieu de tes noces, ton père eût fait ton sépulcre. C'est pourquoi qu'aucun de vous ne montre son insolence dans ma demeure, car je comprends et je sais quelles sont les bonnes et les mauvaises actions, et je ne suis plus un enfant. J'ai longtemps souffert et regardé ces violences, tandis que mes brebis étaient égorgées, et que mon vin était épuisé, et que mon pain était mangé car il est difficile à un seul de s'opposer à plusieurs mais ne m'outragez pas davantage. Si vous avez le désir de me tuer avec l'airain, je le veux bien, et il vaut mieux que je meure que de voir vos honteuses actions, mes hôtes chassés et mes servantes indignement violées dans mes belles demeures.

Il parla ainsi, et tous restèrent muets. Et le Damastoride Agélaos dit enfin :

— Ô amis, à cette parole juste, il ne faut point répondre injurieusement, ni frapper cet Étranger, ou quelqu'un des serviteurs qui sont dans les demeures du divin Odysseus ; mais je parlerai doucement à Tèlémakhos et à sa mère ; puissé-je plaire au cœur de tous deux. Aussi longtemps que votre âme dans vos poitrines a espéré le retour du très-sage Odysseus en sa demeure, nous n'avons eu aucune colère de ce que vous reteniez, les faisant attendre, les Prétendants dans vos demeures. Puisque Odysseus devait revenir, cela valait mieux en effet. Maintenant il est manifeste qu'il ne reviendra plus. Va donc à ta mère et dis-lui qu'elle épouse le plus illustre d'entre nous, et celui qui lui fera le plus de présents. Tu jouiras alors des biens paternels, mangeant et buvant ; et ta mère entrera dans la maison d'un autre.

Et le prudent Tèlémakhos lui répondit :

— Agélaos, non, par Zeus et par les douleurs de mon père qui est mort ou qui erre loin d'Ithakè, non, je ne m'oppose point aux noces de ma mère, et je l'engage à épouser celui qu'elle choisira et qui lui fera le plus de présents ; mais je crains de la chasser de cette demeure par des paroles rigoureuses, de peur qu'un Dieu n'accomplisse pas ceci.

Ainsi parla Tèlémakhos, et Pallas Athènè excita un rire immense parmi les Prétendants, et elle troubla leur esprit, et ils riaient avec des mâchoires contraintes, et ils mangeaient les chairs crues, et leurs yeux se remplissaient de larmes, et leur âme pressentait le malheur. Alors, le divin Théoklyménos leur dit :

— Ah ! malheureux ! quel malheur allez-vous subir ! Vos têtes, vos visages, vos genoux sont enveloppés par la nuit ; vous sanglotez, vos joues sont couvertes de larmes ; ces colonnes et ces murailles sont souillées de sang ; le portique et la cour sont pleins d'ombres qui se hâtent vers les ténèbres de l'Érébos ; Hèlios périt dans l'Ouranos, et le brouillard fatal s'avance !

Il parla ainsi, et tous se mirent à rire de lui ; et Eurymakhos, fils de Polybos, dit le premier :

— Tu es insensé, Étranger récemment arrivé ! Chassez-le aussitôt de cette demeure, et qu'il aille à l'agora, puisqu'il prend le jour pour la nuit.

Et le divin Théoklyménos lui répondit :

— Eurymakhos, n'ordonne point de me chasser d'ici. Il me suffit de mes yeux, de mes oreilles, de mes pieds et de l'esprit équitable qui est dans ma poitrine. Je sortirai d'ici, car je devine le malheur qui est suspendu sur vous ; et nul d'entre vous n'y échappera, ô Prétendants, hommes injurieux qui commettez des actions iniques dans la demeure du divin Odysseus !

Ayant ainsi parlé, il sortit des riches demeures et retourna chez Peiraios qui l'avait accueilli avec bienveillance. Et les Prétendants, se regardant les uns les autres, irritaient Tèlémakhos en raillant ses hôtes. Et l'un de ces jeunes hommes insolents dit :

— Tèlémakhos, aucun donneur d'hospitalité n'est plus à plaindre que toi. Tu as encore, il est vrai, ce vagabond affamé, privé de pain et de vin, sans courage et qui ne sait rien faire, inutile fardeau de la terre, mais l'autre est allé prophétiser ailleurs. Écoute-moi ; ceci est pour le mieux ; jetons tes deux hôtes sur une nef et envoyons-les aux Sikèles. Chacun vaudra un bon prix.

Ainsi parlaient les Prétendants, et Tèlémakhos ne s'inquiéta point de leurs paroles ; mais il regardait son père, en silence, attendant toujours qu'il mît la main sur les Prétendants insolents.

Et la fille d'Ikarios, la sage Pènélopéia, accoudée sur son beau trône, écoutait les paroles de chacun d'eux dans les demeures. Et ils riaient joyeusement en continuant leur repas, car ils avaient déjà beaucoup mangé. Mais, bientôt, jamais fête ne devait leur être plus funeste que celle que leur préparaient une Déesse et un homme brave, car, les premiers, ils avaient commis de honteuses actions.

RHAPSODIE XXI

ALORS, la Déesse Athènè aux yeux clairs inspira à la fille d'Ikarios, à la prudente Pènélopéia, d'apporter aux Prétendants l'arc et le fer brillant, pour l'épreuve qui, dans les demeures d'Odysseus, devait être le commencement du carnage. Elle gravit la longue échelle de la maison, tenant à la main la belle clef recourbée, d'airain et à poignée d'ivoire ; et elle se hâta de monter avec ses servantes dans la chambre haute où étaient renfermés les trésors du Roi, l'airain, l'or et le fer difficile à travailler. Là, se trouvaient l'arc recourbé, le carquois porte-flèches et les flèches terribles qui le remplissaient. Iphitos Eurythide, de Lakédaimôn, semblable aux Immortels, les avait donnés à Odysseus, l'ayant rencontré à Messènè, dans la demeure du brave Orsilokhos, où Odysseus était venu pour une réclamation de tout le peuple qui l'en avait chargé. En effet, les Messèniens avaient enlevé d'Ithakè, sur leurs nefs, trois cents brebis et leurs bergers. Et, pour cette réclamation, Odysseus était venu, tout jeune encore, car son père et les autres vieillards l'avaient envoyé. Et Iphitos était venu de son côté, cherchant douze cavales qu'il avait perdues et autant de mules patientes, et qui, toutes, devaient lui attirer la mort ; car, s'étant rendu auprès du magnanime fils de Zeus, Héraklès, illustre par ses grands travaux, celui-ci le tua dans ses demeures, bien qu'il fût son hôte. Et il le tua indignement, sans respecter ni les Dieux, ni la table où il l'avait fait asseoir, et il retint ses cavales aux sabots vigoureux. Ce fut en cherchant celles-ci qu'Iphitos rencontra Odysseus et qu'il lui donna cet arc qu'avait porté le grand Eurytos et qu'il laissa en mourant à son fils dans ses hautes demeures. Et Odysseus donna à celui-ci une épée aiguë et une forte lance. Ce fut le commencement d'une triste amitié, et qui ne fut pas longue, car ils ne se reçurent point à leurs tables, et le fils de Zeus tua auparavant l'Eurytide Iphitos semblable aux Immortels. Et le divin Odysseus se servait de cet arc à Ithakè, mais il ne l'emporta point sur ses nefs noires en partant pour la guerre, et il le laissa dans ses demeures, en mémoire de son cher hôte.

Et quand la noble femme fut arrivée à la chambre haute, elle monta sur le seuil de chêne qu'autrefois un ouvrier habile avait poli et ajusté au cordeau, et auquel il avait adapté des battants et de brillantes portes. Elle détacha aussitôt la courroie de l'anneau, fit entrer la clef et ouvrit les verrous. Et, semblables à un taureau qui mugit en paissant dans un pré, les belles portes résonnèrent, frappées par la clef, et s'ouvrirent aussitôt.

Et Pènélopéia monta sur le haut plancher où étaient les coffres qui renfermaient les vêtements parfumés, et elle détacha du clou l'arc et le carquois brillant. Et, s'asseyant là, elle les posa sur ses genoux, et elle pleura amèrement. Et, après s'être rassasiée de larmes et de deuil, elle se hâta d'aller à la grande salle, vers les Prétendants insolents, tenant à la main l'arc recourbé et le carquois porte-flèches et les flèches terribles qui le remplissaient. Et les servantes portaient le coffre où étaient le fer et l'airain des jeux du Roi.

Et la noble femme, étant arrivée auprès des Prétendants, s'arrêta sur le seuil de la belle salle, un voile léger sur ses joues et deux servantes à ses côtés. Et, aussitôt, elle parla aux Prétendants et elle leur dit :

— Écoutez-moi, illustres Prétendants qui, pour manger et boire sans cesse, avez envahi la maison d'un homme absent depuis longtemps, et qui dévorez ses richesses, sans autre prétexte que celui de m'épouser. Voici, ô Prétendants, l'épreuve qui vous est proposée. Je vous apporte le grand arc du divin Odysseus. Celui qui, de ses mains, tendra le plus facilement cet arc et lancera une flèche à travers les douze haches, je le suivrai, et il me conduira loin de cette demeure qui a vu ma jeunesse, qui est belle et pleine d'abondance, et dont je me souviendrai, je pense, même dans mes songes.

Elle parla ainsi et elle ordonna au porcher Eumaios de porter aux Prétendants l'arc et le fer brillant. Et Eumaios les prit en pleurant et les porta ; et le Bouvier pleura aussi en voyant l'arc du Roi. Et Antinoos les réprimanda et leur dit :

— Rustres stupides, qui ne pensez qu'au jour le jour, pourquoi pleurez-vous, misérables, et remuez-vous ainsi dans sa poitrine l'âme de cette femme qui est en proie à la douleur, depuis qu'elle a perdu son cher mari ? Mangez en silence, ou allez pleurer dehors et laissez ici cet arc. Ce sera pour les Prétendants une épreuve difficile, car je ne pense pas qu'on tende aisément cet arc poli. Il n'y a point ici un seul homme tel que Odysseus. Je l'ai vu moi-même, et je m'en souviens, mais j'étais alors un enfant.

Il parla ainsi, et il espérait, dans son âme, tendre l'arc et lancer une flèche à travers le fer ; mais il devait, certes, goûter le premier une flèche partie des mains de l'irréprochable Odysseus qu'il avait déjà outragé dans sa demeure et contre qui il avait excité tous ses compagnons. Alors, la Force sacrée de Tèlémakhos parla ainsi :

— Ô Dieux ! Certes, le Kroniôn Zeus m'a rendu insensé. Voici que ma chère mère, bien que très-prudente, dit qu'elle va suivre un autre homme et quitter cette demeure ! Et voici que je ris et que je me réjouis dans mon esprit insensé ! Tentez donc, ô Prétendants, l'épreuve proposée ! Il n'est point de telle femme dans la terre Akhaienne, ni dans la sainte Pylos, ni dans Argos, ni dans Mykènè, ni dans Ithakè, ni dans la noire Épeiros. Mais vous le savez, qu'est-il besoin de louer ma mère ? Allons, ne retardez pas l'épreuve ; hâtez-vous de tendre cet arc, afin que nous voyions qui vous êtes. Moi-même je ferai l'épreuve de cet arc ; et, si je le tends, si je lance une flèche à travers le fer, ma mère vénérable, à moi qui gémis, ne quittera point ces demeures avec un autre homme et ne m'abandonnera point, moi qui aurai accompli les nobles jeux de mon père !

Il parla ainsi, et, se levant, il retira son manteau pourpré et son épée aiguë de ses épaules, puis, ayant creusé un long fossé, il dressa en ligne les anneaux des haches, et il pressa la terre tout autour. Et tous furent stupéfaits de son adresse, car il ne l'avait jamais vu faire. Puis, se tenant debout sur le seuil, il essaya l'arc. Trois fois il faillit le tendre, espérant tirer le nerf et lancer une flèche à travers le fer, et trois fois la force lui manqua. Et comme il le tentait une quatrième fois, Odysseus lui fit signe et le retint malgré son désir. Alors la Force sacrée de Tèlémakhos parla ainsi :

— Ô Dieux ! ou je ne serai jamais qu'un homme sans force, ou je suis trop jeune encore et je n'ai point la vigueur qu'il faudrait pour repousser un guerrier qui m'attaquerait. Allons ! vous qui m'êtes
supérieurs par la force, essayez cet arc et terminons cette épreuve.

Ayant ainsi parlé, il déposa l'arc sur la terre, debout et appuyé contre les battants polis de la porte, et il mit la flèche aiguë auprès de l'arc au bout recourbé ; puis, il retourna s'asseoir sur le trône qu'il avait quitté. Et Antinoos, fils d'Eupeithès, dit aux Prétendants :

— Compagnons, levez-vous tous, et avancez, l'un après l'autre, dans l'ordre qu'on suit en versant le vin.

Ainsi parla Antinoos, et ce qu'il avait dit leur plut. Et Leiôdès, fils d'Oinops, se leva le premier. Et il était leur sacrificateur, et il s'asseyait toujours le plus près du beau kratère. Il n'aimait point les actions iniques et il s'irritait sans cesse contre les Prétendants. Et il saisit le premier l'arc et le trait rapide. Et, debout sur le seuil, il essaya l'arc ; mais il ne put le tendre et il se fatigua vainement les bras. Alors, il dit aux Prétendants :

— Ô amis, je ne tendrai point cet arc ; qu'un autre le prenne. Cet arc doit priver de leur cœur et de leur âme beaucoup de braves guerriers, car il vaut mieux mourir que de nous retirer vivants, n'ayant point accompli ce que nous espérions ici. Qu'aucun n'espère donc plus, dans son âme, épouser Pènélopéia, la femme d'Odysseus. Après avoir éprouvé cet arc, chacun de vous verra qu'il lui faut rechercher quelque autre femme parmi les Akhaiennes aux beaux péplos, et à laquelle il fera des présents. Pènélopéia épousera ensuite celui qui lui fera le plus de présents et à qui elle est destinée.

Il parla ainsi, et il déposa l'arc appuyé contre les battants polis de la porte, et il mit la flèche aiguë auprès de l'arc au bout recourbé. Puis, il retourna s'asseoir sur le trône qu'il avait quitté. Alors, Antinoos le réprimanda et lui dit :

— Leiôdès, quelle parole s'est échappée d'entre tes dents ? Elle est mauvaise et funeste, et je suis irrité de l'avoir entendue. Cet arc doit priver de leur cœur et de leur âme beaucoup de braves guerriers, parce que tu n'as pu le tendre ! Ta mère vénérable ne t'a point enfanté pour tendre les arcs, mais, bientôt, d'autres Prétendants illustres tendront celui-ci.

Il parla ainsi et il donna cet ordre au chevrier Mélanthios :

— Mélanthios, allume promptement du feu dans la demeure et place devant le feu un grand siége couvert de peaux. Apporte le large disque de graisse qui est dans la maison, afin que les jeunes hommes, l'ayant fait chauffer, en amollissent cet arc, et que nous terminions cette épreuve.

Il parla ainsi, et aussitôt Mélanthios alluma un grand feu, et il plaça devant le feu un siège couvert de peaux ; et les jeunes hommes, ayant chauffé le large disque de graisse qui était dans la maison, en amollirent l'arc, et ils ne purent le tendre, car ils étaient de beaucoup trop faibles. Et il ne restait plus qu'Antinoos et le divin Eurymakhos, chefs des Prétendants et les plus braves d'entre eux.

Alors, le porcher et le bouvier du divin Odysseus sortirent ensemble de la demeure, et le divin Odysseus sortit après eux. Et quand ils furent hors des portes, dans la cour, Odysseus, précipitant ses paroles, leur dit :

— Bouvier, et toi, porcher, vous dirai-je quelque chose et ne vous cacherai-je rien ? Mon âme, en effet, m'ordonne de parler. Viendriez-vous en aide à Odysseus s'il revenait brusquement et si un Dieu le ramenait ? À qui viendriez-vous en aide, aux Prétendants ou à Odysseus ? Dites ce que votre cœur et votre âme vous ordonnent de dire.

Et le bouvier lui répondit :

— Père Zeus ! Plût aux Dieux que mon vœu fût accompli ! Plût aux dieux que ce héros revînt et qu'un Dieu le ramenât, tu saurais alors à qui appartiendraient ma force et mes bras !

Et, de même, Eumaios supplia tous les Dieux de ramener le prudent Odysseus dans sa demeure. Alors, celui-ci connut quelle était leur vraie pensée, et, leur parlant de nouveau, il leur dit :

— Je suis Odysseus. Après avoir souffert des maux innombrables, je reviens dans la vingtième année sur la terre de la patrie. Je sais que, seuls parmi les serviteurs, vous avez désiré mon retour ; car je n'ai entendu aucun des autres prier pour que je revinsse dans ma demeure. Je vous dirai donc ce qui sera. Si un Dieu dompte par mes mains les Prétendants insolents, je vous donnerai à tous deux des femmes, des richesses et des demeures bâties auprès des miennes, et vous serez pour Tèlémakhos des compagnons et des frères. Mais je vous montrerai un signe manifeste, afin que vous me reconnaissiez bien et que vous soyez persuadés dans votre âme : cette blessure qu'un sanglier me fit autrefois de ses blanches dents, quand j'allai sur le Parnèsos avec les fils d'Autolykos.

Il parla ainsi, et entrouvrant ses haillons, il montra la grande blessure. Et, dès qu'ils l'eurent vue, aussitôt ils la reconnurent. Et ils pleurèrent, entourant le prudent Odysseus de leurs bras, et ils baisèrent sa tête et ses épaules. Et, de même, Odysseus baisa leurs têtes et leurs épaules. Et la lumière de Hèlios fût tombée tandis qu'ils pleuraient, si Odysseus ne les eût arrêtés et ne leur eût dit :

— Cessez de pleurer et de gémir, de peur que, sortant de la demeure, quelqu'un vous voie et le dise ; mais rentrez l'un après l'autre, et non ensemble. Je rentre le premier ; venez ensuite. Maintenant, écoutez ceci : les Prétendants insolents ne permettront point, tous, tant qu'ils sont, qu'on me donne l'arc et le carquois ; mais toi, divin Eumaios, apporte-moi l'arc à travers la salle, remets-le dans mes mains, et dis aux servantes de fermer les portes solides de la demeure. Si quelqu'un entend, de la cour, des gémissements et du tumulte, qu'il y reste et s'occupe tranquillement de son travail. Et toi, divin Philoitios, je t'ordonne de fermer les portes de la cour et d'en assujettir les barrières et d'en pousser les verrous.

Ayant ainsi parlé, il rentra dans la grande salle et il s'assit sur le siège qu'il avait quitté. Puis, les deux serviteurs du divin Odysseus rentrèrent. Et déjà Eurymakhos tenait l'arc dans ses mains, le chauffant de tous les côtés à la splendeur du feu ; mais il ne put le tendre, et son illustre cœur soupira profondément, et il dit, parlant ainsi :

— Ô Dieux ! certes, je ressens une grande douleur pour moi et pour tous. Je ne gémis pas seulement à cause de mes noces, bien que j'en sois attristé, car il y a beaucoup d'autres Akhaiennes dans Ithakè entourée des flots et dans les autres villes ; mais je gémis que nous soyons tellement inférieurs en force au divin Odysseus que nous ne puissions tendre son arc. Ce sera notre honte dans l'avenir.

Et Antinoos, fils d'Eupeithès, lui répondit :

— Eurymakhos, ceci ne sera point. Songes-y toi-même. C'est aujourd'hui parmi le peuple la fête sacrée d'un Dieu ; qui pourrait tendre un arc ? Laissons-le en repos, et que les anneaux des haches restent dressés. Je ne pense pas que quelqu'un les enlève dans la demeure du Laertiade Odysseus. Allons ! que celui qui verse le vin emplisse les coupes, afin que nous fassions des libations, après avoir déposé cet arc. Ordonnez au chevrier Mélanthios d'amener demain les meilleures chèvres de tous ses troupeaux, afin qu'ayant brûlé leurs cuisses pour Apollôn illustre par son arc, nous tentions de nouveau et nous terminions l'épreuve.

Ainsi parla Antinoos, et ce qu'il avait dit leur plut. Et les hérauts leur versèrent de l'eau sur les mains, et les jeunes hommes couronnèrent de vin les kratères et le distribuèrent entre tous à coupes pleines. Et, après qu'ils eurent fait des libations et bu autant que leur âme le désirait, le prudent Odysseus, méditant des ruses, leur dit :

— Écoutez-moi, Prétendants de l'illustre Reine, afin que je dise ce que mon cœur m'ordonne dans ma poitrine. Je prie surtout Eurymakhos et le roi Antinoos, car ce dernier a parlé comme il convenait. Laissez maintenant cet arc, et remettez le reste aux Dieux. Demain un dieu donnera la victoire à qui il voudra : mais donnez-moi cet arc poli, afin que je fasse devant vous l'épreuve de mes mains et de ma force, et que je voie si j'ai encore la force d'autrefois dans mes membres courbés, ou si mes courses errantes et la misère me l'ont enlevée.

Il parla ainsi, et tous furent très-irrités, craignant qu'il tendît l'arc poli. Et Antinoos le réprimanda ainsi et lui dit :

— Ah ! misérable Étranger, ne te reste-t-il plus le moindre sens ? Ne te plaît-il plus de prendre tranquillement ton repas à nos tables ? Es-tu privé de nourriture ? N'entends-tu pas nos paroles ? Jamais aucun autre étranger ou mendiant ne nous a écoutés ainsi. Le doux vin te trouble, comme il trouble celui qui en boit avec abondance et non convenablement. Certes, ce fut le vin qui troubla l'illustre Centaure Eurythîôn, chez les Lapithes, dans la demeure du magnanime Peirithoos. Il troubla son esprit avec le vin, et, devenu furieux, il commit des actions mauvaises dans la demeure de Peirithoos. Et la douleur saisit alors les héros, et ils le traînèrent hors du portique, et ils lui coupèrent les oreilles avec l'airain cruel, et les narines. Et, l'esprit égaré, il s'en alla, emportant son supplice et son cœur furieux. Et c'est de là que s'éleva la guerre entre les Centaures et les hommes ; mais ce fut d'abord Eurythîôn qui, étant ivre, trouva son malheur. Je te prédis un châtiment aussi grand si tu tends cet arc. Tu ne supplieras plus personne dans cette demeure, car nous t'enverrons aussitôt sur une nef noire au Roi Ékhétos, le plus féroce de tous les hommes. Et là tu ne te sauveras pas. Bois donc en repos et ne lutte point contre des hommes plus jeunes que toi.

Et la prudente Pènélopéia parla ainsi :

— Antinoos, il n'est ni bon ni juste d'outrager les hôtes de Tèlémakhos, quel que soit celui qui entre dans ses demeures. Crois-tu que si cet Étranger, confiant dans ses forces, tendait le grand arc d'Odysseus, il me conduirait dans sa demeure et ferait de moi sa femme ? Lui-même ne l'espère point dans son esprit. Qu'aucun de vous, prenant ici son repas, ne s'inquiète de ceci, car cette pensée n'est point convenable.

Et Eurymakhos, fils de Polybos, lui répondit :

— Fille d'Ikarios, prudente Pènélopéia, nous ne croyons point que cet homme t'épouse, car cette pensée ne serait point convenable ; mais nous craignons la rumeur des hommes et des femmes. Le dernier des Akhaiens dirait : — Certes, ce sont les pires des hommes qui recherchent la femme d'un homme irréprochable, car ils n'ont pu tendre son arc poli, tandis qu'un mendiant vagabond a tendu aisément l'arc et lancé une flèche à travers le fer. — En parlant ainsi, il nous couvrirait d'opprobre.

Et la prudente Pènélopéia lui répondit :

— Eurymakhos, ils ne peuvent s'illustrer parmi le peuple ceux qui méprisent et ruinent la maison d'un homme brave. Pourquoi vous êtes-vous couverts d'opprobre vous-mêmes ? Cet Étranger est grand et fort, et il se glorifie d'être d'une bonne race. Donnez-lui donc l'arc d'Odysseus, afin que nous voyions ce qu'il en fera. Et je le dis, et ma parole s'accomplira : s'il tend l'arc et si Apollôn lui accorde cette gloire, je le couvrirai de beaux vêtements, d'un manteau et d'une tunique, et je lui donnerai une lance aiguë pour qu'il se défende des chiens et des hommes, et une épée à deux tranchants. Et je lui donnerai aussi des sandales, et je le renverrai là où son cœur et son âme lui ordonnent d'aller.

Et, alors, le prudent Tèlémakhos lui répondit :

— Ma mère, aucun des Akhaiens ne peut m'empêcher de donner ou de refuser cet arc à qui je voudrai, ni aucun de ceux qui dominent dans l'âpre Ithakè ou qui habitent Élis où paissent les chevaux. Aucun d'entre eux ne m'arrêtera si je veux donner cet arc à mon hôte. Mais rentre dans ta chambre haute et prends souci de tes travaux, de la toile et du fuseau. Ordonne aux servantes de reprendre leur tâche. Tout le reste regarde les hommes, et surtout moi qui commande dans cette demeure.

Et Pènélopéia, surprise, rentra dans la maison, songeant en son âme aux paroles prudentes de son fils. Puis, étant montée dans la chambre haute, avec ses servantes, elle pleura son cher mari Odysseus jusqu'à ce que Athènè aux yeux clairs eût répandu le doux sommeil sur ses paupières.

Alors le divin porcher prit l'arc recourbé et l'emporta. Et les Prétendants firent un grand tumulte dans la salle, et l'un de ces jeunes hommes insolents dit :

— Où portes-tu cet arc, immonde porcher ? vagabond ! Bientôt les chiens rapides que tu nourris te mangeront au milieu de tes porcs, loin des hommes, si Apollôn et les autres Dieux immortels nous sont propices.

Ils parlèrent ainsi, et Eumaios déposa l'arc là où il était, plein de crainte, parce qu'ils le menaçaient en foule dans la demeure. Mais, d'un autre côté, Tèlémakhos cria en le menaçant :

— Père ! porte promptement l'arc plus loin, et n'obéis pas à tout le monde, de peur que, bien que plus jeune que toi, je te chasse à coups de pierres vers tes champs, car je suis le plus fort. Plût aux Dieux que je fusse aussi supérieur par la force de mes bras aux Prétendants qui sont ici ! car je les chasserais aussitôt honteusement de ma demeure où ils commettent des actions mauvaises.

Il parla ainsi, et tous les Prétendants se mirent à rire de lui et cessèrent d'être irrités. Et le porcher, traversant la salle, emporta l'arc et le remit aux mains du subtil Odysseus. Et aussitôt il appela la nourrice Eurykléia :

— Tèlémakhos t'ordonne, ô prudente Eurykléia, de fermer les portes solides de la maison. Si quelqu'un des nôtres entend, de la cour, des gémissements ou du tumulte, qu'il y reste et s'occupe tranquillement de son travail.

Il parla ainsi, et sa parole ne fut point vaine, et Eurykléia ferma les portes de la belle demeure. Et Philoitios, sautant dehors, ferma aussi les portes de la cour. Et il y avait, sous le portique, un câble d'écorce de nef à bancs de rameurs, et il en lia les portes. Puis, rentrant dans la salle, il s'assit sur le siége qu'il avait quitté, et il regarda Odysseus. Mais celui-ci, tournant l'arc de tous côtés, examinait çà et là si les vers n'avaient point rongé la corne en l'absence du maître. Et les Prétendants se disaient les uns aux autres en le regardant :

— Certes, celui-ci est un admirateur ou un voleur d'arcs. Peut-être en a-t-il de semblables dans sa demeure, ou veut-il en faire ? Comme ce vagabond plein de mauvais desseins le retourne entre ses mains !

Et l'un de ces jeunes hommes insolents dit aussi :

— Plût aux Dieux que cet arc lui portât malheur, aussi sûrement qu'il ne pourra le tendre !

Ainsi parlaient les Prétendants ; mais le subtil Odysseus, ayant examiné le grand arc, le tendit aussi aisément qu'un homme, habile à jouer de la kithare et à chanter, tend, à l'aide d'une cheville, une nouvelle corde faite de l'intestin tordu d'une brebis. Ce fut ainsi qu'Odysseus, tenant le grand arc, tendit aisément de la main droite le nerf, qui résonna comme le cri de l'hirondelle. Et une amère douleur saisit les Prétendants, et ils changèrent tous de couleur, et Zeus, manifestant un signe, tonna fortement, et le patient et divin Odysseus se réjouit de ce que le fils du subtil Kronos lui eût envoyé ce signe. Et il saisit une flèche rapide qui, retirée du carquois, était posée sur la table, tandis que toutes les autres étaient restées dans le carquois creux jusqu'à ce que les Akhaiens les eussent essayées. Puis, saisissant la poignée de l'arc, il tira le nerf sans quitter son siège ; et visant le but, il lança la flèche, lourde d'airain, qui ne s'écarta point et traversa tous les anneaux des haches. Alors, il dit à Tèlémakhos :

— Tèlémakhos, l'étranger assis dans tes demeures ne te fait pas honte. Je ne me suis point écarté du but, et je ne me suis point longtemps fatigué à tendre cet arc. Ma vigueur est encore entière, et les Prétendants ne me mépriseront plus. Mais voici l'heure pour les Akhaiens de préparer le repas pendant qu'il fait encore jour ; puis ils se charmeront des sons de la kithare et du chant, qui sont les ornements des repas.

Il parla ainsi et fit un signe avec ses sourcils, et Tèlémakhos, le cher fils du divin Odysseus, ceignit une épée aiguë, saisit une lance, et, armé de l'airain splendide, se plaça auprès du siége d'Odysseus.

RHAPSODIE XXII

Alors, le subtil Odysseus, se dépouillant de ses haillons, et tenant dans ses mains l'arc et le carquois plein de flèches, sauta du large seuil, répandit les flèches rapides à ses pieds et dit aux Prétendants :

— Voici que cette épreuve tout entière est accomplie. Maintenant, je viserai un autre but qu'aucun homme n'a jamais touché. Qu'Apollôn me donne la gloire de l'atteindre !

Il parla ainsi, et il dirigea la flèche amère contre Antinoos. Et celui-ci allait soulever à deux mains une belle coupe d'or à deux anses afin de boire du vin, et la mort n'était point présente à son esprit. Et, en effet, qui eût pensé qu'un homme, seul au milieu de convives nombreux, eût osé, quelle que fût sa force, lui envoyer la mort et la Kèr noire ? Mais Odysseus le frappa de sa flèche à la gorge, et la pointe traversa le cou délicat. Il tomba à la renverse, et la coupe s'échappa de sa main inerte, et un jet de sang sortit de sa narine, et il repoussa des pieds la table, et les mets roulèrent épars sur la terre, et le pain et la chair rôtie furent souillés. Les Prétendants frémirent dans la demeure quand ils virent l'homme tomber. Et, se levant en tumulte de leurs siéges, ils regardaient de tous côtés sur les murs sculptés, cherchant à saisir des boucliers et des lances, et ils crièrent à Odysseus en paroles furieuses :

— Étranger, tu envoies traîtreusement tes flèches contre les hommes ! Tu ne tenteras pas d'autres épreuves, car voici que ta destinée terrible va s'accomplir. Tu viens de tuer le plus illustre des jeunes hommes d'Ithakè, et les vautours te mangeront ici !

Ils parlaient ainsi, croyant qu'il avait tué involontairement, et les insensés ne devinaient pas que les Kères de la mort étaient sur leurs têtes. Et, les regardant d'un œil sombre, le subtil Odysseus leur dit :

— Chiens ! vous ne pensiez pas que je reviendrais jamais du pays des Troiens dans ma demeure. Et vous dévoriez ma maison, et vous couchiez de force avec mes servantes, et, moi vivant, vous recherchiez ma femme, ne redoutant ni les Dieux qui habitent le large Ouranos, ni le blâme des hommes qui viendront ! Maintenant, les Kères de la mort vont vous saisir tous !

Il parla ainsi, et la terreur les prit, et chacun regardait de tous côtés, cherchant par où il fuirait la noire destinée. Et, seul, Eurymakhos, lui répondant, dit :

— S'il est vrai que tu sois Odysseus l'Ithakèsien revenu ici, tu as bien parlé en disant que les Akhaiens ont commis des actions iniques dans tes demeures et dans tes champs. Mais le voici gisant celui qui a été cause de tout. C'est Antinoos qui a été cause de tout, non parce qu'il désirait ses noces, mais ayant d'autres desseins que le Kroniôn ne lui a point permis d'accomplir. Il voulait régner sur le peuple d'Ithakè bien bâtie et tendait des embûches à ton fils pour le tuer. Maintenant qu'il a été tué justement, aie pitié de tes concitoyens. Bientôt nous t'apaiserons devant le peuple. Nous te payerons tout ce que nous avons bu et mangé dans tes demeures. Chacun de nous t'amènera vingt bœufs, de l'airain et de l'or, jusqu'à ce que ton âme soit satisfaite. Mais avant que cela soit fait, ta colère est juste.

Et, le regardant d'un œil sombre, le prudent Odysseus lui dit :

— Eurymakhos, même si vous m'apportiez tous vos biens paternels et tout ce que vous possédez maintenant, mes mains ne s'abstiendraient pas du carnage avant d'avoir châtié l'insolence de tous les Prétendants. Choisissez, ou de me combattre, ou de fuir, si vous le pouvez, la Kèr et la mort. Mais je ne pense pas qu'aucun de vous échappe à la noire destinée.

Il parla ainsi, et leurs genoux à tous furent rompus. Et Eurymakhos, parlant une seconde fois, leur dit :

— Ô amis, cet homme ne retiendra pas ses mains inévitables, ayant saisi l'arc poli et le carquois, et tirant ses flèches du seuil de la salle, jusqu'à ce qu'il nous ait tués tous. Souvenons-nous donc de combattre ; tirez vos épées, opposez les tables aux flèches rapides, jetons-nous tous sur lui, et nous le chasserons du seuil et des portes, et nous irons par la ville, soulevant un grand tumulte, et, bientôt, cet homme aura tiré sa dernière flèche.

Ayant ainsi parlé, il tira son épée aiguë à deux tranchants, et se rua sur Odysseus en criant horriblement ; mais le divin Odysseus le prévenant, lança une flèche et le perça dans la poitrine auprès de la mamelle, et le trait rapide s'enfonça dans le foie. Et l'épée tomba de sa main contre terre, et il tournoya près d'une table, dispersant les mets et les coupes pleines : et lui-même se renversa en se tordant et en gémissant, et il frappa du front la terre, repoussant un thrône de ses deux pieds, et l'obscurité se répandit sur ses yeux.

Alors Amphinomos se rua sur le magnanime Odysseus, après avoir tiré son épée aiguë, afin de l'écarter des portes ; mais Tèlémakhos le prévint en le frappant dans le dos, entre les épaules, et la lance d'airain traversa la poitrine ; et le Prétendant tomba avec bruit et frappa la terre du front. Et Tèlémakhos revint à la hâte, ayant laissé sa longue lance dans le corps d'Amphinomos, car il craignait qu'un des Akhaiens l'atteignît, tandis qu'il l'approcherait, et le frappât de l'épée sur sa tête penchée. Et, en courant, il revint promptement auprès de son cher père, et il lui dit ces paroles ailées :

— Ô père, je vais t'apporter un bouclier et deux lances et un casque d'airain adapté à tes tempes. Moi-même je m'armerai, ainsi que le porcher et le bouvier, car il vaut mieux nous armer.

Et le prudent Odysseus lui répondit :

— Apporte-les en courant ; tant que j'aurai des flèches pour combattre, ils ne m'éloigneront pas des portes, bien que je sois seul.

Il parla ainsi, et Tèlémakhos obéit à son cher père, et il se hâta de monter dans la chambre haute où étaient les armes illustres, et il saisit quatre boucliers, huit lances et quatre casques épais d'airain, et il revint en les portant, et il rejoignit promptement son cher père. Lui-même, le premier, il se couvrit d'airain, et, les deux serviteurs s'étant aussi couverts de belles armes, ils entourèrent le sage et subtil Odysseus. Et, tant que celui-ci eut des flèches, il en perça sans relâche les prétendants, qui tombaient amoncelés dans la salle. Mais après que toutes les flèches eurent quitté le Roi qui les lançait, il appuya son arc debout contre les murs splendides de la salle solide, jeta sur ses épaules un bouclier à quatre lames, posa sur sa tête un casque épais à crinière de cheval, et sur lequel s'agitait une aigrette, et il saisit deux fortes lances armées d'airain.

Il y avait dans le mur bien construit de la salle, auprès du seuil supérieur, une porte qui donnait issue au dehors et que fermaient deux ais solides. Et Odysseus ordonna au divin porcher de se tenir auprès de cette porte pour la garder, car il n'y avait que cette issue. Et alors Agélaos dit aux Prétendants :

— Ô amis, quelqu'un ne pourrait-il pas monter à cette porte, afin de parler au peuple et d'exciter un grand tumulte ? Cet homme aurait bientôt lancé son dernier trait.

Et le chevrier Mélanthios lui dit :

— Cela ne se peut, divin Agélaos. L'entrée de la belle porte de la cour est étroite et difficile à passer, et un seul homme vigoureux nous arrêterait tous. Mais je vais vous apporter des armes de la chambre haute ; c'est là, je pense, et non ailleurs, qu'Odysseus et son illustre fils les ont déposées.

Ayant ainsi parlé, le chevrier Mélanthios monta dans la chambre haute d'Odysseus par les échelles de la salle. Là, il prit douze boucliers, douze lances et autant de casques d'airain à crinières épaisses, et, se hâtant de les apporter, il les donna aux Prétendants. Et quand Odysseus les vit s'armer et brandir de longues lances dans leurs mains, ses genoux et son cher cœur furent rompus, et il sentit la difficulté de son œuvre, et il dit à Tèlémakhos ces paroles ailées :

— Tèlémakhos, voici qu'une des femmes de la maison, ou Mélanthios, nous expose à un danger terrible.

Et le prudent Tèlémakhos lui répondit :

— Ô Père, c'est moi qui ai failli, et aucun autre n'est cause de ceci, car j'ai laissé ouverte la porte solide de la chambre haute, et la sentinelle des Prétendants a été plus vigilante que moi. Va, divin Eumaios, ferme la porte de la chambre haute, et vois si c'est une des femmes qui a fait cela, ou Mélanthios, fils de Dolios, comme je le pense.

Et, tandis qu'ils se parlaient ainsi, le chevrier Mélanthios retourna de nouveau à la chambre haute pour y chercher des armes, et le divin porcher le vit, et, aussitôt, s'approchant d'Odysseus, il lui dit :

— Divin Laertiade, subtil Odysseus, ce méchant homme que nous soupçonnions retourne dans la chambre haute. Dis-moi la vérité ; le tuerai-je, si je suis le plus fort, ou te l'amènerai-je pour qu'il expie toutes les actions exécrables qu'il a commises dans ta demeure ?

Et le subtil Odysseus lui répondit :

— Certes, Tèlémakhos et moi nous contiendrons les Prétendants insolents, malgré leur fureur. Vous, liez-lui les pieds et les mains, jetez-le dans la chambre, et, avant de fermer les portes derrière vous, enchaînez-le et suspendez-le à une haute colonne, afin que, vivant longtemps, il subisse de cruelles douleurs.

Il parla ainsi, et ils entendirent et obéirent. Et ils allèrent promptement à la chambre haute, se cachant de Mélanthios qui y était entré et qui cherchait des armes dans le fond. Ils s'arrêtèrent des deux côtés du seuil, et, quand le chevrier Mélanthios revint, tenant d'une main un beau casque, et, de l'autre, un large bouclier antique que le héros Laertès portait dans sa jeunesse, et qui gisait là depuis longtemps et dont les courroies étaient rongées ; alors ils se jetèrent sur lui et le traînèrent dans la chambre par les cheveux, l'ayant renversé gémissant contre terre. Et ils lui lièrent les pieds et les mains avec une corde bien tressée, ainsi que l'avait ordonné le patient et divin Odysseus, fils de Laertès ; puis, l'ayant enchaîné, ils le suspendirent à une haute colonne, près des poutres. Et le porcher Eumaios lui dit en le raillant :

— Maintenant, Mélanthios, tu vas faire sentinelle toute la nuit, couché dans ce lit moelleux, comme il est juste. Éôs au thrône d'or ne t'échappera pas quand elle sortira des flots d'Okéanos, à l'heure où tu amènes tes chèvres aux Prétendants pour préparer leur repas.

Et ils le laissèrent là, cruellement attaché. Puis, s'étant armés, ils fermèrent les portes brillantes, et, pleins de courage, ils retournèrent auprès du sage et subtil Odysseus. Et ils étaient quatre sur le seuil, et dans la salle il y avait de nombreux et braves guerriers. Et Athènè, la fille de Zeus, approcha, ayant la figure et la voix de Mentôr. Et Odysseus, joyeux de la voir, lui dit :

— Mentôr, éloigne de nous le danger et souviens-toi de ton cher compagnon qui t'a comblé de biens, car tu es de mon âge.

Il parla ainsi, pensant bien que c'était la protectrice Athènè. Et les Prétendants, de leur côté, poussaient des cris menaçants dans la salle, et, le premier, le Damastoride Agélaos réprimanda Athènè :

— Mentôr, qu'Odysseus ne te persuade pas de combattre les Prétendants, et de lui venir en aide. Je pense que notre volonté s'accomplira quand nous aurons tué le père et le fils. Tu seras tué avec eux, si tu songes à les aider, et tu le payeras de ta tête. Quand nous aurons dompté vos fureurs avec l'airain, nous confondrons tes richesses avec celles d'Odysseus, et nous ne laisserons vivre dans tes demeures ni tes fils, ni tes filles, ni ta femme vénérable !

Il parla ainsi et Athènè s'en irrita davantage, et elle réprimanda Odysseus en paroles irritées :

— Odysseus, tu n'as plus ni la vigueur, ni le courage que tu avais quand tu combattis neuf ans, chez les Troiens, pour Hélénè aux bras blancs née d'un père divin. Tu as tué, dans la rude mêlée, de nombreux guerriers, et c'est par tes conseils que la Ville aux larges rues de Priamos a été prise. Pourquoi, maintenant que tu es revenu dans tes demeures, au milieu de tes richesses, cesses-tu d'être brave en face des Prétendants ? Allons, cher ! tiens-toi près de moi ; regarde-moi combattre, et vois si, contre tes ennemis, Mentôr Alkimide reconnaît le bien que tu lui as fait !

Elle parla ainsi, mais elle ne lui donna pas encore la victoire, voulant éprouver la force et le courage d'Odysseus et de son illustre fils ; et ayant pris la forme d'une hirondelle, elle alla se poser en volant sur une poutre de la salle splendide.

Mais le Damastoride Agélaos, Eurynomos, Amphimédôn, Dèmoptolémos, Peisandros Polyktoride et le brave Polybos excitaient les Prétendants. C'étaient les plus courageux de ceux qui vivaient encore et qui combattaient pour leur vie, car l'arc et les flèches avaient dompté les autres. Et Agélaos leur dit :

— Ô amis, cet homme va retenir ses mains inévitables. Déjà Mentôr qui était venu proférant de vaines bravades les a laissés seuls sur le seuil de la porte. C'est pourquoi lancez tous ensemble vos longues piques. Allons ! lançons-en six d'abord. Si Zeus nous accorde de frapper Odysseus et nous donne cette gloire, nous aurons peu de souci des autres, si celui-là tombe.

Il parla ainsi, et tous lancèrent leurs piques avec ardeur, comme il l'avait ordonné ; mais Athènè les rendit inutiles ; l'une frappa le seuil de la salle, l'autre la porte solide, et l'autre le mur. Et, après qu'ils eurent évité les piques des Prétendants, le patient et divin Odysseus dit à ses compagnons :

— Ô amis, c'est à moi maintenant et à vous. Lançons nos piques dans la foule des Prétendants, qui, en nous tuant, veulent mettre le comble aux maux qu'ils ont déjà causés.

Il parla ainsi, et tous lancèrent leurs piques aiguës, Odysseus contre Dèmoptolémos, Tèlémakhos contre Euryadès, le porcher contre Élatos et le bouvier contre Peisandros, et tous les quatre mordirent la terre, et les Prétendants se réfugièrent dans le fond de la salle, et les vainqueurs se ruèrent en avant et arrachèrent leurs piques des cadavres.

Alors les Prétendants lancèrent de nouveau leurs longues piques avec une grande force ; mais Athènè les rendit inutiles ; l'une frappa le seuil, l'autre la porte solide, et l'autre le mur. Amphimédôn effleura la main de Tèlémakhos, et la pointe d'airain enleva l'épiderme. Ktèsippos atteignit l'épaule d'Eumaios par-dessus le bouclier, mais la longue pique passa par-dessus et tomba sur la terre. Alors, autour du sage et subtil Odysseus, ils lancèrent de nouveau leurs piques aiguës dans la foule des Prétendants, et le destructeur de citadelles Odysseus perça Eurydamas ; Tèlémakhos, Amphimédôn ; le porcher, Polybos ; et le bouvier perça Ktèsippos dans la poitrine et il lui dit en se glorifiant :

— Ô Polytherside, ami des injures, il faut cesser de parler avec arrogance et laisser faire les Dieux, car ils sont les plus puissants. Voici le salaire du coup que tu as donné au divin Odysseus tandis qu'il mendiait dans sa demeure.

Le gardien des bœufs aux pieds flexibles parla ainsi, et de sa longue pique Odysseus perça le Damastoride, et Tèlémakhos frappa d'un coup de lance dans le ventre l'Évenôride Leiôkritos. L'airain le traversa, et, tombant sur la face, il frappa la terre du front.

Alors, Athènè tueuse d'hommes agita l'Aigide au faîte de la salle, et les Prétendants furent épouvantés, et ils se dispersèrent dans la salle comme un troupeau de bœufs que tourmente, au printemps, quand les jours sont longs, un taon aux couleurs variées. De même que des vautours aux ongles et aux becs recourbés, descendus des montagnes, poursuivent les oiseaux effrayés qui se dispersent, de la plaine dans les nuées, et les tuent sans qu'ils puissent se sauver par la fuite, tandis que les laboureurs s'en réjouissent ; de même, Odysseus et ses compagnons se ruaient par la demeure sur les Prétendants et les frappaient de tous côtés ; et un horrible bruit de gémissements et de coups s'élevait, et la terre ruisselait de sang.

Et Léiôdès s'élança, et, saisissant les genoux d'Odysseus, il le supplia en paroles ailées :

— Je te supplie, Odysseus ! Écoute, prends pitié de moi ! Je te le jure, jamais je n'ai, dans tes demeures, dit une parole outrageante aux femmes, ni commis une action inique, et j'arrêtais les autres Prétendants quand ils en voulaient commettre ; mais ils ne m'obéissaient point et ne s'abstenaient point de violences, et c'est pourquoi ils ont subi une honteuse destinée en expiation de leur folie. Mais moi, leur sacrificateur, qui n'ai rien fait, mourrai-je comme eux ? Ainsi, à l'avenir, les bonnes actions n'auront plus de récompense !

Et, le regardant d'un œil sombre, le prudent Odysseus lui répondit :

— Si, comme tu le dis, tu as été leur sacrificateur, n'as-tu pas souvent souhaité que mon retour dans la patrie n'arrivât jamais ? N'as-tu pas souhaité ma femme bien-aimée et désiré qu'elle enfantât des fils de toi ? C'est pourquoi tu n'éviteras pas la lugubre mort !

Ayant ainsi parlé, il saisit à terre, de sa main vigoureuse, l'épée qu'Agélaos tué avait laissée tomber, et il frappa Léiôdès au milieu du cou, et, comme celui-ci parlait encore, sa tête roula dans la poussière.

Et l'Aoide Terpiade Phèmios évita la noire Kèr, car il chantait de force au milieu des Prétendants. Et il se tenait debout près de la porte, tenant en main sa kithare sonore ; et il hésitait dans son esprit s'il sortirait de la demeure pour s'asseoir dans la cour auprès de l'autel du grand Zeus, là où Laertès et Odysseus avaient brûlé de nombreuses cuisses de bœufs, ou s'il supplierait Odysseus en se jetant à ses genoux. Et il lui sembla meilleur d'embrasser les genoux du Laertiade Odysseus. C'est pourquoi il déposa à terre sa kithare creuse, entre le kratère et le thrône aux clous d'argent, et, s'élançant vers Odysseus, il saisit ses genoux et il le supplia en paroles ailées :

— Je te supplie, Odysseus ! Écoute, et prends pitié de moi ! Une grande douleur te saisirait plus tard, si tu tuais un Aoide qui chante les Dieux et les hommes. Je me suis instruit moi-même, et un Dieu a mis tous les chants dans mon esprit. Je veux te chanter toi-même comme un Dieu, c'est pourquoi, ne m'égorge donc pas. Tèlémakhos, ton cher fils, te dira que ce n'a été ni volontairement, ni par besoin, que je suis venu dans ta demeure pour y chanter après le repas des Prétendants. Étant nombreux et plus puissants, ils m'y ont amené de force.

Il parla ainsi, et la Force sacrée de Tèlémakhos l'entendit, et, aussitôt, s'approchant de son père, il lui dit :

— Arrête ; ne frappe point de l'airain un innocent. Nous sauverons aussi le héraut Médôn, qui, depuis que j'étais enfant, a toujours pris soin de moi dans notre demeure, si toutefois Philoitios ne l'a point tué, ou le porcher, ou s'il ne t'a point rencontré tandis que tu te ruais dans la salle.

Il parla ainsi, et le prudent Médôn l'entendit. Épouvanté, et fuyant la kèr noire, il s'était caché sous son thrône et s'était enveloppé de la peau récemment enlevée d'un bœuf. Aussitôt, il se releva ; et, rejetant la peau du bœuf, et s'élançant vers Tèlémakhos, il saisit ses genoux et le supplia en paroles ailées :

— Ô ami, je suis encore ici. Arrête ! Dis à ton père qu'il n'accable point ma faiblesse de sa force et de l'airain aigu, étant encore irrité contre les Prétendants qui ont dévoré ses richesses dans ses demeures et qui t'ont méprisé comme des insensés.

Et le sage Odysseus lui répondit en souriant :

— Prends courage, puisque déjà Tèlémakhos t'a sauvé, afin que tu saches dans ton âme et que tu dises aux autres qu'il vaut mieux faire le bien que le mal. Mais sortez tous deux de la maison et asseyez-vous dans la cour, loin du carnage, toi et l'illustre Aoide, tandis que j'achèverai de faire ici ce qu'il faut.

Il parla ainsi, et tous deux sortirent de la maison, et ils s'assirent auprès de l'autel du grand Zeus, regardant de tous côtés et attendant un nouveau carnage.

Alors, Odysseus examina toute la salle, afin de voir si quelqu'un des Prétendants vivait encore et avait évité la noire Kèr. Mais il les vit tous étendus dans le sang et dans la poussière, comme des poissons que des pêcheurs ont retirés dans un filet de la côte écumeuse de la mer profonde. Tous sont répandus sur le sable, regrettant les eaux de la mer, et Hèlios Phaéthôn leur arrache l'âme. Ainsi les Prétendants étaient répandus, les uns sur les autres.

Et le prudent Odysseus dit à Tèlémakhos :

— Tèlémakhos, hâte-toi, appelle la nourrice Eurykléia, afin que je lui dise ce que j'ai dans l'âme.

Il parla ainsi, et Tèlémakhos obéit à son cher père, et, ayant ouvert la porte, il appela la nourrice Eurykléia :

— Viens, ô vieille femme née autrefois, toi qui surveilles les servantes dans nos demeures, viens en hâte. Mon père t'appelle pour te dire quelque chose.

Il parla ainsi, et ses paroles ne furent point vaines. Eurykléia ouvrit les portes de la grande demeure, et se hâta de suivre Tèlémakhos qui la précédait. Et elle trouva Odysseus au milieu des cadavres, souillé de sang et de poussière, comme un lion sorti, la nuit, de l'enclos, après avoir mangé un bœuf, et dont la poitrine et les mâchoires sont ensanglantées, et dont l'aspect est terrible. Ainsi Odysseus avait les pieds et les mains souillés. Et dès qu'Eurykléia eut vu ces cadavres et ces flots de sang, elle commença à hurler de joie, parce qu'elle vit qu'une grande œuvre était accomplie. Mais Odysseus la contint et lui dit ces paroles ailées :

— Vieille femme, réjouis-toi dans ton âme et ne hurle pas. Il n'est point permis d'insulter des hommes morts. La Moire des Dieux et leurs actions impies ont dompté ceux-ci. Ils n'honoraient aucun de ceux qui venaient à eux, parmi les hommes terrestres, ni le bon, ni le mauvais. C'est pourquoi ils ont subi une mort honteuse, à cause de leurs violences. Mais, allons ! indique-moi les femmes qui sont dans cette demeure, celles qui m'ont outragé et celles qui n'ont point failli.

Et la chère nourrice Eurykléia lui répondit :

— Mon enfant, je te dirai la vérité. Tu as dans tes demeures cinquante femmes que nous avons instruites aux travaux, à tendre les laines et à supporter la servitude. Douze d'entre elles se sont livrées à l'impudicité. Elles ne m'honorent point, ni Pènélopéia elle-même. Quant à Tèlémakhos, qui, il y a peu de temps, était encore enfant, sa mère ne lui a point permis de commander aux femmes. Mais je vais monter dans la haute chambre splendide et tout dire à Pènélopéia, à qui un Dieu a envoyé le sommeil.

Et le prudent Odysseus lui répondit :

— Ne l'éveille pas encore. Ordonne aux femmes de venir ici, et d'abord celles qui ont commis de mauvaises actions.

Il parla ainsi, et la vieille femme sortit de la salle pour avertir les femmes et les presser de venir. Et Odysseus, ayant appelé à lui Tèlémakhos, le bouvier et le porcher, leur dit ces paroles ailées :

— Commencez à emporter les cadavres et donnez des ordres aux femmes. Puis, avec de l'eau et des éponges poreuses purifiez les beaux thrônes et les tables. Après que vous aurez tout rangé dans la salle, conduisez les femmes, hors de la demeure, entre le dôme et le mur de la cour, et frappez-les de vos longues épées aiguës, jusqu'à ce qu'elles aient toutes rendu l'âme et oublié Aphroditè qu'elles goûtaient en secret, en se livrant en secret aux Prétendants.

Il parla ainsi, et toutes les femmes arrivèrent en gémissant lamentablement et en versant des larmes. D'abord, s'aidant les unes les autres, elles emportèrent les cadavres, qu'elles déposèrent sous le portique de la cour. Et Odysseus leur commandait, et les pressait, et les forçait d'obéir. Puis, elles purifièrent les beaux thrônes et les tables avec de l'eau et des éponges poreuses. Et Tèlémakhos, le bouvier et le porcher nettoyaient avec des balais le pavé de la salle, et les servantes emportaient les souillures et les déposaient hors des portes. Puis, ayant tout rangé dans la salle, ils conduisirent les servantes, hors de la demeure, entre le dôme et le mur de la cour, les renfermant dans ce lieu étroit d'où on ne pouvait s'enfuir. Et, alors, le prudent Tèlémakhos parla ainsi le premier :

— Je n'arracherai point, par une mort non honteuse, l'âme de ces femmes qui répandaient l'opprobre sur ma tête et sur celle de ma mère et qui couchaient avec les Prétendants.

Il parla ainsi, et il suspendit le câble d'une nef noire au sommet d'une colonne, et il le tendit autour du dôme, de façon à ce qu'aucune d'entre elles ne touchât des pieds la terre. De même que les grives aux ailes ployées et les colombes se prennent dans un filet, au milieu des buissons de l'enclos où elles sont entrées, et y trouvent un lit funeste ; de même ces femmes avaient le cou serré dans des lacets, afin de mourir misérablement, et leurs pieds ne s'agitèrent point longtemps.

Puis, ils emmenèrent Mélanthios, par le portique, dans la cour. Et, là, ils lui coupèrent, avec l'airain, les narines et les oreilles, et ils lui arrachèrent les parties viriles, qu'ils jetèrent à manger toutes sanglantes aux chiens ; et, avec la même fureur, ils lui coupèrent les pieds et les mains, et, leur tâche étant accomplie, ils rentrèrent dans la demeure d'Odysseus. Et, alors, celui-ci dit à la chère nourrice Eurykléia :

— Vieille femme, apporte-moi du soufre qui guérit les maux, et apporte aussi du feu, afin que je purifie la maison. Ordonne à Pènélopéia de venir ici avec ses servantes. Que toutes les servantes viennent ici.

Et la chère nourrice Eurykléia lui répondit :

— Certes, mon enfant, tu as bien parlé ; mais je vais t'apporter des vêtements, un manteau et une tunique. Ne reste pas dans tes demeures, tes larges épaules ainsi couvertes de haillons, car ce serait
honteux.

Et le prudent Odysseus lui répondit :

— Apporte d'abord du feu dans cette salle.

Il parla ainsi, et la chère nourrice Eurykléia lui obéit. Elle apporta du feu et du soufre, et Odysseus purifia la maison, la salle et la cour. Puis, la vieille femme remonta dans les belles demeures d'Odysseus pour appeler les femmes et les presser de venir. Et elles entrèrent dans la salle ayant des torches en mains. Et elles entouraient et saluaient Odysseus, prenant ses mains et baisant sa tête et ses épaules. Et il fut saisi du désir de pleurer, car, dans son âme, il les reconnut toutes.

RHAPSODIE XXIII

Et la vieille femme, montant dans la chambre haute, pour dire à sa maîtresse que son cher mari était revenu, était pleine de joie, et ses genoux étaient fermes, et ses pieds se mouvaient rapidement. Et elle se pencha sur la tête de sa maîtresse, et elle lui dit :

— Lève-toi, Pènélopéia, chère enfant, afin de voir de tes yeux ce que tu désires tous les jours. Odysseus est revenu ; il est rentré dans sa demeure, bien que tardivement, et il a tué les Prétendants insolents qui ruinaient sa maison, mangeaient ses richesses et violentaient son fils.

Et la prudente Pènélopéia lui répondit :

— Chère nourrice, les Dieux t'ont rendue insensée, eux qui peuvent troubler l'esprit du plus sage et rendre sage le plus insensé. Ils ont troublé ton esprit qui, auparavant, était plein de prudence. Pourquoi railles-tu mon cœur déjà si affligé, en disant de telles choses ? Pourquoi m'arraches-tu au doux sommeil qui m'enveloppait, fermant mes yeux sous mes chères paupières ? Je n'avais jamais tant dormi depuis le jour où Odysseus est parti pour cette Ilios fatale qu'on ne devrait plus nommer. Va ! redescends. Si quelque autre de mes femmes était venue m'annoncer cette nouvelle et m'arracher au sommeil, je l'aurais aussitôt honteusement chassée dans les demeures ; mais ta vieillesse te garantit de cela.

Et la chère nourrice Eurykléia lui répondit :

— Je ne me raille point de toi, chère enfant ; il est vrai qu'Odysseus est revenu et qu'il est rentré dans sa maison, comme je te l'ai dit. C'est l'Étranger que tous outrageaient dans cette demeure. Tèlémakhos le savait déjà, mais il cachait par prudence les desseins de son père, afin qu'il châtiât les violences de ces hommes insolents.

Elle parla ainsi, et Pènélopéia, joyeuse, sauta de son lit, embrassa la vieille femme, et, versant des larmes sous ses paupières, lui dit ces paroles ailées :

— Ah ! si tu m'as dit la vérité, chère nourrice, et si Odysseus est rentré dans sa demeure, comment, étant seul, a-t-il pu mettre la main sur les Prétendants insolents qui se réunissaient toujours ici ?

Et la chère nourrice Eurykléia lui répondit :

— Je n'ai rien vu, je n'ai rien entendu, si ce n'est les gémissements des hommes égorgés. Nous étions assises au fond des chambres, et les portes solides nous retenaient, jusqu'à ce que ton fils Tèlémakhos m'appelât, car son père l'avait envoyé m'appeler. Je trouvai ensuite Odysseus debout au milieu des cadavres qui gisaient amoncelés sur le pavé ; et tu te serais réjouie dans ton âme de le voir souillé de sang et de poussière, comme un lion. Maintenant, ils sont tous entassés sous les portiques, et Odysseus purifie la belle salle, à l'aide d'un grand feu allumé ; et il m'a envoyée t'appeler. Suis-moi, afin que vous charmiez tous deux vos chers cœurs par la joie, car vous avez subi beaucoup de maux. Maintenant, vos longs désirs sont accomplis. Odysseus est revenu dans sa demeure, il vous a retrouvés, toi et ton fils ; et les Prétendants qui l'avaient outragé, il les a tous punis dans ses demeures.

Et la prudente Pènélopéia lui répondit :

— Chère nourrice, ne te glorifie pas en te raillant ? Tu sais combien il nous comblerait tous de joie en reparaissant ici, moi surtout et le fils que nous avons engendré ; mais les paroles que tu as dites ne sont point vraies. L'un d'entre les Immortels a tué les Prétendants insolents, irrité de leur violente insolence et de leurs actions iniques ; car ils n'honoraient aucun des hommes terrestres, ni le bon, ni le méchant, de tous ceux qui venaient vers eux. C'est pourquoi ils ont subi leur destinée fatale, à cause de leurs iniquités ; mais, loin de l'Akhaiè, Odysseus a perdu l'espoir de retour, et il est mort.

Et la chère nourrice Eurykléia lui répondit :

— Mon enfant, quelle parole s'est échappée d'entre tes dents ? Quand ton mari, que tu pensais ne jamais revoir à son foyer, est revenu dans sa demeure, ton esprit est toujours incrédule ? Mais, écoute ; je te révélerai un signe très-manifeste : j'ai reconnu, tandis que je le lavais ; la cicatrice de cette blessure qu'un sanglier lui fit autrefois de ses blanches dents. Je voulais te le dire, mais il m'a fermé la bouche avec les mains, et il ne m'a point permis de parler, dans un esprit prudent. Suis-moi, je me livrerai à toi, si je t'ai trompée, et tu me tueras d'une mort honteuse.

Et la prudente Pènélopéia lui répondit :

— Chère nourrice, bien que tu saches beaucoup de choses, il t'est difficile de comprendre les desseins des Dieux non engendrés. Mais allons vers mon fils, afin que je voie les Prétendants morts et celui qui les a tués.

Ayant ainsi parlé, elle descendit de la chambre haute, hésitant dans son cœur si elle interrogerait de loin son cher mari, ou si elle baiserait aussitôt sa tête et ses mains. Après être entrée et avoir passé le seuil de pierre, elle s'assit en face d'Odysseus, près de l'autre mur, dans la clarté du feu. Et Odysseus était assis près d'une haute colonne, et il regardait ailleurs, attendant que son illustre femme, l'ayant vu, lui parlât. Mais elle resta longtemps muette, et la stupeur saisit son cœur. Et plus elle le regardait attentivement, moins elle le reconnaissait sous ses vêtements en haillons.

Alors Tèlémakhos la réprimanda et lui dit :

— Ma mère, malheureuse mère au cœur cruel ! Pourquoi restes-tu ainsi loin de mon père ? Pourquoi ne t'assieds-tu point auprès de lui afin de lui parler et de l'interroger ? Il n'est aucune autre femme qui puisse, avec un cœur inébranlable, rester ainsi loin d'un mari qui, après avoir subi tant de maux, revient dans la vingtième année sur la terre de la patrie. Ton cœur est plus dur que la pierre.

Et la prudente Pènélopéia lui répondit :

— Mon enfant, mon âme est stupéfaite dans ma poitrine, et je ne puis ni parler, ni interroger, ni regarder son visage. Mais s'il est vraiment Odysseus, revenu dans sa demeure, certes, nous nous reconnaîtrons mieux entre nous. Nous avons des signes que tous ignorent et que nous connaissons seuls.

Elle parla ainsi, et le patient et divin Odysseus sourit, et il dit aussitôt à Tèlémakhos ces paroles ailées :

— Tèlémakhos, laisse ta mère m'éprouver dans nos demeures, peut-être alors me reconnaîtra-t-elle mieux. Maintenant, parce que je suis souillé et couvert de haillons, elle me méprise et me méconnaît. Mais délibérons, afin d'agir pour le mieux. Si quelqu'un, parmi le peuple, a tué même un homme qui n'a point de nombreux vengeurs, il fuit, abandonnant ses parents et sa patrie. Or, nous avons tué l'élite de la ville, les plus illustres des jeunes hommes d'Ithakè. C'est pourquoi je t'ordonne de réfléchir sur cela.

Et le prudent Tèlémakhos lui répondit :

— Décide toi-même, cher père. On dit que tu es le plus sage des hommes et qu'aucun des hommes mortels ne peut lutter en sagesse contre toi. Nous t'obéirons avec joie, et je ne pense pas manquer de courage, tant que je conserverai mes forces.

Et le patient Odysseus lui répondit :

— Je te dirai donc ce qui me semble pour le mieux. Lavez-vous d'abord et prenez des vêtements propres, et ordonnez aux servantes de prendre d'autres vêtements dans les demeures. Puis le divin Aoide, tenant sa kithare sonore, nous entraînera à la danse joyeuse, afin que chacun, écoutant du dehors ou passant par le chemin, pense qu'on célèbre ici des noces. Il ne faut pas que le bruit du meurtre des Prétendants se répande par la ville, avant que nous ayons gagné nos champs plantés d'arbres. Là, nous délibérerons ensuite sur ce que l'olympien nous inspirera d'utile.

Il parla ainsi, et tous, l'ayant entendu, obéirent. Ils se lavèrent d'abord et prirent des vêtements propres ; et les femmes se parèrent, et le divin aoide fit vibrer sa kithare sonore et leur inspira le désir du doux chant et de la danse joyeuse, et la grande demeure résonna sous les pieds des hommes qui dansaient et des femmes aux belles ceintures. Et chacun disait, les entendant, hors des demeures :

— Certes, quelqu'un épouse la Reine recherchée par tant de prétendants. La malheureuse ! Elle n'a pu rester dans la grande demeure de son premier mari jusqu'à ce qu'il revint.

Chacun parlait ainsi, ne sachant pas ce qui avait été fait. Et l'intendante Eurynomè lava le magnanime Odysseus dans sa demeure et le parfuma d'huile ; puis elle le couvrit d'un manteau et d'une tunique. Et Athènè répandit la beauté sur sa tête, afin qu'il parût plus grand et plus majestueux, et elle fit tomber de sa tête des cheveux semblables aux fleurs d'hyacinthe. Et, de même qu'un habile ouvrier, que Hèphaistos et Pallas Athènaiè ont instruit, mêle l'or à l'argent et accomplit avec art des travaux charmants, de même Athènè répandit la grâce sur la tête et sur les épaules d'Odysseus, et il sortit du bain, semblable par la beauté aux Immortels, et il s'assit de nouveau sur le thrône qu'il avait quitté, et, se tournant vers sa femme, il lui dit :

— Malheureuse ! Parmi toutes les autres femmes, les Dieux qui ont des demeures Olympiennes t'ont donné un cœur dur. Aucune autre femme ne resterait aussi longtemps loin d'un mari qui, après avoir tant souffert, revient, dans la vingtième année, sur la terre de la patrie. Allons, nourrice, étends mon lit, afin que je dorme, car, assurément, cette femme a un cœur de fer dans sa poitrine !

Et la prudente Pènélopéia lui répondit :

— Malheureux ! je ne te glorifie, ni ne te méprise mais je ne te reconnais point encore, me souvenant trop de ce que tu étais quand tu partis d'Ithakè sur ta nef aux longs avirons. Va, Eurykléia, étends, hors de la chambre nuptiale, le lit compact qu'Odysseus a construit lui-même, et jette sur le lit dressé des tapis, des peaux et des couvertures splendides.

Elle parla ainsi, éprouvant son mari ; mais Odysseus, irrité, dit à sa femme douée de prudence :

— Ô femme ! quelle triste parole as-tu dite ? Qui donc a transporté mon lit ? Aucun homme vivant, même plein de jeunesse, n'a pu, à moins qu'un Dieu lui soit venu en aide, le transporter, et même le mouvoir aisément. Et le travail de ce lit est un signe certain, car je l'ai fait moi-même, sans aucun autre. Il y avait, dans l'enclos de la cour, un olivier au large feuillage, verdoyant et plus épais qu'une colonne. Tout autour, je bâtis ma chambre nuptiale avec de lourdes pierres ; je mis un toit par-dessus, et je la fermai de portes solides et compactes. Puis, je coupai les rameaux feuillus et pendants de l'olivier, et je tranchai au-dessus des racines le tronc de l'olivier, et je le polis soigneusement avec l'airain, et m'aidant du cordeau. Et, l'ayant troué avec une tarière, j'en fis la base du lit que je construisis au-dessus et que j'ornai d'or, d'argent et d'ivoire, et je tendis au fond la peau pourprée et splendide d'un bœuf. Je te donne ce signe certain ; mais je ne sais, ô femme, si mon lit est toujours au même endroit, ou si quelqu'un l'a transporté, après avoir tranché le tronc de l'olivier, au-dessus des racines.

Il parla ainsi, et le cher cœur et les genoux de Pènélopéia défaillirent tandis qu'elle reconnaissait les signes certains que lui révélait Odysseus. Et elle pleura quand il eut décrit les choses comme elles étaient ; et jetant ses bras au cou d'Odysseus, elle baisa sa tête et lui dit :

— Ne t'irrite point contre moi, Odysseus, toi, le plus prudent des hommes ! Les Dieux nous ont accablés de maux ; ils nous ont envié la joie de jouir ensemble de notre jeunesse et de parvenir ensemble au seuil de la vieillesse. Mais ne t'irrite point contre moi et ne me blâme point de ce que, dès que je t'ai vu, je ne t'ai point embrassé. Mon âme, dans ma chère poitrine, tremblait qu'un homme, venu ici, me trompât par ses paroles ; car beaucoup méditent des ruses mauvaises. L'Argienne Hélénè, fille de Zeus, ne se fût point unie d'amour à un Étranger, si elle eût su que les braves fils des Akhaiens dussent un jour la ramener en sa demeure, dans la chère terre de la patrie. Mais un Dieu la poussa à cette action honteuse, et elle ne chassa point de son cœur cette pensée funeste et terrible qui a été la première cause de son malheur et du nôtre. Maintenant tu m'as révélé les signes certains de notre lit, qu'aucun homme n'a jamais vu. Nous seuls l'avons vu, toi, moi et ma servante Aktoris que me donna mon père quand je vins ici et qui gardait les portes de notre chambre nuptiale. Enfin, tu as persuadé mon cœur, bien qu'il fût plein de méfiance.

Elle parla ainsi, et le désir de pleurer saisit Odysseus, et il pleurait en serrant dans ses bras sa chère femme si prudente.

De même que la terre apparaît heureusement aux nageurs dont Poseidaôn a perdu dans la mer la nef bien construite, tandis qu'elle était battue par le vent et par l'eau noire ; et peu ont échappé à la mer écumeuse, et, le corps souillé d'écume, ils montent joyeux sur la côte, ayant évité la mort ; de même la vue de son mari était douce à Pènélopéia qui ne pouvait détacher ses bras blancs du cou d'Odysseus. Et Éôs aux doigts rosés eût reparu, tandis qu'ils pleuraient, si la déesse Athènè aux yeux clairs n'avait eu une autre pensée.

Elle retint la longue nuit sur l'horizon et elle garda dans l'Okéanos Éôs au trône d'or, et elle ne lui permit pas de mettre sous le joug ses chevaux rapides qui portent la lumière aux hommes, Lampos et Phaéthôn qui amènent Éôs. Alors, le prudent Odysseus dit à sa femme :

— Ô femme, nous n'en avons pas fini avec toutes nos épreuves, mais un grand et difficile travail me reste qu'il me faut accomplir, ainsi que me l'a appris l'âme de Teirésias le jour où je descendis dans la demeure d'Aidès pour l'interroger sur mon retour et sur celui de mes compagnons. Mais viens, allons vers notre lit, ô femme, et goûtons ensemble le doux sommeil.

Et la prudente Pènélopéia lui répondit :

— Nous irons bientôt vers notre lit, puisque tu le désires dans ton âme, et puisque les Dieux t'ont laissé revenir vers ta demeure bien bâtie et dans la terre de ta patrie. Mais puisque tu le sais et qu'un dieu te l'a appris, dis-moi quelle sera cette dernière épreuve. Je la connaîtrais toujours plus tard, et rien n'empêche que je la sache maintenant.

Et le prudent Odysseus lui répondit :

— Malheureuse ! pourquoi, en me priant ardemment, me forces-tu de parler ? Mais je te dirai tout et ne te cacherai rien. Ton âme ne se réjouira pas, et moi-même je ne me réjouirai pas, car il m'a ordonné de parcourir encore de nombreuses villes des hommes, portant un aviron léger, jusqu'à ce que je rencontre des hommes qui ne connaissent point la mer, et qui ne salent point ce qu'ils mangent, et qui ignorent les nefs aux proues rouges et les avirons qui sont les ailes des nefs. Et il m'a révélé un signe certain que je ne te cacherai point. Quand j'aurai rencontré un autre voyageur qui croira voir un fléau sur ma brillante épaule, alors je devrai planter l'aviron en terre et faire de saintes offrandes au Roi Poseidaôn, un bélier, un taureau et un verrat. Et il m'a ordonné, revenu dans ma demeure, de faire de saintes offrandes aux Dieux immortels qui habitent le large Ouranos. Et une douce mort me viendra de la mer et me tuera dans une heureuse vieillesse, tandis qu'autour de moi les peuples seront heureux. Et il m'a dit ces choses qui seront accomplies.

Et la prudente Pènélopéia lui répondit :

— Si les dieux te réservent une vieillesse heureuse, tu as l'espoir d'échapper à ces maux.

Et tandis qu'ils se parlaient ainsi, Eurynomè et la nourrice préparaient, à la splendeur des torches, le lit fait de vêtements moelleux. Et, après qu'elles eurent dressé à la hâte le lit épais, la vieille femme rentra pour dormir, et Eurynomè, tenant une torche à la main, les précédait, tandis qu'ils allaient vers le lit. Et les ayant conduits dans la chambre nuptiale, elle se retira, et joyeux, ils se couchèrent dans leur ancien lit. Et alors, Tèlémakhos, le bouvier, le porcher et les femmes cessèrent de danser, et tous allèrent dormir dans les demeures sombres.

Et après qu'Odysseus et Pènélopéia se furent charmés par l'amour, ils se charmèrent encore par leurs paroles. Et la noble femme dit ce qu'elle avait souffert dans ses demeures au milieu de la multitude funeste des Prétendants qui, à cause d'elle, égorgeaient ses bœufs et ses grasses brebis, et buvaient tout le vin des tonneaux.

Et le divin Odysseus dit les maux qu'il avait faits aux hommes et ceux qu'il avait subis lui-même. Et il dit tout, et elle se réjouissait de l'entendre, et le sommeil n'approcha point de ses paupières avant qu'il eût achevé.

Il dit d'abord comment il avait dompté les Kikônes, puis comment il était arrivé dans la terre fertile des hommes Lôtophages. Et il dit ce qu'avait fait le Kyklôps, et comment il l'avait châtié d'avoir mangé sans pitié ses braves compagnons ; et comment il était venu chez Aiolos qui l'avait accueilli et renvoyé avec bienveillance, et comment la destinée ne lui permit pas de revoir encore la chère terre de la patrie, et la tempête qui, de nouveau, l'avait emporté, gémissant, sur la mer poissonneuse.

Et il dit comment il avait abordé la Laistrygoni Tèlèpyle où avaient péri ses nefs et tous ses compagnons, et d'où lui seul s'était sauvé sur sa nef noire. Puis, il raconta les ruses de Kirkè, et comment il était allé dans la vaste demeure d'Aidès, afin d'interroger l'âme du Thébain Teirésias, et où il avait vu tous ses compagnons et la mère qui l'avait conçu et nourri tout enfant.

Et il dit comment il avait entendu la voix des Seirènes harmonieuses, et comment il avait abordé les Roches errantes, l'horrible Kharybdis et Skillè, que les hommes ne peuvent fuir sains et saufs ; et comment ses compagnons avaient tué les bœufs de Hèlios, et comment Zeus qui tonne dans les hauteurs avait frappé sa nef rapide de la blanche foudre et abîmé tous ses braves compagnons, tandis que lui seul évitait les Kères mauvaises.

Et il raconta comment il avait abordé l'île Ogygiè, où la Nymphe Kalypsô l'avait retenu dans ses grottes creuses, le désirant pour mari, et l'avait aimé, lui promettant qu'elle le rendrait immortel et le mettrait à l'abri de la vieillesse ; et comment elle n'avait pu fléchir son âme dans sa poitrine.

Et il dit comment il avait abordé chez les Phaiakiens, après avoir beaucoup souffert ; et comment, l'ayant honoré comme un Dieu, ils l'avaient reconduit sur une nef dans la chère terre de la patrie, après lui avoir donné de l'or, de l'airain et de nombreux vêtements. Et quand il eut tout dit, le doux sommeil enveloppa ses membres et apaisa les inquiétudes de son âme.

Alors, la Déesse aux yeux clairs, Athènè, eut d'autres pensées ; et, quand elle pensa qu'Odysseus s'était assez charmé par l'amour et par le sommeil, elle fit sortir de l'Okéanos la Fille au trône d'or du matin, afin qu'elle apportât la lumière aux hommes. Et Odysseus se leva de son lit moelleux, et il dit à sa femme :

— Ô femme, nous sommes tous deux rassasiés d'épreuves, toi en pleurant ici sur mon retour difficile, et moi en subissant les maux que m'ont faits Zeus et les autres Dieux qui m'ont si longtemps retenu loin de la terre de la patrie. Maintenant, puisque, tous deux, nous avons retrouvé ce lit désiré, il faut que je prenne soin de nos richesses dans notre demeure. Pour remplacer les troupeaux que les Prétendants insolents ont dévorés, j'irai moi-même en enlever de nombreux, et les Akhaiens nous en donneront d'autres, jusqu'à ce que les étables soient pleines. Mais je pars pour mes champs plantés d'arbres, afin de voir mon père illustre qui gémit sans cesse sur moi. Femme, malgré ta prudence, je t'ordonne ceci : en même temps que Hèlios montera, le bruit se répandra de la mort des Prétendants que j'ai tués dans nos demeures. Monte donc dans la chambre haute avec tes servantes, et que nul ne te voie, ni ne t'interroge.

Ayant ainsi parlé, il couvrit ses épaules de ses belles armes, et il éveilla Tèlémakhos, le bouvier et le porcher, et il leur ordonna de saisir les armes guerrières ; et ils lui obéirent en hâte et se couvrirent d'airain. Puis, ils ouvrirent les portes et sortirent, et Odysseus les précédait. Et déjà la lumière était répandue sur la terre, mais Athènè, les ayant enveloppés d'un brouillard, les conduisit promptement hors de la ville.

RHAPSODIE XXIV

LE Kyllénien Hermès évoqua les âmes des Prétendants. Et il tenait dans ses mains la belle baguette d'or avec laquelle il charme, selon sa volonté, les yeux des hommes, ou il éveille ceux qui dorment. Et, avec cette baguette, il entraînait les âmes qui le suivaient, frémissantes.

De même que les chauves-souris, au fond d'un antre divin, volent en criant quand l'une d'elles tombe du rocher où leur multitude est attachée et amassée, de même les âmes allaient, frémissantes, et le bienveillant Herméias marchait devant elles vers les larges chemins. Et elles arrivèrent au cours d'Okéanos et à la Roche Blanche, et elles passèrent la porte de Hèlios et le peuple des Songes, et elles parvinrent promptement à la Prairie d'Asphodèle où habitent les Âmes, images des Morts. Et elles y trouvèrent l'âme du Pèlèiade Akhilleus et celle de Patroklos, et celle de l'irréprochable Antilokhos, et celle d'Aias, qui était le plus grand et le plus beau de tous les Danaens après l'irréprochable Pèléiôn. Et tous s'empressaient autour de celui-ci, quand vint l'âme dolente de l'Atréide Agamemnôn, suivie des âmes de tous ceux qui, ayant été tuées dans la demeure d'Aigisthos, avaient subi leur destinée. Et l'âme du Pèléiôn dit la première :

— Atréide, nous pensions que tu étais, parmi tous les héros, le plus cher à Zeus qui se réjouit de la foudre, car tu commandais à des hommes nombreux et braves, sur la terre des Troiens, où les Akhaiens ont subi tant de maux. Mais la Moire fatale devait te saisir le premier, elle qu'aucun homme ne peut fuir, dès qu'il est né. Plût aux Dieux que, comblé de tant d'honneurs, tu eusses subi la destinée et la mort sur la terre des Troiens ! Tous les Akhaiens eussent élevé ta tombe, et tu eusses laissé à ton fils une grande gloire dans l'avenir ; mais voici qu'une mort misérable t'était réservée.

Et l'âme de l'Atréide lui répondit :

— Heureux fils de Pèleus, Akhilleus semblable aux Dieux, tu es mort devant Troiè, loin d'Argos, et les plus braves d'entre les fils des Troiens et des Akhaiens se sont entre-tués en combattant pour toi. Et tu étais couché, en un tourbillon de poussière, grand, sur un grand espace, oublieux des chevaux. Et nous combattîmes tout le jour, et nous n'eussions point cessé de combattre si Zeus ne nous eût apaisés par une tempête. Après t'avoir emporté de la mêlée vers les nefs, nous te déposâmes sur un lit, ayant lavé ton beau corps avec de l'eau chaude et l'ayant parfumé d'huile. Et, autour de toi, les Danaens répandaient des larmes amères et coupaient leurs cheveux. Alors, ta mère sortit des eaux avec les Immortelles marines, pour apprendre la nouvelle, car notre voix était allée jusqu'au fond de la mer. Et une grande terreur saisit tous les Akhaiens, et ils se fussent tous rués dans les nefs creuses, si un homme plein d'une sagesse ancienne, Nestôr, ne les eût retenus. Et il vit ce qu'il y avait de mieux à faire, et, dans sa sagesse, il les harangua et leur dit :

— Arrêtez, Argiens ! Ne fuyez pas, fils des Akhaiens ! Une mère sort des eaux avec les Immortelles marines, afin de voir son fils qui est mort.

Il parla ainsi, et les magnanimes Akhaiens cessèrent de craindre. Et les Filles du Vieillard de la mer pleuraient autour de toi en gémissant lamentablement, et elles te couvrirent de vêtements immortels. Les neuf Muses, alternant leurs belles voix, se lamentaient ; et aucun des Argiens ne resta sans pleurer, tant la Muse harmonieuse remuait leur âme. Et nous avons pleuré dix-sept jours et dix-sept nuits, Dieux immortels et hommes mortels ; et, le dix-huitième jour, nous t'avons livré au feu, et nous avons égorgé autour de toi un grand nombre de brebis grasses et de bœufs noirs. Et tu as été brûlé dans des vêtements divins, ayant été parfumé d'huile épaisse et de miel doux ; et les héros Akhaiens se sont rués en foule autour de ton bûcher, piétons et cavaliers, avec un grand tumulte. Et, après que la flamme de Hèphaistos t'eut consumé, nous rassemblâmes tes os blancs, ô Akhilleus, les lavant dans le vin pur et l'huile ; et ta mère donna une urne d'or qu'elle dit être un présent de Dionysos et l'œuvre de l'illustre Hèphaistos. C'est dans cette urne que gisent tes os blancs, ô Akhilleus, mêlés à ceux du Mènoitiade Patroklos, et auprès d'Antilokhos que tu honorais le plus entre tous tes compagnons depuis la mort de Patroklos. Et, au-dessus de ces restes, l'armée sacrée des Argiens t'éleva un grand et irréprochable tombeau sur un haut promontoire du large Hellespontos, afin qu'il fût aperçu de loin, sur la mer, par les hommes qui vivent maintenant et par les hommes futurs. Et ta mère, les ayant obtenus des Dieux, déposa de magnifiques prix des jeux au milieu des illustres Argiens. Déjà je m'étais trouvé aux funérailles d'un grand nombre de héros, quand, sur le tombeau d'un roi, les jeunes hommes se ceignent et se préparent aux jeux ; mais tu aurais admiré par-dessus tout, dans ton âme, les prix que la Déesse Thétis aux pieds d'argent déposa sur la terre pour les jeux ; car tu étais cher aux Dieux. Ainsi, Akhilleus, bien que tu sois mort, ton nom n'est point oublié, et, entre tous les hommes, ta gloire sera toujours grande. Mais moi, qu'ai-je gagné à échapper à la guerre ? À mon retour, Zeus me gardait une mort lamentable par les mains d'Aigisthos et de ma femme perfide.

Et tandis qu'ils se parlaient ainsi, le Messager tueur d'Argos s'approcha d'eux, conduisant les âmes des Prétendants domptés par Odysseus. Et tous, dès qu'ils les virent, allèrent, étonnés, au-devant d'eux. Et l'âme de l'Atréide Agamemnôn reconnut l'illustre Amphimédôn, fils de Mélantheus, car il avait été son hôte dans Ithakè. Et l'âme de l'Atréide lui dit la première :

— Amphimédôn, quel malheur avez-vous subi pour venir dans la terre noire, tous illustres et du même âge ? On ne choisirait pas autrement les premiers d'une ville. Poseidaôn vous a-t-il domptés sur vos nefs, en soulevant les vents furieux et les grands flots, ou des ennemis vous ont-ils tués sur la terre tandis que vous enleviez leurs bœufs et leurs beaux troupeaux de brebis ? ou êtes-vous morts en combattant pour votre ville et pour vos femmes ? Réponds-moi, car j'ai été ton hôte. Ne te souviens-tu pas que je vins dans tes demeures, avec le divin Ménélaos, afin d'exciter Odysseus à nous suivre à Ilios sur les nefs aux solides bancs de rameurs ? Tout un mois nous traversâmes la vaste mer, et nous pûmes à peine persuader le dévastateur de villes Odysseus.

Et l'âme d'Amphimédôn lui répondit :

— Illustre Roi des hommes, Atréide Agamemnôn, je me souviens de toutes ces choses, et je te dirai avec vérité la fin malheureuse de notre vie. Nous étions les Prétendants de la femme d'Odysseus absent depuis longtemps. Elle ne repoussait ni n'accomplissait des noces odieuses, mais elle nous préparait la mort et la Kèr noire. Et elle médita une autre ruse dans son esprit, et elle se mit à tisser dans sa demeure une grande toile, large et fine, et elle nous dit aussitôt :

— Jeunes hommes, mes Prétendants, puisque le divin Odysseus est mort, cessez de hâter mes noces jusqu'à ce que j'aie achevé, pour que mes fils ne restent pas inutiles, ce linceul du héros Laertès, quand la Moire mauvaise, de la mort inexorable l'aura saisi ; afin qu'aucune des femmes Akhaiennes ne puisse me reprocher, devant tout le peuple, qu'un homme qui a possédé tant de biens ait été enseveli sans linceul.

Elle parla ainsi, et notre cœur généreux fut persuadé aussitôt. Et, alors, pendant le jour, elle tissait la grande toile, et, pendant la nuit, ayant allumé les torches, elle la défaisait. Ainsi, trois ans, elle cacha sa ruse et trompa les Akhaiens ; mais, quand vint la quatrième année, et quand les mois et les jours furent écoulés, une de ses femmes, sachant bien sa ruse, nous la dit. Et nous la trouvâmes, défaisant sa belle toile ; mais, contre sa volonté, elle fut contrainte de l'achever. Et elle acheva donc cette grande toile semblable en éclat à Hèlios et à Sélènè. Mais voici qu'un Daimôn ennemi ramena de quelque part Odysseus, à l'extrémité de ses champs, là où habitait son porcher. Là aussi vint le cher fils du divin Odysseus, de retour sur sa nef noire de la sablonneuse Pylos. Et ils méditèrent la mort des Prétendants, et ils vinrent à l'illustre ville, et Odysseus vint le dernier, car Tèlémakhos le précédait. Le porcher conduisait Odysseus couvert de haillons, semblable à un vieux mendiant et courbé sur un bâton. Il arriva soudainement, et aucun de nous, et même des plus âgés, ne le reconnut. Et nous l'outragions de paroles injurieuses et de coups ; mais il supporta longtemps, dans ses demeures, et avec patience, les injures et les coups. Et, quand l'esprit de Zeus tempétueux l'eut excité, il enleva les belles armes, à l'aide de Tèlémakhos, et il les déposa dans la haute chambre, dont il ferma les verrous. Puis il ordonna à sa femme pleine de ruses d'apporter aux prétendants l'arc et le fer brillant pour l'épreuve qui devait nous faire périr misérablement et qui devait être l'origine du meurtre. Et aucun de nous ne put tendre le nerf de l'arc solide, car nous étions beaucoup trop faibles. Mais quand le grand arc arriva aux mains d'Odysseus, alors nous fîmes entendre des menaces pour qu'on ne le lui donnât pas, bien qu'il le demandât vivement. Le seul Tèlémakhos le voulut en l'excitant, et le patient et divin Odysseus, ayant saisi l'arc, le tendit facilement et envoya une flèche à travers le fer. Puis, debout sur le seuil, il répandit à ses pieds les flèches rapides et il perça le roi Antinoos. Alors, regardant de tous côtés, il lança ses traits mortels aux autres Prétendants qui tombaient tous amoncelés et nous reconnûmes qu'un d'entre les Dieux l'aidait. Et aussitôt son fils et ses deux serviteurs, s'appuyant sur sa force, tuaient çà et là, et d'affreux gémissements s'élevaient, et la terre ruisselait de sang. C'est ainsi que nous avons péri, ô Agamemnôn ! Nos cadavres négligés gisent encore dans les demeures d'Odysseus, et nos amis ne le savent point dans nos maisons, eux qui, ayant lavé le sang noir de nos blessures, nous enseveliraient en gémissant, car tel est l'honneur des Morts.

Et l'âme de l'Atréide lui répondit :

— Heureux fils de Laertès, prudent Odysseus, certes, tu possèdes une femme d'une grande vertu, et l'esprit est sage de l'irréprochable Pènélopéia, fille d'Ikarios, qui n'a point oublié le héros Odysseus qui l'avait épousée vierge. C'est pourquoi la gloire de sa vertu ne périra pas, et les Immortels inspireront aux hommes terrestres des chants gracieux en l'honneur de la sage Pènélopéia. Mais la fille de Tyndaros n'a point agi ainsi, ayant tué le mari qui l'avait épousée vierge. Aussi un chant odieux la rappellera parmi les hommes et elle répandra sa renommée honteuse sur toutes les femmes, même sur celles qui seront vertueuses !

Tandis qu'ils se parlaient ainsi, debout dans les demeures d'Aidès, sous les ténèbres de la terre, Odysseus et ses compagnons, étant sortis de la ville, parvinrent promptement au beau verger de Laertès, et que lui-même avait acheté autrefois, après avoir beaucoup souffert. Là était, sa demeure entourée de sièges sur lesquels s'asseyaient, mangeaient et dormaient les serviteurs qui travaillaient pour lui. Là était aussi une vieille femme Sikèle qui, dans les champs, loin de la ville, prenait soin du Vieillard. Alors Odysseus dit aux deux pasteurs et à son fils :

— Entrez maintenant dans la maison bien bâtie et tuez, pour le repas, un porc, le meilleur de tous. Moi, j'éprouverai mon père, afin de voir s'il me reconnaîtra dès qu'il m'aura vu, ou s'il me méconnaîtra quand j'aurai marché longtemps près de lui.

Ayant ainsi parlé, il remit ses armes guerrières aux serviteurs, qui entrèrent promptement dans la maison. Et, descendant le grand verger, il ne trouva ni Dolios, ni aucun de ses fils, ni aucun des serviteurs. Et ceux-ci étaient allés rassembler des épines pour enclore le verger, et le Vieillard les avait précédés.

Et Odysseus trouva son père seul dans le verger, arrachant les herbes et vêtu d'une sordide tunique, déchirée et trouée. Et il avait lié autour de ses jambes, pour éviter les écorchures, des knèmides de cuir déchirées ; et il avait des gants aux mains pour se garantir des buissons, et, sur la tête, un casque de peau de chèvre qui rendait son air plus misérable.

Et le patient et divin Odysseus, ayant vu son père accablé de vieillesse et plein d'une grande douleur, versa des larmes, debout sous un haut poirier. Et il hésita dans son esprit et dans son cœur s'il embrasserait son père en lui disant comment il était revenu dans la terre de la patrie, ou s'il l'interrogerait d'abord pour l'éprouver. Et il pensa qu'il était préférable de l'éprouver par des paroles mordantes. Pensant ainsi, le divin Odysseus alla vers lui comme il creusait, la tête baissée, un fossé autour d'un arbre. Alors, le divin Odysseus, s'approchant, lui parla ainsi :

— Ô vieillard, tu n'es point inhabile à cultiver un verger. Tout est ici bien soigné, l'olivier, la vigne, le figuier, le poirier. Aucune portion de terre n'est négligée dans ce verger. Mais je te le dirai, et n'en sois point irrité dans ton âme : tu ne prends point les mêmes soins de toi. Tu subis à la fois la triste vieillesse et les vêtements sales et honteux qui te couvrent. Ton maître ne te néglige point ainsi sans doute à cause de ta paresse, car ton aspect n'est point servile, et par ta beauté et ta majesté tu es semblable à un roi. Tu es tel que ceux qui, après le bain et le repas, dorment sur un lit moelleux, selon la coutume des vieillards. Mais dis-moi la vérité. De qui es-tu le serviteur ? De qui cultives-tu le verger ? Dis-moi la vérité, afin que je la sache : suis-je parvenu à Ithakè, ainsi que me l'a dit un homme que je viens de rencontrer et qui est insensé, car il n'a su ni m'écouter, ni me répondre, quand je lui ai demandé si mon hôte est encore vivant ou s'il est mort et descendu dans les demeures d'Aidès. Mais je te le dis ; écoute et comprends-moi. Je donnai autrefois l'hospitalité, sur la chère terre de la patrie, à un homme qui était venu dans ma demeure, le premier, entre tous les étrangers errants. Il disait qu'il était né à Ithakè et que son père était Laertès Arkeisiade. L'ayant conduit dans ma demeure, je le reçus avec tendresse. Et il y avait beaucoup de richesses dans ma demeure, et je lui fis de riches présents hospitaliers, car je lui donnai sept talents d'or bien travaillé, un kratère fleuri en argent massif, douze manteaux simples, autant de tapis, douze autres beaux manteaux et autant de tuniques, et, par surcroît, quatre femmes qu'il choisit lui-même, belles et très-habiles à tous les ouvrages.

Et son père lui répondit en pleurant :

— Étranger, certes, tu es dans la contrée sur laquelle tu m'interroges ; mais des hommes iniques et injurieux l'oppriment, et les nombreux présents que tu viens de dire sont perdus. Si tu eusses rencontré ton hôte dans Ithakè, il t'eût congédié après t'avoir donné l'hospitalité et t'avoir comblé d'autant de présents qu'il en a reçu de toi, comme c'est la coutume. Mais dis-moi la vérité : combien y a-t-il d'années que tu as reçu ton hôte malheureux ? C'était mon fils, si jamais quelque chose a été ! Le malheureux ! Loin de ses amis et de sa terre natale, ou les poissons l'ont mangé dans la mer, ou, sur la terre, il a été déchiré par les bêtes féroces et par les oiseaux, et ni sa mère, ni son père, nous qui l'avons engendré, ne l'avons pleuré et enseveli. Et sa femme si richement dotée, la sage Pènélopéia n'a point pleuré, sur le lit funèbre, son mari bien-aimé, et elle ne lui a point fermé les yeux, car tel est l'honneur des Morts ! Mais dis-moi la vérité, afin que je la sache. Qui es-tu parmi les hommes ? Où sont ta ville et tes parents ? Où s'est arrêtée la nef rapide qui t'a conduit ici ainsi que tes divins compagnons ? Es-tu venu, comme un marchand, sur une nef étrangère, et, t'ayant débarqué, ont-ils continué leur route ?

Et le prudent Odysseus, lui répondant, parla ainsi :

— Certes, je te dirai toute la vérité. Je suis d'Alybas, où j'ai mes demeures illustres ; je suis le fils du Roi Apheidas Polypèmonide, et mon nom est Épèritos. Un Daimôn m'a poussé ici, malgré moi, des côtes de Sikaniè, et ma nef s'est arrêtée, loin de la ville, sur le rivage. Voici la cinquième année qu'Odysseus a quitté ma patrie. Certes, comme il partait, des oiseaux apparurent à sa droite, et je le renvoyai, m'en réjouissant, et lui-même en était joyeux quand il partit. Et nous espérions, dans notre âme, nous revoir et nous faire de splendides présents.

Il parla ainsi, et la sombre nuée de la douleur enveloppa Laertès, et, avec de profonds gémissements, il couvrit à deux mains sa tête blanche de poussière. Et l'âme d'Odysseus fut émue, et un trouble violent monta jusqu'à ses narines en voyant ainsi son cher père ; et il le prit dans ses bras en s'élançant, et il le baisa et lui dit :

— Père ! Je suis celui que tu attends, et je reviens après vingt ans dans la terre de la patrie. Mais cesse de pleurer et de gémir, car, je te le dis, il faut que nous nous hâtions. J'ai tué les Prétendants dans nos demeures, châtiant leurs indignes outrages et leurs mauvaises actions.

Et Laertès lui répondit :

— Si tu es Odysseus mon fils de retour ici, donne moi un signe manifeste qui me persuade.

Et le prudent Odysseus lui répondit :

— Vois d'abord de tes yeux cette blessure qu'un sanglier me fit de ses blanches dents, sur le Parnèsos, quand vous m'aviez envoyé, toi et ma mère vénérable, auprès d'Autolykos le cher père de ma mère, afin de prendre les présents qu'il m'avait promis quand il vint ici. Mais écoute, et je te dirai encore les arbres de ton verger bien cultivé, ceux que tu m'as donnés autrefois, comme je te les demandais, étant enfant et te suivant à travers le verger. Et nous allions parmi les arbres et tu me nommais chacun d'entre eux, et tu me donnas treize poiriers, dix pommiers et quarante figuiers ; et tu me dis que tu me donnerais cinquante sillons de vignes portant des fruits et dont les grappes mûrissent quand les saisons de Zeus pèsent sur elles.

Il parla ainsi, et les genoux et le cher cœur de Laertès défaillirent tandis qu'il reconnaissait les signes manifestes que lui donnait Odysseus. Et il jeta ses bras autour de son cher fils, et le patient et divin Odysseus le reçut inanimé. Enfin, il respira, et, rassemblant ses esprits, il lui parla ainsi :

— Père Zeus, et vous, dieux ! certes, vous êtes encore dans le grand Olympos, si vraiment les Prétendants ont payé leurs outrages ! Mais, maintenant, je crains dans mon âme que tous les Ithakèsiens se ruent promptement ici et qu'ils envoient des messagers à toutes les villes des Képhallèniens.

Et le prudent Odysseus lui répondit :

— Prends courage, et ne t'inquiète point de ceci dans ton âme. Mais allons vers la demeure qui est auprès du verger. C'est là que j'ai envoyé Tèlémakhos, le bouvier et le porcher, afin de préparer promptement le repas.

Ayant ainsi parlé, ils allèrent vers les belles demeures, où ils trouvèrent Tèlémakhos, le bouvier et le porcher, coupant les chairs abondantes et mêlant le vin rouge. Cependant la servante Sikèlè lava et parfuma d'huile le magnanime Laertès dans sa demeure, et elle jeta un beau manteau autour de lui, et Athènè, s'approchant, fortifia les membres du prince des peuples et elle le fit paraître plus grand et plus majestueux qu'auparavant. Et il sortit du bain, et son cher fils l'admira, le voyant semblable aux Dieux immortels, et il lui dit ces paroles ailées :

— Ô Père, certes, un des Dieux éternels te fait ainsi paraître plus irréprochable par la beauté et la majesté.

Et le prudent Laertès lui répondit :

— Que n'a-t-il plu au père Zeus, à Athènè, à Apollôn, que je fusse hier, dans nos demeures, tel que j'étais quand je pris, sur la terre ferme, commandant aux Képhallèniens, la ville bien bâtie de Nérikos ! Les épaules couvertes de mes armes, j'eusse chassé les Prétendants et rompu les genoux d'un grand nombre d'entre eux dans nos demeures, et tu t'en fusses réjoui dans ton âme.

Et ils se parlaient ainsi, et, cessant leur travail, ils préparèrent le repas, et ils s'assirent en ordre sur les siéges et sur les thrônes, et ils allaient prendre leur repas, quand le vieux Dolios arriva avec ses fils fatigués de leurs travaux ; car la vieille mère Sikèle, qui les avait nourris et qui prenait soin du vieillard depuis que l'âge l'accablait, était allée les appeler. Ils aperçurent Odysseus et ils le reconnurent dans leur âme, et ils s'arrêtèrent, stupéfaits, dans la demeure. Mais Odysseus, les rassurant, leur dit ces douces paroles :

— Ô Vieillard, assieds-toi au repas et ne sois plus stupéfait. Nous vous avons longtemps attendus dans les demeures, prêts à mettre la main sur les mets.

Il parla ainsi, et Dolios, les deux bras étendus, s'élança ; et saisissant les mains d'Odysseus, il les baisa, et il lui dit ces paroles ailées :

— Ô ami, puisque tu es revenu vers nous qui te désirions et qui pensions ne plus te revoir, c'est que les Dieux t'ont conduit. Salut ! Réjouis-toi, et que les Dieux te rendent heureux ! Mais dis-moi la vérité, afin que je la sache. La prudente Pènélopéia sait-elle que tu es revenu, ou lui enverrons-nous un message ?

Et le prudent Odysseus lui répondit :

— Ô Vieillard, elle le sait ! Pourquoi t'inquiéter de ces choses ?

Il parla ainsi, et il s'assit de nouveau sur son siège poli. Et, autour de l'illustre Odysseus, les fils de Dolios, de la même façon, saluèrent leur maître par leurs paroles et baisèrent ses mains. Ensuite ils s'assirent auprès de Dolios leur père.

Tandis qu'ils mangeaient ainsi dans la demeure, Ossa se répandit par la Ville, annonçant la Kèr et la mort lamentable des Prétendants. Et, à cette nouvelle, tous accoururent de tous côtés, avec tumulte et en gémissant, devant la demeure d'Odysseus. Et ils emportèrent les morts, chacun dans sa demeure, et ils les ensevelirent ; et ceux des autres villes, ils les firent reconduire, les ayant déposés sur des nefs rapides. Puis, affligés dans leur cœur, ils se réunirent à l'agora. Et quand ils furent réunis en foule, Eupeithès se leva et parla au milieu d'eux. Et une douleur intolérable était dans son cœur à cause de son fils Antinoos que le divin Odysseus avait tué le premier. Et il parla ainsi, versant des larmes à cause de son fils :

— Ô amis, certes, cet homme a fait un grand mal aux Akhaiens. Tous ceux, nombreux et braves, qu'il a emmenés sur ses nefs, il les a perdus ; et il a perdu aussi les nefs creuses, et il a perdu ses peuples, et voici qu'à son retour il a tué les plus braves des Képhallèniens. Allons ! Avant qu'il fuie rapidement à Pylos ou dans la divine Élis où dominent les Épéiens, allons ! car nous serions à jamais méprisés, et les hommes futurs se souviendraient de notre honte, si nous ne vengions le meurtre de nos fils et de nos frères. Il ne me serait plus doux de vivre, et j'aimerais mieux descendre aussitôt chez les Morts. Allons ! de peur que, nous prévenant, ils s'enfuient.

Il parla ainsi en pleurant, et la douleur saisit tous les Akhaiens. Mais, alors, Médôn et le divin aoide s'approchèrent d'eux, étant sortis de la demeure d'Odysseus, dès que le sommeil les eut quittés. Et ils s'arrêtèrent au milieu de l'agora. Et tous furent saisis de stupeur, et le prudent Médôn leur dit :

— Écoutez-moi, Ithakèsiens. Odysseus n'a point accompli ces choses sans les Dieux immortels. Moi-même j'ai vu un Dieu immortel qui se tenait auprès d'Odysseus, sous la figure de Mentôr. Certes, un Dieu immortel apparaissait, tantôt devant Odysseus, excitant son audace, et tantôt s'élançant dans la salle, troublant les Prétendants, et ceux-ci tombaient amoncelés.

Il parla ainsi, et la terreur blême les saisit tous. Et le vieux héros Halithersès Mastoride, qui savait les choses passées et futures, plein de prudence, leur parla ainsi :

— Écoutez-moi, Ithakèsiens, quoi que je dise. C'est par votre iniquité, amis, que ceci est arrivé. En effet, vous ne m'avez point obéi, ni à Mentôr prince des peuples, en réprimant les violences de vos fils qui ont commis avec fureur des actions mauvaises, consumant les richesses et insultant la femme d'un vaillant homme qu'ils disaient ne devoir plus revenir. Et, maintenant que cela est arrivé, faites ce que je vous dis : ne partez pas, de peur qu'il vous arrive malheur.

Il parla ainsi, et les uns se ruèrent avec un grand tumulte, et les autres restèrent en grand nombre, car les paroles de Halithersès ne leur plurent point et ils obéirent à Eupeithès. Et aussitôt ils se jetèrent sur leurs armes, et, s'étant couverts de l'airain splendide, réunis, ils traversèrent la grande Ville. Et Eupeithès était le chef de ces insensés, et il espérait venger le meurtre de son fils ; mais sa destinée n'était point de revenir, mais de subir la Kèr.

Alors Athènè dit à Zeus Kroniôn :

— Notre père, Kronide, le plus puissant des Rois, réponds-moi : que cache ton esprit ? Exciteras-tu la guerre lamentable et la rude mêlée, ou rétabliras-tu la concorde entre les deux partis ?

Et Zeus qui amasse les nuées lui répondit :

— Mon enfant, pourquoi m'interroges-tu sur ces choses ? N'en as-tu point décidé toi-même dans ton esprit, de façon qu'Odysseus, à son retour, se venge de ses ennemis ? Fais selon ta volonté ; mais je te dirai ce qui est convenable. Maintenant que le divin Odysseus a puni les Prétendants, qu'ayant scellé une alliance sincère, il règne toujours. Nous enverrons à ceux-ci l'oubli du meurtre de leurs fils et de leurs frères, et ils s'aimeront les uns les autres comme auparavant, dans la paix et dans l'abondance.

Ayant ainsi parlé, il excita Athènè déjà pleine d'ardeur et qui se rua du faîte de l'Olympos.

Et quand ceux qui prenaient leur repas eurent chassé la faim, le patient et divin Odysseus leur dit, le premier :

— Qu'un de vous sorte et voie si ceux qui doivent venir approchent.

Il parla ainsi, et un des fils de Dolios sortit, comme il l'ordonnait ; et, debout sur le seuil, il vit la foule qui approchait. Et aussitôt il dit à Odysseus ces paroles ailées :

— Les voici, armons-nous promptement.

Il parla ainsi, et tous se jetèrent sur leurs armes, Odysseus et ses trois compagnons et les six fils de Dolios. Et avec eux, Laertès et Dolios s'armèrent, quoique ayant les cheveux blancs, mais contraints de combattre.

Et, s'étant couverts de l'airain splendide, ils ouvrirent les portes et sortirent, et Odysseus les conduisait. Et la fille de Zeus, Athènè, vint à eux, semblable à Mentôr par la figure et la voix. Et le patient et divin Odysseus, l'ayant vue, se réjouit, et il dit aussitôt à son cher fils Tèlémakhos :

— Tèlémakhos, voici qu'il faut te montrer, en combattant toi-même les guerriers. C'est là que les plus braves se reconnaissent. Ne déshonorons pas la race de nos aïeux, qui, sur toute la terre, l'a emporté par sa force et son courage.

Et le prudent Tèlémakhos lui répondit :

— Tu verras, si tu le veux, cher père, que je ne déshonorerai point ta race.

Il parla ainsi, et Laertès s'en réjouit et dit :

— Quel jour pour moi, Dieux amis ! Certes, je suis plein de joie ; mon fils et mon petit-fils luttent de vertu.

Et Athènè aux yeux clairs, s'approchant, lui dit :

— Arkeisiade, le plus cher de mes compagnons, supplie le Père Zeus et sa fille aux yeux clairs, et, aussitôt, envoie ta longue lance, l'ayant brandie avec force.

Ayant ainsi parlé, Pallas Athènè lui inspira une grande force, et il pria la fille du grand Zeus, et il envoya sa longue lance brandie avec force. Et il frappa le casque d'airain d'Eupeithès, qui ne résista point, et l'airain le traversa. Et Eupeithès tomba avec bruit, et ses armes résonnèrent sur lui. Et Odysseus et son illustre fils se ruèrent sur les premiers combattants, les frappant de leurs épées et de lances à deux pointes. Et ils les eussent tous tués et privés du retour, si Athènè, la fille de Zeus tempétueux, n'eût arrêté tout le peuple en criant :

— Cessez la guerre lamentable, Ithakèsiens, et séparez-vous promptement sans carnage.

Ainsi parla Athènaiè, et la terreur blême les saisit, et leurs armes, échappées de leurs mains, tombèrent à terre, au cri de la Déesse ; et tous, pour sauver leur vie, s'enfuirent vers la Ville. Et le patient et divin Odysseus, avec des clameurs terribles, se rua comme l'aigle qui vole dans les hauteurs. Alors le Kronide lança la foudre enflammée qui tomba devant la fille aux yeux clairs d'un père redoutable. Et, alors, Athènè aux yeux clairs dit à Odysseus :

— Divin Laertiade, subtil Odysseus, arrête, cesse la discorde de la guerre intestine, de peur que le Kronide Zeus qui tonne au loin s'irrite contre toi.

Ainsi parla Athènè, et il lui obéit, plein de joie dans son cœur. Et Pallas Athènaiè, fille de Zeus tempétueux, et semblable par la figure et par la voix à Mentôr, scella pour toujours l'alliance entre les deux partis.

FIN DE L'ODYSSÉE

Printed in Poland
by Amazon Fulfillment
Poland Sp. z o.o., Wrocław
23 April 2024

ec6af754-eaa4-4c1d-a572-60019b273ef0R02